Um reino e suas repúblicas no Atlântico

João Fragoso e Nuno Gonçalo Monteiro
(organizadores)

Um reino e suas repúblicas no Atlântico

Comunicações políticas entre Portugal,
Brasil e Angola nos séculos XVII e XVIII

1ª edição

CIVILIZAÇÃO BRASILEIRA

Rio de Janeiro
2017

Copyright © dos organizadores: João Fragoso e Nuno Gonçalo Monteiro, 2017

Diagramação: Aline Martins | Sem Serifa

CIP-BRASIL. CATALOGAÇÃO NA PUBLICAÇÃO
SINDICATO NACIONAL DOS EDITORES DE LIVROS, RJ

R295   Um reino e suas repúblicas no Atlântico: comunicações políticas entre Portugal, Brasil e Angola nos séculos XVII e XVIII / organização João Fragoso, Nuno Gonçalo Monteiro. – 1ª ed. – Rio de Janeiro: Civilização Brasileira, 2017.
         23 cm.

         Inclui bibliografia e índice
         ISBN 978-85-200-1269-7

         1. Portugal – História. 2. Angola – Colonização – História. 3. Brasil – Colonização – História. 4. Portugal – Política e governo – História. 5. Angola – Política e governo – História. I. Fragoso, João. II. Monteiro, Nuno Gonçalo.

15-22881   CDD: 967.9
                                CDU: 94(679)

Direitos desta edição adquiridos pela
EDITORA CIVILIZAÇÃO BRASILEIRA
Um selo da
EDITORA JOSÉ OLYMPIO LTDA.
Rua Argentina, 171 – Rio de Janeiro, RJ – 20921-380 – Tel.: (21) 2585-2000

Seja um leitor preferencial Record.
Cadastre-se e receba informações sobre nossos lançamentos e nossas promoções.

Atendimento e venda direta ao leitor:
mdireto@record.com.br ou (21) 2585-2002

Impresso no Brasil
2017

À memória de Maria de Fátima Gouvêa,
que projetou a pesquisa da qual resultou este livro e de
Francisco Cosentino, que foi fundamental na sua concretização.

SUMÁRIO

Prefácio

António Manuel Hespanha

Este livro, centrado no estudo das redes da comunicação política no âmbito de uma unidade política pluricontinental – americana, africana e europeia –, ilustra bem o percurso teórico e metodológico que os historiadores brasileiros e portugueses da época moderna vêm seguindo ao fazer a história do "império". Foi justamente há quinze anos que um grupo de historiadores brasileiros pôs em causa a imagem centralista do Império português, destacando um complicado desenho de centros de decisão de vários níveis, interconectados segundo uma geometria variada, e estruturando os vários segmentos da vida do "império".

A imagem do império como uma rede já aí era evocada, sobretudo, por inspiração de um artigo mais antigo de Luís Filipe Thomaz, que, referindo-se ao Império do Oriente, opunha os impérios de ocupação territorial aos impérios organizados como uma rede de fluxos, principalmente mercantis. Porém, o protagonismo da imagem da rede nesta historiografia surgiu apenas depois do livro organizado por Maria de Fátima Gouvêa e João Fragoso, *Na trama das redes: política e negócios no império português, século XVI-XVIII*, como enunciando uma nova perspetiva do espaço colonial português. Neste contexto historiográfico, "rede" evocava vários movimentos de descentramento. Por um lado, o descentramento da metrópole (do "Reino") como exclusivo agente da política ultramarina. Por outro, o descentramento do rei e do aparelho político-administrativo palatino como fontes de regulação. Ainda, o descentramento do poder oficial, revelando outras constelações de poderes e de instituições que organizavam a sociedade. Por fim, o descentramento dos sujeitos individuais, cujas capacidades de ação dependiam também de articulações de grupos. Estes eram os elementos de ruptura da nova orientação historiográfica. Claro que ela também continha elementos de continuidade e de trivialização das novidades: a ideia de rede fazia parte da explicação histórica de senso comum e adaptava-se bem à narrativa histórica biográfica mais convencional. Assim como, no seu desenho pouco estruturado da sociedade, se podia apresentar como um argumento contra as pretensões explicativas dos grandes modelos rígidos da história estrutural.

De resto, neste contexto de reação contra a grande narrativa dos modelos sociais funcionalistas e estruturalistas, em que a "teoria das redes" surgira, nos meados da década de 1970, ela correspondia, então, à tendência para restituir sentido explicativo às ações dos sujeitos-atores, ao mesmo tempo que exprimia o cansaço em relação às grandes teorias, procurando esquemas explicativos de menor abstração, relativos, não à sociedade global, mas a pequenos grupos (grupos de amigos e de parentes, associações políticas, grupos mercantis etc.). Embora as referências a este contexto teórico não sejam explícitas – se não me engano –, nos ensaios reunidos no livro citado a análise de redes entrara nas referências da historiografia portuguesa, a propósito da liberalidade e a propósito dos grupos de corte, na década de 1990. E, duas décadas depois, passou a ser quase viral entre historiadores do Brasil e de Portugal, ainda que fosse frequente sua utilização sem grandes cuidados de explicitação dos modelos usados e sem tirar partido da teoria subjacente para ir para além de conclusões triviais. Como se todas as redes comunicassem as mesmas coisas, produzissem os mesmos trunfos, tivessem os mesmos impactos.

Neste livro, a proposta metodológica é diferente. Parte-se também do conceito de rede. Mas, agora, aquilo que suscita a atenção não são apenas os sujeitos-agentes inseridos na rede. É a rede ela mesma, como processo de comunicar algo que se designa – com contornos pouco precisos – como "comunicação política". Ou seja, abandona-se um modelo de ação centrado no sujeito (*subject based agency*) e adota-se um outro em que, no centro, está a comunicação, sendo a partir desta que se consideram os seus diversos elementos: os comunicantes, o suporte da comunicação, com os seus alcance e durabilidade, a seleção, tipologia e gramática dos conteúdos, os impactos externos das mensagens.

Do ponto de vista teórico retorna-se a um descentramento do sujeito, que então passa a ser considerado apenas uma das dimensões, ao lado de outras, relevantes para o estudo da ação comunicativa.

Embora os fundamentos teóricos não sejam aqui explicitados – e talvez o devessem ser, para se entender o sentido de cada um dos objetos de análise na arquitetura global do modelo –, cremos que o modelo interpretativo se pode filiar nas teorias de Jürgen Habermas ou de Niklas Luhmann. A assunção, sem dogmatismos, da teoria luhmanniana permite detalhar muito o modelo explicativo e iluminar os porquês de uma série de questões postas às fontes, bem como o lugar das respostas na lógica global da investigação. Por que nos perguntamos sobre a relevância dos meios de comunicação? Designadamente, porque eles são um elemento decisivo da seleção dos emissores e dos destinatários. Por que nos interessamos pela oposição oralidade, escrita, imprensa (por exemplo, na difusão de normas)? Porque cada um desses suportes determina os âmbitos espaciais e os períodos temporais da rede de comunicação. Por que nos interessam os temas da comunicação? Porque eles definem o âmbito temático em relação ao qual aquela rede é eficiente e, ao mesmo tempo, concretizam o campo de objetos de que uma rede permite falar. Por que é que nos preocupamos com os locutores? Para sabermos como é que a rede os seleciona, ou seja, quais são as regras de legitimação dos participantes na comunicação. Por que estudamos os grupos marginalizados, lutando ou não pela inclusão na rede? Para captarmos as regras de abertura/fechamento da rede ao seu exterior, bem como o modo como essas regras podem ser – se puderem – subvertidas desse exterior. Ou seja, quer estudemos fenômenos que integram o processo comunicativo, quer estudemos fatos externos (contextuais, ambientais) à comunicação, o nosso interesse está sempre em reconstituir a gramática de funcionamento da rede (o seu sistema comunicativo), porque se parte do princípio que é ele, e não as intenções dos sujeitos ou a "força das coisas", que explica a "comunicação política" (seja isso o que for).

Esta abordagem dos fenômenos sociais como sendo comunicação sobre eles tem tido, recentemente, concretizações muito interessantes. Refiro-me aqui aos quatro volumes em que Thomas Vesting considera nesta perspetiva um campo histórico tradicional – a história do direito –; acatando o direito – antes como a estratégia de um grupo social, do que o conjunto de valores relativos à justiça ou à ordem – como um sistema de comunicação, influenciado, nomeadamente, pelos seus suportes: a oralidade, a escrita, a imprensa, a computação (Thomas Vesting[1]).

A maior parte dos temas cobertos pelos artigos encaixam bem nesta armadura teórica. O que é a "política"? Quem participa fala sobre ela no Império português dos séculos XVI a XVIII e como evolui o peso da participação de cada tipo de sujeitos? Das câmaras, por exemplo, ou dos conselhos palatinos e das famílias? Pelo contrário, quem se mantinha (era mantido) à margem e por que processos (nomeadamente, discursivos) de exclusão? Por que certos temas eram obsessivos (as mercês, com uma antiga tradição *escrita*) e outros, ao contrário, estavam ausentes (a escravatura, um tema "doméstico" e não "político", *falado* e não *escrito*)? Que regras discursivas promoviam os primeiros e excluíam (remetiam para outras redes comunicativas) os segundos? Que peso relativo tinham, nesta rede, o oral, o escrito e o impresso e que consequências tinha a diversidade dos suportes na configuração (pessoal, temática, geográfica) da rede? Que estilos se usavam, que argumentos eram aceites, como se organizava a decisão, como se comunicavam os resultados? Tudo isto são perguntas aqui formuladas, claramente enquadráveis no estudo de uma rede de comunicação. Os temas que cabem menos bem, pode ser que sejam impertinentes; ou pode ser que ganhem com um reenquadramento mais consistente com o modelo sugerido pelo título.

Nota

1. Thomas Vesting , *Die Medien des Rechts: Sprache*, 2011, Weilerswist, Velbrück; Thomas Vesting , *Die Medien des Rechts: Schrift*, 2011, Weilerswist, Velbrück; Thomas Vesting, *Die Medien des Rechts: Buchdruck*, 2013, Weilerswist, Velbrück; Thomas Vesting, *Die Medien des Rechts: Computernetzwerke*, 2015, Weilerswist, Velbrück.

Apresentação

João Fragoso e Nuno Gonçalo Monteiro

Os objetivos deste livro

Um reino e suas repúblicas no Atlântico, o livro que se oferece ao leitor, procura captar as comunicações políticas do centro para os territórios atlânticos, mas também destes para a cabeça política da monarquia portuguesa dos séculos XVII a inícios do XIX. O volume que aqui apresentamos poderia, reportando-se sempre à comunicação política, invocar, em alternativa, o império ou a monarquia pluricontinental na sua designação. O título escolhido procurou acentuar, no entanto, a via de mão dupla constituída pelas conexões que se pretendem analisar. Acresce que, nessa perspetiva, tanto o Brasil como Angola, ou até Portugal, se constituíam então como uma multiplicidade de atores políticos que as designações unitárias dos territórios do presente iludem. Todos integravam a seu modo uma mesma unidade política que tinha como cabeça um rei geralmente distante. Essa unidade fora-se reconfigurando em meio a rupturas e conflitos militares ibéricos e atlânticos ao longo do século XVII. E, por maiores que fossem as suas fragilidades, esse vínculo partilhado tinha implicações a muitos níveis.

O estudo da comunicação entre o centro europeu de uma unidade política pluricontinental e seus territórios africanos, americanos e europeus é o resultado de projetos[1] formulados e desenvolvidos ao longo de alguns anos por uma equipe de investigadores portugueses e brasileiros,[2] que pretendeu utilizar um questionário comum para a pesquisa. Aliás, cruza-se com investigações ainda em curso.[3] De algum modo, a pesquisa efetivada redesenha uma agenda que deverá ser prosseguida, aprofundada e revista. Este livro não constitui um ponto final, mas um momento num percurso.

Na formulação das hipóteses que o inspiraram pesaram, sem dúvida alguma, não apenas a historiografia das últimas duas décadas e meia, mas ainda a disponibilização dos fundos microfilmados para o Brasil no Arquivo Histórico Ultramarino em Lisboa pelo Projeto Resgate,[4] que permitiram conceber a dimensão da comunicação centro-periferia, bem como a sua natureza bilateral. Alargaram-se ao reino e a Angola essas hipóteses com propósitos comparativos. A limitação dos recursos obrigou-nos a circunscrever a pesquisa ao Atlântico e portanto deixar de lado os territórios do que foi até meados dos Setecentos o Estado da Índia.

A possibilidade de analisar a comunicação entre o centro administrativo da corte de Lisboa e os vários territórios, e destes para o centro, assumindo que os espaços "coloniais" podiam ser comparados com localidades da "metrópole", constituiu, assim, um ponto de partida deste projeto. Não se ignoram, naturalmente, as enormes diferenças decorrentes do peso da escravidão na América ou na África. Nem as diversidades institucionais, a começar pela dimensão de ocupação militar recente que o termo "conquistas" reflete. São essas diferenças que um conjunto de interrogações de pesquisa partilhadas permitiram testar e debater a uma nova luz.

As grandes mutações historiográficas foram registradas, em primeiro lugar, num âmbito mais global, incorporando vários domínios das ciências sociais internacionais, nos quais se foi dando maior importância à dimensão interativa dos processos sociais e, no quadro das relações assimétricas e de dominação, à ação dos dominados. Num terreno mais específico, detectavam-se evoluções autônomas mas de algum modo convergentes nas historiografias sobre Portugal e sobre o Brasil. No que se reporta ao reino, era a investigação sobre os municípios e os poderes periféricos – para utilizar uma taxonomia de António Manuel Hespanha – e a sua vitalidade por oposição às imagens do "absolutismo" do centro.[5] Da parte da produção brasileira, por seu turno, uma historiografia cujos participantes foram, em bom número, membros do projeto, vinha criticando a essencialização da dicotomia metrópole-colônia, revalorizando a vitalidade das elites e dos poderes locais na América e a sua capacidade de negociação com o centro.[6] Percursos diversos, mas que coincidiam em boa medida nas suas expectativas, como se disse.

O projeto da comunicação política partia, assim, de trajetos bem amadurecidos e procurava apoiar-se em fundos documentais também conhecidos. Os requerimentos e as petições das câmaras e outros atores locais eram matéria bem dominada por todos. Mas era agora posta a ênfase no processo de comunicação. Procurava-se, dessa feita, conhecer e estudar os agentes produtores, os ritmos de produção, os canais de circulação, a tipologia dos assuntos, e, por fim, o destino final das solicitações feitas das periferias para o centro, e deste para as periferias na monarquia portuguesa do Antigo Regime, na dimensão pluricontinental que teve nos séculos XVII e XVIII. Trata-se de uma questão essencial, em parte já estudada com outras designações, mas que ganhou muito em ser pesquisada de forma sistemática, relativamente uniforme e comparando diversos espaços geográficos. O termo "comunicação política" retomou-se de empréstimo de áreas confinantes – ciência política e história intelectual –, mas serviu muito bem para traduzir os objetivos pretendidos.

De fato, a historiografia portuguesa, tal como a brasileira, deu-se conta dos escassos meios de que o centro da monarquia tinha para controlar os imensos territórios, tanto no continente europeu como nos espaços mais remotos, que estavam sob a sua tutela e, também, da esfera de autonomia das respectivas elites. Muito se tem discutido sobre as formas e as modalidades através das quais, apesar desses limitados recursos, se efetivou a integração política desses espaços por um intervalo de tempo tão alargado. Destaca-se a relevância das mercês régias, por exemplo. De fato, o que aqui se pretendeu estudar reveste-se de especial importância, até porque a comunicação escrita constituía uma mediação necessária de grande parte das conexões. O rei, que era a cabeça da monarquia, estava, por definição, ausente. Mesmo no território europeu do reino, foi circulando num espaço cada vez mais confinado. É certo que os governadores e capitães-generais eram até certo ponto seus agentes, tal como o eram, num outro plano, os corregedores ou ouvidores e os provedores. Mas havia outras formas de se comunicar com o centro, por vezes contra os governadores ou contra os ouvidores. Uma das marcas distintivas da monarquia portuguesa, que partilhava com a espanhola, era que todos e em todos os territórios se podia apelar aos distintos tribunais e conselhos do rei, aos quais estavam sujeitos os próprios vice-rei e governadores. A comunicação política fazia-se, assim, com regularidade nos dois sentidos. É esse o tema central deste livro, que será discutido em muitos dos ensaios que o compõem.

Note-se, entretanto, que aquilo que designamos por comunicação política era apenas uma entre outras. Os circuitos de comunicação eclesiástica seguiam canais parcialmente diversos, tal como acontecia, em particular, com os da comunicação mercantil. A ação da Coroa estava longe de esgotar as intervenções num espaço no qual intervinham – de acordo com as suas lógicas próprias – outros atores sociais e institucionais. A própria comunicação régia podia seguir outros canais de circulação.[7]

OS TERRITÓRIOS E AS POPULAÇÕES

Como chamamos ao todo e às partes? Ao contrário do que se possa imaginar, tudo isso está longe de ser uma evidência. Na própria época, as designações oficiais eram múltiplas e foram mudando. De resto, inquirir quais eram essas denominações e sobretudo o significado que elas podiam ter é um dos objetivos deste livro. Acresce que as designações usadas fora da Europa mantiveram inicialmente, para além do peso das taxonomias do mundo clássico, uma relação forte com aquelas usadas para a incorporação de novos territórios dentro do velho continente.

Quando, em torno de 1640, os territórios sob jurisdição portuguesa se separam da monarquia hispânica, o rei D. João IV cria (1642-43) um "Conselho Ultramarino", justificado no decreto da sua instituição "pelo estado em que se acham as cousas da Índia, Brasil, Angola, e mais Conquistas do Reino, e pelo muito que importa conservar e dilatar o que nelas possuo, e recuperar o que se perdeu".[8] Mas continuaram a coexistir muitas designações. Reino(s) e conquistas, depois domínios ultramarinos, foram as mais difundidas. Existia então um chamado Estado da Índia, um Estado do Brasil e um outro do Maranhão, e as câmaras da cabeça de todos os três territórios[9] chegaram a ter representação parlamentar nas Cortes, ou Estados Gerais do Reino, reunidas na segunda metade de Seiscentos, ao lado de quase uma centena de procuradores das terras do reino. Também se referia à existência de um Reino de Angola. Apesar do sucessor da Coroa ser designado por Príncipe do Brasil desde 1645, o vice-rei da Índia era então o posto principal ofício civil da monarquia, depois do rei, e só três quartos de século mais tarde é que o governo geral do Brasil passou a ter tal qualificação de forma sistemática. De colônias, ainda se fala no sentido antigo do termo[10] no início do século XVIII. No último quartel desse século, certamente por influência da difusão da linguagem da economia política, vai-se divulgando o uso da dualidade metrópole-colônia. Mas esse terreno ainda tem muito para inquirir.

E como se chamava ao conjunto? Também não existia uma designação oficial ou literária única. De reino, de monarquia, se falava muitas vezes. No Setecentos, o termo "império" parece ter tido uma utilização escassa, sobretudo literária, tonando-se mais frequente em finais do século, também por influência da economia política. De resto, embora a expressão "império britânico" já se usasse ocasionalmente desde finais de Seiscentos, abrangendo espaços não europeus, a grande difusão semântica do termo fora do Reino Unido só veio a ter lugar no último terço do século XIX.[11] De qualquer modo, houve quem chamasse Imperador do Brasil ao Príncipe D. João quando desembarcou no Rio de Janeiro em março de 1808. A extensão dos domínios do rei de Portugal teve uma evolução diversa. No continente europeu, a única mutação assinalável foi a perda de Olivença a favor de Espanha em 1801. Basicamente, o resto estava desenhado desde o século XIII. Nas ilhas atlânticas, em particular nos Açores, de que aqui nos ocuparemos, também não existiram assinaláveis mudanças territoriais. Ao invés, na América portuguesa, em qualquer um dos oficialmente designados Estados que a compunham, as zonas sujeitas à administração portuguesa registraram um gigantesco alargamento territorial. De fato, ocupando espaços de populações ameríndias e, à luz do direito europeu, reduzindo a dimensão territorial das áreas formalmente sob tutela da Coroa espanhola. Em Angola, por fim, as zonas sob administração efetiva da Coroa alargaram-se alguma coisa na segunda metade de Setecentos, embora tudo isso fosse bem pouco no conjunto.

A matriz institucional da administração constitui um dos tópicos principais deste livro. Aqui, apenas a podemos sumariar de forma esquemática. Em contraponto ao modelo fluido e multiforme proposto por L.F. Thomaz para o Estado da Índia Quinhentista,[12] pode afirmar-se que em todas as zonas onde a monarquia tinha uma ampla penetração territorial esta se achava dividida, a princípio, em circunscrições militares, com os governadores e os capitães-generais no topo e as ordenanças na base; judicial-administrativas, com os corregedores/ouvidores e as câmaras na base; fazendárias, que em parte se confundiam com as anteriores; e eclesiásticas, com os bispos e os párocos. Claro que essa enumeração simplificada conhecia numerosas exceções e assinaláveis discrepâncias, designadamente entre o reino e o ultramar. A arquitetura institucional do reino europeu era notoriamente "antirregional" (R. Magalhães[13]) e, apesar das atribuições dos governadores de armas, estas não equivaliam às dos governadores nas capitanias atlânticas. A mais ampla jurisdição destes governadores no espaço colonial é matéria debatida neste volume, bem como as suas conexões (limitadas) com o governo-geral (ou vice-reinado) americano. Em todo caso, pode se presumir que os poderes no Novo Mundo eram muito mais vincadamente regionalizados. De qualquer maneira, ao crescimento da população da América portuguesa não correspondeu, pelo que se sabe, o aumento proporcional da tropa paga, mas, apenas em parte, das milícias e das ordenanças.

Também se devem invocar as diferenças decorrentes do padroado real da Ordem de Cristo no Atlântico: ao contrário do que ocorria no reino, a Coroa – e os bispos por ela indicados – apresentava a generalidade dos párocos e pagava as respectivas côngruas da mesma folha por onde se custeava a maior parcela da administração judicial e militar de cada capitania, de acordo com instituições específicas de cobrança; no Atlântico, a Coroa recebia para esse fim os dízimos, que no reino eram maioritariamente percebidos por instituições eclesiásticas e por comendadores leigos. No reino, a Coroa cobrava, por isso, impostos indiretos e diretos, que se tornaram permanentes, embora a sua principal fonte de receita fossem quase sempre os direitos alfandegários sobre a reexportação e os comércios exclusivos dos produtos vindos da América.

Assim, como adiante se discute neste livro, em todos os espaços nos quais a administração da Coroa adquiriu uma ampla penetração territorial, foi razoavelmente replicado um modelo semelhante de administração civil, militar e eclesiástica. A mais notória exceção eram os territórios das Missões e dos índios aldeados, onde acabaria por ser também retomado, com variações, na sequência da expulsão dos jesuítas no âmbito diretório dos índios. Aliás, a ocupação para o interior americano muitas vezes não se fez por iniciativa direta da Coroa ou então escapou em grande medida ao seu controle, sendo ulteriormente enquadrada por esta. De resto, a esmagadora maioria dos jovens europeus que partiram para a América portuguesa não foi para lá mandada por ninguém, a não ser eventualmente pelos pais ou outros familiares.

Será importante tentar traduzir tudo isso em números, cruzando os dados administrativos com as dimensões demográficas. Entretanto, a informação disponível é pouco segura. Em particular para dos domínios do Atlântico Sul, fornece-nos apenas uma ordem de grandeza, uma tendência de evolução. Acresce que só nos oferece uma indicação sobre as populações nas áreas de administração portuguesa. Não sobre aquelas, imensas na América (índios bravios) ou na África, que escapavam a tal enquadramento institucional. Os indicadores agregados por territórios que apresentamos nas tabelas seguintes devem, pois, ser encarados com precaução. Mais adiante serão explicados os critérios de escolha.

No Reino de Portugal e Algarves, a população cresceu lentamente ao longo da época moderna, e talvez não tenha duplicado entre 1640 e o início do século XIX. De resto, o aumento populacional foi significativo em algumas zonas como Minho, Lisboa e arredores, e muito escasso noutras, como Alentejo. A malha municipal, muito densa e contrastada, manteve-se estável desde cerca de 1500, sendo poucas as mudanças ao longo de três séculos. Algo mais terá mudado na geografia paroquial, mas não muito. No início do século XIX, existiriam cerca de quatro mil paróquias para cerca de oitocentos municípios. Ao invés, o número de corregedores duplicou e o dos juízes de fora quase triplicou nesses trezentos anos.

Nos Açores, a população também não chegou a duplicar no século XVIII, e a geografia municipal manteve-se. As grandes modificações foram a criação de um governo geral desde 1766 e o grande aumento do número de juízes de fora. Tal como no reino. E, também, como no continente europeu e no americano – terras de donatários da Coroa –, as povoações sujeitas à jurisdição de senhores reduziram-se muito durante a dinastia de Bragança.[14]

Na América portuguesa, o aumento da população no século XVIII foi tumultuoso. Entre o início e o fim do século, a população dos territórios sob administração portuguesa terá multiplicado pelo menos por dez! Um crescimento idêntico ao da América inglesa no mesmo período, mas talvez mais acentuado na primeira metade do século e muito maior do que o da América hispânica. Embora as explicações não sejam consensuais, parece seguro afirmar que esse crescimento se deveu em primeiro lugar à imigração forçada de escravos africanos e, em segundo lugar, de europeus. Os brasis receberam cerca de um terço do volume global do tráfico de escravos africanos no século XVIII, mas também um amplo contingente de jovens portugueses, provavelmente equivalente na primeira metade do século ao que saiu das ilhas britânicas em direcção aos futuros EUA.[15] Esse ciclópico crescimento demográfico e territorial só em parte se traduziu na multiplicação das câmaras e de capitanias, sendo proporcionalmente maior o aumento do número de magistrados letrados: ouvidores e juízes de fora. Para Angola, só dispomos de dados para os finais do século XVIII.

Tabela 1
Angola

Data*	População	Capitanias	Câmaras	Ouvidores	Juízes de fora
1797/98	14.179	1	3	1	1

Fonte: José Curto & Gervais, "A dinâmica demográfica de Luanda no contexto do tráfico de escravos do Atlântico Sul, 1781-1844", p. 113; Arquivo Histórico Ultramarino, Série Avulsos Angola, Caixa 91, doc. 41.

*Nesta, como nas tabelas seguintes, os anos referenciados não coincidem exatamente com os diferentes indicadores, devendo ser considerados anos próximos dos indicados na primeira coluna.

Tabela 2
Reino de Portugal

Data	População	Câmaras	Correge-dores	Tribunais	Juízes de fora	Paróquias
1527/32	1.215.687	762	26	1	–	–
1640	1.900.000	860	32	2	79	–
1801	3.193.960	841	43	2	168	4.092

Fonte: José V. Serrão, "O quadro humano"; Nuno Gonçalo Monteiro (Coord.), "Os poderes locais no Antigo Regime" e fontes ali citadas.

Tabela 3
Açores

Data	População	Capitanias	Câmaras	Correge-dores	Tribunais	Juízes de fora
1695	100.195	1	21	20	0	1
1747	151.573	1	22	21	0	1
1817	185.230	1	22	21	0	11

Fontes: Frei Agostinho de Monte Alverne, *Crónicas da Província de S. João Evangelista das Ilhas dos Açores*; Artur Boavida Madeira, *População e emigração nos Açores (1766-1820)*; Maria Luís Rocha Pinto & José Damião Rodrigues & Artur Boavida Madeira, "A Base Demográfica", pp. 385-403; José Damião Rodrigues, *São Miguel no século XVIII: casa, elites e poder*; Mariano M. Franzini, "Notícias estadísticas sobre a extensão e população do Reino de Portugal e ilhas do oceano Atlântico".

Tabela 4
Estados do Brasil e do Maranhão

Data	População	Capitanias principais	Capitanias todas	Câmaras	Ouvidores	Tribunais	Juízes de fora	Paróquias*
1600	102.000	3	8	18	1	0	–	–
1700	237.000	5	13	57	8	1	–	–
1750/63/72	1.555.200	8	17	90	23	2	–	468
1808	3.179.000	9	19	186	26	2	19	–

Fonte: Dauril Alden, *The Population of Brazil in the Late Eighteenth Century*, pp. 173-205; Mafalda Soares da Cunha & António Castro Nunes, "Territorialização e poder na América portuguesa. A criação de comarcas, séculos XVI-XVIII"; Pedro Puntoni, "Como coração no meio do corpo: Salvador, capital do Estado do Brasil"; Junia Ferreira Furtado, Maria Fernanda Bicalho (Orgs.). *O governo dos povos*, p. 383 (com base em Beatriz Bueno); *Almanaque de Lisboa*.

*Os dados sobre o número agregado de paróquias reportam-se a cerca de 1770. Foram gentilmente cedidos por Evergton Sales e não incluem dados sobre a diocese do Maranhão, apenas para as da Bahia, Mariana, Olinda, Pará, Rio de Janeiro e São Paulo.

AS FONTES UTILIZADAS

Foram esses mundos díspares, mas integrados numa mesma unidade política, que se procurou interrogar a partir de um conjunto de questões. Para tanto, o projeto apoiou-se na análise de duas vastas bases de dados sobre a comunicação política.

Naturalmente, os recursos disponíveis impuseram escolhas e, em particular, uma seleção de fontes. Foi necessário escolher também os territórios e, em parte dos casos, os anos a estudar. Para o Brasil e Angola, especificamente Luanda, a base foi construída a partir da documentação do Conselho Ultramarino e da Secretaria de Estado da Marinha e Negócios do Ultramar, que se encontra no Arquivo Histórico Ultramarino (manuscritos avulsos) e que, no que concerne ao Brasil, foi microfilmada pelo Projeto Resgate. Para o reino e Açores, utilizaram-se livros de registro de alvarás, provisões e cartas existentes de Faro, Évora, Vila Viçosa, Viana da Foz do Lima e Ponta Delgada, também usada para Luanda, retomados dos arquivos municipais respectivos. Ao todo, produziram-se 11.347 registros para o reino e ilhas e 26.713 para as capitanias brasileiras – da Bahia, Pernambuco, Rio de Janeiro, Grão-Pará, Maranhão, Minas Gerais e São Paulo – e para Angola. As bases de dados do reino e ilhas envolveram uma recolha integral dos registros entre 1621 e 1807, com as interrupções decorrentes da ausência ou degradação dos originais em certos casos, enquanto no caso da América a introdução dos dados se reportou a todos os requerimentos camarários e à totalidade da documentação para os períodos indicados na tabela do Anexo 1. Os resultados com base na informação completa demoraram a poder ser obtidos, mas o tratamento de dados parcelares foi essencial para que o projeto fosse avançando e as hipóteses de trabalho se fossem recolocando.

Existiram dificuldades também. Não só o fato de os dados definitivos terem tardado a estar disponíveis, mas também as que resultaram das bases do reino e as dos domínios terem fundamentos diversos – registros dos livros camarários e arquivos da administração central, respectivamente –, o que por vezes dificultou a comparação. Mas tal não impediu a experiência, com poucos precedentes, de investigadores de diferentes países discutirem em comum uma pesquisa levada a cabo com um mesmo questionário e fontes análogas para se estudarem os diversos espaços de uma mesma potência imperial, comparando diretamente aquilo que na linguagem de finais do século XVIII se começou a designar por metrópole e por colônia. Nesse sentido, a própria definição do objeto ajudou ao caráter inovador da pesquisa. Mas esta foi se alimentando com os resultados da investigação e aquilo que acabou se revelando.

As bases de dados foram as fontes essenciais deste trabalho, nas suas virtualidades e limitações. A mais evidente das quais foi de natureza geográfica: o Estado da Índia ficaram de lado, tal como boa parte das ilhas atlânticas e dos territórios do Brasil. No reino, tiveram de se escolher quatro câmaras cabeça de comarca. Os resultados obtidos, portanto, não podem ter qualquer pretensão à exaustividade, constituem um exercício a partir de um conjunto de fontes selecionadas em função de determinados critérios. Importa, pois, reportá-las com algum detalhe.

Banco de dados nas conquistas do Atlântico e um pouco de história social

Uma das preocupações na elaboração do banco foi a de comparar o estatuto político das Câmaras Municipais ultramarinas com as situadas no reino e nas ilhas (Açores) através da sua comunicação política com a corte. Com essa comparação, pretendia-se identificar na prática o estatuto político daquelas câmaras situadas em diferentes geografias da monarquia pluricontinental, ou, por outras palavras, verificar a existência ou não de diferenças hierárquicas entre tais municípios perante o rei. Afinal, os reinóis, os açorianos e os povoadores das conquistas – de origem europeia, ilhéus e depois seus filhos com os da terra e africanos – possuíam o mesmo *status* ou qualidades sociais e políticas distintas frente ao rei e seus tribunais? Ou, ainda, existia na monarquia pluricontinental uma hierarquia social de base territorial, para além daquela do Antigo Regime formada pela nobreza, povo com os seus respectivos graus e escravos? Outro objetivo era de ter uma primeira fotografia do funcionamento administrativo dessa monarquia presente nos quatro continentes do planeta e, portanto, vivida por populações com organizações sociais e culturais diferentes. Esse repertório de perguntas não foi respondido, naturalmente, por este livro, porém esperamos ter fornecido subsídios para a sua discussão futura.

Para tanto, partiu-se do pressuposto de que, na arquitetura política da monarquia, as câmaras eram assembleias ou cabeças de comunidades políticas entendidas como *respublicas*, ou seja, como corpos políticos dotados de jurisdição e de uma esfera própria de atuação. Sendo assim, elas respondiam pela gestão, ou parte dela, da política, da justiça e economia daquelas populações. Da mesma forma, considerou-se que, na vida dos mesmos vassalos intervinha a administração periférica da Coroa: oficiais régios comandados por um governador da capitania. Por último, seguindo a cultura política do Antigo Regime, a comunicação política era composta pelas correspondências trocadas entre os reis e os diversos corpos, incluindo a Igreja ou os negociantes de um dado território.

A montagem do banco para a América lusa e Angola foi, como dissemos, facilitada pela existência do Conselho Ultramarino, tribunal palaciano que, desde a sua criação em 1642-43, centralizou a documentação ativa e passiva com as conquistas ultramarinas, juntamente com a Secretaria de Estado do Ultramar depois de 1736. Ou seja, em tese,[16] todo e qualquer assunto passava por tal instituição: desde as cartas régias enviadas ao governador-geral do Brasil até o pedido de mercê ao rei de uma viúva residente em Luanda.

Estas cadeias de papéis, na feliz expressão de J. Elliott para designar o funcionamento da monarquia espanhola na época moderna,[17] foram pesquisadas principalmente entre 1642 e 1808. Nesse largo período, todos os documentos trocados entre as câmaras e o Conselho Ultramarino alimentaram o banco de dados. Portanto, em tese, todas as correspondências enviadas e recebidas pelas Câmaras Municipais das referidas capitanias da América lusa e de Angola existentes no Projeto Resgate de Documentação Histórica Barão do Rio Branco[18] e no respeitante a Angola os documentos da coleção dos avulsos ainda não digitalizados do Arquivo Histórico Ultramarino estão no dito banco.[19] Além dessas missivas, para determinados períodos o banco foi alimentado pelas correspondências de qualquer agente residente nos municípios, do governador ou vice-rei a um simples lavrador. Em outras palavras, na impossibilidade de trabalhar com o conjunto do acervo ultramarino, em razão de limites impostos pelos financiamentos da investigação, privilegiamos alguns territórios e certos períodos conforme os critérios apresentados na tabela 5 e Anexo 1. Nela se observa que cada época foi eleita considerando inflexões na dinâmica das relações centro e periferia na monarquia pluricontinental lusa.

Devemos insistir que os períodos escolhidos tiveram por base o estado da arte historiográfico sobre a monarquia pluricontinental em fins da década de 2000, e, é claro, as nossas indagações como pesquisadores. Provavelmente outros investigadores elegeriam períodos diferentes, e com certeza o avanço da investigação redefinirá tais recortes temporais em um futuro próximo. Ao mesmo tempo, não podemos deixar de ter em mente que a historiografia sobre a monarquia lusa, na sua dimensão pluricontinental, é ainda jovem. Algo semelhante pode ser também dito para os estudos sobre a América lusa e Angola. De resto, os paradigmas interpretativos dominantes até pouco tempo continuavam marcados por ensaios com pouca comprovação empírica. Este cenário historiográfico elucida, em parte, a maior atenção dada ao Rio de Janeiro e a Salvador na decisão pelos recortes cronológicos do que a São Luís do Maranhão ou a Luanda, já que se sabe um tanto mais sobre as primeiras do que sobre as últimas. Desse modo, o avanço da pesquisa histórica ocasionará escolhas de novos recortes para o estudo da dinâmica da monarquia lusa moderna no Atlântico. Outro aspecto é que, na preocupação de eleger períodos, para além dos acontecimentos que os marcaram, o mais importante para nós foi a possibilidade de colocar na cena histórica "todo" e "qualquer" agente social, e com isso comparar os seus anseios, através de missivas, diante do rei.

Antes de avançarmos, devemos sublinhar que a montagem desse banco de dados com seus cerca de 27 mil registros de correspondências só foi possível pela diligência das equipes de trabalho formadas por docentes e discentes de diversas universidades, cujos integrantes constam do Anexo 2.

Tabela 5

Períodos de comunicação

Período	Justificativa
1640-1656	Conjunturas da restauração da monarquia pluricontinental lusa: guerras de Restauração em Portugal, o início da dinastia de Bragança, reconquista de Angola e a restauração pernambucana
1680-1700[20]	Fundação da Colônia de Sacramento, descoberta do ouro e a criação dos juízes de fora para a América lusa
1725-1726	Transferência da administração de alguns impostos das Câmaras Municipais do Rio de Janeiro para a Provedoria da Fazenda Real. Intensificação da chegada de reinóis na América em razão do ouro das Minas e do crescimento e multiplicação da economia de base escravista
1735-1736	Período de reorganização administrativa no reino: criação das três secretarias de Estado. Início da transferência do eixo econômico do Estado Brasil da Bahia para o Rio de Janeiro, incluindo o tráfico atlântico de escravos
1755-1756	Conflitos com os jesuítas, Terremoto de Lisboa, período pombalino
1763-1764	Transferência da capital do Brasil para o Rio de Janeiro
1785-1795	Revolução Francesa, revolta do Haiti e Inconfidência mineira

A Tabela 1 também informa que, para o século XVII, escolhemos décadas, e, no seguinte, períodos formados por poucos anos. A razão foi de ordem operacional, ou seja, deve-se ao espetacular aumento do volume de correspondência. O Anexo 1 ilustra tal crescimento.

Essa intensificação da comunicação entre a América e a corte também se deveu a alguns processos experimentados no século XVIII, como a descoberta dos metais preciosos no Brasil, o espantoso crescimento demográfico nas conquistas americanas, o incremento do tráfico de escravos, a multiplicação das atividades produtivas-mercantis e, em especial, a mudança na organização do Estado – a exemplo das reformas pombalinas – e sua maior intromissão na sociedade.

A maior complexidade econômica e social da América lusa é ilustrada quando decompomos os dados populacionais entre 1700 e 1808. Nesse período, a população americana, como se viu, mais do que decuplicou, e isso ocorreu principalmente como resultado da tendência de alta do tráfico atlântico de escravos. Estima-se que, no primeiro quartel do século XVIII, entraram no Brasil 476 mil africanos, e, entre 1801 e 1825, essas chegadas subiam para 1.236,50 cativos.[21] Esses números "sugerem" que em finais do século XVIII a população brasileira, especialmente nas áreas de escravidão mercantil, devia ser predominantemente de origem africana. Fenômeno reforçado, ainda, pelas estimativas demográficas para algumas áreas dessa América. Segundo o mapa de população para as capitanias de Pernambuco, Paraíba, Rio Grande e Ceará, feito no ano de 1762 para 1763, elas somavam 169.582 almas, das quais 63.038 ou 37,2% eram negros e pardos, sendo 23.869 ou 14,1% do total geral forros.[22] Conforme B.J. Barickman, a cidade de Salvador da Bahia contava com cerca de 33.635 habitantes em meados da década de 1770, número que a transformava numa grande população urbana das Américas, no mesmo plano que a Filadélfia com as suas 40 mil pessoas.[23] Em 1810, segundo Alexandre Ribeiro, temos estimativas sobre composição da Bahia em negros, mulatos e brancos: os dois primeiros grupos representavam 78,6% do cômputo geral; desses, 31,6% eram livres, e 47%, escravos.[24] A presença da população de origem africana é ainda vista no Rio de Janeiro em 1799, ou seja, na cabeça do vice-reinado. Naquele ano, o centro da cidade contava com 43.376 habitantes, dos quais 19.578 (45,13%) foram classificados como brancos, e mais da metade, ou seja, 23.798, identificados como escravos e libertos. Os libertos somaram 8.812 pessoas ou 20,3% do total da população carioca: entre eles, 4.227 eram pardos, e 4.585, pretos.[25]

O afluxo de homens e mulheres representou para áreas como Minas Gerais a expansão territorial da economia escravista-mercantil, e, para outras, a exemplo do Rio de Janeiro, a sua consolidação definitiva. Como pano de fundo de tais movimentos, temos o espraiamento de redes de mercados e de áreas produtivas dos sertões de Mato Grosso aos de Benguela e a multiplicação das fortunas a partir do comércio.[26]

Neste ponto, devemos lembrar que tais fenômenos demográficos e econômicos não aconteciam no vazio, mas numa sociedade com estruturas sociais preexistentes e cujos traços eram dados pelo Antigo Regime católico. Leia-se, aqueles processos ocorreram numa organização social ciosa de suas hierarquias e cuja promoção social, principalmente na passagem da escravidão para a liberdade, resultava de operações "informais" e "costumeiras", feitas no interior das "casas".[27] Em outras palavras, nessa América, o encontro da escravidão mercantil com o catolicismo no âmbito das "casas" criou, para a "república", um novo grupo social: os forros pretos e pardos. No reino, a concessão da promoção social como dádiva – pensamos na dada de foros de fidalgo e de hábitos militares – era um privilégio monopolizado pelo rei. Na escravidão do antigo regime nos trópicos lusos, a concessão da promoção social como dádiva – pensamos na alforria – podia ser um privilégio compartilhado por vários grupos sociais senhores de cativos, entre eles os senhores descendentes de escravos. A manumissão em larga escala na América lusa criou o forro como segmento social, e, através de tal fenômeno, a ascensão social ingressa e reforça a lógica da sociedade estamental ciosa de suas diferenças. A alforria reforça, também, a ideia de superioridade social de uns sobre outros. Para este último ponto, basta lembrar que a alforria sublinha o poder de alguns darem a "dádiva" da vida/liberdade a outros. Sendo estas últimas ideias compartilhadas por diferentes estratos sociais.

Em 1988, Stuart Schwartz publicou um estudo clássico sobre estrutura e posse de escravos na Bahia e nele defendia a hipótese de que a escravidão baiana da época, ao contrário da caribenha, era marcada pelo pequeno senhor de cativos. Nos mapas de população do recôncavo baiano de 1816-17, 83,6% dos proprietários de cativos tinham plantéis de um a nove escravos, os com mais de cem escravos correspondiam apenas a 0,5% dos senhores.[28] Podemos supor a presença de forros entre esses pequenos donos de escravos quando recorremos aos mapas de população da época com a informação sobre a qualidade da cor. Em 1775, no mapa dos moradores da Penha, uma freguesia de Salvador da Bahia, foram listados 234 domicílios, dos quais 134 ou 47,2% do total eram chefiados por pardos, pretos e cabras. Desses, 34,3% eram senhores e concentravam 27,4% dos cativos da região.[29] Em texto recente, Roberto Guedes Ferreira e Márcio Souza Soares sugerem que forros e portugueses partilhavam de valores semelhantes quando na condição de donos de escravos. Os autores demonstram que, dos 76 testamentos de forros recolhidos aleatoriamente para a freguesia de Santíssimo Sacramento entre 1751 e 1800, 62 ou 81,6% eram escravistas, e, neles, 47 ou 61,2% concederam alforrias; entre os 161 portugueses e ilhéus da mesma amostragem, 75,2% possuíam cativos, e em 64 ou 39,7% temos manumissões. Por seu turno, os testadores que alforriavam justificavam tal ação como recompensa por serviços recebidos por seus ex-cativos. Já nos testamentos de forros, a sua manumissão era vista como algo inestimável e sem contradom, pois representava uma nova vida.[30] Portanto, a manumissão ou a "dádiva" de conceder a vida insere-se na lógica da antropologia católica de reafirmação da "autoridade" numa hierarquia social ciosa de suas diferenças.[31]

Porém, a situação é mais difícil de se entender, pois não raro os forros, fossem preto ou pardos, eram vistos pelas elites locais de algumas áreas e do reino como ameaças à ordem escravista e à hierarquia social. Com certeza este não é o espaço para desenvolver tais ideias, afinal trata-se de um livro sobre comunicação política entre os diferentes poderes que compunham a monarquia. Seja como for, essa monarquia católica possibilitou uma das maiores sociedades de base escravista na modernidade e mais a ideia de ascensão social como dádiva e resultado possível da ação dos escravizados.

Por seu turno, essa sociedade escravista de Antigo Regime formada ao longo do século XVIII foi marcada, além do fenômeno da alforria massiva, por outras experiências sociais. Por exemplo, pelo sempre renovado fluxo de idas e vindas de pessoas entre o reino camponês rentista e a América lusa escravista e o retorno ao reino. Um fluxo que, *grosso modo*, podia ser resumido à ida de caixeiros de origem camponesa para a América escravista, à sua transformação lá em negociantes, e ao retorno e fixação no reino como rentista.

No topo da estratificação econômica e social dessa América, especialmente no Centro-Sul, temos a formação de grupos de negociantes de grosso trato, os quais, a um só tempo, controlavam setores nevrálgicos da economia como o tráfico de escravos, o crédito e o abastecimento de alimentos. Em fins do século XVIII, diferentes praças mercantis brasileiras já deviam estar na sua terceira geração, porém, apesar disso, os seus principais empresários eram homens vindos ainda jovens do Minho, Norte de Portugal. Portanto, provavelmente a dinâmica da monarquia pluricontinental da época também resultou em redes de sociabilidades e de negócios que atravessavam o Atlântico e, com isso, uniam o reino e suas conquistas americanas. Muitos daqueles empresários, uma vez enriquecidos, solteiros ou com suas famílias brasileiras, voltaram ao Norte de Portugal e ou a Lisboa. Mas, também, outros fixaram residências no Rio e nas demais cidades americanas.[32]

Pesquisas já clássicas e outras mais recentes para Portugal sugerem que esses minhotos de volta ao reino convertiam suas fortunas mercantis em aplicações rentistas – imóveis urbanos, em especial –, ou seja, abandonavam o comércio e não aplicavam em projetos de modernização econômica, conforme os padrões da época.[33] Desse modo, no reino, tais carreiras não se traduziam em um *ethos* que possibilitasse a sedimentação e reprodução social de um grupo mercantil. Ao que parece, em Portugal, os negociantes não chegaram a se constituir como um segmento social capaz de se manter no tempo através de gerações de suas próprias famílias. Essa abertura do grupo mercantil a novos integrantes permitiu que os jovens alfabetizados, filhos de lavradores e artesãos minhotos, continuassem a entrar no comércio e depois, na velhice, a viver do rentismo. No meio disso, promoviam a vinda para a América de algum sobrinho ou conterrâneo. A simbiose entre grupos mercantis e processo migratório é uma das marcas essenciais do Atlântico setecentista. Tudo isso à sombra, mas também à margem da monarquia, pois a maioria dos emigrantes "furtivamente se embarca(va)m" (D. Luís da Cunha).

Até onde se sabe, os negociantes que ficaram no Brasil optaram pela *plantation* escravista, mas também pelo rentismo (prédios urbanos, em especial). Em outras palavras, a exemplo dos reinóis, eles permaneceram nos horizontes do Antigo Regime e ainda não garantiram a reprodução social de famílias no comércio de modo a constituir-se em um grupo social.[34] Seja como for, a hipótese de redes de sociabilidade atravessando o Atlântico luso e a conversão de fortunas acumuladas no comércio em aplicações pré-industriais, em Lisboa ou no Rio de Janeiro, merecem estudos mais detalhados. Assim como merece mais atenção a investigação do recrutamento dos estratos superiores dos lavradores e artesãos minhotos para as carreiras mercantis e depois, em fins do século XVIII, para as elites sociais dos brasis. Essas hipóteses tornam-se mais interessantes quando acrescentamos a esse cenário a escravidão negra na conquista americana, conforme antes destacado.

AS TIPOLOGIAS DO BANCO DE DADOS PARA O BRASIL

No Anexo 3 reproduzimos a planilha usada do banco de dados e nele se vê que sua base foi a folha de rosto dos documentos do Arquivo Histórico Ultramarino. Em tais resumos temos a natureza da fonte – ordem régia, consulta etc. –, a sua datação, os locais de emissão, a identificação dos emissores e receptores, o assunto tratado etc. Considerando essas informações, elaboramos tipologias para os emissores, os receptores e os assuntos presentes nas missivas, como se vê nos Anexos 3 e 4; neles, também apresentamos a justificativa para cada um desses tipos.

Um outro campo criado foi o da "dimensão de poder", do qual partia o emissor da correspondência. Com isso, procuramos precisar o lugar político e institucional do qual partia o emissor ao se dirigir à Coroa. Por exemplo: quando um juiz da alfândega real na conquista informava ao Conselho Ultramarino sobre o movimento portuário, ele escrevia a partir do "poder da Coroa na conquista", pois tratava de um assunto de sua jurisdição conforme a carta patente recebida da Coroa. Entretanto, caso o mesmo juiz da alfândega pedisse um hábito militar, ele deixava o "poder da Coroa na conquista" para se situar no "poder doméstico", já que o tema da carta tratava de interesses de sua família – remuneração pelos serviços dos componentes, presentes e passados, de sua casa – e não do cotidiano do ofício régio.

Quadro 1
Dimensões do poder

Tipologia	Justificativa
Poder do reino	Rei, Conselhos (de Estado, de Guerra, de Fazenda, Ultramarino), Desembargo do Paço, Relação do Porto, Mesa de Consciência e Ordens, Inquisição
Poder na conquista	Governo geral, Tribunais das Relações e Desembargadores, donatários, Governadores de capitanias, capitão-mor de capitanias, provedor, ouvidor, arcebispos, bispos
Poder donatarial	Donatários
Poder local	Câmaras, ordenanças, familiares do Santo Ofício, párocos, irmandades
Poder privado ou doméstico	Todas as correspondências que se referiram a solicitações de caráter particular, tais como pedidos de mercês

Através dos procedimentos apresentados, procuramos medir e comparar as comunicações políticas e assim realizar uma primeira aproximação da dinâmica da monarquia pluricontinental lusa. Temos plena consciência de que as matérias tratadas nas comunicações não podem ser medidas e muito menos comparadas. Desnecessário dizer que sabemos, por exemplo, que a missiva na qual o vice-rei ao Brasil, marquês de Montalvão, proclama sua lealdade a D. João IV não tem o mesmo peso que a carta régia de *serventia do ofício de escrivão do juizado de órfãos do Rio de Janeiro*. Portanto, esse banco tem limites impostos pelo bom senso: o tratamento quantitativo de comunicações políticas deve ser feito com muito cuidado.

Se o que dissemos há pouco é verdade, também o conjunto de possibilidades apresentadas pelo referido banco de dados – medir e comparar as comunicações políticas – permite avançar na análise da gestão da monarquia pluricontinental através da quantificação dos temas tratados nas comunicações políticas. Por exemplo, temos uma ideia de tal gestão quando avaliamos a importância dos pedidos e provisões de ofícios civis e militares na correspondência entre as "repúblicas" locais e a corte. Em geral, tal soma corresponde a cerca de 1/5 do total das correspondências, sendo superado apenas pelos temas da governação. Esse fenômeno indica que o padrão de administração da monarquia, em suas diferentes geografias, era marcado pela concessão de mercês. Os números informam também que a dinâmica da monarquia estava baseada na justiça distributiva do rei. A importância de tal banco de dados para o estudo da gestão administrativa da Coroa é ainda revelada quando ele nos permite perceber sobre a quantidade irrisória das comunicações emitidas de Lisboa sobre o governo dos escravos nas plantações. Assunto, afinal, afeito ao âmbito dos domicílios (das casas) e não aos tribunais e ministros da monarquia. Daí ser perfeitamente razoável o silêncio do rei sobre a matéria. Da mesma forma, a pouca frequência da correspondência entre as câmaras e os conselhos palacianos nos fala de um sistema político em que o município era percebido como uma comunidade política dotada da prerrogativa do autogoverno. Por conseguinte, cabia a tais comunidades a jurisdição do cotidiano comezinho dos citadinos, tais como mercado, abastecimento, justiça ordinária e saúde. A interferência dos oficiais régios podia implicar em um conflito de jurisdição e ameaçar a ordem pública. Os exemplos acima informam que os números do banco, suas percentagens, falam sobre uma dada cultura política ou sobre a lógica do sistema político que as criou.

Outra fragilidade do citado banco e das mensurações a partir dele feitas é que uma mesma carta podia conter diversos assuntos, porém decidimos tratar somente o enfatizado na sua folha de rosto.

Enfim, o tratamento quantitativo da comunicação política possui seus limites, porém contribui também para o debate de temas fundamentais da historiografia sobre a monarquia lusa na época moderna. Por último, é desnecessário dizer que os números apresentados nos capítulos a seguir devem ser vistos com todo o cuidado e principalmente como tendências. Outrossim, também não é preciso fazer notar que, apesar de todas as revisões feitas na base de dados, e não foram poucas, com certeza ela apresenta erros, seja na coleta das informações primárias, seja na tabulação das informações. Acresce que se teve de registrar apenas um assunto por documento. Diante disso, só podemos dizer que sentimos muito, porém tais problemas são inevitáveis em trabalho de tal envergadura que envolveu dezenas de pesquisadores, de graduandos a professores sêniores, no preparo de uma massa documental de cerca de dezenas de milhar de missivas.

Banco de dados sobre o reino e Açores

O banco de dados sobre o reino e as ilhas, montado para permitir a comparação com as bases da América, foi construído a partir de livros de registro das câmaras de Viana da Foz do Lima, Évora, Vila Viçosa, Faro e Ponta Delgada, recolhidos entre 1640 e 1807-08.[35] Como se referiu, ressalvam-se naturalmente as quebras de informação resultantes da degradação ou omissão dos originais, para além das decorrentes das disparidades dos critérios de registro.

Tabela 6
Registros nas bases do reino e ilhas

Número de registros	
Évora	3.202
Faro	2.857
Viana da Foz do Lima	2.708
Vila Viçosa	1.812
Ponta Delgada	768

A escolha dos livros de registro de alvarás, provisões e cartas depositados nos arquivos camarários decorreu de uma constatação bem conhecida: para o reino – e em parte para as ilhas – nenhum fundo da administração central do Antigo Regime conservou algo equivalente ao que ficou do Conselho Ultramarino e na Secretaria de Estado da Marinha e Negócios Ultramarinos em resultado do terremoto de 1º de novembro de 1755. Só depois dessa data, por norma, se encontra em fundos da administração central – Desembargo do Paço e Secretaria de Estado dos Negócios do Reino[36] – algo equivalente ao que se pode topar no Arquivo Histórico Ultramarino.

A documentação camarária utilizada, entretanto, apresenta algumas importantes limitações: registra por norma correspondência recebida – obrigando a deduzir uma grande parte da expedida –; os critérios de registro variam de umas para outras câmaras e no tempo. De fato, os "livros de registro de alvarás, provisões e cartas" deviam existir em todas as câmaras e decorriam da obrigação afirmada na legislação desde finais da Idade Média de elas arquivarem os privilégios e escritura locais. Mais tarde, a documentação recebida de interesse camarário foi sendo trasladada para livros, para os quais "não se copiaram só documentos oriundos das instituições centrais da Coroa ou das Casas, mas também outros documentos com emissores, receptores e conteúdos muito diversificados". Em sentido inverso, é possível afirmar que parte da correspondência recebida não foi neles registrada.[37]

Por tudo o que se disse, a comparação da documentação do reino com a do Ultramar só se pode fazer tendo em conta que os critérios de registro não são uniformes.

O que não impede comparações em absoluto, nem ainda que se possam encontrar nos dois tipos de registros – ou seja, nos da administração central da Coroa e nas fontes locais – muitos documentos, tais como os requerimentos camarários e outros perfeitamente análogos.

Na seleção das câmaras reinóis pesou uma pluralidade de critérios. Desde logo, só se escolheram sedes de comarca. Pretendeu incluir-se uma cabeça de ouvidoria de casa senhorial – Vila Viçosa –, que depois se tornou de casa da família real com administração autônoma. Escolheram-se duas câmaras interiores e duas litorâneas e portuárias. Incluíram-se municípios das duas regiões que na própria época eram vistas como as mais contrapostas e díspares, Alentejo e Minho. Por fim, forçoso é reconhecer que a disponibilidade e a acessibilidade dos fundos documentais também pesaram nas escolhas.

Tabela 7

Número de registros, paróquias e habitantes nas câmaras e concelhos em 1801

Câmara	Província	Número de registros na câmara	Número de habitantes das paróquias urbanas do concelho em 1801	Número total de habitantes da comarca em 1801
Évora	Alentejo	3.202	11.375	53.562
Faro	Algarve	2.857	7.336	38.836
Viana da Foz do Lima	Minho	2.708	7.293	124.777
Vila Viçosa	Alentejo	1.812	3.515	31.081
Ponta Delgada	Açores	768	7.372	54.670
Total		11.347		

Fontes: Compol; Fernando de Sousa, *A população portuguesa nos inícios do século XIX*; Francisco Afonso de Chaves e Melo, *A Margarita Animada*, comentada e anotada por Nuno A. Pereira & Hugo Moreira.

O LIVRO

O livro que aqui se apresenta resulta, assim, do esforço ainda pouco habitual de historiadores, individualmente ou em pequenos grupos, escreverem textos nos quais as dimensões "coloniais" e "metropolitanas" estiveram sempre presentes. Partindo, como foi destacado, de bases de dados comuns, está organizado em três partes que abrangem doze capítulos. A primeira parte debruça-se sobre a arquitetura institucional da monarquia e circulação da comunicação; a segunda, sobre os temas da comunicação; e a terceira, por fim, sobre os agentes e espaços institucionais de comunicação.

O projeto permitiu constatar a importância da circulação de normas que hoje chamaríamos legislativas e avaliar a frequência com que eram distribuídas às câmaras,[38] dando a conhecer quais eram e como foram mudando os organismos da administração central que emitiam no contexto ultramarino,[39] e, de forma decisiva, permitiu avaliar a intermediação exercida pelos militares – governadores de capitania e das armas – e dos magistrados letrados, uns e outros nomeados diretamente pela Coroa e estudados na sua atuação com detalhe neste projeto. A escala considerada possibilitou, num cenário de grande continuidade institucional, avaliar as diferenças entre o reino e o Brasil sobretudo no que se reporta à intervenção de governadores.[40] De fato, os vice-reis e os governadores das capitanias configuraram-se como os principais interlocutores institucionais ultramarinos na comunicação com a Coroa, abrangendo uma enorme diversidade de matérias e superando em frequência todas as demais instituições e oficiais locais. Pelo contrário, a atuação dos governadores de armas do reino só se ampliava significativamente a matérias civis em tempos de guerra, embora no Algarve as suas competências fossem mais alargadas. Pôde também comprovar-se que a comunicação dos magistrados letrados se limitou quase sempre às competências jurisdicionais que lhes estavam cometidas. Notou-se ainda que os temas específicos da sua atividade judicial – instrução de processos, reunião de provas, produção de sentenças – não constam desse tipo de comunicação. Por fim, foi possível constatar as diferenças assinaláveis existentes entre os diversos territórios.

O projeto possibilitou, de igual modo, a análise da comunicação entre as periferias e o centro. Desde logo, permitiu realçar o papel decisivo que a solicitação e a concessão de mercês desempenhavam nas relações entre os súditos ultramarinos e a Coroa. A maior parte dos requerimentos, em todos os territórios da monarquia, são petições individuais solicitando a remuneração de serviços e outras mercês. Esse é um aspecto absolutamente fundamental da construção política da monarquia pluricontinental portuguesa.[41] Apesar da intermediação exercida por governadores e da ambivalência da atuação dos juízes de fora e ouvidores, as câmaras enviaram um número significativo de requerimentos para Lisboa, embora se possa questionar a dimensão da sua autonomia[42] – aliás, ficamos a saber pela investigação do projeto que as câmaras mais importantes possuíam procuradores permanentes em Lisboa para tratarem de seus assuntos, e que esses procuradores atuavam muito para além dos que foram designados para as cortes seiscentistas.[43] Muito notável nesse particular foi observar as juntas de câmaras e os seus nexos com as antigas modalidades parlamentares, mas, ainda, a clara quebra nas emissões de requerimentos verificada na segunda metade do século XVIII, detectável em proporções variáveis tanto no reino como na América.

Uma outra observação é que, apesar da diversidade dos registros que temos, ficamos com uma percepção clara de que outros grupos corporativos, por vezes em conflito com as câmaras, mantinham uma comunicação política frequente com o centro.[44] O governo local era uma forma de equilíbrio entre os vários agentes institucionais e grupos corporativos locais, nestes se incluindo os poderes e os poderosos dos termos rurais, e muitas vezes o governo central era chamado a intervir e arbitrar esses mesmos conflitos. No reino, como em outros territórios do Atlântico, embora com variação de protagonistas. O caso de Luanda, estudado com um cruzamento de fontes único, permite observar um jogo inesperado entre governador, juiz de fora, câmara e potentados locais.[45] Naturalmente, a ponderação da diversidade geográfica e das suas implicações, dado não termos incluído todos os territórios da monarquia, é ainda um terreno em aberto.

Quanto aos temas da comunicação, foi dada especial atenção à fiscalidade, à guerra e ao comércio e moeda,[46] para além da legislação já reportada. Algumas sugestões importantes se retiram dessas análises. Uma primeira diz respeito aos silêncios da comunicação, às matérias que quase não são nomeadas, para eventual surpresa dos investigadores: a escravatura, nesse particular, vem à cabeça. A segunda reporta-se à dificuldade em distinguir matérias "administrativas" de assuntos "políticos" e, mais ainda, "econômicos". As distinções do presente não se podem transpor para o tempo analisado e, quer no espaço do reino, quer no do ultramar, muitas das questões mais decisivas aparecem revestidas de uma dimensão "administrativa" ou "jurisdicional". Por fim, as questões tributárias, essenciais nas relações entre "centro" e "periferias", também não contribuem para estabelecer uma distinção linear entre o reino e as "conquistas", mas outro tipo de diferenças. No reino, a décima da Restauração provocou muito mais rumor e discussão do que a décima pombalina, cem anos mais tarde... e nunca nenhum imposto reinícola parece ter sido tão debatido como o quinto do ouro no território das Minas Gerais. De resto, foi assinalável a frequência com que os poderes locais no Brasil disputaram o pagamento dos donativos e outras tributações. Aparentemente, a capacidade de interlocução em matérias tributárias parece ter sido maior e mais prolongada no tempo na América portuguesa, por comparação com o reino.

Os resultados da investigação que aqui se apresentam são, por tudo isso, tão relevantes pelas conclusões que trazem, como pelas pistas que abrem. O terreno de investigação que foi percorrido alarga-se a novas dimensões futuras.

Balanço e perspectivas

Confirmou-se, assim, a regularidade da comunicação política entre o centro e as periferias. No reino, como nos demais espaços atlânticos, os vínculos de papel mantiveram-se ativos ao longo dos quase dois séculos que se analisaram. Talvez isso fosse espectável. Mas agora podem usar-se outros indicadores para se medirem os ritmos, as variações no tempo e, sobretudo, apreender as diversidades geográficas e a mediação dos agentes com uma outra sutileza, pese embora o muito que ainda ficou de lado. No entanto, as múltiplas pesquisas realizadas sugerem que uma grande prudência é necessária na hora de avaliar os resultados. Quer quando se utilizaram métodos quantitativos, quer quando se recorreu a métodos qualitativos, as indicações são relevantes, mas colocam muito frequentemente dúvidas sobre se, em particular, as mudanças que a pesquisa revela decorrem de mutações efetivas ou apenas das alterações na forma dos registros. Arriscamos análises e comparações, mesmo sabendo que estas nunca podem ser lineares. A alternativa seria um exercício infinito sobre as fontes e as condições da sua produção.

Em segundo lugar, importa destacar que, se é verdade que a generalidade ou a maioria dos membros do projeto partilhava concepções e hipóteses comuns, a dimensão da comunicação política introduziu uma nova variável, um conjunto de interrogações que não era redutível aos pressupostos de partida, em larga medida, porque realmente inédito. As respostas dos vários participantes no projeto foram por norma convergentes mas também, em alguns pontos, divergentes. Se, como se disse, se confirmou a intensidade daquilo que designamos como "comunicação política", não se pode esquecer que boa parte da comunicação intercontinental atlântica se fazia totalmente à margem dos circuitos do "papel" oficial, ou seja, realizava-se através dos canais de circulação da informação, certamente muito intensos, que as redes mercantis alimentavam, como outras pesquisas comprovam. Também a relação entre a hierarquia dos lugares e a intensidade da comunicação, os circuitos da comunicação – remetida para o centro da monarquia em Lisboa, ou apenas para instâncias locais – e as mediações das representações – diretamente pelos corpos locais, ou por intermédio dos "agentes do centro", como os governadores ou ouvidores – estão muito longe de obedecer a um padrão uniforme no espaço ou no tempo.

Em termos gerais, a pesquisa confirmou que os atores da comunicação a partir das periferias atlânticas eram, em primeiro lugar, os indivíduos solicitando mercês, e depois os governadores e os corpos políticos locais, com as câmaras à frente, com ou sem a intervenção de mediadores. Nesses corpos locais, tinham relevante intervenção as plurais instituições eclesiásticas, bem como do mundo das confrarias e misericórdias, instrumentos de integração corporativa de uma boa parte dos grupos subalternos, incluindo libertos e escravos. Os temas das representações locais foram aparentemente recorrentes – para além das mercês individuais, os privilégios de corpo –, e a na maior parte dos casos reativos a inovações do centro. No entanto, parece claro que a oposição mais ou menos aberta, frequente no século XVII, particularmente nos espaços coloniais, se vai tornando menos visível, sobretudo, na segunda metade do século XVIII – decai em especial no período pombalino. Acresce que emergem novos grupos de "representação", com especial destaque para os negociantes que surgem em final do século XVII e virão a ter um protagonismo institucional crescente, apesar de não constituírem uma "corporação": não existiam os consulados espanhóis/hispânicos no reino ou no atlântico português. Por fim, o próprio direito de peticionar é, pontual mas explicitamente, questionado no período pombalino. Sem que perca a sua expressão ainda no início do século XIX.

Do outro lado, o projeto revelou que, se a maior parte da comunicação registrada no Resgate é emitida da América, o centro com o qual se comunica foi sofrendo mutações institucionais. O rei, ou "Lisboa", não era um personagem onisciente, que em tudo pensava. No reino, assim como nos domínios, delegava as suas atribuições num conjunto plural de conselhos e atores até a segunda metade de Setecentos. Só então o mecanismo das "consultas" diminui claramente, coisa que a pesquisa confirmou, e os secretários de Estado foram surgindo como os principais agentes de comunicação e, eventualmente, de decisão política. Mas a promoção da "novidade" é bem mais fácil de detectar no plano discursivo – campanha antijesuítica – do que no plano institucional. Com quem se comunica o centro? É difícil, já se disse, destrinçar a comunicação "política" da "administrativa", o ordinário do extraordinário, o "executivo" do simples "registro". Mas algumas diferenças emergem claramente nesse plano. No Ultramar, os governadores são os principais interlocutores do centro – passivos e ativos –, e não têm equivalente nos governadores de armas do reino fora dos períodos de guerra. No reino, são para certos efeitos os magistrados letrados providos pelo centro (corregedores) que lhes fazem as vezes. E tudo parece mudar no século XVIII, sobretudo, mas não só, na segunda metade da centúria. Na América, os governadores parecem no pombalismo tender a monopolizar a comunicação com o centro. Mas, depois, os magistrados letrados recuperam algum do seu protagonismo. E se as emissões camarárias e de outros grupos corporativos locais parecem diminuir, tal tendência não é uniforme e tem recuperações ulteriores, tanto no reino como nas conquistas. Algumas coisas estão a mudar na monarquia antes de 1808. Mas, mesmo sentindo alguns efeitos dessas mutações, a esmagadora maioria dos intervenientes não tem a perceção de quaisquer sintomas de crise. Por tudo isso, 1807-08, anos da partida da família real de Portugal e da sua chegada ao Brasil, com tudo aquilo que se lhes está associado fora e dentro da monarquia, constituem balizas pertinentes para encerrar a nossa pesquisa.

O fato de este livro e os projetos que lhe estiveram na origem tomarem como base empírica as comunicações oficiais produzidas no âmbito da estrutura administrativa da monarquia condicionou, certamente, os seus resultados. De resto, reiteradamente se referiu que existiam outros circuitos de comunicação (eclesiásticos, mercantis, desde logo) e que o que se passava dentro de casa (mesmo da casa-grande) só de forma limitada tinha eco neste registro. No entanto, não parecem restar dúvidas de que o modelo de "império em rede" adotado para descrever as configurações imperiais portuguesas a partir da experiência asiática quinhentista não traduz de forma adequada os circuitos de comunicação política no Atlântico seiscentista e setecentista. Os atores da comunicação eram múltiplos e sofreram algumas mudanças no tempo, mas foram sempre sendo moldados pelo lugar institucional que o desenho, muito uniforme, da monarquia portuguesa lhes conferia. Aliás, as fontes utilizadas só de forma limitada permitem captar as comunicações políticas no interior de cada território (câmara ou capitania). Mas se em cada território se pode identificar alguma diversidade nos atores e nos centros, de modo algum se podem e se devem descrever as parcelas e o conjunto como agregado descentrados. Afinal, o Rei e aqueles conselhos e secretários que da Europa em seu nome falavam eram o inequívoco centro da comunicação política, ao menos, em matérias seculares.

ANEXOS

Anexo 1

Tabela 8

Registros de correspondências por capitania em números absolutos e em porcentagens, segundo as coleções do Arquivo Histórico Ultramarino

Áreas/ períodos	1640 1656	1680 1690	1725 1726	1735 1736	1755 1756	1763 1764	1785 1795	Demais anos*	Totais por área
Angola	302	537	184	165	162	150	922	4	2.428
Bahia	660	536	741	568	609	253	682	1.105	5.155
Pará	44	109	121	168	311	279	912	173	2.137
Maranhão	230	187	122	122	191	87	1.671	175	2.775
Minas Gerais	–	–	327	319	345	249	1.110	1.076	3.426
Pernambuco	271	381	391	201	369	–	–	2.210	3.823
Rio de Janeiro	480	355	533	406	604	347	1.776	994	5.495
São Paulo	23	24	141	117	66	33	407	663	1.474
Total por períodos	2.010	2.129	2.560	2.066	2.657	1.398	6.400	26.700	26.713

Fonte: Arquivo Histórico Ultramarino.

*Total das correspondências, ativa e passiva, das Câmaras Municipais com o Conselho Ultramarino nos demais anos.

Anexo 2 – Equipes de investigadores

Brasil

1. **Angola:** Roberto Guedes Ferreira (docente da Universidade Federal Rural do Rio de Janeiro); Adriano Comissoli (docente da Universidade de Passo Fundo – RGS); Antonio Carlos Jucá de Sampaio (docente da Universidade Federal do Rio de Janeiro).

2. **Bahia:** Professor Francisco Cosentino (Universidade Federal de Viçosa); Beatriz Carvalho dos Santos (discente da Universidade Federal de Viçosa); Caroline Garcia Mendes (discente da Universidade Federal de Viçosa); Daniela Rabelo Costa Ribeiro Paiva (discente da Universidade Federal de Viçosa); Hugo André Flores Fernandes Araújo (discente da Universidade Federal de Viçosa); João Henrique Ferreira de Castro (discente da Universidade Federal de Viçosa); Letícia Cristina Fonseca Destro (discente da Universidade Federal de Viçosa); Lindiamara Jaqueline Gonçalves de Azevedo (discente da Universidade Federal de Viçosa); Renato de Souza Alves (discente da Universidade Federal de Viçosa); Sarah Cristina Santiago Barcelos.

3. **Minas Gerais, Rio de Janeiro e São Paulo:** Carla Almeida (docente da Universidade Federal de Juiz de Fora); Franciany Cordeiro Gomes (discente da Universidade Federal de Juiz de Fora); Gabriela Duque Dias (discente da Universidade Federal de Juiz de Fora); Lívia Ferreira Teixeira (discente da Universidade Federal de Juiz de Fora); Mariana Oliveira (discente da Universidade Federal de Juiz de Fora); Tarcísio Concolato Greggio (discente da Universidade Federal de Juiz de Fora).

4. **Rio de Janeiro:** João Fragoso (docente da Universidade Federal do Rio de Janeiro); Ana Paula Tostes (discente da Universidade Federal do Rio de Janeiro); Bruna Milheiro (discente da Universidade Federal do Rio de Janeiro); Jerônimo de Aguiar (discente da Universidade Federal do Rio de Janeiro); Mareana Barbosa (discente da Universidade Federal do Rio de Janeiro); Tatiane Amorim Vasconcelos (discente da Universidade Federal do Rio de Janeiro).

5. **Pernambuco:** Antonio Carlos Jucá de Sampaio (docente da Universidade Federal do Rio de Janeiro); Thiago Silva Rodrigues (discente da Universidade Federal Fluminense); Renata Moreira (discente da Universidade Federal do Rio de Janeiro); Vanessa Alves de Assis Vieira (discente da Universidade Federal do Rio de Janeiro); Nathália Lemos (discente da Universidade Federal Fluminense); Flávia Lomba (discente da Universidade Federal do Rio de Janeiro).

Portugal

António Castro Nunes (CIDEHUS   Universidade de Évora, bolsista de investigação do projeto FCT).
Fátima Farrica (CIDEHUS – Universidade de Évora, bolsista de investigação do projeto FCT).
Miguel Baltazar (pelo ICS – Universidade de Évora, bolsista de investigação do projeto FCT).

Anexo 3

Quadro 2
Tipologia de emissores e receptores

	Tipo de cargo	Justificativa
1	Governo	Monarca, conselhos, secretários de governo, vice-reis, governadores-gerais, governadores de capitanias etc.
2	Justiça	Desembargadores, ouvidores e demais oficiais de justiça de Sua Majestade
3	Igreja	Arcebispos, bispos, padres, cônegos, abades, conventos, mosteiros
4	Câmara Municipal	Cargos das Câmaras Municipais como vereadores, juízes ordinários, juiz de fora etc.
5	Irmandades e Confrarias	Autoexplicativo
6	Militar	Todos os cargos militares das tropas; da armada; das ordenanças etc.
7	Ofício mecânico	Artesãos
8	Comércio e negócios	Todos aqueles envolvidos na atividade comercial, independentemente do tamanho do negócio
9	Fazenda	Provedores e demais oficiais da Fazenda Real
10	Particulares	Cartas de indivíduos tratando de assuntos pessoais e particulares
11	Outros	Autoexplicativo

Anexo 4

Quadro 3
Tipologia de assuntos

	Tipo	Justificativa
1	Economia	Produção da riqueza social na forma de lavoura e currais
2	Comércio e Navegação	Autoexplicativo
3	Fiscalidade	Alfândega, tributação, donativos, quintos, devassa
4	Soldos	
5	Justiça e polícia	Exercício da Justiça Real pela ouvidoria, Casa de Suplicação e demais tribunais

	Tipo	Justificativa
6	Militar	Guerra, defesa, tropas, manutenção de tropas, defesa de fronteiras, ataque e roubo de navios
7	Governação	Exercício do mando político e administrativo dos governadores, vice-reis e ordens vindas da corte
8	Conflitos de jurisdição	Conflitos entre oficiais régios, camarários no exercício de suas atribuições (em geral estabelecido por cartas-patentes)
9	Assuntos camarários	Autoexplicativo
10	Privilégios e mercês	Sesmarias, hábitos militares, foros de fidalguia etc.
11	Provimento de ofícios régios civis	Pedido e concessão de cartas-patentes de provedores da Fazenda Real
12	Provimento de ofícios régios militares	Pedido e concessão de cartas-patentes de oficiais da infantaria paga
13	Representação e festas	Autoexplicativo
14	Assuntos religiosos	Clero secular e regular, irmandades, despesas com igrejas etc.
15	Indígenas	Assuntos referentes aos indígenas (inclusive escravidão, conversão e missões)
16	Escravidão	Apenas as questões da escravidão africana
17	Revoltas	Sublevações de segmentos sociais, inclusive escravos e indígenas
18	Assuntos privados	Assuntos particulares dos oficiais régios, camarários, prelados e demais agentes do poder local, administração da Coroa etc.

Notas

1. Nuno G. Monteiro (inv. resp.), *A comunicação política na monarquia pluricontinental portuguesa (1580-1808): Reino, Atlântico e Brasil*, Fundação para a Ciência e Tecnologia, PTDC/HIS-HIS/098928/2008; também João Fragoso & Isabel Guimarães Sá & Nuno Gonçalo Monteiro (coord.) A Monarquia e seus Idiomas: corte, governos ultramarinos, negociantes, régulos e escravos no mundo português (sécs XVI-XIX) – Cooperação ao abrigo do Convénio FCT/CAPES 2008 – Processo 411.00
2. O projeto foi pensado em 2008 e apresentado a concurso no início de 2009. Os textos foram entregues pelos autores entre 2014 e 2015. Na elaboração do projeto teve um papel decisivo Maria de Fátima Gouvêa, falecida poucos dias antes da submissão da sua candidatura; na sua concretização Francisco Cosentino, desaparecido de entre nós em 2016, foi fundamental. A ambos dedicamos os resultados do nosso trabalho. Gostaríamos ainda de agradecer ao Instituto de Ciências Sociais da Universidade de Lisboa o onde o projeto Compol ficou sedeado e à editora Civilização Brasileira pela aposta e pelo profissionalismo revelados na produção deste livro.
3. *Cf.* Carla Almeida (dir.), *Circuitos de comunicação política na monarquia pluricontinental portuguesa do século XVIII: Reino, Ilhas, África e Brasil.*
4. Brasil, Ministério da Cultura, Projeto Resgate de Documentação Histórica Barão do Rio Branco.

5. *Cf.*, por todos, António Manuel Hespanha, *As vésperas do Leviathan. Instituições e Poder Político. Portugal — Séc. XVII*; Maria Helena Coelho & Joaquim Romero Magalhães, *O Poder Concelhio: das Origens às Cortes Constituintes*; e José V. Capela, *Entre-Douro e Minho 1750-1830. Finanças. Administração e Bloqueamentos Estruturais no Portugal Moderno*.

6. *Cf.*, por todos, João Fragoso & Maria Fernanda Bicalho & Maria de Fátima Gouvêa (orgs.). *O Antigo Regime nos Trópicos: a dinâmica imperial portuguesa (séculos XVI-XVIII)*.

7. Como parece ser, em certos casos, o que se verifica com a comunicação fazendária depois da instituição do Real Erário em Lisboa e das Juntas da Fazenda nas diversas capitanias.

8. Decreto de 14 de julho de 1642, publicado inicialmente com ano de 1643.

9. Goa, S. Salvador e S. Luís eram as povoações onde residiam os vice-reis e governadores dos três referidos Estados.

10. Ou seja, no sentido clássico latino que Bluteau refere (*cf.* nota seguinte).

11. A imensidade da bibliografia aconselha que as referências sejam breves. Note-se que, ao mesmo tempo que o tema da história dos impérios conhece grande expressão – *cf.*, por exemplo, Jane Burbank & Frederick Cooper, *Empires in World History* –, registram-se apostas claras em designações alternativas: *cf.* Tamar Herzog & José Javier Ruíz Ibáñez & Pedro Cardim & Gaetano Sabatino (eds.). *Polycentric Monarchies. How did Early Modern Spain and Portugal Achieve and Maintain a Global Hegemony?*. Note-se que, no universo cultural português, se tem insistido no uso da taxonomia "império" para os séculos XVI e XVII; *cf.* A. Doré & L. F. Silvério Lima & L. Geraldo Silva (orgs.). *Facetas do Império na História: Conceitos e Métodos*. No entanto, no dicionário de Bluteau do início do século XVIII, afirmava-se que império era "monarquia ou região muito ampla dominada de um Príncipe", depois de se aludir ao império otomano, dizia-se que "hoje [...] se toma por Alemanha". De resto, o termo "colónia" mantinha no dicionário o sentido clássico romano de "gente que se manda para uma terra novamente descoberta ou conquistada", não servindo para qualificar a generalidade dos territórios controlados em outras paragens por potências europeias. Sobre o caso britânico, *cf.* James Truslow Adams, "On the Term 'British Empire'", pp. 485-489; e, entre muitos outros, David Armitage, *The Ideological Origins of the British Empire*, que sugere o significado instável do termo no segundo quartel do século, mas com tendência a alargar-se do arquipélago britânico para o conjunto dos territórios do Atlântico.

12. *Cf.* Luís Filipe Thomaz, "Estrutura político-administrativa do Estado da Índia no século XVI", pp. 207-243.

13. Joaquim Romero Magalhães, "As estruturas sociais de enquadramento da economia portuguesa de Antigo Regime: os concelhos".

14. *Cf.* Nuno Gonçalo Monteiro (coord.), "Os poderes locais no Antigo Regime"; José Damião Rodrigues, "Para o sossego e tranquilidade das ilhas"; António Vasconcelos Saldanha, *As capitanias do Brasil: antecedentes, desenvolvimento e extinção de um fenómeno Atlântico* (pref. Frédéric Mauro)

15. É muito superior ao número de emigrantes de Espanha para os vários territórios da respectiva monarquia. Os números disponíveis valem o que valem, e a bibliografia é imensa; *cf.* Livi Bacci Massimo, *Breve historia de las migraciones*, pp.164-165, do mesmo.

16. As diversas exceções à regra irão sendo discutidas ao longo deste livro.

17. John H. Elliott, *La Corona y los Colonizadores*, pp. 189-238.

18. Brasil, Ministério da Cultura, Projeto Resgate de Documentação Histórica Barão do Rio Branco. Brasília, ano 1996. Note-se que a referida documentação reproduz apenas os do-

cumentos avulsos do Arquivo Histórico Ultramarino e não a totalidade da documentação camarária aí existente, designadamente, a que consta da serie Códices.

19. A catalogação da documentação manuscrita avulsa, série Angola, só foi disponibilizada ao público em setembro de 2014 e apenas até o ano de 1765.

20. Em função das dificuldades de pesquisa, tal período, na prática, limitou-se a 1680-90.

21. David Eltis & David Richardson & Stephen Berhens & Manolo Florentino, *The trans-atlantic slave trade database*. Disponível em: <http://wilson.library.emory.edu:9090>; <http://www.slavevoyages.org/tast/assessment/estimates.faces>.

22. "Mappa Geral dos Fogos, Filhos, Filhas, Clérigos, Pardos, Forros, Agregados, Escravos, Escravas, Capelas, Almas, Freguesias, Curatos e Vigários; com declaração do que pertence a cada termo, total de cada Commarca, e geral de todas as Capitanias de Pernambuco, Paraíba, Rio Grande e Seará; extraído no estado em que se achavão no anno de 1762 para 1763; sendo Governador e Capitão General das sobreditas capitanias Luís Diogo Lobo da Silva". Biblioteca Nacional do Rio de Janeiro, Divisão de Manuscritos. Mapas estatísticos da capitania de Pernambuco. 3, 1, 38, fl. 01; Disponível em: <http://objdigital. bn.br/acervo_digital/div_manuscritos/cmc_ms618_15_32/cmc_ms618_15_32.pdf>.

23. B. J. Barickman, *Um contraponto baiano – açúcar, fumo, mandioca e escravidão no Recôncavo, 1780-1860*, pp. 533. Ver também Alexandre Vieira Ribeiro, *A cidade de Salvador: estrutura econômica, comércio de escravos e grupo mercantil (c. 1750 – c. 1800)*.

24. Alexandre Vieira Ribeiro, *A cidade de Salvador: estrutura econômica, comércio de escravos e grupo mercantil (c. 1750 – c. 1800)*, p. 43.

25. IHGB. *Resumo total da População que existia no ano de 1799, compreendendo as quatro freguesias desta cidade do Rio de Janeiro*, v. XXI, pp. 216-217. Disponível em: <http:// biblioteca.ibge.gov.br/visualizacao/monografias/GEBIS%20-%20RJ/RJ1799_1900.pdf>; Cabe sublinhar a inexistência de sólidos trabalhos demográficos para a América lusa dos séculos XVII e XVIII. Por exemplo: não temos ainda estimativas seguras sobre a população indígena para as capitanias litorâneas de meados do século XVIII.

26. Essa expansão da economia escravista e mercantil deve ser vista com cautela, pois grande parte das conquistas americanas ainda eram escassamente povoadas, como aliás já sugerimos anteriormente em tabela.

27. O conceito "casa" é aqui entendido conforme um dos seus correntes nas fontes dos séculos XVII e XVIII na América lusa, ou seja, como sinônimo de família em domicílio autônomo. Para a compreensão de família no Antigo Regime Católico enquanto comunidade política dotada de autogoverno, ver A. M. Hespanha *Imbecillitas*. No parágrafo acima, que tal como a generalidade das páginas desta subalínea se baseou sobretudo na pesquisa e na escrita de João Fragoso, as referidas casas são principalmente da nobreza da terra; grupo para o qual temos mais conhecimento das práticas de parentesco, consanguíneo e fictício do que das famílias mercantis.

28. Schwartz compara o Brasil com os EUA e afirma que em ambas as sociedades domina o pequeno plantel de cativos, ao contrário da Jamaica. Porém, no Brasil, ao contrário do Sul dos Estados Unidos, o catolicismo produz em larga escala a alforria (e com ela os forros) como uma dádiva, *Segredos internos, engenhos e escravos na sociedade colonial*, p. 374.

29. Projeto Resgate Série Bahia Castro Almeida. Mapa dos moradores da freguesia da Penha AHU CU 005-01, cx 47, d. 8745-8752 *Apud*. Julia Ribeiro Aguiar, "Forros senhores de escravos: mestiçagem, hierarquia e tráfico negreiro nas capitanias da Bahia e Rio de Janeiro na segunda metade do século XVIII".

30. Roberto Guedes Ferreira & Márcio Souza Soares, "As alforrias entre o medo da morte e o caminho da salvação de portugueses e libertos (Rio de Janeiro, segunda metade do século XVIII)".

31. Roberto Guedes Ferreira, *Egressos do cativeiro: trabalho, família, aliança e mobilidade social (Porto Feliz, São Paulo, c. 1798 – 1850)*; Ana Paula Cabral Tostes, "O lugar social dos homens 'pardos' no cenário rural da cidade do Rio de Janeiro (Recôncavo da Guanabara, Freguesia de Nossa Senhora do Desterro de Campo Grande, século XVIII)"; Julia Ribeiro Aguiar, "Por entre as frestas das normas: nobreza da terra, elite das senzalas e pardos forros em uma freguesia rural do Rio de Janeiro (São Gonçalo, sécs. XVII-XVIII)"; Márcio de Souza Soares, *A remissão do cativeiro. A dádiva e o governo dos escravos nos Campos dos Goitacases, c.1750 – c. 1830*; João Fragoso, *Elite das Senzalas e nobreza principal da terra numa sociedade rural de Antigo Regime nos Trópicos: Campo Grande (Rio de Janeiro), 1704-1740*, v. 3, p. 241-306.

32. Para a presença de minhotos na elite econômica em cidades mineiras, ver, por exemplo, Carla Almeida: *Ricos e pobres em Minas Gerais. Produção e hierarquização social no mundo colonial, 1750-1822*, p. 179. Para a naturalidade dos negociantes no Rio de Janeiro, ver: Antonio Carlos Jucá de Sampaio, *Famílias e negócios: a formação da comunidade mercantil carioca na primeira metade do setecentos*, pp. 225-264.

33. Jorge Pedreira e depois Leonor Freire Costa, em seus estudos sobre os grandes negociantes lisboetas de diferentes épocas do século XVIII, chegam, *grosso modo*, às mesmas conclusões: trata-se de um grupo com grande fluidez em seus quadros e, portanto, com fracos mecanismos de reprodução social. No estudo mais detalhado de Pedreira, é demonstrada a origem rural e minhota de seus integrantes, e estes, uma vez enriquecidos, tendiam a aplicar suas fortunas na segurança de suas famílias, o que geralmente significava aplicações em imóveis urbanos e em créditos de vária natureza. Pedreira sugere que esse padrão estaria claramente a mudar em finais do século XVIII, mas, mesmo assim, a regra era o negócio não se manter por mais de uma geração. Jorge Miguel Viana Pedreira, *Os homens de negócio da Praça de Lisboa de Pombal ao Vintismo (1755-1822): Diferenciação, reprodução e identificação de um grupo social*, pp. 374-375. Leonor Freire Costa & Maria Manuela Rocha & Rita Martins de Sousa. *Fluxos de ouro e agentes: perfil social e renovação do grupo mercantil*, pp. 121-152, especialmente 152.

34. João Fragoso, *Homens de grossa aventura: acumulação e hierarquia na praça mercantil do Rio de Janeiro, 1790-1830*.

35. Câmara Municipal de Viana do Castelo, Livro de Registro, n 3-33; Câmara Municipal de Faro, Livros de Registro 1-11; Arquivo Histórico Municipal de Évora, livros 71-90 e 138-142; Câmara Municipal de Vila Viçosa, RG 703-807b; Câmara Municipal de Ponta Delgada, lv. 115-122. De fato, a documentação reinol acabou por ser recolhida quase sempre a partir de 1621.

36. Depositada no Instituto dos Arquivos Nacionais/Torre do Tombo (Lisboa).

37. *Cf.* Mafalda Soares da Cunha & Fátima Farrica. "Comunicação política em terras de jurisdição senhorial. Os casos de Faro e de Vila Viçosa (1641-1715)", pp. 296-300, sobre a caracterização dessas fontes. No caso de Évora, existiu ainda a utilização complementar dos livros de originais da câmara.

38. *Cf. Difusão da legislação (1621-1808)*, por Pedro Cardim & Miguel Baltazar.

39. *Cf. O Conselho Ultramarino e a emergência do Secretário de Estado na comunicação política entre reino e conquistas*, por Maria Fernanda Bicalho & André Costa.

40. *Cf. Governadores reinóis e ultramarinos*, por Francisco Cosentino & Mafalda Soares da Cunha & Ronald Raminelli & António Castro Nunes; e ao papel dos magistrados, *cf. Corregedores, ouvidores-gerais e ouvidores*, por Mafalda Soares da Cunha & Maria Fernanda Bicalho & Fátima Farrica & Isabele Mello & António Castro Nunes.

41. *Cf. Poderes e mercês nas Conquistas americanas de Portugal (séculos XVII e XVIII)*, por João Fragoso.

42. *Cf. Poder político das câmaras*, por Ronald Raminelli.

43. *Cf. Cortes, Juntas e Procuradores*, por Pedro Cardim & José Damião Rodrigues & Maria Fernanda Bicalho.

44. *Cf. Grupos corporativos, e comunicação política*, por Nuno Gonçalo Monteiro & Francisco Cosentino.

45. *Cf. A câmara de Luanda, a rainha, o governador, o ouvidor, os livros e a Dona Antônia Maria de Jesus (século XVIII)* por Roberto Guedes Ferreira.

46. *Cf. Fiscalidade e comunicação política no império*, por Carla Almeida & Antonio Carlos Jucá de Sampaio & André Costa; *Guerra e assuntos militares*, por Roberto Guedes Ferreira & Mafalda Soares da Cunha; *Economia, moeda e comércio*, por Antonio Carlos Jucá de Sampaio.

FONTES

"Mappa Geral dos Fogos, Filhos, Filhas, Clérigos, Pardos, Forros, Agregados, Escravos, Escravas, Capelas, Almas, Freguesias, Curatos e Vigários; com declaração do que pertence a cada termo, total de cada Commárca, e geral de todas as Capitanias de Pernambuco, Paraiba, Rio grande e Seará; extraído no estado em que se achavão no anno de 1762 para 1763; sendo Governador e Capitão General das sobreditas capitanias Luís Diogo Lobo da Silva". Biblioteca Nacional do Rio de Janeiro, Divisão de Manuscritos. Mapas estatísticos da capitania de Pernambuco. 3, 1, 38, fl. 01. Disponível em: <http://objdigital.bn.br/acervo_digital/div_manuscritos/cmc_ms618_15_32/cmc_ms618_15_32.pdf>.

ALMANAQUE DE LISBOA. Lisboa: ARS, 1783-1820.

ARQUIVO HISTÓRICO MUNICIPAL DE ÉVORA, livros 71-90 e 138-142.

ARQUIVO HISTÓRICO ULTRAMARINO.

BARICKMAN, B. J. *Um contraponto baiano – açúcar, fumo mandioca e escravidão no Recôncavo, 1780-1860*. Rio de Janeiro: Civilização Brasileira, 2003, p. 533.

BRASIL, MINISTÉRIO DA CULTURA, Projeto Resgate de Documentação Histórica Barão do Rio Branco.

BRASIL, MINISTÉRIO DA CULTURA. Projeto Resgate de Documentação Histórica Barão do Rio Branco. Brasília, ano 1996.

CÂMARA MUNICIPAL DE FARO, Livros de Registro 1-11.

CÂMARA MUNICIPAL DE PONTA DELGADA, lv. 115-122.

CÂMARA MUNICIPAL DE VIANA DO CASTELO, Livro de Registro, n3-33.

CÂMARA MUNICIPAL DE VILA VIÇOSA, RG 703-807b.

COMPOL (abreviatura) do projeto sediado no Instituto de Ciências Sociais/Universidade de Lisboa. João Fragoso & Nuno Gonçalo Monteiro (pesquisadores responsáveis), "A comunicação política na monarquia pluricontinental portuguesa (1580-1808): Reino, Atlântico e Brasil", Fundação para a Ciência e Tecnologia, PTDC/HIS-HIS/098928/2008; também de João Fragoso & Nuno Gonçalo Monteiro (coord.) "A Monarquia e seus Idiomas: corte, governos ultramarinos, negociantes, régulos e escravos no mundo português (séculos XVI-XIX)" – Coopeação ao abrigo do Convênio FCT/CAPES 2008 – Processo 411.00

INSTITUTO DOS ARQUIVOS NACIONAIS/TORRE DO TOMBO.

MONTEIRO, Nuno G. (inv. resp.). *A comunicação política na monarquia pluricontinental portuguesa (1580-1808): Reino, Atlântico e Brasil*. Fundação para a Ciência e Tecnologia, PTDC/HIS-HIS/098928/2008; também FRAGOSO, João & GUIMARÃES, Isabel Sá & MONTEIRO, Nuno Gonçalo (coord.). *A Monarquia e seus Idiomas: corte, governos ultramarinos, negociantes, régulos e escravos no mundo português (sécs XVI-XIX)* – Cooperação ao abrigo do Convénio FCT/CAPES 2008 – Processo 411.00

Referências bibliográficas

ADAMS, James Truslow. "On the Term 'British Empire'". *The American Historical Review*, v. 27, n 3, pp. 485-489. Oxônia: Oxford University Press, 1992.

AGUIAR, Julia Ribeiro. "Por entre as frestas das normas: nobreza da terra, elite das senzalas e pardos forros em uma freguesia rural do Rio de Janeiro (São Gonçalo, sécs. XVII-XVIII)". UFRJ: IH, 2015. Dissertação de Mestrado.

AHU CU 005-01, cx 47, d. 8745-8752. *Apud*. AGUIAR, Julia Ribeiro. "Forros senhores de escravos: mestiçagem, hierarquia e tráfico negreiro nas capitanias da Bahia e Rio de Janeiro na segunda metade do século XVIII". Rio de Janeiro: PPGHIS – UFRJ, 2015. Texto inédito.

ALDEN, Dauril. "The Population of Brazil in the Late Eighteenth Century". *In: The Hispanic American Historical Review*, v. 43, n. 2. Durham: North Carolina. 1963, pp. 173-205.

ALMEIDA, Carla (dir.). *Circuitos de comunicação política na monarquia pluricontinental portuguesa do século XVIII: Reino, Ilhas, África e Brasil.*

_____. *Ricos e pobres em Minas Gerais. Produção e hierarquização social no mundo colonial, 1750-1822*. Belo Horizonte: Argvmentum, 2010, p. 179.

ALVERNE, Frei Agostinho de Monte. *Crónicas da Província de S. João Evangelista das Ilhas dos Açores*. Ponta Delgada: Instituto Cultural de Ponta Delgada, 3 v., 1960-1962.

ARMITAGE, David. *The Ideological Origins of the British Empire*. Ideas in Context, n 59. Cambridge: Cambridge University Press, 2000.

BARICKMAN, B.J. *Um contraponto baiano – açúcar, fumo, mandioca e escravidão no Recôncavo, 1780-1860*. Rio de Janeiro: Civilização Brasileira, 2003, p. 533.

BURBANK, Jane & COOPER, Frederick. *Empires in World History*. Nova Jersey: Princeton University Press, 2010.

CAPELA, José V. *Entre-Douro e Minho 1750-1830. Finanças. Administração e bloqueamentos estruturais no Portugal moderno.*

COELHO, Maria Helena & MAGALHÃES, Joaquim Romero. *O Poder Concelhio: das Origens às Cortes Constituintes.*

COSENTINO, Francisco & CUNHA, Mafalda Soares da & RAMINELLI, Ronald & NUNES, António Castro. *Governadores reinóis e ultramarinos. In*: MONTEIRO, Nuno Gonçalo & FRAGOSO, João (Orgs.). *Um reino e suas repúblicas no Atlântico: comunicações políticas entre Portugal, Brasil e Angola nos séculos XVII e XVIII*. Rio de Janeiro, Civilização Brasileira, 2017.

COSTA, Leonor Freire & ROCHA, Maria Manuela & SOUSA, Rita Martins de Sousa. "Fluxos de ouro e agentes: perfil social e renovação do grupo mercantil". *In: O Ouro do Brasil*. Lisboa: Imprensa Nacional – Casa da Moeda, 2013, pp. 121-152.

CUNHA Mafalda Soares da & NUNES, António Castro. "Territorialização e poder na América Portuguesa. A criação de comarcas, séculos XVI-XVIII". *Tempo*, n 39. Niterói, jan.-abr., 2016. Disponível em: <http://www.historia.uff.br/tempo/site/wp-content/uploads/2016/04/1-Mafalda-Soares-port.pdf>.

CUNHA, Mafalda Soares da & BICALHO, Maria Fernanda & FARRICA, Fátima & MELLO, Isabele Pereira de & NUNES, António Castro. *Corregedores, ouvidores-gerais e ouvidores*. In: MONTEIRO, Nuno Gonçalo & FRAGOSO, João (Orgs.). *Um reino e suas repúblicas no Atlântico: comunicações políticas entre Portugal, Brasil e Angola nos séculos XVII e XVIII*. Rio de Janeiro, Civilização Brasileira, 2017.

CUNHA, Mafalda Soares da & FARRICA, Fátima. "Comunicação política em terras de jurisdição senhorial. Os casos de Faro e de Vila Viçosa (1641-1715)". *Revista portuguesa de história*, pp. 296-300. Coimbra: Faculdade de Letras da Universidade de Coimbra, Instituto de História Económica e Social, 2013. Disponível em: <https://digitalis.uc.pt/pt-pt/artigo/comunica%C3%A7%C3%A3o_pol%C3%ADtica_em_terras_de_jurisdi%C3%A7%C3%A3o_senhorial_os_casos_de_faro_e_de_vila_vi%C3%A7osa_1641>.

DORÉ, A. & LIMA , L. F. Silvério & SILVA, L. Geraldo (orgs.). *Facetas do Império na História: conceitos e métodos*. São Paulo: Aderaldo & Rothschild, 2008.

ELLIOTT, John H. *La Corona y los Colonizadores*. In: *Impérios del Mundo Atlántico: Espana y Gran Bretaña en América (1492-1830)*. Madri: Taurus, 2006, pp. 189-238.

ELTIS, David & RICHARDSON, David & BERHENS, Stephen & FLORENTINO, Manolo. *The trans-atlantic slave trade database*. Disponível em: <http://wilson.library.emory.edu:9090>; e <http://www.slavevoyages.org/tast/assessment/estimates.faces>.

FERREIRA, Roberto Guedes & SOARES, Márcio Souza. "As alforrias entre o medo da morte e o caminho da salvação de portugueses e libertos (Rio de Janeiro, segunda metade do século XVIII)". In: GUEDES, Roberto & RODRIGUES, Claudia & WANDERLEY, Marcelo da Rocha. *Últimas vontades: testamento, sociedade e cultura na América ibérica. Séculos XVII e XVIII*. Rio de Janeiro: Mauad X & Faperj, 2015.

FERREIRA, Roberto Guedes. *Egressos do cativeiro: trabalho, família, aliança e mobilidade social (Porto Feliz, São Paulo, c. 1798 – 1850)*. Rio de Janeiro: Mauad, 2008.

FRAGOSO, João & BICALHO, Maria Fernanda & GOUVÊA, Maria de Fátima (orgs.). *O Antigo Regime nos Trópicos: a dinâmica imperial portuguesa (séculos XVI-XVIII)*. Rio de Janeiro: Civilização Brasileira, 2001.

FRAGOSO, João. *Elite das Senzalas e nobreza principal da terra numa sociedade rural de Antigo Regime nos Trópicos: Campo Grande (Rio de Janeiro), 1704-1740*. In: FRAGOSO, João & GOUVÊA, Maria de Fátima. (Orgs.). *O Brasil Colonial 1720-1821*. Rio de Janeiro: Civilização Brasileira, 2014, v. 3, pp. 241-306.

_____. *Homens de grossa aventura: acumulação e hierarquia na praça mercantil do Rio de Janeiro, 1790-1830*. Rio de Janeiro: Civilização Brasileira, 1998.

FRANZINI, Mariano M. "Notícias Estadísticas sobre a extensão e população do Reino de Portugal e ilhas do oceano Atlântico". *Almanach Portugez*. Lisboa, 1826.

HERZOG, Tamar & IBÁÑEZ, José Javier Ruíz & CARDIM, Pedro & SABATINO, Gaetano (eds.). *Polycentric Monarchies. How did Early Modern Spain and Portugal Achieve and Maintain a Global Hegemony?*. Latin American Studies. Delaware: Sussex Academic Press, 2012.

HESPANHA, António Manuel. *Imbecillitas*. Belo Horizonte: Editora UFMG, 2000.

_____. *As vésperas do Leviathan. Instituições e Poder Político. Portugal – Séc. XVII*. Lisboa: Almedina, 1986.

IHGB. "Resumo total da População que existia no ano de 1799, compreendendo as quatro freguesias desta cidade do Rio de Janeiro". *Revista do Instituto Histórico e Geográfico Brasileiro*, v. XXI, pp. 216-217, 1858. Disponível em: <http://biblioteca.ibge.gov.br/visualizacao/monografias/GEBIS%20-%20RJ/RJ1799_1900.pdf>.

MADEIRA, Artur Boavida. "População e emigração nos Açores (1766-1820)". Patrimonia Historica. Cascais Patrimonia, 1999.

MAGALHÃES, Joaquim Romero de. "As estruturas sociais de enquadramento da economia portuguesa de Antigo Regime: os concelhos". Notas económicas, nº 4, Universidade de Coimbra, 1994.

MASSIMO, Livi Bacci. Breve historia de las migraciones. Madri : Alianza Editorial, 2012, pp.164-165.

MELO, Francisco Afonso de Chaves e. A Margarita Animada, comentada e anotada por PEREIRA, Nuno A. & MOREIRA, Hugo. In: Nova história da expansão portuguesa: a colonização atlântica, Parte 1. Ponta Delgada: Instituto Cultural de Ponta Delgada, 1994.

MONTEIRO, Nuno Gonçalo (Coord.). "Os poderes locais no Antigo Regime". In: OLIVEIRA, César (dir.). História dos Municípios e do Poder Local em Portugal. Lisboa: Círculo de Leitores, 1996.

PEDREIRA, Jorge Miguel Viana. "Os homens de negócio da Praça de Lisboa de Pombal ao Vintismo (1755-1822): Diferenciação, reprodução e identificação de um grupo social". Lisboa, Universidade Nova de Lisboa, 1995, pp. 374-375. Tese de doutorado.

PINTO, Maria Luís Rocha & RODRIGUES, José Damião & MADEIRA, Artur Boavida. "A Base Demográfica". In: MENESES, Avelino de Freitas de (coord.). Portugal. Da Paz da Restauração ao Ouro do Brasil, v. VII da Nova História de Portugal, direção de Joel Serrão e A. H. de Oliveira Marques. Lisboa: Editorial Presença, 2001, pp. 385-403.

PUNTONI, Pedro. "Como coração no meio do corpo: Salvador, capital do Estado do Brasil". In: SOUZA, Laura de Mello & FURTADO, Junia Ferreira & BICALHO, Maria Fernanda (orgs.). O governo dos povos. São Paulo: Alameda, 2009, pp. 383 (com base em Beatriz Bueno).

RIBEIRO, Alexandre Vieira. "A cidade de Salvador: estrutura econômica, comércio de escravos e grupo mercantil (c. 1750-c. 1800)". Rio de Janeiro: UFRJ, PPGHIS, 2005. Tese de doutorado inédita.

RODRIGUES, José Damião. "Para o sossego e tranquilidade das ilhas". Tempo, n. 21, 2006.

_____. São Miguel no século XVIII: casa, elites e poder. Ponta Delgada: Instituto Cultural de Ponta Delgada, 2003 [2004], 2 v.

SALDANHA, António Vasconcelos. As capitanias do Brasil: antecedentes, desenvolvimento e extinção de um fenómeno Atlântico (pref. Frédéric Mauro). Lisboa: Comissão Nacional para as Comemorações dos Descobrimentos Portugueses, 2001.

SAMPAIO, Antonio Carlos Jucá de. "Famílias e negócios: a formação da comunidade mercantil carioca na primeira metade do setecentos". In: FRAGOSO, João & ALMEIDA, Carla & SAMPAIO, Antonio Carlos Jucá de (orgs.). Conquistadores e Negociantes. Histórias de elites no Antigo Regime nos Trópicos. América Lusa, séculos XVI a XVIII. Rio de Janeiro: Civilização Brasileira, 2007, pp. 225-264.

SCHWARTZ, Stuart. Segredos internos, engenhos e escravos na sociedade colonial. São Paulo: Companhia das Letras, 1988, p. 374.

SERRÃO, José V. "O quadro humano". In: HESPANHA, António Manuel (coord.). História de Portugal (dir. José Mattoso), v. 4: O Antigo Regime (1620-1807). Lisboa: Círculo de Leitores e Editorial Estampa, 1993.

SOARES, Márcio de Souza. A remissão do cativeiro. A dádiva e o governo dos escravos nos Campos dos Goitacases, c. 1750 – c. 1830. Rio de Janeiro: Apicuri, 2009.

SOUSA, Fernando de. A população portuguesa nos inícios do século XIX. 2 v. Porto, 1979.

THOMAS, Luís Filipe. "Estrutura político-administrativa do Estado da Índia no século XVI". De Ceuta a Timor. Rio de Janeiro: Difel, 1994, pp. 207-243.

TOSTES, Ana Paula Cabral. "O lugar social dos homens "pardos" no cenário rural da cidade do Rio de Janeiro (Recôncavo da Guanabara, Freguesia de Nossa Senhora do Desterro de Campo Grande, século XVIII)". UFRJ: IH, 2012. Dissertação de mestrado.

PARTE I
ARQUITETURA DA MONARQUIA E CIRCULAÇÃO DA COMUNICAÇÃO

1

Poderes e mercês nas conquistas americanas de Portugal (séculos XVII e XVIII): apontamentos sobre as relações centro e periferia na monarquia pluricontinental lusa*

João Fragoso

Este texto tem por objetivo contribuir para a reflexão de um conceito em construção: o de monarquia pluricontinental lusa nos séculos XVII e XVIII. Para tanto, a partir das comunicações políticas entre Portugal e suas conquistas do Atlântico Sul, desenvolvemos algumas ideias sobre as dimensões de poder contidas em tal monarquia.[1] Como se verá, parte-se da ideia de que, por se tratar de um sistema político baseado numa concepção corporativa e polissinodal da sociedade, tal monarquia baseava-se numa constelação de poderes concorrentes em cuja posição cimeira estava a Coroa. Da mesma forma, parte-se da ideia de que esse sistema se movimentava através da economia das mercês, ou seja, os elos de reciprocidades e dependências entre aqueles poderes punha em funcionamento a monarquia pluricontinental.

Em fins da década de 1980, colocava-se em dúvida a ideia de absolutismo, assim como a exploração econômica e a subordinação política impiedosa das, até então, chamadas colônias.

Em *As vésperas do Leviathan*, António Manuel Hespanha desenvolveu uma hipótese seminal, na qual monarquia passava a ser entendida como a cabeça da república, porém sem se confundir com esta, já que nela existiam outros poderes concorrentes: da aristocracia às comunas municipais.[2] Era ela a "cabeça pensante", capaz de articular as jurisdições das várias partes que compunham o conjunto do corpo social, seja no reino, seja no ultramar. Com isso temos a ideia de uma monarquia polissinodal e corporativa de base católica. Três anos depois, J. H. Elliott, tendo como referência principalmente o caso espanhol da época moderna, mas aplicado a outras partes da Europa, elaborava a ideia de monarquia compósita. Nela, a monarquia era constituída por vários reinos, sendo que cada um deles conservava, em grande medida, as características de sua existência institucional prévia, estando no interior da monarquia.[3] No caso espanhol, a monarquia, referendada pela união entre Isabel de Castela e

*Agradeço a Nuno Gonçalo Monteiro e a Marcello Loureiro a ajuda na elaboração deste texto, cuja realização contou com os auxílios de pesquisa do CNPq e da Faperj.

Fernando de Aragão, em 1469, era posterior aos reinos previamente existentes na Espanha. Assim, os vários reinos eram mantidos nos termos de suas formações originais, com seus corpos de leis, normas e direitos locais. Cada uma dessas unidades mantinha sua capacidade de autogoverno no interior de um complexo monárquico mais amplo. Em outras palavras, nesse formato, o rei operava como cabeça do corpo social, constituído, por sua vez, pelos vários reinos, os quais eram regidos pelas regras definidas pelo rei, coadunadas com as leis maiores, como foi o caso depois de 1580, após a união ibérica, do vice-reino de Portugal e, em 1603, da edição das Ordenações Filipinas, por exemplo.

Do outro lado do Atlântico, em 1994, Jack Greene, vivendo a mesma atmosfera revisionista, apresentava a noção de autoridade negociada como eixo nas relações entre metrópoles e colônias, rompendo com isso a tradicional concepção de uma inexorável subordinação política das chamadas colônias e de suas elites locais frente às autoridades metropolitanas europeias.[4] Com isso, chegavam à história política as críticas feitas por historiadores da economia à teoria da dependência aplicada à história.

Entre os autores defensores dessa ideia temos Immanuel Wallerstein (ao lado de Gunder Frank e Samir Amin, dentre outros), que, em uma publicação de 1974, procurou explicar a existência de um sistema mundial capitalista, datado do século XVI, através da articulação de um centro com periferias e semiperiferias em escala mundial. Em outras palavras, para Wallerstein, a formação do capitalismo é a constituição de um sistema econômico de dimensão mundial. Esse sistema fora constituído pelo comércio e pela divisão internacional do trabalho, através dos quais o capital mercantil realiza trocas desiguais entre várias periferias e um centro. Em meio a esse movimento, desde fins do Quatrocentos, o capital mercantil pôde criar e recriar formas econômicas em diferentes continentes, todas subordinadas aos interesses de acumulação de riquezas no centro, localizado no Noroeste europeu desde o século XVI. Entre aquelas formas de produção periféricas geradas pelo capital mercantil, teríamos na América a escravidão moderna, e na Europa do Leste, a segunda servidão. As riquezas elaboradas por essas periferias alimentariam o trabalho assalariado e a manufatura capitalista presentes no Noroeste europeu desde o Quinhentos.[5]

Um dos críticos dessa hipótese foi Patrick O'Brien. Em seu artigo "European Economic Development: The Contribution of the Perifery", publicado no início da década de 1980, desenvolveu a ideia de que a contribuição da então chamada *periferia* para a formação do capitalismo inglês fora *periférica*, ao menos em termos de mercado consumidor, até o último quartel do século XVIII. Em outras palavras, a montagem da manufatura inglesa e a sua revolução industrial tiveram de se valer de seu consumo doméstico e do europeu.[6]

Na mesma linha de raciocínio, em 2010, Bartolomé Yun Casalilla lembra que a América espanhola, no século XVI, não estava preparada para demandar produtos europeus. Até finais do Quinhentos, o pagamento feito pelos indígenas no sistema de encomendas, por exemplo, era em produtos, entre eles os têxteis, elaborados nas comunidades locais. Por volta de 1590, quando o contrabando ainda não era uma realidade, todas as exportações espanholas somadas para as Índias de Castela equivaliam ao volume de comércio de uma única cidade espanhola, como Córdoba da época. Por seu turno, a Europa estava muito longe de estar preparada, com uma estrutura manufatureira e comercial, para responder a uma possível demanda americana. Cabe registrar que a Espanha tinha uma rede urbana e manufatureira semelhante à de outras sociedades europeias do Quinhentos e do início do Seiscentos. Neste instante, é bom lembrar que estamos tratando de uma Europa ainda fundamentalmente camponesa: a imensa maioria da população do continente vivia no campo e de suas atividades. Estima-se que, em 1600, somente onze cidades europeias possuíam mais de 100 mil habitantes, entre elas Lisboa e Sevilha. Quanto ao comércio europeu de então, era marcado pelo descenso das vendas de manufaturados e o crescimento de produtos agrícolas. Considerando que os preços dos cereais seriam iguais a 100 no período 1501-1510, no curso do século XVI os preços dos grãos, na Inglaterra, subiram para 425; no norte dos Países Baixos, para 318; e na França, para 651. Na mesma época, os preços dos manufaturados apenas dobraram. Por conseguinte, estamos diante de uma Europa sacudida por crises de colheitas e com estrutura urbano-manufatureira sujeita aos caprichos de uma agricultura camponesa.

Deve-se ainda destacar que, nesse contexto, como se pode deduzir da análise dos números apresentados, a presença das populações americanas pouco contribuiu para reverter as dificuldades do mercado de manufaturados da Europa; caso a América tivesse exercido essa função, com certeza os preços desses produtos mais do que duplicariam. Ao menos no decorrer dos séculos XVI e XVII, as populações do Novo Mundo não chegaram a criar uma demanda que resultasse na multiplicação das manufaturas europeias.[7] Foi a partir do século XVIII, com certeza, que as conquistas americanas ibéricas apareceram com mais intensidade como mercado para as manufaturas elaboradas em Portugal e Espanha. Basta lembrar o crescimento das exportações de têxteis lusos para a economia brasileira ampliada e diversificada tanto pela descoberta do ouro como pelo incremento demográfico extraordinário proporcionado pela entrada de reinóis e do tráfico de escravos.[8] Porém, ao longo do mesmo século temos na mesma América lusa o alargamento, especialmente no Centro-Sul, de uma rede de áreas produtoras e de mercados regionais ligada a acumulações endógenas de riquezas. Esse processo coincidiria com a consolidação de praças comerciais de redistribuição de mercadorias; refiro-me especialmente ao Rio de Janeiro, cujo raio de ação estendia-se dos sertões de Mato Grosso aos de Benguela (Angola), alcançando ainda os portos do Índico.[9]

Enfim, voltando a Casalilla, o século XVI e/ou o XVII ainda não poderiam se comparar ao XIX, quando o império ultramarino aparecerá como apêndice da economia nacional. Só no Oitocentos, as colônias surgiriam definitivamente como mercado para os produtos metropolitanos e fonte de matérias-primas para a metrópole. No Quinhentos e no Seiscentos, o império ultramarino espanhol estava ligado não a um Estado nacional, mas a uma monarquia compósita, portanto de base corporativa e polissinodal, cujos preceitos vinham da escolástica. Isso tinha várias consequências na dinâmica do império.[10]

Entre essas consequências, temos que o projeto espanhol para as conquistas, e acredito que também o português, era impelido por motivos que hoje taxamos de moral-religiosos. Por aquela época, a preocupação da monarquia era difundir o que entendia por civilização cristã no Novo Mundo, e não tanto o que chamamos hoje de capitalismo.

A MONARQUIA PLURICONTINENTAL COMO HIPÓTESE DE TRABALHO[11]

Ao contrário da monarquia dos Áustria espanhóis, nas terras lusas dos Avis, e depois nas dos Bragança, existia apenas um reino e mais as várias conquistas disseminadas pela América, África e Ásia. Nas terras portuguesas, o rei era, como na monarquia hispânica, cabeça do corpo social e, do mesmo modo, não se confundia com ele. Leia-se: a exemplo de outras arquiteturas políticas da Europa Moderna, a portuguesa era polissinodal e corporativa; portanto, existia concorrência e negociação entre seus poderes. Entretanto, apesar dessa semelhança, devemos atentar para as diferenças entre a Coroa lusitana e as demais europeias.

Uma de tais diferenças diz respeito à própria base material da monarquia lusa diante das demais europeias. Em Portugal, Sua Majestade e a primeira nobreza viviam de recursos oriundos não tanto dos camponeses europeus, como em outras partes do Velho Mundo, mas do ultramar, ou seja, das conquistas do reino no além-mar. Eram esses recursos que lhes permitiam manter e renovar à sua primeira nobreza as tributações de origem medieval sobre esses camponeses reinóis que a sustentavam. Tratava-se, portanto, de uma monarquia e de uma nobreza que tinham na periferia a sua centralidade e o seu sustento, e isso era garantido pelo comércio, tendo por base produtiva, principalmente a partir do século XVII, a escravidão africana na América.

Em outras palavras, no reino ou em Portugal, os poderes concorrentes na monarquia compósita consistiam na administração da Coroa, no poder senhorial e no municipal. Já nas conquistas, o poder senhorial, na forma das donatarias, progressivamente foi eliminado pela sua incorporação ao patrimônio régio.[12]

É necessário lembrar que, ao menos desde princípios do século XVIII, Lisboa via como prejudicial aos interesses da Coroa a constituição de capitanias donatárias no Brasil, ou seja, de poderes nas conquistas semelhantes aos senhorios jurisdicionais europeus. Essa era, por exemplo, a opinião do procurador da Coroa, em 1709, expressa em seu parecer com respeito à venda da capitania de Santos e São Vicente por seu então donatário, o marquês de Cascais, a particulares. Conforme o parecer desse procurador no Conselho Ultramarino: "Era conveniente à Coroa não ter donatários no Brasil, principalmente com as exorbitantes cláusulas que continham todas as doações antigas das capitanias daquele estado."[13]

Na América, como em São Tomé e Príncipe e em Angola, o que prevaleceu foi o poder local e a administração régia através do governo-geral e, depois, do vice-reino. Aqui parte-se da hipótese de que na monarquia pluricontinental lusa, ou melhor, entre a Coroa e as elites locais situadas nos municípios das conquistas existiam negociações e pactos políticos. Essas negociações se davam diretamente com o rei e/ou com seus conselhos palacianos e a administração régia situada nas conquistas.[14]

Uma das maneiras de tentar ver o que chamamos de monarquia pluricontinental em funcionamento é através das comunicações políticas trocadas entre o reino e suas conquistas ultramarinas. No caso, trata-se de ordens régias, pedidos de mercês de vassalos e Câmaras Municipais, provimentos de ofícios régios, informes enviados por governadores das capitanias, apelações à Coroa etc. Considerando a natureza polissinodal da monarquia lusa, dividimos os agentes de tais comunicações em quatro tipos de poderes concorrentes, quais sejam: poder central da Coroa, poder da Coroa na conquista, poder local e poder doméstico. Esses poderes, reiterando mais uma vez, segundo concepção polissinodal, seriam a um só tempo hierarquizados e concorrentes. Em razão disso, nas suas comunicações/negociações residia a gestão do império, este entendido como uma monarquia pluricontinental.

O primeiro dos poderes, e no topo de sua hierarquia, é o central da Coroa constituído, além do rei, pelos conselhos palacianos, tais como o Conselho Ultramarino, o da Fazenda e o Tribunal da Fazenda. Esse poder corresponde ao que A. Hespanha denominou de administração central.[15] Outra definição que delimita bem as atribuições do que chamamos de poder central da Coroa na monarquia polissinodal e corporativa, como a portuguesa, pode ser encontrada no texto de Alicia Esteban Estríngana e Alfredo Floristán Imízcoz ao tratar da composição e governo da monarquia espanhola nos séculos XVI e XVII. Segundo esses autores, na monarquia, o rei delegava e favorecia a autonomia de seus representantes territoriais, porém essa prática era limitada. Estava nas mãos do rei, auxiliado por seus conselhos, o "exercício da patronagem e sobretudo a administração suprema da graça". A provisão dos cargos, ofícios, dignidades e remunerações mais proeminentes estava nas mãos do rei. Em outras palavras, distribuir liberalmente a graça para fomentar o serviço e a fidelidade dos súditos e conceder mercês de qualquer tipo para remunerar a justiça nos serviços prestados continuaram sendo assunto pessoal do rei.[16]

O poder da Coroa na conquista era formado pelos ofícios da Coroa no ultramar; assim temos os governadores-gerais ou vice-reis, os ouvidores, provedores da Fazenda, os juízos dos órfãos e da alfândega, os diversos escrivães (ouvidoria, Fazenda, alfândega etc.), os ofícios das tropas regulares como mestres de campo, capitães de infantaria e das fortalezas etc. Na tipologia elaborada por Hespanha em *As Vésperas do Leviathan*, esse poder correspondia à administração periférica da Coroa no reino; no nosso caso, tal administração está nas conquistas. Considerando os limites anteriormente estabelecidos, ou melhor, o fato de o rei reservar para si a distribuição de mercês, cabia aos oficiais régios da periferia garantir em nome de Sua Majestade o bem público, o que se traduzia especialmente na justiça e na proteção militar, atividades essas custeadas pela Fazenda Real instalada nas ditas conquistas.

O poder local tinha a sua maior expressão nas Câmaras Municipais, mas também reunia as corporações que agiam no âmbito da república/localidade, como as irmandades, ordens terceiras, agremiações de comerciantes, grupos de lavradores etc. Por último, na base do sistema político estudado temos o *poder doméstico*, cuja tradução eram as famílias, cada uma delas entendida como uma sociedade naturalmente organizada: casal, consanguíneos, agregados e escravos.[17] Assim compreendido, o poder doméstico era constituído desde as casas da primeira nobreza da monarquia até os domicílios chefiados por lavradores situados no reino e no ultramar. No âmbito da família se realizava a produção da riqueza social e, portanto, nas conquistas americanas, as relações entre senhores e escravos. Um exemplo da ação de tal poder eram os pedidos de mercês e provimento de ofícios régios, nos quais o postulante enumerava os serviços por ele prestados assim como por sua casa à monarquia.

Para evidenciar a ação de tais poderes no âmbito da monarquia, escolhi apresentar quatro conquistas americanas e uma africana: Bahia, por ter sido cabeça do Estado do Brasil até 1763 e por ter na escravidão africana a base de suas lavouras de exportação, alimentos e currais. Maranhão, em razão do estado do Maranhão e Grão-Pará e, ainda, por suas comunidades (poder local) terem por base econômica e social populações indígenas, ao lado dos escravos africanos. Rio de Janeiro, sede da repartição sul do Estado do Brasil e depois capital do vice-reino. Além disso, em termos econômicos, a capitania fluminense foi na América uma das que mais presenciou mudanças na passagem do século XVII para o XVIII: no Seiscentos, era tida pelo capital comercial como uma economia açucareira de segunda diante das capitanias do Norte do Brasil; no século seguinte, transformou-se na principal praça mercantil do Atlântico Sul. Minas Gerais, capitania ocupada no século XVIII em função do ouro e a partir de então um dos principais eixos de circulação de produtos e do tráfico de escravos africanos. Por último, para ilustrar as comunicações políticas entre centro e periferia da monarquia católica lusa ou ainda a presença de dimensões de poderes em tais comunicações, escolhi o Reino de Angola. Angola rapidamente tornar-se-ia a principal abastecedora de escravos para as conquistas americanas de Portugal, sendo a base das suas repúblicas, pois grande responsável pela produção de mão de obra que dava vida à monarquia.

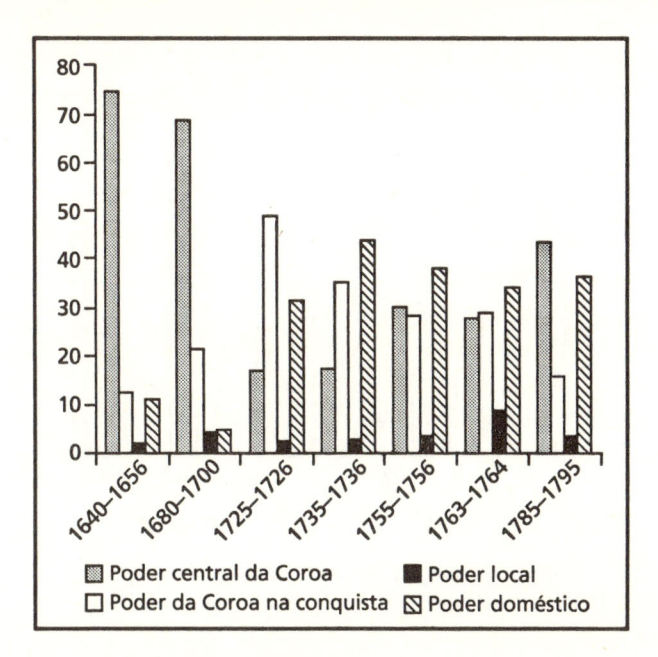

Figura 1.1 Dimensão de poderes: Bahia – dados em %

Fonte: João Fragoso & Isabel Guimarães & Nuno Gonçalo Monteiro (Coords.). *Banco de dados comunicações políticas conquistas americanas e Angola (séculos XVI-XIX).*

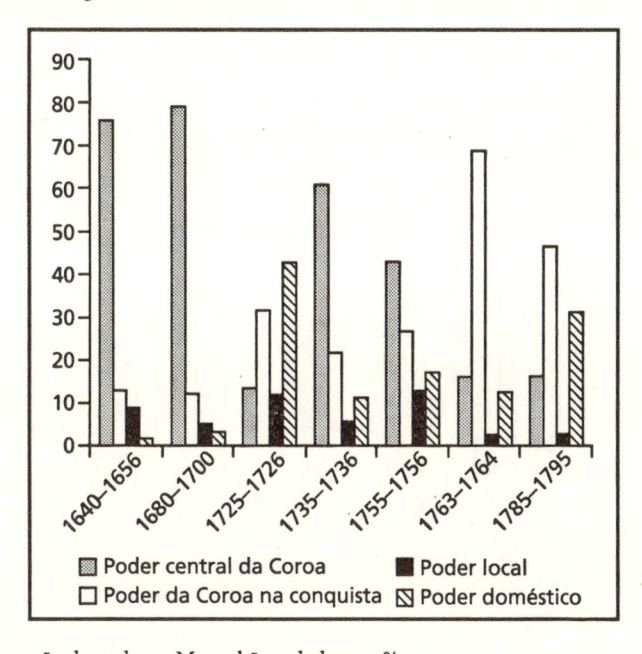

Figura 1.2 Dimensão de poderes: Maranhão – dados em %

Fonte: João Fragoso & Isabel Guimarães & Nuno Gonçalo Monteiro (Coords.). *Banco de dados comunicações políticas conquistas americanas e Angola (séculos XVI-XIX).*

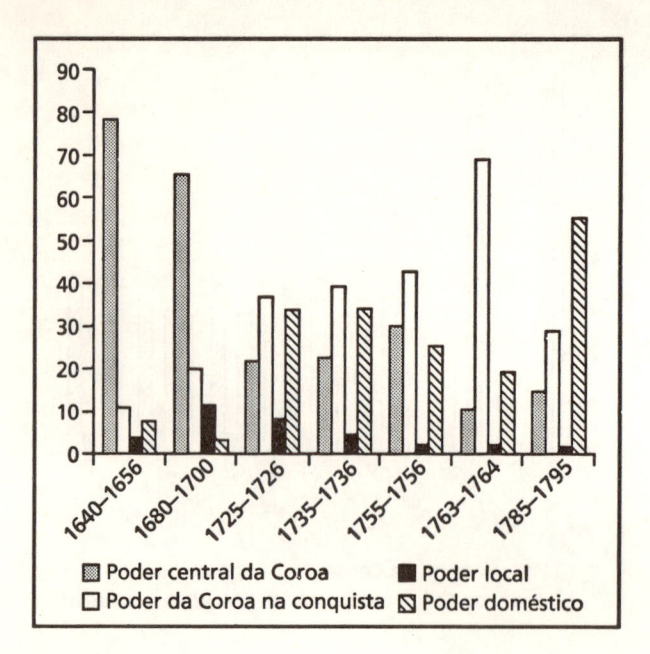

Figura 1.3 Dimensão de poderes: Rio de Janeiro – dados em %

Fonte: João Fragoso & Isabel Guimarães & Nuno Gonçalo Monteiro (Coords.). *Banco de dados comunicações políticas conquistas americanas e Angola (séculos XVI-XIX)*.

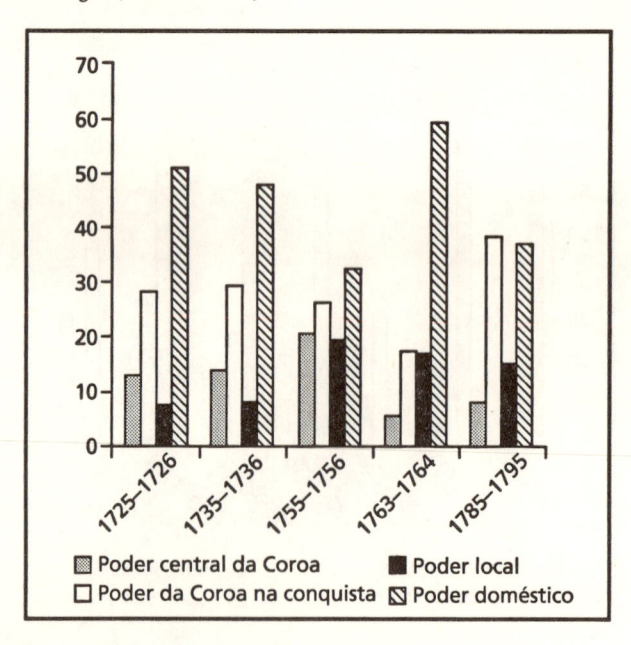

Figura 1.4 Dimensão de poderes: Minas Gerais – dados em %

Fonte: João Fragoso & Isabel Guimarães & Nuno Gonçalo Monteiro (Coords.). *Banco de dados comunicações políticas conquistas americanas e Angola (séculos XVI-XIX)*.

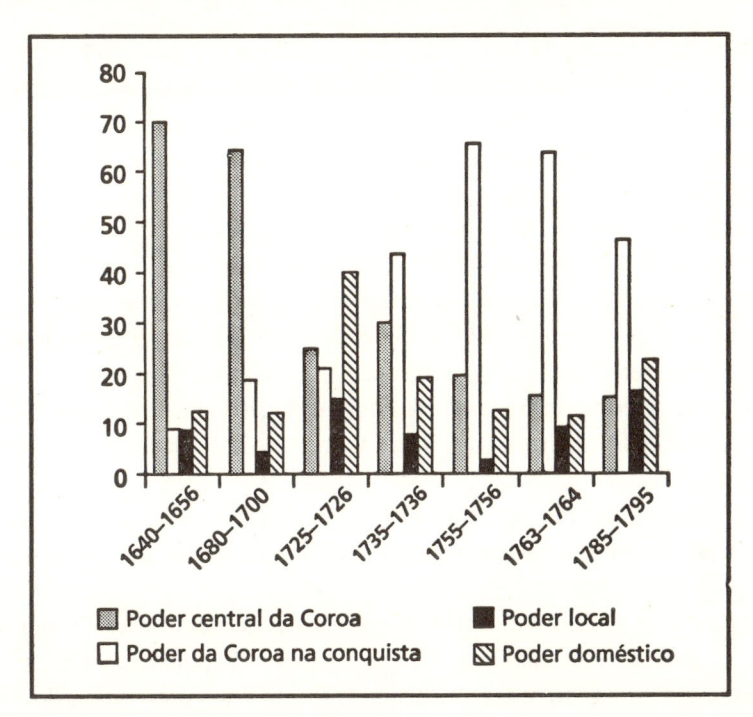

Figura 1.5 Dimensão de poderes: Angola – dados em %

Fonte: João Fragoso & Isabel Guimarães & Nuno Gonçalo Monteiro (Coords.). *Banco de dados comunicações políticas conquistas americanas e Angola (séculos XVI-XIX).*

Apesar das diferenças de natureza econômica e social entre as cinco conquistas, observam--se alguns padrões quanto à distribuição das comunicações pelos poderes considerados. Antes de continuar, devo sublinhar que neste instante é arriscada toda e qualquer análise mais detalhada das flutuações conjunturais e temporais das comunicações representadas nas figuras. Da mesma forma, não temos instrumentos analíticos que permitam medir a qualidade de tais missivas e, portanto, comparar e hierarquizar a sua importância.[18] O máximo que nos arriscamos a fazer é tentar perceber nelas uma ou outra tendência e mesmo assim correndo o risco de estarmos equivocados. Caso consideremos o conjunto do período entre 1640 e 1795, temos quase sempre os poderes da Coroa (central e na conquista) como principal produtor das comunicações. O que era de esperar, pois eram as correspondências e ordens enviadas do reino, cabeça da monarquia, para as suas conquistas. Por parte da periferia, ainda em termos quantitativos, prevalecem, no mesmo período, as comunicações feitas pelo poder da Coroa na conquista e as do poder doméstico. A princípio surpreende a pequena quantidade de comunicações elaboradas pelo poder local, especialmente pelos municípios, em direção ao centro.

Antes de avançar, cabe esclarecer melhor o que denomino de "poder doméstico" no sistema político tratado. Como afirmei anteriormente, tal poder identifica-se com a família, e esta é entendida aqui como uma sociedade naturalmente organizada e, portanto, com suas obrigações, direitos e jurisdições. Neste último ponto, basta lembrar a autoridade do chefe de um domicílio sobre seus componentes: os filhos, os escravos, os agregados etc. A alforria dos cativos de um domicílio, por exemplo, é uma prerrogativa desse chefe e não do poder local ou do centro. A ação do poder doméstico na comunicação política é percebida especialmente quando da solicitação de dádivas ao rei e a provisão de ofícios por este último. Quando um dado sujeito pedia o exercício de um ofício régio ou um hábito militar, Sua Majestade e seu conselho palaciano levavam em conta os serviços do solicitante mas também os das gerações da família à qual este pertencia.[19] Algo semelhante ocorria quando famílias recorriam ao rei para dirimir conflitos, como se pode ver nos registros dos entreveros entre os Correia Vasques e os Amaral, no Rio de Janeiro, encaminhados ao Conselho Ultramarino em 1688.

Martim Correia Vasques, sargento-mor da infantaria paga, acusa os Amaral do assassinato de seu sobrinho Pedro, e afirma: "meu sobrinho é um fidalgo da casa de vmagde alcaide mor desta cidade cujos pais e avós governaram sempre nela [...] com muita despesa de sua fazenda".[20]

Em resposta, os acusados declaram inocência e argumentam que "eles e seus antepassados teriam servido com lealdade nos lugares da República e na milícia".

Voltando às figuras, em todas elas e, portanto, em diferentes pontos do Atlântico luso, as comunicações da periferia para o reino tinham como principais agentes o poder da Coroa na conquista e no doméstico. Uma precipitada conclusão de tal constatação é da subordinação das conquistas à vontade do reino, pois o interlocutor entre ambas seria a própria Coroa através dos seus oficiais régios situados na América e em Angola, tais como os governadores, provedores da Fazenda e capitães de infantaria. E, nesse cenário, sendo pouco expressiva a ação das elites sociais das conquistas através de seus concelhos locais.

Essa constatação, por seu turno, é corroborada pelas hipóteses de J. H. Elliott e especialmente de Bartolomé Yun Casalilla sobre a América espanhola. Sendo mais preciso, vários autores, como Casalilla, aceitam a ideia de monarquia compósita para a Europa dos Áustria, porém problematizam tal questão para as conquistas americanas.[21] Em outras palavras, as formas de representação institucional das elites americanas na corte e as negociações entre tais grupos com a Coroa ocorriam por caminhos distintos daqueles trilhados pelas elites aragonesas e italianas com Madri. Isso, contudo, não implica em dizer que Madri desconhecia a autoridade e autogoverno dos municípios da América espanhola. Para a monarquia lusa e suas conquistas, esse é um problema também sujeito a dúvidas que só serão mais conhecidas com a multiplicação de investigações. Afinal, tanto a América espanhola como a portuguesa consistem naquilo conhecido como Novo Mundo, ou seja, sociedades e elites em formação, mesmo considerando que entre seus paradigmas temos os do Antigo Regime europeu. Neste texto, procuro contribuir para aquele problema na monarquia pluricontinental lusa, ou melhor, como tais pactos de governabilidade ocorriam entre as jovens nobrezas da terra, entendidas como cabeças das também novas repúblicas (municípios) americanas, e a Coroa. A existência dessas negociações e pactos pode ser ilustrada por alguns exemplos.

Esse problema é analisado nas Figuras 1.6 a 1.10, a seguir. Nelas procuro quantificar o tema dominante nas correspondências trocadas entre o centro e a periferia da monarquia lusa. Naturalmente, são mantidas as mesmas quatro conquistas americanas (Bahia, Maranhão, Rio de Janeiro e Minas Gerais) e Angola nessa avaliação, além dos mesmos períodos entre os anos de 1640 e 1795. Reuni os assuntos das missivas em cinco grandes grupos, da seguinte forma: *governo* (justiça, administração e assuntos militares); *mercês*, que reúne o provimento de ofícios e dádivas concedidas pela Coroa a vassalos e suas famílias; o tema *fiscalidade* engloba os assuntos fazendários; *economia e escravidão* (circulação e produção de riqueza); e sob a rubrica *câmaras* temos os assuntos das localidades, desde construção de estradas até a solicitação de mercês para suas localidades ou corporações.

Nas conquistas, os temas governo e mercês prevaleceram em todos os períodos e apenas se revezaram entre si, ao longo do tempo, nas duas primeiras posições do ranque quantitativo das correspondências. Ou seja, em determinados períodos, as mercês ocuparam a primeira posição, em outras, o tema governo. Em contrapartida, o assunto câmara esteve praticamente ausente nas cartas recebidas ou enviadas para o reino. Somente entre 1735 e 1736, no Maranhão, as cartas com tal eixo chegaram a 6,6% das missivas da época. Nas demais conquistas e períodos, os assuntos sobre o cotidiano dos conselhos municipais foram pouco debatidos em tais comunicações.

Isso sugere a existência, pelo menos em certa medida, de autogoverno, ou seja, a administração dos assuntos do dia a dia, como decisões relacionadas a manutenção de pontes, saúde pública, criminalidade ou abastecimento, estava ao encargo das próprias comunidades.[22] Portanto, quando se avaliam os aspectos das negociações entre as elites sociais das conquistas com o centro, deve se levar em consideração, também, a dimensão de sua autonomia jurisdicional. Ou seja, a capacidade de tais elites cuidarem de suas próprias vidas sem ter de pedir a todo instante consentimento ao rei, ao menos no que diz respeito aos assuntos hoje entendidos pela historiografia como essenciais para a administração do cotidiano da comunidade: como abastecimento e justiça. Voltaremos a essa questão mais adiante. Essa separação de temas era dada pela concepção de sociedade da época. A comunidade deve ser administrada pelos homens mais capazes da região e conforme os costumes locais.[23]

Por sua vez, a administração do cotidiano nos leva a indagar sobre a frequência de outro assunto nas comunicações políticas: a produção de riqueza e o governo dos escravos. O Maranhão foi a capitania onde este capítulo alcançou as maiores porcentagens (em três dos sete intervalos, cerca de 20%), ainda que abaixo do tema dádivas. Nas outras conquistas, a exemplo da Bahia, em quase todos os períodos as mercês correspondem a cerca de 30% das comunicações, e o assunto economia/escravidão fica abaixo de 15%. No Rio de Janeiro e em Minas Gerais, aquela última matéria dificilmente ultrapassa 5% das atenções dos agentes da periferia e do centro (ver Figuras 1.6 a 1.10). Pela concentração dos temas indicada nas figuras, percebe-se que os poderes da monarquia gastavam mais papel discutindo mercês e privilégios do que economia e escravidão.

Ou seja, o centro não interferia de forma regular e sistemática no modo de produção da riqueza social das conquistas. Aquelas comunicações políticas sugerem que cabia às populações locais decidir como produzir a sua vida material. Cabia ao rei, sim, garantir o bem comum da comunidade, ou seja, garantir o respeito àquelas decisões tomadas no âmbito das comunidades e de suas famílias. A ele interessava o povoamento e a defesa das terras. Como isso se fazia era outra história, o modelo conhecido por aquelas populações era o engenho de açúcar, lavouras de mantimentos e os currais. A maneira como se produzia a riqueza social e a administração da mão de obra das casas era de incumbência e de domínio do poder doméstico. Portanto, fugia da *jurisdição da Coroa* e de seus oficiais. Os números apresentados sugerem essa hipótese ou ainda esta concepção de sociedade. É no interior de tais parâmetros que devemos discutir as negociações entre centro e periferia no que chamamos de monarquia pluricontinental.

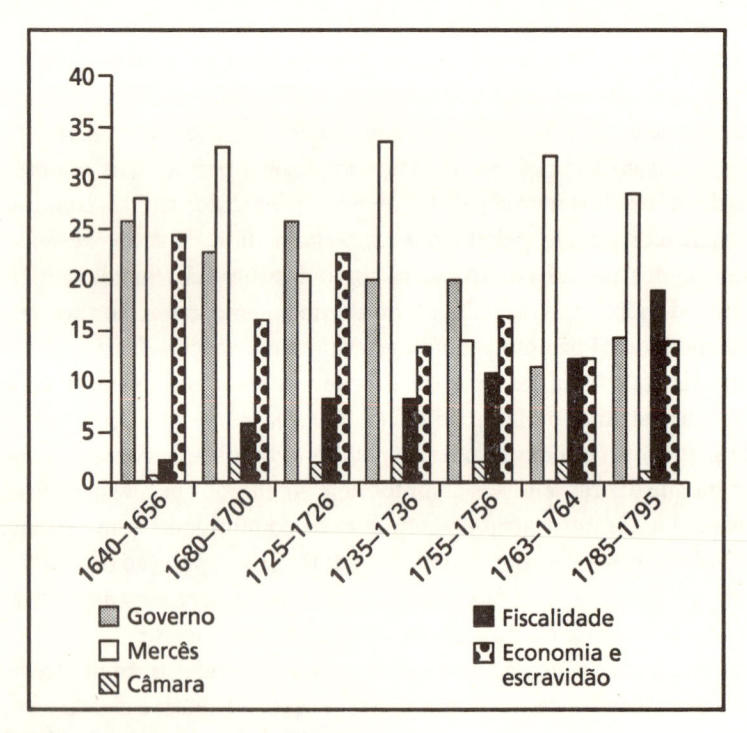

Figura 1.6 Bahia: Assuntos agregados – dados em %

Fonte: João Fragoso & Isabel Guimarães & Nuno Gonçalo Monteiro (coords.). *Banco de dados comunicações políticas conquistas americanas e Angola (séculos XVI-XIX).*

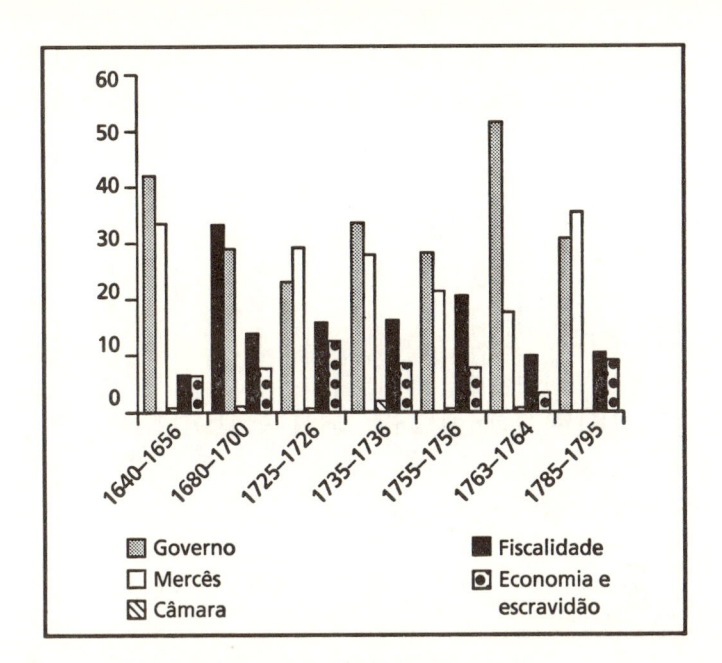

Figura 1.7 Rio de Janeiro: Assuntos agregados – dados em %

Fonte: João Fragoso & Isabel Guimarães & Nuno Gonçalo Monteiro (coords.). *Banco de dados comunicações políticas conquistas americanas e Angola (séculos XVI-XIX).*

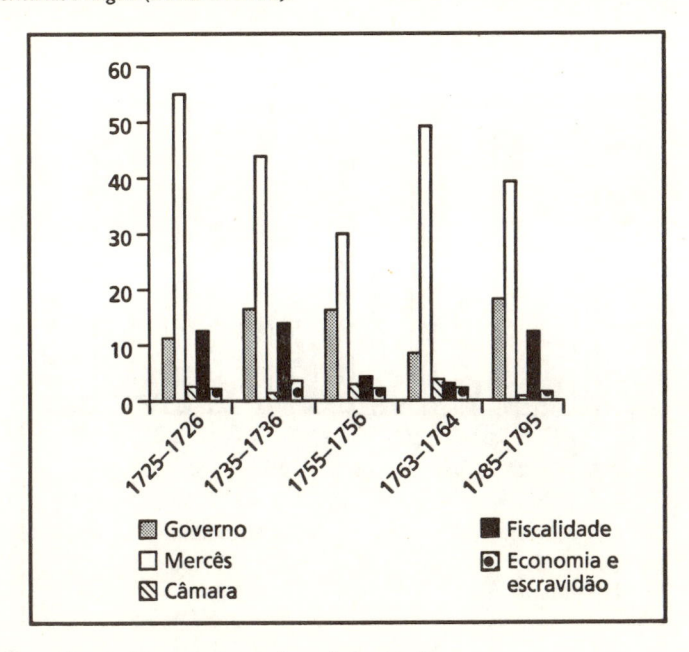

Figura 1.8 Minas Gerais: Assuntos agregados – dados em %

Fonte: João Fragoso & Isabel Guimarães & Nuno Gonçalo Monteiro (coords.). *Banco de dados comunicações políticas conquistas americanas e Angola (séculos XVI-XIX).*

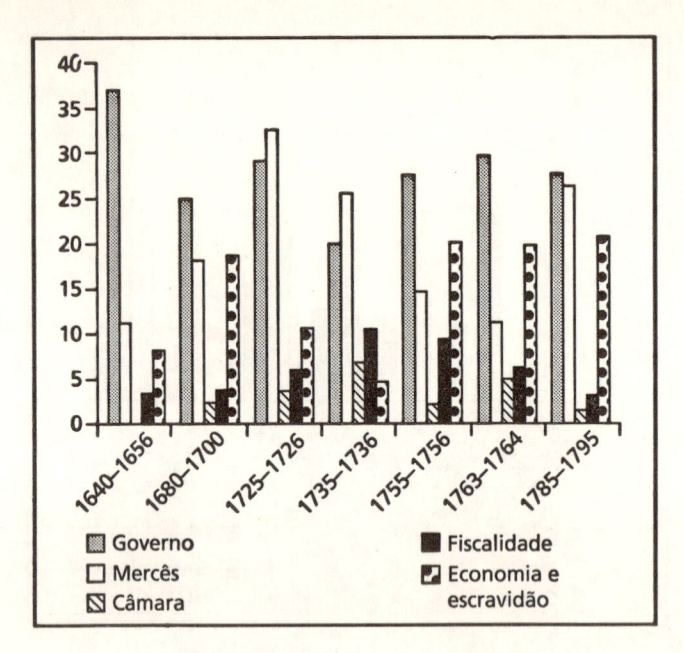

Figura 1.9 Maranhão: Assuntos agregados – dados em %

Fonte: João Fragoso & Isabel Guimarães & Nuno Gonçalo Monteiro (coords.). *Banco de dados comunicações políticas conquistas americanas e Angola (séculos XVI-XIX).*

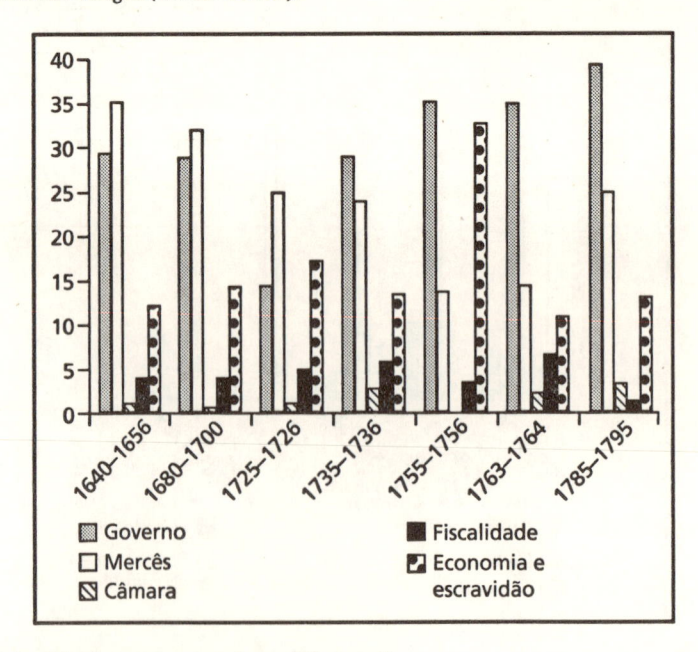

Figura 1.10 Angola: Assuntos agregados – dados em %

Fonte: João Fragoso & Isabel Guimarães & Nuno Gonçalo Monteiro (coords.). *Banco de dados comunicações políticas conquistas americanas e Angola (séculos XVI-XIX).*

Na Figura 1.11, procuro comparar a atenção dada pelos poderes da monarquia na Bahia, capitania geralmente definida como exemplo de uma economia escravista e exportadora, aos temas Igreja e escravidão. Por ela, se vê que os assuntos relacionados à Igreja ocupavam mais espaço nas comunicações políticas do que a escravidão. A religião, assunto afeito à disciplina social e à própria natureza católica da monarquia, em geral correspondia a mais de 3% das missivas, podendo chegar a 8%. Já a escravidão, somente no período entre 1725 e 1726, ocupou mais de 1% dos papéis produzidos pelos poderes. Uma possível explicação para isso talvez seja o fato de tal matéria não ser da *jurisdição* da Coroa ou das Câmaras Municipais, mas algo restrito ao âmbito do poder doméstico. Ou melhor, devia ser resolvido no interior daquele poder.

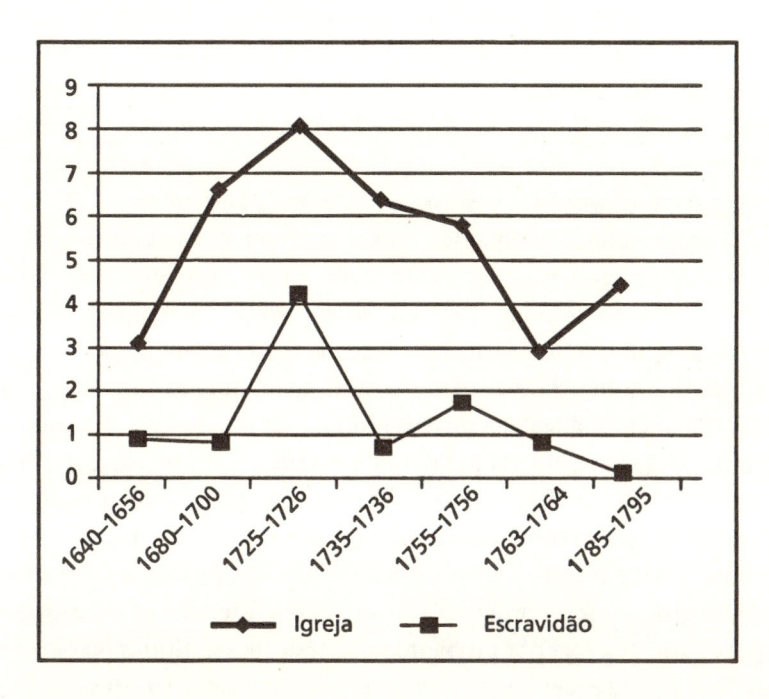

Figura 1.11 Assuntos Igreja e escravidão nas comunicações políticas dos poderes da monarquia na Bahia entre 1640 e 1795 – dados em %

Fonte: João Fragoso & Isabel Guimarães & Nuno Gonçalo Monteiro (coords.). *Banco de dados comunicações políticas conquistas americanas e Angola (séculos XVI-XIX).*

As Figuras 1.1 a 1.5 indicam que a principal estrutura administrativa com a qual a Coroa dialogava na periferia americana e africana era o poder da Coroa na conquista. Antes de prosseguir, cabe lembrar que a arquitetura jurídico-administrativa do governo-geral e depois vice-reinado do Brasil estava aquém da presente no Estado da Índia. Este, na condição de vice-reino, possuía conselhos palacianos como Conselho de Estado, Conselho da Fazenda, Casa dos Contos, Casa da Matrícula e Tribunal da Relação e um Tribunal da Mesa da Consciência e Ordens, conselhos consolidados em princípios do século XVI. Ainda no século XVII, o Estado do Brasil era organizado por uma estrutura político-administrativa precária.[24] Devo ainda lembrar que os sujeitos de tal poder são objeto do Capítulo 3 deste livro, "O Conselho Ultramarino e a emergência do secretário de Estado na comunicação política entre Reino e conquistas"; portanto, não me cabe aprofundar tal assunto.

As Figuras 1.12 e 1.13, para a Bahia e Angola, sugerem que os principais temas tratados nas missivas enviadas pela administração periférica na conquista estavam ligados ao governo. Assim, os assuntos militares, justiça e administração em geral correspondiam a cerca de trinta a quarenta das comunicações escritas pelos oficiais de tal poder. Em segundo lugar, temos os de natureza econômica. Cabe lembrar que nesse poder incluem-se não somente os governadores, mas também os ouvidores e provedores da Fazenda Real. Assim como parte da ação dessa estrutura administrativa era posta em funcionamento através da concessão temporária de ofícios dada pelos governadores, movimento esse que muitas vezes não aparece na documentação guardada no Arquivo Histórico Ultramarino e, portanto, não foi contabilizado em nossa base de dados. Essa documentação, para o Rio de Janeiro, por exemplo, encontra-se sob a rubrica de correspondência de governadores e vice-reis no Arquivo Nacional do Rio de Janeiro. Através dessas provisões, os governadores procuravam manter em funcionamento ofícios vacantes temporariamente, seja por problemas de saúde de seu titular ou outro motivo qualquer. Essas nomeações vigoravam até a chegada à capitania das ordens vindas de Lisboa. No Rio de Janeiro, esse expediente permitia ao governador entabular negociações de poder com as famílias da nobreza da terra de onde eram recrutados tais sujeitos para tais ofícios.[25]

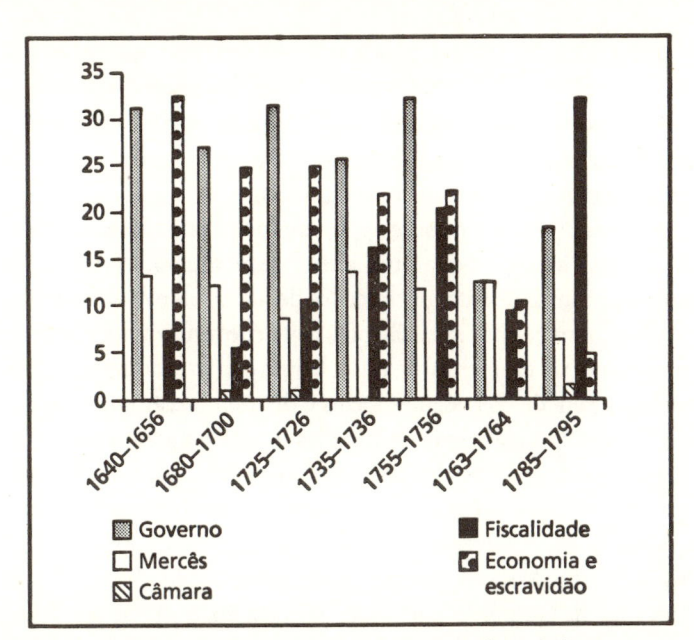

Figura 1.12 Bahia poder da Coroa na conquista: Assuntos agregados – dados em %

Fonte: João Fragoso & Isabel Guimarães & Nuno Gonçalo Monteiro (coords.). *Banco de dados comunicações políticas conquistas americanas e Angola (séculos XVI-XIX).*

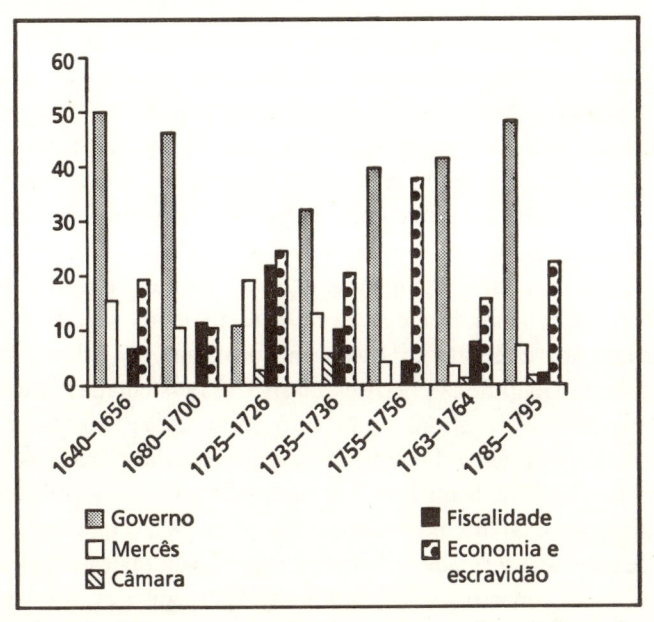

Figura 1.13 Angola poder da Coroa na conquista: Assuntos agregados – dados em %

Fonte: João Fragoso & Isabel Guimarães & Nuno Gonçalo Monteiro (coords.). *Banco de dados comunicações políticas conquistas americanas e Angola (séculos XVI-XIX).*

Outra dimensão de poder que terá a atenção do Capítulo 10 diz respeito ao poder local na forma das Câmaras Municipais. Deste modo, só me cabe aqui apresentar alguns dos seus traços, e assim mesmo com certo cuidado.

Annick Lempérière,[26] em texto sobre os poderes no México setecentista, sugere uma estreita conexão entre a ideia de monarquia, *universus*, e câmara, *república*. A hipótese de conexão e complementaridade entre os conceitos de *universus* e *república*, especialmente para a América lusa, parece-me essencial, pois evita confundir poder local com localismo. Ao mesmo tempo, no momento em que a Coroa conferia autonomia aos concelhos e assegurava a legitimidade das normas locais e de uma hierarquia social costumeira, possibilitava a fluidez da vida nas comunidades lusas espalhadas pelos vários cantos do planeta.[27] Aquele autogoverno dos concelhos dava um aparato institucional a uma monarquia que convivia, por se espalhar pelo mundo, com diversas realidades culturais e sociais, permitindo-lhe resolver os problemas comuns aos impérios ultramarinos e multiculturais. Basta recordar que o império luso reunia realidades tão díspares como as de São Tomé no golfo da Guiné; de São Luís do Maranhão, com o seu mar de populações indígenas; e de Goa, com a sua civilização milenar. Nesse contexto, a flexibilidade da tratadística escolástica (com a sua ideia de autogoverno das repúblicas), base da cultura política da monarquia lusa, dava a esta ferramentas teóricas para lidar com as diferentes realidades municipais, como a possibilidade de mulatos serem homens-bons em São Tomé e de pardos aparecerem como grupo social no Rio de Janeiro.[28]

Entretanto, os fenômenos acima ocorriam dentro de certos parâmetros. A monarquia pluricontinental era polissinodal e corporativa, pois tinha por base a tradição da escolástica. Aquelas práticas de autogoverno obedeciam a um dado pensamento cristão e à sua disciplina social correspondente. Assim, em todos os municípios, de São Luís a Luanda, temos uma visão de mundo que interpretava e organizava a realidade social segundo os preceitos dados pelo catolicismo. Basta lembrar a ideia da família como uma sociedade naturalmente organizada, que era compartilhada em Recife, Cabo Verde e Rio de Janeiro; ou ainda a regra de que a escravidão e suas relações sociais de trabalho eram assuntos domésticos.[29] Da mesma forma que, nas palavras de Hespanha, a ordem nesse Antigo Regime católico e escolástico era sustentada por uma disciplina social onde a obediência era amorosa, portanto, consentida e voluntária. Este último fenômeno estava presente em todos os municípios, apesar das diferenças dos costumes locais, dando-lhes, na falta de uma melhor expressão, uma uniformidade social.[30]

Em outras palavras, tal disciplina social, difundida pelo catolicismo, possibilitava que a subordinação às autoridades e, especialmente à Sua Majestade, se confundisse com o amor a Deus. Com isso, tornava-se possível que o autogoverno dos municípios fosse a base da monarquia polissinodal e corporativa.

Observando as Figuras 1.14 e 1.15, que retratam os assuntos tratados pelo poder local, respectivamente, na Bahia e em Luanda, surpreende a relativa pequena presença dos camarários nos escritos enviados ao Conselho Ultramarino. Na Bahia, em três dos sete períodos considerados, os temas ligados ao cotidiano das municipalidades ocupam cerca de 30% das missivas e, em contrapartida, em três outras épocas, menos de 5% das cartas falam sobre esse tópico. Quanto a Angola, apenas em 1763 e 1764 tais questões aparecem com mais de 5% das comunicações feitas à Coroa. Considerando que o mesmo resultado era encontrado em outras partes das conquistas do Atlântico luso, parece que o poder local, especialmente as Câmaras Municipais, pouco conversava sobre suas comunidades com o rei.

Entretanto, mais uma vez é necessário ter muita cautela para não tirarmos conclusões apressadas. Por exemplo, entre 1680 e 1700, economia foi um tema recorrente nas comunicações enviadas pelo poder local da Bahia a Lisboa. Nesse período, 16, ou 34%, das 47 cartas consideradas cuidavam desse assunto. Desse número, ao menos 5 relatavam as dificuldades da municipalidade caso a Coroa teimasse em proibir a circulação de moeda cerceada.[31] No período anterior, 1640-56, das 13 cartas enviadas a Lisboa, 6, ou 46% do total, eram sobre economia e relatavam as dificuldades do açúcar com o sistema de frotas e da pretensão do rei em alterar o valor da moeda. Assim, essas missivas tratavam de reivindicações econômicas ligadas ao dia a dia da cidade. Por outro lado, esta é também a oportunidade de lembrar mais uma vez o pequeno volume de cartas mandado ao reino pelas municipalidades, daí que seis cartas adquirem a expressão gráfica de 46% (vide Figura 1.14).

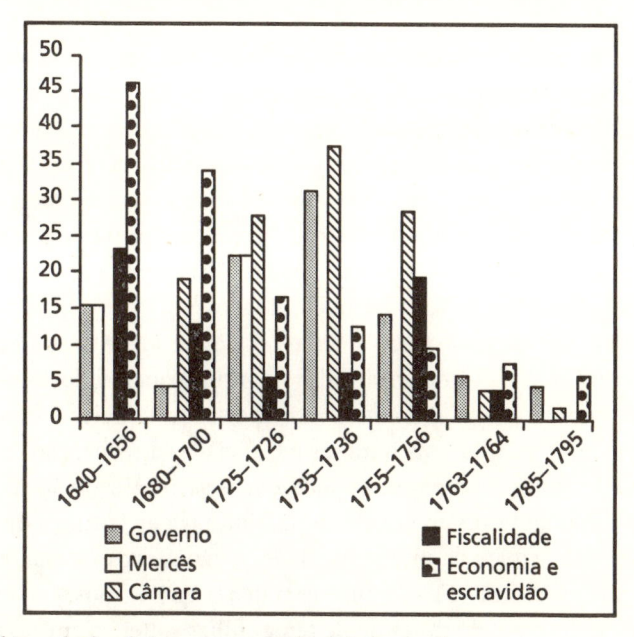

Figura 1.14 Bahia poder local: Assuntos agregados – dados em %

Fonte: João Fragoso & Isabel Guimarães & Nuno Gonçalo Monteiro (coords.). *Banco de dados comunicações políticas conquistas americanas e Angola (séculos XVI-XIX)*.

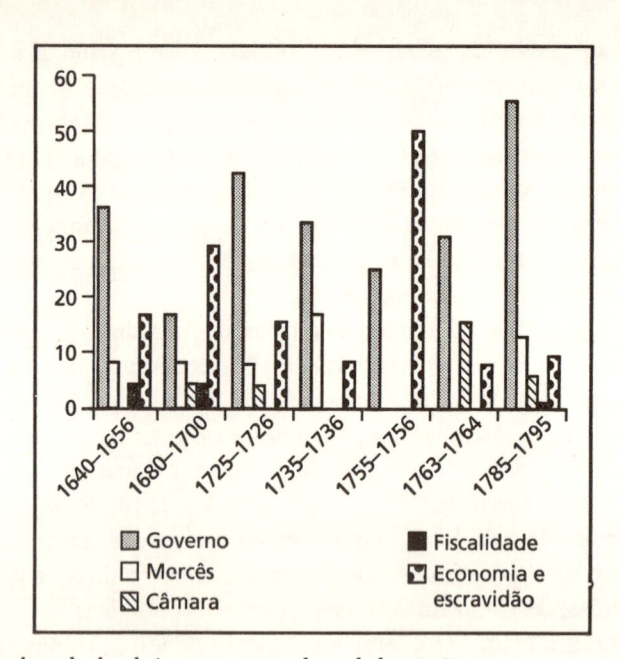

Figura 1.15 Angola poder local: Assuntos agregados – dados em %

Fonte: João Fragoso & Isabel Guimarães & Nuno Gonçalo Monteiro (coords.). *Banco de dados comunicações políticas conquistas americanas e Angola (séculos XVI-XIX)*.

Deve-se também reparar que estamos tratando de uma sociedade atravessada por hierarquias sociais ciosas de suas diferenças. Desse modo, muitas das mercês solicitadas, por exemplo, devem ser vistas desse ponto de vista. O que se defendia por bem comum o era de uma sociedade estamental. Desse modo, não há por que estranhar dois pedidos de mercês, no período mencionado, com o mesmo teor: "CARTA dos oficiais da Câmara da Bahia ao rei [D. Pedro II] observar a provisão que se lhes passou [ao senado da câmara de Bahia], para que as suas filhas sejam preferidas às outras na entrada no convento de Santa Clara daquela cidade."[32]

Através dessa solicitação de mercês, temos a oportunidade de entrever a ação das famílias da governança da terra de Salvador no último quartel do século XVII, para se transformarem em um grupo com privilégios estamentais. A concessão desse privilégio pela Coroa facilitava às famílias beneficiadas a realização das práticas de transmissão de patrimônio comuns na época, qual seja, o baseado no dote. A garantia do acesso das filhas solteiras ao convento possibilitava às famílias da governança, em detrimento das demais da municipalidade, a manutenção e o acrescentamento de status as suas casas. Caso não dispusessem de tais privilégios, existia o perigo de dissipar a riqueza da casa em dotes ou de terem filhas solteiras em casa, o que colocava em perigo a continuidade da família no tempo. Assim, tal privilégio ajudava a formular políticas de alianças matrimoniais.

Em outro momento, é possível perceber a política das famílias da governança em se produzir como elite social no poder local, através do pedido de mercês pela câmara: "CARTA dos oficiais da Câmara da Bahia ao príncipe regente [D. Pedro], solicitando para os estudantes da Bahia que se graduarem e licenciarem em Filosofia e doutores em Teologia, os mesmos privilégios dos da Universidade de Évora."[33]

Por seu turno, hoje, com a multiplicação das pesquisas sobre as elites sociais da conquista, e em especial sobre as famílias da governança da terra e da nobreza da terra, cada vez mais se percebe a complexidade desse tema e, consequentemente, o fato de se estar longe de ter uma ideia precisa desse grupo, ou melhor, desses grupos.[34] Talvez a configuração econômica, a social e os projetos acalentados pela nobreza da terra em Pernambuco fossem diferentes daqueles presentes em Salvador e os de ambos fossem distintos do grupo no Rio de Janeiro. Por conseguinte, é necessário incrementar ainda mais tais estudos e comparar a açucarocracia encontrada por Evaldo Cabral de Mello em Pernambuco de fins do Seiscentos com a nobreza da terra do Rio de Janeiro da passagem do século XVII para o XVIII.[35]

Por seu turno, não me espantaria que em cada uma daquelas repúblicas a nobreza da terra fosse formada por redes de famílias, com diferentes projetos para as suas casas, estes decorrentes das visões que possuíam das suas relações com a conquista e o reino. Afinal, no Rio de Janeiro, algumas das famílias que conquistaram a localidade e aí montaram os alicerces do município e dos ofícios da Coroa, gerações depois, no século XVIII, abandonaram tal comunidade. A tese de que a América lusa era vista como uma *conquista* na qual os conquistadores atuavam em nome dos serviços devidos à Coroa como seus leais vassalos pode ser vista, por exemplo, na passagem de uma carta de 1757 enviada por Pedro Dias Paes, fidalgo da casa real e guarda-mor da capitania de Minas Gerais, a Tomé Joaquim da Costa Corte Real, ministro do Conselho Ultramarino e secretário de Estado da Marinha e Ultramar: "[...] meus pais vieram para este Estado a conquista e fizeram-no [...]; parece de razão, que depois de tantos séculos e tendo nós cumprido tão bem com o nosso dever, que nos recolhêssemos a esse Reino."[36]

Porém, poucos anos antes, em 1732, e na mesma região, temos exemplo de outro descendente de conquistador, também da nobreza da terra e também integrante das fileiras da fidalguia, pois cavaleiro da Ordem de Christo, executou um projeto diametralmente oposto de Pedro Dias Pais. Refiro-me ao coronel das ordenanças Miguel Aires Maldonado, que em testamento deixou todos os seus bens para seus dois filhos pardos: o capitão das ordenanças João Aires Maldonado e o padre Vidal Aires Maldonado.[37] Ambos filhos de ex-escravas da Guiné. Repare-se que tais resultados não foram obra do acaso, mas de decisões conscientes e, mais, referendadas pela lei. Miguel não se casou e, portanto, não possuía meeira nem filhos de mulheres livres. Ele libertou a companheira de nação Guiné e os filhos do cativeiro. Além de deixar engenho e escravaria para os filhos mestiços, ele também conseguiu promovê-los na hierarquia social estamental da conquista. Afinal, um chegou a ser padre, e o outro, capitão de ordenanças. Desse modo, até um certo instante esse projeto foi exitoso, pois teve a aprovação da comunidade local, da Coroa e da Igreja. Os parentes do coronel eram padrinhos daquelas crianças mestiças, ao menos um segmento da nobreza da terra concordou com a escolha de João Aires para o oficialato das ordenanças, decisão referendada pelo governador da capitania e depois por Lisboa.

Bem verdade que tal parte de tal projeto ruiu após a morte do coronel Maldonado. Em 1737, a coroa retirava de João Aires e de outros pardos a patente de capitão das ordenanças, alegando a mestiçagem e portanto a incapacidade de eles exercerem lugares de mando na sociedade.[38] Porém, o que me interessa aqui é alertar para a complexidade da nobreza principal da terra e consequentemente a necessidade de se estudarem tais famílias e de se refinarem tais investigações. Sublinho a importância de refinamento teórico e metodológico de tais estudos, pois, no caso do nosso coronel, não podemos deixar de lado a ação de Joana de Jesus, sua companheira por anos e mãe dos senhores mestiços e de mais Isabel Tenreiro (homônima da avó paterna), assim como de seus aliados escravos nas senzalas. Dificilmente, para a compreensão desse e de outros fenômenos que envolvem a ação da nobreza da terra, podemos esquecer a agência dos escravos.

Ao mesmo tempo, devemos lembrar a presença de reinóis nas câmaras da conquista, em particular nos conselhos municipais de Minas Gerais; em algumas podiam até compor a maioria dos camaristas. E aqui não se trata de uma questão de privilégio dado pela naturalidade, mas também do fato de esses reinóis serem eleitos, o que implica de eles compartilharem dos códigos costumeiros da região considerada. Ou ainda, os reinóis homens-bons nas câmaras da conquista americana provavelmente pertenciam a redes clientelares da localidade, em muitos casos, nas que se estabeleciam dentro dos grupos mercantis. Fenômeno que reforça a ideia de uma monarquia pluricontinental, espalhada pelos quatro cantos da Terra, numa arquitetura política que ultrapassa as naturalidades. Os homens-bons nascidos na conquista ou no reino, ambos se percebiam como vassalos do rei.

O que escrevi nos últimos parágrafos não invalida a hipótese da monarquia pluricontinental como resultado, entre outros fenômenos, de pactos entre as noblezas da terra das conquistas e o centro da monarquia. Porém, quero alertar que daquelas discussões dependem o melhor entendimento da dinâmica do poder local e ainda o que estamos denominando de negociações entre as elites da terra das conquistas e o centro como um dos eixos explicadores do conceito de monarquia pluricontinental.[39] Seja como for, tais mandatários das repúblicas americanas compartilhavam o sentimento de pertencimento, via relações pessoais, com o rei. Fenômeno que entre outros atos traduzia-se na decisão das elites locais mandarem suas viúvas e filhas para os conventos reinóis e de pedirem proteção às suas almas em missas rezadas em Lisboa. Esse, por exemplo, foi o caso de Francisco

Teles Barreto, que, ainda com duas gerações no Rio de Janeiro, encomendou em testamento missas em Lisboa.[40]

Esse Francisco Teles de Barreto e parentes nos fala da possibilidade de famílias das elites da terra terem interesses próprios e, ao mesmo tempo, estarem ligadas a redes de alianças com integrantes da fidalguia reinol e proprietários de ofícios régios. Francisco era proprietário do ofício do juízo dos órfãos no Rio de Janeiro na segunda metade do século XVII, assim como o seu primo materno Ignácio da Silveira Soutomaior o era do escrivão da Fazenda e da gente de guerra da mesma cidade. Além disso, ambos pertenciam ao bando chefiado na época por Salvador Correia de Sá e Benevides, cuja rede de alianças passava por Salvador da Bahia e chegava a Lisboa.[41] Isso, contudo, não constrangia que Ignácio da Silveira Vilasboas, na condição de juiz ordinário da cidade e obedecendo ao seu senado, prendesse os mestres e os comerciantes das frotas vindos de Lisboa impedindo-os de retornarem ao reino, obrigando-os a estabelecer os preços do açúcar e do frete na câmara e consoante o bem comum do município. Ignácio, a exemplo de seu primo, ordenou em testamento a realização de missas em Lisboa quando de sua morte e deixou parte de sua fortuna para o sustento do convento reinol onde sua filha tinha tomado estado.[42] O perfil desse segmento da elite local e, através dele, do poder local, fica mais complexo se lembrarmos que aqueles personagens, além de ligados a ofícios régios e a estratos fidalgos do reino, eram, por parte materna, de populações indígenas.[43]

Afinal, aquelas famílias, permanecendo ou não nas conquistas, solicitaram privilégios como acesso aos conventos para suas filhas, direitos do Porto para suas vilas ou cidades, a não execução de seus engenhos e escravarias. Assim como, em contrapartida, a concessão de doações e subsídios para os poderes central e da Coroa na conquista viabiliza realizarem suas obrigações (as militares, por exemplo) conforme a concepção política da monarquia em vigor na época.

Outro integrante do mesmo bando de Francisco Teles Barreto e Ignácio da Silveira Vilasboas, o provedor da Fazenda Real Pedro de Souza Pereira, em carta de 8/3/1658 ao Conselho Ultramarino, demonstra a autonomia do poder local diante do central. Nessa missiva, ele denuncia que a penúria da cidade se devia à ação da Companhia do Comércio, através da qual o açúcar da cidade era exportado, e da recusa da Coroa em aceitar a livre circulação de uma moeda da terra. Essa defesa dos interesses da municipalidade foi feita por um capitão de infantaria das tropas regulares e, como já insinuei, por um cliente do general Benevides.

Entre 1640 e 1656, o poder local do Rio de Janeiro mandou 18 correspondências para o Conselho Ultramarino, delas, ao menos 6 tratavam dos subsídios concedidos pelo município para os enfrentamentos militares da Coroa na ocasião e defesa da cidade. Em 4/2/1645, por exemplo, a câmara aceitava o subsídio dos vinhos e vintena nos bens dos moradores e solicitava que parte das moedas cunhadas na capitania fosse nela aplicada para a criação de uma fortaleza.[44]

Na década de 1670, a câmara do Rio de Janeiro[45] enviou 15 cartas para Lisboa; dessas, 11 tinham alguns temas recorrentes, entre eles: permissão para a construção de um convento para recolher mulheres nobres da capitania, prorrogação da lei que proibia a execução dos engenhos de açúcar por dívidas, a garantia do envio de escravos de Angola diante da concorrência das capitanias do Norte do Brasil, o cerceamento de moedas espanholas e "execução ao decreto que determina que as conezias e dignidades desta praça sejam providos nos naturais dela".[46]

Nesta década, os integrantes do bando do general Benevides ocuparam ininterruptamente assentos no senado da câmara do Rio de Janeiro.

Por seu turno, pesquisas recentes para o século XVII confirmam que o sustento da infantaria na Bahia em parte era custeado por contribuições dos municípios da capitania. Esse foi o tema, por exemplo, de uma carta enviada pelos camaristas de Salvador em agosto de 1666.[47] Em 1685, os oficiais de vilas produtoras de farinhas, como Cairu e Boipeba, "se queixavam ao rei contra a Câmara da Bahia e governadores-gerais, que apertam aqueles moradores, querendo que deem farinha para o presídio da cidade".[48]

Seja como for, pelas figuras anteriormente vistas, percebe-se a interferência do poder local nas atribuições da Coroa nas conquistas. Afinal, cabia a Sua Majestade, entre outros atributos, a justiça e a proteção militar de seus súditos. Partindo desse pressuposto, nas figuras anteriormente apresentadas, essas questões foram reunidas na rubrica governo.

Mesmo antes das guerras contra os holandeses, as câmaras concediam donativos à Coroa para esta gerir os assuntos militares do império. Assim, em 1621, a câmara de Olinda tratava com a Coroa o sustento das fortalezas do Maranhão, algo da responsabilidade da Fazenda Real. Essas negociações entre o poder central, o da Coroa na conquista com o local se encontram nos documentos encontrados no Arquivo Histórico Ultramarino e no nosso banco de dados, mas também nas atas das Câmaras Municipais americanas. Desse modo, na década de 1640, na câmara do Rio, foram votados pelos camaristas, leia-se a elite local, vários subsídios voluntários para o esforço de guerra contra os holandeses.

Deve-se sublinhar que essas negociações ocorreram em momentos críticos para a monarquia lusa. Por essa altura, depois de 1640, uma nova dinastia (os Bragança) estava se afirmando politicamente e procurava ter legitimidade social na Europa e no ultramar, e isso ocorria em ambiente no qual Lisboa estava em guerra contra a Espanha e os holandeses.[49] Assim, tais pactos entre as elites locais das conquistas e a Coroa talvez possam ser vistos como um dos da monarquia pluricontinental brigantina. Outro momento que informa a existência de tal pacto na base de tal monarquia, conforme estudos em curso de doutoramento de Simone Faria, é o fato de a arrecadação dos quintos do ouro em Minas Gerais no século XVIII ser feita por integrantes das elites locais dos municípios daquela capitania.[50] Em outras palavras, a arrecadação dos quintos não era realizada por oficiais régios, mas por pessoas ligadas à Câmara Municipal da conquista. Não é demais lembrar que a possiblidade de a Coroa debelar as diversas revoltas nas Minas de Ouro no início do século XVIII deveu-se à ação dos potentados locais e de seus escravos armados a favor de Lisboa.[51]

Por esse e outros motivos, no interior da ideia sistêmica de monarquia pluricontinental devemos sublinhar a ação dos municípios entendidos como repúblicas. Especialmente nas conquistas, pois nelas estava a escravidão e, portanto, o sustento da monarquia. Tanto em Portugal como nas conquistas, o município surgia como poder concorrente, pois os oficiais da câmara eram escolhidos por um colégio eleitoral formado por homens-bons, cabendo a eles o cuidado com o bem público. Ou seja, esses homens respondiam pela justiça ordinária, pela administração do mercado local e cuidados com a saúde, entre outros assuntos do cotidiano da comunidade.

Portanto, deduz-se do que acabamos de escrever que as câmaras ultramarinas interferiam, além da gestão das comunidades e na existência política da monarquia pluricontinental, também na dinâmica do império ultramarino. Aqui não custa insistir na defesa do Maranhão através de recursos da câmara de Olinda, no início do século XVII.[52] Ainda no Seiscentos, na década de 40, a câmara do Rio de Janeiro viabilizou a reconquista de Angola das mãos dos holandeses e, com isso, a defesa do Atlântico Sul luso.[53] Assim temos a ideia de um pacto entre a Coroa e as elites locais das câmaras das conquistas americanas e da capacidade de ingerência de tais conselhos na gestão do império ultramarino.[54]

Cabe ainda lembrar que, através das dádivas/mercês régias, o rei e sua administração periférica interferiam na gestão da menor unidade administrativa de um município, e, portanto, da monarquia pluricontinental, através da nomeação do oficialato das ordenanças, no caso os distritos, e, no interior dessas, as freguesias. Ao menos no Rio de Janeiro, desde fins do século XVII a escolha desse oficialato começava por uma lista enviada pela câmara ao governador, que opinava sobre as qualidades dos candidatos antes de chegar às mãos dos conselhos palacianos e ao rei. Portanto, os capitães e demais mandatários das ordenanças, apesar de terem funções na dimensão do poder local, tinham a universalidade de quem os nomeava, ou seja, o monarca. Essa informação, uma vez confirmada em outras pesquisas, reforça a ideia de que poder local não se confundia com localismo.

Por seu turno, ao nos depararmos com os distritos e as freguesias, encontramos, provavelmente, uma comunidade política ainda não devidamente estudada pela historiografia. Há indicações para a América lusa de que um distrito estava sob a jurisdição de um capitão-mor e que, no âmbito das freguesias, a justiça do dia a dia era exercida pelo juiz da vintena subordinado à Câmara Municipal. Entretanto, pouco sabemos das práticas daqueles dois agentes e de outros na organização social do cotidiano das populações disseminadas pelos amplos municípios americanos.[55]

Para as comunidades rurais da Europa Moderna, sabemos, por exemplo, que elas consistiam em um corpo político cujos direitos e deveres eram referendados pelos costumes e ou pelas leis do reino. Conforme P. Saavedra na Espanha cantábrica e do Atlântico Norte, nos séculos XVI e XVII, os povoados camponeses agrupados em paróquias e em outras formas de jurisdições eram geridos por conselhos formados pelos chefes das famílias locais. Essas assembleias interferiam desde os regimes de cultivos até a moral pública das aldeias.[56] Para a França dos mesmos séculos, temos ao rés da sociedade rural um cenário semelhante ao do norte espanhol. Conforme Le Roy Ladurie, a comunidade aldeã era organizada por uma assembleia constituída pelos chefes de famílias que designavam os tesoureiros da paróquia (encarregados da recolha dos impostos e da questão do culto religioso) até o cuidado dos pobres. Sob a alçada de tal assembleia estavam também as negociações com os funcionários reais.[57]

Quanto às povoações da vasta e pouco habitada América lusa dos séculos XVII e XVIII, como afirmei, pouco sabemos da organização social do rés de seu chão e muito menos das comunicações políticas entre os distritos, as paróquias ou os arraiais com as câmaras, com os governadores de capitania (e demais oficiais da administração da Coroa na conquista). Provavelmente, essa organização social não se assemelhava com a das aldeias camponesas espanholas e francesas, considerando que nessa América o que prevalecia eram as lavouras escravistas. Apesar desse domínio da escravidão e consequentemente do poder doméstico (afinal, o escravo compunha a família de seu senhor), não podemos nos esquecer, por exemplo, dos partidistas no interior dos engenhos de açúcar e das populações de livres e de forros em terras próprias. Por seu turno, os mapas de população confeccionados a mando de Sua Majestade, em fins do século XVIII, apresentam tais lavradores, partidistas ou não, como chefes de domicílios, ou seja, sob seu mando temos, além de filhos, genros, também agregados e escravos. Enfim, o estudo da comunicação política e das dimensões de poder na monarquia pluricontinental não estará completo enquanto pouco soubermos sobre esses povoados distantes das sedes do município; afinal, já se foi a época em que o mandonismo local dos senhores de engenho, ou de outros potentados, combinado à falta de neurônios dos povos, satisfazia a investigação histórica por completo a dinâmica social dessa América profunda.

O príncipe, a demografia e os negociantes

Entre 1700 e 1800, estima-se que a população da América lusa tenha passado de 300.000 para 3.000.000 de habitantes[58] como decorrência do tráfico atlântico de escravos e da chegada em larga escala de reinóis, especialmente de minhotos. Esse espantoso crescimento demográfico, talvez único na história brasileira, está ligado à descoberta dos minérios no Centro Oeste e à multiplicação das lavouras, currais conectados a uma ampla rede de mercados ligados ao abastecimento. Tal cenário de mudanças econômicas e sociais está ligado a um outro de natureza política e institucional. Segundo António Manuel Hespanha e José Subtil, o século XVIII é marcado pela mudança dos paradigmas políticos que modelavam a sociedade, qual seja: o príncipe progressivamente começava a impor um sentido à sociedade.[59]

A transformação do poder central é analisada no Capítulo 3, que trata do aparecimento das secretarias de Estado em lugar dos conselhos palacianos (a exemplo do Ultramarino), e esse tema voltará a ser discutido no Capítulo 8 sobre os governadores. Para efeito do nosso capítulo, é importante retomar as Figuras 1.1 a 1.5 e observar a tendência do poder da Coroa nas conquistas a aumentar a sua participação na comunicação política a partir dos anos de 1735-36: com exceção da Bahia, nas demais capitanias analisadas as missivas produzidas pelos governadores e a administração periférica da Coroa, entre o fim e o início do século XVIII, passam de 30% para cerca de 40%. Ao mesmo tempo, com exceção das Minas Gerais, o poder local e, nele, a Câmara Municipal permanecem inexpressivos na produção de comunicações políticas. As missivas elaboradas pelo poder local, ao longo do Setecentos, dificilmente alcançou a cifra de 10% do total e em geral manteve-se abaixo de 5% (ver Figuras 1.1 a 1.5). Desse modo, a medida quantitativa de tais comunicações esconde movimentos sociais e políticos intensos vividos no interior dos municípios.

No Rio de Janeiro, a maior presença das agências da Coroa na vida da capitania se traduziu, entre outros fenômenos, nos anos de 1720, na passagem dos tributos até então administrados pela câmara para a alçada da Fazenda Real. Na mesma década, os impostos deixavam de ser arrematados na América, passando a ser em Lisboa.[60] Nesses anos e nos subsequentes, os municípios americanos presenciariam mudanças profundas em sua hierarquia social e política. Antes de continuarmos, não custa lembrar que aquela chegada assustadora de estrangeiros e a não transformação do Brasil numa Torre de Babel, o que provocaria a inviabilidade de uma organização social e política, foi possível, entre outras coisas, pela existência de uma disciplina social católica, pelo sentimento de pertença à monarquia e a flexibilidade de seu sistema político com as suas respectivas dimensões de poder aqui tratadas.

O crescimento demográfico e as transformações econômicas trazidas pela mineração, mais a multiplicação do tráfico atlântico de escravos e a diversificação da produção mercantil traduzir-se-iam numa estratificação com novos contornos, entre eles: o número de lavradores forros, portanto egressos do cativeiro, aumentaria, a nobreza principal da terra foi deslocada das posições cimeiras da economia pelo avanço dos negociantes de grosso trato. Estes últimos, homens com atividades entre o sertão de Cuiabá e os confins de Angola, passando pelas cidades das Minas Gerais e o Rio de Janeiro,[61] almejavam controlar os nervos da economia americana e também as Câmaras Municipais. Ao menos desde princípios do século XVIII, tal fato político era realidade nas câmaras do Norte do Estado do Brasil, como no caso de Salvador da Bahia, e nos anos de 1730 e 1740 o Rio de Janeiro tornar-se-ia palco de tensões entre a nobreza principal da terra e os negociantes da praça. Em 1746, tais negociantes pediam ao rei que a, exemplo da Bahia, os homens de negócios tivessem assento na câmara, algo que lhes era negado pelas chamadas melhores famílias da terra, descendentes dos conquistadores da capitania.[62]

Pouco tempo depois, em meados do século, a câmara entendida como assembleia de representação das famílias dos conquistadores e da América lusa, no caso a nobreza da terra, sofria outro golpe com a lei do açúcar. Por essa lei, a câmara deixava de ser espaço de negociação do preço do açúcar entre produtores e comerciantes das frotas, cedendo espaço para as casas de inspeção. Pela lei de 1/4/1751, d. José ordenava que: "nos principais portos do Estado do Brasil se estabelecessem casas de inspeção nas quais se examinasse, qualificasse e regulasse ao bem comum dos vassalos o preço justo deste importante gênero [açúcar]".[63]

Em fins do século XVIII, os negociantes de grosso trato dominavam a economia do Centro Oeste da América e estavam na Câmara Municipal do Rio; com isso abrimos um novo capítulo da monarquia pluricontinental lusa, ou melhor, apresentamos um novo problema sobre tal monarquia, qual seja: como entender esses homens, por essa altura um dos eixos de uma monarquia que tem nos tratos do Atlântico a sua base material, como um grupo social? Qual era a sua visão de mundo e como explicar as suas escolhas?

Para tanto, basta lembrar que a comunidade dos negociantes do Rio de Janeiro por volta de 1725 era composta majoritariamente de reinóis e especialmente de homens vindos do Minho. Três gerações depois, por volta de 1800, ela continuava sendo formada por homens vindos do Minho. Para tanto, basta lembrar que Braz Carneiro Leão, os irmãos Velho da Silva, Gomes Barroso, Francisco Pinheiro Guimarães, José Caetano Alvares eram naturais do bispado de Braga e tinham em suas mãos, em fins do século XVIII, o tráfico de escravos, o comércio de abastecimento e o crédito da região do Centro Sul do Brasil.[64] Portanto, salvo engano, ao longo de 75 anos no Rio de Janeiro, a exemplo de outras praças mercantis brasileiras, não temos claramente uma comunidade de comerciantes naturais da terra *Brasilis*. Em outras palavras, ao longo das três décadas consideradas, não temos a formação de casas comerciais naturais no Brasil cujos negócios passassem de pai reinol para um filho ou aparentado nascido na conquista. Essa comunidade foi, sim, suponho, continuamente ou de geração em geração alimentada por vagas de imigrantes vindos do reino e especialmente do Minho. Sendo mais preciso, estou me referindo a uma comunidade de mercadores residentes na América lusa, em particular no Rio de Janeiro, formada por negociantes e de ex-negociantes que morreram no Brasil, mas também por muitos que voltaram ao reino.

Em pesquisa recente de Leonor Freire, Maria Rocha e Rita de Sousa sobre as remessas e recepção do ouro brasileiro setecentista, as autoras falam de negociantes que simultaneamente exerciam aquelas duas atividades, ou seja, podiam a certa altura enviar ouro do Brasil para o reino, e em outros recebê-lo no reino. E daí, concluem as autoras, teríamos, na verdade, um grupo atlântico.[65] Esta pesquisa e outras sugerem a existência de verdadeiras redes de sociabilidade que atravessam o Atlântico e conectam famílias e amigos, viabilizando o comércio atlântico e fornecendo quadros para a comunidade de negociantes das praças americanas. Os que voltaram ao reino não fizeram a tão esperada revolução industrial aguardada em Portugal, pelos historiadores. Já os que ficaram definitivamente no Brasil também não aboliram a escravidão ou os latifúndios. Os brasileiros minhotos, ao saírem do comércio, transformaram-se em rentistas urbanos e/ou se converteram em potentados rurais, ou seja, como os seus primos reinóis, permaneceram leais ao Antigo Regime.[66]

PODER DOMÉSTICO E DÁDIVAS

O último poder de que devemos falar é o doméstico, formado pelos vassalos, suas casas e famílias. Antes de tudo, precisamos lembrar o que foi escrito anteriormente sobre a família como sociedade naturalmente organizada em meio a uma monarquia polissinodal em que os poderes eram concorrentes e prevalecia a ideia de autogoverno em cada um deles. Assim, o poder doméstico tinha as suas hierarquias, em cujo cume prevalecia a autoridade do pai, e suas relações de poder. Entre estas últimas, temos as mantidas com os escravos, com os agregados, sendo elas responsáveis pela gestão da produção da riqueza social; nas conquistas americanas pelo funcionamento dos engenhos de açúcar, lavouras de alimentos e currais.

As Figuras 1.16 e 1.17 apresentam para os dois lados do Atlântico Sul luso algo já esperado sobre os assuntos tratados pelo poder doméstico; esse composto desde casas da primeira nobreza da monarquia até famílias de lavradores, ambos compreendidos como uma sociedade naturalmente organizada e, portanto, gozando do estatuto de um corpo político. Em matéria de correspondência política desse poder (das famílias que o compõem) para com Lisboa, prevalecem temas sobre mercês e privilégios. Com essas, as famílias pretendiam manter a sua qualidade social e, se possível, trazer mais recursos para ela. Tanto na Bahia como em Angola, tais temas podem alcançar mais de 2/3 das cartas enviadas para Lisboa. Nessas correspondências eram tratados pedidos de mercês por serviços à Coroa, sendo uma das formas de pagamento desses serviços por Sua Majestade o provimento de ofícios régios: desde vice-reinados a escrivães de tabelionatos, passando por juízos da alfândega e de órfãos. Por conseguinte, nessa comunicação política, temos o segredo do funcionamento da monarquia pluricontinental, ou seja, do sentimento de pertença à monarquia lusa dos diferentes vassalos situados nos distintos quadrantes do imenso império ultramarino e, com isso, da viabilização de seu funcionamento político-administrativo. Portanto, é por esse motivo que o poder doméstico é o que prevalece entre os da periferia (ver Figuras 1.1 a 1.5) e o assunto mercês e privilégios é o mais recorrente entre os temas tratados nas comunicações políticas entre centro e periferia (ver Figuras 1.6 a 1.10).

Cabe aqui insistir que nessas solicitações de mercês e suas concessões, respectivamente, o vassalo e o rei aconselhado por seus tribunais palacianos se valiam dos serviços por gerações dos consanguíneos e aliados aparentados do solicitante. Daí, como visto na Nota 19, o capitão de ordenanças Fernão Faleiro Homem, em 1657, ao pedir um hábito militar, recorrer aos feitos de seu irmão e do seu sogro. Pouco menos de cem anos depois, em 1739, Fernando José Mascarenhas usou o mesmo procedimento, no caso os serviços à monarquia por três gerações por vários costados. Obviamente que tais solicitações de manutenção e promoção social da forma que eram feitas traduziam estratificações internas nas referidas famílias extensas ou redes de solidariedade; estratificações que se traduziam no poder de um capo, na autoridade sobre os filhos em acordos maritais entre famílias diferentes baseados em dotes. A expressão poder doméstico procura dar conta disso.

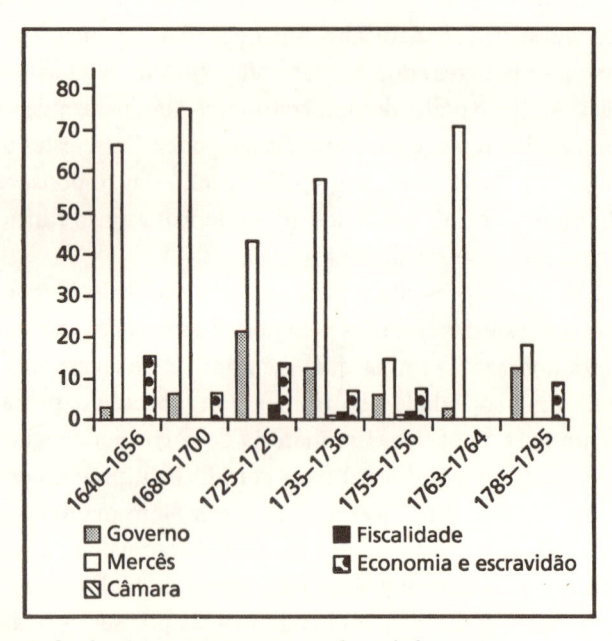

Figura 1.16 Bahia/Poder doméstico: Assuntos agregados – dados em %

Fonte: João Fragoso & Isabel Guimarães & Nuno Gonçalo Monteiro (coords.). *Banco de dados comunicações políticas conquistas americanas e Angola (séculos XVI-XIX).*

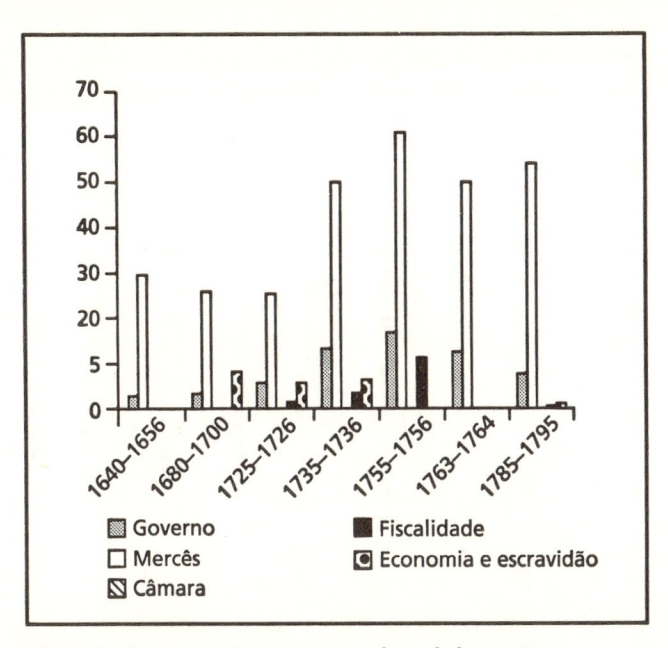

Figura 1.17 Angola/Poder doméstico: Assuntos agregados – dados em %

Fonte: João Fragoso & Isabel Guimarães & Nuno Gonçalo Monteiro (coords.). *Banco de dados comunicações políticas conquistas americanas e Angola (séculos XVI-XIX).*

Em outras palavras, as comunicações políticas entre periferia e centro majoritariamente se traduziam nas relações pessoais entre o rei e seus vassalos (entendidos como famílias), ou seja, o sentimento de pertencimento dado pela economia do dom, na feliz expressão de Ângela Xavier e António Manuel Hespanha. Segundo essa moral, os serviços prestados ao rei eram devidamente remunerados e assumiam a forma de concessão de terras e até de ofícios régios. Essas relações colocavam a monumental máquina administrativa ultramarina em movimento e criavam formas sociais de produção. Como instrumento de gestão, as mercês dadas pelo rei permitiam o preenchimento de todos os postos da administração militar e civil da Coroa. Como já dissemos, o posto de vice-rei da Índia ou de governador do Estado do Brasil, assim como o de provedor da Fazenda Real de Luanda, eram preenchidos através de mercês concedidas por Sua Majestade. Os postulantes a esses cargos os recebiam ou não conforme os serviços prestados por eles e suas famílias à monarquia.

Na Figura 1.18, procuro ver a participação do poder doméstico, em meio aos demais poderes, em todas as comunicações que tinham por eixo o assunto mercês e privilégios. Por essa figura, se vê que nas cinco conquistas estudadas – Maranhão, Bahia, Rio de Janeiro, Minas Gerais e Angola – no século XVIII o assunto analisado foi majoritariamente cuidado pelo poder apreendido. Em Angola, no século visto, cerca de 40% ou mais das missivas com o tema considerado tiveram a sua origem no poder doméstico. No Rio de Janeiro, aquela participação, não raro, ultrapassou a casa dos 80% das correspondências.

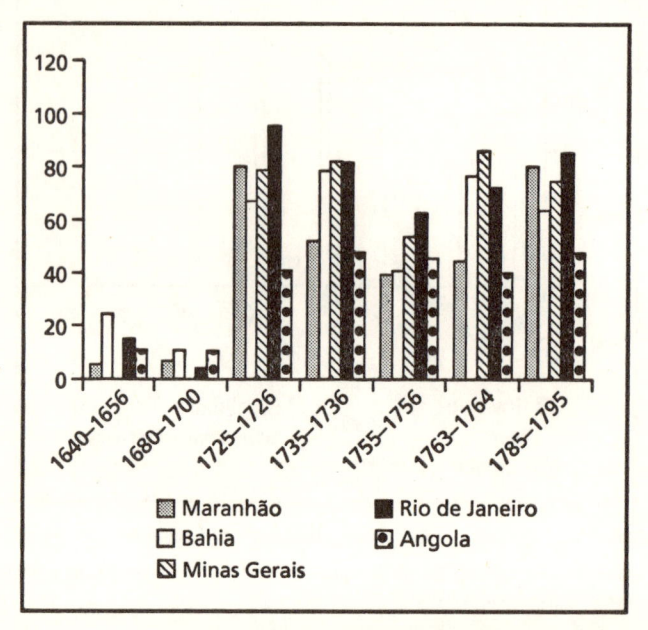

Figura 1.18 Participação do poder doméstico nas comunicações políticas com temas em mercê e privilégios: Minas, Bahia, Rio de Janeiro, Angola, Maranhão: 1640-1795 – dados em %

Fonte: João Fragoso & Isabel Guimarães & Nuno Gonçalo Monteiro (coords.). *Banco de dados comunicações políticas conquistas americanas e Angola (séculos XVI-XIX).*

Por sua vez, as mercês, ao assumirem a forma de terras e privilégios no mercado, podiam modelar as economias sob a tutela da monarquia. Neste instante, mais uma vez, encontramos a interferência da política na economia. Além disso, aquela moral reforçava os laços de dependência/vassalagem: através deles o vassalo sentia-se pertencendo a uma arquitetura política que ultrapassava a freguesia, o município, e se confundia com a própria monarquia.

Voltando à relação entre mercês e a administração periférica da Coroa nas conquistas, devo insistir que as provisões de ofícios no além-mar produziam uma máquina administrativa responsável pela articulação do império e da mesma forma geravam o sustento de diferentes estratos da nobreza reinol. Nos concursos por cargos e ofícios ultramarinos era comum encontrar pequenos fidalgos e soldados atrás de sustento para as suas casas. Muitos dos concorrentes de altos ofícios eram sujeitos residentes fora da região onde aquele se situava: por exemplo, o pedido de ofícios da ouvidoria do Rio de Janeiro podia ser feito por sujeitos vindos do reino. Assim, nem todas as comunicações produzidas pelo poder doméstico eram de pessoas/famílias moradoras nos municípios referidos nas ditas comunicações. Neste instante, voltamos a nos deparar com a ideia de monarquia pluricontinental: o pleito de dádivas por componentes de famílias para servirem em geografias diferentes de suas residências, procurando, com isso, o sustento e o engrandecimento de suas casas.

No campo das relações entre o poder central, da Coroa na conquista, local e doméstico, temos as teias de relações de parentesco criadas pelas elites locais. Em outras palavras, as famílias das nobrezas da terra se movimentavam muitas vezes a serviço da Coroa pelo vasto território da monarquia pluricontinental e, com isso, podiam criar redes parentais cujas extensões uniam diferentes municípios e capitanias. Deve-se recordar que uma família no Antigo Regime podia reunir, além dos consanguíneos, os colaterais, criados e escravos. Portanto, uma família era uma instituição devidamente organizada e hierarquizada. Como tal, várias famílias extensas eram capazes de reunir recursos e homens para empreendimentos como a ocupação de um território e nele a criação de freguesias e vilas. Talvez a montagem da sociedade e economia da Bahia e do Rio de Janeiro nos séculos XVI e XVII tenha seguido esse padrão de movimento de agregados familiares, sem, é claro, esquecer o papel da administração da Coroa. Isso pelo menos é o que sugere a presença de parentes de Mem de Sá na Bahia e no Rio de Janeiro. Da mesma forma, há indícios do deslocamento de famílias extensas das ilhas da Madeira e Açores para o Rio de Janeiro, originando aí famílias da nobreza da terra. Cabe ainda estudar se tais famílias reiteravam no tempo os laços de aliança via casamento, por exemplo, com seus parentes espalhados nos vários lugares do império. Sei que ao menos a aliança entre os Albuquerque Maranhão e os Gago da Câmara foi mantida por mais de duas gerações nos séculos XVII e XVIII, respectivamente, nobreza da terra em Pernambuco e Rio de Janeiro.

Resta ainda ver outra dimensão do poder doméstico, qual seja, enquanto oikonomia, como sublinha B. Clavero, e como tal enquanto base da produção social no Atlântico Sul: o trabalho familiar e a escravidão. Se o município cuidava do mercado, vigiava o abastecimento e interferia no preço de produtos como o açúcar, a família geria os afazeres dos currais, das fazendas de alimentos e dos engenhos de açúcar, entre outras empresas. Claro está, mas não custa insistir, que a organização da família e das citadas produções ocorria no âmbito da disciplina católica e, por conseguinte, obedecendo as normas da Coroa.

Devo ainda sublinhar que, no interior do território do engenho e das fazendas, podiam coexistir diferentes domicílios. Penso especialmente nos engenhos onde ao lado da escravaria de seu dono existiam os partidistas e foreiros. Estes últimos constituíam casas onde existia uma família com o seu pater, agregados, escravos e lavouras (entre outras benfeitorias). As relações mantidas entre os chefes desses domicílios partidistas e foreiros com o dono da terra (engenho ou fazenda) podiam estar regidas pelo mercado (escrituras públicas) ou dadas pelos costumes; no caso, por exemplo, desses serem genros ou ex-escravos do senhor das terras. Espero que o estudo de tais relações sociais de produção entre domicílios-casas seja objeto de maior interesse dos jovens pesquisadores.[67]

Enfim, em razão de as relações que produziam a riqueza social ocorrerem no interior do poder doméstico, definido conforme a segunda escolástica, não é de admirar que nas missivas trocadas entre as autoridades conquistas (fossem da administração central periférica, como os governadores, provedores da Fazenda e oficiais da tropa paga, ou da Câmara Municipal) com a Coroa e seus conselhos superiores dificilmente apareciam temas como lavoura de alimentos, produção de açúcar e escravidão. Como vimos anteriormente, nessas correspondências eram mais comuns temas ligados à administração da justiça, da Fazenda, religiosos e mesmo festas. Em outras palavras, a administração do cotidiano em grande medida dependia da família e de sua hierarquia; parte das tensões das relações sociais, como as derivadas da escravidão, era resolvida nesse âmbito de relações pessoais hierarquizadas.

Neste momento, devo lembrar o descompasso que existe entre a historiografia lusa e a brasileira sobre o que chamo de poder doméstico. Para o reino já existe uma massa crítica sobre este assunto, particularmente, no atinente às casas da nobreza. Através de autores como Nuno Gonçalo Monteiro e Mafalda Soares da Cunha,[68] sabemos como funcionava a reprodução social de tais casas (morgadios, alianças matrimoniais, filhos segundos etc.) e as relações recíprocas entre essas e a Coroa. Sabemos, por exemplo, que, para a primeira nobreza no século XVIII, as remunerações por serviços à monarquia eram essenciais para manterem a sua qualidade social. Da mesma forma, que Sua Majestade esperava tais serviços para pôr em funcionamento a monarquia pluricontinental. Assim, para o entendimento das comunicações políticas sobre provisões de cargos da alta administração, é fundamental ter em conta tais estudos. Infelizmente, já o mesmo não podemos falar sobre os estudos do poder doméstico nesta América. Ainda pouco sabemos sobre os mecanismos de reprodução social, por exemplo, da nobreza da terra e demais elites sociais locais, daí o nosso desconhecimento das comunicações em que elas estavam envolvidas. Conhecemos, por exemplo, o peso da concessão de sesmarias de terras na vida dos vassalos americanos, mas pouco sobre a relação destes com os pedidos e concessões de ofícios régios.

Conclusão

Na monarquia compósita dos Áustria espanhóis, o mando do rei, em cada um dos reinos que a constituía, era auxiliado pela ação dos conselhos territoriais. Assim, na época de Filipe II existiam os conselhos da Itália, Aragão, Portugal e Flandres. Esses conselhos cuidavam dos interesses dos territórios e de suas elites junto à Coroa. A composição de tais tribunais era feita por sujeitos saídos das elites daqueles mesmos reinos.[69] E ainda os ofícios régios locais eram reservados para os naturais daquelas regiões. Com isso, a ideia de uma monarquia ciosa dos costumes e dos direitos dos seus reinos e ainda reconhecendo as suas prerrogativas de autogoverno adquiria uma das suas maiores expressões.[70] Na monarquia pluricontinental portuguesa, ao que parece, o mesmo não ocorria; aliás, salvo engano, no Conselho das Índias dos Áustria, as elites crioulas estavam ausentes. Ela não era constituída por reinos, mas sim por um único reino e diversas conquistas. No interior destas, temos o poder local, retratado no município, e que não tinham nenhuma representação na arquitetura política lusa. Na verdade, os assuntos dos municípios das conquistas eram tratados pelo Conselho Ultramarino, cujos componentes não representavam os interesses das localidades do além-mar; no máximo, conheciam as realidades dessas conquistas. Desse modo, as negociações entre reino e conquistas, centro e suas periferias, não possuíam um canal institucional formal para ser realizado. As elites políticas das repúblicas americanas não tinham canais de comunicação com a Coroa semelhantes aos existentes entre os Áustria para seus reinos europeus. Além disso, os ofícios régios nas conquistas, em geral, não eram destinados aos seus naturais. Na verdade, essa reserva era uma das reivindicações das elites sociais das conquistas. Enfim, em matéria da administração da Coroa, seja via conselhos palacianos ou ofícios nos territórios, as conquistas não tinham o mesmo grau de reconhecimento político dos reinos dos Áustria. Aliás, como acabei de sublinhar, a exemplo do que ocorria nas relações entre as conquistas espanholas na América e Madri.

Porém, se isso é verdade, também o é que, em certas conjunturas decisivas, a Coroa teve de negociar e escutar as elites do poder local. Refiro-me especialmente ao momento da formação da monarquia brigantina, em meio às guerras de Restauração e contra os holandeses nos anos de 1640 e seguintes. Em meio a essas conjunturas difíceis para Lisboa, os subsídios para os gastos militares da Coroa discutidos e aprovados nas câmaras das conquistas foram fundamentais para a existência da monarquia dos Bragança. Cabe sublinhar que tais votações ocorreram em razão da arquitetura polissinodal e corporativa do sistema em vigor, no qual prevalecia o princípio do autogoverno e da concorrência dos poderes. Assim, a monarquia brigantina na sua formação surgiu como pluricontinetal entendida como um sistema baseado na negociação entre reino e as elites das conquistas. Até porque, em condições normais, a monarquia lusa tinha a sua base material ou grande parte dela nas conquistas do além-mar, algo que não ocorria, por exemplo, com a monarquia espanhola, mais europeia. Nos anos da Restauração, na década de 1640 e anos subsequentes, a base ultramarina ficaria mais clara com os donativos dados pela câmara ao rei e sem os quais dificilmente a infantaria paga de Sua Majestade seria mantida.

Ao mesmo tempo, não há como esquecer que em algumas conjunturas os municípios do Rio de Janeiro, Salvador e Olinda apresentaram uma ação coordenada diante de Lisboa. Esse foi o caso da resistência de tais cidades contra a aplicação da lei da moeda de 1689, que proibia o cerceamento da moeda nas conquistas americanas. As três câmaras mostraram uma veemente recusa em aplicar tal medida alegando que ela era contra o bem comum, pois representaria a ruína de seus povos.[71]

Outrossim, como anteriormente demonstrei, há certa coincidência de pedidos de mercês feitas pelos poderes locais da Bahia e do Rio de Janeiro. Entre esses encontramos temas que insinuam um conjunto de dádivas cuja concessão pela Coroa representaria a conformação daquelas conquistas em comunidades políticas e de suas respectivas *jovens elites da terra* em algo parecido como estamentos ou grupos sociais no Antigo Regime. Na Tabela 1.1 apresento algumas dessas solicitações, comuns nas duas capitanias, que iam desde privilégios políticos no mercado (lei contra execução dos engenhos e escravarias) até práticas de transmissão de patrimônio.

Tabela 1.1

Elites da terra das conquistas e exemplos de solicitações de dádivas em duas conquistas americanas

Privilégios solicitados	Município e datas* nas correspondências políticas	
	Salvador da Bahia	Rio de Janeiro
Circulação de moedas	2/1656	–
Convento para mulheres nobres	6/1685	7/8/1678
Privilégios da cidade do Porto	2/1656	9/10/1644
Proteção contra execução dos engenhos de açúcar e escravarias	11/1613	18/6/1680
Conezias para os naturais da terra	–	6/8/1678
Privilégios dos estudantes de Évora	8/1663	–

Fonte: João Fragoso & Isabel Guimarães & Nuno Gonçalo Monteiro (coords.). *Banco de dados comunicações políticas conquistas americanas e Angola (séculos XVI-XIX).*

*Estas datas correspondem apenas à correspondência em que mercê é mencionada e não ao ano em que é solicitada.

Porém, fique claro, apesar dessas reivindicações, a nobreza da terra, entendida como descendente de conquistadores, tinha como eixo a hierarquia social cujo ápice era o rei e os estratos superiores formados pelos Grandes do Reino. Portanto, não há de se espantar os frequentes pedidos de hábitos de ordens militares, de ofícios régios e de foros da casa real por aqueles plebeus netos de conquistadores.

No século XVIII, com a maior centralidade do centro traduzindo-se na criação das secretarias de Estado e na maior interferência dos governadores da capitania, a realidade seria bem diferente. A isso juntar-se-iam as transformações econômicas e sociais nos municípios, como, por exemplo, a maior importância dos negociantes de grosso trato, muito vindos do Minho, deslocando a velha nobreza principal da terra formada pelos descendentes dos conquistadores da América no Quinhentos.

Seja como for, ainda em fins do século XVIII, conforme as figuras apresentadas, a economia das mercês, através dos pedidos de privilégio e de provisões de ofícios, continuava a prevalecer. Assim como a disciplina social católica continuava a ordenar a sociedade apesar das reformas laicizantes pombalinas. Ou, ainda, a escravidão e a economia (produção e circulação da riqueza social) permaneciam assuntos da alçada do poder doméstico e continuavam a ocupar um menor espaço nas comunicações políticas do que os assuntos religiosos, talvez porque estes últimos estivessem ligados à disciplina social necessária para a manutenção da economia, especialmente, quando ela estava assentada no trabalho coercitivo. A Figura 1.19, sobre o Rio de Janeiro, insinua a importância dos assuntos religiosos para o funcionamento da economia escravista e ainda demonstra que, apesar da maior laicização da sociedade proposta pelo príncipe, essa continuava a ser dominada pelo além-túmulo. Nessa figura é sugerido que em quase todos os períodos o tema religioso está mais presente nas comunicações políticas do que o trabalho escravo. Entre 1725 e 1726, o assunto escravidão dominou 15 cartas, enquanto os assuntos religiosos prevaleceram em 12,8%, ou em 68 das 531 correspondências ligadas ao Rio de Janeiro. Em fins do século XVIII, essa disparidade permanecia: de 1.775 cartas trocadas pela cidade, 15, ou 0,8%, eram sobre escravidão; e 69, ou 3,8%, daquele total tratavam de matérias religiosas. Isso numa época em que a cidade e a capitania contavam com uma produção de açúcar expressiva, especialmente localizada na Vila de Campos dos Goytacazes, mas também era o principal porto negreiro do Atlântico Sul.

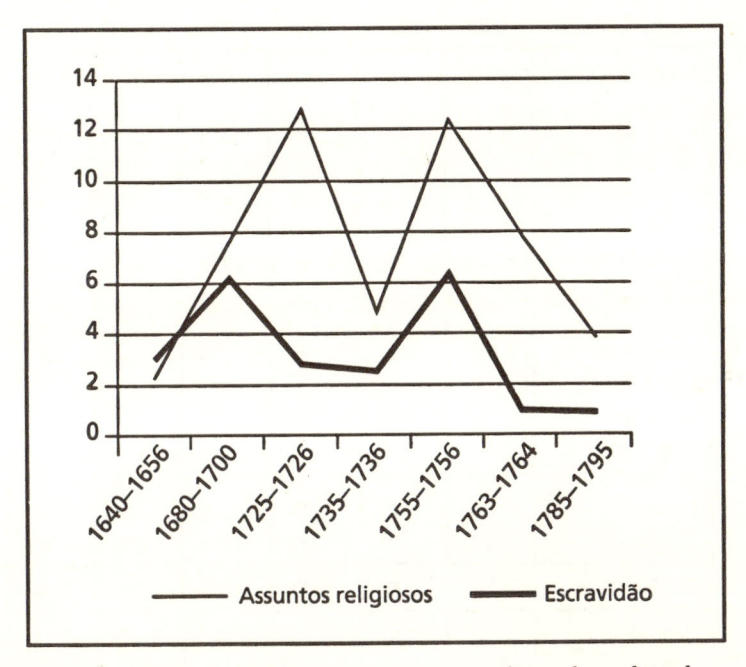

Figura 1.19 Assuntos: religião e escravidão nas comunicações políticas dos poderes da monarquia no Rio de Janeiro entre 1640 e 1795 – dados em %

Fonte: João Fragoso & Isabel Guimarães & Nuno Gonçalo Monteiro (coords.). *Banco de dados comunicações políticas conquistas americanas e Angola (séculos XVI-XIX).*

Enfim, concluindo o capítulo, parece ser precipitada toda e qualquer conclusão mais contundente. Basta lembrar que ainda não temos um volume de pesquisas que permita uma ideia mais nítida das elites à frente dos poderes locais nas conquistas. Isso para não dizer que a própria ideia de uma monarquia pluricontinental lusa, ou, se preferirem, império ultramarino luso na época moderna,[72] como um sistema, é um tema ainda em desenvolvimento. Este texto pretendeu apenas contribuir para o debate.

ANEXOS

Anexo 1

Tabela 1.2

Dimensões de poder por capitania e por período escolhido: em números absolutos

	Poderes/ períodos	1640-1656	1680-1700	1725-1726	1735-1736	1755-1756	1763-1764	1785-1795
Rio de Janeiro	Central da Coroa	375	232	116	100	180	35	260
	Coroa na conquista	51	70	195	175	258	239	512
	Donatorial	0	1	0	0	1	0	0
	Local	18	41	43	20	13	7	26
	Doméstico	36	11	179	151	152	66	978
	Total geral	480	355	533	446	604	347	1776
Bahia	Central da Coroa	510	710	126	99	181	68	292
	Coroa na conquista	87	222	362	200	172	97	143
	Donatorial	0	0	0	0	0	0	1
	Local	73	47	18	16	21	52	68
	Doméstico	71	48	231	249	229	28	167
	Total geral	1701	1737	1803	1456	1811	939	4223
Maranhão	Central da Coroa	205	145	16	127	75		
	Coroa na conquista	35	22	37	45	47		
	donatorial	1	0	0	1	0		
	Local	25	10	14	12	23		
	Doméstico	4	6	50	23	30		
	Total geral	3672	3657	3723	3120	3797		

	Poderes/períodos	1640-1656	1680-1700	1725-1726	1735-1736	1755-1756	1763-1764	1785-1795
Angola	Central da Coroa	210	331	44	47	28		
	Coroa na conquista	26	96	37	69	94		
	donatorial	0	0	0	0	0		
	Local	25	24	26	12	4		
	Doméstico	37	62	71	30	18		
	Total geral	7642	7827	7624	6398	7738		
Minas Gerais	Central da Coroa			43	44	67		
	Coroa na conquista			94	92	86		
	donatorial			0	0	0		
	Local			25	25	64		
	Doméstico			170	151	106		
	Total geral			15580	13108	15799		

Fonte: João Fragoso & Isabel Guimarães & Nuno Gonçalo Monteiro (coords.). *Banco de dados comunicações políticas conquistas americanas e Angola (séculos XVI-XIX)*.

Anexo 2

Tabela 1.3
Capitanias e assuntos agregados por período escolhido: em números absolutos

	Assuntos/períodos	1640-1656	1680-1700	1725-1726	1735-1736	1755-1756	1763-1764	1785-1795
Bahia	Governo	195	240	199	116	125	29	99
	Religião	23	68	60	36	35	7	30
	Mercês	201	342	149	191	86	77	195
	Câmara	9	24	14	14	11	5	6
	Fiscalidade	32	59	61	46	65	29	130
	Economia	155	158	138	72	89	27	94
	Escravidão	7	8	31	4	10	2	1
	Total geral	622	899	652	479	421	176	555

	Assuntos/ períodos	1640-1656	1680-1700	1725-1726	1735-1736	1755-1756	1763-1764	1785-1795
Minas Gerais	Governo			35	51	48	19	197
	Mercês			174	135	90	110	426
	Câmara			7	3	8	8	7
	Fiscalidade			40	43	12	6	129
	Economia			6	7	6	5	12
	Escravidão							
	Total geral			1566	1197	1006	500	1881
Maranhão	Governo	101	41	25	21	53	24	457
	Mercês	60	30	28	27	28	9	434
	Câmara	0	4	3	7	4	4	22
	Fiscalidade	9	6	5	11	18	5	50
	Economia	22	31	9	5	39	16	341
	Escravidão							
	Total geral	192	112	3202	2465	2154	1058	1304
Angola	Governo	85	143	25	46	55	49	355
	Mercês	102	158	44	38	21	20	224
	Câmara	3	2	2	4	0	3	18
	Fiscalidade	11	20	9	9	5	9	11
	Economia	35	71	30	21	51	15	117
	Escravidão							
	Total geral	620	618	6514	5048	4440	2212	3333
Rio de Janeiro	Governo	202	120	123	151	170	179	550
	Mercês	161	104	157	124	129	61	636
	Câmara	4	4	3	9	2	2	10
	Fiscalidade	32	50	85	73	124	34	186
	Economia	17	6	52	27	8	8	147
	Escravidão	14	22	15	11	38	3	15
	Total geral	1670	1542	13463	10491	9351	4711	8210

Fonte: João Fragoso & Isabel Guimarães & Nuno Gonçalo Monteiro (coords.). *Banco de dados comunicações políticas conquistas americanas e Angola (séculos XVI-XIX).*

Notas

1. O estudo de tais relações entre poderes terá por base a América lusa dominada pelo paradigma corporativo, ou seja, quando a sociedade do Antigo Regime se via como corporativa e polissinodal. Ver António Manuel Hespanha & Ângela Barreto Xavier, "A representação da sociedade e do poder", pp. 121-156. Cabe lembrar que, em fins

do século XVII e princípios do século XVIII, cada vez mais a ação das câmaras da conquista americana foi limitada. No caso do Rio de Janeiro, basta recordar, além da figura do juiz de fora e do maior controle da Coroa sobre a nomeação dos oficiais de ordenanças, a passagem da administração de antigos donativos da câmara para a Fazenda Real, entre eles o da alfândega, na década de 1720. Tal tendência conservou-se com a entrada de negociantes na câmara em detrimento da vontade da velha nobreza da terra da capitania e mais a criação da mesa de inspeção. Por conta da criação desse órgão fazendário, o preço do açúcar deixava de ser discutido na câmara entre lavradores e comerciantes. Ver: José Subtil, "Governo e administração, p. 160; e João Fragoso, "Fidalgos e parentes de pretos: notas sobre a nobreza principal da terra no Rio de Janeiro"; João Fragoso, "À espera das frotas: micro-história tapuia e a nobreza principal da terra", pp. 264.

2. A. M. Hespanha, *As vésperas do Leviathan*; *Idem*, "Para uma teoria da história institucional do Antigo Regime".
3. J. H. Elliott, "A Europe of Composite Monarchies".
4. Jack Greene, *Negociated Authorities. Essays in Colonial Political and Constitutional History*.
5. Immanuel Wallerstein, *O sistema mundial moderno*, v. I.
6. Patrick Brien, "European economic development: the contribution of the perifery".
7. Bartolomé Yun Casalilla, "Entre mina y mercado", pp. 210-213.
8. Para o crescimento das exportações lusas no século XVIII, ver as obras de Jorge M. Pedreira, *Estrutura industrial e mercado colonial Portugal e Brasil (1780-1830)* e *Os homens de negócio da praça de Lisboa de Pombal ao Vintismo (1755- 1822)*.
9. Ver João Fragoso, *Homens de grossa aventura: a praça mercantil do Rio de Janeiro 1790-1830*. Antonio Carlos Jucá de Sampaio. *Na curva do tempo, na encruzilhada do Império*.
10. Casalilla, "Entre mina y mercado", pp. 222-223.
11. Sobre monarquia pluricontinental, ver Nuno Gonçalo Monteiro, "A tragédia dos Távora. Parentesco, redes de poder e facções políticas na monarquia portuguesa em meados do século XVIII"; Mafalda Soares da Cunha & Nuno Gonçalo Monteiro, "Governadores e capitães-mores do império atlântico português nos séculos XVII e XVIII", pp. 191-252; Maria de Fátima Gouvêa, "Redes governativas e centralidades régias no mundo português ca. 1680-1730". *Idem* & João Fragoso (Orgs.), *Na trama das redes*; *Ibidem*, "Monarquia pluricontinental e repúblicas: algumas reflexões sobre a América lusa nos séculos XVI–XVIII"; Francisco Cosentino, "Monarquia pluricontinetal, o governo sinodal e os governadores-gerais do estado do Brasil"; João Fragoso, "Monarquia pluricontinental, repúblicas e dimensões do poder no Antigo Regime nos trópicos: séculos XVI–XVIII"; João Fragoso & Antonio Carlos Jucá de Sampaio (Orgs.). *Monarquia pluricontinental e a governança da terra no ultramar atlântico luso: séculos XVI-XVIII*.
12. Vitorino Magalhães Godinho, em dois ensaios publicados na década de 1970, defendeu a hipótese de que desde o século XVI o Antigo Regime em Portugal, em razão dos traços de sua hierarquia social e por se apoiar numa precária agricultura, tinha por base os recursos vindos do seu império ultramarino. Assim, conforme o autor, a monarquia lusa e sua nobreza cada vez mais tornar-se-iam dependentes dos recursos vindos das conquistas ultramarinas. V. M. Godinho, "Estrutura social do Antigo

Regime", pp. 71-116; *Idem*, "Finanças públicas e estrutura do Estado", especialmente pp. 24-26. Pedro Lains e Álvaro Ferreira da Silva, em 2005, no prefácio do livro por eles organizado, *História econômica de Portugal – vol. I*, afirmam que no século XVIII: "a agricultura era o setor da economia portuguesa com mais peso na criação de riqueza e no emprego." (p. 22) No capítulo III do mesmo livro, escrito por José Vicente Serrão, no referido século permanecia o problema da carestia de grãos em razão da insuficiente produção nacional, p. 204. Nuno Gonçalo Monteiro, investigando a composição dos rendimentos de quarenta casas dos grandes da nobreza lusa no século XVIII, afirma que: em média, os bens da Coroa e ordens representam mais de 54% dos seus proventos. Entre esses, as comendas militares representavam mais de 30% das receitas médias. Nuno Gonçalo Monteiro, *O crepúsculo dos Grandes (1750-1832)*, pp. 259 e 264.

13. AHU, RJ, Ca., cd. 1, cx. 15, doc. 3227. Venda pelo marquês de Cascais, em 1709, da donataria de Santos e São Vicente.

14. Essas negociações entre Coroa e elites das conquistas, em especial as localizadas nas Câmaras Municipais, provavelmente possuem uma das suas maiores manifestações quando das lutas contra holandeses e em seguida na constituição da monarquia brigantina, em meados do século XVII. Refiro-me às negociações entre as câmaras das conquistas e a Coroa na concessão de donativos concedidos pela primeira à última no esforço de guerra. Cabe lembrar que as normas do Antigo Regime e a proteção militar das capitanias da Coroa cabiam à própria Coroa e sua Fazenda, não ao poder local. A aprovação desses donativos resultou de amplas discussões e decisões tomadas nas câmaras do Rio de Janeiro e de Salvador. Sobre tais donativos, ver Stuart Schwartz, "Fidalgos da terra e o Atlântico Sul", pp. 75-112; W. Lenk, "Guerra e pacto colonial". Este último trabalho apresenta dados empíricos sobre o custeio da infantaria pela câmara de Salvador, porém parte de um modelo explicativo caudatário da ideia de Estado absolutista e, assim, também da compreensão das conquistas lusas no âmbito da teoria da dependência conforme Wallerstein. Marcello Loureiro e Thiago Krause desenvolvem pesquisas de doutorado sobre as relações entre as elites das conquistas e a Coroa no século XVII. Voltarei a esse tema mais adiante neste texto.

15. A. M. Hespanha, *As vésperas do Leviathan*, pp. 227-59.

16. Alicia E. Esteban & Alfredo I. Floristán, "Composición y goberno de la monarquia de España", pp. 246-277.

17. A. M. Hespanha, *Imbecillitas*.

18. O bom senso indica que um pedido de mercê de determinada viúva de escrivão da alfândega do Rio de Janeiro deve ter menos importância do que a solicitação da câmara da mesma cidade pelos Direitos do Porto para si. Porém, nas figuras anteriores, ambas as correspondências foram consideradas de igual importância.

19. Casos como o do capitão das ordenanças Fernão Faleiro Homem e de Fernando José Mascarenhas eram majoritários nas comunicações políticas com o centro: em 1657, Fernão Faleiro Homem pede o hábito da ordem de Cristo ou de Santiago com a tença de 300 cruzados. Para tanto, apresenta os seus trinta anos de serviços à Sua Majestade, os de seu irmão e mais os serviços a ele, suplicante, cedidos por seu sogro e seus

cunhados. Arquivo Histórico Ultramarino – Rio de Janeiro – coleção Castro Almeida, caixa 5, documento 789-826, 1657. Quase cem anos depois, em 1739, Fernando José Mascarenhas, soldado infante de um dos terços da guarnição do Rio de Janeiro, para poder ser promovido ao posto de alferes. 11 de maio de 1739. Na ocasião, ele alegava ser filho legítimo de João de Mascarenhas, capitão de Infantaria de um dos terços da guarnição do Rio de Janeiro, neto paterno de Gonçalo de Lemos Mascarenhas, governador que foi das ilhas de Cabo Verde, terceiro neto de D. Nuno Mascarenhas, conde que foi de Palma, morto na Batalha de Montijo, e de Paulo Gomes de Lemos, que serviu em Pernambuco no tempo dos holandeses, sobrinho legítimo de Hilário Mascarenhas, morto em batalha em Amança. *Arquivo Histórico Ultramarino – Rio de Janeiro – coleção Avulsos* doc. 10383, cx. 44. 1739.

20. Arquivo Histórico Ultramarino. Documentos sobre o Rio de Janeiro – Coleção Castro Almeida, caixa 9, documento 1670-78, ano 1688. Devassa do assassinato de Pedro de Souza Pereira.

21. J. H. Elliott, *Empires of the Atlantic World: Britain and Spain in America 1492-1830*, especialmente os capítulos 5 e 6; Bartolomé Yun Casalilla (Ed.). *Élites sociales en la articulación de la monarquia hispânica, 1492-1714*, pp. 11-35.

22. Na verdade, temas como saúde, criminalidade, abastecimento local, quando aparecem, ocorrem nas discussões dos conselhos municipais. Já há diversas dissertações e teses sobre o assunto, entre outras, ver: Lívia Monteiro, "Administrando o bem comum: Os 'homens-bons' e a Câmara de São João del-Rei. 1730-1760". Sobre as relações/negociações entre municípios da conquista e a Coroa lusa, ver especialmente Maria Fernanda Bicalho, *A cidade e o império: Rio de Janeiro no século XVIII.*

23. A ideia de autogoverno da Câmara Municipal deve aqui ser entendida conforme o esta- belecido nas *Ordenações Filipinas*, Livro 1, Tit. 66: "Dos vereadores", parágrafos 28, 29 e 30. Título LXVI nota 1 Vereadores, i.e., os membros das câmara, cúria ou assembleia do município, que o representam, e lhe administram as rendas. Essa corporação também se chamava de comuna. "A palavra Vereador [...] i.e. vigiar sobre a boa polícia da terra, reger, e cuidar do bem comum" (p. 144). "Posturas. 28. proverão as posturas, vereações e costumes antigos da cidade; e antes que façam as posturas e vereações, ou as desfaçam, e outras chamem os Juízes e homens bons [...] e diga-lhes o que virem e consideram. 29. E as posturas e Vereações, que assim forem feitas, o Corregedor da Comarca não lhes poderá revogar, nem outro algum Oficial ou Desembargador nosso [do rei], *antes as façam cumprir e guardar.*" [grifo do autor]

24. Francisco Bethencourt & Kirti Chaudhuri (Dir.), *História da expansão portuguesa*, v. 2, pp. 304-305 e 320-325. Sobre o assunto, ver Pedro Cardim & Suzana M. Miranda, "A expansão da Coroa portuguesa e o estatuto dos territórios", pp. 51-106.

25. João Fragoso, "Fidalgos e parentes de pretos: notas sobre a nobreza principal da terra do Rio de Janeiro", pp. 33-120.

26. Annick Lempériè, *Entre Dieu et le roi, la République.* Conforme Bartolomeu de Las Casas, " a cidade é uma parte do reino, e, sendo toda cidade uma comunidade polí- tica perfeita, é em certo sentido autossuficiente e sua vida consiste na realização dos interesses de seu povo, na expressão de Aristóteles". *De Regia Potestate o derecho de*

autodeterminación. Edição crítica bilíngue por L. Pereña & Perez-Prendes & Joaquim Azcarraga (Corpus Hispanorum de Pace, editado por Luciano Pereña, v. VIII), p. 40. Alicia Esteban Estríngana & Alfredo Florestán Imízcoz, referindo-se à administração das cidades e vilas de Castela nos séculos XV e XVI, afirmam que o governo local atendia às necessidades imediatas de seus habitantes (educação, instalações sanitárias, obras públicas etc.) e para tanto gozava de ampla capacidade normativa através de acordos e ordenanças. As formas concretas de organização dessas comunidades eram variadas e, de maneira geral, os reis nelas não interferiam, contentando-se em supervisioná-las a distância. Alicia E. Estríngana & Alfredo Florestán Imízcoz, "Goberno dela Monarquía de España", p. 371.

27. Neste momento, cabe comparar as dinâmicas institucionais dos conselhos de Castela com as de Portugal na época moderna. Nas cidades de Castela, entre o reinado de Afonso XI (1312-1350) até 1543, os ofícios municipais, como o de *regidores*, decorriam de nomeações reais. Esses ofícios eram normalmente vitalícios e ocupados pelas famílias mais poderosas da região. A crise política gerada pela morte de Isabel I, em 1504, forçou Fernando Católico a fazer várias concessões às elites urbanas, entre elas o direito de renúncia dos ofícios, facilitando a sua patrimonialização pelas ditas elites. Através dessa ação, os *regidores*, por exemplo, podiam renunciar seus cargos municipais e, com isso, viabilizar, na prática, a sua transferência para candidatos de suas escolhas. Com tal artifício, conforme E. Mesa, as *oligarquias urbanas* conseguiam dominar a sua própria reprodução social. Esse quadro foi alterado em 1543, quando a Coroa espanhola (Carlos V), cada vez mais endividada diante dos custos da política imperial, passou a vender os ofícios públicos. Enrique Sora Mesa, *La Nobleza en la España*, p. 46 e pp. 218-220. Entre 1504 e 1543, temos vitória de Carlos V, apoiado na nobreza, contra a sublevação de cidades de Castela, como Segóvia, Salamanca e Toledo. Para efeito deste texto, repare-se que, apesar de Portugal e Castela terem por base uma monarquia polissinodal e corporativa, onde vigorava a concorrência de poderes, a escolha dos oficiais municipais possuiu dinâmicas diferentes. No reino de Portugal e suas conquistas, tais oficiais eram eleitos e saíam dos homens-bons da terra. Como acabamos de ver, o mesmo não ocorria em Castela. Emilia Salvador Esteban, *La Nueva Monarquia de los Habsburgo. Carlos I (1515-1556)*; Alfredo Floristán (coord.) *Historia de España em la Edad Moderna*, pp. 166-167.

28. Para esses temas, ver os textos reunidos em João Fragoso & Antonio Carlos Jucá de Sampaio, *Monarquia pluricontinental e a governança da terra no ultramar atlântico luso: séculos XVI-XVIII*; Roberto Guedes Ferreira (Ed.). *Dinâmica imperial no Antigo Regime português*.

29. A ideia de a escravidão ser assunto doméstico e, portanto, as suas relações serem reguladas no âmbito da família não implica na impossibilidade de a Coroa interferir nessa dinâmica. Basta para tanto lembrar que, através de cartas régias de 1515 e 1517, d. Manuel concedia liberdade aos escravos e a seus filhos, dadas pela Fazenda Real aos primeiros povoadores de São Tomé e Príncipe. Arlindo Manuel Caldeira, "A Sociedade". J. Serrão & A. H. de O. Marques (Dirs.). *Nova História da expansão portuguesa*, p. 401.

30. Ver Manuel Hespanha, "Os Poderes, os modelos e os instrumentos de controle", pp. 12-13.

31. Cerceio, cerceamento ou cerceadura é uma ação fraudulenta, em particular operada em moedas de metais ou ligas preciosas, ou de prata baixa, de que resultava o bordo limado ou raspado, ou muito substancialmente diminuído, por forma a subtrair-lhe o peso legal na origem. Obtinha-se, assim, uma limalha preciosa, que depois era (re) utilizada para os fins mais diversos. Os *nummi serrati*, bem conhecidos dos Germanos, parece terem sido uma primeira tentativa de cerceio, embora não haja unanimidade de opiniões sobre essa matéria. No reinado de d. Pedro II, tomaram-se medidas sérias para o seu combate e eliminação. (*N. da E.*)

32. AHU_CU Luiza da Fonseca, cx. 27. doc. 3300-1. CARTA dos oficiais da câmara da Bahia ao rei [D. Pedro II], 06/1685. João Fragoso & Isabel Guimarães & Nuno Gonçalo Monteiro, *Banco de dados comunicações políticas conquistas americanas e Angola (séculos XVI-XIX)*.

33. AHU_CU Luiza da Fonseca, cx. 25. doc. 3008. 07/1681. CARTA dos oficiais da câmara da Bahia ao príncipe regente [D. Pedro]. João Fragoso & Isabel Guimarães & Nuno Gonçalo Monteiro (coords.). *Banco de dados comunicações políticas conquistas americanas e Angola (séculos XVI-XIX)*.

34. Entre os trabalhos recentes sobre as elites locais das conquistas, ver Wolfgang Lenk, "Guerra e pacto colonial"; Thiago Krause, *Em busca da honra*. Victor Luiz Alvares Oliveira, "Retratos de família: sucessão, terras e ilegitimidade entre a nobreza da terra de Jacarepaguá, séculos XVI – XVIII". Ver ainda o projeto de tese em andamento de Thiago Krause, "Elites coloniais e política na Bahia seiscentista".

35. Evaldo C. Mello, *Fronda dos mazombos*; Idem, *Olinda restaurada*.

36. AHU, RJ, Ca., 7, cx, 88, doc. 20.284, 24/7/1757. Carta particular de Pedro Dias Paes Leme para Thomé Corte Real.

37. Sobre o tema da ação de Miguel Aires Maldonado, ver a monografia de bacharelado em História de Julia Aguiar Ribeiro, "A família Arias Maldonado: as possibilidades de ascensão social através das relações parentais entre escravos e livres da freguesia de São Gonçalo (séculos XVII-XVIII)". Essa pesquisadora continua esses estudos em sua dissertação de mestrado. Ver também João Fragoso, "Modelos explicativos da chamada economia colonial e a ideia de Monarquia Pluricontinental: notas de um ensaio", v. 32, pp. 106-145; *Idem*, "Introdução: Barões do café oitocentista e nobreza principal da terra seiscentista: Rio de Janeiro séculos XIX e XVII".

38. Carta [governador do Rio de Janeiro e Minas Gerais], Gomes Freire de Andrade, ao rei [d. João V], sobre nomeação de pessoas para o posto de capitão de uma das Companhias do Terço Auxiliar, de que foi capitão João Aires Maldonado. 11/9/1737. Coleção Resgate – Avulsos Rio de Janeiro *apud* Julia Aguiar Ribeiro, "A família Arias Maldonado: as possibilidades de ascensão social através das relações parentais entre escravos e livres da freguesia de São Gonçalo (séculos XVII-XVIII)", citado.

39. Aqui não custa insistir com a ideia de que, apesar das cidades na América lusa terem como ponto de partida o arcabouço institucional vindo do reino, leia-se a arquitetura administrativa municipal, cada região teria uma dinâmica social e economia próprias, e isso ocorria em um Novo Mundo. Assim, tais cidades e suas respectivas elites não nasceram prontas, mas antes viveram processos de formação e de consolidação. Em outras palavras, no município do Rio de Janeiro no início do século XVII existiam as

famílias responsáveis pela direção política e administrativa, porém estas, como elite social (portadora de uma concepção de mundo própria e com seus respectivos sistemas de família e de transmissão de patrimônios entre gerações), ainda estavam se formando. Sobre o tema, vide a publicação organizada por Bernd Schröter & Christian Büschges, *Beneméritos, aristocratas y empresários – Identidades y estructuras sociales de las capas altas urbana en América Hispanica*, que discute a identidade e estrutura social das elites urbanas na América hispânica. Agradeço a Thiago Krause a indicação desse texto.

40. Livro de Óbitos da Freguesia da Candelária. Testamento de Francisco Teles Barreto, 6/6/1679. Disponível em: <www.familysearch.org>. Acesso em 13/2/2012.
41. João Fragoso, "Fidalgos e parentes de pretos: notas sobre a nobreza principal da terra no Rio de Janeiro". *Idem, À espera das frotas: micro-história tapuia e a nobreza principal da terra (Rio de Janeiro, c.1600 – c.1750)*. Conferência apresentada no Concurso Público para Professor Titular de Teoria da História do Departamento de História da Universidade Federal do Rio de Janeiro (texto inédito), 2005.
42. Livro de Óbitos da Freguesia da Sé. Testamento de Ignácio da Silveira Vilasboas, 17/9/1710. Disponível em: <www.familysearch.org>. Acesso em 13/2/2012.
43. Francisco Teles Barreto e Ignácio da Silveira Vilasboas descendiam do açoriano capitão Belchior Pontes e de Inês Álvares, indígena natural da capitania do Espírito Santo. Marcelo M. A. Bogacivas, "A família Pontes: da Ilha Terceira para o Rio de Janeiro e depois São Paulo", p. 187.
44. Avulsos – RJ – cds. AHU_ACL_CU_017, Cx. 2, D. 116. 4/2/1645. João Fragoso & Isabel Guimarães & Nuno Gonçalo Monteiro (coords.). *Banco de dados comunicações políticas conquistas americanas e Angola (séculos XVI-XIX)*.
45. *Ibidem*.
46. Avulsos – RJ – índices – Cds 6/8/1678. Carta dos oficiais da câmara da cidade do Rio de Janeiro ao príncipe regente [d. Pedro]. João Fragoso & Isabel Guimarães & Nuno Gonçalo Monteiro (coords.). *Banco de dados comunicações políticas conquistas americanas e Angola (séculos XVI-XIX)*.
47. AHU-CU Luiza da Fonseca, cX. 19, doc. 2151. 8/1666. João Fragoso & Isabel Guimarães & Nuno Gonçalo Monteiro (coords.). *Banco de dados comunicações políticas conquistas americanas e Angola (séculos XVI-XIX)*.
48. AHU-CU Luiza da Fonseca, cx. 27, doc. 3309. 10/1685. João Fragoso & Isabel Guimarães & Nuno Gonçalo Monteiro (coords.). *Banco de dados comunicações políticas conquistas americanas e Angola (séculos XVI-XIX)*.
49. Charles Boxer, *O império marítimo português, 1415-1825*.
50. Simone Faria, "Antes que o ouro cruzasse o Atlântico: o cotidiano da cobrança dos reais quintos na capitania de Minas Gerais e as relações dos cobradores do ouro (c. 1710 – c. 1780)".
51. Carlos Leonardo Kelmer, "Jogos de interesses e estratégias de ação no contexto da revolta Mineira de Vila Rica, c. 1709 – c. 1736".
52. Evaldo C. Mello, *Fronda dos mazombos*; *Idem, Olinda restaurada*.
53. Charles Boxer, *O império marítimo português, 1415-1825*. Luiz Filipe de Alencastro, *O trato de viventes: Formação do Brasil no Atlântico Sul, séculos XVI e XVII*.

54. Esse tema é o objeto da pesquisa de doutorado de Marcello Loureiro, "A gestão da monarquia pluricontinental: Conselhos Superiores, política, pactos e governo da monarquia portuguesa (1640-1668)".

55. Para um estudo desse tema, ver Cláudia Damasceno Fonseca, *Arraias e Vilas d'el Rei: espaço e poder nas Minas setecentistas.*

56. Pegerto Saavedra, "El mundo rural en los siglos XVI y XVII, La economía en España moderna", pp. 17-19.

57. E. Le Roy Ladurie, *História dos camponeses franceses*, v. I, p. 255.

58. BRASIL, IBGE *Estatísticas históricas do Brasil*, p. 28.

59. José Subtil, "Governo e administração", p. 160.

60. *Cf.* Maria Fernanda Bicalho, *A Cidade e o Império: Rio de Janeiro na dinâmica Colonial Portuguesa. Séculos XVII e XVIII.*

61. João Fragoso, *Homens de grossa aventura: a praça mercantil do Rio de Janeiro 1790-1830.* Antonio Carlos Jucá de Sampaio, *Na curva do tempo, na encruzilhada do Império: Hierarquização social e estratégias de classe, a produção da exclusão (Rio de Janeiro, c. 1650-c. 1750).* Roquinaldo Ferreira, "Transforming Atlantic Slaving: Trade, Warfare and Territorial Control in Angola, 1650-1800".

62. AHU, RJ, Av, cx. 39, doc. 4.048. Representação dos Homens de negócios do Rio de Janeiro ao rei [d. João V], solicitando que o ouvidor-geral do Rio de Janeiro, Manuel Amaro Pena de Mesquita Pinto, observasse a lei de eleição dos pelouros, admitindo aos suplicantes como eleitores ou como vereadores, a fim de poderem concorrer com os naturais da cidade e residentes nela.

63. AHU, Bahia, cd. 7, cx. 54, doc. 10.319 (10326). Lei do açúcar de 1752.

64. Agradeço à professora Helen Osório, que me cedeu as habilitações da Ordem de Christo dos negociantes onde constam as informações sobre naturalidade.

65. Leonor Freire Costa & Maria Manuela Rocha & Rita Martins Sousa, *O ouro do Brasil*, p. 151.

66. Essas ideias foram sugeridas e amplamente discutidas com Nuno Gonçalo Monteiro, a quem agradeço.

67. O estudo de Victor de Oliveira sobre as práticas da família Sampaio, da nobreza da terra do Rio de Janeiro do século XVIII, apresenta a hipótese de um engenho de açúcar ser visto como base do sustento de uma extensa parentela, composta inclusive por domicílios de filhos com escravas. Ou seja, os Sampaio garantiam o acesso à terra a seus filhos com cativas. Victor Luiz A. Oliveira, "Retratos de família: sucessão, terras e ilegitimidade entre a nobreza da terra de Jacarepaguá, séculos XVI-XVIII".

68. Nuno Gonçalo Monteiro, *O crepúsculo dos grandes (1750-1832)*; Mafalda Soares da Cunha, *A Casa de Bragança, 1560 – 1640: práticas senhoriais e redes clientelares*; Fernanda Olival, *Honra, mercê e venalidade: as Ordens Militares e o Estado Moderno*; José Damião Rodrigues, *São Miguel no século XVII: casa, elites e poder.*

69. Desnecessário dizer que, com a subida ao poder dos Bourbon na Espanha, tal quadro foi alterado.

70. Alicia Estríngana Esteban & Alfredo Imízcoz Floristán, "Composición y Goberno de la Monarquia de España", pp. 246-277, especialmente p. 266.

71. Tais discussões podem ser encontradas no banco de dados comunicações políticas **das** décadas de 1670, 1680 e 1690.
72. Refiro-me à ideia de Ch. Boxer de que a câmara e as misericórdias seriam instituições centrais em diferentes partes do império ultramarino, conferindo-lhe uma identidade. Charles Boxer, *O Império Ultramarino português*.

REFERÊNCIAS BIBLIOGRÁFICAS

ALENCASTRO, Luiz Filipe de. *O trato de viventes: Formação do Brasil no Atlântico Sul, séculos XVI e XVII*. São Paulo: Companhia das Letras, 2000.

BETHENCOURT, Francisco & CHAUDHURI Kirti (dir.). *História da expansão portuguesa*, v. 2. Lisboa: Círculo de Leitores, 1998.

BICALHO, Maria Fernanda. *A cidade e o império: Rio de Janeiro no século XVIII*. Rio de Janeiro: Civilização Brasileira, 2003.

BOGACIOVAS, Marcelo M. A. "A família Pontes: da Ilha Terceira para o Rio de Janeiro e depois São Paulo". *Revista da ASBRAP*, São Paulo, 2004, nº 10, p. 187.

BOXER, Charles. *O império marítimo português, 1415-1825*. São Paulo: Companhia das Letras, 2002.

BRASIL, IBGE. *Estatísticas históricas do Brasil*. Rio de Janeiro: IBGE, 1989, p. 28.

CALDEIRA, Arlindo Manuel. "A Sociedade". *In*: MATOS, A. T. (coord.). *Colonização atlântica*, t. 2. SERRÃO, J. & MARQUES, A. H. de (dirs.). *Nova História da expansão portuguesa*. Lisboa: Estampa, 2005, p. 401.

CARDIM, Pedro & MIRANDA, Suzana M. "A expansão da Coroa portuguesa e o estatuto dos territórios". *In*: FRAGOSO, João & GOUVÊA, Maria de Fátima S. *O Brasil colonial*, v. II. Rio de Janeiro: Civilização Brasileira, 2014.

CASALILLA, Bartolomé Yun. "Entre mina y mercado". *In*: GARCIA, Hernán David (ed.). *La historia sin complejos*, Madri: Actas, 2010, pp. 210-213.

_____ (ed). *Élites sociales en la articulación de la monarquia hispânica, 1492-1714*. Madri: Marcial Pons, 2009.

CONSENTINO, Francisco. "Monarquia pluricontinental, o governo sinodal e os governadores-gerais do Estado do Brasil". *In*: FERREIRA, Roberto Guedes. *Dinâmica imperial no Antigo Regime português*. Rio de Janeiro: Mauad X, 2011.

COSTA, Leonor Freire & ROCHA, Maria Manuela & SOUSA, Rita Martins. *O ouro do Brasil*. Lisboa: Imprensa Nacional – Casa da Moeda, 2013, p. 151.

CUNHA, Mafalda Soares da. *A Casa de Bragança, 1560-1640: práticas senhoriais e redes clientelares*. Lisboa: Editora Estampa, 2000.

_____ & MONTEIRO, Nuno Gonçalo. "Governadores e capitães-mores do império atlântico português nos séculos XVII e XVIII". *In*: CARDIM, Pedro & CUNHA, Mafalda Soares da & MONTEIRO, Nuno Gonçalo (orgs.). *Optima Pars. Elites Ibero-Americanas do Antigo Regime*, Lisboa: Imprensa de Ciências Sociais, 2005.

ELLIOTT, John H. "A Europe of Composite Monarchies". *Past and Present*, 137 (nov. 1992).

_____. *Empires of the Atlantic World: Britain and Spain in America 1492-1830*. Yale University Press, 2006.

ESTEBAN, Emilia Salvador. *La Nueva Monarquia de los Habsburgo. Carlos I (1515-1556)*; FLORISTÁN, Alfredo (coord.). *Historia de España em la Edad Moderna*, Barcelona: Ariel, 2011.

_____ & FLORISTÁN, Alfredo I. "Composición y goberno de la monarquia de España". *In:* FLORISTÁN, Alfredo I (coord.). *História de España*. Barcelona: Ariel, 2011.

FARIA, Simone. "Antes que o ouro cruzasse o Atlântico: o cotidiano da cobrança dos reais quintos na capitania de Minas Gerais e as relações dos cobradores do ouro (*c.* 1710 – *c.* 1780)". Rio de Janeiro: PPGHIS/UFRJ. Tese de doutorado em preparação.

FERREIRA, Roquinaldo. "Transforming Atlantic Slaving: Trade, Warfare and Territorial Control in Angola, 1650-1800". Los Angeles: University of California, 2003. Tese de doutorado inédita.

FONSECA, Cláudia Damasceno. *Arraias e Vilas d'el Rei: espaço e poder nas Minas setecentistas*. Belo Horizonte: Editora da UFMG e Humanitas, 2011.

FRAGOSO, João. "Fidalgos e parentes de pretos: notas sobre a nobreza principal da terra no Rio de Janeiro". *In:* FRAGOSO, João & SAMPAIO, Antonio Carlos Jucá de & ALMEIDA, Carla (orgs.). *Conquistadores e negociantes*. Rio de Janeiro: Civilização Brasileira, 2007.

_____ & GOUVÊA, Maria de Fátima. "Monarquia pluricontinental e repúblicas: algumas reflexões sobre a América lusa nos séculos XVI–XVIII". *TEMPO*, Niterói: Departamento de História, 2009.

_____. "Introdução: Barões do café oitocentista e nobreza principal da terra seiscentista: Rio de Janeiro séculos XIX e XVII". *In: Barões do café e sistema agrário escravista: Paraíba do Sul/Rio de Janeiro (1830-1850)*, 1. ed. Rio de Janeiro: FAPERJ/7Letras, 2013.

_____. "Modelos explicativos da chamada economia colonial e a ideia de Monarquia Pluricontinental: notas de um ensaio". *História*. (São Paulo. Online), v. 32, pp. 106-145, 2012.

_____. "Monarquia pluricontinental, repúblicas e dimensões do poder no Antigo Regime nos trópicos: séculos XVI-XVIII". *In:* FRAGOSO, João & SAMPAIO, Antonio Carlos Jucá de. (orgs.). *Monarquia pluricontinental e a governança da terra no ultramar atlântico luso: séculos XVI-XVIII*. Rio de Janeiro: Mauad, 2012.

_____. *Homens de grossa aventura: a praça mercantil do Rio de Janeiro 1790-1830*. Rio de Janeiro: Civilização Brasileira (2. ed., 1. ed. 1992).

_____. "Fidalgos e parentes de pretos: notas sobre a nobreza principal da terra do Rio de Janeiro". *In:* FRAGOSO, João & SAMPAIO, Antonio Carlos Jucá de & ALMEIDA, Carla (orgs.). *Conquistadores e negociantes: Histórias de elites no Antigo Regime nos trópicos*. 1. ed., v. 1. Rio de Janeiro: Civilização Brasileira, 2007.

_____. "Fidalgos da terra e o Atlântico Sul". *In:* SCHWARTZ, Stuart. *O Brasil no império marítimo português*. Bauru: EDUSC, 2009.

_____. "À espera das frotas: micro-história tapuia e a nobreza principal da terra". Conferência apresentada no concurso público para professor titular de Teoria da História do Departamento de História da UFRJ, pp. 264.

_____ & GUIMARÃES, Isabel & MONTEIRO, Nuno Gonçalo (coords.). *Banco de dados comunicações políticas conquistas americanas e Angola (séculos XVI-XIX)*. Rio de Janeiro, Brasília e Lisboa. ART-CNPq, Capes-Grice, FCT, 2008-2014.

GODINHO, V. M. "Estrutura social do Antigo Regime". *In:* _____. *Estrutura da antiga sociedade portuguesa*. Lisboa: Ed. Arcádia, 1975, pp. 71-116.

_____. "Finanças públicas e estrutura do Estado". *In: Ensaios II*. Lisboa: Liv. Sá da Costa Ed., 1978.

GOUVÊA, Maria de Fátima. "Redes governativas e centralidades régias no mundo português ca. 1680-1730". *In:* FRAGOSO, João & GOUVÊA, Maria de Fátima (orgs.). *Na trama das redes. Política e negócios no império português*. Rio de Janeiro: Civilização Brasileira, 2010.

GREENE, Jack. *Negotiated Authorities. Essays in Colonial Political and Constitutional History*. Charlottesville e Londres: University Press of Virginia, 1994.

HESPANHA, António Manuel. *As vésperas do Leviathan*. Coimbra: Livraria Almedina, 1994.

_____. "Os Poderes, os modelos e os instrumentos de controle". *In*: MONTEIRO, Nuno Gonçalo. *História da vida privada* – A Idade Moderna. Lisboa: Círculo do Livro, 2011.

_____. *Imbecillitas*. BH & SP: UFMG & Annablume, 2010.

_____. "Para uma teoria da história institucional do Antigo Regime". *In*: _____ (ed.). *Poder e instituições na Europa do Antigo Regime*. Lisboa: Fundação Calouste Gulbenkian, 1984.

_____ & XAVIER, Ângela Barreto. "A representação da sociedade e do poder". *In*: HESPANHA, António Manuel (coord.). *Antigo Regime (1620-1807). História de Portugal*. Lisboa: Editorial Estampa, 1993, pp. 121-156.

KELMER, Carlos Leonardo. "Jogos de interesses e estratégias de ação no contexto da revolta Mineira de Vila Rica, *c.* 1709-*c.* 1736". Universidade Federal do Rio de Janeiro, 2005. Dissertação de mestrado inédita.

KRAUSE, Thiago. *Em busca da honra*. São Paulo: Annablume, 2012.

_____. "A Formação de uma Nobreza Ultramarina: Coroa e elites locais na Bahia seiscentista". Rio de Janeiro/Paris: UFRJ/PPGHIS-EHESS, 2014. Tese de doutorado inédita.

LADURIE, E. Le Roy. *História dos camponeses franceses*, v. I. Rio de Janeiro: Civilização Brasileira, 2007, p. 255.

LAINS, Pedro & SILVA, Álvaro Ferreira da. *História econômica de Portugal – vol. I*, Lisboa: ICS, 2005.

LAMPÉRIÈ, Annick. *Entre Dieu et le roi, la République*. Paris: Les Belles Lettres, 2004.

LENK, W. "Guerra e pacto colonial". Campinas: Instituto de Economia. Unicamp, 2009. Tese de doutorado inédita.

LOUREIRO, Marcello José Gomes. "*Iustitiam Dare*. A Gestão da Monarquia Pluricontinental. Conselhos Superiores, pactos, articulações e o governo da monarquia portuguesa (1640- 1668)". Rio de Janeiro/Paris: UFRJ/PPGHIS – EHESS, 2014. Tese de doutorado inédita.

MELLO, Evaldo C. *Fronda dos mazombos*, São Paulo: Companhia das Letras, 1995.

_____. *Olinda restaurada*, 2. ed., São Paulo: Ed. 34, 2007.

MESA, Enrique Soria. *La Nobleza en la España*. Barcelona: Marcel Pons, 2007.

MONTEIRO, Lívia. "Administrando o bem comum: Os 'homens-bons' e a Câmara de São João del--Rei. 1730-1760". Rio de Janeiro: Programa de Pós-Graduação em História Social, Instituto de História, 2009.

MONTEIRO, Nuno G. "A tragédia dos Távora. Parentesco, redes de poder e facções políticas na monarquia portuguesa em meados do século XVIII". *In*: FRAGOSO, João & GOUVÊA, Maria de Fátima (orgs.). *Na trama das redes. Política e negócios no império português*. Rio de Janeiro: Civilização Brasileira, 2010.

_____. *O crepúsculo dos Grandes (1750-1832)*. Lisboa: Imprensa Nacional Casa da Moeda, 1998.

O' BRIEN, Patrick. "European economic development: the contribution of the perifery". *Economic History Review*, v. XXXV (1), 1982.

OLIVAL, Fernanda. *Honra, mercê e venalidade: as Ordens Militares e o Estado Moderno*. Lisboa: Estar, 2001.

OLIVEIRA, Luiz Alvares Victor. "Retratos de família: sucessão, terras e ilegitimidade entre a nobreza da terra de Jacarepaguá, séculos XVI – XVIII". Rio de Janeiro: Programa de pós-graduação em História Social, Instituto de História, Rio de Janeiro, 2014.

PEDREIRA, Jorge M. *Estrutura industrial e mercado colonial Portugal e Brasil (1780-1830)*. Lisboa: Difel, 1994.

_____. *Os homens de negócio da praça de Lisboa de Pombal ao Vintismo (1755- 1822)*. Lisboa: Universidade Nova de Lisboa, 1995. Dissertação de mestrado.

RIBEIRO, Julia Aguiar. "A família Arias Maldonado: as possibilidades de ascensão social através das relações parentais entre escravos e livres da freguesia de São Gonçalo (séculos XVII-XVIII)". Rio de Janeiro: Instituto de História, UFRJ, 2012. Monografia de bacharelado em História.

RODRIGUES, José Damião. *São Miguel no século XVIII: casa, elites e poder*. Ponta Delgada: Instituto Cultural de Ponta Delgada, 2003.

SAAVEDRA, Pegerto. "El mundo rural en los siglos XVI y XVII, La economía en España moderna". *In:* EZQUERRA, Alfredo Alvar. *La economía en la España Moderna*, Madri: Istmo, 2006.

SAMPAIO, Antonio Carlos Jucá de. *Na curva do tempo, na encruzilhada do Império*. Rio de Janeiro, Arquivo Nacional, 2003.

SCHRÖTER, Bernd & BÜSCHGES, Christian (eds.). *Beneméritos, aristocratas y empresários – Identidades y estructuras sociales de las capas altas urbana en América Hispanica*. Vervuert – Iberoamericana, 1999.

SUBTIL, José. "Governo e administração". *In:* Hespanha António Manuel (coord.). *História de Portugal – Antigo Regime*, v. IV, p. 160.

WALLERSTEIN, Immanuel. *O sistema mundial moderno*, v. I. Porto: Ed. Afrontamento, s/d (publicado em inglês em 1974).

XAVIER, Ângela Barreto & HESPANHA, António Manuel. "A representação da sociedade e do poder". *In:* HESPANHA, António Manuel (coord.). *Antigo Regime (1620-1807). História de Portugal*. Lisboa: Editorial Estampa, 1993, pp. 121-156.

2

Cortes, juntas e procuradores

Maria Fernanda Bicalho, José Damião Rodrigues e Pedro Cardim

No contexto das historiografias que têm focado a sua atenção nas dinâmicas imperiais da primeira modernidade e, em particular, nas relações entre os centros políticos metropolitanos e os distantes espaços africanos, americanos e asiáticos, os tópicos da negociação e da capacidade de resistência das elites e dos poderes locais têm sido objeto privilegiado do interesse dos historiadores, na linha da grade interpretativa ligada ao conceito de "autoridade negociada".[1]

Contudo, embora relacionada com essas questões, a problemática da representação dos espaços extraeuropeus e dos respectivos corpos sociais junto dos correspondentes centros não conheceu a mesma sorte, contrastando com o conhecimento existente para o âmbito dos territórios europeus. Com efeito, para o quadro geográfico da Europa, são inúmeros os estudos que incidem sobre as juntas, as cortes e as dietas, e que, prolongando perspectivas clássicas ou sugerindo novas interpretações, têm sublinhado a importância dessas assembleias políticas enquanto espaço para o estabelecimento de pactos e de compromissos entre o poder régio e os representantes do corpo político da *republica*. Em contrapartida, existe ainda um vasto campo a explorar no tocante às formas e práticas de representação política dos domínios ultramarinos dos vários impérios que então se constituíram, desconhecendo-se, também, o modo como contribuíram para a politização das novas sociedades coloniais entretanto formadas.

Conhecem-se, é certo, as assembleias-gerais das colônias inglesas da América do Norte e das Antilhas, existindo estudos clássicos sobre as assembleias das ilhas de plantação caribenhas integrantes do império britânico, como os que foram publicados na década de 1920,[2] além de análises mais recentes sobre o sistema representativo e a sua dissolução. Dispomos, também, de alguns trabalhos sobre juntas de cidades nos dois vice-reinos da América espanhola durante os séculos XVI e XVII.[3] Para o universo da América portuguesa, o caso de Minas Gerais é um dos mais conhecidos e revisitados. Todavia, de forma sistemática, não foram ainda conduzidos estudos que examinassem, no contexto de uma determinada formação imperial, a orgânica e a dinâmica dessas assembleias no seu conjunto, ou que comparassem as assembleias-gerais das colônias britânicas com as juntas portuguesas, por exemplo, inventariando as semelhanças e as diferenças.[4] De igual modo, estão por identificar os atores históricos que deram corpo e voz aos territórios e aos corpos sociais que representavam.

O presente capítulo tem como finalidade contribuir para preencher essa lacuna historiográfica, incidindo num aspecto particular da comunicação política entre a

Coroa portuguesa e os territórios sob sua alçada: a forma como os poderes camarários representavam os seus interesses junto da Coroa e de suas instituições.

Assim, começaremos por analisar a assembleia representativa portuguesa – as cortes – e o seu papel na interação entre os poderes territoriais e as autoridades régias. Serão tidas em conta, antes de mais, as dezoito assembleias de cortes que se celebraram em Portugal entre 1500 e 1697, ano em que a Coroa lusa convocou, pela última vez, essa instituição. Além disso, e porque o objetivo deste capítulo é abarcar as várias modalidades de representação e comunicação entre as entidades camarárias e o poder político em Lisboa, serão igualmente caracterizadas as juntas de câmaras que se realizaram, até o final do Antigo Regime, em diferentes pontos do "reino", mas também nos arquipélagos atlânticos e nos territórios ultramarinos. Nesse sentido, demonstrar-se-á que se registrou uma significativa atividade de assembleias representativas nos territórios da Coroa portuguesa, tanto no reino e ilhas quanto na América. Por último, será ainda analisado o papel desempenhado pelos procuradores que as diversas câmaras enviaram para Lisboa ao longo do período compreendido entre 1500 e 1800.

As cortes de Portugal nos séculos XVI e XVII

Como é bem sabido, as cortes eram o lugar por excelência onde a união entre o rei e o reino se revelava. Órgão consultivo, no qual os corpos do reino compareciam e se reuniam, o monarca convocava essa assembleia a fim de "ouvir o reino" e tomar as medidas necessárias para o governo do "reino". Obrigatoriamente convocadas pelo rei e sempre presididas pelo soberano, as cortes, criadas no período medieval, mantiveram uma presença mais ou menos constante na política portuguesa da época moderna. As duas tabelas seguintes apresentam a lista de todas as reuniões de cortes que se celebraram em Portugal entre 1500 e 1700.

Tabela 2.1
Reuniões das cortes de Portugal no século XVI

Ano e Local	Reinado
1502 – Lisboa	D. Manuel I
1525 – Torres Novas	D. João III
1535 – Évora	D. João III
1544 – Almeirim	D. João III
1562 – Lisboa	D. Sebastião
1579 – Lisboa	D. Henrique
1580 – Almeirim	D. Henrique
1581 – Tomar	D. Filipe I
1583 – Lisboa	D. Filipe I

Tabela 2.2

Reuniões das cortes de Portugal no século XVII

Ano e Local	Reinado
1619 – Lisboa	D. Filipe II
1641 – Lisboa	D. João IV
1642 – Lisboa	D. João IV
1645 – Lisboa	D. João IV
1653 – Lisboa	D. João IV
1667 – Lisboa	D. Afonso VI
1673 – Lisboa	D. Afonso VI
1679 – Lisboa	D. Afonso VI
1697 – Lisboa	D. Pedro II

Observando os dados das tabelas percebe-se que as cortes se reuniram em nove ocasiões no decorrer do século XVI e outras tantas no século seguinte, o que significa que houve longos períodos durante os quais a assembleia não foi convocada pelo rei. Os dados apresentados também assinalam algo que, apesar de óbvio, não deixa de ser significativo: as cortes celebraram-se sempre em terras do "reino" e, para além disso, com uma cada vez maior frequência em Lisboa, cidade que se foi tornando na sede permanente dos órgãos da administração central da Coroa, tendo adquirido, por isso mesmo, o qualificativo de "corte". Por último, refira-se que nenhum rei setecentista convocou essa assembleia, o que constitui um sinal de que as decisões governativas que antes passavam pelas cortes estavam a ser tomadas numa outra sede. Trata-se de um período em que a realeza assumiu, frequentemente, uma atitude mais imperativa.

Foi a partir de meados do Quinhentos que os sucessivos reis se aperceberam de que as cortes poderiam desempenhar um papel importante enquanto espaço de inculcação de sentimentos de pertença à comunidade política reinícola, uma comunidade alargada e abstrata encabeçada pelo soberano, o qual estava então a difundir uma nova gama de obrigações e de sacrifícios que não eram facilmente aceitos de uma forma espontânea. Aperceberam-se, também, de que a aprovação, em cortes, de certas medidas mais impopulares – como era o caso dos novos impostos – poderia contribuir para tornar esses sacrifícios mais aceitáveis. Quanto aos vários grupos sociais, com destaque para as câmaras do reino, viram na assembleia representativa um bom palco para zelar pelos seus direitos e pelas suas liberdades em face do crescente voluntarismo régio.

Foi assim que, a partir de meados do século XVI, as assembleias representativas voltaram a desempenhar um papel mais interventivo na política, e tal aconteceu não só em Portugal, mas também na generalidade dos reinos da Europa ocidental. De qualquer modo, é importante ter presente que, até meados do século XVI, o nível de participação na assembleia lusa foi relativamente baixo: na reunião de 1562, em Lisboa, só 38 das 91 cidades e vilas com "assento em cortes" enviaram os seus procuradores,[5] e somente 13 das 38 que participaram na reunião endereçaram petições ao rei. De qualquer modo, e apesar de ser pouco expressiva, tal participação era superior à que se havia registrado na primeira metade do Quinhentos. A inserção de Portugal no conglomerado dos Áustria, aliada à afirmação da Coroa de Castela no conjunto da monarquia, levou as elites – nobiliárquicas, administrativas e urbanas – lusas a converter as cortes numa espécie de símbolo dos foros reinícolas de cada território.[6] Tal fato conferiu um maior protagonismo político a essa assembleia.

De um modo geral, o que motivava a participação nas cortes era a forte tradição de governo participativo que existia em toda a Península Ibérica. Desde tempos ancestrais que se vinham desenvolvendo formas colegiais de decisão, e foi no quadro desse imaginário político que a Coroa concedeu a certas entidades a "honra" de tomar parte em tais assembleias. As cortes tinham, também, um papel consagrado em termos "constitucionais", pois era opinião mais ou menos consensual que as questões ligadas à sucessão na Coroa, assim como a introdução de novos tributos, eram matérias que deveriam passar pela "assembleia dos três estados".

Às cortes acorriam, como é bem sabido, os representantes dos chamados "três estados do reino", ou seja, clero, nobreza e povo. No primeiro caso, ao "braço do clero" acudiam os prelados de arquidioceses e dioceses portuguesas, os mestres das ordens militares e, ainda, o inquisidor-mor. No que toca à nobreza, compareciam os representantes das principais famílias da aristocracia, os "donatários do reino" e os alcaides-mores das principais fortalezas régias "do reino". Quanto ao "terceiro estado", o do "povo", congregava representantes – procuradores – de mais de uma centena de cidades e vilas com o direito – e o privilégio – de participar nas cortes.

Depois de recebida a carta régia convocando para cortes, cada câmara escolhia dois procuradores e entregava-lhes uma procuração na qual tinha obrigatoriamente de constar que esses dignitários eram portadores de "poderes bastantes" para decidirem em nome do município. Assim, cada procurador atuava, antes de mais nada, em nome da localidade que o tinha escolhido. Porém, essa noção particularista de representação da comunidade local coexistia com um discurso que remetia para uma visão mais global, "reinícola" da representação política.

Cumpre lembrar que, no que toca à abrangência territorial, as cortes ativaram, ao longo da sua história, formas razoavelmente diversas de representação.[7] Tanto os nobres como os clérigos, mas também as câmaras, participavam na reunião enquanto entidades que administravam territórios habitados por uma população mais ou menos significativa. Assim, no braço do clero participavam, fundamentalmente, os "prelados *do reino*", *i.e.*, os titulares dos arcebispados e dos bispados localizados na parte europeia de Portugal. No que toca ao chamado "braço da nobreza", só a nobreza titular era convocada, o que desde logo excluía as elites locais dos diversos territórios extraeuropeus da Coroa de Portugal.[8] Quanto ao "povo", ou seja, os procuradores das perto de cem cidades e vilas com assento em cortes, esses núcleos urbanos tinham sob a sua alçada territórios – os chamados "termos" – que estavam todos situados no "reino". Uma coisa é certa: todos os participantes nas cortes provinham dos territórios que se situavam naquilo que então se designava de "reino". Ou seja, a representação política subjacente à "assembleia dos três estados *do reino*" reportava-se à área territorial da Coroa de Portugal situada na Europa.

No que toca à procedência geográfica, no caso de Portugal, a proveniência dos procuradores não obedecia a nenhum critério de proporcionalidade aritmética. A região mais densamente povoada do reino – Entre-Douro-e-Minho – estava sub-representada, enquanto regiões muito menos povoadas, como o Alentejo, contavam com um grande número de lugares em cortes.[9] Essa situação era, em grande medida, uma herança medieval, e tem a ver com o fato de ser no sul do "reino" que se encontrava a maior parte das terras da Coroa. Por outro lado, há também a registar a presença de um considerável contingente de procuradores enviados por cidades e vilas situadas na proximidade da fronteira com Castela.

Como já assinalamos, as cortes de Portugal começaram por não contar com qualquer representante de câmaras ultramarinas, fato que está longe de ser exclusivo de Portugal: a Coroa de Castela, que também detinha enormes extensões fora da Europa, não contou com representantes ultramarinos nas suas cortes.[10] Assim, não compareciam nem representantes de câmaras situadas nos arquipélagos atlânticos, nem representantes das câmaras ultramarinas. Tais câmaras nem sequer foram convocadas para reuniões com especial transcendência política, como foi o caso da assembleia que se reuniu em Tomar, em 1581, e na qual se selou a entrada de Portugal para a monarquia dos Áustria;[11] ou da primeira reunião de cortes que se celebrou no século XVII, em 1619.[12] Nas décadas de 1620 e 1630, o rei não convocou as cortes, razão pela qual o problema não se colocou.

No entanto, a partir de dezembro de 1640, com a ruptura entre Portugal e a monarquia da Espanha, a nova dinastia decidiu convocar as cortes com uma invulgar frequência, tendo em vista consolidar a sua posição política junto às populações.[13] Na reunião de 1642, há uma novidade a registrar: nas cortes celebradas naquele ano, compareceram, pela primeira vez, representantes de uma câmara dos Açores, a de Angra, e a esses dois representantes foi atribuído um assento na segunda fila da sala do palácio real onde se iria realizar a abertura solene das cortes.[14]

Nas primeiras duas assembleias convocadas pelos Bragança, voltaram a não ser chamados procuradores ultramarinos,[15] tendo sido na assembleia de 1645 que participaram, pela primeira vez, representantes de concelhos extraeuropeus. Trata-se de dois procuradores da câmara de Goa, e a esses dois dignitários foi concedido assento na primeira fila da sala de cortes, mesmo ao lado das cidades de Lisboa, Porto, Évora, Coimbra e Santarém. No momento da sua entrada nas cortes, esses representantes de Goa foram imediatamente colocados na parte mais preeminente da sala onde decorria a abertura solene da assembleia representativa, sessão que, convém não esquecer, era presidida pelo rei. No que toca a outras importantes câmaras atlânticas, como a do Funchal, de Salvador ou do Rio de Janeiro, uma vez mais não estiveram representadas.

De qualquer modo, cumpre salientar que os representantes de Goa, para além de terem tomado parte na cerimônia de abertura ocupando um lugar destacado, estiveram igualmente entre os chamados "definidores", ou seja, o restrito número de procuradores que era selecionado para participar em todas as sessões das cortes, ficando, dessa maneira, em condições de desempenhar um papel de relevo na tomada das principais decisões. Um dos critérios para a escolha dos "definidores" era o fato de se tratar de procuradores que vinham de localidades que eram cabeças de comarca, e a câmara de Goa teria sido escolhida, provavelmente, porque essa cidade era cabeça do "Estado da Índia". Os representantes de Goa chegaram mesmo a estar envolvidos em reuniões restritas com o próprio rei e o secretário de Estado.[16]

Alguns anos mais tarde, em 1653, um representante da América portuguesa tomou parte, pela primeira vez, nas cortes de Portugal: trata-se de Jerónimo Serrão de Paiva, representante de Salvador, dignitário ao qual foi atribuído o estatuto de "procurador do Brazil".[17] Embora Serrão de Paiva tenha sido relegado para um lugar algo secundário na sala onde se realizava a abertura solene das cortes, conseguiu ser nomeado "definidor". Pela mesma altura, a câmara do Funchal, na Madeira, também recebeu, pela primeira vez, o direito de enviar dois procuradores às cortes.

Os municípios que acabaram de ser referidos participaram em várias das assembleias de cortes que se realizaram na segunda metade do Seiscentos. Em janeiro de 1674 foi tomada uma outra decisão. D. Pedro concedeu à câmara de São Luís do Maranhão o direito de enviar dois procuradores às cortes que foram convocadas em finais de 1673, indicando que tais representantes deveriam sentar-se na quinta fila da sala onde decorria a abertura solene da assembleia. À data da realização das cortes, a câmara de São Luís tinha em Lisboa um representante permanente. Tudo leva a crer que o regente D. Pedro tirou partido do fato de o dignitário já se encontrar em Lisboa numa altura em que as cortes foram convocadas.[18]

A escolha destas três câmaras – Goa, Salvador e São Luís do Maranhão – parece estar relacionada com o fato de todas elas serem "cabeça" de circunscrições administrativas de caráter, digamos, "regional". Além disso, Goa, Salvador e São Luís eram cidades capitais das três principais unidades territoriais ultramarinas da Coroa de Portugal, o "Estado da Índia", o "Estado do Brasil" e o "Estado do Maranhão".[19] Uma outra razão para esse fato tem a ver com a circunstância de, desde o final do Quinhentos, os municípios de Goa e de Salvador terem se comportado como representantes de diversas câmaras localizadas na esfera desses dois "estados", designadamente no quadro de negociações fiscais com a Coroa.[20] Aliás, há notícia de assembleias locais convocadas pelos respectivos governadores e dirigidas pelas câmaras de Goa e de Salvador, congregando, respectivamente, representantes de diversas câmaras do "Estado da Índia" e do "Estado do Brasil", questão que será discutida mais adiante.

A Coroa continuou a convocar representantes das câmaras de Goa, de Salvador e de São Luís até o final do século XVII. É evidente que, para além das razões que foram já apontadas, pesou igualmente a preocupação por manter esses territórios ligados ao "reino", aspecto especialmente importante sobretudo numa época em que outros europeus estavam a rivalizar com os portugueses no mundo ultramarino. Em face do exposto, compreende-se que fosse estratégico, para uma dinastia recém-entronizada como a dos Bragança, contar com a presença de representantes desses territórios ultramarinos. Anos mais tarde, e no contexto dos arranjos constitucionais motivados pelo "act of union" entre a Inglaterra e a Escócia, o inglês John Oldmixon confirmou essa ideia. Na sua obra *The British Empire in America...* (Londres, 1708), refere que as autoridades portuguesas tinham decidido admitir Goa nas cortes depois dos devastadores ataques neerlandeses na Ásia e como forma de evitar a perda dos poucos territórios que ainda detinham naquela parte do globo. Oldmixon chegou mesmo a sugerir à Coroa inglesa que fizesse o mesmo nas suas colônias.[21]

Cumpre sublinhar, por outro lado, que a presença em cortes, apesar de ter deixado pouco rastro na documentação camarária dessas três câmaras extraeuropeias, foi valorizada pelas elites locais. No caso de Salvador, as atas das reuniões do Senado da Bahia mostram que, a seguir a 1653, esta câmara lutou por um incremento do seu lugar na sala de cortes. Numa carta datada de 9 de março de 1673 e escrita a propósito das cortes que iriam se reunir em breve, o Senado de Salvador, depois de lembrar que tinha sido concedido à "Cidade da Bahia" o segundo banco, pede um incremento da sua posição nessa cerimônia solene presidida pelo rei, reivindicando um assento no primeiro banco. Para justificar tal pretensão, alega que

> concorrem nela todas as razões de merecimento para esta honra que podem pedir-se e não serem maiores as da Cidade de Goa a quem se concedeo porque este Estado do Brazil he da grandeza e importância ao Serviço de Vossa Alteza, e esta cidade é cabeça delles e de lealdade tão nascida de seu amor como se vio na promptidão e alegria com que aceitou e celebrava a felice aclamação de El Rei Dom João quarto...[22]

Numa outra carta, datada de 9 de março de 1673 e dirigida a Gregório de Matos e Guerra, procurador da câmara da Bahia em Lisboa, a questão das cortes e do lugar da "Cidade da Bahia" na sala onde se realizava a assembleia volta a estar em foco. Explica o Senado que enviava uma carta anexa com a fundamentação dessa sua pretensão, pedindo a Matos e Guerra que, para melhorar a argumentação, consultasse o doutor João de Góis de Araújo, lembrando

> [...] que nas primeiras cortes em tempo de El Rey dom João o quarto era procurador desta cidade Jerónimo Serrão procurou este lugar do primeiro banco, e se lhe concedeu e que em sua casa se achariam os papéis disto, mas o Procurador que foi desta Câmara

> Josepeh Moreira de Azevedo diz que não achou esta notícia nem assento no tombo daquellas Cortes de que se desse aquelle lugar a esta Cidade, e fez o seu requerimento na forma que parece de huma cópia que aqui vai. Vossa mercê se sirva trabalhar este negócio pois he authoridade desta Cidade, e sua Pátria de que nos daremos por muito obrigados de Vossa Mercê [...][23]

Uma última palavra sobre a abrangência territorial da representação política ativada pelas cortes de Portugal. Como acabamos de assinalar, durante muito tempo só os territórios europeus da Coroa de Portugal estiveram representados nas cortes, e tal situação só se alterou, como vimos, a partir de meados do Seiscentos, com a admissão de representantes de três câmaras ultramarinas. No entanto, é importante ter em conta que, a par dos referidos procuradores de três câmaras extraeuropeias, no estado eclesiástico também costumavam marcar presença, a título mais ou menos oficioso, alguns titulares de dioceses extraeuropeias. Assim, nas cortes de 1619 encontramos, numa lista dos dignitários presentes, o bispo de Cabo Verde e o bispo da China.[24] E no auto impresso dessas mesmas cortes surgem referidos d. frei João da Piedade, bispo da China; d. frei Manuel Batista, bispo de Angola; d. Manuel Afonso da Guerra, bispo de Cabo Verde; d. Frei Tomé de Faria, bispo de Targa; e d. Jerónimo Fernando, bispo do Funchal. O mesmo ocorreu nas cortes convocadas na segunda metade do Seiscentos, tanto na de 1674, quanto na de 1697.[25]

Ao longo do século XVIII, os reis de Portugal jamais convocaram as cortes. Se tal assembleia tivesse tido mais protagonismo ao longo do período setecentista, seria esclarecedor ver até que ponto as câmaras da América teriam reivindicado uma representação política consentânea com a crescente relevância do Brasil no quadro da monarquia portuguesa. De qualquer modo, a não convocatória das cortes de Portugal não impediu que se falasse nessa assembleia representativa, tanto no reino, quanto na América Portuguesa. Tal aconteceu, por exemplo, em Salvador, corria o ano de 1727. Depois de a Coroa ter decidido lançar novas taxas sobre a Alfândega da Bahia, os homens de negócio de Salvador peticionaram o rei e reclamaram que fossem "convocados e ouvidos os povos, e se ajustasse este tributo em Cortes". Sintomaticamente, a Coroa indeferiu o pedido dos homens de negócio de Salvador, qualificando-o como "indecoroso" para a "soberania" do rei de Portugal.[26]

AS JUNTAS DE CÂMARAS

Como assinalamos, ao longo dos séculos XVI e XVII, as cortes realizaram-se sempre em terras do "reino", ou seja, na parcela europeia dos territórios sob a alçada dos reis portugueses. Aquilo que habilitava o "reino de Portugal" a ser palco de cortes era, precisamente, o fato de ser um território com um estatuto reinícola. Pela mesma razão, só eram legítimas as assembleias de cortes que se celebrassem num território com essa condição e que, para além disso, fossem convocadas pelo rei e por ele presididas. Os territórios ultramarinos, por não terem o estatuto reinícola e por nunca contarem com a presença do rei, jamais poderiam ser palco de uma "assembleia dos três estados".

Tal não impediu, no entanto, a realização de outro tipo de assembleias, normalmente denominadas de "juntas", assembleias com certo caráter representativo e que se celebraram, durante os séculos XVII e XVIII, não só nos territórios ultramarinos, mas também na generalidade do espaço político português. Com efeito, a palavra "junta" foi usada para designar tanto as assembleias que as câmaras costumavam promover, reunindo toda a população que vivia no perímetro do concelho, quanto as assembleias que pretendiam representar os corpos e instituições locais perante os agentes do poder régio. Essa prática, comum a territórios extraeuropeus das monarquias europeias daquele tempo, tem vindo a merecer a atenção da historiografia quer no tocante à dimensão da representação, quer a respeito da politização das sociedades que se desenvolveram nos espaços imperiais.[27]

O maior voluntarismo da Coroa, como destacamos, traduziu-se na intensificação da comunicação política entre o rei e o reino, e uma parte importante dessa comunicação acabou por ter como palco as juntas, de âmbito local ou regional. Na verdade, os diversos reis aperceberam-se de que tais assembleias poderiam desempenhar um papel importante enquanto espaços de consensualização de medidas de difícil aceitação, como, por exemplo, os novos tributos. E o fato de as cortes se realizarem com pouca frequência acabou por ser compensado pela realização desse tipo de reuniões de caráter representativo.

Do ponto de vista das câmaras, a sua participação nessas juntas era motivada pela forte tradição de governo participativo que existia em toda a Península Ibérica e nas suas extensões territoriais ultramarinas. Os municípios assentaram, desde sempre, em formas colegiais de decisão, e a situação de autogoverno em que muitos viviam ainda mais contribuiu para enraizar esse gênero de procedimentos de decisão. E ao mesmo tempo que se desenvolvia essa tradição de governo participado, as autoridades municipais constituíam-se como pequenas repúblicas locais, garantindo à população que estava sob a sua égide toda uma série de liberdades e imunidades.

A celebração de juntas de câmaras, tanto no "reino" como nos espaços ultramarinos, está documentada, pelo menos, desde o século XVI, e manteve-se nos dois séculos subsequentes. Em geral, essas juntas eram convocadas e presididas pelo dignitário nomeado pelo rei para o governo do território onde essas juntas tinham lugar, como era o caso dos vice-reis ou dos governadores, ou pelos senhores das terras, como foi o caso de São Miguel, uma capitania desde o século XV. Tanto no "reino" quanto nas "conquistas" realizaram-se várias reuniões de câmaras, uma espécie de assembleia dos "três estados" em âmbito local ou regional, presididas pelo vice-rei, pelo governador ou pelo capitão. Em Goa, a essas assembleias foi dado o nome de "reunião de claustro pleno". Noutros âmbitos geográficos, usou-se a palavra "junta", mas também a expressão "junta geral". Dispomos também de informação de juntas que resultaram da iniciativa unilateral de uma ou mais câmaras e que não contaram com a presidência de um representante régio. Cumpre notar que o léxico utilizado nas assembleias representativas do reino também aparece no nível local, pois nessas juntas era frequente falar-se de "estados" para designar os diversos grupos que havia que reunir nessas assembleias representativas.

Em diversas partes de Castela também se realizaram, periodicamente, juntas de cidades. Nas "Índias de Castela", registrou-se o mesmo fenômeno: a Coroa autorizou a celebração de reuniões de cabildos, embora sublinhando que essas assembleias de urbes americanas deviam ter sempre a designação de "congreso", e não de "Cortes", fundamentalmente pelo fato de não serem convocadas pelo rei.[28]

Assim, as juntas de câmaras tornaram-se um acontecimento relativamente habitual da vida política, tanto na Península Ibérica quanto nos arquipélagos atlânticos – designadamente nas Canárias e nos Açores – e, ainda, nos territórios ultramarinos das duas monarquias ibéricas. Como vimos, em regra eram convocadas pelas entidades com responsabilidades no governo territorial, tendo como finalidade concertar posições entre os diferentes municípios. Não tinham uma periodicidade regular, bem pelo contrário, sendo chamadas em função das necessidades governativas conjunturais. Tampouco tinham uma composição predefinida, pois cabia ao vice-rei, ao governador ou ao capitão-donatário que as convocava decidir as instituições ou os dignitários a convocar. Da mesma forma, da parte das câmaras também não havia a obrigatoriedade de comparecer.

Em alguns casos, por trás dessas juntas estavam problemas que afetavam um conjunto de câmaras, as quais se articulavam entre si e se reuniam para assumir uma posição conjunta, por exemplo, em face do poder régio. Desse modo, conseguiam dar mais força a uma sua reivindicação. Foi isso o que fez, por exemplo, uma série de câmaras do Minho em 1800, a propósito da recondução do corregedor da comarca de Viana. Essa petição contém anexas representações sobre o mesmo assunto, enviadas por várias outras câmaras minhotas.[29]

Vejamos agora o caso dos Açores. Entre os vários arquipélagos atlânticos sob a alçada portuguesa, foi nesse conjunto de ilhas, e em particular na ilha de São Miguel, que se realizou o maior número de juntas de câmaras. As juntas que se realizaram em São Miguel nos séculos XVII e XVIII tiveram lugar, na sua maioria, na cidade de Ponta Delgada, mas algumas se realizaram nas vilas de Lagoa e Água de Pau. O maior número, porém, realizou-se na cidade porque, enquanto "cabeça" da ilha, nela se encontravam os agentes do poder régio que à ilha se deslocavam, ou porque, para dar a conhecer os seus intentos, o monarca escrevia ao conde de Vila Franca, depois da Ribeira Grande, ou ao governador da ilha, que residiam em Ponta Delgada, no paço condal ou no forte de São Brás (caso do governador). Para o período compreendido entre 1600 e 1800, foram identificadas, na documentação disponível, quinze juntas de câmaras.

Ao longo do século XVII, a ilha de São Miguel foi palco das seguintes juntas: Lagoa, a 20 de setembro de 1635;[30] Água de Pau, a 26 de setembro de 1662;[31] Ponta Delgada, a 4 de junho de 1669;[32] Lagoa, a 29 de outubro de 1681;[33] Ponta Delgada, a 1º de dezembro de 1698;[34] Ponta Delgada, a 1º de outubro de 1699.[35] De um modo geral, essas assembleias tiveram lugar em face de urgências financeiras da Coroa ou devido a questões de defesa. Com o início da Guerra de Sucessão da Espanha, a frequência das juntas aumentou, fenômeno ligado às necessidades financeiras da Coroa. Celebraram-se, então, as seguintes juntas: Ponta Delgada, em setembro de 1701;[36] Lagoa, 31 de outubro de 1701;[37] Ponta Delgada, 24 de setembro de 1704;[38] Ponta Delgada, 11 de novembro de 1705;[39] Lagoa, junho de 1708;[40] Lagoa, 1º de setembro de 1709.[41] Seguiu-se um longo período para o qual não há notícia da realização de juntas de câmaras. Foi na década de 1730, numa conjuntura de tensão militar entre Portugal e Espanha, mas também de dificuldades financeiras e de rarefação de moeda, que se voltaram a celebrar juntas de câmaras nos Açores: Lagoa, a 5 de dezembro de 1736;[42] Lagoa, a 25 de maio de 1744.[43]

Em face da breve panorâmica que acabou de ser apresentada, pode-se concluir que esse tipo de reuniões, que não era inédito nem exclusivo de São Miguel, ocorreu sempre que estava em causa uma tomada de posição coletiva em face de uma solicitação da Coroa ou de um problema que afetava todos os municípios micaelenses, ou seja, toda a ilha. A lógica não era, pois, *local/concelhia*, mas *local/ilha*, não podendo ser considerada "regional" na medida em que apenas respeitava a uma parcela insular. Acrescente-se, por outro lado, que as juntas de câmaras foram convocadas, no final do século XVII, pelo conde da Ribeira Grande, capitão e senhor da ilha, e, em várias ocasiões no século XVIII, pelo governador, que substituía o conde na sua ausência (era um privilégio da casa condal), e pelo juiz de fora. Em tais reuniões participaram os oficiais dos senados micaelenses, geralmente os juízes ordinários e os vereadores. O afastamento do Nordeste das demais vilas e de Ponta Delgada condicionou a sua representação nas juntas de câmaras, a qual, nos séculos XVII e XVIII, foi assegurada pelos oficiais concelhios de Vila Franca do Campo.[44]

Que imagem de conjunto se pode extrair dos dados que acabaram de ser apresentados para a ilha de São Miguel? Antes de mais nada, refira-se o rápido crescimento, nas últimas décadas do século XVII e primeiros anos do XVIII, da pressão fiscal e dos pedidos régios aplicados às ilhas de São Miguel e de Santa Maria.[45] Para facilitar a aplicação das determinações emanadas da corte, os oficiais de todas as câmaras reuniam-se para decidir como atuar e procurar "o meio mais suave" e menos lesivo às oligarquias locais.

Como dissemos, a par do reino e da ilha de São Miguel, nos territórios americanos da Coroa portuguesa também se realizaram juntas de câmaras. Entre as primeiras que aí se celebraram refiram-se as da Bahia durante a segunda metade do século XVII. É provável que o "contrato" do que ficou conhecido como o "conchavo da farinha",[46] estabelecido entre o governo-geral e as câmaras de Salvador, Cairu, Camamu e Boipeba, tenha sido precedido por uma junta das referidas câmaras. Contudo, pela documentação de que dispomos, não é possível defender essa hipótese de uma forma taxativa. Segundo Lara de Melo dos Santos, em 1674, após um prolongado período de guerras com os índios na região, o governador-geral escreveu às três vilas atrás referidas, ordenando que enviassem à cidade da Bahia "um vereador para restabelecer o contrato", motivo aproveitado pelos próprios lavradores de farinha para fazer valer sua opinião de que deveriam estar livres do conchavo nos anos seguintes.[47]

No que diz respeito a Pernambuco, as juntas de câmaras estão sobretudo documentadas para o século XVIII. Em 1732, por exemplo, a câmara de Recife propôs a cobrança de um imposto sobre os couros provenientes da Colônia do Sacramento, no estuário do rio da Prata, couros esses que, após serem processados nos curtumes pernambucanos, eram enviados para as ilhas e para o reino. A concorrência com os couros vindos em grande quantidade do sul provocaria a baixa dos preços dos couros locais, fazendo com que o descimento dos rebanhos do sertão da capitania e o abate do gado se tornassem menos lucrativos, prejudicando o fornecimento de carne aos moradores. A representação da câmara de Recife foi examinada por uma junta reunida pelo governador, que contou igualmente com a presença dos oficiais da câmara de Olinda, do ouvidor da comarca, do provedor, do procurador da Fazenda e de dois procuradores dos homens de negócio. A liderança da câmara de Recife, composta desde a sua criação por mercadores, garantiu que o arranjo acordado na referida junta e a cobrança de taxas sobre os couros provenientes de Sacramento beneficiassem os principais ramos de negócios por eles controlados.[48]

Anteriormente, em 1723, e com consequências um tanto tumultuadas, as câmaras de Recife e de Olinda já se tinham articulado em torno de seus interesses comuns, reunindo-se em junta, na presença do governador, demais ministros e alguns homens de negócio, em função do atraso da chegada da frota. Nesse ano chegaram ao porto de Recife apenas três navios, enquanto os demais arribaram antes no Rio Grande e na Paraíba. Mesmo sem todos os navios, o regimento do capitão da frota determinava que o prazo máximo de permanência no porto seria de sessenta dias, prazo que tanto os senhores de engenho de Olinda, quanto os mercadores de Recife consideraram insuficiente para embarcarem suas mercadorias. Em junta, na presença do governador, as duas câmaras fizeram um termo no qual consideravam ser mais útil ao serviço do rei e aos seus próprios interesses que não se cumprisse o regimento. No entanto, diante da intransigência do comandante da frota, ambas as câmaras voltaram a reunir, recusando-se a fixar o preço do açúcar até que todos os navios chegassem a Pernambuco. Tal medida foi considerada um ato de desobediência pelo governador d. Manuel Rolim de Moura, que mandou prender os vereadores das duas câmaras. Chegada a notícia ao vice-rei na Bahia, este endossou a atitude do governador de Pernambuco. No entanto, o que foi percebido como insubordinação e desobediência às ordens régias por ambos os administradores coloniais foi relativizado pelo Conselho Ultramarino. Este órgão, ao ter ciência do ocorrido, e agindo com prudência diante da onda de motins que desde a década anterior assolava não apenas Pernambuco, mas outras capitanias da América,[49] estranhou o procedimento do governador em prender os oficiais das duas câmaras, afirmando que o capitão da frota não deveria obedecer cegamente o seu regimento, pois o tempo de sessenta dias deveria ser contado apenas quando todos os navios estivessem recolhidos no porto do Recife, de forma a não prejudicar, quer os interesses régios, quer os negócios de seus vassalos ultramarinos.[50]

O episódio que acabou de ser relatado é relevante para o tema em análise, pois mostra que as juntas realizadas na América foram uma forma de as câmaras brasileiras defenderem os seus interesses, bem como de pressionarem as autoridades régias. Cumpre notar que a ação concertada entre as câmaras pernambucanas se mantém ao longo da segunda metade do século XVIII, inclusive durante o período de convulsão motivada pela extinção da Companhia Geral de Comércio de Pernambuco e Paraíba.[51]

Algo de semelhante se pode dizer dos municípios de Minas Gerais. Ao longo do século XVIII, a região de Minas foi palco de várias juntas de câmaras. No contexto mineiro, as juntas foram o instrumento fundamental de onde resultaram decisões mais ou menos consensualizadas, tendo servido, também, para as câmaras articularem a sua ação e melhor protegerem os seus interesses. Joaquim Romero Magalhães refere-se à convocação de algumas juntas de câmaras mineiras entre 1734 e 1735 com a finalidade de avaliar o projeto de capitação elaborado por Alexandre de Gusmão. Em suas palavras:

> Prudente, mandava o rei no Regimento que antes de ser adotada fossem ouvidas as Câmaras das vilas cabeças de comarca (Vila Rica, Vila Real de Nossa Senhora da Conceição de Sabará, São João d'El-Rei e Vila do Príncipe) "e os mais, que for costume chamar em tais ocasiões para que ouvindo o que representarem, e fazendo as conferências necessárias, se escolha meio, que pareça mais conveniente a meu real serviço". Não se tratava apenas de conseguir que a tributação fosse lançada com suavidade, o que sempre se pretendia. É que a imposição de novas contribuições deveria ser aprovada pelos povos – era doutrina aceite. E a alta burocracia régia exigia respeito pela legislação e pelas velhas práticas – mesmo se já há muito que se não reuniam Cortes (desde 1699). Assim, houve que ficcionar que não se tratava de um tributo novo mas de uma simples mudança de forma de cobrança.[52]

A primeira reunião, em 24 de março de 1734, sob a presidência do conde das Galveias, recusou aceitar a capitação, o que fez com que o regimento elaborado por Gusmão fosse parcialmente reformulado. Os procuradores das câmaras propuseram, em alternativa, que se fixasse uma cota de cem arrobas anuais, o que implicava que fossem as câmaras a lançar a finta sobre o conjunto da população. Ainda segundo Romero Magalhães, era o que as vereações pretendiam. Naturalmente. E assim se fez. Mas as coisas não podiam ficar nessa indeterminação. À pessoa real não se permitia que se acreditasse que a obrigavam "a ceder e a de certo modo entrar em compozição com os vassallos". O que ainda daria a conhecer como os súditos "eludem as suas reais determinações". O monarca não podia mostrar-se fraco e ser vencido em matéria de tanto relevo.[53]

Como recentemente assinalou André Costa,[54] a periodicidade dessas juntas dependia da variação do imposto e da necessidade de legitimar essas exações. Ou seja, entre 1714 e 1725, as juntas ocorreram anualmente e por vezes mais do que uma vez por ano. Entre 1725 e 1734, parece ter diminuído a frequência de tais reuniões, mas, entre 1734 e 1736, com a aprovação da capitação, verifica-se novo pico, com pelo menos cinco juntas nesses dois anos. No início da década de 1750, com o regresso do Quinto, são várias as juntas, e aqui é difícil apontar um número. Os assuntos debatidos foram, sobretudo, questões fiscais (ouro, diamantes e direitos de Entradas, geridos pelos Contratadores a partir de 1725-30), mas é possível que os quilombos e questões relacionadas com as ouvidorias também tenham motivado a realização de tais assembleias.

As juntas começavam muitas vezes por discutir uma decisão régia, na sua maioria ordens e cartas régias com propostas do direito senhorial do quinto. O governador costumava convocar as câmaras através de um anúncio vulgarmente denominado de "bando", e as decisões da junta eram depois formalizadas num documento a que se dava o nome de "termo". O historiador Diogo de Vasconcelos menciona também o uso do vocábulo "acórdão". Contudo, não encontramos essa expressão na documentação, na qual a designação mais comum é, sem dúvida, "termo". Os termos costumavam ser assinados pelo governador e pelos procuradores, sendo depois levados para as câmaras. Em seguida, o seu conteúdo era anunciado aos povos através de um "bando" do governador.

No caso das Minas, o local de realização dessas juntas era variável – a decidir pelo governador –, mas com tendência para se realizar em Vila Rica. Os custos do deslocamento dos procuradores eram elevados e suportados pela Fazenda Real. Existe muito pouca informação sobre os participantes. As câmaras participantes variavam, tal como os que compareciam nessas reuniões, e tudo indica que os governadores manipulavam os protagonistas chamando indivíduos da sua confiança, sem que a população ou mesmo os Senados das câmaras tivessem total controle do processo, o que fragilizava as resoluções, aspecto muito claro até 1730-40. As decisões eram tomadas por votos dos procuradores. Quanto ao número de participantes, dispomos de informações contraditórias, pois os dados variam dos mais de cem participantes numa junta da década de 1720, até valores mais razoáveis, entre vinte e trinta pessoas.

Em 1745, Domingos Pinheiro, intendente da Fazenda Real da cidade de Mariana, defendeu a posição das câmaras de Minas Gerais e a revogação da capitação.[55] Em

1763, as câmaras receberam ordens para nomear procuradores para uma assembleia que visava decidir sobre o modo de arrecadação do tributo tendo em vista completar as cem arrobas devidas e não alcançadas. Reunidos os procuradores e os intendentes do Serro Frio, discutiu-se o meio de conduzir o ouro até as Casas de Fundição. Os representantes dos povos defendiam que os extravios cessariam se se cunhassem moedas provinciais, com abundância, que suprissem as necessidades que existiam de comércio miúdo.[56]

Como se pode verificar, as juntas celebradas em Minas acabaram por debater um leque razoavelmente amplo de matérias. Em relação a São Paulo, já na segunda metade do século XVIII, em 1767, d. Luís Antônio de Sousa, morgado de Mateus e governador da capitania, convocou uma reunião com representantes das câmaras, para a qual deveriam ser escolhidas as pessoas mais capazes entre os oficiais camarários ou entre os próprios "republicanos". A junta das câmaras da comarca de São Paulo foi realizada na casa do governador em 25 de fevereiro de 1767, com procuradores das "vilas de serra acima" – Mogi das Cruzes, Jacareí, Parnaíba, Guaratinguetá, Taubaté, Itu, Jundiaí, Sorocaba e Pindamonhangaba – e da cidade de São Paulo. Compareceram igualmente o provedor da Fazenda Real, o ouvidor da comarca e alguns membros de famílias tradicionais e influentes na capitania, entre eles Pedro Taques de Almeida Paes Leme. Os procuradores das câmaras aceitaram o imposto sob algumas condições e de acordo com os interesses daqueles que representavam. Em 29 de maio de 1767 foi a vez de os procuradores das câmaras da comarca de Paranaguá – das vilas de Paranaguá, Cananeia e Iguape – se reunirem em junta com o governador de São Paulo para discutirem e acordarem o novo imposto.[57]

Antes de terminar, recorde-se que, a par das juntas nas quais os dignitários camarários se colocavam defronte dos agentes do poder régio, tiveram lugar, também, muitas assembleias locais internas a cada município, nas quais a câmara convocava a população para decidir matérias que diziam respeito a todos. Tal aconteceu, com frequência, tanto no "reino" quanto na América – no Rio de Janeiro, por exemplo, tiveram lugar várias juntas desse tipo ao longo dos séculos XVII e XVIII.

OS PROCURADORES DAS CÂMARAS

Como começamos por referir, a par das cortes e das juntas de câmaras, outro dos principais expedientes através dos quais as câmaras se fizeram representar, junto das instituições régias, foram os procuradores.

No caso das cortes, o número de procuradores enviado por cada câmara variou ao longo da trajetória dessa assembleia. No início, os municípios começaram por contar com apenas um representante, passando depois para dois procuradores por cidade ou vila. Em Castela, foi a partir do século XV que se registrou a tendência para a generalização da regra de dois representantes por urbe,[58] e o mesmo sucedeu, pouco depois, em Portugal, reino onde a assembleia representativa continuou a ter uma afluência bastante numerosa de procuradores, mandados por cerca de uma centena de cidades e vilas.

No que respeita aos processos de escolha dos procuradores, o primeiro dado a assinalar é o fato de não existir uma normativa geral que definisse o modo de proceder na sua seleção. Cada cidade tinha os seus costumes eletivos, e a Coroa limitava-se a fazer recomendações gerais, impondo algumas regras, também elas bastante vagas: as eleições deveriam ser realizadas da forma costumeira, observando o que estava disposto nas *Ordenações* e abrangendo apenas os residentes na localidade que iria enviar os procuradores; o eleito deveria ser escolhido entre a "gente da governança" e de forma pública, ou seja, com o conhecimento de todos os residentes; o escolhido deveria possuir o perfil moral adequado ao desempenho de um ofício, para além de um certo patrimônio; no contexto castelhano, existia uma norma que impedia que um mesmo *regidor* exercesse a função representativa em duas cortes seguidas.[59] No que especificamente respeita ao caso português, a procuração tinha de obedecer a certos requisitos formais, devendo incluir o nome e a assinatura daqueles que haviam participado na escolha do representante, ser avalizada pelo juiz de fora, e conter a afirmação de que o procurador fora investido de "poderes bastantes" para decidir sobre a matéria que motivava a convocatória das cortes. Apesar de sabermos muito pouco acerca da interferência da Coroa portuguesa na escolha dos procuradores, a documentação de que dispomos sugere que os oficiais régios procuravam garantir que pelo menos os representantes das principais cidades seriam coniventes com os interesses da Coroa.

Por outro lado, é preciso ter em conta que a governança das principais cidades do reino era frequentemente composta por membros da primeira nobreza, o que significa que uma parte do chamado "terceiro estado" tinha muito pouco de "popular". Nas cortes portuguesas, as cidades "dos primeiros bancos" – com destaque para Lisboa, Porto, Coimbra e Évora – costumavam contar com uma representação bastante seleta em termos de estatuto social, enquanto as demais cidades e vilas com assento em cortes tinham representantes de muito menor qualidade de nascimento. Essa disparidade repercutia-se no desenrolar das sessões, pois as principais cidades eram frequentemente olhadas com desconfiança por parte das demais. Talvez resida aí uma parte da explicação para o fato de algumas cidades manifestarem muito pouca confiança nos seus representantes, encarando-os como figuras que, uma vez nas cortes, passavam a estar mais ao serviço da Coroa do que da cidade que os enviara.

Uma referência, ainda, aos chamados "procuradores dos mesteres". Algumas cidades e vilas com maior tradição mesteiral tinham o direito de enviar às reuniões de cortes, para além dos procuradores do concelho, os "procuradores dos mesteres", os quais também podiam apresentar petições ao rei. Tais petições versavam, habitualmente, sobre matérias especificamente relacionadas com o cotidiano das corporações mecânicas, e nelas é possível encontrar, com grande frequência, a expressão do protesto dos mesteres, por exemplo, pelo fato de as principais decisões locais serem tomadas pela câmara sem que eles sejam consultados.[60] Em quase todas as petições mesteirais adivinha-se um ambiente tenso entre as corporações artesanais e a "gente da governança".

O retrato que acabou de ser traçado para os procuradores das câmaras do "reino" aplica-se, no essencial, aos representantes das câmaras localizadas em territórios extraeuropeus da Coroa portuguesa. Muito embora os dignitários que representaram, nas cortes, as câmaras de Goa, de Salvador e de São Luís de Maranhão tivessem uma trajetória muito diversificada nos campos militar e administrativo, um aspecto comum a todos eles era o fato de possuírem alguma experiência administrativa nas instituições locais. Era esse o caso, por exemplo, de José Moreira de Azevedo – juiz da câmara de Salvador e seu representante nas cortes de 1668 –, ou de Manuel Campelo de Andrade – juiz dos órfãos de São Luís do Maranhão e procurador dessa câmara em 1674. Alguns deles apresentavam, também, uma "folha de serviços" militares bastante significativa, caso de Manuel de Lis, representante de Goa em 1645, ou de Jerónimo Serrão de Paiva, procurador de Salvador em 1653. Além disso, alguns se distinguiam ainda pelo seu envolvimento em atividades comerciais, como, por exemplo, d. Francisco de Lima, representante de Goa em 1668.

É fundamental ter em conta que, a par da participação nas cortes, as câmaras também costumavam ser representadas, junto da corte régia, por dois outros tipos de procuradores: antes de mais nada, o procurador "residente"; em segundo lugar, os dignitários que eram enviados por ocasião de acontecimentos pontuais e de caráter "extraordinário". É a essas figuras que serão dedicadas as páginas que se vão seguir.

As câmaras costumavam mandar a Lisboa procuradores que permaneciam na corte tanto tempo quanto fosse necessário para a resolução dos assuntos relacionados ao município que representavam. Durante esse tempo na corte, procuravam mover diligências para favorecer os interesses da sua câmara e tentavam, igualmente, acelerar decisões. Tais procuradores costumavam ser naturais do lugar onde se situava a câmara que representavam, mas sabemos que, em Lisboa, havia também um número considerável de dignitários – em regra bacharéis de Direito – que aceitava prestar esse serviço a câmaras que os procurassem para esse efeito, tanto do "reino", quanto dos arquipélagos atlânticos e, ainda, da América.

Vejamos um exemplo: encontra-se registrado na ata da câmara de Natal, no Rio Grande, de 30 de dezembro de 1709, que os vereadores decidiram "remeter para Lisboa 25$000 réis aos procuradores que se encontravam na corte: João Leiros, guarda-tapeçarias de Sua Majestade e apontador de repartimentos, e Manoel Barbosa Brandão".[61] Pode causar surpresa que uma vila razoavelmente pequena e periférica como Natal conseguisse manter dois procuradores na corte, sendo um deles guarda-tapeçarias do rei. Contudo, esse exemplo é revelador do quão abrangente podia ser essa prática.

Devido à enorme distância a que se encontravam de Lisboa, para as câmaras ultramarinas era ainda mais importante manter, na corte, um procurador permanente. Goa, logo no início do século XVI, parece ter sido o primeiro município a contar com um representante desse tipo em Lisboa. Na segunda metade do Quinhentos, e a partir do momento em que as câmaras do espaço atlântico começaram a consolidar-se, também elas passaram a ter o seu próprio representante permanente junto à corte.

Porque enviar e manter um procurador era dispendioso, em geral só as câmaras de maior porte podiam recorrer a esse expediente. Porto, Évora,[62] Coimbra,[63] Ponta Delgada, Angra ou Santarém contavam com representantes mais ou menos permanentes em Lisboa, o mesmo se podendo dizer de várias das câmaras contempladas pelo presente projeto, como a de Viana da Foz do Lima[64] ou a de Faro.[65] As principais câmaras do Brasil também contaram com representantes – ou agentes – em Lisboa a partir da segunda metade do Seiscentos. Enquanto os agentes de câmaras brasileiras costumavam ter um caráter permanente e residir em Lisboa, no caso dos procuradores de câmaras do "reino", não é claro se residiam na corte ou se, em vez disso, prestavam serviço em Lisboa apenas durante uma temporada, enquanto fossem requisitados.

Podia acontecer, também, que várias câmaras de uma mesma região (no "reino" ou nas "conquistas") se juntassem e nomeassem um procurador para tratar de questões que as afetavam a todas. É disso um bom exemplo uma "representação" dos oficiais da câmara da Vila Real do Sabará, datada de 22 de agosto de 1744, na qual se sugere a presença, na corte, de um procurador das câmaras daquela capitania, a fim de expor a d. João V os seus requerimentos.[66] Voltaremos a este assunto mais adiante.

Os procuradores eram nomeados pelos Senados locais e o respectivo ato de procuração ficava registrado em escritura. É graças à existência de um livro seiscentista de escrituras da câmara de Ponta Delgada que podemos conhecer, para o período 1642-1665, o nome e o estatuto social de diversos procuradores da cidade para a ilha e, sobretudo, para a corte.[67] Além da pertença ao grupo da governança local de vários dos procuradores nomeados, ressalta a forte presença de letrados, importante devido às implicações jurídicas de alguns dos negócios a tratar. Também na primeira metade do século XVIII foram vários os procuradores da câmara de Angra na corte e cidade de Lisboa. Algumas informações sugerem que, em determinados períodos, existiram até mesmo dois procuradores. As procurações eram registradas nas notas dos tabeliães. Cada procurador vencia um ordenado, e tinham preferência em termos de escolha os "naturais", isto é, os nascidos na Terceira. No que toca ao estatuto ou condição social, registramos quatro clérigos e quatro letrados.

Olhemos agora para o caso da Bahia e dos seus procuradores. A partir de finais do Quinhentos, a câmara de Salvador contou com um representante mais ou menos permanente em Lisboa. Tal procurador podia ser "reinol" ou "filho da terra", e entre os que representaram Salvador na segunda metade do Seiscentos contam-se, no século XVII, Jerónimo Serrão; o doutor João de Góis e Araújo; Feliciano Dourado (muito ligado aos senhores de engenho, natural do Brasil); o capitão José Moreira de Azevedo; o conhecido Gregório de Matos e Guerra, com formação jurídica; o capitão Sebastião de Brito e Castro; Domingos Dantas de Araújo; Francisco da Costa; e, ainda, o capitão Manuel Carvalho.

É importante sublinhar que nem todos os procuradores de câmaras ultramarinas eram nascidos no território onde se situava a câmara que representavam. O caso da Bahia ilustra isso mesmo: vários dos dignitários atrás indicados não eram naturais nem da capitania da Bahia, nem de outra área do Estado do Brasil. Aquilo que os distinguia era, fundamentalmente, as suas ligações ao universo político local, mas também a sua capacidade para estabelecer interlocução com os órgãos da administração central da Coroa.

A figura do procurador era adaptável a vários propósitos e, por vezes, o procurador residente em Lisboa podia ser aproveitado para participar nas cortes. Foi o que sucedeu com José Moreira de Azevedo, representante da Bahia no juramento de d. Pedro, corria o ano de 1668. Aliás, recorreu-se também a José Moreira de Azevedo para apresentar, em 1669, ao príncipe d. Pedro e aos ministros dos conselhos Ultramarino e da Fazenda, uma representação feita inicialmente pelos oficiais da câmara e cidadãos do Rio de Janeiro, remetida ao seu procurador, o doutor frei Mauro de Assunção, na qual se queixavam dos males que, a seu ver, levariam a cidade e seus moradores à ruína, entre os quais o pouco tempo de permanência da frota no porto; o fato de os ministros comerciarem; e, ainda, a circunstância de os governadores e de outras autoridades influenciarem na escolha de pessoas pouco recomendadas para ocupar os cargos da república.[68] Essas reivindicações foram endossadas pelos oficiais da câmara da Bahia, tornando-se uma súplica comum, que interessava tanto aos cidadãos de uma, quanto da outra cidade. Por outras palavras, José Moreira de Azevedo prestou serviço, na corte, na qualidade não apenas de procurador da Bahia, mas também de procurador-geral do Estado do Brasil. Isso demonstra como, na segunda metade do século XVII, quando procuradores dos territórios ultramarinos foram convocados para participar nas cortes, em algumas ocasiões não representavam apenas as cidades que os enviaram, mas também as demais vilas e cidades que integravam o referido Estado.[69]

Outros territórios da monarquia portuguesa tiveram procuradores na corte. No Estado do Maranhão, as câmaras de São Luís e de Belém do Pará contaram com representantes em Lisboa. Como assinalamos, em 1674, a câmara de São Luís viu o seu procurador em Lisboa ser convertido em procurador nas cortes que se celebraram naquele ano. Tudo leva a crer que, ao longo do século XVIII, essa câmara manteve representantes em Lisboa com alguma assiduidade.[70] E, na conquista de Angola, também o senado de Luanda manteve, em finais do século XVIII, um procurador junto da corte, embora a documentação compulsada não permita saber desde quando. Em 1795, Eloi José Quaresma dirigiu um requerimento a d. Maria I, apresentando-se como "procurador que foi da Câmara" e solicitando que a rainha ordenasse à câmara que lhe pagasse o ordenado de procurador. Assim, através de documentação relativa a um conflito entre a câmara de Luanda e um ex-procurador, que recorreu ao poder arbitral do centro, apercebemo-nos das dinâmicas conflituais envolvendo os diversos atores em torno dos custos de uma representação junto ao trono.[71]

Quanto aos enviados por ocasião de acontecimentos extraordinários, um bom exemplo é o do bacharel João de Aguiar Villas Boas, enviado a Lisboa para dar os pêsames pela morte de d. Afonso VI e de d. Maria Francisca. Numa carta datada de 4 de agosto de 1684, os membros do Senado de Salvador deram a d. Pedro II os "parabéns da sua feliz aclamação" e explicam que, não podendo expressar diretamente a tristeza que sentiam, decidiram escolher "...a pessoa do Bacharel formado João de Aguiar Villas Boas, filho de João de Aguiar Villas Boas cidadão e juiz ordinario que foi desta cidade, e das principais famílias della, para que em Nosso Nome reprezente a Vossa Magestade nosso sentimento..."[72]

Devido à distância entre a América e a Península Ibérica, o controle que as câmaras detinham sobre o seu representante era limitado, sendo frequentes as queixas ligadas ao alegado mau serviço prestado por esses dignitários. O processo de substituição de procuradores, motivado por maus serviços, nem sempre era pacífico. Por vezes eram os próprios oficiais régios a sugerir a mudança de procurador. Foi isso o que aconteceu com a câmara da Bahia: em julho de 1680, André Lopes do Lavra, secretário do Conselho Ultramarino, sugeriu ao Senado da Bahia que devia "melhorar de Procurador visto dizer-nos Vossa Mercê a necessidade que tínhamos de quem com milhor cuidado e mais applicação do que o prezente assestisse a nossos negócios".[73] Lopes do Lavra chegou mesmo a sugerir um dignitário: Manuel Carvalho. A câmara de Salvador não só aceitou a sugestão como enviou ao secretário do Conselho Ultramarino uma nova procuração, pedindo-lhe que a entregasse a Carvalho "e fazer com elle a queira asseitar, e procurar com todo o cuidado, e zello e conseguimento de nossas pertençoens, e Requerimentos".[74]

Quanto ao pagamento dos procuradores em Lisboa, como já se disse, esses dignitários costumavam receber um ordenado suportado pelas rendas da câmara. Em 1679, por exemplo, o procurador da Bahia era pago com o dinheiro que rendia a "imposição pequena dos vinhos", embora estivesse também autorizado a socorrer-se de empréstimos de alguns mercadores sediados em Lisboa.[75] No que diz respeito aos montantes gastos pelo procurador em suas procurações em Lisboa em nome da câmara da Bahia, um documento de 1757, assinado por José Felix de Faria, então procurador daquele Senado, é bastante elucidativo:

> Despesa que remeteu o Procurador de Lisboa a qual fez com as dependências do Senado da Câmara desta Cidade até 12 de maio de 1757: De um requerimento que fez de novo pedindo à Sua Majestade a confirmação dos privilégios para o Senado da Câmara – $ 480; de uma petição em que pedi se me passasse por certidão a forma da consulta que se fez à Sua Majestade sobre esta confirmação – $ 480; da certidão da consulta que

remeto – $ 480; de novos direitos na Chancelaria – 16$200; da fatura de dois alvarás e regimentos na Secretaria do Ultramar – 2$480; dos direitos velhos ao passarem os alvarás pela Chancelaria e dos emolumentos dos seus oficiais – 25$060; dos registros dos alvarás na Secretaria das Mercês – $ 480; [...] Total – 46$600.[76]

Uma das cartas que José Felix de Faria remeteu à câmara da Bahia, de 19 de fevereiro de 1756, testemunha coeva das dificuldades do despacho no reino em função do terremoto de 1755, informava ter ele solicitado e obtido, em pública forma, vários privilégios pertencentes assim à câmara de Évora, como a do Porto, os quais também pertencem a esse Senado, com a ressalva de que

> como nesta cidade experimentamos em o 1º de Novembro um dia de juízo, [...] não tem havido tempo para nada, nem houve Conselho muitos tempos, e se consumiram vários papéis debaixo de ruínas e fogos, mas nesta parte não tivemos nós prejuízo algum, e sim nas demoras de resoluções por nada se achar em seu lugar, e tudo é confusão, cuidando cada um na sua Barraca para o que não tem madeira, nem cousa alguma que o separe do rigor do inverno, faltando todos as suas obrigações, uns por não terem em que andar, outros o que vestir, a todos faltando com que o comprar, porém não me faltando a mim o cuidado da minha obrigação, fiz todas as diligências para por corrente os privilégios deste Senado.[77]

No que diz respeito ao Rio de Janeiro, dois conjuntos documentais, um para meados do século XVII e outro para os anos 20 e 30 do século XVIII, demonstram certas recorrências no processo de escolha e designação dos procuradores. Em 1654, os então vereadores nomearam Francisco da Costa Barros procurador da cidade do Rio de Janeiro na corte. A eleição teve lugar na câmara, com a participação dos cidadãos mais representativos, em comunicação com o ouvidor da comarca e com o consentimento do governador. Francisco da Costa Barros foi escolhido por ser "cidadão da mesma cidade, pessoa em quem concorre nobreza, verdade, inteligência e muito zelo do serviço de Vossa Majestade e do bem de sua pátria, que como tal havia servido nela os mais autorizados cargos da República". Possuía todas as qualidades para "representar pessoalmente a Vossa Majestade e a seus ministros e tribunais, as ditas misérias e apertos [por que passavam os moradores do Rio de Janeiro], por serem tantos que se confundiriam representando-se por carta". A procuração passada pela câmara tinha o prazo de dois anos, e o ordenado ou salário total que o procurador receberia na corte era de dois mil cruzados, retirados do subsídio pequeno dos vinhos, imposto que a própria câmara havia criado alguns anos antes.[78]

O caso que acabou de ser referido, relativo ao Rio de Janeiro, demonstra que o procurador era eleito pelos oficiais da câmara, com a concorrência dos cidadãos, nobreza e povo, e com o beneplácito das principais autoridades, tanto civis quanto eclesiásticas da capitania. Depois da escolha, a câmara escrevia diretamente ao rei, ou por intermédio do ouvidor da comarca, apresentando o seu novo representante na corte, solicitando-lhe que aceitasse a sua procuração e pedindo-lhe que aprovasse o salário designado pelos vereadores. No caso de Francisco da Costa Barros, no entanto, os oficiais da câmara esqueceram-se de submeter o ordenado à prévia aprovação régia, o que lhes valeu uma reprimenda do Conselho Ultramarino.[79]

Em inícios da década de 1730, o processo de nomeação de Julião Rangel de Sousa Coutinho, da principal nobreza da capitania, como procurador da câmara do Rio de Janeiro na corte, foi mais ou menos semelhante. A documentação não nos esclarece acerca da cronologia exata de cada uma das etapas desse processo, e muito menos porque, tendo sido eleito em 21 de setembro de 1725,[80] pelo tempo de dois anos e com o ordenado de 3.200$000, Julião Rangel de Sousa Coutinho só recebeu procuração do Senado, dotando-lhe dos necessários poderes, em 2 de dezembro de 1730.[81] Não se sabe tampouco se o acórdão do Senado da câmara que nomeou Julião Rangel se deveu à representação dos moradores do Rio de Janeiro endereçada aos vereadores. É mais provável que esta fosse de fato datada de 31 de janeiro de 1731, quando foi reconhecida por tabelião e incluída no conjunto dos documentos que Julião Rangel, já na corte, enviara para solicitar o pagamento de seu salário. Na referida representação, os cidadãos afirmavam que:

> para que achemos no amparo do nosso Monarca a proteção de que necessitamos geralmente, é muito preciso que este nobilíssimo Senado deduza por expressões distintas as matérias que carecem da Real providência, a qual não deixaremos de conseguir, pois foi muitas vezes alcançada dos nossos antepassados, quando os antigos antecessores de vossas mercês, com louvável desvelo, punham na presença do Soberano as opressões do seu Povo, mandando, não obstante a limitação que os anos atrasados tinha o conselho dos bens patrimoniais, procuradores vários às custas das rendas da câmara a tratar dos negócios públicos, e dependência desta República [...]. Rogamos a vossas mercês queiram eleger procurador, que possa na Corte tratar de todos os negócios, e requerimentos, de cuja falta provém a atenuação desta terra.[82]

Em 20 de julho de 1730, os vereadores escreveram ao ouvidor da comarca, o doutor Manuel da Costa Mimoso, solicitando-lhe que escrevesse

> a Sua Majestade acerca da urgente necessidade que há de um procurador, que com toda a celeridade passe à corte, e por na sua Real notícia com toda a individuação a gravidade dos negócios pertencentes ao seu Real serviço, e conservação deste estado, concedendo se dê ao procurador que à corte for, um tal ordenado que respeite à despesa, [...] e gastos que necessariamente há de fazer o tal procurador, que esperamos seja pessoa digna deste emprego, e da primeira nobreza desta capitania.[83]

Pela carta acima, parece-nos que só posteriormente o nome de Julião Rangel de Sousa Coutinho foi aventado ou lembrado pela vereação. A correspondência trocada entre os oficiais da câmara e o procurador eleito revela um outro aspecto relevante: a relutância deste em aceitar a missão para a qual o haviam escolhido. Na primeira carta em resposta aos vereadores, de 26 de novembro de 1730, Julião Rangel referia-se "à falta de capacidade que em mim reconheço para de negócio de tanta consideração, do qual confesso me não atrevo a dar conta", solicitando-lhes que "queiram eleger outra pessoa".[84] Na segunda carta, escrita a 1º de dezembro de 1730, após novas instâncias dos mesmos oficiais, escusava-se novamente, referindo-se, desta vez, ao caso de Francisco da Costa Barros,

> que foi à corte por procurador desta cidade e seus moradores no ano de 654, eleito pelos oficiais da câmara. No entanto, os oficiais da câmara no ano seguinte, não só removeram a dita procuração, dando conta a Sua Majestade com estilo indecoroso contra os seus antecessores, mas ainda com alguma sorte contra o dito Francisco da Costa Barros [...], sem embargo que Sua Majestade sempre houve por boa a dita procuração, e a confirmou.[85]

Talvez Julião Rangel esperasse uma espécie de compromisso do Senado de que o mesmo não ocorreria uma segunda vez, no que deve ter sido logo tranquilizado, pois acabou por aceitar "a dita ocupação, antepondo o bem comum desta República às conveniências próprias", e em prejuízo de seus negócios. Sua procuração, como já se disse, foi passada a 2 de dezembro de 1730.[86] No entanto, entre o diploma da câmara e as necessárias confirmações em Lisboa decorreu cerca de um ano e meio, uma vez que a provisão régia pela qual se fez mercê a Julião Rangel de Sousa Coutinho de poder ser o procurador do Senado da câmara do Rio de Janeiro durante dois anos só foi assinada a 12 de julho de 1732 e comunicada à câmara pelo secretário de Estado.[87]

Todo esse conjunto documental encontra-se anexo ao requerimento de Julião Rangel de Sousa Coutinho para que fossem pagos os vencimentos estipulados pela câmara e as despesas da sua viagem para a cidade de Lisboa, informando que, nos mais de dois anos em que ali esteve, despendeu mais de 16 mil cruzados, tendo inclusive passado a Castela em utilidade do bem comum do Rio de Janeiro.[88]

Quanto aos poderes municipais das Minas, a câmara de Vila Rica foi a primeira a pressionar a corte para poder nomear um procurador.[89] Em 1724, o senado manifestou grandes prejuízos nos seus requerimentos por falta de um procurador que os solicitasse, afirmando que seria fácil custear tal serviço, pois ninguém se recusava a essa tarefa. Decidiu-se que o valor anual a pagar seria de 200$000, montante que o ouvidor pediu que não fosse cobrado à câmara. A decisão foi confirmada em 1728.[90] Em julho de 1727, foram os oficiais da câmara de Vila do Carmo a argumentar que era conveniente ao rei, e ao bem comum, conceder que as câmaras das Minas pudessem nomear procuradores para a corte.[91] A 19 de agosto, os oficiais da câmara de Vila do Carmo expuseram também as razões que, segundo eles, justificavam a necessidade de nomearem um procurador. A 22 de agosto, a câmara da Vila Real do Sabará[92] expressou o mesmo pedido e, no dia 26, chegou a vez da câmara de Vila Nova da Rainha.[93]

Os procuradores das câmaras de Minas distinguiram-se, durante esse período, pela sua capacidade de levarem a cabo ações concertadas de reivindicação e de proteção dos seus interesses. Um bom exemplo do que acabou de ser dito é o conhecido "Methodo, que os procuradores dos povos das Minas Geraes propozeraõ para a arrecadaçaõ dos quintos do Ouro, que para o effeito foy estabelecido por assento, tomado em Villa Rica a 24 de Março de 1734, e que foy praticado desde aquelle dia até que o systema da capitaçaõ teve o seu principio".[94]

Em 1744, os oficiais da câmara de Vila Nova da Rainha voltaram a representar ao rei permissão para que várias câmaras de Minas Gerais pudessem se juntar para arcar com as despesas de um procurador na corte. Solicitado pelo Conselho Ultramarino a dar o seu parecer sobre o assunto, o governador do Rio de Janeiro, Gomes Freire de Andrade, considerou

> desnecessária a procuradoria que pretendem, mas por livrar-lhe o receio de que se ocultem, ou desencaminhem as suas contas será conveniente Vossa Majestade ordene, e ao Governador das Minas Gerais, que as ditas cartas, ou contas que as câmaras derem se remetam à Secretaria do governo para chegarem à real presença de Vossa Majestade pelo seu Conselho Ultramarino, e que o Secretário com as clarezas necessárias passe recibo aos procuradores das câmaras.[95]

Os dados de que dispomos sugerem que, no caso dos procuradores das câmaras ultramarinas, a questão do local de residência desses dignitários tem uma importância acrescida. Interessante nesse sentido é a Consulta do Conselho Ultramarino a d. João IV, de 25 de agosto de 1653, sobre requerimento do padre frei Mateus de São Francisco, solicitando, em nome do Estado do Brasil, que se nomeassem as pessoas daquele estado que se encontrem em Portugal para seus procuradores nas cortes, visto o "amor" daqueles à sua terra, e principalmente os relevantes serviços prestados pelos moradores de Pernambuco.[96]

Nas cartas que remeteu ao seu procurador junto da corte, o Senado da Bahia apela frequentemente à sua condição de "filho do Brasil" ou "filho deste Estado", tendo em vista convencê-lo a prestar um serviço mais diligente. A questão da naturalidade aparece a propósito da equiparação com outras partes de Portugal, mas também nas exortações ao bom serviço de procuradores em Lisboa. Em carta de 14 de agosto de 1671, os camaristas de Salvador queixam-se da pouca atenção que o seu antigo procurador José Moreira de Azevedo tinha dedicado à questão da contribuição sobre o sal. Nessa carta, por diversas vezes se faz referência aos "filhos do Estado" ou aos "filhos do Brasil", sobretudo para expressar as suas necessidades.[97]

Epílogo

Os dados apresentados ao longo do presente capítulo mostram que existiu, no espaço que estava sob a égide da Coroa portuguesa, uma prática bem-implantada de representação política. Como assinalamos, tanto no caso das cortes como no das juntas de câmaras e, ainda, dos procuradores enviados a Lisboa, o sistema político vigente contou com expedientes de representação dos interesses políticos das câmaras (do reino, das ilhas atlânticas e dos territórios extraeuropeus) junto das autoridades régias, centrais ou territoriais. Em alguns casos, a iniciativa para essa prática de representação política partiu das autoridades régias, sobretudo quando lhes era conveniente contar com interlocutores no nível local com os quais pudessem ajustar a aplicação das medidas que tinham sido tomadas em Lisboa. Em outros casos, porém, eram as próprias populações, organizadas em torno das instituições municipais, quem tomavam a iniciativa de criar esses instrumentos de representação política, tendo em vista salvaguardar a sua posição perante a Coroa.

De qualquer modo, é importante frisar que esses mecanismos de representação política tiveram quase sempre um caráter particularista e só pontualmente abarcaram espaços territoriais mais amplos. Em regra, as iniciativas de representação política que identificamos no reino, nas ilhas e, embora em menor grau, também na América, reportam-se ao espaço político local que se encontrava sob a influência de uma determinada câmara.

É certo que identificamos alguns casos de câmaras – sobretudo americanas – de uma mesma região que chegaram a congregar esforços para terem um representante junto da corte. Pode mesmo dizer-se que, na América, mais do que no "reino", é mais frequente as câmaras cabeça de capitania falarem em nome do conjunto do corpo político da região onde se localizam. No entanto, o que predomina é um entendimento particularista e territorialmente atomizado da representação política. Aliás, a própria ideia de representação política comportava alguma ambiguidade: o procurador representava o conjunto do território de onde provinha? Ou, em vez disso, falava em nome dos interesses da câmara que o tinha escolhido? Sintomaticamente, esse dilema jamais foi resolvido.

Uma última palavra para o significado político da representação dos interesses camarários junto das autoridades régias. Não há dúvida de que existiu, no espaço que estava sob a égide da Coroa portuguesa, uma prática de representação política. Porém, o que acabou de ser exposto não deve ser interpretado como um sinal de que a Coroa lusa dominava os seus territórios de uma forma "benigna" ou exercia um poder "benevolente", ao ponto de permitir que esses territórios contassem com os seus representantes em Lisboa. Pelo contrário, do ponto de vista da Coroa e da dominação por ela exercida, os expedientes de representação política que foram examinados eram ditados pelo mais puro pragmatismo político, pois visavam, acima de tudo, garantir às autoridades régias certa ligação com as entidades que, no nível territorial, eram as verdadeiras responsáveis pela manutenção do ordenamento da Coroa portuguesa. Quanto às instituições camarárias, essas práticas representativas interessavam como forma de salvaguardar os seus interesses, sobretudo nas conjunturas em que o poder régio se tornava mais acutilante.

NOTAS

1. Veja-se, por exemplo, Christine Daniels & Michael V. Kennedy (eds.), *Negotiated Empires*.
2. *Cf.* C. S. S. Higham, "The General Assembly of the Leeward Islands", *English Historical Review* (1926) XLI (CLXII), pp. 190-209, e "The General Assembly of the Leeward Islands. Part II", *English Historical Review* (1926) XLI (CLXIII), pp. 366-388; Howard Aston Rogers, *The Fall of the Old Representative System in the Leeward and Windward Islands, 1854-1877*; Peter Burroughs, "Imperial Institutions and the Government of Empire", pp. 170-197.
3. Guillermo Lohmann Villena, "Las Cortes en Indias", *Anuario de historia del derecho español*, 18 (1947), pp. 655-662; também de Lohmann Villena, "Notas sobre la presencia de la Nueva España en las cortes metropolitanas y de cortes en la Nueva España en los siglos XVI y XVII", pp. 33-40; Woodrow Borah, "Representative institutions in the Spanish Empire in the New World", pp. 246-257; Fred Bronner, "La Unión de las Armas en el Perú. Aspectos político-legales", pp. 1133-1176; Demetrio Ramos Pérez, "Las ciudades de Indias y su asiento en Cortes de Castilla", pp. 170-185.
4. Na América do Norte, após a Guerra dos Sete Anos, um diploma de 1763 procurou uniformizar a administração do Québec, das Flóridas Ocidental e Oriental e de Granada. Os governadores podiam convocar assembleias gerais para publicidade e implementação de leis, um processo semelhante ao que encontramos em diversas reuniões ocorridas no quadro do império português. Cf. Adam Shortt & Arthur Doughty (eds.), *Documents Relating to the Constitutional History of Canada, 1759-1791*, p. 120.
5. "Gráfico das cortes reunidas em Lisboa em 1562". Biblioteca do Palácio da Ajuda, Lisboa, 44-XIII-42, fl. 68-68v; Maria do Rosário Themudo Barata Azevedo Cruz, *As regências na menoridade de d. Sebastião. Elementos para uma história estrutural*, p. 18ss.; Diogo Barbosa Machado, *Memorias para a Historia de Portugal, que comprehendem o Governo del rey d. Sebastião...*, p. 162ss.
6. António Manuel Hespanha, "O Governo dos Áustria e a 'Modernização' da constituição política portuguesa", p. 52ss.
7. Gaines Post, "Roman Law and Early Representation", *Speculum. Journal of maedieval studies*, 18 (1943); Paolo Cappellini, "Rappresentanza (Diritto intermedio)", pp. 435-463; e também D. Nocilla e L. Ciaurro, "Rappresentanza politica", pp. 543-609.
8. *Cf.* Pedro Cardim, "Le forme di rappresentanza nel sistema politico del Portogallo dell'Antico Regime", pp. 215-236.
9. Armindo de Sousa, *As cortes medievais portuguesas (1385-1490)*, p. 199; Luís Miguel Duarte, "The Portuguese Mediaeval Parliament: Are we Asking the Right Questions?".

Disponível em: <http://www.brown.edu/Departments/Portuguese_Brazilian_Studies/ejph/html/issue2/pdf/duarte.pdf>. Consultado em março de 2003.

10. D. Ramos Pérez, "Las ciudades de Indias…", p. 173ss.

11. Fernando Bouza Álvarez, "Portugal en la Monarquía Hispánica (1580-1640). Felipe II, las Cortes de Tomar y la génesis del Portugal católico", p. 279ss. e pp. 411-414. Ver ainda Biblioteca do Palácio da Ajuda, 50-V-23, fls. 48-50v., "Notícia das cortes de 1579 com o nome dos procuradores", e 50-V-23, fls. 53-54, "Notícia das cortes de 1580 com o nome dos procuradores".

12. *Auto do Juramento que El Rey Dom Phelippe Nosso Senhor, Segundo deste nome, fez aos três Estados deste Reyno, & do que elles fizerão a sua Magestade, do reconhecimento, & aceitação do Príncipe Dom Phelippe nosso Senhor, seu filho, Primogénito. Em Lisboa a 14 dias do mês de Julho de 1619. E assi o acto das Cortes que a 18 dias do mesmo mês se celebrou nella…,* Lisboa, Pedro Crasbeeck, 1619.

13. Essa prática não se constituiu como uma iniciativa isolada, devendo ser integrada no contexto político e militar de afirmação da nova dinastia. Assim, surge a par da institucionalização do Conselho Ultramarino, da criação de uma nova nobreza de corte ou da participação das conquistas na Restauração, por via das cortes ou dos donativos das câmaras americanas.

14. *Cf.* José Damião Rodrigues, *Poder municipal e oligarquias urbanas. Ponta Delgada no século XVII*, p. 235.

15. "Gráfico da sala de Cortes de 1641", Maço 8 de Cortes, n. 1.

16. "Cortes de 1645 – Braço do Povo. Livro dos termos e assentos", fl. 25ss.

17. "Procuradores que estão por definidores com voto e declaração dos que estão com alternativa em as cortes que se começaram em 22 de outubro de 1653", 51-VI-19, fls. 345-347.

18. "Alvará para que o Procurador do Maranhão possa ir a Cortes", Arquivo Nacional da Torre do Tombo, Lisboa, Chancelaria de D. Afonso VI, liv. 46, f. 95v.: "por sua petição me reprezentou Manoel Campello de Andrada procurador do estado do Maranhão que asiste em esta cidade para effeito de lhe conceder que em nome do mesmo estado tivesse Luguar nas cortes que de presente he de selebrar e tendo comsideração a se ter comsedido esta graça a outras conquistas e não duvidar a este requerimento o procurador da Coroa, hey por bem e me praz que o supplicante tenha luguar nas cotes como procurador do ditto estado como pede e visto o que allega de sua procuração não especificar que era de Cortes se obrigara por termo na forma do estillo para que no tempo que se lhe remetão fazer vir procuração para este particullar e para auer memoria da mercê que faço a este estado se tomará por lembrança na secretaria do Estado e se cumprira este Alvará como nelle se contem e uallera posto que haja de durar mais de hum anno sem embargo da ordenação Livro Segundo titulo quarenta em contrario…", 28 de novembro de 1673.

19. Importa notar que, logo após a instauração da dinastia de Bragança, a câmara do Rio de Janeiro requereu o direito de participar nas cortes, mas, em 1643, recebeu uma resposta negativa por parte da Coroa. O motivo invocado para justificar o indeferimento desse pedido era o fato de a Bahia ainda não ter recebido esse privilégio – Virgínia Rau & Maria Fernanda Gomes da Silva (orgs.), *Os manuscritos da Casa de Cadaval respeitantes ao Brasil*, v. I: séculos XVI e XVII, p. 31.

20. *Cf.* Susana Miranda, "O financiamento do Estado da Índia (*c.*1580-1640): fiscalidade e crédito", comunicação apresentada ao colóquio Portugal na Confluência das Rotas Ultra-

marinas, Faculdade de Ciências Sociais e Humanas da UNL, CHAM, 3 e 4 de dezembro de 2010); e Letícia dos Santos Ferreira, "Amor, sacrifício e lealdade. O donativo para o casamento de Catarina de Bragança e para a paz de Holanda (Bahia, 1661-1725)".

21. *"What a Figure have the Portuguese made in Europe, since the Dutch drove them in a great Measure out of their East-India Trade, in comparison to their Strength and Riches, while they were in Possession of it? The Portuguese have so true a notion of the Advantage of such Colonies, that to encourage them, they admit the citizens of Goa to send deputies to sit in the Assembly of Cortez: And if we were ask'd, Why our Colonies have not their Representatives? who could presently give a satisfactory Answer?"*, John Oldmixon, *The British empire in America : containing the history of the discovery, settlement, progress and present state of all the British colonies on the continent and islands of America...*, pp. XXXIV-XXXV. Agradecemos a Thiago Krause a chamada de atenção para essa sugestiva obra.

22. Documentos Históricos do Arquivo Municipal, *Cartas do Senado (1638-1673)*, 1º volume, p. 118.

23. *Ibidem*, pp. 121-122.

24. Biblioteca Nacional de Portugal (BNL), Coleção Pombalina (PBA), cod. 249, fls. 329-333.

25. Nas cortes de 1674, participaram, pelo estado eclesiástico, o bispo de Martiria (Armênia), o bispo de Constância (Síria) e o bispo de Titiopoli (Ásia Menor). E nas atas das últimas cortes reunidas em Portugal – corria o ano de 1697 – surgem duas listas, uma intitulada "Lista dos Prelados do Reino", e outra, "Prelados Titullares e alguns das Conquistas que se achauão na Corte". Nesta última, são referidos d. Frei Bernardino de Santo António, bispo de Targa; d. Frei António Botado, bispo de Hipona; d. Frei Pedro de Fóios, bispo de Bona; d. Diogo de Anunciação Justiniano, arcebispo de Cranganor; d. José de Barros e Alarcão, bispo do Rio de Janeiro; e d. Frei José de Oliveira, bispo de Angola. "Lista dos Titollos Pessoas do Conselho Donatarios Alcaydes Mores a que se fizerão auisos pera assistirem nas Cortes que se celebrarão este anno de 1697". *Cf.* Biblioteca Geral da Universidade de Coimbra (BGUC), cod. 677.

26. Arquivo Histórico Ultramarino – Lisboa (AHU), Bahia, DANI, Caixa 27 (1728), doc. 83. Consulta do Conselho Ultramarino, Lisboa, 21 de agosto de 1728. Agradecemos a Nuno Gonçalo Monteiro a chamada de atenção para esta importante documentação. Acerca deste tema, veja-se, de Luciano Figueiredo, "Pombal cordial. Reformas, fiscalidade e distensão política no Brasil: 1750-1777". *In*: Francisco Falcon & Claudia Rodrigues (orgs.), *A "Época Pombalina" no mundo luso-brasileiro*, Rio de Janeiro, Fundação Getulio Vargas, 2015, pp. 145-147.

27. *Cf.*, entre outros, Maija Jansson (ed.), *Realities of Representation*; e, também, o volume coletivo dirigido por Ralph Bauer e por José Antonio Mazzotti, *Creole Subjects in the Colonial Americas*.

28. D. Ramos Pérez, "Las ciudades de Indias...", p. 173ss.

29. Arquivo da câmara de Viana do Castelo, liv. 31, fl. 191v, 3 de agosto de 1800. A câmara de Viana pede a recondução do doutor Federico de Almeida Correia para servir outro triênio de corregedor da comarca de Viana. Contém, anexas, outras representações sobre o mesmo assunto: representação da câmara, nobreza e povo da vila de Ponte de Lima; representação de 2 de agosto de 1800 da câmara da vila da Ponte da Barca; certidão de 2 de agosto de 1800 passada pelo escrivão da câmara da Ponte da Barca que copia o ato da câmara de 2 de agosto de 1800; representação 30 de julho de 1800 da câmara de Arcos de

Valdevez; representação de 26 de julho de 1800 da câmara, nobreza e povo do concelho de Coura; representação de 9 de agosto de 1800 da câmara de Pico de Regalados; certidão de 9 de agosto de 1800 passada pelo escrivão da câmara de Pico de Regalados sobre o acórdão para a recondução do dito corregedor; representação de 7 de agosto de 1800 da câmara de Amares; certidão de 8 de agosto de 1800 passada pelo escrivão da câmara de Amares que copia o acórdão de 7 de agosto de 1800; representação de 4 de agosto de 1800 da câmara, nobreza e povo de Albergaria; representação "que se não sabe donde" de 16 de agosto de 1800.

30. Biblioteca Pública e Arquivo Regional de Ponta Delgada (BPARPD), Arquivo da Câmara de Ponta Delgada (ACPD), 1. 2, *Livro de Acórdãos (1632-1636)*, fls. 209-212 v.

31. BPARPD, ACPD, 4, *Livro de Acórdãos (1659-1668)*, fls. 66-67 v. Sobre o donativo a cobrar nas ilhas dos Açores para auxiliar as despesas da guerra, ver Arquivo dos Açores, vol. V, 1981, pp. 248-256.

32. BPARPD, ACPD, 5, *Livro de Acórdãos (1669-1679)*, fls. 13 v-15. Tratava-se de um novo imposto, uma vez que o donativo havia acabado em 1667. Por isso, fizera-se um resumo do que renderam os donativos nos anos 1660-1667: em oito anos, 38.400.000 réis dos 12.000 cruzados com que São Miguel era obrigado a contribuir anualmente, rendendo os impostos 41.030.895 réis e meio (*idem*, fls. 15-15 v; Arquivo da Câmara de Vila Franca do Campo (ACVFC), *Livro de Acórdãos (1664-1671)*, fls. 168-169.

33. BPARPD, ACPD, 6, *Livro de Acórdãos (1679-1682)*, fls. 79-81 v.

34. BPARPD, ACPD, 9, *Livro de Acórdãos (1695-1700)*, fls. 95 v-97. A cópia da carta régia está às fls. 97-97 v.

35. *Idem*, fls. 132-134 e 134 v-135 v. A ordem régia de 28 de abril de 1699 determinara o lançamento dos 4,5%, fixando-se o montante a recolher nos Açores em 3.600.000 réis. A cobrança incidiria somente sobre os bens seculares (BPARPD, ACPD, 115, *Livro 2º do Registro*, fls. 250-250 v, 25 de outubro de 1704).

36. BPARPD, ACPD, 10, *Livro de Acórdãos (1700-1707)*, fls. 43-45.

37. *Idem*, fls. 48-49.

38. *Idem*, fls. 119 v-122.

39. *Idem*, fls. 157 v-158.

40. BPARPD, ACPD, 11, fls. 47 v-48.

41. BPARPD, ACPD, 11, fl. 78 e fls. 81-83 v.

42. Arquivo da Câmara da Lagoa (ACL), Lagoa, *Livro de Acórdãos*, 2 (1733-1761), fls. 21 v-22 v.

43. *Idem*, fls. 81-82.

44. Note-se que a celebração de juntas está referenciada – através de autos e de assinaturas – nos livros de acórdãos ou de vereações das câmaras (Ponta Delgada, Lagoa, Vila Franca do Campo), e não nos livros de registro, nos quais se registravam a correspondência e as ordens recebidas do centro, além de legislação vária, mercês e filhamentos da Casa Real.

45. A pressão fiscal que se faz sentir nos anos terminais do século acompanha o aumento que se verifica no número de reuniões camarárias em Ponta Delgada nos anos de 1690. Para além das juntas de câmaras, são também várias as reuniões do Senado que contam com a presença da nobreza, e, na maior parte dos casos, o motivo é idêntico ao das assembleias de câmaras: impostos. Veja-se, como exemplo: BPARPD, ACPD, 4, *Livro de Acórdãos (1659-1668)*, fls. 12 v-13 v e, sobretudo, 80-83 v, sessões de 1º de julho de 1659 e 25 de abril

de 1663, respectivamente. Nesta última reunião, estiveram presentes o conde, a nobreza da cidade e os homens da governança para ser lida uma carta régia de agradecimento pelo serviço feito para a contribuição ao dote de d. Catarina e, em face do aperto em que se achava o reino, lançar três novas contribuições. Por outro lado, será que, em termos globais, o abaixamento verificado na frequência de reuniões camarárias traduz uma fuga, por parte da oligarquia, à pressão fiscal e a uma maior intervenção régia?

46. *Cf.* Pedro Puntoni, "O conchavo da farinha: espacialização do sistema econômico e o governo-geral na Bahia do século XVII", pp. 105-118; Wolfgang Lenk, "'Em necessidades não há leis': norma e prática da Fazenda Real na Bahia (1624-1654)".

47. Lara de Melo dos Santos, "Resistência indígena e escrava em Camamu no século XVII", p. 27. Ainda segundo a autora, a referida carta do governador-geral encontra-se em *Documentos Históricos da Biblioteca Nacional*, v. 8, pp. 387-388.

48. George F. Cabral de Souza, "Elite y ejercicio de poder en el Brasil colonial: la Cámara Municipal de Recife (1710-1822)".

49. *Cf.* Laura de Mello e Souza & Maria Fernanda Bicalho, *1680-1720. O Império deste mundo*, pp. 63-81.

50. *Apud* Breno Almeida Vaz Lisboa, "Uma elite em crise: a açucarocracia de Pernambuco e a câmara municipal de Olinda nas primeiras décadas do século XVIII", pp. 153-155.

51. *Cf.* Érika Simone de Almeida Carlos Dias, "Administração da capitania de Pernambuco: continuidades e rupturas da política pombalina (1774-1808)".

52. Joaquim Romero Magalhães, "A cobrança do ouro do rei nas Minas Gerais: o fim da capitação – 1741-1750", p. 136.

53. *Ibidem*, p. 137. *Cf.* também Joaquim Romero Magalhães, "As Câmaras Municipais, a Coroa e a cobrança dos quintos do ouro nas Minas Gerais (1711-1750)", p. 137.

54. André Alexandre da Silva Costa, *Sistemas fiscais no Império: o caso do ouro do Brasil, 1725-1777*.

55. AHU_Administração Central (ACL)_Conselho Ultramarino (CU)_011, cx. 45, d. 3782.

56. Diogo Ribeiro Pereira de Vasconcelos, "Minas e quintos do ouro", p. 944.

57. Bruno Aidar, "Caminhos do 'novo imposto' na capitania de São Paulo, c. 1760-1780", pp. 21-22.

58. J. I. Fortea Pérez, "Orto y ocaso de las Cortes de Castilla", pp. 779-803.

59. *Ibidem*, p. 782ss.; acerca desse tema consulte-se, também, de J. M. Carretero Zamora, "Régimen electoral de Madrid a las procuraciones en Cortes", pp. 173-194; e, de J. Cerdá y Ruiz-Funes, "Formas de elección de los procuradores de Cortes en Murcia (1444-1450). En torno a unos documentos de la ciudad y el Rey", pp. 353-375.

60. Marcello Caetano, "Da Antiga Organização dos Mesteres", pp. I-LXXXIII.

61. *Catálogo dos livros de termos de vereação*, caixa 1, livro 1709-1721, fl. 11, ficha 0475. Agradecemos a Carmen Alveal esta indicação.

62. Arquivo Distrital de Évora, Arquivo Histórico Municipal de Évora, lv. 83, fl. 142 e 259.

63. No volume *Indices e summarios dos livros e documentos mais antigos e importantes do Archivo da Câmara Municipal de Coimbra: segunda parte do inventário do mesmo Archivo*, foram encontradas as seguintes referências a procuradores de Coimbra a servir em Lisboa ao longo dos séculos XVII e no primeiro terço do século XVIII: 1626, 1627, 1630, 1636, 1648, 1691, 1703 e 1729. *Cf. Índices e Sumários dos livros e documentos ...*, pp. 64-65, 69, 72, 113, 130, 242, 316, 320.

64. *Cf.* IAN/TT, *Desembargo do Paço*, Minho, maço 136, doc. 12, "Provisão para que os provedores da comarca [de Viana] autorizem a despesa de um procurador da Câmara na Corte".

65. "Para os oficiais da Câmara de Faro darem 500 réis por dia a João da Costa Barreto, escrivão da Câmara de Faro, que está na Corte a tratar por procuração negócios da câmara e povo de Faro", Carta de 1º de março de 1724, da Casa das Rainhas para a Câmara de Faro – Arquivo Distrital de Faro – Sr. A/1, lv. 2, fl. 159b.

66. AHU_ACL_CU_011, Cx. 44, D. 3657.

67. *Cf.* José Damião Rodrigues, *Poder municipal e oligarquias urbanas: Ponta Delgada no século XVII*, pp. 493-497.

68. Esses conflitos podem ser detectados na base de dados do projeto Compol.

69. AHU_ACL_CU_017_cx. 4, d. 373; AHU_ACL_CU_005-02, cx. 21, d. 2371, e cx. 34, d. 4363. Resta saber, em todo o caso, se as demais câmaras do Estado do Brasil se sentiam obrigadas pelos compromissos assumidos, em Lisboa, pelo procurador da câmara da Bahia (situação análoga à que encontramos no reino, entre Lisboa e as outras câmaras reinóis).

70. Carta da câmara da cidade de São Luís do Maranhão para Alexandre Maurício Soares, elegendo-o procurador da câmara no reino, para a assinatura de contrato com estrangeiros interessados no tabaco do Maranhão, São Luís do Maranhão, 12 de outubro de 1743, AHU_ACL_CU_009, cx. 27, d. 2808; e requerimento do procurador da câmara da cidade de São Luís do Maranhão na corte e cidade de Lisboa, Francisco de Araújo e Sousa, à rainha d. Maria I, solicitando a nomeação de desembargador procurador da Coroa ou de desembargador procurador da Fazenda para a resolução das acusações feitas por aquela câmara contra o governador do Maranhão, Joaquim de Melo e Póvoas, pois há mais de quatro anos que o caso está na posse do primeiro sem ter tido qualquer solução [anterior a 2 de junho de 1779], AHU_ACL_CU_009, cx. 54, d. 5129.

71. Eloi José Quaresma fora nomeado procurador da câmara de Luanda em Lisboa em agosto de 1788. *Cf.* AHU, CU, Angola, cx. 75, d. 34; cx. 75, d. 40; cx. 76, d. 29; BML, livro 24, fl. 97 v.

72. Documentos Históricos do Arquivo Municipal. *Cartas do Senado, 1673-1684*, v. 2, pp. 120-121. *Cf.*, ainda, "CARTA do governador-geral do Brasil, Alexandre de Sousa Freire ao príncipe regente [d. Pedro], sobre a nulidade da procuração que alguns oficiais da câmara fizeram a José Moreira de Azevedo, tendo-se assentado que não convinha gastarem com ele 700$000 réis cada ano". AHU_ACL_CU_005-02, cx. 20, d. 2272, carta de 27 de junho de 1668.

73. Christine Daniels & Michael V. Kennedy (eds.), *Negotiated Empires*.

74. Documentos Históricos do Arquivo Municipal. *Cartas do Senado, 1673-1684*, v. 2, pp. 91-92.

75. Numa carta para o procurador datada em 1680, o Senado de Salvador transmitiu a seguinte ordem: "mande Vossa Mercê a conta da despesa que fizerão ditos papeis, e querendo tomar sua importancia na Praça com os avanços que lhe parecer passe letra sobre nos que pontualmente será paga…" Cópia de carta ao procurador do Senado em Lisboa, enumerando as principais questões de que deveria cuidar, Arquivo Municipal de Salvador da Bahia, Cartas do Senado, Livro 286, fl. 298.-301. *Cf.*, também, sobre o procurador da câmara de São Luís do Maranhão, AHU, CU, ACL, 009, cx. 5, d. 578, "Consulta do Conselho Ultramarino ao príncipe regente D. Pedro, sobre o pedido do procurador da

câmara do Maranhão, Manuel Campelo de Andrada, para que lhe seja concedida metade das imposições das vinhas [*sic*]", de 7 de agosto de 1673.

76. Arquivo Público da Bahia, Seção Colonial e Provincial, maço 132, Cartas do Senado da Câmara à Sua Majestade, 1742-1823, fls. 82v-83.

77. Arquivo Público da Bahia, Seção Colonial e Provincial, maço 132, Cartas do Senado da Câmara à Sua Majestade, 1742-1823, fls. 71-73.

78. No entanto, convirá referir que a ida de Francisco da Costa Barros ao reino se deveu ao conflito com o governador Salvador Correia de Sá e Benevides, envolvendo abusos dos oficiais da Coroa. AHU_CU_ACL_017, cx. 3, d. 65 e d. 66.

79. AHU_CU_ACL_017, cx. 3, d. 272 e 273.

80. AHU_CU_ACL_17-01, cx. 40, d. 9414.

81. AHU_CU_ACL_17-01, cx. 40, d. 9415.

82. AHU_CU_ACL_17-01, cx. 40, d. 9406.

83. AHU, CU, ACL, 17-01, cx. 40, d. 9407-9413.

84. *Ibidem.*

85. *Ibidem.*

86. AHU, CU, ACL, 17-01, cx. 40, d. 9415.

87. AHU, CU, ACL, 17-01, cx. 40, d. 9416.

88. AHU_CU_ACL_17-01, cx. 40, d. 9396. Um dos motivos de a procuração ter sido dada pela câmara a Julião de Sousa Coutinho relacionava-se com o intento de que a Coroa garantisse aos descendentes dos "conquistadores", os autointitulados de "nobreza principal da terra", o domínio sobre a câmara municipal. Agradecemos a João Fragoso esta preciosa informação, assim como as respectivas referências documentais: AHU_ACL_CU_017, cx. 24, d. 2601; cx. 32, d. 7544; cx. 34, d. 7550.

89. AHU_CU_ACL_011, cx. 5, d. 447.

90. AHU_CU_ACL_011, cx. 12, d. 1037, provisão de 31 de janeiro de 1728.

91. AHU_CU_ACL_011, cx. 11, d. 951.

92. AHU_CU_ACL_011, cx. 44, d. 3657.

93. AHU_CU_ACL_011, cx. 44, d. 3659.

94. Lisboa, s.n., depois de 1735, Biblioteca Nacional de Portugal, F.R. 45.

95. AHU_ACL_CU_017, cx. 37, d. 3910.

96. AHU_ACL_CU_05-02, cx. 12, d. 1527.

97. Documentos Históricos do Arquivo Municipal. *Cartas do Senado, 1638-1673*, v. 1, p. 125. Gregório de Mattos e Guerra, eleito procurador a 17 de agosto de 1672, é apelidado, nesse período, de "Procurador desta Câmara e Cidade nessa corte". Depois de lhe encomendar vários assuntos, o Senado faz o seguinte voto: "esperamos de sua pontualidade e da obrigação que também lhe corre por filho desta pátria obrará Vossa Mercê neles todo o possível." Algum tempo mais tarde, o mesmo Senado da Bahia decidiu romper com Mattos e Guerra e nomear, como seu substituto, o capitão Sebastião de Brito e Castro. Numa carta que foi remetida a este último em julho de 1674, a par da enumeração dos assuntos que tinha de tratar, o Senado volta a dizer que Gregório de Mattos tinha sido omisso, e a missiva acaba por ser bastante crítica para com o "Doutor". Termina com uma alusão ao "bem publico desta sua pátria" e fazendo votos para que Brito e Castro tivesse "...o cuidado e amor de filho...". 23.10.1726, CCM, p. 387.

Referências bibliográficas

ALMEIDA, Maria Regina Celestino de. *Os índios na história do Brasil.* Rio de Janeiro: FGV, 2010.

AIDAR, Bruno. "Caminhos do 'novo imposto' na capitania de São Paulo, *c.* 1760-1780". *In:* XXX Encontro da APHES. Lisboa: ISEG, 2010.

Auto do Juramento que El Rey Dom Phelippe Nosso Senhor, Segundo deste nome, fez aos três Estados deste Reyno, & do que elles fizerão a sua Magestade, do reconhecimento, & aceitação do Príncipe Dom Phelippe nosso Senhor, seu filho, Primogénito. Em Lisboa a 14 dias do mês de Julho de 1619. E assi o acto das Cortes que a 18 dias do mesmo mês se celebrou nella..., Lisboa, Pedro Crasbeeck, 1619.

BAUER, Ralph & MAZZOTTI, José Antonio (eds.). *Creole Subjects in the Colonial Americas.* Williamsburg: University of North Carolina Press, 2009.

BORAH, Woodrow. "Representative institutions in the Spanish Empire in the New World". *The Americas*, 13 (1956), pp. 246-257.

BOUZA ÁLVAREZ, Fernando. "Portugal en la Monarquía Hispánica (1580-1640). Felipe II, las Cortes de Tomar y la génesis del Portugal católico". Madri: Universidad Complutense, 1987. Tese de doutoramento inédita.

BRONNER, Fred. "La Unión de las Armas en el Perú. Aspectos político-legales". *Anuario de Estudios Americanos*, 24, 1967, pp 1133-1176.

BURROUGHS, Peter. "Imperial Institutions and the Government of Empire". *In:* PORTER, Andrew (ed.). *The Oxford History of the British Empire*, v. 3: *The Nineteenth Century*, Oxford: Oxford University Press, 1999, pp. 170-197.

CAETANO, Marcello, "Da Antiga Organização dos Mesteres". *In:* LANGHANS, Franz-Paul. *As corporações dos ofícios mecânicos. Subsídios para a sua história*, Lisboa: Imprensa Nacional, 1943, v. 1, I-LXXXIII.

CAPPELLINI, Paolo. "Rappresentanza (Diritto intermedio)". *In:* VV.AA., *Enciclopedia del Diritto*, Milão: Giuffré Editore, v. XXXVIII, 1988, pp. 435-463.

CARDIM, Pedro. "Le forme di rappresentanza nel sistema politico del Portogallo dell'Antico Regime". *In:* CASELLA, Laura (org.). *Rappresentanze e Territori. Parlamento Friuliano e Istituzioni Rappresentative Territoriali nell'Europa Moderna*, Udine: Forum, 2003, pp. 215-236.

CARRETERO ZAMORA, J. M. "Régimen electoral de Madrid a las procuraciones en Cortes". *E.T.F. Homenaje al Prof. Bethencourt Massieu*, n. 4 (1989), pp. 173-194.

Catálogo dos livros de termos de vereação. Instituto Histórico e Geográfico do Rio Grande do Norte, Natal, UFRN-CCHLA-Departamento de História, Grupo de Pesquisa Formação dos Espaços Coloniais, caixa 1, livro 1709-1721.

CERDÁ RUIZ-FUNES, Joaquín. "Formas de elección de los procuradores de Cortes en Murcia (1444-1450). En torno a unos documentos de la ciudad y el Rey". *In:* VV.AA., *Estudios en Homenaje a Don Claudio Sánchez Albornoz en sus 90 años.* Buenos Aires: Facultad de Filosofia y Letras, Instituto de Historia de España, 1986, pp. 353-373.

COSTA, André Alexandre da Silva. "Sistemas fiscais no Império: o caso do ouro do Brasil, 1725-1777". Lisboa: Universidade Técnica de Lisboa, 2013. Tese de doutoramento em História Económica e Social, Instituto Superior de Economia e Gestão, policopiado.

CRUZ, Maria do Rosário Themudo Barata Azevedo. *As regências na menoridade de d. Sebastião. Elementos para uma história estrutural*, Lisboa: IN-CM, 1992.

DANIELS, Christine & KENNEDY, Michael V. (eds.). *Negotiated Empires.* Nova York, Londres: Routledge, 2002.

DIAS, Érika Simone de Almeida Carlos. "Administração da capitania de Pernambuco: continuidades e rupturas da política pombalina (1774-1808)". Lisboa: Universidade Nova de Lisboa, 2013. Tese de doutoramento inédita.

DOCUMENTOS HISTÓRICOS DO ARQUIVO MUNICIPAL. *Cartas do Senado, 1638-1673*, v. 1. Salvador: Prefeitura do Município de Salvador, 1951.

DOCUMENTOS HISTÓRICOS DO ARQUIVO MUNICIPAL. *Cartas do Senado, 1673-1684*, v. 2. Salvador: Prefeitura do Município de Salvador, 1952.

DOMINGUES, Ângela. *Quando os índios eram vassalos. Colonização e relações de poder no Norte do Brasil na segunda metade do século XVIII*, Lisboa: CNCDP, 2000.

DUARTE, Luís Miguel. "The Portuguese Mediaeval Parliament: Are we Asking the Right Questions?", *e-Journal of Portuguese History* [on line] v. 1, n. 2 (inverno 2003), p. 7. Disponível em: <http://www. brown.edu/Departments/Portuguese_Brazilian_Studies/ejph/html/issue2/pdf/duarte.pdf>. Consultado em março de 2003.

FERREIRA, Letícia dos Santos. "Amor, sacrifício e lealdade. O donativo para o casamento de Catarina de Bragança e para a paz de Holanda (Bahia, 1661-1725)". Niterói: Universidade Federal Fluminense, 2010. Dissertação de mestrado inédita.

FORTEA PÉREZ, J. I. "Orto y ocaso de las Cortes de Castilla". *In*: ALCALÁ-ZAMORA, José & CEBRIÀ, Ernest Belenguer (coords.). *Calderón de la Barca y la España del Barroco*. Madri: Centro de Estudios Políticos y Constitucionales, v. 1, 2003, pp. 779-803.

HESPANHA, António Manuel. "O Governo dos Áustria e a 'Modernização' da constituição política portuguesa". *Penélope. Fazer e desfazer a história*, n. 2, fevereiro de 1989, pp. 50-73.

HIGHAM, C. S. S. "The General Assembly of the Leeward Islands". *English Historical Review* (1926) XLI (CLXII), pp. 190-209.

_____. "The General Assembly of the Leeward Islands. Part II", *English Historical Review* (1926) XLI (CLXIII), pp. 366-388.

CÂMARA MUNICIPAL DE COIMBRA. *Indices e summarios dos livros e documentos mais antigos e importantes do Archivo da Câmara Municipal de Coimbra: segunda parte do inventário do mesmo Archivo*. Coimbra: Imprensa da Universidade, 1867-1872.

JANSSON, Maija (ed.). *Realities of Representation*, Nova York-Basingstoke: Palgrave Macmillan, 2007.

LENK, Wolfgang. "'Em necessidades não há leis': norma e prática da Fazenda Real na Bahia (1624-1654)". ANPUH – XXV Simpósio Nacional de História, Fortaleza, 2009.

LISBOA, Breno Almeida Vaz. "Uma elite em crise: a açucarocracia de Pernambuco e a câmara municipal de Olinda nas primeiras décadas do século XVIII". Recife: Programa de Pós-Graduação em História da Universidade Federal de Pernambuco, 2011. Dissertação de mestrado inédita.

LOHMANN VILLENA, Guillermo. "Las Cortes en Indias", *Anuario de historia del derecho español*, 18 (1947), pp. 655-662.

_____. "Notas sobre la presencia de la Nueva España en las cortes metropolitanas y de cortes en la Nueva España en los siglos XVI y XVII". *Historia Mexicana*, v. 39, n. 1, Homenaje a Silvio Zavala II (jul./set., 1989), pp. 33-40.

MACHADO, Diogo Barbosa. *Memorias para a historia de Portugal, que comprehendem o governo del rey D. Sebastião único em o nome, e décimo sexto entre os monarchas portuguezes do anno de 1554 até o anno de 1561. Dedicadas a el rey D. João V.* Lisboa: Joseph Antonio da Sylva, 1736.

MAGALHÃES, Joaquim Romero. "A cobrança do ouro do rei nas Minas Gerais: o fim da capitação – 1741-1750", *Revista Tempo*, v. 14, n. 27, jul/dez, 2009.

_____. "As Câmaras Municipais, a Coroa e a cobrança dos quintos do ouro nas Minas Gerais (1711-1750)". *In: Labirintos brasileiros*. São Paulo: Alameda, 2011.

MIRANDA, Susana. "O financiamento do Estado da Índia (*c.* 1580-1640): fiscalidade e crédito". Faculdade de Ciências Sociais e Humanas da UNL, CHAM, 3 e 4 de dezembro de 2010. Comunicação apresentada ao colóquio Portugal na Confluência das Rotas Ultramarinas.

NOCILLA, D. & CIAURRO, L. "Rappresentanza politica". In: *VV.AA., Enciclopedia del Diritto.* Milão: Giuffré Editore, v. XXXVIII, 1988, pp. 543-609.

PUNTONI, Pedro. "O conchavo da farinha: espacialização do sistema econômico e o governo-geral na Bahia do século XVII". *In:* "O Estado do Brasil. Poder e política na Bahia colonial (1548-1700)". FFLECH: Tese apresentada ao Departamento de História da Faculdade de Filosofia, Letras e Ciências Humanas da Universidade de São Paulo, para o concurso público de títulos e provas visando a obtenção do Título de Livre-Docência em História do Brasil colonial, 2010.

OLDMIXON, John. *The British empire in America: containing the history of the discovery, settlement, progress and present state of all the British colonies on the continent and islands of America...* Londres: Printed for John Nicholson..., Benjamin Tooke, 1708, pp. XXXIV-XXXV.

OLSON, Alison Gilbert. *Making the Empire Work. London and American Interest Groups 1690-1790.* Harvard, Harvard U. P., 1992.

POST, Gaines. "Roman Law and Early Representation". *Speculum. Journal of maedieval studies,* 18 (1943).

PÉREZ, J. I. Fortea. "Orto y ocaso de las cortes de Castilla". *In:* ALCALÁ-ZAMORA José & CEBRIÀ, Ernest Belenguer (coords.). *Calderón de la Barca y la España del barroco,* v. 1. Madri: Centro de Estudios Políticos y Constitucionales, 2003, pp. 779-803.

RAMOS PÉREZ, Demetrio. "Las ciudades de Indias y su asiento en Cortes de Castilla". *Revista del Instituto de Historia del Derecho Ricardo Levene.* Buenos Aires, 18 (1967), pp. 170-185.

RAU, Virgínia & SILVA, Maria Fernanda Gomes da (orgs.). *Os manuscritos da Casa de respeitantes ao Brasil,* v. I: séculos XVI e XVII. Coimbra: Universidade de Coimbra, 1955.

RODRIGUES, José Damião. *Poder municipal e oligarquias urbanas. Ponta Delgada no século XVII.* Ponta Delgada: Instituto Cultural de Ponta Delgada, 1994.

ROGERS, Howard Aston. *The Fall of the Old Representative System in the Leeward and Windward Islands, 1854-1877.* University of Southern California, 1970. Ph.D. thesis.

SANTOS, Lara de Melo dos. "Resistência indígena e escrava em Camamu no século XVII". UFBA, 2004. Dissertação de mestrado apresentada ao Programa de Pós-Graduação em História.

SHORTT, Adam & DOUGHTY, Arthur (eds.). *Documents Relating to the Constitutional History of Canada, 1759-1791.* Ottawa: S. E. Dawson, 1907.

SOUSA, Armindo de. *As cortes medievais portuguesas (1385-1490),* Porto: INIC-CHUP, 1990, 2 v.

SOUZA, George F. Cabral de. "Elite y ejercicio de poder en el Brasil colonial: la Cámara Municipal de Recife (1710-1822)". Salamanca: Universidad de Salamanca, 2007. Tese de doutoramento inédita.

SOUZA, Laura de Mello e & BICALHO, Maria Fernanda. *1680-1720. O Império deste mundo.* São Paulo: Companhia das Letras, 2000.

VASCONCELOS, Diogo Ribeiro Pereira de. "Minas e quintos do ouro", *Revista do Arquivo Público Mineiro,* v. 6, fasc. 3-4, 1901.

3

O Conselho Ultramarino e a emergência do secretário de Estado na comunicação política entre reino e conquistas[1]

Maria Fernanda Bicalho e André Costa

Um dos aspectos centrais na construção dos impérios ultramarinos na época moderna prende-se àquilo que António Manuel Hespanha chamou um "oceano de papéis".[2] A Coroa portuguesa construiu uma rede de comunicação relativamente sofisticada para resolver problemas, negociar direitos e estabelecer formas de governo e exploração econômica sobre espaços longínquos. Apesar dos muitos estudos das últimas décadas sobre as práticas políticas no reino e no império, ainda sabemos pouco sobre o funcionamento dessa rede de comunicação. Este capítulo propõe uma primeira análise, com base na documentação tratada no projeto "A comunicação política na monarquia pluricontinental portuguesa (1580-1808): Reino, Atlântico e Brasil", da evolução de duas das principais instituições responsáveis pela comunicação política entre reino e conquistas: o Conselho Ultramarino e as secretarias de Estado.

Parte-se do pressuposto, como nos demais capítulos deste livro, de que, no Antigo Regime, o que designamos por Coroa não era algo unitário, mas sim um agregado de órgãos e de interesses que não funcionava como um polo homogêneo de intervenção sobre a sociedade. Existia, no seio da Coroa, uma série de organismos – conselhos, tribunais, juntas, secretarias – cuja jurisdição derivava, em parte, de um ato constituinte do rei, embora também de sua própria auto-organização.[3] Nesse sentido, a decisão política da Coroa resultava de uma complexa trama de órgãos de aconselhamento do rei, de armazenamento e de produção de informação. Embora não se possa falar de uma típica hierarquia entre eles, nos moldes do que atualmente designamos por hierarquia administrativa, o Desembargo do Paço e o Conselho de Estado eram os mais antigos e determinantes nas questões que hoje associamos à política.

Com assistência de juristas licenciados pela Universidade de Coimbra e com um circuito mais regular de decisão de natureza executiva, o Desembargo do Paço era o tribunal responsável pela graça e pela justiça régias e exercia jurisdição sobre diferentes comarcas do reino e do ultramar. Suas competências eram variadas: organizava os exames para acesso à magistratura – leitura de bacharéis –, aprovava os candidatos a tabeliães de notas e escrivães do judicial, advogados e procuradores, concedia mercês de ofícios de justiça, confirmava as pautas para as vereações das câmaras, sobretudo as do reino, concedia promoções, licenças e transferências, procedia aos autos de residência dos juízes de fora, analisava pedidos de perdão, comutação de penas, embargos, apelações, agravos e confirmações. Devido às suas atribuições, a correspondência das câmaras do reino com o rei passava, muitas vezes, pelo Desembargo do Paço.[4]

O Conselho de Estado destacava-se por ser, até o reinado de d. João V, uma das principais instituições com funções consultivas que atuavam junto ao monarca, e por isso era igualmente conhecido como o conselho do rei. Exatamente porque era o conselho do rei, o Conselho de Estado não funcionava no mesmo plano dos demais tribunais que partilhavam o processo consultivo e decisório do governo na monarquia portuguesa. A Casa de Suplicação constituía-se no supremo tribunal de justiça do reino e de seus domínios ultramarinos. A Mesa da Consciência foi criada em 1532 por d. João III com o objetivo de tratar das matérias de obrigação da consciência do rei. Em 1551, uma bula apostólica reuniu à Coroa portuguesa os mestrados das três ordens militares: de Cristo, de Santiago de Espada e de São Bento de Avis. Seus assuntos, tanto espirituais, quanto materiais, passaram a ser tratados pela Mesa da Consciência e Ordens. O Tribunal do Santo Ofício foi criado em Portugal em 1536, durante o reinado de d. João III. O Conselho da Fazenda, instituído em finais do Quinhentos, durante o período filipino, passou a centralizar todas as matérias e negócios da Fazenda, que até então corriam por distintos tribunais. O Conselho da Guerra data de 1640, criado em meio a uma conjuntura particularmente delicada e turbulenta, devido às guerras de Restauração.[5]

O Conselho Ultramarino, que mais de perto nos interessa, foi criado em 1642. Órgão de consulta e de assistência à decisão do rei, o conselho era especializado nos assuntos das conquistas. Apesar de sua importância no pós-Restauração, sobretudo durante o reinado de d. João IV, até algum tempo atrás eram poucas as informações sobre sua real eficácia na produção normativa e na definição da política imperial.[6] A simples existência de um abundante número de consultas diz-nos muito pouco sobre o destino final dos processos de decisão que afetaram o Brasil e sobre o papel do Conselho Ultramarino na comunicação política; para não falar da gigantesca quantidade de informação presente no Arquivo Histórico Ultramarino, frequentemente associada pelos historiadores ao Conselho, mas que pertencia também às secretarias de Estado, sobretudo após 1736, sendo a confusão fruto de incorporações documentais posteriores.[7]

Iremos, portanto, esboçar uma primeira análise da intensidade e dos temas da informação trocada entre diferentes instituições e agentes no Brasil: o Conselho Ultramarino, as secretarias de Estado e, em última instância, o rei. Esta análise terá em conta as distintas conjunturas dos séculos XVII e XVIII, a emergência e a centralidade do Atlântico e do Brasil no contexto do império, a pressão dos diversos problemas de governo na determinação da forma de decisão e despacho da Coroa, a plenitude e o decréscimo da atividade consultiva do Conselho, a reorganização das secretarias de Estado e o seu crescente poder de influência.[8]

O Conselho Ultramarino e a viragem atlântica

A primeira tentativa de criar um órgão especializado nos assuntos ultramarinos portugueses deu-se no período da União Ibérica. Foi instituído, sob a égide da monarquia hispânica, o efêmero Conselho da Índia, cujo regimento data de 25 de julho de 1604.[9] Competia ao Conselho da Índia lidar com os negócios relativos aos domínios ultramarinos de Portugal, exceto os das ilhas dos Açores e Madeira e dos lugares do norte da África. Pertencia, no entanto, ao Conselho da Fazenda o despacho das naus e armadas da Índia, a compra e administração da pimenta, a cobrança dos direitos das mercadorias que de lá viessem, bem como a administração das rendas reais do Brasil, da Guiné e das Ilhas. De breve existência, a extinção do Conselho da Índia foi determinada por carta régia de 21 de maio de 1614. O expediente das questões ultramarinas voltaria a ser processado, como antes, pelo Desembargo do Paço, pelo Conselho da Fazenda e pela Mesa da Consciência e Ordens.

No período imediatamente posterior à Restauração, em meio às guerras no reino e no ultramar, com os holandeses em Pernambuco e Angola, d. João IV não havia ainda consolidado as condições necessárias, quer externas, via guerra e diplomacia, quer internas, à monarquia pluricontinental portuguesa, que lhe garantissem uma sólida e duradoura legitimidade e vassalagem. Dada a relativa fragilidade da *persona* régia, a afirmação da autonomia, a capacidade de governo do reino e a manutenção do império eram ainda incertas.[10] Foi nessa conjuntura de incertezas que o novo rei criou o Conselho Ultramarino. Embora o seu regimento, amplamente baseado no do anterior Conselho da Índia, datasse de 1642, sua instituição, assim como sua primeira reunião, ocorreu apenas em dezembro de 1643. Nela, os conselheiros dedicaram-se a discutir e avaliar as disposições regimentais e a defender junto ao rei modificações que, a seu ver, minimizavam sua preeminência frente a outros tribunais do reino. Aproveitavam para solicitar que d. João mandasse lhes remeter todos os papéis respeitantes ao Estado da Índia e demais conquistas ultramarinas que se encontrassem quer com o secretário de Estado, quer em outros tribunais da Corte.[11] Várias das consultas iniciais do Conselho Ultramarino se referem à indefinição de jurisdições entre os órgãos colegiados. É o caso da consulta de 6 de fevereiro de 1645, na qual o presidente e demais conselheiros solicitavam a remessa pelo secretário do Conselho de Estado, Pedro Vieira da Silva, dos livros e despachos do "Conselho Ultramarino antigo" (provavelmente o Conselho da Índia).[12]

Os conselheiros queixavam-se igualmente da centralidade e da interferência do secretário das Mercês, do qual se falará mais adiante, no trâmite das consultas das partes – dos requerimentos de indivíduos – sobre pedidos de retribuição de serviços prestados. O item XII do regimento do Conselho estipulava que, depois de despachadas pelo rei, as consultas fossem enviadas ao secretário das Mercês a fim de serem por este encaminhadas. No entender dos conselheiros ultramarinos, esse trâmite levaria ao descrédito do Conselho, uma vez que nos demais tribunais do reino era corrente que seus próprios presidentes, ou outros oficiais em seu lugar, passassem as portarias e ordens resultantes das decisões régias. Sublinhavam que essa "novidade" não constava do regimento do Conselho da Índia, o que resultava em decréscimo de autoridade e da qualidade do Ultramarino.[13]

No entanto, nem todas as consultas destinavam-se a tratar de assuntos relativos ao Conselho ou à polissinodia portuguesa. Essas, como se sabe, eram peças fundamentais na dinâmica burocrática do regime conciliar, e mecanismo indispensável ao processo de tomada de decisões por parte do monarca. Por meio da consulta escrita os órgãos colegiados, em cumprimento de um mandado régio, assessoravam o monarca em uma determinada questão. No caso do Conselho Ultramarino, a questão a ser decidida ou resolvida vinha expressa na correspondência – informações, representações, queixas, solicitações, pedidos de mercês etc. – quer dos oficiais régios nas conquistas, quer de instituições, como as câmaras, por exemplo, quer ainda de súditos particulares ou de grupos, como os senhores de engenhos, os comerciantes, as várias corporações etc. A consulta podia ser emitida com parecer unânime do Conselho "*ao Conselho parece...*", ou com votos particulares dos conselheiros, quando havia divergência de opiniões. Elevada a consulta ao monarca, que em nenhum caso estava necessariamente vinculado à opinião dos conselheiros, ele a examinava e resolvia, escrevendo em sua margem esquerda umas poucas linhas ou uma só frase "*Como parece...*". Remetida a resolução régia, quer ao Conselho, quer a uma das secretarias, esses órgãos deveriam tomar as providências necessárias para a sua execução.

No caso específico do Conselho Ultramarino, as consultas eram elaboradas pelo presidente e conselheiros do tribunal a partir de uma solicitação ou ordem direta do soberano, transmitida por meio de aviso do secretário de Estado para que se consultasse sobre determinada matéria ou requerimento particular. O destinatário da consulta é sempre o rei. A consulta menciona no seu formulário as indicações sobre o processo burocrático e o circuito do documento. Refere o nome dos autores ou requerentes, dos conselheiros quando emitem parecer diferente do resto do Conselho, dos procuradores da Coroa e/ou da Fazenda (de acordo com a matéria em questão), e o alvitre de outros peritos, se for o caso. A resolução régia é escrita à margem da consulta, com a rubrica do soberano ou assinatura do secretário de Estado.[14]

Nas Tabelas 3.1 e 3.2 e nas Figuras 3.1 a 3.5 a seguir, podemos constatar, por um lado, que privilégios, mercês e provimentos de ofícios eram os temas mais tratados nas consultas do Conselho Ultramarino. O Conselho pouco opinava em temas como escravidão, objeto relegado à instância que poderíamos chamar de privada, ou seja, sob a égide do senhor e não da *res publica* ou da própria monarquia.[15] Estas percentagens estão muito próximas dos valores do provimento de ofícios, confirmando os primeiros impulsos na tentativa de definir uma política econômica para as conquistas. Há também que reparar que, embora não de forma regular, quanto mais se avança no século XVIII, escasseiam as consultas sobre alguns dos temas importantes nesta pesquisa – comércio e navegação, governação, assuntos militares, privilégios e mercês, provimentos de ofícios –, o que pode ser um indício do ostracismo do Conselho frente ao protagonismo assumido pelas secretarias de Estado no aconselhamento do rei, na resolução das questões e na comunicação política com o ultramar.

Tabela 3.1
Números totais de consultas do Conselho Ultramarino por assunto

	1640-1656	1680-1700	1725-1726	1735-1736	1755-1756	1763-1764	1785-1795
Particulares	67	41	–	19	11	6	25
Religiosos	57	74	4	18	17	1	18
Camarários	2	17	4	6	5	1	4
Militares	69	13	3	8	6	1	1
Comércio e navegação	122	56	7	3	7	1	6
Conflitos de jurisdição	5	11	2	1	2	–	3
Economia (mais Fazenda)	57	68	5	7	27	4	6
Escravidão	4	8	–	1	2		
Fiscalidade	29	68	8	18	17	11	3
Governação	123	72	8	7	13	3	5
Indígenas	22	27	–	–	1	–	1
Justiça e Polícia	87	105	9	25	23	2	15
Militar	179	61	1	4	11	1	11
Privilégios e mercês	237	233	3	16	17	8	30
Provimento de ofícios	207	166	19	37	46	19	68
Representação e festas	3	3	1	–	–	1	–
Soldos	67	60	11	9	13	7	3
Outros	36	4	–	1	7	1	2

Fonte: Base de dados do projeto Compol.

Tabela 3.2
Percentagens de consultas do Conselho Ultramarino por assunto

	1640-1656	1680-1700	1725-1726	1735-1736	1755-1756	1763-1764	1785-1795
Particulares	5	4	0	11	5	9	12
Religiosos	4	7	5	10	8	1	9
Camarários	0	2	5	3	2	1	2
Militares	5	1	4	4	3	1	0

	1640-1656	1680-1700	1725-1726	1735-1736	1755-1756	1763-1764	1785-1795
Comércio e navegação	9	5	8	2	3	1	3
Conflitos de jurisdição	0	1	2	1	1	0	1
Economia (mais Fazenda)	4	6	6	4	12	6	3
Escravidão	0	1	0	1	1	0	0
Fiscalidade	2	6	9	10	8	16	1
Governação	9	7	9	4	6	4	2
Indígenas	2	2	0	0	0	0	0
Justiça e Polícia	6	10	11	14	10	3	7
Militar	13	6	1	2	5	1	5
Privilégios e mercês	17	21	4	9	8	12	15
Provimento de ofícios	15	15	22	21	20	28	34
Representação e festas	0	0	1	0	0	1	0
Soldos	5	6	13	5	6	10	1
Outros	3	0	0	1	3	1	1

Fonte: Base de dados do projeto Compol.

As Figuras 3.1 a 3.5, construídas com base nas Tabelas 3.1 e 3.2, individualizam os principais assuntos referidos nas consultas do Conselho Ultramarino no século XVII. Enquanto comércio e navegação se tornaram temas cada vez mais raros na agenda do Conselho, questões relativas a privilégios e mercês, assim como a provimento de ofícios, embora deixassem de ter uma frequência destacada, voltaram a figurar de modo relativamente expressivo nas deliberações dos conselheiros nas últimas décadas do século XVIII, mormente no reinado de d. Maria I, quando, como veremos a seguir, procedeu-se a uma tímida reabilitação do tribunal.

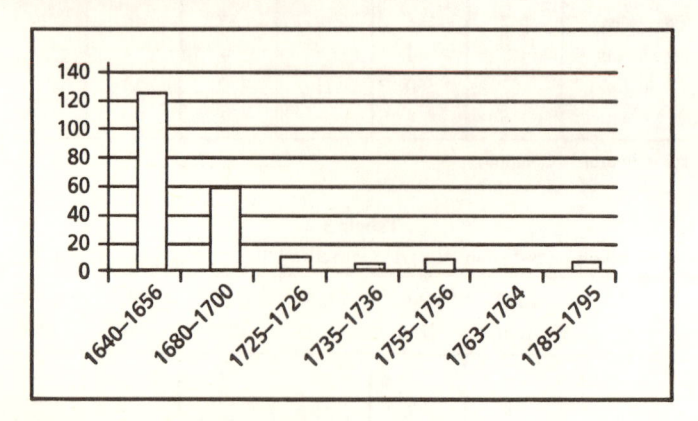

Figura 3.1 Consultas do Conselho Ultramarino sobre comércio
Fonte: Base de dados do projeto Compol.

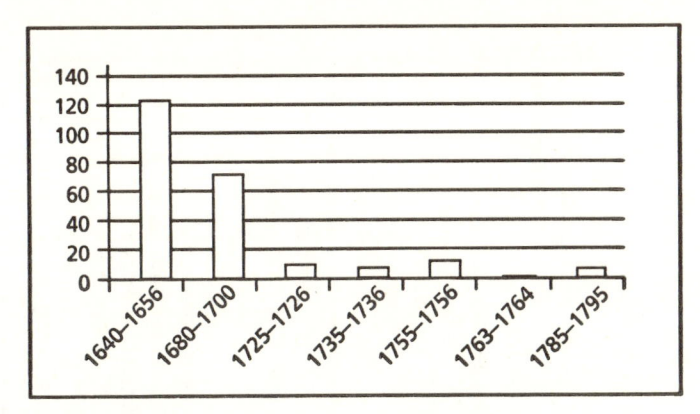

Figura 3.2 Consultas do Conselho Ultramarino sobre governação

Fonte: Base de dados do projeto Compol.

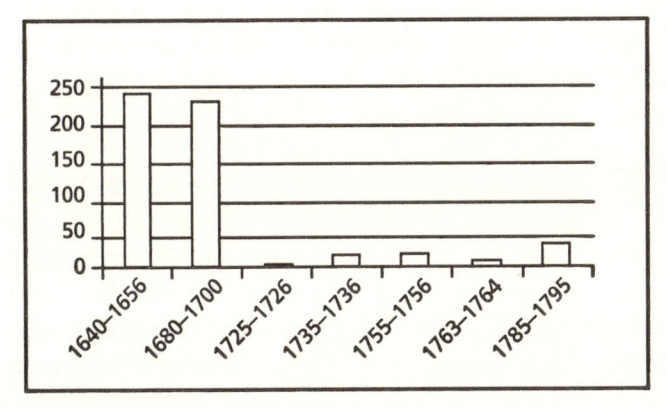

Figura 3.3 Consultas do Conselho Ultramarino sobre privilégios e mercês

Fonte: Base de dados do projeto Compol.

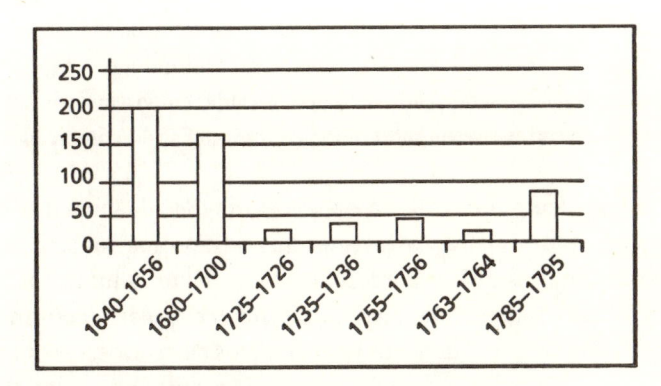

Figura 3.4 Consultas do Conselho Ultramarino sobre provimento de ofícios

Fonte: Base de dados do projeto Compol.

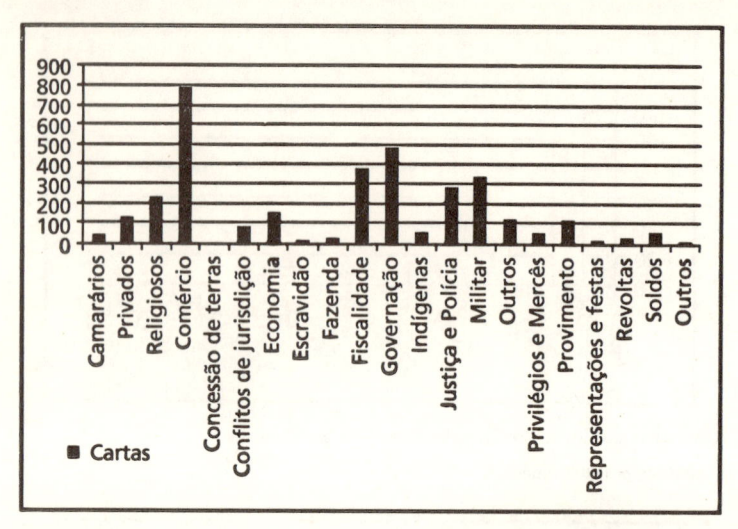

Figura 3.5 Assuntos das correspondências enviadas das conquistas aos secretários
Fonte: Base de dados do projeto Compol.

CIRCUITOS ALTERNATIVOS: JUNTAS E SECRETARIAS

Complexificando a trama dos corpos, agentes e circuitos de comunicação e de decisão da monarquia pluricontinental portuguesa, ao lado dos conselhos, operavam juntas e secretarias com os seus secretários. Em relação às juntas, sua criação é atribuída à procura de formas mais expeditas de lidar com os problemas que afetavam cotidianamente o governo do reino e de seus domínios ultramarinos. De acordo com Pedro Cardim,

> para além de desfrutarem de uma jurisdição bastante vasta, as juntas operavam com uma certa independência dos órgãos pré-existentes, admitindo o ingresso de oficiais de carácter comissarial e sendo cada vez mais encaradas como a melhor forma de agilizar o governo e a administração, sobretudo no domínio fiscal e comercial.[16]

Esse foi o caso, por exemplo, da criação em janeiro de 1643 da Junta dos Três Estados, à qual foi atribuída a administração dos impostos extraordinários lançados para lidar com o esforço das guerras de Restauração. Posteriormente, a Junta dos Três Estados alargou sua área de competência, passando a supervisionar a cobrança de vários tributos. Por se constituírem em novos instrumentos decisórios, desestabilizando os canais tradicionais de exercício da política, como os conselhos, o modo de resolver das juntas foi considerado por muitos contemporâneos indesejadas novidades ou perniciosa influência dos tempos da monarquia hispânica: "'governar à castelhana' era uma expressão corrente na segunda metade do século XVII, e designava um modo de governação que era cada vez mais encarado como diferente dos estilos e procedimentos considerados mais tradicionais e específicos de Portugal".[17]

Por outro lado, para assistir o rei na produção das decisões e no controle da informação, existia um secretário que, a partir da criação do Conselho de Estado, passou a acumular também as funções de secretário daquele conselho.[18] De acordo com o regimento do Conselho de Estado, publicado em 1569, as atribuições do secretário eram assistir às reuniões do Conselho, sem direito a voto, e anotar as resoluções tomadas, assim como os principais fundamentos dos votos e pareceres dos conselheiros. Feitos e assinados os assentos, cabia-lhe levá-los pessoalmente ao rei, responsabilizando-se pelas provisões decorrentes da decisão tomada pelo monarca sobre o negócio em questão. Elaborar e redigir esse tipo de documento significava não apenas aceder à forma e aos meandros do despacho régio, mas, em determinadas conjunturas, ter maior ou menor ingerência no processo decisório. Foram os secretários intermediários privilegiados na comunicação da vontade régia.[19]

Após a Restauração, havia em Portugal um único secretário de Estado – o secretário do Conselho de Estado –, até que, em 29 de novembro de 1643, a Secretaria de Estado foi desdobrada, surgindo a Seção do Registro Geral das Mercês, também denominada Secretaria das Mercês, que se juntou, ainda no reinado de d. João IV, à Secretaria do Expediente. Segundo Nuno Monteiro,

> basicamente, à primeira [Secretaria de Estado] ficava reservado o despacho das questões de alta política, provimentos de vice-reis, de governadores de províncias, de governadores de armas, de generais da armada, de almirantes e de outros ofícios maiores ligados à guerra, presidência de tribunais e despachos em grandes mercês, ficando para a outra Secretaria [das Mercês e Expediente] as questões menores e as mercês de menos relevância. No entanto, sobre essas matérias da grande política, o Conselho de Estado devia antes ser ouvido.[20]

A afirmação dos secretários na Corte dependeu, em grande medida, do controle sobre o registro e a circulação de papéis e documentos, permitindo desenvolver capacidades para selecionar e tratar a informação, não só os conteúdos das matérias de governo, mas também a forma e os mecanismos de busca, tratamento, arquivamento e apresentação de pareceres e consultas. O fato de as secretarias nem sequer constarem das Ordenações só confirma a distância entre o reconhecimento formal de um instrumento de poder e sua existência, assim como seu alcance e sua capacidade de fato. Muito do poder adquirido pelos secretários advinha precisamente da fraca regulamentação do ofício. Isso, em vez de diminuir, aumentava a influência dos secretários junto ao rei, desde, obviamente, que os mesmos contassem com a confiança régia. Em alguns momentos traumáticos da vida cortesã em Portugal, o poder e a influência dos secretários permitiram ao rei agir sem consultar os tribunais, que eram os órgãos mais habilitados a aconselhá-lo nos importantes negócios do reino.

Sobretudo a partir do governo de d. Pedro II, a correspondência entre a Coroa e os corpos políticos das conquistas – governadores, câmaras, provedorias da Fazenda etc. – fazia-se, cada vez mais, se comparado ao reinado de d. João IV, pela Secretaria de Estado,[21] mesmo que as cartas fossem endereçadas ao rei, sendo depois consultado o Conselho Ultramarino.[22] O secretário de Estado correspondia-se intensamente com o presidente do Conselho Ultramarino e com o secretário do mesmo, interferindo na decisão acerca da prioridade das consultas.[23]

No início do século XVIII, a Secretaria de Estado foi progressivamente absorvendo as consultas de requerimentos sobre remuneração de serviços, interferindo cada vez mais no despacho da Secretaria das Mercês e na circulação de papéis no Conselho Ultramarino. Foi então que o secretário de Estado acumulou a Secretaria das Mercês. O alvará régio de 24 de julho de 1713 tentava ordenar os circuitos de aconselhamento do rei e da decisão régia num momento em que o expediente do Conselho Ultramarino multiplicava-se com o aumento da complexidade administrativa do Brasil, processo amplamente estimulado pela produção aurífera. A necessidade de organizar e diminuir o volume de papéis e negócios em espera da confirmação régia separava os circuitos por onde passavam e eram decididas as mercês menores – consultadas nos tribunais – e as mercês e assuntos de maior importância, que seriam discutidos e confirmados pela assinatura do rei, em expediente na Secretaria de Estado.[24]

Durante a Guerra de Sucessão de Espanha, confrontado com a guerra de corso e as duas invasões francesas ao Rio de Janeiro (1710 e 1711), além das inúmeras revoltas e motins que conflagraram a América portuguesa,[25] o Conselho Ultramarino foi instado a sugerir medidas e a definir políticas para a conservação dos vassalos e dos domínios americanos, produzindo um conjunto expressivo de consultas.[26] No entanto, de acordo com Miguel Cruz, já em meados dos anos 30 dos Setecentos, o conselho experimentou grandes provações e um enfraquecimento "aparentemente irreversível". As razões para isso podem ser buscadas no fato de que desde 1714 o tribunal se encontrava sem presidente titular. Segundo Cruz, "a data é aliás muito sugestiva, na medida em que se trata do ano em que a monarquia reintroduziu na América um administrador colonial com honras, privilégios e autonomias de vice-rei".[27] Portanto, um fator que teria contribuído para o declínio do Conselho Ultramarino, mormente diante do protagonismo sempre crescente da figura do secretário de Estado ao longo do reinado de d. João V, foi a atribuição da dignidade vice-reinal aos até então governadores-gerais do Brasil, que passariam a se corresponder diretamente com os secretários.[28]

Em segundo lugar, o tribunal havia perdido "a voz mais escutada por d. João V em matérias ultramarinas", a do conselheiro Antônio Rodrigues da Costa,[29] que faleceu em 1732. E, em terceiro, o tribunal havia sido reestruturado entre 1729 e 1730, sofrendo uma profunda redução de competências no quadro da administração dos recursos financeiros destinados à defesa do império.[30] Além disso, em meados da década de 1720 a estrutura de financiamento do conselho sofreu uma ampla reformulação:

> O Conselho Ultramarino, de forma mais gradual ou mais repentina, foi privado das percentagens retiradas das rendas totais das grandes capitanias americanas (8% na Bahia, 4% em Pernambuco e 6% no Rio de Janeiro). Daí em diante, as consignações destinadas ao cofre do Conselho Ultramarino passaram a ser extraídas dos rendimentos das alfândegas do Brasil.[31]

Para Cruz, no entanto, "se, por um lado, o Conselho Ultramarino dava sinais de enfraquecimento irreversível, nomeadamente no que tocava à capacidade de controlar a administração dos governadores mais importantes; por outro, a Secretaria de Estado era ainda uma estrutura sem carácter executivo".[32] Porém, esse quadro mudaria profundamente na segunda metade do século XVIII. É isso o que veremos a seguir.

O SURGIMENTO DO GOVERNO MINISTERIAL

Em estudo sobre a política no início do período joanino, Nuno Gonçalo Monteiro identifica importantes descontinuidades no modo de governar. A seu ver,

> a regência e reinado de d. Pedro II caracterizar-se-ão por um modelo de funcionamento da administração central que se prolongará ainda pelos primeiros anos do reinado de d. João V, mas que contrasta com o que foi adoptado desde, pelo menos, os anos 20 dos Setecentos, quando o rei passou a despachar com os seus sucessivos secretários de Estado ou outras personagens, em larga medida à margem dos conselhos, ou melhor, do Conselho de Estado.[33]

A "grande política" – que incluía os alinhamentos políticos externos e a guerra, a política ultramarina, a nomeação de pessoas para os cargos e ofícios superiores, a remuneração dos respectivos serviços, a decisão final sobre contendas judiciais e a política tributária – transferiu-se da esfera das consultas do Conselho de Estado para o despacho dos secretários junto ao rei.[34] Luís Ferrand de Almeida refere-se igualmente ao acentuado ostracismo do Conselho de Estado, substituído por um círculo restrito de indivíduos e juntas de composição variável que passaram a aconselhar o rei.[35] Entre os primeiros destaca-se o secretário de Estado Diogo de Mendonça Corte Real, homem com amplo peso na decisão régia.[36] Após o serviço diplomático, foi secretário das Mercês, sendo depois nomeado secretário de Estado.[37] Sua correspondência demonstra o extraordinário número de assuntos que controlava.[38] No momento de sua morte, o embaixador espanhol em Lisboa afirmou que era o secretário de Estado, Diogo de Mendonça Corte Real, quem assegurava o financiamento da monarquia, recebendo os credores e negociando as dívidas.[39]

No final da década de 1730, alguns dos principais assuntos do Brasil, como, por exemplo, o desenho e a implementação de uma reforma fiscal no que respeitava ao quinto do ouro das Minas Gerais (a capitação), assim como a negociação dos limites meridionais entre as Coroas de Portugal e de Castela, passaram a ser amplamente influenciados pelo secretário pessoal de d. João V, Alexandre de Gusmão, nomeado posteriormente conselheiro ultramarino (1743). Porém, outros colaboradores diretos do rei viriam a assumir tanta ou maior importância do que quaisquer dos conselhos ou mesmo secretários. Era o caso do cardeal Da Mota, que, no dizer de d. Luís da Cunha, foi, entre 1736 e 1747, uma espécie de primeiro-ministro.[40] De acordo com Nuno Monteiro,

> D. João V foi sempre consultando quem quis, recorrendo a juntas e a diversos personagens para o efeito, nestes incluindo os velhos Cardeais Patriarcas [D. Tomás de Almeida] e Inquisidor-Mor [D. Nuno da Cunha]. No entanto, embora sem título formal de "primeiro-ministro", era o Cardeal D. João da Mota e Silva, irmão de Pedro da Mota [futuro secretário de Estado], que o rei ouvia sobre todas as matérias relevantes, até a morte deste, ocorrida em 1747.[41]

Um episódio que comprova o protagonismo do cardeal Da Mota no aconselhamento do rei – ou a confiança deste em consultá-lo para um negócio de suma relevância – ocorreu logo após a morte do secretário de Estado Diogo de Mendonça Corte Real, em 1736, quando d. João V pediu sua opinião acerca de um papel escrito pelo cardeal Da Cunha sobre a necessidade de desdobramento da antiga Secretaria de Estado em quatro diferentes secretarias. Em resposta, Da Mota afirmava que "o que a mim me tem ocorrido, e em que assento por melhor é que as Secretarias, e Secretários sejam todos, e todas, com o nome de Estado, e que não passem das três, porque para mais temos pequeno mapa, parecerá mal tantos cortadores a esfolar um pequeno carneiro [...]". Depois de refletir sobre "a qualidade dos diferentes negócios", propunha a criação de uma Secretaria dos Negócios Estrangeiros. E, porque considerava que "estes por si só não ocupam entre nós uma Secretaria, e a eles pertencem os tratados de paz e guerra, e comércio exterior", achava que lhes devia unir o expediente da guerra e da milícia.[42]

Quanto à segunda secretaria, era do alvitre de que fosse a da Marinha e Ultramar, cujo secretário teria muito em que trabalhar nas correspondências dos Vice-Reis, Governadores e Ministros de todas as Conquistas, nas Consultas do Conselho Ultramarino e nas do Conselho da Fazenda que respeitam à Índia, Ilhas e Mazagão e aos Armazéns, e da Mesa da Consciência quanto às Igrejas do Ultramar, e do Conselho de Guerra dos Postos da Marinha, ofícios da mesma Marinha, e despachos de mercês de toda a dita Repartição.[43]

A terceira deveria ser chamada de Secretaria da Repartição do Reino, ou "Reinos, metendo o Algarve", e o seu expediente deveria abranger toda a qualidade de negócios, e deveria cuidar no despacho de todos os tribunais, exceto dos da Guerra e Ultramar.[44]

As três secretarias de Estado, que viriam a concentrar mais eficazmente as distintas matérias da monarquia pluricontinental portuguesa, foram de fato criadas em 1736.[45] Para a Secretaria de Estado dos Negócios Estrangeiros e da Guerra, foi nomeado Antônio Guedes Pereira, diplomata de grande experiência, que havia sido enviado extraordinário em Madri. Para a Secretaria da Marinha e Negócios Ultramarinos, foi provido Marco Antônio de Azevedo Coutinho, outro experiente diplomata, que havia servido em Londres; e, finalmente, para a Secretaria de Estado dos Negócios do Reino, foi escolhido o enviado extraordinário em Roma e irmão do cardeal Da Mota, Pedro da Mota e Silva. Todos tinham experiência na diplomacia e ocupariam os seus cargos até suas respectivas mortes. Antônio Guedes Pereira morreu em 1750, no mesmo ano em que d. João V faleceu, e foi substituído por Sebastião José de Carvalho e Melo. Diogo de Mendonça Corte Real (filho) substituiu Marco Antônio de Azevedo Coutinho, falecido em 1747, na Secretaria da Marinha e Negócios Ultramarinos, e, em 1755, com a morte de Pedro da Mota e Silva, Carvalho e Melo, o futuro conde de Oeiras e marquês de Pombal foi realocado para a Secretaria dos Negócios do Reino, posto que assumiu em 1756.

É muito difícil reconstituir a intenção política dessas nomeações e avaliar o peso dos referidos ministros na decisão régia devido ao desaparecimento dos arquivos das secretarias de Estado. O que resta encontra-se, como já se disse, diluído pelo arquivo do antigo Conselho Ultramarino, no atual Arquivo Histórico Ultramarino. É, portanto, arriscado tirar conclusões definitivas sobre o peso dos secretários no despacho. Na prática, qualquer um dos secretários nomeados em 1736 parece ter sido responsável apenas por confirmar decisões já tomadas num nível mais elevado, seja por ministros com um forte prestígio na Corte, seja por juntas convocadas para o efeito. Certo é o fato de a atuação desses três secretários não ter deixado marcas significativas, pelo menos nos grandes temas políticos da década de 1740.

Em suma, confirma-se o quadro geral apresentado por Nuno Monteiro, pois até o fim do reinado de d. João V, em 1750, "as três secretarias só funcionaram de forma muito limitada, podendo o rei despachar com juntas ou outros intervenientes".[46] Apesar da profunda "mudança do lugar e da forma da decisão política", as secretarias de Estado só se tornariam "verdadeiros ministérios" na segunda metade do século

XVIII, durante o reinado de d. José I e a interferência do futuro marquês de Pombal, que, na prática, desempenharia algo muito próximo ao papel de "primeiro-ministro", embora esse ofício não existisse de fato em Portugal.

Afeito a um outro modo de governar, o novo rei, d. José I, ordenou aos presidentes dos tribunais que as consultas sobre todos os assuntos fossem remetidas aos novos secretários de Estado, e que apenas quando as circunstâncias o requeressem fossem entregues pessoalmente na sua presença. Se observarmos os processos de decisão nessa época, vemos como o início do reinado de d. José correspondeu a uma reorganização dos procedimentos formais na relação entre as secretarias de Estado criadas em 1736.[47] Alexandre de Gusmão foi afastado dos negócios e recebeu ordem para que entregasse os papéis que mantinha em seu poder.[48] O aviso foi redigido por Sebastião José de Carvalho e Melo, nomeado secretário de Estado da Guerra e Negócios Estrangeiros. Pelo menos desde 1749, Carvalho e Melo redigia pareceres sobre diversos assuntos ultramarinos, incluindo importantes questões relativas ao Brasil. Entre 1756 e 1777, esteve à frente da Secretaria de Estado do Reino e, numa atuação que pode ser chamada de "moderna", procurou controlar os demais secretários. Segundo Nuno Monteiro:

> Institucionalmente, a governação do marquês de Pombal levou à constituição do que hoje chamamos "Governo" – as secretarias de Estado, antecessoras dos atuais ministérios – e à supremacia do Governo e dos respectivos ministros sobre as outras instituições da administração central, designadamente os conselhos, embora estes subsistissem até 1833, e sobre os Grandes do Reino que antes constituíam, através do Conselho de Estado, um núcleo central no processo de decisão política. Desse ponto de vista, se o "primeiro-ministro" nunca esteve investido de uma autoridade formal, pois tal cargo nem sequer tinha existência reconhecida, o mesmo não ocorreu com os secretários de Estado/ministros, que passaram a estar no centro da decisão política.[49]

No que diz respeito à Secretaria da Marinha e dos Negócios Ultramarinos, que mais de perto nos interessa, para o período aqui tratado, foram nomeados secretários de Estado, para além de Marco Antônio de Azevedo Coutinho (1736-1747), Diogo de Mendonça Corte Real (filho) (1747-1756); Tomé Joaquim da Costa Corte Real (1756-1760); Francisco Xavier de Mendonça Furtado, irmão de Sebastião José de Carvalho e Melo (1760-1770); Martinho de Melo e Castro, que permaneceu no cargo mesmo depois da morte de d. José, durante o reinado de d. Maria I (1770-1796), e foi substituído por d. Rodrigo de Sousa Coutinho (1796-1802). Desde a sua criação, a secretaria e os secretários de Estado da Marinha e dos Negócios Ultramarinos canalizaram a comunicação política com o ultramar. Basta ver as tabelas e a imagem seguintes, que, embora não distingam os diferentes secretários – quer os do reino e dos negócios ultramarinos, quer os do Conselho Ultramarino e de outros órgãos colegiados –, demonstram a preeminência das secretarias na comunicação política com o Brasil na segunda metade do século XVIII:

Tabela 3.3

Receptores no reino da correspondência enviada das conquistas (em números)

Receptor	1640-1656	1680-1700	1725-1726	1735-1736	1755-1756	1763-1764	1780-1795
Secretários	0	2	3	5	381	420	2081
Conselho Ultramarino	9	18	282	216	179	6	6
Rei	278	414	142	127	56	34	229

Fonte: Banco de dados do projeto Compol.

Tabela 3.4

Receptores no reino da correspondência enviada das conquistas (porcentagem)

Receptor	1640-1656	1680-1700	1725-1726	1735-1736	1755-1756	1763-1764	1780-1795
Secretários	0	0	1	1	62	91	90
Conselho Ultramarino	3	4	66	62	29	1	0
Rei	97	95	33	36	9	7	10

Fonte: Banco de dados do projeto Compol.

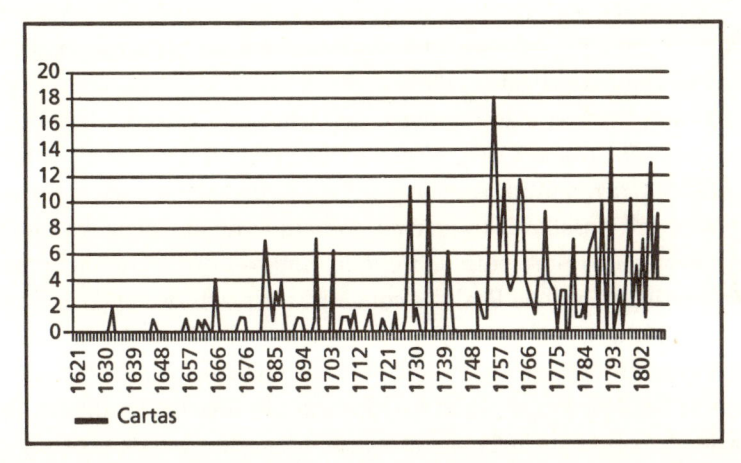

Figura 3.6 Correspondência enviada pelos municípios do reino para os secretários de Estado

Fonte: Banco de dados do projeto Compol.

O que fica patente na análise das Tabelas 3.3 e 3.4 e da Figura 3.6 é que, se entre finais do século XVII e a década de 1720 foi crescente o protagonismo do Conselho Ultramarino na correspondência entre funcionários e instituições nas conquistas e no reino, a partir de 1736, com a criação das três secretarias de Estado, os respectivos secretários assumiram um papel de destaque na comunicação política com as conquistas, tornando-se os principais receptores da correspondência emitida do ultramar.

Ao contrário dos assuntos mais tratados nas consultas do Conselho Ultramarino – privilégios, mercês e provimentos –, como vimos, o tema privilegiado na correspondência com os secretários de Estado era o comércio, seguindo-se, em menor escala, a governação, a fiscalidade, as questões militares e, ainda, a justiça e a polícia. Confirma-se a hipótese de a preponderância dos secretários estar diretamente relacionada a uma maior flexibilidade política, o que levou a que progressivamente controlassem os relevantes assuntos atinentes à fiscalidade e ao comércio, e, como se defendeu no início deste capítulo, de que essa preponderância se deveu em parte ao menor enquadramento jurídico-político dos secretários nas Ordenações do reino.

Coincidentemente, o protagonismo dos secretários de Estado como receptores da correspondência dos municípios do reino atingiu o seu auge entre as décadas de 1750 e 1770.

Ao analisarmos a correspondência das câmaras do reino dirigida aos secretários de Estado, podemos notar um pique de emissões nos anos seguintes ao terremoto de Lisboa (1755), quando Sebastião José de Carvalho e Melo assumiu a Secretaria do Reino, desempenhando um papel de destaque na comunicação política com os municípios reinóis. Embora nos primeiros anos do reinado de d. Maria I houvesse um decréscimo da emissão camarária endereçada aos secretários, logo em seguida estes voltaram a ser receptores privilegiados dessa correspondência, ao menos em proporção superior ao período anterior à década de 1730.

Voltando ao ultramar e ao relativo ostracismo do Conselho Ultramarino na segunda metade do século XVIII, a criação do Erário Régio, em 1761, constituiu, segundo Miguel Cruz, o último ato do processo de esvaziamento das competências remanescentes do Conselho Ultramarino, sobretudo no que dizia respeito à gestão de recursos destinados à proteção do império, uma vez que o tribunal perdeu o direito de interferir na Fazenda Real das conquistas, a partir de então exclusivamente submetida ao Erário Régio.[50]

Em 1777, quando da morte de d. José I, do início do reinado de d. Maria I e da queda do marquês de Pombal, uma consulta do Conselho Ultramarino à rainha lembrava-lhe a cláusula do seu regimento, relativa à obrigatoriedade de que toda a correspondência das autoridades no ultramar sobre matérias e negócios dos domínios ultramarinos fosse remetida àquele conselho, o que não vinha sendo obedecido.[51]

Entre 1777 e 1778, d. Maria I fez redigir uma provisão, dirigida aos governadores e chanceleres do ultramar, estabelecendo que, a partir de então, todas as leis, alvarás e decretos destinados aos domínios ultramarinos passassem pelo Conselho.[52] Porém, em janeiro de 1779, o oficial maior da Secretaria de Estado da Marinha e dos Negócios Ultramarinos, João Gomes de Araújo, rascunhou um documento sobre os problemas que costumavam ter os governadores dos domínios ultramarinos acerca da dúvida de a quem obedecer, caso as ordens fossem contraditórias: se ao Conselho Ultramarino ou à Secretaria de Estado? Esse documento é sugestivo da persistência da disputa entre as duas instituições na comunicação política entre o reino e seus domínios:

> Tenho informação de alguns embaraços em que se veem os Governadores dos Domínios Ultramarinos cotidianamente [...]. Um dos embaraços, e o mais frequente, provém do Conselho do Ultramar, pelo qual se expedem ordens relativas ao Governo Político, Militar, Civil, e à Fazenda. Este Tribunal, pelo Regimento da sua criação, tem toda a jurisdição para expedir as ditas ordens. O Tribunal existe, o Regimento existe, e ainda até agora não foi abolido, nem revogado, nem alterado. Como porém se diz, que se tem ordenado aos Governadores, que não cumpram ordens do Conselho: é-me necessário que Sua Majestade me ordene em Carta Régia, se devo cumprir, porque estou firme no princípio de que os Regimentos Reais, assim como quaisquer ordens de Sua Majestade devem ter execução, enquanto por outras ordens assinadas por Sua Majestade se não alterarem. [...][53]

À margem da minuta, algumas observações foram feitas, não se sabe se pelo oficial maior da Secretaria, ou se por outra pessoa:

> As ordens dirigidas ao Vice-Rei do Brasil relativas a Negócios Políticos, Militares, Civis, ou de Fazenda, que forem do Expediente do Conselho do Ultramar, devem ser executadas, quando não houver outras que se lhe oponham; porque havendo-as devem os Governadores não cumprir as do Conselho, informando-o das que tiverem em contrário; e dando parte a Sua Majestade de umas e outras pela Secretaria de Estado competente, para a mesma Senhora resolver o que for servida.
>
> Não consta nesta Secretaria de Estado que se tenham expedido ordens ao Vice-Rei do Brasil, nem a algum dos Governadores daquele Estado, para não cumprir as do Conselho do Ultramar. Se acaso porém existirem semelhantes ordens, deve o Vice-Rei dar parte delas a Sua Majestade, para determinar o que melhor lhe parecer.
>
> As ordens do Conselho expedidas por virtude de Resoluções de Consultas, que sobem à Real Presença, para a expedição das partes e outros negócios, devem ser executadas ainda quando haja outras ordens em contrário.[54]

Em finais do século XVIII, observa-se indiscutivelmente na comunicação política do centro com as periferias ultramarinas o triunfo do secretário de Estado. Como afirma Nuno Monteiro, "as formas de organização da administração central, baseadas em sistemas de consultas que retardavam o despacho final, os seus escassos recursos administrativos e financeiros, a necessária contemporização com os poderes locais existentes, tudo limitava a capacidade de os reis e seus conselheiros atuarem".[55] Nesse sentido, "as diversas mudanças que vão tendo lugar no amplo espectro temporal estudado sugerem, em muitos planos, uma evolução em direção a normas e formas de organização mais próximas dos modelos contemporâneos de Estado, com a inerente burocratização, no sentido clássico de uma crescente racionalização administrativa".[56] Esse processo, embora irreversível, não se deu sem recuos e avanços, como ao longo do reinado mariano, no qual o Conselho Ultramarino conseguiu uma certa estabilidade, se comparado ao período anterior, quando o seu declínio foi acentuado. Porém, apesar dos recuos e avanços, a centralidade das secretarias de Estado no governo do reino e do império impor-se-ia definitivamente.

NOTAS

1. Agradecemos a António Castro Nunes a valiosa ajuda nas figuras e tabelas. A interpretação dos dados, no entanto, é de nossa inteira responsabilidade.
2. António Manuel Hespanha, *As vésperas do Leviathan*.
3. Pedro Cardim, "A Casa Real e os órgãos centrais do governo de Portugal da segunda metade de Seiscentos", pp. 13-57.
4. *Cf.* José Subtil, *O Desembargo do Paço (1750-1833)*. *Cf.* também os capítulos sobre os ouvidores e sobre as câmaras, neste livro.
5. *Cf.* José Subtil, "Os poderes do centro", pp. 182-228.
6. Raros eram os estudos específicos sobre o Conselho Ultramarino. Entre eles destaca-se o de Marcello Caetano, *O Conselho Ultramarino. Esboço de sua história*. Nos últimos anos, esse órgão fundamental para se pensar a política imperial portuguesa tem sido objeto de novas abordagens. *Cf.* Erik Lars Myrup, *To Rule from Afar: The Overseas Council and the Making of Brazilian West, 1642-1807*; e, sobretudo, Edval de Souza Barros, *"Negócios de tanta importância": O Conselho Ultramarino e a disputa pela condução da guerra no Atlântico e no Índico (1643-1661)*; Miguel Dantas da Cruz, *O Conselho Ultramarino e a administração militar do Brasil (da Restauração ao Pombalismo): Política, finanças e burocracia*; Marcello José Gomes Loureiro, *Iustitiam Dare. A gestão da monarquia pluricontinental. Conselhos Superiores, pactos, articulações e o governo da monarquia portuguesa (1640-1668)*.
7. Tiago C. P. dos R. Miranda, "O núcleo do Reino do Arquivo Histórico Ultramarino: Entre a história administrativa e a história custodial" (texto inédito).
8. O governo central da monarquia hispânica no Antigo Regime se organizou também com base em dois sistemas: o pluripessoal e polissinodal, por meio de conselhos e uma rede complementar de juntas; e o ministerial, composto por várias secretarias de Despacho ou ministérios, que possuíam à frente uma única pessoa, o secretário de Despacho ou ministro. Durante os séculos XVI e XVII, a única estrutura foi a polissinodal, com um conjunto básico de conselhos organizados de acordo com suas competências territoriais ou materiais, e com dois conselhos supremos, os de Estado e da Guerra, que dependiam diretamente do rei, seu presidente. Todo esse aparato de conselhos, com seus correspondentes presidentes e conselheiros, completado por outro de juntas, foi administrado e dirigido no século XVI pelos secretários dos conselhos e em especial pelos de Estado, ou por secretários privados do rei; e, no século XVII, pelos validos, como o duque de Lerma

e o duque de Olivares, ou primeiros-ministros, como Medinaceli ou Oropesa. Ao mudar a dinastia dos Habsburgo para os Bourbon em princípios do século XVIII, e mediante o desdobramento da chamada Secretaria del Despacho Universal, que havia sido criada pelos Áustria no século anterior, se organiza um sistema de várias secretarias de Estado e do Despacho, cujos titulares, ao assumir mais e mais funções políticas, aparecem como verdadeiros ministros. *Cf.* José A. L. Escudero, "El gobierno central de las Indias: El Consejo y la Secretaría del Despacho", pp. 95-108.

9. *Cf.* Marcello Caetano, *O Conselho Ultramarino*, p. 32. É preciso não confundir o Conselho da Índia de Portugal com seu congênere espanhol.

10. *Cf.* Leonor F. Costa e Mafalda Soares da Cunha, *D. João IV.*

11. Arquivo Histórico Ultramarino (AHU)_ACL_CU_089, cx. 1, d. 2. Consulta do Conselho Ultramarino ao rei d. João IV de 3 de dezembro de 1743.

12. AHU_ACL_CU_089, cx. 1, d. 13. Consulta de 6 de fevereiro de 1645.

13. Marcello Caetano, *O Conselho Ultramarino*, p. 34.

14. *Cf.* J. Sintra Martinheira, *Catálogo dos códices do Fundo do Conselho Ultramarino relativos ao Brasil existentes no Arquivo Histórico Ultramarino*, p. 38.

15. Para uma discussão dos significados do termo "economia" no Antigo Regime, *cf.* o Capítulo 7, de autoria de Antonio Carlos Jucá de Sampaio, neste livro.

16. Pedro Cardim, "A Casa Real e os órgãos centrais do governo de Portugal da segunda metade de Seiscentos", p. 34.

17. Pedro Cardim, *Cortes e cultura política no Portugal do Antigo Regime*, p. 29.

18. *Idem*, "A Casa Real e os órgãos centrais do governo de Portugal da segunda metade de Seiscentos", p. 29.

19. *Cf.* André Costa. *Os secretários de Estado do rei: Luta de corte e poder político, séculos XVI-XVII.*

20. Nuno Gonçalo Monteiro, "A Secretaria de Estado dos Negócios do Reino e a administração de Antigo Regime (1736-1834)", pp. 23-38.

21. Miguel Dantas da Cruz analisa detalhadamente o ostracismo a que foi relegado o Conselho Ultramarino por ocasião da decisão de fundação da Colônia do Sacramento, em 1680, processo que correu exclusivamente (ou quase) por via do secretário de Estado Francisco Correia de Lacerda. *Cf.* Miguel Dantas da Cruz, *O Conselho Ultramarino e a administração militar do Brasil (da Restauração ao Pombalismo): Política, finanças e burocracia*, pp. 39-46.

22. Maria Verônica Campos & Luciano Raposo (orgs.). *Códice Costa Matoso*, v. 1, p. 331. Sobre essa questão, ver Marília Nogueira dos Santos. *Deste seu servidor leal e dedicado: a correspondência de Antônio Luís Gonçalves da Câmara Coutinho no governo-geral do Estado do Brasil (1690-1694).*

23. AHU, Rio de Janeiro, cx. 6, doc. 27.

24. "Alvará de 24 de julho de 1713". Sobre o "Alvará", ver J. A. Duarte Nogueira & A. P. Barbas Homem, "Secretário de Estado", pp. 353-357.

25. *Cf.* Laura de Mello Souza & Maria Fernanda Bicalho, *1680-1720. O império deste mundo.*

26. Embora esse período não tenha sido contemplado no banco de dados deste projeto, as consultas foram em grande parte transcritas nos *Documentos Históricos da Biblioteca Nacional*, v. 90 a 100.

27. *Cf.* Miguel Cruz, p. 82.

28. *Idem*, p. 311. Ver também, a esse respeito, Maria Fernanda Bicalho, "Inflexões na política imperial no reinado de d. João V", *Anais de História de Além-Mar*, pp. 37-56.

29. Sobre a atuação desse conselheiro, *cf.* Luciano Raposo Figueiredo, "Antônio Rodrigues da Costa e os muitos perigos dos vassalos aborrecidos (notas a respeito de um parecer do Conselho Ultramarino, 1732)", pp. 187-203.

30. Miguel Cruz, pp. 82-83.

31. *Idem*, p. 138.

32. *Idem*, p. 301, nota 906.

33. Nuno Gonçalo Monteiro, "Identificação da política setecentista. Notas sobre Portugal no início do período joanino", p. 967.

34. *Idem*, *D. José*, pp. 36-37.

35. Luís Ferrand de Almeida, "O absolutismo de d. João V", p. 192.

36. António Caetano de Sousa, *História genealógica da Casa Real*, v. VIII, p. 174.

37. Biblioteca Nacional de Lisboa (BNL), manuscritos, cx. 245, nº 97, BA, 51 – II – 78, fls. 6, 26, 42, 100, 220, 230, 288, 406 ; Biblioteca da Ajuda (BA), 51 – V – 24, fl. 75, 83, 86, 90 ; BA, 51 – IX – 30, fls. 326-332, e 371-372 ; BA, 51 – IX – 3, fls. 177, 197, 205, 219-219v, 224v, 283, 285, 291v, 299, 303, 315-333, 399.

38. Existe abundante informação sobre o perfil da correspondência diplomática de Diogo Corte Real em Arquivo Nacional da Torre do Tombo (IAN/TT), Ministério dos Negócios Estrangeiros (MNE), Legação dos Países Baixos, cx 816; IAN/TT, MNE, Madri, Despachos, cx. 1, 1668-1750, cx. 612 ; Congresso de Cambrai, 1720-1723, Liv. 59, Manuscritos da Livraria, 1721-1722, nº 390 e 1723, nº 492 ; 1721 a 1728, nº 41, pp. 94-96 1725-1726, nº 391; 1727-1728, nº 392; Miscelâneas Manuscritas, v. 2, cx. 1, docs. 52 a 93, Correspondência avulsa, cx. 2, mç. 1.

39. Arquivo Geral de Simancas (AGS), ESTADO, LEGAJO 7182, CARTAS…, Carta de 25 de maio de 1736.

40. Luís F. De Almeida, "O absolutismo de d. João V", pp. 192-193; Nuno Gonçalo Monteiro, "A monarquia barroca", p. 351.

41. Nuno Gonçalo Monteiro, "A Secretaria de Estado…".

42. BNL, Seção dos Reservados, códice 8058, microfilme 2870, fls. 240-243.

43. *Ibidem*.

44. *Ibidem*. Para mais correspondência do cardeal Da Mota com d. João V, ver Eduardo Brazão, *D. João V: Subsídios para a história do seu reinado*.

45. *Cf.* Júlia P. Korobtchenko. *A Secretaria de Estado dos Negócios Estrangeiros e da Guerra. A instituição, os instrumentos e os homens (1736-1756)*.

46. Nuno Gonçalo Monteiro, "A Secretaria de Estado…".

47. *Cf.* André Costa. *Sistemas fiscais no Império: o caso do ouro do Brasil, 1725-1777*, pp. 39-341.

48. IAN/TT, cx 612.

49. Nuno Gonçalo Monteiro, "A Secretaria de Estado…".

50. Miguel Cruz, p. 223. Em 1787, a rainha ordenava que não mais se passassem provisões pelo Conselho Ultramarino para as ajudas de custo devidas aos ministros de letras providos nos lugares da América, Ásia e África, para evitar a duplicação das mesmas ajudas que baixavam pelo Erário Régio. AHU_ACL_CU_035, cx. 7, d. 550. Decreto da rainha d. Maria I ordenando que não mais se passassem provisões pelo Conselho Ultramarino, para evitar a

duplicação de ajudas de custo. Lisboa, 12 de março de 1787. *Cf.* ainda AHU_ACL_CU_035, cx. 7, d. 559. Aviso do [secretário de Estado do Reino e Mercês], visconde de Vila Nova de Cerveira, [D. Tomás Xavier de Lima], ao [presidente do Conselho Ultramarino], conde da Cunha, [D. António Álvares da Cunha], transmitindo decreto que ordenava que, a partir daquela data, os tesoureiros, almoxarifes e recebedores da Fazenda Real deviam prestar contas de seus recebimentos ao presidente do Erário Régio, marquês de Angeja, [Pedro José de Noronha Camões de Albuquerque Moniz e Sousa]. Salvaterra dos Magos, 28 de janeiro de 1788.

51. AHU_ACL_CU_035, cx. 5, d. 463. Consulta do Conselho Ultramarino à rainha [d. Maria I] sobre a cláusula do regimento daquele Conselho relativa à obrigatoriedade de que toda a correspondência das autoridades sobre matérias e negócios dos domínios ultramarinos devia ser remetida àquele Conselho, o que não vinha sendo obedecido. Lisboa, 14 de março de 1777.

52. AHU_ACL_CU_035, cx. 6, d. 473. Provisão (minuta) da rainha [d. Maria I] dirigida aos governadores e chanceleres do Ultramar, estabelecendo que, a partir desta provisão, todas as suas leis, alvarás e decretos, destinados aos domínios ultramarinos, deveriam passar pelo Conselho Ultramarino [posterior a 1777].

53. AHU_ACL_CU_035, cx. 6, d. 488. Informação do [oficial maior da secretaria de Estado da Marinha e Ultramar], João Gomes de Araújo, sobre as dúvidas e problemas que costumam ter os governadores dos domínios ultramarinos, expondo algumas ideias e soluções que poderiam resolver aquelas questões.

54. AHU_ACL_CU_035, cx. 6, d. 488.

55. Nuno Gonçalo Monteiro, "A Secretaria…, *op. cit.*

56. *Ibidem.*

REFERÊNCIAS BIBLIOGRÁFICAS

ALMEIDA, Luís Ferrand de. "O absolutismo de d. João V". *In*: _____. *Páginas dispersas. Estudos de história moderna de Portugal*. Coimbra: Instituto de História Económica e Social/Faculdade de Letras da Universidade de Coimbra, 1995.

BARROS, Edval de Souza. *"Negócios de tanta importância": O Conselho Ultramarino e a disputa pela condução da guerra no Atlântico e no Índico (1643-1661)*. Lisboa: Centro de História do Além-Mar, 2008.

BICALHO, Maria Fernanda. "Inflexões na política imperial no reinado de d. João V". *Anais de História de Além-Mar*, nº VIII, 2007, pp. 37-56.

BRAZÃO, Eduardo. *D. João V: Subsídios para a história do seu reinado*. Porto: Portucalense, 1945.

CAETANO, Marcello. *O Conselho Ultramarino. Esboço de sua história*. Lisboa: Agência Geral do Ultramar, 1967.

CAMPOS, Maria Verônica & FIGUEIREDO, Luciano Raposo de A. (orgs.). *Códice Costa Matoso*, v. 1. Belo Horizonte: Fundação João Pinheiro, Centro de Estudos Históricos e Culturais, 1999.

CARDIM, Pedro. *Cortes e cultura política no Portugal do Antigo Regime*. Lisboa: Edições Cosmos, 1998.

_____. "A Casa Real e os órgãos centrais do governo de Portugal da segunda metade de Seiscentos". *Tempo*, v. 7, n. 13, julho 2002, pp. 13-57.

COSTA, André da Silva. *Os secretários de Estado do rei: Luta de corte e poder político, séculos XVI-XVII*. Lisboa: Faculdade de Ciências Sociais e Humanas, Universidade Nova de Lisboa, 2008. Dissertação de mestrado inédita.

_____. "Sistemas fiscais no Império: o caso do ouro do Brasil, 1725-1777". Lisboa: Universidade de Lisboa, 2013. Tese de doutorado inédita.

COSTA, Leonor F. & CUNHA, Mafalda Soares da. *D. João IV*. Lisboa: Círculo dos Leitores, 2006.

CRUZ, Miguel Dantas da. "O Conselho Ultramarino e a administração militar do Brasil (da Restauração ao Pombalismo): Política, finanças e burocracia". Lisboa: ISCTE – Instituto Universitário de Lisboa, 2013. Tese de doutorado.

ESCUDERO, José A. L. "El gobierno central de las Indias: El Consejo y la Secretaría del Despacho". *In:* BARRIOS, Feliciano P. *El gobierno de un mundo: virreinatos y audiencias en la América hispánica.* Cuenca: Ediciones de la Universidad de Castilla-La Mancha, 2004, pp. 95-134.

FIGUEIREDO, Luciano Raposo de A. "Antônio Rodrigues da Costa e os muitos perigos dos vassalos aborrecidos (notas a respeito de um parecer do Conselho Ultramarino, 1732)". *In:* VAIFAS, Ronaldo & SANTOS, Georgina Silva dos & NEVES, Guilherme Pereira das (orgs.). *Retratos do Império. Trajetórias individuais no mundo português nos séculos XVI a XIX.* Niterói: EdUFF, 2006.

HESPANHA, António Manuel. *As vésperas do Leviathan*. Coimbra: Almedina, 1994.

KOROBTCHENKO, Júlia P. *A Secretaria de Estado dos Negócios Estrangeiros e da Guerra. A instituição, os instrumentos e os homens (1736-1756)*. Lisboa: Departamento de História/Faculdade de Letras da Universidade de Lisboa, 2011. Dissertação de mestrado inédita.

LOUREIRO, Marcello José Gomes. "*Iustitiam Dare.* A gestão da monarquia pluricontinental. Conselhos Superiores, pactos, articulações e o governo da monarquia portuguesa (1640-1668)". Rio de Janeiro: Programa de Pós-Graduação em História Social/Instituto de História/Universidade Federal do Rio de Janeiro, 2014. Tese de doutorado inédita.

MIRANDA, Tiago C. P. dos R. "O núcleo do Reino do Arquivo Histórico Ultramarino: Entre a história administrativa e a história custodial". Texto inédito.

MONTEIRO, Nuno Gonçalo. "Identificação da política setecentista. Notas sobre Portugal no início do período joanino". *Análise Social*, vol. XXXV (157), 2001.

_____. *D. José*. Lisboa: Círculo dos Leitores, 2006.

_____. "A monarquia barroca". *In:* RAMOS, Rui & SOUSA, Bernardo Vasconcelos & MONTEIRO, Nuno Gonçalo (coords.). *História de Portugal*, 2. ed. Lisboa: A Esfera dos Livros, 2010.

_____. "A Secretaria de Estado dos Negócios do Reino e a administração de Antigo Regime (1736-1834)". *In:* ALMEIDA, Pedro T. de & SOUSA, Paulo S. e (coords.). *Do Reino à administração interna: História de um ministério (1736-2012)*. Lisboa: Imprensa Nacional, 2015.

MYRUP, Erik Lars. "To Rule from Afar: The Overseas Council and the Making of Brazilian West, 1642-1807". Yale: Yale University, 2006. Tese de doutorado.

NOGUEIRA, J. A. Duarte e HOMEM, A. P. Barbas, "Secretário de Estado". *In: Dicionário Jurídico da Administração Pública*, v. VII, Lisboa, 1996.

SANTOS, Marília Nogueira dos. *Deste seu servidor leal e dedicado: a correspondência de Antônio Luís Gonçalves da Câmara Coutinho no governo-geral do Estado do Brasil (1690-1694)*. Niterói: Programa de Pós-Graduação em História/Universidade Federal Fluminense, 2004. Dissertação de mestrado inédita.

SOUSA, António Caetano. *História genealógica da Casa Real*, v. VIII. Coimbra, 1949.

SOUZA, Laura de Mello e & BICALHO, Maria Fernanda. *1680-1720. O império deste mundo*. São Paulo: Companhia das Letras, 2000.

SUBTIL, José. *O Desembargo do Paço (1750-1833)*. Lisboa: Universidade Autónoma, 1996.

_____. "Os poderes do centro". *In:* MATTOSO, José (dir.). *História de Portugal. O Antigo Regime*, v. VII (Coord. de António Manuel Hespanha). Lisboa: Lexicultural, 2002, pp. 182-228.

PARTE II
Temas da comunicação

4

A DIFUSÃO DA LEGISLAÇÃO RÉGIA (1621-1808)[1]

Pedro Cardim e Miguel Baltazar

Nos estudos dedicados à dinâmica política dos séculos XVII e XVIII, é quase um lugar-comum dizer-se que, à medida que o tempo foi passando, a Coroa portuguesa incrementou a sua capacidade para intervir nos diversos territórios que estavam sob a sua alçada. De acordo com tal perspetiva, uma das áreas em que mais se notou essa crescente capacidade de intervenção foi a produção normativa. A Coroa terá promulgado um volume cada vez maior de normas, as quais, por sua vez, terão sido difundidas pelos seus territórios, europeus, insulares, americanos e africanos, com uma abrangência também cada vez mais ampla. Desse modo, os vassalos do rei de Portugal passaram a conhecer melhor as ordens que chegavam de Lisboa, algo que alegadamente terá levado a um fortalecimento do poder régio.

A imagem que acabou de ser apresentada é, em regra, aceita como um dado adquirido. Porém, até hoje ainda não se analisou, de uma forma sistemática, o incremento da capacidade normativa da Coroa portuguesa. A tese que defende o crescimento da dimensão legislativa do poder régio ainda não foi confrontada com os dados empíricos disponíveis e tampouco se dedicou muita atenção ao modo como tais normas foram difundidas nos territórios.

O presente capítulo tem como finalidade contribuir para o preenchimento dessa lacuna. Abrangendo quer o "reino", ou seja, as terras portuguesas situadas na Península Ibérica, quer os territórios americanos e africanos, frequentemente classificados como "conquistas" e, ainda, o arquipélago dos Açores, o principal objetivo deste estudo é apresentar uma visão geral da produção legislativa da Coroa ao longo do período compreendido entre 1621 e 1808 – o âmbito cronológico do projeto Compol. Pretende-se contribuir para um conhecimento mais aprofundado das condições materiais de disseminação das leis, a fim de avaliar, com precisão, os meios que a Coroa tinha então ao seu dispor para aplicar, no terreno, as suas normas. O presente capítulo inscreve-se, portanto, nos estudos de história política e administrativa e tem como finalidade uma melhor compreensão do poder régio e da sua trajetória no decurso da época moderna.

A abordagem que aqui se propõe enfrenta uma dificuldade de monta: está ainda por realizar a identificação exaustiva de todas as normas que a Coroa portuguesa promulgou durante a época moderna. Se tal levantamento existisse, seria possível efetuar um estudo sistemático dos ritmos de produção das normas régias, das suas tipologias documentais e das matérias sobre as quais essa legislação mais incidiu. Uma vez que o *corpus* normativo da Coroa se encontra ainda por fixar, optou-se por basear a presente análise no conjunto de normas integradas nas coleções de legislação publicadas em Portugal a partir do final do século XVIII. Em 2003, tais coleções foram convertidas em formato digital e disponibilizadas no portal *Ius Lusitaniae – Fontes históricas do Direito Português (séculos XII-XIX)*,[2] ficando assim muito mais aptas para uma análise quantitativa.

Se a montante foi utilizada, sobretudo, a legislação contida no *Ius Lusitaniae*, a jusante, em nível territorial e local, este estudo baseou-se na pesquisa que os diversos investigadores integrantes do projeto Compol desenvolveram numa série de arquivos camarários. No quadro dessa pesquisa, realizou-se um levantamento exaustivo das leis que foram registradas, entre 1621 e 1808, nos livros das seguintes câmaras do reino: Viana da Foz do Lima, Évora, Vila Viçosa e Faro, a que se juntaram os casos de Vila do Conde e de Coimbra.

A fim de conferir a esta análise uma dimensão verdadeiramente atlântica, foi desenvolvida investigação complementar sobre a comunicação entre a corte e os vários territórios do mundo atlântico português. Assim, foram utilizados os fundos camarários de Ponta Delgada e, também, a documentação avulsa do Arquivo Histórico Ultramarino referente aos seguintes territórios americanos e africanos: Bahia, Pernambuco, Maranhão, Pará, Rio de Janeiro, São Paulo, Minas, Luanda e Benguela. Com essa pesquisa tão abrangente procurou-se compreender melhor as práticas de difusão da legislação no mundo atlântico português.

Assim, nas páginas que se seguem, começamos apresentando uma visão de conjunto das normas que as autoridades de Lisboa enviaram, durante o período compreendido entre 1621 e 1808, tanto para os territórios situados na Península Ibérica, quanto para os que se localizavam no espaço atlântico. Começaremos por analisar a tipologia dos diplomas que foram promulgados pelo poder régio, passando depois à caracterização dos ritmos de produção normativa ao longo do período que foi referido, bem como das matérias sobre as quais a Coroa mais legislou. Em seguida, incidiremos no modo como essas leis circularam pelos vários territórios. As formas de divulgação das normas régias e, ainda, o seu registro no âmbito local, serão as questões abordadas na parte final deste estudo.

A TIPOLOGIA E A INCIDÊNCIA DAS DISPOSIÇÕES NORMATIVAS DA COROA

O primeiro problema suscitado pelo tema em análise relaciona-se com o fato de, na época moderna, nem sempre ser fácil individualizar a lei. Por outras palavras, é difícil identificar aquilo que é específico da lei e o que é que a diferencia de outros mandados régios.

Na resposta a essa questão importa desde logo ter em conta que a atividade legisladora do rei se materializou em normas de características muito diversas, algumas de âmbito geral, outras de incidência particular. Acresce que as disposições normativas produzidas pela Coroa apresentam tipologias documentais bastante variadas. António Manuel Hespanha, nos seus numerosos trabalhos, chamou a atenção para esse fato e mostrou, também, que a nomenclatura coetânea nem sempre foi utilizada de uma forma precisa, assinalando ainda que, no seio da Coroa, vários eram os órgãos que detinham atribuições normativas,[3] fato que contribuiu para acentuar a heterogeneidade da sua ação legisladora.

De qualquer modo, na produção normativa da Coroa é possível identificar, para o período em análise, sete principais tipos de norma: a lei,[4] o alvará,[5] a provisão,[6] a carta régia,[7] o decreto,[8] a portaria[9] e, por último, o aviso.[10] Para além destes, a atividade legislativa da Coroa portuguesa materializou-se em outros gêneros de leis, como por exemplo o regimento (diploma que estipulava as competências de uma determinada instituição ou cargo) ou o estatuto (norma que disciplinava a vida interna de certas corporações ou instituições). Conteúdo normativo possuía, igualmente, o assento, ou seja, o documento através do qual os tribunais da Relação comunicavam as suas sentenças. As secretarias de Estado, por seu turno, também detinham capacidade para produzir assentos.

Como já se disse, essa terminologia foi usada de uma forma pouco sistemática. Além disso, muitas das normas produzidas pela Coroa não tinham um caráter geral, dirigindo-se apenas a uma parcela do território ou a um segmento específico da população sob a égide portuguesa. Carta régia, aviso ou portaria são tipos documentais ligados a esse tipo de normatividade de vocação mais específica. Decreto, alvará e lei, pelo contrário, parecem ser espécies documentais dotadas de um caráter mais geral.

Efetuada a caracterização sumária das tipologias mais frequentemente utilizadas pela Coroa, procuremos, agora, quantificar a presença de cada uma delas ao longo do período em análise (1621-1808), recorrendo, para isso, ao conjunto documental que integra a base de dados *Ius Lusitaniae*.

Apesar de não trazer nada de substantivamente novo em relação ao que já se conhece sobre esta matéria, a clarificação terminológica que acabou de ser apresentada permitiu, digamos, "depurar" a massa documental reunida no *Ius Lusitaniae*. Assim, e depois de aplicados os termos anteriormente indicados, chegou-se à conclusão de que muitos dos documentos contidos no *Ius Lusitaniae* não podiam ser incluídos nesta análise pela simples razão de que não tinham qualquer conteúdo normativo. Por outras palavras, muitos desses documentos não podem ser considerados "legislação", apesar de terem sido inseridos nas compilações de legislação elaboradas no século XIX.[11]

Realizado esse trabalho prévio, chegou-se ao seguinte resultado: o *Ius Lusitaniae* contém "apenas" 6.574 documentos que possuem um caráter inequivocamente normativo. Esse resultado algo exíguo obriga necessariamente a colocar a questão da representatividade dessas 6.574 normas relativamente ao universo global da legislação promulgada pela Coroa. Não há dúvida de que se trata de um *corpus* bastante incompleto. Seja como for, os dados de que dispomos sugerem que esse conjunto de leis resultante do *Ius Lusitaniae* se reveste de alguma representatividade, pois nele encontramos vários dos principais diplomas produzidos pela Coroa portuguesa entre o final do século XVI e o começo do XIX. Foi precisamente esse conjunto documental que serviu de base aos exercícios analíticos que apresentamos a seguir.

Tabela 4.1
Tipologia das normas régias na base de dados *Ius Lusitaniae* (1621-1808)

	Nº	%
Decreto	1.925	29
Carta régia	1.277	19
Alvará	1.125	17
Provisão	550	8
Aviso	441	7
Lei/carta de lei	311	5
Portaria	170	3
Outros	775	12
Total	6.574	100

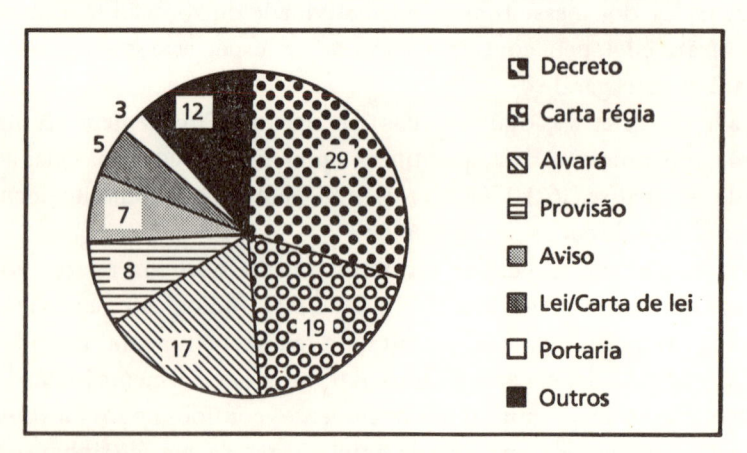

Figura 4.1 Tipologia das normas régias na base de dados *Ius Lusitaniae* (1621-1808)

Tabela 4.2
Tipologia das normas régias por períodos na base de dados *Ius Lusitaniae* (1621-1808)

		Lei/carta de lei	Alvará	Carta régia	Decreto	Provisão	Portaria	Aviso	Outros	Total
1621-	Nº	15	129	936	68	51	73	8	58	1.338
1640	%	1,1	9,6	70	5,1	3,8	5,5	0,6	4,3	100
1641-	Nº	44	293	97	420	66	9	13	85	1.027
1668	%	4,3	28,5	9,4	40,9	6,4	0,9	1,3	8,3	100
1669-	Nº	47	153	45	268	24	1	14	43	595
1700	%	7,9	25,7	7,6	45	4	0,2	2,4	7,2	100
1701-	Nº	22	31	75	136	39	1	5	64	373
1715	%	5,9	8,3	20,1	36,5	10,5	0,3	1,3	17,2	100
1716-	Nº	63	52	41	217	250	6	54	120	803
1750	%	7,8	6,5	5,1	27	31,1	0,7	6,7	14,9	100
1751-	Nº	107	171	39	333	67	47	120	121	1.005
1777	%	10,6	17	3,9	33,1	6,7	4,7	11,9	12	100
1778-	Nº	15	296	44	483	53	33	227	282	1.433
1808	%	1	20,7	3,1	33,7	3,7	2,3	15,8	197	100

Os dados apresentados nas Tabelas 4.1 e 4.2 mostram que o decreto, como vimos, um tipo de norma de perfil tendencialmente geral, começa por não ter grande expressão entre 1621 e 1640, ganhando, no entanto, relevância na segunda metade do século XVII. A sua presença diminui na primeira quinzena do Setecentos, mas torna-se a tipologia predominante no resto dessa centúria. Já a carta régia começa por ser o tipo normativo mais frequente, mas converte-se num gênero quase residual a partir de 1640 e ao longo dos mais de cento e cinquenta anos que se seguiram. Quanto ao alvará, é o segundo tipo documental mais representado na segunda metade do século XVII. No entanto, entre 1700 e 1808, o alvará ganhou progressivamente importância. Em termos gerais, pode dizer-se que o decreto é, claramente, a espécie mais representada, seguido pela carta régia e, logo depois, pelo alvará. A provisão aparece a alguma distância, embora registre uma subida acentuada no reinado de D. João V.

Importa voltar a frisar que os resultados aqui apresentados se baseiam "apenas" nas 6.574 normas reunidas na base de dados *Ius Lusitaniae*, um conjunto documental cuja representatividade, como já assinalamos, suscita problemas. De qualquer modo, os dados apurados estão em consonância com o que assinalou António Manuel Hespanha a respeito do número de cartas de lei promulgadas ao longo da época moderna. Para o período compreendido entre 1446 e 1603, Hespanha identificou apenas duas centenas de documentos desse tipo, e outras tantas para os séculos XVII e XVIII.[12]

Como se disse, a disparidade de tipologias normativas é em parte resultado do fato de o processo legislativo envolver diversos órgãos da administração central da

Coroa. Tais órgãos nem sempre atuavam de uma forma coordenada, e, por vezes, chegou mesmo a existir uma relação de concorrência entre eles. Além disso, algumas dessas instituições desenvolveram as suas próprias formas de manusear a terminologia legislativa. Seja como for, não há dúvida de que a Chancelaria foi o órgão que, de um modo geral, liderou o processo de confirmação do direito régio. Desde o período tardo-medieval, esse órgão foi incumbido de registrar toda e qualquer norma produzida pela Coroa, e nas *Ordenações Filipinas* estabelece-se que o registro da norma deveria ser efetuado, pelo Chanceler-mor, no próprio dia da sua aprovação.[13]

Do ponto de vista da Coroa, promover o registro das disposições normativas que iam sendo produzidas era uma forma de controlar a sua legislação e de evitar, também, que alguém pudesse alegar, num tribunal, a ignorância da lei. Tudo leva a crer que, durante o período em análise, o registro da legislação, na corte, foi genericamente efetuado. No entanto, temos notícia de que muitas normas não passaram pela Chancelaria, não tendo sido registradas, por isso mesmo, no arquivo desse órgão. A partir dos primeiros anos do século XVII, a Chancelaria viu as suas faculdades serem cerceadas por outros órgãos régios, sendo remetida para uma dimensão de confirmação e de tipo arquivístico, ao mesmo tempo que se deu a afirmação política da secretaria de Estado[14]. Como consequência, subsistiu a incerteza acerca das leis que se encontravam efetivamente em vigor. Pela mesma ordem de razões, muitas das normas que foram sendo promulgadas contradiziam outras preexistentes.

Para além do modo como a tipologia foi utilizada pelas diversas instâncias da administração central da Coroa, as normas reunidas na base de dados *Ius Lusitaniae* permitem também medir o ritmo de produção da legislação, bem como aferir as matérias sobre as quais a legislação régia mais incidiu.

Assim, e no que toca aos ritmos de produção normativa, foram apurados os seguintes resultados:

Tabela 4.3
Documentos por períodos cronológicos na base de dados *Ius Lusitaniae* (1621-1808)

Cortes cronológicos	Nº de casos	%	Nº de anos por período	Média anual
1621-1640	1.338	20,4	20	66,9
1641-1668	1.027	15,6	28	36,7
1669-1700	595	9,1	32	18,6
1701-1715	373	5,7	15	24,9
1716-1750	803	12,2	35	22,9
1751-1777	1.005	15,3	27	37,2
1778-1808	1.433	21,8	31	46,2
Total	6.574	100	188	35

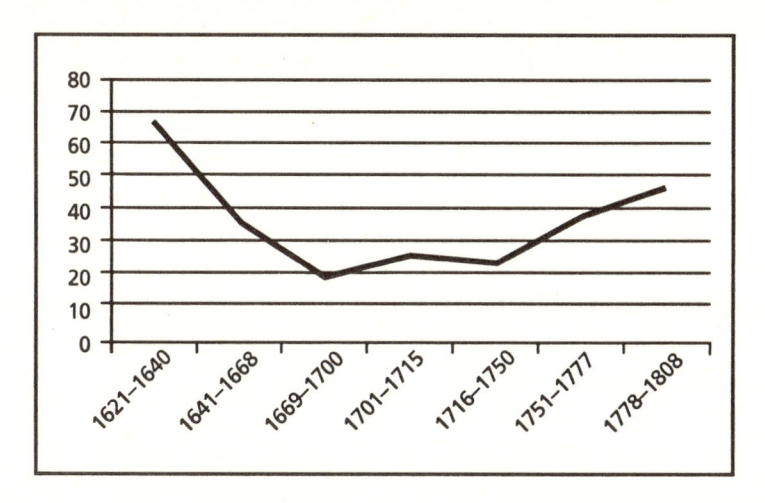

Figura 4.2 Média anual de documentos por períodos cronológicos na base de dados *Ius Lusitaniae* (1621-1808)

Em termos gerais, as normas que integram o *Ius Lusitaniae* mostram que se verificou uma atividade legislativa muito intensa no reinado de D. Filipe III, marcado, como se sabe, por um forte voluntarismo régio. Seguiu-se um período de clara diminuição da produção legislativa, especialmente sensível entre 1668 e 1750. Contudo, depois dessa data, a produção normativa da Coroa aumentou significativamente, chegando mesmo a atingir o dobro dos valores apurados para a primeira metade do século XVIII. Destaque-se, acima de tudo, o incremento na produção de legislação no período pombalino e nas duas últimas décadas do século XVIII, com uma média entre quarenta e cinquenta normas por ano, cifras que se aproximam dos valores do período compreendido entre 1621 e 1640, mas sem os alcançarem.

A base de dados *Ius Lusitaniae* também permite efetuar uma aproximação às matérias sobre as quais mais incidiram as normas régias. Assim, cada uma das 6.574 normas foi classificada de acordo com a matéria sobre a qual incide, tendo sido utilizado, para o efeito, o índice temático adotado pelo conjunto das investigações que integram o projeto Compol: regulação econômica; assuntos militares; fiscalidade; administração da justiça; assuntos religiosos; ofícios; ensino; política externa; administração local; e "outros". A fim de abranger a variedade das matérias contempladas pela documentação, decidiu-se criar mais quatro categorias: funcionamento dos tribunais; aposentadoria; saúde e assistência; e, finalmente, exame literário. Os resultados apurados são apresentados nas Tabelas 4.4 e 4.5.

Temas	Nº de casos	%
Regulação econômica	1.294	20
Assuntos militares	1.048	16
Fiscalidade	919	14
Administração da justiça (inclui jurisdição)	840	13
Assuntos religiosos	495	8
Funcionamento dos tribunais	233	4
Ofícios	167	3
Ensino	87	1
Política externa	62	1
Aposentadoria	56	1
Administração local	49	1
Saúde e assistência	48	1
Exame literário	39	1
Outros	1.237	19
Total	6.574	100

Figura 4.3 Temas das normas produzidas pela Coroa na base de dados *Ius Lusitaniae* (1621-1808)

Tabela 4.5
Temas das normas produzidas pela Coroa por períodos na base de dados *Ius Lusitaniae* (1621-1808)

	1621-1640		1641-1668		1669-1700		1701-1715		1716-1750		1751-1777		1778-1808	
	Nº	%	Nº	%	Nº	%	Nº	%	Nº	%	Nº	%	Nº	%
Regulação econômica	189	14,1	174	16,90	143	24	81	21,70	174	21,7	234	23,3	299	20,9
Assuntos militares	171	12,8	153	14,90	39	6,6	65	17,40	118	14,7	140	13,9	362	25,3
Fiscalidade	139	10,4	133	13	41	6,9	51	13,70	123	15,3	177	17,6	255	17,8
Administração da justiça (inclui jurisdição)	183	13,7	158	15,4	155	26,1	60	16,10	110	13,7	91	9,1	83	5,8
Assuntos religiosos	231	17,3	69	6,7	44	7,4	16	4,3	47	5,9	59	5,9	29	2
Ofícios	89	6,7	28	2,7	15	2,5	6	1,6	11	1,4	13	1,3	5	0,3
Ensino	28	2,1	2	0,2	0	0	1	0,3	5	0,6	26	2,6	25	1,7
Política externa	11	0,8	16	1,6	6	1	15	4	0	0	3	0,3	11	0,8
Administração local	17	1,3	7	0,7	5	0,8	2	0,5	12	1,5	5	0,5	1	0,1
Exame literário	7	0,5	4	0,4	0	0	1	0,3	3	0,4	14	1,4	10	0,7
Funcionamento dos tribunais	83	6,2	70	6,8	29	4,9	12	3,2	18	2,2	16	1,6	5	0,3
Saúde e assistência	11	0,8	3	0,3	7	1,2	1	0,3	9	1,1	1	0,1	16	1,1
Aposentadoria	0	0	1	0,1	4	0,7	25	6,7	13	1,6	6	0,6	7	0,5
Outros	179	13,4	209	20,4	107	18	37	9,9	160	19,9	220	21,9	325	22,7
TOTAL	1.338	100	1.027	100	595	100	373	100	803	100	1.005	100	1.433	100

Os dados apurados revelam que a maioria das normas produzidas pela Coroa entre 1621 e 1808 incidiu sobre a regulação da vida econômica e militar dos vários territórios, mas também em questões ligadas à fiscalidade e à administração da justiça. Matérias como o ensino ou a administração local não têm grande expressão nos diplomas régios.

A distribuição dos valores apurados por períodos temporais permite-nos também traçar um retrato da variação cronológica da produção legislativa. Assim, pode dizer-se que a normativa relacionada com matérias econômicas aumenta de forma consistente a partir do último quartel de Seiscentos. Já a legislação da Coroa que incide em "assuntos militares" diminui nas últimas três décadas do século XVII, mas, por sua vez, aumenta em dois momentos concretos do século XVIII: os anos da guerra de sucessão espanhola e o tempo de Pombal. No período mariano, ocorre mesmo um aumento bastante significativo da legislação sobre matérias castrenses. Saliente-se que os números relativos à "fiscalidade" têm uma evolução semelhante: um decréscimo ao longo do século XVII e um aumento progressivo no decorrer de Setecentos. No que toca à legislação ligada à "administração da justiça", aumentou ao longo do século XVII e adquiriu um peso muito significativo entre 1668 e 1700. Porém, no século XVIII a legislação referente à administração da justiça baixou consideravelmente.

A publicação das normas régias

A par do processamento no seio da administração central da Coroa, outra componente fundamental do processo legislativo era a chamada "publicação" da norma.

A publicação das normas emanadas do poder régio é um tema que marca presença na doutrina teológica e jurídica medieval que refletiu sobre o ordenamento jurídico. As vozes mais autorizadas defendiam que a publicação era um elemento constitutivo da lei, porque inseparável da sua capacidade de obrigar. Defendiam, também, que era imprescindível dar publicidade às normas, a fim de que os vassalos não invocassem o princípio da *ignorantia iuris*.[15]

A partir do século XVI, o exponencial crescimento do espaço governativo conferiu uma nova atualidade à questão. Tornou-se necessário que as ordens régias promulgadas em Lisboa fossem conhecidas em terras distantes situadas no meio do Atlântico, na África, na América e, ainda, na Ásia.[16] No debate sobre a publicação de leis no quadro de monarquias pluricontinentais, tomaram parte figuras como Domingo de Soto ou Francisco Suárez, entre outros, discutindo-se, então, se uma só publicação, realizada na corte, bastava para se considerar que uma norma tinha sido suficientemente publicada. Francisco Suárez, em *De Legibus...* (Lib. III, cap. XVI), distinguiu as leis destinadas a uma comunidade "inferior", um município, por exemplo, das normas que iriam ser aplicadas a uma comunidade vasta, como a monarquia hispânica. Suárez apoiou-se no *ius commune* e nas *Partidas* para alegar que a mera publicação na corte régia não era suficiente para que uma lei obrigasse em diversos territórios, sendo necessário que as normas fossem publicadas não uma, mas sim várias vezes, por exemplo, nas capitais dos reinos ou das províncias que integravam o conglomerado territorial da monarquia hispânica.

Uma outra questão que foi então bastante debatida prende-se com o momento da entrada em vigor da lei. No direito canônico, mas também no *ius commune* civil, estabelecia-se o prazo de dois meses contados a partir do momento em que essa norma era emitida, exceto se o legislador (ou o direito próprio de um território) dispusesse algo de diferente.[17] Porém, àqueles que defendiam que as normas entravam em vigor mal a ordem régia era pela primeira vez publicada, Francisco Suárez lembrou que, no quadro de grandes formações políticas – como as monarquias espanhola e portuguesa –, havia que percorrer enormes distâncias, sendo por isso mesmo necessário prolongar o prazo de publicação da lei (*De Legibus*, Lib. III, cap. XVIII).

No que respeita aos prazos no contexto português, em 1603 as *Ordenações Filipinas* estabeleceram que as normas promulgadas pela Coroa entravam em vigor, na corte, oito dias após o seu registro e, no reino, três meses depois (Livro I, título II, 10).[18] No entanto, essa compilação de leis é omissa no que se refere ao tempo de difusão das normas nos territórios insulares, americanos e africanos, omissão que certamente se relaciona com a enorme extensão desses territórios e com a dificuldade em estimar o tempo que levaria a disseminar uma norma em cada um desses lugares.

O transporte das leis, a partir de Lisboa, era em geral lento, sendo assegurado por uma série de entidades especializadas na circulação de bens e de missivas através do reino e das conquistas: os correios, os caminheiros e os estafetas. A par da correspondência geral e de todo o gênero de produtos, essas figuras costumavam transportar, também, as normas régias.

No que respeita aos correios, à semelhança do que sucedeu em diversos pontos da Europa ocidental, a Coroa portuguesa desenvolveu a sua própria rede postal, primeiro no reino (a partir de 1520)[19] e, depois, nos seus territórios na Ásia, na América e na África.[20] Mais tarde, em 1657, foram igualmente instituídos os chamados "correios marítimos",[21] indispensáveis para assegurar a comunicação com os territórios da Coroa portuguesa que não se localizavam na Europa continental.

Com o passar do tempo, as autoridades régias desenvolveram diligências no sentido de acelerar a difusão das normas. No seu famoso "Testamento político...", D. Luís da Cunha, experiente governante e diplomata de Setecentos, chegou mesmo a propor o estabelecimento, em Portugal, de um sistema de difusão de missivas semelhante ao que existia nas Províncias Unidas, a fim de que os atrasos não afetassem as transações comerciais.[22]

Seja como for, os dados de que dispomos sugerem que a velocidade de difusão das normas continuou sendo, em geral, relativamente baixa. Assim, e a despeito dos melhoramentos que foram sendo introduzidos, no final de Setecentos o jurisconsulto Francisco Coelho de Sousa Sampaio afirma, nas suas *Prelecções de direito patrio publico e particular...* (1793-1794), que continuavam sendo necessários três meses para que uma norma chegasse "à notícia de todo o reino".[23]

Para além do correio, na disseminação das normas costumava intervir, também, o "caminheiro", ou seja, o indivíduo que, a troco de uma certa remuneração, transportava as ordens régias entre, por um lado, as corregedorias ou ouvidorias e, por outro, as diversas câmaras de uma mesma comarca ou ouvidoria.[24] O cargo de caminheiro estava consagrado nas *Ordenações*. A relação entre os caminheiros e os correios nem sempre era harmoniosa, e temos notícia de muitos episódios de tensão entre esses oficiais.

A fim de difundir as suas leis, em alguns casos a Coroa recorria aos correios, enquanto em outros utilizava os caminheiros, muito embora estes últimos gozassem da reputação de serem menos fiáveis do que os primeiros. Ao que parece, os caminheiros, apesar de mais céleres, por vezes não solicitavam as execuções e chegavam mesmo a cobrar mais pelo serviço que prestavam. O pagamento dos correios e dos caminheiros onerava, em regra, os concelhos.[25]

Uma outra figura que também tomava parte no transporte das normas régias era o "estafeta". Segundo Raphael Bluteau, a palavra "estafeta" derivava de "o castelhano estafa, que quer dizer estribo, porque é espécie de correio, que ainda que vá a pé, corre de um lugar a outro, como se andara a cavalo, com pé no estribo".[26] Ainda de acordo com Bluteau, ao estafeta cabia "buscar as cartas" que o correio deixava nas cidades e levá-las "para lugares circunvizinhos". O estafeta parece, assim, ter sido usado para assegurar a comunicação entre lugares situados a pouca distância uns dos outros.

A RECEPÇÃO E A REDISTRIBUIÇÃO DAS NORMAS

O tempo de difusão das normas régias dependia não só dos agentes envolvidos nesse processo, mas também das condições nos diversos lugares que integravam o espaço político português. Os dados recolhidos no âmbito do projeto Compol permitem reconstituir, por vezes com um detalhe apreciável, o modo como as normas foram sendo recebidas e redistribuídas no contexto pluricontinental luso.

Como seria de esperar, a fim de difundir a sua legislação, a Coroa recorreu, antes de mais, às estruturas da sua administração territorial. O processo de publicação era espoletado pela Chancelaria régia, sobretudo no caso das leis, ou seja, as normas revestidas de maior relevo, as quais eram enviadas a todos os provedores, corregedores e ouvidores das "terras cabeça de comarca" do reino. Estes, na sequência disso, redigiam uma "carta precatória", ou seja, o expediente através do qual um magistrado se dirigia a outro oficial para solicitar que este efetuasse uma determinada diligência.

As "cartas precatórias" eram depois enviadas às câmaras de cada comarca através de um correio, de um caminheiro ou de um estafeta.

O procedimento que acabou de ser descrito constituía, digamos, a modalidade "ordinária" de difusão das normas régias no reino. No entanto, convém referir que o modo de divulgação variou bastante ao longo do período em análise. Casos houve em que os corregedores ou os ouvidores dispensaram a escrita da "carta precatória", tendo enviado diretamente para as câmaras a carta que tinha sido remetida pela Chancelaria. Além disso, convém lembrar que a "carta precatória" podia acrescentar instruções para os receptores, dando-lhes sugestões mais ou menos específicas sobre como proceder na difusão de uma determinada norma.

No reino, os provedores da Fazenda, os corregedores e, ainda, os ouvidores das "terras cabeça de comarca" desempenharam um papel determinante na difusão de normas régias (*cf.* capítulo corregedores/ouvidores). Convém notar que, ao que tudo indica, nem todas as leis eram remetidas para a totalidade das câmaras. Certas normas régias costumavam ser enviadas apenas para as câmaras "cabeça de comarca" ou somente para os povoados que tinham assento nas cortes.[27] Quanto aos juízes de fora e aos juízes ordinários, também eles participavam no processo de difusão das leis. Foi isso o que sucedeu, por exemplo, com a carta que anunciou a criação da Intendência Geral da Polícia, datada de 25 de junho de 1760. A fim de garantir a difusão dessa importante decisão, a Coroa determinou que o corregedor da comarca de Viana da Foz do Lima convocasse "todos os juízes de fora e ordinários da sua comarca e escrivães das câmaras para que, nas casas da câmara da cabeça da comarca, lhes fosse ordenado que deviam ter toda a execução na observância dessa lei".[28] Por vezes os comandantes militares – como, por exemplo, os Governadores de Armas do reino – também eram incluídos no grupo incumbido de redistribuir as normas emitidas pela Coroa. Tal sucedia, acima de tudo, quando se tratava de publicar disposições que incidiam sobre o universo castrense.[29]

Como anteriormente se disse, no reino as "câmaras cabeça de comarca" tiveram sempre um papel destacado neste processo, cabendo-lhes distribuir as normas da Coroa entre os concelhos situados no perímetro da sua comarca. No Estado do Brasil a condição de "câmara cabeça de comarca" foi igualmente um critério a que a Coroa recorreu, por inúmeras vezes, para distinguir as câmaras com maior preeminência e para com elas manter uma interlocução mais assídua.[30] De qualquer modo, no espaço exterior ao reino a distância e a extensão dos territórios tornava imprescindível a intervenção, na difusão das leis régias, de entidades com uma esfera de ação, digamos, regional, como era o caso dos vice-reis (quando os havia), dos governadores-gerais, dos magistrados do tribunal da Relação da Bahia[31] e, mais tarde, também, dos juízes do tribunal da Relação do Rio de Janeiro.[32] É possível que o ouvidor-mor e os ouvidores das comarcas de enormes extensões tenham desempenhado funções similares. Em algumas regiões do reino e dos territórios ultramarinos as autoridades de justiça de menor dignidade, como, por exemplo, os juízes de vintena, também serviram como uma espécie de mensageiros, na medida em que atingiam lugares aonde poucos conseguiam chegar.

A par desses representantes régios, a Coroa recorreu, igualmente, às estruturas senhoriais, em regra ligadas às capitanias. Assim, e como mostrou José Damião Rodrigues nos seus trabalhos dedicados aos Açores, a Coroa, ao mesmo tempo que remetia para as câmaras açorianas as disposições relativas à defesa e à fiscalidade, comunicava-se com o senhor da ilha de São Miguel ou, na sua ausência, com o governador ou com o juiz de fora. Subsequentemente, essas entidades convocavam uma reunião – habitualmente apelidada de "junta" – na qual participavam os representantes dos diversos poderes da ilha.[33]

A Coroa também costumava recorrer às estruturas diocesanas e ao clero regular.[34] Convém não esquecer que a malha administrativa da Igreja era, em muitos lugares, mais densa do que a do rei, razão pela qual o poder régio confiou frequentemente aos agentes eclesiásticos a tarefa de divulgar as suas normas.[35] Algumas disposições régias chegaram mesmo a ser lidas no púlpito das igrejas do Brasil.[36] Na Luanda setecentista, por seu turno, as leis costumavam ser remetidas não só aos governadores, mas também aos ouvidores. Algumas dessas normas eram depois enviadas para os presídios que se situavam nas regiões do interior do continente africano, transportadas por mensageiros que, a mando do governador de Angola, estavam incumbidos de as entregar aos seus regentes.

O recurso a diversas entidades régias, mas também senhoriais, costumava ser vantajoso para a Coroa, pois, em princípio, garantia que as suas normas teriam uma difusão mais alargada. À Coroa interessava que os seus diplomas tivessem a maior divulgação possível, razão pela qual o envolvimento de várias instâncias era frequentemente iniciativa dos próprios oficiais régios. Porém, a intervenção de muitos intermediários também podia produzir efeitos negativos, já que as várias instituições envolvidas tinham diversos sistemas de recepção e de conservação das normas, o que gerava, por vezes, alguma confusão. Além disso, a ingerência de muitas instituições tinha também a desvantagem de aumentar os custos associados à difusão das normas régias, custos esses suportados, em geral, pelas câmaras. Em alguns lugares chegaram mesmo a verificar-se disputas em torno do dignitário ou da instituição responsável por receber os documentos remetidos pela corte, e, em virtude disso, muitas normas acabaram por não ser devidamente divulgadas. De qualquer modo, o fato de um grande número de terras ser marcado por uma situação de pluralidade jurisdicional tornava incontornável a intervenção, nem sempre coordenada, dessas várias instâncias.

Seja como for, a intermediação de governadores e de vice-reis parece ser algo de específico dos territórios ultramarinos, já que não temos notícia de que os governadores de territórios situados no reino tenham desempenhado um papel análogo. Os governadores do Algarve, por exemplo, não parecem ter grande protagonismo na difusão das normas régias entre as terras algarvias. No caso do Estado do Brasil, pelo contrário, os governadores-gerais tinham a obrigação expressa de redistribuir todas as normas régias recebidas de Lisboa, cabendo-lhes enviar para as Câmaras Municipais a documentação que ia chegando do reino. O mesmo se esperava do governador do Estado do Maranhão e do Pará, bem como dos governadores das capitanias. Tudo indica, portanto, que, na América portuguesa, o governador funcionava como uma espécie de primeira instância de distribuição. Algo de semelhante se pode dizer para Angola, território marcado por uma reduzida estrutura camarária – como se sabe, só existiam três câmaras, Luanda, Benguela e Massangano – e eclesiástica, bem como pela ausência de tribunais comparáveis aos da Bahia e do Rio de Janeiro.

É claro que a difusão de normas régias dependia bastante da diligência de cada governador de capitania, de cada governador-geral, ou de cada vice-rei. É isso o que se depreende da atuação, em 1682, do governador-geral do Brasil, Roque da Costa Barreto. Ao remeter ao governador da capitania de São Vicente a ordem régia que impedia que uma pessoa servisse dois ofícios em simultâneo, Costa Barreto teve o cuidado de dar várias instruções acerca da forma de difusão dessa norma: "e para que tivesse efeito a sua resolução mandasse pôr editais em todo o Estado do Brasil para que dentro de seis meses façam as tais renúncias".[37]

Para além de apontar para o prazo de seis meses como o tempo necessário para a aplicação de uma norma régia no Estado do Brasil, esse documento alude, também, à afixação em "praças públicas" dos editais que davam conta das ordens régias, a fim de que a vontade régia "viesse à notícia de todos". Mais adiante voltaremos a esse tema.

Entre o "traslado" e o recurso à imprensa

Durante o período em análise, a Coroa reproduziu a sua legislação tanto mediante a cópia manuscrita, o chamado "traslado", quanto através da imprensa. É importante ter em conta que, durante muito tempo, a impressão das novas leis não era condição *sine qua non* da sua publicidade.[38] Por esse motivo, são muito numerosas as leis que jamais foram impressas e cuja reprodução se fez através da cópia manuscrita.

A partir do século XVIII, porém, as leis impressas tornaram-se mais frequentes, mudança ditada pelo fato de o traslado de normas ser, em geral, mais dispendioso. Além disso, muitos alegavam que a cópia impressa era mais rigorosa, lembrando os erros que costumavam ser cometidos quando se recorria à cópia manuscrita. O crescente recurso à imprensa permitiu o desenvolvimento de alguns expedientes que visavam acelerar os procedimentos de difusão das normas régias. Na coleção de leis que integra os fundos da Academia das Ciências de Lisboa, a chamada "Colecção Trigoso", é possível encontrar algumas normas de meados de Setecentos que eram enviadas numa espécie de "minuta". Tal modelo, já impresso, possuía uma série de espaços em branco que se destinavam a ser preenchidos "à mão": "...registar na cabeça de vossa _____ [espaço em branco] _____." Tudo leva a crer que as leis a divulgar eram impressas em série e, subsequentemente, um oficial da Chancelaria se limitava a preencher os cabeçalhos com o nome das comarcas e dos corregedores ou ouvidores incumbidos da difusão de tais normas. Desse modo, a Coroa procurava conferir mais velocidade à publicação das suas normas.

O recurso à imprensa garantia uma difusão mais rápida, menos cara e mais homogênea. Para além disso, a Coroa costumava recorrer à letra de forma para divulgar normas revestidas de uma especial importância política. Numa carta dirigida ao rei datada de 22 de maio de 1736, João da Mota e Silva, figura importante do clero português e destacado ministro no tempo de D. João V, recomenda expressamente a impressão das normas que possuíam mais relevância política, como era o caso do alvará que oficializava o sistema das secretarias de Estado. De acordo com o cardeal Da Mota

> a Resolução de Vossa Majestade se deve reduzir a um Alvará, [...], e imprimir-se, porque manuscrito não pode correr tanto, quanto é necessário, para que cada um saiba por onde há-de encaminhar os seus Requerimentos, e os Tribunais, Ministros, Governadores por onde hão-de encaminhar as suas Contas, e Consultas.[39]

O cardeal Da Mota considerava, portanto, que era imprescindível difundir, através do impresso, essa importante ordem régia, ao mesmo tempo que manifestava dúvidas a respeito da eficácia da difusão manuscrita.

O poder da imprensa como forma de transmissão das leis régias tornou-se especialmente visível nessa conjuntura de institucionalização do sistema de secretarias de governo. Segundo as "Gazetas Manuscritas" da Biblioteca Pública de Évora, a oficialização da chamada "reforma das secretarias de estado", levada a cabo em 1736, sofreu bastantes delongas, tendo-se verificado vários embargos à impressão das disposições que concretizavam tal reforma. Tudo leva a crer que esses embargos resultaram da interferência da Chancelaria, órgão que obstaculizou a impressão do alvará que concretizava essa reforma porque se apercebeu de que aquele diploma iria cercear, de uma forma drástica, as suas competências. Além disso, nessa mesma conjuntura de tensão entre os tribunais palatinos e as secretarias de Estado, chegou-se mesmo a mandar recolher o alvará que concretizou essa reforma. Acreditando nas "Gazetas Manuscritas", tal terá sucedido por causa da pressão exercida pela Chancelaria e pelos tribunais:

> Lisboa 14 de Agosto de 1736
>
> Jmprimio-se o alvará das secretarias, mas depois de se distribuírem alguns, se recolherão, dizem que por não ter passado pella Chancelaria, e outros entendem que se lhe emenda alguma clausula.[40]

Dias mais tarde, as mesmas "Gazetas Manuscritas" dão outras notícias sobre esse assunto:

> Lisboa 21 de Agosto de 1736
>
> Por mais, que se afirmou que o alvará das secretarias se mandou recolher, não foi certo, porque só se suspendeu o divulgar-se athe remeterse aos tribunaes.[41]

Não há dúvida de que a imprensa se foi tornando cada vez mais relevante para difusão da legislação. Significativamente, a maior parte das normas impressas que é possível encontrar no fundo de legislação do Arquivo Nacional da Torre do Tombo, em Lisboa, é posterior a 1700. Quanto à *Gazeta de Lisboa*, dada à estampa com caráter regular a partir da segunda década de Setecentos, passou igualmente a difundir informação sobre a legislação acabada de promulgar.[42]

Ainda no que respeita a diplomas régios que foram objeto de uma difusão especial, merece referência o caso do *Suplemento à Collecçam dos Breves Pontificios, Leys Regias Instrucçoens, e mais papeis de officio, que sahirao das Secretarias de Estado e a ellas vierao sobre a execução do Breve Apostolico de vinte de Dezembro de mil sete centos quarenta, e hum e das leis promulgadas em 6 e 7 de junho de 1755*. Como é bem sabido, o *Suplemento* é composto por uma série de disposições legais relativas à população indígena da América portuguesa e ao seu estatuto perante as autoridades portuguesas. No entanto, e apesar de dizer respeito, sobretudo, ao âmbito americano, o *Suplemento* foi impresso em grandes quantidades e enviado a todas as câmaras, não só da América, mas também do reino. Num aviso de 27 de outubro de 1759 que a Secretaria de Estado dos Negócios do Reino remeteu juntamente com o *Suplemento...* ao corregedor da comarca de Viana da Foz do Lima, ordena-se que o corregedor recolhesse e guardasse o *Suplemento...* em cofre de três chaves na casa do concelho, "onde esteja seguro", e que o fizesse registar nos livros da câmara, "pagando-se pelos bens do concelho a um amanuense, assistindo o mesmo corregedor com um vereador da mesma câmara à conferência que se fizer com o original".[43] Esse aviso é semelhante ao que se pode encontrar em várias outras câmaras, tanto do reino como das ilhas atlânticas e da América.[44]

Um aspeto a assinalar, nesse caso, é o fato de, a par da imprensa, também se ter recorrido à cópia manuscrita para difundir o *Suplemento*. As recentes investigações sobre a permanência da comunicação manuscrita ao longo da época moderna,[45] bem como os estudos em torno das chamadas "Gazetas manuscritas" da Biblioteca Pública de Évora, confirmam que, em pleno século XVIII, a disseminação de informação por via manuscrita continuava desempenhando um papel importante.[46]

Sendo certo que o número de leis impressas aumentou paulatinamente, a investigação realizada no âmbito do Compol convida a matizar a ideia de que a difusão de leis através da imprensa se impôs rapidamente. Com efeito, os livros das câmaras do reino que foram analisadas – Viana da Foz do Lima, Évora, Vila Viçosa, Faro e Ponta Delgada, a que se juntaram os casos de Vila do Conde e de Coimbra – revelam que, entre 1621 e 1808, apenas 166 leis foram recebidas sob a forma impressa. O traslado a partir de um original manuscrito parece ter sido o procedimento mais utilizado. Além disso, a maioria das leis impressas recebidas pelas câmaras que foram analisadas no âmbito do Compol pertence à segunda metade do século XVIII, fato que corrobora a ideia de que a divulgação da legislação régia através da imprensa aumentou, sobretudo, durante esse período.[47]

Aliás, temos notícia de que, em alguns lugares – tanto do reino quanto dos territórios ultramarinos –, havia quem ganhasse dinheiro vendendo cópias manuscritas das leis que iam sendo promulgadas em Lisboa. Essa prática parece ter sido muito abrangente em termos sociais, envolvendo até, no caso do Brasil de Setecentos, africanos e mulatos. Luiz Geraldo Silva assinalou que, na cidade da Paraíba da segunda metade do século XVIII, havia quem fizesse cópias das leis a troco de dinheiro: em setembro de 1773, o mestre de campo José Rodrigues Alves obteve uma cópia manuscrita do alvará de 16 de janeiro desse mesmo ano – que conferia a liberdade geral aos cativos em Portugal e no Algarve – "escrita por um mulato que as costumava vender a preço de uma pataca". Luiz Geraldo Silva refere que o texto do dito alvará terá mesmo sofrido algumas mudanças por causa do processo de cópia, tendo-se "africanizado", pois, segundo o referido mestre de campo, a "cópia estava muito mal escrita, e por termos concebidos na Língua de preto aportuguesada, porém nela se não lia substancialmente cousa contrária ao Espírito da Lei original".[48] Da pesquisa efetuada por Luiz Geraldo Silva conclui-se que esses "copiadores" eram, na sua maioria, negros livres e alfabetizados, todos eles vinculados a ofícios manuais, os quais se costumavam reunir no convento dos franciscanos da cidade da Paraíba.

O crescente poder da imprensa não impediu que, em alguns casos, a Coroa tenha apostado na difusão manuscrita das suas leis. Foi isso o que aconteceu quando da difusão do famoso alvará de 7 de setembro de 1759, através do qual se determinava que os jesuítas fossem expulsos do território português.[49] Foram elaboradas centenas de cópias do volume intitulado *Collecçaõ dos Breves Pontificios, e Leys Regias, que foraõ expedidos, e publicados desde o anno 1741, sobre a liberdade das pessoas, bens, e commercio dos indios do Brasil*, o qual continha vinte e sete documentos distribuídos ao longo de cerca de cento e cinquenta páginas. Como se percebe, trata-se de um livro bastante volumoso e que parece ter sido copiado manualmente. Cada traslado, depois de devidamente autenticado por um dos secretários de Estado ou pelo juiz da inconfidência, terá sido depois enviado para a Torre do Tombo, para os tribunais, para todas as "cabeças de comarca" (mais de duas dezenas só no reino) e, ainda, para todas as câmaras das cidades e vilas "do reino e conquistas". A difusão desse volume envolveu, portanto, a mobilização de muitos recursos e um enorme investimento por parte da Coroa.

No começo do século XIX, a Coroa aprovou novas medidas que visavam conferir mais rapidez, mas também mais uniformidade, à difusão da sua legislação pelas terras do reino. Assim, o "aviso e instrução" de 16 de abril de 1806 suspendeu o envio de traslados manuscritos e determinou a remessa obrigatória de normas impressas.[50] Tal disposição estabeleceu que os documentos deveriam ser enviados aos corregedores, provedores, juízes de fora e juízes ordinários, determinando, ainda, a criação, em Lisboa, de um oficial encarregado dessa tarefa.

Contudo, e apesar de todas essas medidas, no começo do século XIX continuaram a ser muitas as normas que circularam manuscritas, não sendo possível identificar o motivo pelo qual tal aconteceu.

O ANÚNCIO DAS NORMAS RÉGIAS

Como complemento à disseminação por via manuscrita ou mediante o recurso ao impresso, a Coroa mandava que as normas fossem também "publicadas" oralmente, nas ruas e nos "lugares públicos" das povoações.

Cumpre recordar que, a despeito do avanço da alfabetização e do uso da escrita, até bastante tarde a oralidade continuou desempenhando um papel de relevo na publicação de normas régias. A Coroa portuguesa lidava com populações majoritariamente analfabetas, tanto no reino quanto, sobretudo, na América e na África. Por esse motivo, e como já assinalamos, em alguns lugares os oficiais locais realizavam leituras públicas das normas acabadas de chegar de Lisboa. A leitura das normas "em voz alta" era por vezes acompanhada por um instrumento musical, pelo som de uma trombeta ou pelo rufar de tambores – ao "som de caixas" ou "a toque de caixa". A esta prática dava-se o nome de "pregão".

Importa frisar que o "pregão" tinha de ser efetuado por uma figura com autoridade legítima e reconhecida em nível local.[51] Se assim não fosse, a sua validade jurídica poderia ser posta em causa. Dispomos de bastantes exemplos, referentes a várias localidades, da leitura pública de normas enviadas desde Lisboa, leitura essa em geral efetuada pelo porteiro da câmara ou por um outro oficial local. No entanto, é difícil dizer se a leitura pública incidia em todos os diplomas ou se tal acontecia, apenas, com as normas mais importantes. De qualquer modo, os dados de que dispomos sugerem que o recurso ao "pregão" para publicar uma determinada lei ocorria sempre que se tratava de determinações revestidas de uma especial importância para os interesses régios. A leitura oral tinha a vantagem adicional de conferir um caráter cerimonial à difusão de uma determinada ordem régia. No caso da publicitação da paz de 1668 com a monarquia hispânica, por exemplo, recorreu-se a tambores, a trombetas e a charamelas, tendo em vista revestir o ato de uma maior solenidade.[52]

Essas e outras formas tradicionais de publicar notícias relevantes continuaram marcando presença nos séculos XVII e XVIII. Assim, foi através do "pregão" que se difundiu, em diversos lugares do reino, o edital que anunciava o pagamento pelos serviços prestados nas "Reais Obras de Mafra". Numa "carta precatória" enviada pelo provedor de Viana da Foz do Lima ao juiz de fora dessa mesma vila, datada de 12 de setembro de 1733, determina-se

> que os juízes de fora e ordinários das vilas, concelhos, lugares, coutos da comarca de Viana e provedoria da repartição do Minho mandem lançar pregão e afixar edital.[53]

Por vezes a Coroa também recorria aos chamados "juízes de vintena". Nas povoações onde existiam, esses oficiais costumavam ser envolvidos na difusão das normas régias, divulgando-as através da sua leitura "em voz alta" ou pela afixação de um papel num lugar público. Foi isso o que aconteceu quando da aplicação da lei de 26 de outubro de 1765, na qual se mandava que se arrancassem as vinhas e se ordenava às câmaras da comarca de Viana que colocassem editais e passassem "ordens circulares" sobre essa matéria.[54] Estabeleceu-se, igualmente, que o caminheiro tinha a obrigação de trazer uma certidão assinada pelo escrivão da câmara, documento que certificava que a norma tinha sido recebida e efetivamente registrada pelas instâncias locais. Assim, algumas semanas mais tarde, a 9 de novembro de 1766, o escrivão da Câmara de Viana emitiu uma certidão que atestava que a ordem em causa tinha sido mesmo registrada em várias vilas minhotas.[55]

Como sugerimos, a publicação por "pregão" tinha também a capacidade de conferir um certo valor oficial à disposição normativa. Aliás, na elaboração de algumas normas, chegou-se mesmo a incluir a exigência de um "pregão", bem como um prazo para a sua realização. Casos houve em que a mudança numa lei que tinha sido objeto desse tipo de difusão oral obrigou à realização de um novo "pregão".

A leitura das leis "em voz alta" foi efetuada, com especial frequência, nos lugares onde existiam poucos exemplares de uma determinada norma, situação bem mais frequente do que se poderia pensar. Algumas leis foram tão valorizadas que chegaram mesmo a ser preservadas com todo o cuidado. Exemplo paradigmático é o chamado "livro da capa verde", assim chamado porque, no Arraial do Tijuco, em Minas, o único exemplar de que se dispunha do regimento 1771, que regulava a extração de diamantes e que impôs o monopólio régio da extração, foi encadernado com capa feita de marroquim verde.[56] Porém, o anúncio oral de novas leis tem sobretudo a ver com a persistência de altas taxas de analfabetismo no seio da população, tanto no reino quanto nas terras ultramarinas. Na Câmara de Mariana, por exemplo, durante a segunda metade de Setecentos, realizavam-se reuniões durante as quais o escrivão lia essa compilação "em voz alta" e defronte dos demais camaristas.[57]

No Brasil, mais do que na África, o fato de muitos desconhecerem a legislação trazida pelos portugueses gerou alguma controvérsia, pois podia configurar uma situação de "ignorância da lei", argumento passível de ser invocado em tribunal.[58] Foi isso, precisamente, o que sucedeu num processo judicial em Minas, na segunda metade do século XVIII, recentemente estudado por Maria Gabriela Souza de Oliveira. Em dezembro de 1733, o juiz de fora Bento Furtado absolveu um tal Antônio Lopes Lima, preso na Vila do Carmo sob a acusação de andar armado e de, por isso mesmo, não ter observado o que se encontrava consignado na "Ley novíssima da proibição das facas, & mais armas". Um dos fundamentos para essa decisão foi o fato de a "Lei novíssima de Sua Majestade sobre armas proibidas se não publicou nesta Vila e Minas e se não fez auto". [59] Assinale-se que essa lei, apesar de, em 1733, ser apelidada de "novíssima", fora promulgada a 4 de abril de 1719, ou seja, mais de dez anos antes...

Para evitar que situações como essa se generalizassem, em algumas terras ultramarinas chegou-se a estabelecer a realização de "pregões" anuais destinados a anunciar as leis que tinham acabado de ser recebidas da corte. A respeito do Brasil, dispomos igualmente de notícias da leitura "em voz alta" de diversas leis régias, tanto nas câmaras quanto nas aldeias de índios. Foi isso o que aconteceu, por exemplo, com o alvará de 10 de setembro de 1611, o qual estabelecia, entre outras matérias, a nomeação de capitães leigos para o governo dessas aldeias. Numa carta datada de 16 de junho de 1614, o jesuíta Henrique Gomes relata que, após a leitura "em voz alta" dessa norma, os índios que viviam na capitania da Bahia tinham ficado de tal modo agitados que se receava um levantamento generalizado.[60]

Tudo indica que, nas décadas que se seguiram, a legislação régia que dizia respeito aos nativos continuou a ser difundida através de leituras "em voz alta" realizadas entre os "índios aldeados". Através do alvará de 28 de abril de 1755, o rei de Portugal estabeleceu "que os meos Vassallos deste Reino, e d'America, que cazarem com as Indias, e as Portuguezas, que cazarem com os Indios não ficaõ com infamia alguma, antes se faram dignos da minha Real attenção na forma que se expressa no dito Alvara". A 26 de abril de 1756, D. Marcos de Noronha, conde dos Arcos, à data servindo como vice-rei e governador-geral do Estado do Brasil, descreveu ao rei as diligências que tinha movido no sentido de promover a difusão do referido alvará:

> juntamente com hum bando se fez publicar nesta Cidade o Alvará em forma de Ley a favor dos mesmos Indios, e em doze do mesmo mez, e anno se passaraõ as ordens necessarias aos Capitães mores das Ordenanças das Capitanias desse Governo, para que cada hum na sua Villa respectiva fizesse publicar o sobredito Alvará.

Esse excerto revela que, por vezes, os capitães das ordenanças também foram envolvidos no processo de difusão de leis.[61] Como é evidente, nesse caso eram, provavelmente, os chamados capitães-mores das ordenanças dos índios ou capitães-mores da aldeia, principais líderes dos aldeamentos, nomeados pelas câmaras ou pelos missionários.[62] Todavia, a disseminação das normas régias que tinham relevância para os indígenas esteve sobretudo a cargo dos missionários. Foram eles, aliás, que deram conta ao vice-rei do modo como os "índios aldeados" reagiram ao referido alvará de 26 de abril de 1756:

> Devo porém pôr na prezença de V. Majestade que depois da publicação deste Alvará por parte dos Missionarios das Aldeyas dos Indios já civilizados, se me tem reprezentado, que experimentaõ nos mesmos Indios grande mudança.

Os "índios já civilizados" ficaram tão agitados com esse alvará que o vice-rei aconselhou o soberano a "ordenar se faça publico nas Aldeyas dos Indios, que o Alvará em forma de Ley os não exime da quella sugeição, que são obrigados a ter aos seos Missionarios".[63]

Algum tempo depois, quando da divulgação de uma outra importante peça legislativa – o alvará que conferia liberdade aos índios, de 8 de maio de 1758 –, o vice-rei do Brasil recebeu ordens para publicar essa norma "nessa Cidade [de Salvador], e em todas as Villas, e Aldeas dos Sertoens". Na sequência disso, o mesmo alvará foi lido "em voz alta" em diversas aldeias, embora neste caso tivessem sido os ministros régios, e não os missionários, a realizar essa leitura.[64]

Já em Pernambuco, o governador da capitania, Luís Diogo Lobo da Silva, enviou cartas aos índios "Principais" das missões jesuíticas do Ceará e do Rio Grande do Norte que iriam ser elevadas a "vilas", convocando-os para uma assembleia no Recife na qual iriam ser informados sobre as novas leis régias de 1758. Como assinalou Fátima Martins Lopes, essa reunião teve mesmo lugar.[65]

Em Angola, e porque uma parte significativa da população de Luanda e do seu *hinterland* não compreendia a língua portuguesa, as autoridades costumavam recorrer a intérpretes para o anúncio, em Quimbundo, de algumas leis.[66]

Todavia, e apesar de ter sido, durante muito tempo, a principal forma de fazer constar normas régias, a leitura oral também foi alvo de apreciações negativas. Criticava-se, por exemplo, o fato de os "pregões", a par de novas leis, divulgarem igualmente anúncios e notícias genéricas, muitas delas sem qualquer relação com a Coroa e sem conteúdo normativo. O "pregão" também foi por muitos visto como um meio incerto e inseguro por constituir uma modalidade efêmera de divulgação, não garantindo um conhecimento perene das leis.[67] Por esse motivo, a par da leitura "em voz alta", foi-se generalizando a prática de afixar papéis em lugares habitualmente destinados para o efeito. A publicação através da afixação de um papel escrito realizava-se nos locais mais centrais e mais "públicos" dos espaços urbanos, e a própria palavra "fixar", na época, pressupunha a publicação de "alguma coisa com papel pegado em lugar público".[68]

Os documentos que comunicavam uma ordem régia recém-promulgada foram habitualmente designados de "édito" ou de "edital".[69] Um "edital", segundo Bluteau, era "o papel em que está lançado o édito".[70] "Pôr um edital e um édito" era a "ordem de um Príncipe, República, Magistrado declarada publicamente".[71] Com o passar do tempo, o uso de "editais" foi se generalizando, enquanto o recurso ao "pregão" e ao "bando" foi decaindo, embora essas práticas de publicação jamais tenham desaparecido completamente, bem pelo contrário, já que, como dissemos, continuavam a marcar presença no final do período setecentista.[72]

Por vezes, a certos tipos de "edital" era dado o nome de "quartel", ato de comunicação também orientado para a difusão de uma norma através da sua afixação. Um "quartel" emitido pela Câmara de São Paulo em julho de 1679, por exemplo, refere que tal papel deveria ser "fixado num lugar público desta vila" e nas "praças desta capitania".[73] A palavra "bando" foi igualmente utilizada para denominar documentos que serviam para difundir ordens régias.[74] Os bandos eram em regra emitidos pelo governador de uma circunscrição e podiam ter uma abrangência regional ou local. No caso do Brasil, os bandos também podiam ser emitidos pelas câmaras e chegavam a ser anunciados "a toque de caixa".[75]

Como vimos, os papéis que anunciavam novas normas régias costumavam ser afixados em lugares específicos e habitualmente associados a práticas de publicação, como era o caso das praças e das artérias mais movimentadas de cada povoado. A temática das normas podia igualmente influenciar a escolha do local onde um edital, um bando ou um quartel era afixado. A 13 de novembro de 1802, por exemplo, o intendente-geral do papel selado enviou ao juiz de fora de Faro um "edital" sobre questões mercantis, ordenando-lhe que afixasse tal documento nas zonas portuárias da cidade e nas praças onde se realizavam mercados.[76] Quanto à legislação sobre carne, o respetivo edital era habitualmente afixado nas proximidades dos açougues, tendo sido isso, precisamente, o que sucedeu, ao longo dos séculos XVII e XVIII, com as disposições da câmara de São Paulo sobre o corte de carne.[77] Era também prática corrente a afixação de editais nos pelourinhos e nas portas das igrejas.

Para certas normas as autoridades chegaram ao ponto de impor a notificação específica de determinados dignitários locais. Foi isso o que aconteceu, por exemplo, em Faro, com um "aviso" da Secretaria de Estado dos Negócios Estrangeiros e da Guerra (de 21 de julho de 1792), "aviso" esse dirigido especificamente aos vice-cônsules presentes nessa cidade.[78]

O REGISTRO DAS NORMAS

O "registro" constituía outro dos expedientes a que se recorria, tanto no reino quanto nas ilhas atlânticas e nos territórios americanos e africanos, a fim de garantir que a normativa produzida pela Coroa tinha sido efetivamente difundida em nível local. Registrar uma ordem régia nos livros das instituições que integravam a administração territorial da Coroa era a forma de assegurar que tal norma havia sido divulgada, mas era, também, uma maneira de garantir que a sua memória iria perdurar.

Assinalamos no início deste estudo que o registro das normas começava por ser efetuado ao nível da administração central. Cabia ao chanceler-mor garantir que todas as normas régias fossem registradas na Chancelaria e nos órgãos centrais da Coroa. O registro tornou-se igualmente prática corrente nas instituições ligadas à administração dos territórios. Em muitos dos documentos até aqui examinados há referências ao fato de as instâncias locais estarem obrigadas a registrar as leis que chegavam da corte.

O registro por parte das instâncias locais obedecia, em geral, ao seguinte procedimento: assim que chegavam às diversas localidades, as normas eram copiadas "à mão" nos livros de registro das câmaras. Por vezes, as normas eram trasladadas na íntegra. Contudo, em muitos casos, o escrivão optava por elaborar apenas um resumo da lei, ficando os originais depositados num cartório.[79]

De uma forma geral, todas as câmaras possuíam livros de registro, os quais podiam assumir diferentes designações. É certo que, atualmente, são vários os arquivos nos quais não é possível encontrar qualquer livro de registro, situação que se deve, acima de tudo, ao fato de tais volumes não terem sido devidamente preservados. De qualquer modo, são bastantes os arquivos que ainda mantêm esse tipo de documentação. No Arquivo Distrital de Évora, por exemplo, é possível consultar os chamados "livros de originais", formados pelo conjunto de documentos enviados pelos órgãos da administração central da Coroa, assim como os "livros de registro", constituídos pelas cópias desses documentos. O arquivo da Câmara de Portalegre também possui um "Livro do Registo Geral do Senado da Câmara de Portalegre. Alvarás. Provisões. Ordens. Nomeações. Cartas Régias. Quitações. Etc.", livro esse que continha todas as normas régias recebidas entre 1577 e 1725.[80] Já em Óbidos, câmara da Casa das Rainhas, existem, no arquivo do concelho, vários livros de "registro das leis de polícia", os quais incluem toda a legislação e ordens recebidas da Coroa até finais do século XVIII. No Porto, por sua vez, a câmara contava com um "Copiador do governo", todo ele incidindo na governação do espaço local e contendo, igualmente, as normas régias que iam sendo recebidas de Lisboa.[81] Diversos arquivos nos Açores, no Brasil ou em Angola possuem livros análogos aos que acabaram de ser referidos. Veja-se, a título de exemplo, as várias compilações de leis que é possível encontrar no Arquivo Público Mineiro, nas quais é patente a intervenção de várias entidades, desde o governador da capitania até as câmaras, passando pelos ouvidores e demais agentes da justiça.[82]

Alguns dos "termos de abertura" dos livros de registro das câmaras fornecem informação relevante acerca da forma como se fixava, por escrito, as normas vindas da corte. No caso de Viana da Foz do Lima, o livro de registro da câmara que abre no ano de 1681 apresenta a seguinte afirmação: "este livro que há-de servir nesta Câmara para nele se registrarem as provisões e ordens de Sua Alteza e quaisquer outras que vierem [...]"; também em Viana, no volume que contém registros a partir de 1771, pode ler-se, logo no começo, que "este livro há-de servir para o registo de todas as ordens e mais papéis que na Câmara desta vila se costumam ou mandar registar [...]"; e o volume que registra normas recebidas a partir de 1820 apresenta, no início, a seguinte frase: "Livro para o registo das Leis e mais artigos de legislação, e ordens relativas à administração da Justiça e Fazenda [...]".

De qualquer modo, a prática de registro não era homogênea e variava de concelho para concelho, tanto no reino, quanto nos territórios americanos e africanos, e, ainda nos arquipélagos atlânticos. Como não podia deixar de ser, alguns oficiais camarários eram mais organizados e sistemáticos do que outros. Nas câmaras que contavam com oficiais mais diligentes, as ordens régias costumavam ser registradas em livros específicos para o efeito. Alguns desses oficiais deixaram patente, nos arquivos da câmara, que tinham trasladado "...bem e fielmente sem dúvida alguma" o documento remetido desde Lisboa e que, depois de terminado esse trabalho, o tinham voltado a entregar ao caminheiro ou ao próprio corregedor, a fim de que o levassem a outros lugares. Certos escrivães chegaram mesmo a elaborar uma espécie de índice remissivo, tendo em vista tornar mais fácil a localização das normas. É isso, justamente, o que acontece em Portalegre, em cujo arquivo histórico existe um "Livro que há de Servir somente para o Registo das Leys, Provisoens e Alvaras que se Mandarem Registar, das quaes fará o Escrivam da Camara hum Indes no fim delle [...]. Portalegre 28 de Setembro de 1772".[83]

Quando se tratava de oficiais menos cuidadosos, as leis e as ordens régias eram copiadas juntamente com outra informação, dando origem a verdadeiras "miscelâneas", já que, nesses volumes, os registros de legislação acabavam por ser misturados com documentos de outra natureza, como, por exemplo, cartas-patentes, cartas de sesmaria etc.

Relativamente ao Brasil, algumas leis incluíam indicações expressas sobre o lugar onde o original deveria ficar arquivado. É esse o caso do regimento dos ouvidores-gerais do Rio de Janeiro, de março de 1669. Para além de se determinar que os desembargadores, corregedores, ouvidores, juízes, justiças, oficiais, a quem "este regimento ou traslado dele em pública forma for mostrado", cumprissem o que nele estava consignado, estabelece, também, que tal regimento deveria ser registrado nos livros do Conselho Ultramarino, da Casa da Suplicação e da câmara de Salvador. Quanto ao original do regimento, deveria ser guardado "no cartório da Câmara do Rio de Janeiro para a todo o tempo constar dele".[84]

Apesar da insistência da Coroa para que todas as suas normas fossem registradas em nível local, existe uma distância considerável entre, por um lado, aquilo que foi a produção de normas régias e, por outro, a sua fixação, por escrito, nos arquivos locais. A investigação realizada no âmbito do projeto Compol contabilizou o número de leis que foram registradas, entre 1621 e 1808, nos livros das seguintes câmaras, todas elas do reino e dos Açores: Viana da Foz do Lima, Évora, Vila Viçosa, Faro, Vila do Conde, Coimbra e Ponta Delgada. Os resultados apurados são apresentados na Tabela 4.6.

Tabela 4.6
Documentos por períodos cronológicos na base de dados Compol (1621-1808)

Cortes cronológicos	Nº de casos	%	Nº de anos por período	Média anual
1621-1640	111	7,5	20	5,6
1641-1668	223	15,1	28	8
1669-1700	221	15	32	6,9
1701-1715	115	7,8	15	7,7
1716-1750	158	10,7	35	4,5
1751-1777	302	20,5	27	11,2
1778-1808	346	23,4	31	11,2
Total	1.476	100	188	7,9

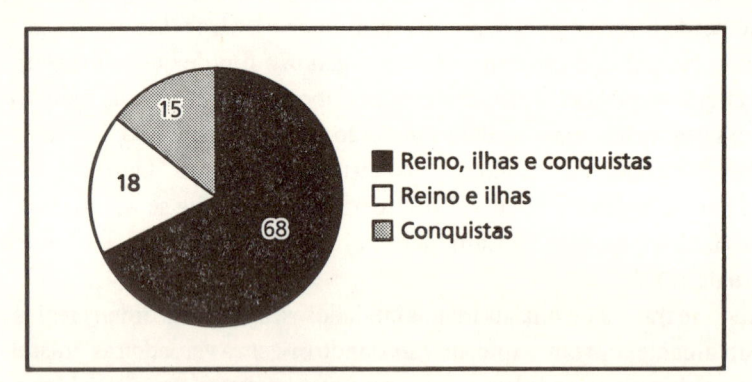

Figura 4.4 Documentos por períodos cronológicos na base de dados Compol (1621-1808)

Para o período compreendido entre 1621 e 1808, foi detectado o registro de apenas 1.476 normas, valor que é, sem dúvida, surpreendentemente baixo. No seu conjunto, os dados coligidos sugerem que o cumprimento da ordem de registro foi muito desigual. Com efeito, o cruzamento de informação relativa a registros nas câmaras de Faro, de Viana, de Évora, de Vila Viçosa e de Ponta Delgada demonstra que muitas normas de caráter geral só foram registradas em uma das câmaras analisadas no quadro do Compol. Nota-se, também, que há concelhos claramente mais assíduos no registro de normas do que outros. É esse o caso de Vila Viçosa e, também, de Faro, duas câmaras que, convém lembrar, se situavam em terras senhoriais.

Uma coisa é certa: a taxa de registro de leis em nível local é, em geral, baixa. De qualquer modo, cumpre referir que o registro de normas régias em livros camarários aumentou a partir de 1640, baixando, no entanto, depois de alcançada a paz com a monarquia hispânica (em 1668), mas voltando a subir no período subsequente à guerra da sucessão espanhola. A subida mais expressiva é, sem dúvida, a que se verifica a partir de 1750 e que se estende praticamente até ao final do período em análise.

Infelizmente não foram apurados dados que nos permitam fazer uma avaliação desse mesmo parâmetro para as câmaras americanas e africanas analisadas no quadro do Compol. A investigação efetuada sugere, em todo o caso, que as variações na prática do registro foram motivadas por fatores bastante diversos. Antes de mais, a distância em relação a Lisboa: tudo leva a crer que às câmaras do reino chegou um maior número de leis do que às suas congêneres "ultramarinas". Acresce que, na decisão de registrar ou não uma lei, pesavam vários fatores, como, por exemplo, o interesse que tal norma poderia ter para a câmara ou para um dos agentes envolvidos nesse processo. Para os indivíduos ou grupos a quem uma norma se destinava, o registro podia servir, acima de tudo, para fazer valer direitos e privilégios, acabando por isso mesmo por ser uma prática bastante contingente. Em nível local, as disputas entre os vários poderes em presença podiam também fazer com que uma norma acabasse por não ser registrada. Por último, recorde-se de que cada registro era pago, em geral, pela câmara, fato que também pode ter influenciado os resultados apurados.

Os tempos de registro de uma lei também costumavam ser lentos, sobretudo quando se tratava das câmaras situadas nos enormes territórios da África ou da América. Entre a promulgação de uma lei e o seu registro numa câmara, reinol, insular, americana ou africana, podia se passar muito tempo. Vejamos, a título de exemplo, o que se passou com a "certidão da ordem régia proibindo o provimento de cargos por quem não tivesse poder para os prover", datada no Conselho Ultramarino a 3 de julho de 1736. A sua cópia na câmara da Vila de Nossa Senhora do Ribeirão do Carmo, em Minas, foi realizada apenas a 20 de abril de 1740 voltando a ser registrada depois da elevação dessa vila a cidade, a 26 de julho de 1749, ou seja, neste último caso mais de dez anos após a promulgação dessa norma em Lisboa.[85] Será que a elevação de vila a cidade implicou um novo registro dessa mesma lei?

De qualquer modo, nas situações em que era imprescindível difundir maciçamente leis especialmente importantes, a Coroa converteu o registro junto das instâncias camarárias numa prática quase imperativa, tudo fazendo para garantir que a sua ordem seria cumprida de uma forma homogênea. Foi isso o que sucedeu com o já referido *Suplemento à Collecçam dos Breves Pontificios, Leys Regias Instrucçoens, e mais papeis de officio, que sahirao das Secretarias de Estado e a ellas vier ao sobre a execução do Breve Apostolico de vinte de Dezembro de mil sete centos quarenta, e hum e das leis promulgadas em 6 e 7 de junho de 1755*. Através de um aviso de 27 de outubro de 1759, a Secretaria de Estado dos Negócios do reino ordenou ao corregedor da Comarca de Viana que efetuasse, sem demora, o registro da mesma, "de verbo ad verbum nos Livros da mesma Camara, pagando-se pelos bens do Conselho a hum Amanuence, que escreva o dito Registo, com bom caracter, e com orthografia correcta". Por último, e para que não restassem dúvidas, mandava que todo o processo fosse supervisionado pelo corregedor "com hum vereador da dita Camara à conferencia que se fizer com o original do sobredito registo, e asignando ambos, o termo de conferencia no fim delle para a todo o tempo constar a sollemnidade, com que foy feyto".[86]

Uma última palavra para as vilas de índios que foram criadas no Brasil depois da implementação do *Directório dos Índios*, ao longo da segunda metade de Setecentos. Os estudos de que dispomos revelam que algumas das câmaras dessas vilas possuíam coleções de legislação bastante completas. Vânia Losada Moreira, nos seus estudos sobre esse tema, demonstrou que algumas das vilas de índios da capitania do Espírito Santo eram especialmente organizadas, tendo conservado cuidadosamente vários livros de leis. Ao que tudo indica, os índios preservaram esses livros de legislação, tendo em vista valer-se dessas leis para a defesa – inclusive em tribunal – das suas terras em face do avanço da colonização. Segundo Vânia Losada Moreira, o governo da capitania chegou mesmo a procurar nos livros dessas câmaras informações mais precisas sobre leis promulgadas no reino, mas das quais não havia notícia na Câmara de Vitória.[87]

Compilações e coleções de legislação

A par da heterogeneidade das práticas de difusão e de registro da legislação, uma outra dificuldade com a qual a Coroa se debateu, ao longo do período compreendido entre os séculos XVI e XIX, foi a deficiente organização do seu *corpus* normativo. É certo que as instituições da administração central da Coroa moveram diligências no sentido da sistematização do material normativo que ia sendo expedido. Porém, e como assinalamos, muitas disposições não foram registradas na Chancelaria, continuando a haver muita incerteza sobre as leis que efetivamente se encontravam em vigor, existindo, até, casos de novos diplomas que contradiziam normas que já existiam.

Os agentes da justiça régia eram quem mais sofria com essa situação. Um deles, o famoso Duarte Nunes de Lião, chegou mesmo a organizar e a fazer imprimir, em 1569, o volume *Leis Extravagantes e Repertório das Ordenações...*, compilação motivada pelo fato de os juízes sentirem então bastante dificuldade em saber qual era a legislação que se encontrava realmente em vigor. De qualquer modo, o próprio Nunes de Lião adverte, logo no início da sua compilação, que

> [...] se alguma coisa faltar (o que eu não cuido) não foi por negligência, porque eu fiz toda a diligência possível em buscar tudo o que havia. Mas seria por ser já revogado, ou não estar em registo algum, por muitas coisas passarem sem ir à chancelaria, que é grande confusão.[88]

Nos anos que se seguiram, as autoridades régias procuraram melhorar a organização da sua massa normativa. Em 1603, viram a luz as *Ordenações e leis do reino de*

Portugal, recopiladas por mandado do muito alto, católico e poderoso rei dom Felipe, o primeiro..., habitualmente conhecidas como *Ordenações Filipinas.* Essa coleção de legislação foi por diversas vezes reimpressa, tendo sido razoavelmente disseminada tanto no reino quanto nos territórios africanos e americanos.

De qualquer modo, é sabido que várias câmaras, tanto do reino quanto da América portuguesa – muitas delas compostas exclusivamente por camaristas que não eram letrados –, funcionaram durante muito tempo sem ter na sua posse qualquer exemplar dessa compilação de leis. Foi esse o caso da Câmara de Natal: a 29 de dezembro de 1682, os camaristas dessa vila "decidiram que fossem retirados numerários para comprar uma Ordenação, por não haver uma neste Senado".[89] Ao que tudo indica, a decisão levou algum tempo a ser posta em prática, e os primeiros testemunhos documentais que atestam a existência, na Câmara de Natal, de um exemplar dessa compilação datam do começo do século XVIII.[90]

Quanto a Minas, o inventário de bens da Câmara de Mariana, referente à segunda metade de Setecentos, informa-nos de que, nesse concelho, só existia um exemplar das *Ordenações,* havendo igualmente notícia da realização de reuniões durante as quais o escrivão lia essa compilação "em voz alta" e defronte dos demais camaristas.[91] Na senda dos trabalhos de Luiz Carlos Villalta, Leila Algranti, Júnia Furtado e, mais recentemente, Thábata Araujo Alvarenga, Álvaro de Araujo Antunes, nos seus excelentes estudos sobre a posse de livros e acerca da cultura letrada nas Minas setecentistas, identificou um número considerável de bibliotecas no contexto mineiro, quase todas pertencentes a religiosos, a boticários, a militares e a advogados. No que toca a estes últimos, "na quase totalidade das livrarias pode-se discernir a presença da Ordenações do Reino e, por vezes, alguns regimentos e os Assentos da Casa de Suplicação".[92]

Como não podia deixar de ser, após a publicação das *Ordenações Filipinas,* a Coroa continuou a legislar. Uma parte significativa dessa produção normativa foi o resultado da sua interação com as instituições que, nos diversos territórios, desempenhavam funções governativas e administrativas. Foi isso o que sucedeu, também, durante as reuniões de cortes celebradas nos séculos XVII e XVIII. Até 1697 – ano em que se convocou, pela última vez durante o Antigo Regime, a assembleia de cortes portuguesas –, muitas das normas que a realeza então produziu foram o resultado das solicitações que os procuradores das câmaras apresentaram durante a assembleia representativa. Eram as chamadas "leis de cortes".

O mesmo continuou a suceder durante o período setecentista. Num estudo recente, Silvia Hunold Lara mostrou que a difusão, no Brasil, de leis vindas do reino – sobretudo as que tinham a ver com o trabalho e com os cativos – obrigou à adaptação de muitas dessas normas às condições locais, processo do qual resultaram, por vezes, novas leis, algumas delas produzidas pelas autoridades baseadas na América. A normativa mudou, portanto, por pressão daqueles que se encontravam na América.[93]

Apesar dos esforços desenvolvidos pela Coroa para evitar contradições entre, por um lado, as novas leis e, por outro, a normativa que já se encontrava em vigor, a incerteza continuou a imperar. Na segunda metade de Seiscentos, tiveram início os trabalhos para a elaboração de uma nova compilação da legislação "extravagante".[94] No entanto, tal trabalho jamais foi finalizado.[95] Como consequência, no âmbito português não surgiu nenhuma compilação comparável às coleções de leis que foram então produzidas no âmbito espanhol, tanto na Península Ibérica quanto na América.[96]

Paralelamente, as entidades – régias, senhoriais e eclesiásticas – com responsabilidades na administração territorial foram criando as suas próprias coleções de legislação. Nos Açores, por exemplo, a capitania-geral, sediada em Angra, desenvolveu o seu próprio arquivo, o qual ainda hoje existe, aí se podendo encontrar correspondência régia análoga à que foi remetida para as câmaras.[97]

Quanto ao Brasil, foi sobretudo a partir de meados do século XVII que o governo-geral, mas também algumas das governações de capitania, foram criando as suas próprias secretarias, as quais ficaram incumbidas de promover o registro das normas chegadas de Lisboa.[98] Caio Boschi chamou recentemente atenção para uma "Cópia do Regimento do Secretário do Governo do Rio de Janeiro pelo qual se há de governar o das Minas", de 27 de julho de 1712. Nesse regimento estabelece-se que o titular desse cargo deveria ter "em boa forma os papéis e ordens que foram tocantes ao meu serviço, melhoras e conservação das ditas Conquistas".[99]

A Coroa recomendava às ouvidorias, insulares, americanas e africanas, que formassem as suas próprias coleções de legislação,[100] e o mesmo sucedia com as câmaras mais preeminentes. No entanto, os dados de que dispomos sugerem que tais ordens nem sempre foram cumpridas. Uma vez mais, a formação de tais coleções "locais" dependeu, acima de tudo, da vontade dos oficiais que tiveram a iniciativa de elaborar, nem sempre nas melhores condições, tais compilações. As autoridades régias também encorajavam os letrados a realizar esse trabalho[101] e dispomos de notícias de alguns juristas que cumpriram diligentemente essa recomendação. Assinale-se, por exemplo, as compilações produzidas em Minas Gerais durante a segunda metade de Setecentos, estudadas por Luciano Figueiredo,[102] Caio C. Boschi[103] e Álvaro de Araujo Antunes.[104]

No que toca a Luanda e a Benguela, também aí se procurou promover o conhecimento da legislação que ia sendo promulgada. No entanto, porque a estrutura institucional portuguesa em terras africanas se desenvolveu mais lentamente do que nas outras margens do Atlântico, foi em data relativamente tardia que teve início o registro e o armazenamento de legislação régia. Na viragem para o século XVII surgiu um primeiro serviço de secretaria ligado ao governo de Angola, mas foi preciso esperar por 1688 para que a Coroa promulgasse o regimento do "Secretário do Reino de Angola".[105]

À semelhança das suas congêneres do reino e da América, a câmara de Luanda também tinha livros de registro de correspondência e de leis. Contudo, nem todas as leis vindas do reino eram registradas ou copiadas na câmara, na ouvidoria e na secretaria de governo. O que dizia respeito ao governador costumava ficar registrado na sua secretaria de governo, o mesmo acontecendo com as normas referentes aos ouvidores e à câmara. Entre estas duas instâncias, aliás, registraram-se vários conflitos em torno da recepção e da preservação dessa informação em nível local.[106] Apesar disso, algumas normas chegaram mesmo a ser enviadas para os presídios, transportadas por mensageiros incumbidos de as entregar aos seus regentes.

Nas possessões portuguesas na África, a divulgação, o registro e a conservação das leis chegadas de Lisboa também dependeram da diligência dos oficiais locais. Em 1727, o secretário do governo de Angola comunicou às autoridades régias que, em Luanda, eram necessários, para cada triênio, os seguintes livros: um de "registro de ordens e de cartas de Sua Majestade", um outro de registro de "ordens e cartas que o governador escreve aos capitães-mores", um "livro de portarias e bandos", um outro de patentes e, finalmente, um livro de provisões.[107] Na terceira década de Setecentos, a prática de registro das leis régias parece estar bem implantada em terras africanas. A Coroa chegou mesmo a estabelecer penas para os oficiais que não cumprissem a ordem de registro.

De qualquer modo, e a despeito dessas medidas, os problemas subsistiram. Uma missiva régia de 1755 descreve a precária situação em que se encontravam os registros em Luanda. Aí se relata que o cartório não tinha casa própria e que os papéis oficiais circulavam entre as casas dos oficiais "[...] indo por caminhos distantes, e em poder de negros que não conhecem a importância dos papeis nestas continuas mudanças se desencaminham e se arruinam os livros, e perdendo-se uns por descuido, e outros por malicia". Recomendava-se, por isso, a criação de um cartório com casa própria, cartório esse que deveria ser confiado a um porteiro que elaborasse um inventário da documentação nele guardada.[108]

Uma palavra, ainda, para a população dos *hinterlands* de Luanda e de Benguela e para o modo como se apropriou da escrita, a fim de desempenhar um papel ativo na comunicação político-administrativa com as autoridades portuguesas. Como mostraram Catarina Madeira Santos ou Roquinaldo Ferreira, a população africana que vivia em Luanda e em Benguela, bem como nos seus *hinterlands*, também tomou a iniciativa de conhecer melhor as leis portuguesas, tendo em vista tirar partido dos recursos que tais normas proporcionavam.[109]

Em suma, tudo leva a crer que o conhecimento da legislação régia, apesar de alargado, era, de um modo geral, muito desigual, fato que, no caso da América portuguesa e de Angola, mas não da América espanhola, terá sido agravado pela inexistência de estudos universitários em Direito. Como se sabe, as faculdades de leis criadas no México e no Peru desenvolveram as suas próprias coleções de legislação, tendo funcionado como centros de difusão da normativa da Coroa. Nada disso marcou presença nos espaços ultramarinos portugueses.

O conhecimento da legislação em vigor era, em alguns lugares, de tal modo precário que os agentes da administração territorial tudo fizeram para demonstrar às autoridades régias que tinham prestado um bom serviço na difusão e na conservação das suas ordens. Em fevereiro de 1768, por exemplo, Jorge Botelho Machado Cardoso, juiz de fora e provedor dos defuntos do Rio de Janeiro, numa missiva dirigida ao secretário de Estado da Marinha e do Ultramar, informou que tinha cumprido, com toda a prontidão, a ordem régia para guardar, num cofre de três chaves da câmara do Rio de Janeiro, o livro *Dedução Cronológica e Analítica*, bem como a "petição de recurso" e demais leis relativas à Companhia de Jesus. Machado Cardoso chegou mesmo a mandar para Lisboa uma certidão na qual se descrevia, com detalhe, tudo o que tinha efetuado, incluindo a afixação de editais acerca do processo.[110] Nesse caso, a importância da *Dedução Cronológica e Analítica* justificou cuidados especiais tanto no registro do recebimento desse livro, quanto na sua preservação.

Certos governadores do Brasil também fizeram questão de frisar que tinham cumprido, de um modo diligente, a ordem de registro. Em meados de Setecentos, por exemplo, o conde de Bobadela, governador do Rio de Janeiro, Minas Gerais e São Paulo, enviou uma missiva ao secretário de Estado do Reino e das Mercês solicitando que, nos livros da câmara fluminense, ficasse escrito que, enquanto governador, tinha mandado registrar e conservar todas as leis régias.[111]

Por último, refira-se que, no reino e, sobretudo, nos territórios americanos, muitas confrarias e irmandades foram um importante local de conservação e de difusão da legislação régia, sobretudo para os setores mais humildes da população, ou seja, a maioria das pessoas. Para muitos homens, mas também mulheres, com a condição de "índios aldeados", e para os afrodescendentes escravizados, libertos ou livres a participação em reuniões de irmandades costumava ser a única forma de tomarem conhecimento das leis às quais podiam recorrer a fim de fazerem valer os seus direitos.[112] É possível que algumas dessas associações tenham mesmo chegado a formar as suas próprias coleções de leis.

A pesquisa das duas últimas décadas acerca da interação entre a população de ascendência africana e as instâncias judiciais da América portuguesa revelou que, por vezes, esses setores da sociedade colonial tinham um conhecimento bastante amplo da legislação vinda de Lisboa, em especial da normativa que dizia respeito à escravidão e à alforria. Incidindo sobre o período em que surgiram as leis que foram abolindo o tráfico e a escravidão no reino, Luiz Geraldo Silva reconstituiu a formação, em diversas capitanias do nordeste do Brasil, de redes de sociabilidade que visavam difundir essas leis, tendo funcionado, também, como espaço de debate e de interpretação dessa normativa.[113]

Na Cidade da Paraíba, por exemplo, realizaram-se várias reuniões para discutir o alvará de 16 de janeiro de 1773, o qual introduzia a liberdade geral dos cativos no território do reino. Em carta de 21 de setembro de 1773, o ouvidor de Paraíba de Nossa Senhora das Neves dava conta de que, havendo-se espalhado na Cidade da Paraíba, a Lei porque Sua Majestade foi servido Libertar os mulatos e pretos de Portugal, tem sido tão mal entendida pelos mulatos, e negros daquela Cidade, que tem chegado a fazer entre eles conciliábulos e conventículos, de sorte que a interpretaram, e publicam a seu favor, tirando inúmeras cópias, vendendo-as a preço de uma pataca.

As autoridades inquietaram-se com essas notícias, pois como escreve Silva, "temia-se, a rigor, que entre os cativos e negros livres que discutiam abertamente acerca do Alvará de 1773 houvesse 'alguns de gênios violentos'. Por esse motivo, procuraram averiguar quem tinha feito as interpretações da lei, quem a tinha comunicado aos escravos, quem tinha feito as cópias da lei e quais eram 'as casas onde se faziam os conventículos e conciliábulos'". Luiz Geraldo Silva identificou, também, contatos entre esses "conciliábulos" e círculos similares em capitanias vizinhas, concluindo que a lei de 1773, ao normatizar o processo de abolição da escravidão em Portugal e no Algarve, teve forte impacto sobre as camadas populares da América portuguesa: "Discussões, conversas em oficinas de artesãos, polêmicas e 'questões' no convento de São Francisco [da cidade da Paraíba] ou na beira da Praia de Tambaú, eram levadas a efeito sob este impacto, pois, 'no povo houve uma curiosidade de querer saber o que a dita Lei continha'."[114]

Uma derradeira palavra para uma outra dimensão reveladora do conhecimento da normativa régia: a sua rejeição, porque vista como símbolo da dominação exercida pela Coroa. A despeito do precário conhecimento das normas régias, sabemos que, em ocasiões de revolta, certas leis foram efetivamente vistas como a materialização do poder régio. Tal aconteceu em diversas ocasiões no reino, como, por exemplo, quando das revoltas do "Manuelinho", em Évora, no final da década de 1630, durante as quais a população amotinada queimou várias leis promulgadas pelos Áustria.[115] Algo de parecido ocorreu na "revolta do papel selado", no Porto da segunda metade do século XVII, e o mesmo sucedeu, em diferentes momentos, nas revoltas que agitaram a América portuguesa durante os séculos XVII e XVIII.[116] O famoso regimento de 1771 que regulava a extração de diamantes em Minas – uma norma carregada de simbolismo, porque instituía o monopólio régio da extração de diamantes – é um bom exemplo do que acabou de ser dito. No decurso do processo que levou à independência do Brasil, o único exemplar desse regimento que existia no Arraial do Tejuco, em Minas – o famoso "livro da capa verde" – foi lançado às chamas pela população que celebrava, nas ruas, o fim da dominação portuguesa na América.[117]

* * *

Que imagem de conjunto se pode extrair dos dados que acabaram de ser apresentados?

Sobressai, antes de mais, a ideia de uma legislação unívoca, extensiva ao reino, aos arquipélagos atlânticos e, ainda, aos territórios americanos e africanos. A despeito do uso nem sempre consistente dos vários tipos documentais, pode dizer-se que a Coroa portuguesa legislou de um modo relativamente uniforme para o conjunto dos seus territórios no espaço atlântico, na Península Ibérica, nos arquipélagos, na África Subsahariana e na América do Sul. E fê-lo com especial intensidade nas primeiras três décadas do século XVII, mas também a partir de 1750. No que toca à temática dessas leis, a regulação econômica, os assuntos militares e a fiscalidade foram as áreas sobre as quais a normativa régia mais incidiu, sendo de registrar, também, a redução do número de normas sobre a administração da justiça durante o século XVIII. Quanto à publicação da legislação régia, a multiplicidade de agentes envolvidos garantiu uma difusão generalizada, embora desigual, pelos vários territórios. O recurso à imprensa coexistiu, até muito tarde, com o traslado manuscrito das leis, o mesmo se podendo dizer do anúncio oral da normativa régia. A respeito do registro, apesar de todas as insistências por parte das autoridades os dados compulsados – referentes, apenas, ao reino – sugerem que tal ordem nem sempre foi cumprida.

Antes de concluirmos, é importante referir que, no seu conjunto, os numerosos exemplos apresentados ao longo deste texto mostram que, na difusão das normas pelo reino e pelas conquistas, a par do procedimento-padrão, existiram muitas variações. A especificidade de cada território levava a que os agentes a atuar no terreno recorressem a procedimentos muito diversos no que à difusão das normas régias dizia respeito. É, por isso, impossível reduzir o modo de disseminação das leis a uma única modalidade, e as generalizações, neste terreno, são arriscadas. Acresce que, para algumas das questões que foram levantadas, a documentação compulsada não é elucidativa, tendo ficado várias matérias por esclarecer. Assim, não sabemos se todas as normas promulgadas foram efetivamente enviadas às câmaras, como tampouco sabemos qual foi o critério que presidiu à impressão de apenas algumas leis. Foram também identificadas normas que, por dizerem respeito a realidades muito concretas, só foram divulgadas na região ou no âmbito territorial a que se referiam, sem que se tenha encontrado uma explicação satisfatória para esse fenômeno. A resposta a essas perguntas, bem como às demais dúvidas suscitadas ao longo do texto, terá de esperar por uma investigação mais sistemática acerca desta matéria, a qual terá necessariamente de abarcar uma parcela do espaço político português à qual praticamente não fizemos referência: o Estado da Índia.

Notas

1. Agradecemos penhoradamente a Fátima Farrica e a António Castro Nunes toda a informação que nos forneceram sobre os temas analisados neste capítulo. Agradecemos, igualmente, aos colegas que leram e criticaram uma versão preliminar deste estudo. Por último, queremos manifestar a nossa gratidão a toda a equipe do projeto Compol, por

nos ter fornecido um manancial de informação tão rico, sem o qual teria sido impossível construir este texto.

2. *Ius Lusitaniae – Fontes históricas do Direito Português (séculos XII-XIX)*. Disponível em: <http://www.iuslusitaniae.fcsh.unl.pt>.

3. Sobre o tema em análise, veja-se, *maxime*, o estudo de António Manuel Hespanha incluído em John Gilissen, *Introdução Histórica ao Direito*, p. 318ss. Veja-se, também, de Nuno Espinosa Gomes da Silva, *História do direito português*, p. 368ss.

4. O vocábulo "lei" designava uma norma que se revestia de uma dignidade especial e, em regra, possuidora de um caráter geral. Englobando tanto as "cartas de lei" quanto as normas apelidadas simplesmente "lei", esse gênero de diplomas distinguia-se, no plano formal, pelo fato de começarem com o nome próprio do rei – por exemplo, "Dom João, pela Graça de Deus rei de Portugal..." – e por serem habitualmente assinadas pelo soberano. A partir do século XVII, algumas "leis" foram também firmadas pelo secretário de Estado. No caso de serem emitidas por um tribunal ou por um conselho, tais diplomas podiam também ser assinados pelos seus presidentes. Desde o período tardo-medieval, as "leis" passaram a ser registradas na Chancelaria régia. Veja-se, de André Costa, *Os secretários e o Estado do Rei: luta de corte e poder político, sécs. XVI-XVIII*.

5. O "alvará" era uma espécie normativa de menor dignidade do que a "lei", tendo servido, por exemplo, para o registro de mercês. As normas que tinham uma vigência temporária de até um ano deveriam ser aprovadas por alvará (*Ordenações Filipinas*, 2.40). Em termos formais, começava com a expressão "Eu el rei" e, à semelhança da "lei", tinha de ser validado pela Chancelaria. Convém assinalar que o leque de entidades que então emitiam alvarás era bastante grande, incluindo ministros, secretarias, tribunais e, no âmbito eclesiástico, os prelados e os cabidos.

6. A "provisão" era o tipo de documento que veiculava ordens do rei relativas a algum assunto específico. A "provisão" servia para conferir mercês, cargos, dignidades ou ofícios. Tal como as "cartas", principiava pelo nome do rei e ostentava a assinatura régia. A "provisão" não podia derrogar "leis", mas apenas dispensar das mesmas, embora sempre de forma casuística ou conjuntural. Como assinalou André Costa, o recurso a "provisões" aumentou significativamente a partir do momento em que a Secretaria de Estado assumiu um maior protagonismo político. André Costa, *Os secretários e o Estado do Rei...*

7. A "carta régia" era uma disposição que declarava a vontade normativa do rei acerca de um determinado assunto, não necessariamente de caráter geral. A "carta régia" era habitualmente expedida com um "aviso" e assinada pelo rei, pela rainha ou pelo príncipe.

8. O termo "decreto" era usado para classificar as determinações régias dirigidas a um tribunal ou a um magistrado. Os "decretos" veiculavam uma ordem régia e tinham um caráter normativo. A partir de meados do século XVII, os "decretos" estiveram também ligados aos secretários que procuraram contornar as "ordens" dos tribunais por meio de uma norma que escapasse ao controle da Chancelaria.

9. A "portaria" era uma ordem verbal dada pelo rei ou expedida pelo secretário de Estado em nome do soberano e dirigida aos tribunais ou conselhos palatinos. Os tribunais e alguns oficiais régios de maior dignidade também podiam produzir "portarias".

10. O "aviso" era uma ordem emitida pelo secretário de Estado mas em nome do rei, e remetida ao presidente ou aos magistrados de um tribunal. Porque o "aviso" servia, acima de tudo, para ordenar a execução de uma ordem real, entre os jurisconsultos muito se

discutiu se esse tipo de documento tinha força normativa. Acresce que, devido à sua "informalidade", os "avisos" das Secretarias de Estado foram alvo frequente de críticas por parte de alguns jurisconsultos. Na documentação camarária analisada no âmbito do projeto Compol, os "avisos" raramente aparecem registrados nos livros dos concelhos, uma ausência que pode ter a ver, precisamente, com o seu caráter informal.

11. Não há dúvida de que José Roberto Coelho e Souza, José Anastácio de Figueiredo, João Pedro Ribeiro, Joaquim Inácio de Freitas, José Justino Andrade e Silva ou António Delgado da Silva, entre outros, realizaram um importantíssimo trabalho de compilação. No entanto, a recolha que efetuaram nem sempre se pautou por um critério muito sistemático, razão pela qual muitos dos espécimes compilados não cabem na categoria "legislação". Acresce o fato de que tais coleções foram feitas em períodos diversos e à luz de critérios muito diferentes.

12. A. M. Hespanha, estudo incluído em John Gilissen, *Introdução Histórica ao Direito*, p. 318.

13. *Ordenações filipinas*, Livro I, título II, Livro II, título XXXIX. Tais registros encontram-se, atualmente, na Torre do Tombo, na coleção de legislação (dezoito livros de registro de leis, desde 1576 a 1826). António Pedro Barbas Homem, "Introdução Histórica à Teoria da Lei – Época Moderna", p. 114.

14. André Costa, *Os secretários e o Estado do Rei...* Seja como for, na segunda metade de Setecentos, a Chancelaria continuou a participar no processo legislativo. Assim, e por exemplo, através do alvará de 24 de julho de 1773, D. José I reiterou que cada novo diploma teria de passar "pela Chancelaria onde se publicará, sendo registado nos livros das minhas secretarias de estado e mercês, dos tribunais, casa da suplicação e Porto, e sendo impresso ordeno ao meu chanceler mor o envie às Comarcas, Conquistas e mais partes onde necessário for para que venha à notícia de todos".

15. Antonio Planas Rosselló, "La publicación de las normas en la Mallorca de los Austrias", p. 118.

16. Acerca desse tema, veja-se, *in genere*, Maria Emília Madeira Santos (org.), *O domínio da distância. Memória de África*; e, também, de Fernando Bouza Álvarez, "Memoria de memorias. La experiencia imperial y las formas de comunicación", pp. 107-124.

17. Rafael García Pérez, "La publicación de las leyes en el Reino de Navarra durante el Antiguo Régimen", pp. 137-139.

18. *Cf.* Nuno Espinosa Gomes da Silva, *História do direito português*, p. 372ss. Veja-se, também, as considerações de José Subtil sobre a produção documental e acerca do arquivo do tribunal do Desembargo do Paço, em *O Desembargo do Paço (1750-1833)*, p. 105ss.

19. Margarida Sobral Neto, "Os correios na Idade Moderna", pp. 16-74.

20. Sobre os correios na América, veja-se, de Marília Nogueira dos Santos, *Escrevendo cartas, governando o império. A correspondência de Antônio Luís Gonçalves da Câmara Coutinho no governo-geral do Brasil, 1690-1694*, pp. 85ss.

21. Margarida Sobral Neto, "Os correios na Idade Moderna ...", pp. 24ss.; Ponta Delgada – lv. 120, fl. 266. Alvará com força de lei – 6 de junho de 1798: sobre o estabelecimento do Correio Marítimo e as Instruções a respeito desse cargo.

22. *Testamento político ou carta escrita pelo grande D. Luiz da Cunha ao Senhor Rei D. José I. Antes do seu governo, o qual foi do Conselho dos Senhores D. Pedro II., e D. João V., e seu Embaixador ás Cortes de Vienna, Haya, e de Paris, onde morreo em 1749...*, p. 39.

23. Francisco Coelho de Sousa e Sampaio, *Prelecções de direito patrio publico e particular, offerecidas ao serenissimo Senhor D. João Principe do Brasil...*, Cap. II – Do Direito Legislativo, parágrafo LXVI, nota s. Ver, também, de Joaquim Ramos de Carvalho, "A rede dos correios na segunda metade do século XVIII", pp. 78-94.

24. *Cf.* João Alves Dias, "A comunicação entre o poder central e o poder local. A difusão de uma lei de 1532", pp. 377-389.

25. Vejamos um exemplo referente à Câmara de Viana da Foz do Lima na segunda metade de Setecentos: "O caminheyro será pago pellos bens dos ditos concelhos, fazendo se lhe a conta a quatro legoas por dia, e duzentos reis em atençam á demora, que he necesario para o traslado; e se o escrivaõ da camara o demorar por mais tempo de huma hora lhe pagará por seus bens o prejuízo da demora, para o que cada hum dos escrivaens da camara declararaõ na certidam o dia, e hora em que lhe foy entregue, e que despede o caminheyro, para também se saber se incluio na dita diligencia mais dias do que lhe sam determinados [...]" – Ordem de 29 de outubro de 1766 enviada pelo corregedor da Comarca de Viana a todos os juízes e câmaras da mesma comarca (AMVC, Câmara Municipal de Viana do Castelo, livros de registo, lv. 19, fl. 296v).

26. *Vox* "Estafeta" em Raphael Bluteau, *Vocabulario portuguez & latino: aulico, anatomico, architectonico ...* (Coimbra, Collegio das Artes da Companhia de Jesus, 1712-1728).

27. Ao longo do século XVIII, e mesmo sem que as cortes tivessem reunido, o direito a participar nessa assembleia continuou a ser um critério por diversas vezes invocado para selecionar as câmaras que recebiam avisos e normas da Coroa. É isso o que sucede, por exemplo, num requerimento da câmara de Faro datado de 1795, no qual surge uma referência específica às câmaras que costumavam ser informadas das "alegrias e nojos" dos soberanos: "as Câmaras e principalmente aquelas que têm voto em Cortes e a que os Soberanos participam as alegrias e nojos do Reino" – Representação da Câmara de Faro de 5 de agosto de 1795 (Arquivo distrital de Faro (ADF), fundo documental 1 – Câmara Municipal de Faro, Secção A – Constituição e Regulamentação do Município, Série A-1 Registo de leis, alvarás, provisões, cartas e outros diplomas, Sr. A/1, Sr. A/1, lv. 09, fl. 135).

28. Carta enviada pelo corregedor da Comarca de Viana ao intendente-geral da polícia (Arquivo Municipal de Viana do Castelo (AMVC), Câmara Municipal de Viana do Castelo, livros de registo, lv. 29, fl. 126).

29. Foi isso o que sucedeu, em 1764, com uma carta enviada pelo secretário de Estado dos Negócios do Reino, carta essa que foi remetida aos "generais comandantes das províncias, a todos os governadores das praças principais delas, a todos os coronéis dos regimentos do exército, a todos os capitães-mores de todas as vilas das comarcas do reino, a todos os corregedores, provedores, ouvidores e juízes de fora das cabeças de comarca o regimento das recrutas do exército" – Carta de 1º de outubro de 1764 enviada pelo secretário de Estado dos Negócios do Reino (Arquivo Histórico Municipal de Vila Viçosa (AHMVV), Câmara de Vila Viçosa, Registo geral 706, fl. 30).

30. A condição de "cabeça de comarca" foi um critério utilizado pela Coroa não só no processo de difusão das leis régias, mas também em outros setores da administração da Coroa, como, por exemplo, nas reuniões de cortes. Os representantes das câmaras "cabeça de comarca" foram sempre os selecionados para permanecerem em Lisboa até o final dos trabalhos dessa assembleia representativa. O mesmo aconteceu com os representantes

das três únicas câmaras ultramarinas representadas em cortes: Goa, Salvador da Bahia e São Luís do Maranhão.

31. Veja-se a legislação reunida em "Translado autêntico do Livro Dourado da Relação da Bahia"; Stuart B. Schwartz, *Burocracia e sociedade no Brasil Colonial. A suprema corte da Bahia e seus juízes, 1609-1751*.

32. Arno Wehling & Maria José Wehling, *Direito e justiça no Brasil colonial: o Tribunal da Relação do Rio de Janeiro (1751-1808)*.

33. José Damião Rodrigues, *Poder Municipal e Oligarquias Urbanas. Ponta Delgada no Século XVII*.

34. Martim de Albuquerque, "A aplicação das leis no Ultramar durante o Antigo Regime", pp. 95-108.

35. *Cf.* José Pedro Paiva, "As comunicações no âmbito da Igreja e da Inquisição", pp. 148-175. O estudo mais exaustivo sobre a circulação de normativa eclesiástica no Brasil é o de Aldair Rodrigues, "O circuito da comunicação diocesana e a penetração dos editais do Santo Ofício no Brasil do século XVIII", pp. 137-156.

36. Víctor Tau Anzoátegui, "Acerca de la elaboración y publicación de la ley en el Derecho Indiano", pp. 174-175.

37. Ordem de 31 de maio de 1682 de Diogo Pinto do Rego, capitão-mor e governador da capitania de São Vicente e São Paulo. Ver Registro geral da Câmara Municipal de S. Paulo, 1661-1709, v. III, p. 343.

38. Martim de Albuquerque, "Para a história da legislação e jurisprudência em Portugal. Os livros de registro de leis e assentos dos antigos tribunais superiores", pp. 65-108.

39. Biblioteca Nacional de Portugal, carta (cópia) do cardeal Da Mota para D. João V sobre a organização das Secretarias de Estado, datada de 22 de maio de 1736, códice 8058, miscelânea, fl. 240v. Acerca deste tema, veja-se, de Maria Fernanda Bicalho, "Ascensão e queda dos Lopes de Lavre: secretários do Conselho Ultramarino", pp. 283-315.

40. João Luís Lisboa & Tiago Miranda & Fernando Olival (orgs.), *Gazetas manuscritas da Biblioteca Pública de Évora*, v.3 (1735-1737), p. 201.

41. João Luís Lisboa & Tiago Miranda & Fernando Olival (orgs.), *Gazetas manuscritas...*, p. 204.

42. Veja-se, de André Belo, *Nouvelles d'Ancien Regime. La Gazeta de Lisboa et l'information manuscrite au Portugal (1715-1760)*.

43. Aviso de 27 de outubro de 1759, enviado pelo secretário de Estado dos Negócios do Reino para o corregedor da comarca de Viana (AMVC, Câmara Municipal de Viana do Castelo, livros de registo, lv. 19, fl. 178v).

44. No fundo documental de D. Luís de Almeida, marquês do Lavradio, governador da capitania da Bahia e vice-rei do Brasil na segunda metade de Setecentos, é possível encontrar a seguinte norma impressa: *Acórdão com sentença (impresso) da junta formada pelo Conselho de Estado e Desembargo do Paço relativo ao julgamento do duque de Aveiro, dos marqueses de Távora e outros réus implicados no caso do atentado contra o rei d. José I de Portugal*, p. 27.

45. Ana Isabel Buescu, "Cultura impressa e cultura manuscrita em Portugal na Época Moderna: uma sondagem", pp. 11-32.

46. Veja-se *in genere* João Luís Lisboa, Tiago Miranda e Fernando Olival (orgs.), *Gazetas manuscritas da Biblioteca Pública de Évora*, v.3.

47. Esse fenômeno pode também estar relacionado com o fato de esses livros serem "de registro" e não "de originais". Aliás, esta última tipologia foi detectada apenas na Câmara de Évora.

48. Luiz Geraldo Silva, "'Esperança de liberdade': Interpretações populares da abolição ilustrada (1773-1774)", p. 130.

49. Tiago Miranda, "Memória por alvará: registos legais/monumentos políticos", *Brotéria* (2009), pp. 135-148.

50. João Pedro Ribeiro, *Indice Chronologico Remissivo da Legislação Portugueza Posterior à Publicação do Codigo Filippino com hum Appendice*. Parte II. Desde o Principio do Reinado do Senhor D. José I até o fim do Anno de 1805, p. 269.

51. *Vox "Caixa"* em R. Bluteau, *Vocabulario portuguez & latino...*

52. Relação de 14 de março de 1668, passada pela Câmara de Viana (AMVC, Câmara Municipal de Viana do Castelo, livros de registo, lv. 06, fl. 048v).

53. Carta precatória de 12 de setembro de 1733, enviada pelo provedor da comarca de Viana para o juiz de fora de Viana (AMVC, Câmara Municipal de Viana do Castelo, livros de registo, lv. 10, fl. 101).

54. Ordem de 29 de outubro de 1766, enviada pelo corregedor da comarca de Viana a todos os juízes e câmaras da mesma comarca (AMVC, Câmara Municipal de Viana do Castelo, livros de registo, lv. 19, fl. 296v).

55. Certidão de 9 de novembro de 1766, passada pelo escrivão da Câmara de Viana (AMVC, Câmara Municipal de Viana do Castelo, livros de registo, lv. 19, fl. 296v).

56. Júnia Furtado, *O Livro da capa verde. O regimento diamantino de 1771 e a vida no distrito diamantino no período da Real Estração.*

57. Álvaro de Araujo Antunes, "Homens de Letras e Leis: a prática da justiça em Minas Gerais colonial", v. 1, pp. 1-15.

58. Para alguns teólogos e juristas tal configurava uma situação que a doutrina qualificava de "ignorância sem culpa". Francisco Suárez – em *De Legibus...* – defendeu que aqueles que, sem culpa, ignoravam a lei, não podiam ser obrigados a cumpri-la.

59. *Cf.* Maria Gabriela Souza de Oliveira, *O Rol das Culpas. Crimes e criminosos em Minas Gerais (1711-1745).*

60. Alvará cit. por Serafim Leite, *História da Companhia de Jesus no Brasil*, Tomo V – *Da Baía ao Nordeste. Estabelecimentos e assuntos locais: séculos XVII-XVIII*, p. 23. Agradecemos a Fabricio Lyrio essa sugestiva informação.

61. Tal aconteceu também em Angola, com os regentes de presídios.

62. Carlos Moreira Neto destacou o papel desempenhado pelos "capitães", ou seja, os índios que foram especialmente escolhidos pelos colonizadores para dirigirem grupos e povoações de nativos. Em regra eram escolhidos pelas câmaras situadas nas proximidades, mas também por missionários, e a escolha recaía, habitualmente, nos índios que eram mais coniventes com os interesses dos colonizadores. Esses índios também costumavam ser denominados de capitães-mores e dirigiam as companhias de ordenanças que foram criadas nas missões tendo em vista a sua própria segurança, e também para apoiarem a Coroa em caso de necessidade – Carlos de Araújo Moreira Neto, *Índios da Amazônia: de maioria a minoria (1750-1850)*, p. 47. Veja-se, também, de Fátima Martins Lopes, "Capitães-mores e camaristas índios: novos interlocutores nas vilas de índios da capitania do Rio Grande", pp. 187-220.

63. Carta do vice-rei e governador-geral do Estado do Brasil, conde dos Arcos, D. Marcos de Noronha, ao rei D. José I sobre o registro do alvará ordenando que a todos os vassalos que casarem com índios não fiquem com infâmia alguma, AHU – Bahia, cx. 133 doc. 11. (AHU, ACL, CU, 005, Cx. 128, D. 9976). Agradecemos a Fabricio Lyrio Santos a chamada de atenção para esse importante documento.

64. Fabricio Lyrio Santos, *Da Catequese à Civilização. Colonização e Povos Indígenas na Bahia*, p. 88ss.

65. Fátima Martins Lopes, "Capitães-mores e camaristas índios…, p. 187ss.

66. Roquinaldo Ferreira, "Slavery and the Social and Cultural Landscapes of Luanda", p. 195.

67. Francisco Luis Pacheco Caballero, "'Voce praeconis et tubis clangentibus'. Publicación y conocimiento de las normas en la Cataluña bajomedieval y moderna", p. 59ss.

68. *Vox* "Fixar" em R. Bluteau, *Vocabulario portuguez & latino…*

69. O "édito" era também um espécime documental muito usado pela Igreja, tanto pelo episcopado quanto pela inquisição. Veja-se, a esse respeito, o recente estudo de Aldair Rodrigues, "O circuito da comunicação diocesana e a penetração dos editais do Santo Ofício no Brasil do século XVIII…, pp. 137-156.

70. *Vox* "Edital" em R. Bluteau, *Vocabulario portuguez & latino…*

71. *Ibidem.*

72. Em cronologias muito mais recentes, o "bando" continuou a ser prática corrente na administração colonial portuguesa, como mostrou Ricardo Roque em "A voz dos 'Bandos'. Colectivos de justiça e ritos da palavra portuguesa em Timor-Leste Colonial", pp. 563-594.

73. Ver registro geral da Câmara Municipal de S. Paulo, v. III, p. 219.

74. V. Tau Anzoátegui, *Los bandos de buen gobierno del Río de la Plata, Tucumán y Cuyo (época hispánica).*

75. Cinthya Martins, *Ao rufar das caixas, leia-se o bando: estudo diacrônico da tradição discursiva bando no Ceará (1670-1832).*

76. Carta de 13 de novembro de 1802, enviada pelo intendente-geral do papel selado para o juiz de fora de Faro (ADF, fundo documental 1 – Câmara Municipal de Faro, Seção A – Constituição e Regulamentação do Município, Série A-1 Registo de leis, alvarás, provisões, cartas e outros diplomas, Sr. A/1, lv. 10, fl. 223v).

77. Ver registro geral da Câmara Municipal de S. Paulo, v. XI, p. 335.

78. Carta de 31 de julho de 1792, enviada pelo governo interino do Reino do Algarve para o juiz de fora de Faro, e certidão de 6 de agosto de 1792, passada pelo escrivão da Câmara de Faro (ADF, fundo documental 1 – Câmara Municipal de Faro, Seção A – Constituição e Regulamentação do Município, Série A-1 Registo de leis, alvarás, provisões, cartas e outros diplomas, Sr. A/1, lv. 09, fl. 011v).

79. No caso da carta de 11 de setembro de 1788 que informa a morte do rei D. José, o original ficou no escritório da câmara de Vila Viçosa, ver AHMVV, Registo Geral 707, fl. 033v. Acerca do papel dos escrivães, veja-se, de Roberta Stumpf, "A Câmara de Vila Rica na segunda metade do século XVIII: ofícios e representatividade política".

80. Manuel Inácio Pestana, "Subsídios documentais dos Livros do Senado Municipal", p. 211ss.

81. Ana Silva Albuquerque de Oliveira, *História Social da Administração do Porto (1700-1750).*

82. Agradecemos a Álvaro de Araujo Antunes a chamada de atenção para as compilações existentes nesse importante arquivo.

83. Ver Manuel Inácio Pestana, "Subsídios documentais dos Livros do Senado Municipal", p. 211ss. Em alguns lugares, o ofício de escrivão da câmara chegou a ser muito apetecido. Em Mariana, por exemplo, foi propriedade de uma mesma família ao longo de, pelo menos, todo o século XVIII. Agradecemos a Carla Almeida essa informação.

84. *Códice Costa Matoso. Coleção de notícias dos primeiros descobrimentos das Minas na América que fez o doutor Caetano da Costa Matoso sendo ouvidor geral das do Ouro Preto, de que tomou posse em Fevereiro de 1749, e vários papéis*, de Luciano Raposo de Almeida Figueiredo & Maria Verônica Campos (orgs.), p. 336.

85. *Códice Costa Matoso*, pp. 395-396.

86. "Nossa Senhora da Ajuda a vinte e sete de Outubro de mil setecentos sincoenta e nove// Conde de Oeiras//E não se declara mais em a dita própria copia que aqui fiz traslladar, a que me Reporto em poder do Doutor Francisco Antonio da Silva e Almeida corregedor actual desta comarca a quem a tornei a entregar, porque delle a recebi, em Vianna a seis de Setembro de mil setecentos sessenta, e sinco annos" – Aviso de 27 de outubro de 1759, enviado pela Secretaria de Estado dos Negócios do Reino para o corregedor da Comarca de Viana. AMVC, Câmara Municipal de Viana do Castelo, livros de registo, lv. 19, fl. 178v.

87. Agradecemos a Vânia Losada Moreira as informações que nos forneceu sobre esse tema. Para uma análise mais detalhada dessa questão, veja-se Vânia Losada Moreira, "Terra, estratégias e direitos indígenas", pp. 30-47.

88. *Leis Extravagantes...*, f. 218.

89. Cit. por Thiago Alves Dias, *Dinâmicas mercantis coloniais. Capitania do Rio Grande do Norte (1760-1821)*, p. 121. Agradecemos a Carmen Alveal a informação que nos forneceu sobre essa questão.

90. Carmen Alveal, "Os desafios da governança e as relações de poder na Capitania do Rio Grande na segunda metade do século XVII", p. 39ss.

91. Álvaro de Araujo Antunes, "Homens de Letras e Leis: a prática da justiça em Minas Gerais colonial", v. 1, pp. 1-15.

92. Álvaro de Araujo Antunes, *Fiat Justitia: os advogados e a prática da justiça em Minas Gerais (1750-1808)*, p. 169ss. e p. 232ss. Agradecemos a Álvaro de Araujo Antunes o acesso a esse importante trabalho.

93. Sílvia Hunold Lara, "Os escravos e a fabricação das leis no circuito ultramarino português setecentista", pp. 111-126.

94. Decreto de 13 de julho de 1679, que manda proceder, em termos prescritos, à compilação da Legislação Extravagante, ver <http://iuslusitaniae.fcsh.unl.pt/verlivro.php?id_parte=102&id_obra=63&pagina=1156>. Estabeleceu esse decreto que João Carneiro de Moraes (do conselho régio), Gonçalo de Meireles (desembargador dos agravos) e Manuel Lopes de Oliveira (desembargador dos agravos) se juntariam em casa do chanceler-mor para a elaboração de uma nova compilação de leis régias, devendo para isso recorrer aos fundos da Torre do Tombo, da Chancelaria e dos tribunais onde existissem leis. Ver, também, o Decreto de 4 de março de 1684 – <http://iuslusitaniae.fcsh.unl.pt/verlivro.php?id_parte=46&id_obra=59&pagina=328>.

95. De qualquer modo, durante o século XVIII e início do XIX, surgiram algumas compilações de leis e de regimentos. As principais encontram-se em *Ius Lusitaniae – Fontes históricas do Direito Português* (*séculos XII-XIX*) – <http://www.iuslusitaniae.fcsh.unl.pt>.

96. *Cf.* Bartolomé Clavero, *Temas de Historia del derecho. Derecho de los Reinos, Segunda edición revisada.* Acerca de iniciativas de compilação de leis na Espanha durante o século XVIII, veja-se Manuel Coronas González Santos, "La Ley en la España del Siglo XVIII", pp. 183-242.

97. Agradecemos a José Damião Rodrigues essa importante informação.

98. Veja-se, *maxime*, Josemar Henrique de Melo, *A Ideia de Arquivo. A secretaria do governo da Capitania de Pernambuco (1687-1809)*, p. 172ss. Segundo Josemar Melo, as primeiras nomeações régias para o cargo de secretário do governo dos vários territórios ultramarinos foram realizadas nas seguintes datas: Estado da Índia – 1578; Estado do Brasil – 1646; Angola – 1688; Pernambuco – 1687; Rio de Janeiro – 1689; Maranhão – 1694; São Paulo – 1709; Minas – 1721; Mato Grosso – 1748; Goiás – 1748; Moçambique , Rios de Sena e Sofala – 1760; Estado do Grão-Pará – 1760; Piauí – 1806; Rio Grande do Sul – 1806. A essas nomeações régias há que juntar as que eram efetuadas pelos governadores e pelos capitães-mores, algumas delas em datas anteriores às acima referidas; em Pernambuco, por exemplo, há notícia de um secretário em 1645, pp. 173-181. Veja-se, também, de Pedro Puntoni, "Bernardo Vieira Ravasco, secretário do Estado do Brasil: poder e elites na Bahia do século XVII", pp. 139-166; e, ainda, de Marília Nogueira dos Santos, *Escrevendo cartas, governando o império...*, p. 81ss. Para o período durante o qual o Rio de Janeiro foi capital do Estado do Brasil, veja-se os volumes contendo legislação que integram o *Fundo Marquês do Lavradio*, pp. 27-29. Agradecemos a Adriana Angelita da Conceição a chamada de atenção para essa documentação.

99. Caio C. Boschi, "Os secretários do governo da capitania de Minas Gerais", pp. 59-100.

100. Certidão atestando o registro da lei real nos livros da secretaria, da provedoria e da ouvidoria-geral de Pernambuco, 1725 – Arquivo Histórico Ultramarino (AHU), ACL, CU 015, Cx. 31, D. 2872. O exemplo paradigmático é a coleção elaborada por Caetano da Costa Matoso, ouvidor da comarca de Ouro Preto: *Códice Costa Matoso. Coleção de notícias dos primeiros descobrimentos das Minas na América que fez o doutor Caetano da Costa Matoso sendo ouvidor geral das do Ouro Preto, de que tomou posse em Fevereiro de 1749, e vários papéis*, organizado por Luciano Raposo de Almeida Figueiredo e de Maria Verônica Campos. Acerca do labor de Costa Matoso como compilador de leis e de outros materiais, veja-se, de Luciano Figueiredo, "Estudo crítico. Rapsódia para um bacharel", pp. 37-154; nas p. 55ss. Luciano Figueiredo refere outras coleções formadas no Brasil setecentista.

101. Caio C. Boschi (org.), *Coleção Sumária e as Próprias Leis, Cartas Régias, Avisos e Ordens que se Acham nos Livros da Secretaria do Governo desta Capitania de Minas Gerais, Reduzidas por Ordem a Títulos Separados.*

102. Luciano Figueiredo, "Estudo crítico. Rapsódia para um bacharel". *In: Códice Costa Matoso*, pp. 37-154. Luciano Figueiredo refere outras coleções referentes ao Brasil, em especial a de Francisco A. Rebelo, "Erário Régio de S.M.F. Ministrado pela Junta da Fazenda Real de Vila Rica", de 1768; ou o *Códice Félix Machado*, relativo a Pernambuco entre 1711 e 1715, p. 55ss.

103. Caio Boschi, "Para conservar os povos em sossego", pp. 15-47.

104. Álvaro de Araujo Antunes, "O Inquérito das Letras: a formação universitária e a composição das bibliotecas de Advogados em Minas Gerais no Século XVIII", pp. 94-140.

105. Maria Goretti Leal Soares, "Governadores e Magistrados Letrados no Governo de Angola durante o século XVIII", p. 495.
106. Agradecemos a Roberto Guedes Ferreira a informação prestada sobre o contexto angolano.
107. Ver AHU, ACL, CU, 001, Cx. 22, D. 135.
108. Ver ordem régia de 25 de janeiro de 1755, AHU, ACL, CU 001, Cx. 40, D. 1. O porteiro acumulava, quase sempre, o ofício de guarda-livros; agradeço a Roberta Stumpf essa informação.
109. Catarina Madeira Santos, "Écrire le pouvoir en Angola: les archives ndembu (XVIIe–XXe siècles)", pp. 767-795; veja-se, também, de Catarina Madeira Santos & Ana Paula Tavares, *Africae Monumenta. A apropriação da escrita pelos Africanos: volume I – Arquivo Caculo Cacahenda*; Roquinaldo Ferreira, "Slaving and Resistance to Slaving in West central Africa", pp. 111-130.
110. Ver ofício de 7 de fevereiro de 1768, AHU, ACL, CU 017, Cx. 84, D. 7454.
111. Ver AHU, ACL, CU 017, Cx. 58, D. 5655. Como mostrou Adriana Conceição, o marquês de Lavradio, vice-rei do Brasil entre 1769 e 1778, teve o cuidado de mandar copiar e preservar todos os papéis que redigiu e que foram produzidos durante a sua governação, mandando reproduzir tudo como forma de ter "prova" de que estava a desempenhar devidamente a sua função. É certo que alguns livros de registro ficaram na secretaria do vice-reino; contudo, o marquês levou para Lisboa boa parte dos documentos produzidos sob o seu governo – cf. Adriana Angelita da Conceição, *O marquês do Lavradio. Sentir, escrever e governar*.
112. *Cf.* os casos analisados por C. César Boschi em *Os leigos e o poder. Irmandades leigas e política colonizadora em Minas Gerais*; e, também, de Marcos Magalhães de Aguiar, *Vila Rica dos Confrades. A sociabilidade confrarial entre os negros e mulatos no século XVIII*. Acerca do recurso à legislação por parte de negros e de mulatos, escravizados ou alforriados, para fazerem valer os seus direitos junto das instâncias judiciais, veja-se, para os anos finais do período colonial no Brasil, os importantes trabalhos de Keila Grinberg, bem como o recente estudo de Fernanda Domingos Pinheiro, *Em defesa da liberdade. Libertos e livres de cor nos tribunais do Antigo Regime português (Mariana e Lisboa, 1720-1819)*, no qual se apresenta uma lista muito completa da bibliografia mais recente sobre essa temática. Nesse seu importante trabalho, Fernanda Domingos Pinheiro reconstitui o papel desempenhado por uma série de advogados que, enquanto intermediários, explicavam a negros e a mulatos a melhor maneira de tirar partido das leis que estavam então em vigor. Demonstra, igualmente, que, a partir da década de 1770, se verificaram mudanças na prática judicial, tanto em Mariana quanto em Lisboa. Tais mudanças terão sido o resultado não só do fato de a liberdade ser cada vez mais entendida como matéria do direito régio, mas também da sucessiva promulgação e difusão das leis emancipacionistas.
113. Luiz Geraldo Silva, "Esperança de liberdade", pp. 107-149.
114. Luiz Geraldo Silva, "Esperança de liberdade", p. 141.
115. Veja-se, *in genere*, António de Oliveira, *Movimentos Sociais e Poder em Portugal no século XVII*.
116. Sobre o tema, veja-se, *maxime*, Luciano Figueiredo, *Rebeliões no Brasil colônia*.
117. Veja-se, de Júnia Furtado, *O Livro da capa verde...*

Referências bibliográficas

AGUIAR, Marcos Magalhães de. *Vila Rica dos Confrades. A sociabilidade confrarial entre os negros e mulatos no século XVIII*. São Paulo: Universidade de São Paulo, 1993. Dissertação de mestrado.

ALBUQUERQUE, Martim de. "A aplicação das leis no Ultramar durante o Antigo Regime". *In: Estudos de cultura portuguesa*, v. III. Lisboa: INCM, 2000, pp. 95-108.

_____. "Para a história da legislação e jurisprudência em Portugal. Os livros de registro de leis e assentos dos antigos tribunais superiores". *In: Estudos de cultura portuguesa*, v. III. Lisboa: INCM, 2000, pp. 65-108.

ALVEAL, Carmen. "Os desafios da governança e as relações de poder na Capitania do Rio Grande na segunda metade do século XVII". *In:* MACEDO, Helder Alexandre Medeiros de & SANTOS, Rosenilson da Silva (orgs.). *Capitania do Rio Grande: história e colonização na América portuguesa*. João Pessoa-Natal: Ideia/EDUFRN, 2013.

ANTUNES, Álvaro de Araujo. *"Fiat Justitia: os advogados e a prática da justiça em Minas Gerais (1750-1808)"*. Campinas: História Cultural, IFCH, Universidade de Campinas, 2005. Tese de doutorado.

_____. "Homens de Letras e Leis: a prática da justiça em Minas Gerais colonial". *In: AA.VV. Actas do Congresso Internacional: Espaço Atlântico do Antigo Regime: poderes e sociedade*. Lisboa: 2008. v. 1, pp. 1-15.

_____. "Homens de Letras e Leis: a prática da justiça em Minas Gerais colonial". *In: AA.VV. Actas do Congresso Internacional: Espaço Atlântico do Antigo Regime: poderes e sociedade*, Lisboa, 2008, pp. 1-8.

_____. "O Inquérito das Letras: a formação universitária e a composição das bibliotecas de Advogados em Minas Gerais no Século XVIII". *Revista – Laboratório de Pesquisa Histórica (UFOP)*, v. 20, 2010, pp. 94-140.

BELO, André. "Nouvelles d'Ancien Regime. La Gazeta de Lisboa et l'information manuscrite au Portugal (1715-1760) ". École des Hautes Études en Sciences Sociales – Paris, 2005. Tese de doutoramento.

BICALHO, Maria Fernanda. "Ascensão e queda dos Lopes de Lavre: secretários do Conselho Ultramarino". *In:* MONTEIRO, Rodrigo Bentes & FEITLER, Bruno & CALAINHO, Daniela Buono & FLORES, Jorge (orgs.). *Raízes do Privilégio. Mobilidade social no mundo ibérico do Antigo Regime*, Rio de Janeiro, Civilização Brasileira, 2011, pp. 283-315.

BLUTEAU, Raphael. *Vocabulario portuguez & latino: aulico, anatomico, architectonico...* Coimbra, Collegio das Artes da Companhia de Jesus, 1712-1728.

BOSCHI, Caio C. *Os leigos e o poder. Irmandades leigas e política colonizadora em Minas Gerais*, São Paulo, Ática, 1986.

_____ (org.). *Coleção Sumária e as Próprias Leis, Cartas Régias, Avisos e Ordens que se Acham nos Livros da Secretaria do Governo desta Capitania de Minas Gerais, Reduzidas por Ordem a Títulos Separados*, Belo Horizonte, Secretaria de Estado da Cultura de Minas Gerais/Arquivo Público Mineiro, 2010.

_____. "Para conservar os povos em sossego". *In: Coleção Sumária e as Próprias Leis, Cartas Régias, Avisos e Ordens que se Acham nos Livros da Secretaria do Governo desta Capitania de Minas Gerais, Reduzidas por Ordem a Títulos Separados*, Belo Horizonte, Secretaria de Estado da Cultura de Minas Gerais/Arquivo Público Mineiro, 2010, pp. 15-47.

_____. *Exercícios de Pesquisa Histórica*, Belo Horizonte, PUC-Minas, 2011.

BOUZA ÁLVAREZ, Fernando. "Memoria de memorias. La experiencia imperial y las formas de comunicación". *In:* Roger Chartier & Antonio Feros (dirs.), *Europa, América y el Mundo. Tiempos Históricos*, Madri-Barcelona, Marcial Pons, 2006, pp. 107-124.

BUESCU, Ana Isabel. "Cultura impressa e cultura manuscrita em Portugal na Época Moderna: uma sondagem", *Penélope: revista de história e ciências sociais*, nº 21 (1999), pp. 11-32.

CARVALHO, Joaquim Ramos de. "A rede dos correios na segunda metade do século XVIII". *In*: Margarida Sobral Neto (org.), *As comunicações na Idade Moderna*, Lisboa, Fundação Portuguesa das Comunicações, 2005, pp. 78-94.

CLAVERO, Bartolomé. *Temas de Historia del derecho. Derecho de los Reinos, Segunda edición revisada*, Sevilha, Publicaciones de la Universidad de Sevilla, 1980.

CONCEIÇÃO, Adriana Angelita da. *O Marquês do Lavradio. Sentir, escrever e governar*, São Paulo, Alameda, 2013.

COSTA, André da Silva. *Os secretários e o Estado do Rei: luta de corte e poder político, sécs. XVI-XVIII*. Dissertação de mestrado em História Moderna, Faculdade de Ciências Sociais e Humanas da Universidade Nova de Lisboa, 2009.

DIAS, João Alves. "A comunicação entre o poder central e o poder local. A difusão de uma lei de 1532". *In: Ensaios de História Moderna*, Lisboa, Presença, 1988, pp. 377-389.

DIAS, Thiago Alves. *Dinâmicas mercantis coloniais. Capitania do Rio Grande do Norte (1760-1821)*. Universidade Federal do Rio Grande do Norte, 2011. Dissertação de mestrado em História.

FERREIRA, Roquinaldo. "Slaving and Resistance to Slaving in West central Africa". *In*: ELTIS, David & ELTIS, Stanley L. ENGERMAN (eds.). *The Cambridge World History of Slavery*, v. 3. Cambridge: Cambridge University Press, 2011, pp. 111-130.

_____. "Slavery and the Social and Cultural Landscapes of Luanda". *In*: James Sidbury *et al.* (orgs.). *The Black Urban Atlantic in the Age of the Slave Trade*, Filadélfia, University of Pennsylvania Press, 2013, pp. 185-207.

FIGUEIREDO, Luciano. *Rebeliões no Brasil colônia*. Rio de Janeiro: Jorge Zahar Editor, 2005.

FIGUEIREDO, Luciano Raposo de Almeida & CAMPOS, Maria Verônica (orgs.). *Códice Costa Matoso. Coleção de notícias dos primeiros descobrimentos das Minas na América que fez o doutor Caetano da Costa Matoso sendo ouvidor geral das do Ouro Preto, de que tomou posse em Fevereiro de 1749, e vários papéis*. Belo Horizonte, Fundação João Pinheiro/FAPEMIG, 1999.

FURTADO, Júnia. *O Livro da capa verde. O regimento diamantino de 1771 e a vida no distrito diamantino no período da Real Estração*. Coimbra/São Paulo: Imprensa da Universidade de Coimbra/Annablume, 2012.

GARCÍA PÉREZ, Rafael. "La publicación de las leyes en el Reino de Navarra durante el Antiguo Régimen". *Anuario de Historia del Derecho Español*, 80, 2010, pp. 137-139.

GONZÁLEZ SANTOS, Manuel Coronas. "La Ley en la España del Siglo XVIII". *Anuario de Historia del Derecho Español*, 80, 2010, pp. 183-242.

HESPANHA, António Manuel. "tradução e notas". *In*: GILISSEN, John. *Introdução Histórica ao Direito*. Lisboa: Gulbenkian, 1988.

HOMEM, António Pedro Barbas. "Introdução Histórica à Teoria da Lei – Época Moderna". *Legislação. Cadernos de Ciências de Legislação*, nº 26, outubro/dezembro 1999, pp. 41-182.

LARA, Sílvia Hunold. "Os escravos e a fabricação das leis no circuito ultramarino português setecentista". *Tempo Brasileiro*, 199, outubro/dezembro, 2014, pp. 111-126.

LEITE, Serafim. *História da Companhia de Jesus no Brasil*, Tomo V – *Da Baía ao Nordeste. Estabelecimentos e assuntos locais: séculos XVII-XVIII*. Rio de Janeiro: Imprensa Nacional, 1938-1950.

LISBOA, João Luís & MIRANDA, Tiago & OLIVAL, Fernando (orgs.). *Gazetas manuscritas da Biblioteca Pública de Évora*, v. 3 (1735-1737). Lisboa/Évora: CIDEHUS-CHC-CHAM, 2011.

LOPES, Fátima Martins. "Capitães-mores e camaristas índios: Novos interlocutores nas vilas de índios da capitania do Rio Grande". *In*: APOLINÁRIO, Juciene Ricarte (org.). *Cenários Históricos e Educativos. Sertão, questão indígena e espaços de saber*. Campina Grande: EDUEPB, 2011, pp. 187-220.

MARTINS, Cinthya. *Ao rufar das caixas, leia-se o bando: estudo diacrônico da tradição discursiva bando no Ceará (1670-1832)*. Universidade Estadual do Ceará, 2013. Dissertação de mestrado.

MELO, Josemar Henrique de. "A Ideia de Arquivo. A secretaria do governo da Capitania de Pernambuco (1687-1809)". Porto: Faculdade de Letras, Universidade do Porto, 2006. Tese de doutoramento em Ciências Documentais.

MOREIRA, Vânia Losada. "Terra, estratégias e direitos indígenas". *Tempos Históricos*, v. 18, 2º semestre de 2014, pp. 30-47.

NETO, Carlos de Araújo Moreira. *Índios da Amazônia: de maioria a minoria (1750-1850)*. Petrópolis: Vozes, 1994.

NETO, Margarida Sobral. "Os correios na Idade Moderna". *In*: NETO, M. Sobral (org.). *As comunicações na Idade Moderna*. Lisboa: Fundação Portuguesa das Comunicações, 2005, pp. 16-74.

OLIVEIRA, Ana Silva Albuquerque de. *História Social da Administração do Porto (1700-1750)*. Porto: Universidade Portucalense, 1999.

OLIVEIRA, António de. *Movimentos Sociais e Poder em Portugal no século XVII*. Coimbra: Faculdade de Letras, 2002.

OLIVEIRA, Maria Gabriela Souza de. *O Rol das Culpas. Crimes e criminosos em Minas Gerais (1711-1745)*. ICHS – Universidade Federal de Ouro Preto, 2014. Dissertação de mestrado.

PACHECO CABALLERO, Francisco Luis. "'Voce praeconis et tubis clangentibus.' Publicación y conocimiento de las normas en la Cataluña bajomedieval y moderna". *Anuario de Historia del Derecho Español*, 80, 2010, pp. 57-94.

PAIVA, José Pedro. "As comunicações no âmbito da Igreja e da Inquisição". *In*: NETO, M. Sobral (org.). *As comunicações na Idade Moderna*. Lisboa: Fundação Portuguesa das Comunicações, 2005, pp. 148-175.

PESTANA, Manuel Inácio. "Subsídios documentais dos Livros do Senado Municipal". *A Cidade. Revista Cultural de Portalegre*, 7, 1992, pp. 211-269.

PINHEIRO, Fernanda Domingos. "Em defesa da liberdade. Libertos e livres de cor nos tribunais do Antigo Regime português (Mariana e Lisboa, 1720-1819)". Campinas: Universidade Estadual de Campinas, 2013. Tese de doutorado.

PLANAS ROSSELLÓ, Antonio. "La publicación de las normas en la Mallorca de los Austrias". *Anuario de Historia del Derecho Español*, 80, 2010, pp. 115-132.

PUNTONI, Pedro. "Bernardo Vieira Ravasco, secretário do Estado do Brasil: poder e elites na Bahia do século XVII". *In*: *O Estado do Brasil. Poder e política na Bahia colonial (1548-1700)*. São Paulo: Universidade de São Paulo, 2010, pp. 139-166.

RIBEIRO, João Pedro. *Indice Chronologico Remissivo da Legislação Portugueza Posterior à Publicação do Codigo Filippino com hum Appendice*. Lisboa: Typografia da Academia Real das Sciencias de Lisboa, 1806. Parte II. Desde o Principio do Reinado do Senhor D. José I até o fim do Anno de 1805.

RODRIGUES, Aldair. "O circuito da comunicação diocesana e a penetração dos editais do Santo Ofício no Brasil do século XVIII". *In*: MATOS, Yllan de & MUNIZ, Pollyanna Mendonça G. (orgs.). *Inquisição e Justiça Eclesiástica*. Jundiaí: Paco Editorial, 2013, pp. 137-156.

RODRIGUES, José Damião. *Poder Municipal e Oligarquias Urbanas. Ponta Delgada no Século XVII*. Ponta Delgada: Instituto Cultural de Ponta Delgada, 1994.

ROQUE, Ricardo. "A voz dos 'Bandos'. Colectivos de justiça e ritos da palavra portuguesa em Timor-Leste Colonial". *Mana*, 18 (3), pp. 563-594.

SAMPAIO, Francisco Coelho de Sousa e. *Prelecções de direito patrio publico e particular, offerecidas ao serenissimo Senhor D. João Principe do Brasil...* Coimbra: Real Imprensa da Universidade, 1793-1805.

SANTOS, Catarina Madeira & TAVARES, Ana Paula. *Africae Monumenta. A apropriação da escrita pelos Africanos: volume I – Arquivo Caculo Cacahenda*. Lisboa: Instituto de Investigação Científica Tropical, 2002.

_____. "Écrire le pouvoir en Angola: les archives ndembu (XVIIe–XXe siècles)", *Annales. Histoire, Sciences Sociales*, 64, n.4 (2009), pp. 767-795.

SANTOS, Fabricio Lyrio. *Da Catequese à Civilização. Colonização e Povos Indígenas na Bahia*. Cruz das Almas: Editora UFRB, 2014.

SANTOS, Maria Emília Madeira (org.). *O domínio da distância. Memória de África*. Lisboa: Instituto de Investigação Científica Tropical, 2006.

SANTOS, Marília Nogueira dos. *Escrevendo cartas, governando o império. A correspondência de Antônio Luís Gonçalves da Câmara Coutinho no governo-geral do Brasil, 1690-1694*. Niterói: Universidade Federal Fluminense, 2007. Dissertação de mestrado.

SCHWARTZ, Stuart B. *Burocracia e sociedade no Brasil Colonial. A suprema corte da Bahia e seus juízes, 1609-1751*. São Paulo: Perspectiva, 1979.

SILVA, Luiz Geraldo. "'Esperança de liberdade': Interpretações populares da abolição ilustrada (1773-1774)". *Revista de História*, Universidade de São Paulo, 144, 2001, pp. 107-149.

SILVA, Nuno Espinosa Gomes da. *História do direito português*, 4ª edição revista e atualizada. Lisboa: FCG, 2006.

SOARES, Maria Goretti Leal. "Governadores e Magistrados Letrados no Governo de Angola durante o século XVIII". *Anais de História de Além-Mar*, 5, 2004, pp. 481-506.

STUMPF, Roberta. "A Câmara de Vila Rica na segunda metade do século XVIII: ofícios e representatividade política". *In:* O'PHELAN, Scarlett & RODRÍGUEZ, Margarita Eva (coords.). *El Ocaso del Antiguo Régimen en los Imperios Ibéricos*. Peru: Universidad Católica del Peru, 2015 (no prelo).

SUBTIL, José. *O Desembargo do Paço (1750-1833)*. Lisboa: Universidade Autónoma de Lisboa, 1996.

TAU ANZOÁTEGUI, Víctor. "Acerca de la elaboración y publicación de la ley en el Derecho Indiano". *Anuario de Historia del Derecho Español*, 80, 2010, pp. 174-175.

_____. *Los bandos de buen gobierno del Río de la Plata, Tucumán y Cuyo (época hispánica)*. Buenos Aires: Instituto de investigaciones de historia del derecho, 2004.

MIRANDA, Tiago. "Memória por alvará: registos legais/monumentos políticos". *Brotéria*, 2009, pp. 135-148.

WEHLING, Arno & WEHLING, Maria José. *Direito e justiça no Brasil colonial: o Tribunal da Relação do Rio de Janeiro (1751-1808)*. Rio de Janeiro: Renovar, 2004.

5

Fiscalidade e comunicação política no império[1]

Carla Almeida, Antonio Carlos Jucá de Sampaio e André Costa

Introdução

A compreensão das características gerais da fiscalidade no contexto do império português passa pelo entendimento de sua estrutura política. Na literatura clássica, o progressivo monopólio da monarquia sobre a cobrança de tributos foi um dos elementos fundamentais para a formação dos Estados Nacionais, junto com o monopólio do exercício da violência legítima.[2] Em outras palavras, a formação dos Estados ditos "absolutistas" teria como um dos seus eixos fundamentais a capacidade de cobrar tributos sobre a população.

Nesse sentido, a renovação historiográfica que desmontou as ilusões desse Estado todo-poderoso abalou igualmente a visão do sistema fiscal sobre o qual ele se assentava. A percepção de que o poder era partilhado, não havendo uma única fonte de legitimidade para o mesmo, obrigou a transformações também no entendimento de sua fiscalidade.[3] No caso português, António Manuel Hespanha sublinha os muitos constrangimentos morais e religiosos para a implementação de uma política financeira eficiente, dificultada ainda mais pela grande dispersão orçamentária coadunada com a dispersão política característica da monarquia corporativa.[4]

Nosso propósito neste capítulo será verificar até que ponto essas ponderações podem ser percebidas nas correspondências trocadas entre os principais agentes que se manifestaram acerca dos temas direta ou indiretamente relacionados à fiscalidade e à tributação. A própria diversidade dos agentes que se manifestaram sobre o assunto indicaria a pertinência das considerações acima. A observação da documentação permitirá ainda demonstrar a dependência que as instâncias centrais da monarquia tinham com os poderes e as elites locais para a eficaz cobrança dos tributos, reforçando a ideia de uma sociedade corporativa.

Assim, mais do que dar conta de sistematizar e esgotar o tema da fiscalidade no império português, nosso objetivo neste capítulo é tão somente explorar as bases de dados construídas ao longo dos trabalhos do projeto "A comunicação política na monarquia pluricontinental portuguesa (1580-1808): Reino, Atlântico e Brasil" e fornecer um mapa de questões que nos permita conhecer as formas de comunicação que se estabeleciam entre os polos centrais de poder e as demais instâncias político-administrativas no que diz respeito à temática da fiscalidade.

Objetivamente falando, algumas questões centrais orientam nossas indagações, tais como o peso da fiscalidade no conjunto da correspondência trocada entre os distintos polos do império português e as principais conjunturas possíveis de serem identificadas pela documentação. Tratando-se de um tema central na compreensão da constituição dos Estados modernos, cumpre-nos indagar quais foram os agentes que mais se manifestaram sobre a questão da fiscalidade, se foram os poderes locais ou os agentes régios.

São dois os principais problemas para aqueles que desejam se inteirar da história fiscal do Brasil: a dispersão de fontes e a evolução institucional da estrutura tributária. Se para o Estado da Índia existiam orçamentos (com todas as dificuldades de interpretação decorrentes da pluralidade de instâncias – forais, arrendamentos, Casa dos Contos de Goa, contas dos feitores),[5] a verdade é que nem o centro político da monarquia nem as diversas capitanias do Atlântico português tiveram contabilidades organizadas até a segunda metade de Setecentos, pelo que não existe documentação sistemática, o que revela desde logo a natureza problemática do governo fiscal e financeiro do Brasil.[6]

Embora existam fontes de qualidade para os anos de 1607 e 1619, só em 1766 voltamos a conhecer com maior detalhe toda a estrutura fiscal da Coroa de Portugal e do Brasil. Também são muitos os problemas decorrentes da classificação dos impostos. Tanto a agregação por tipos de fiscalidade, como a sua natureza jurídica e custos consoante a forma de execução. Por exemplo, a dízima das principais alfândegas do Brasil passou a ser contratada a partir da década de 1720, o que torna complexa a sua avaliação como receita consoante os custos da execução ficavam a cargo da Coroa ou de particulares. Da mesma forma, existem problemas de separação dos fluxos econômicos na contabilização da origem das receitas. Por exemplo, na alfândega de Lisboa se cobravam direitos sobre as mercadorias vindas do Brasil e exportadas para a Europa, que forneciam, por si só, uma parcela decisiva das receitas centrais da monarquia portuguesa (por vezes, mais de metade).[7]

Outra importante questão diz respeito à discussão sobre até que ponto o sistema de arrecadação das receitas e pagamento das despesas era "centralizado, ou, dito de outro modo, controlado por um organismo responsável por buscar manter com sinal positivo a equação cujas variáveis correspondiam ao saldo fiscal das diversas partes constituintes do império".[8]

Os dados

A base de dados relativa às conquistas foi organizada utilizando a documentação digitalizada pelo Projeto Resgate Barão do Rio Branco referente às capitanias do Estado do Brasil e do Estado do Maranhão existentes no Arquivo Histórico Ultramarino, sediado em Lisboa. Foram registrados os dados relativos a São Paulo (Coleção Avulsos e Coleção Mendes Gouveia), Rio de Janeiro (Coleção Avulsos e Coleção Castro Almeida), Minas Gerais (Coleção Avulsos), Bahia (Coleção Avulsos, Coleção Luísa da

Fonseca [séc. XVII] e Coleção Castro Almeida [século XVIII]), Pernambuco (Coleção Avulsos), Maranhão (Coleção Avulsos) e Grão-Pará (Coleção Avulsos).

O banco de dados cobriu toda a documentação, conforme definido pelo projeto, nos seguintes períodos: 1640-1656; 1680-1690; 1725 e 1726; 1735 e 1736; 1755 e 1756; 1763 e 1764; 1785-1795. E, onde existiam registros, os períodos de 1810 e 1811; 1825-1830; 1835-1840; 1850-1855. Para os demais anos desse longo período, foram registrados todos os requerimentos em que se fizeram menção às Câmaras Municipais.

A base relativa ao reino e ilhas foi construída com base no levantamento da documentação local das câmaras de algumas localidades escolhidas – Faro, Vila Viçosa, Viana do Castelo, Évora e Ponta Delgada –, tendo por datas balizas 1621-1808.

A FISCALIDADE NA AMÉRICA PORTUGUESA: CONJUNTURAS E TENDÊNCIAS

Na América portuguesa, o caráter partilhado do poder refletia-se no fato de que as câmaras também criavam e administravam tributos. É preciso termos em conta, antes de mais nada, que a política da Coroa portuguesa sempre foi de que as conquistas garantissem, dentro do possível, sua própria defesa. Em outras palavras, embora fosse da responsabilidade da Coroa a defesa de suas conquistas, cabia a elas fornecer os recursos financeiros e materiais necessários para esse fim. Isso podia se dar de duas formas: a primeira era a criação e administração de tributos pelas provedorias da Fazenda Real. Nesse caso, era a própria Coroa quem garantia a arrecadação necessária a partir de uma tributação da população local. A segunda forma era a criação e administração de tributos pelas câmaras.

A partir da Restauração, tais necessidades tornaram-se ainda mais prementes. As câmaras criaram então diversos tributos visando cobrir as novas demandas: pagar tropas, manter navios, construir ou reformar fortalezas etc.[9] Tudo isso não em concorrência com a Coroa, mas em colaboração com a mesma, como serviços prestados por vassalos leais de Sua Majestade. Nesse contexto, atender às necessidades da monarquia em Portugal era claramente uma necessidade secundária, somente atendível se garantida a manutenção da conquista.[10]

Outro aspecto importante: de ambos os lados do Atlântico não havia nada parecido a um planejamento fiscal e tributário. A criação de tributos atendia às necessidades de cada momento. Os regulares visavam atender às demandas constantes, ligadas à defesa, obras e manutenção da burocracia que aos poucos foi se formando. Eventos extraordinários exigiam, por outro lado, o estabelecimento de cobranças extraordinárias. Foi assim no século XVII, por exemplo, com os donativos para o dote da rainha e a paz com a Holanda, e, no século XVIII, com o donativo para a reconstrução de Lisboa após o terremoto. Ou seja, os donativos, ao contrário dos tributos regulares, tinham um caráter provisório e um objeto bem-definido.

Se, no caso dos tributos fixos, boa parte de sua arrecadação destinava-se a atender necessidades locais, nos extraordinários esses recursos eram remetidos diretamente para o reino. Justamente por isso, era em relação a tais cobranças extraordinárias que os povos da América mais sentiam o peso da exação fiscal. Deviam pagá-las como demonstração de lealdade à monarquia, mas não viam qualquer benefício concreto para si. No entanto, certo é que também existiram substanciais diferenças em relação à implementação de tributos extraordinários (donativos) e regulares nas diferentes localidades e contextos. Em Minas Gerais, por exemplo, enquanto os extraordinários foram sendo implementados, com maior ou menor dificuldade, por negociações específicas, os regulares foram alvo de grande instabilidade, o que refletia a dificuldade estrutural em construir um verdadeiro Estado fiscal nas conquistas.

Acresce que, para além da distinção entre as finanças centrais da monarquia e as da América, estas também se organizavam por norma, tendo por base as diversas capitanias, tanto antes como depois das reformas do reinado de d. José, sendo limitadas as transferências entre as várias capitanias e o governo geral do Estado do Brasil. Matérias sobre as quais muito falta ainda conhecer.

Por fim, cabe lembrar que a cobrança dos tributos era quase sempre feita através da arrematação de contratos, o que garantia, ao menos teoricamente, um rendimento certo à Coroa ou à câmara, mas significava a existência de uma diferença entre o que era arrecadado da população e o que chegava aos cofres públicos. Essa diferença, quase sempre considerável, constituía-se em importante mecanismo de acumulação para grupos mercantis sediados tanto na América quanto no reino.[11]

Para que fique mais claro o que estamos expondo, vale a pena nos debruçarmos sobre a "Relação de todos os rendimentos da Fazenda Real do Rio de Janeiro no ano de 1700",[12] enviada pelo governador da capitania fluminense ao Conselho Ultramarino.

Tabela 5.1
Valores dos contratos e demais rendimentos da capitania do Rio de Janeiro (1700)

Tributo	Valor anual
Contrato dos dízimos	18:666$666
Contrato da dízima da alfândega	14:968$273
Contrato das baleias	4:000$000
Contrato do tabaco	3:100$000
Dízima dos couros	2:969$500
Contrato do subsídio grande dos vinhos*	2:400$000
Contrato dos couros*	1:855$000
Imposto de $80 em cada alqueire de sal	684$230
Imposto do vintém na medida do azeite de peixe	660$000
Novo imposto de 2 cruzados por barril de aguardente do reino	549$000
Contrato da aguardente da terra*	480$000
Contrato dos azeites do reino*	355$000
Contrato da aguardente da terra embarcada para fora*	312$500
Rendimentos dos ofícios da cidade	260$600

Tributo	Valor anual
Rendimento da Chancelaria da Ouvidoria-geral	25$000
Rendimento das meias anatas, cartas de seguro, alvarás de fiança	19$000
Outros rendimentos	
Contribuição que a Bahia é obrigada a dar para socorro da Nova Colônia	4:000$000
Contribuição que a capitania de Pernambuco é obrigada a dar para socorro da Nova Colônia	2:000$000
Valor total	57:304$769

* Administrado pela câmara.
Fonte: AHU, Cat.-CA, doc. 2.400 e 2.401 (21/10/1700).

O documento em questão é expressivo por vários motivos, entre os quais o de que nele estão presentes algumas características que já apontamos. A primeira delas é a divisão da cobrança de tributos entre o poder central, representado aqui pela Provedoria da Fazenda, e a Câmara Municipal. Os vereadores do Rio eram responsáveis diretos pela cobrança de aproximadamente 10% dos valores arrecadados.[13] O que é mais interessante, no entanto, é perceber como no documento não há uma divisão formal entre o que hoje chamaríamos de "instâncias de poder": os valores arrecadados pelas duas esferas se misturavam e compunham o conjunto dos rendimentos da capitania. E isso ocorria porque ambas as instâncias atendiam a um conjunto comum de despesas.

Em outro documento, posterior a esse, temos a descrição da origem dos tributos administrados pela câmara.[14]

Quadro 5.1
Destinações dos contratos administrados pela câmara do Rio de Janeiro

Contrato	Destinação
Subsídio grande dos vinhos (1648)	"sustentar o presídio da mesma cidade e também tratar-se das fortificações dela"
Contrato do subsídio pequeno dos vinhos (1656)	"para com o seu rendimento se cobrir as obras do Concelho"
Contrato do subsídio do azeite (1689)	"paga com seu rendimento 4.500 cruzados por ano do soldo dos governadores"
Subsídio da aguardente da terra (1696)	"obrigação de dar 5.000 cruzados para a Colônia de Sacramento e 5.000 para as fortificações da cidade"
Contrato do tabaco (1697)	"para suprimento da infantaria"
Dízima da alfândega (1699)	"por não bastarem todas as imposições para pagamento da infantaria e defesa das praças ofereceu a câmara e povo a dízima das fazendas que vêm a esta cidade"

Obs.: Entre parênteses, as datas de criação dos contratos.
Fonte: AHU, Cat.-CA, doc. 6.079. Relação dos contratos administrados pela câmara da cidade do Rio de Janeiro (24/11/1728).

Em primeiro lugar, cabe uma observação: o contrato da dízima da alfândega, embora criado por iniciativa da câmara, era de fato administrado pela Provedoria da Fazenda. Dito isso, é notável perceber como a câmara criou e administrou, ao longo do tempo, uma série de contratos destinados à defesa da república. Ou, dito de outra forma, à manutenção da monarquia no Atlântico Sul. Somente o subsídio pequeno dos vinhos destinava-se a atender a necessidades especificamente locais, e por isso mesmo não aparece no documento de 1700. A fiscalidade revestia-se, portanto, de um caráter complexo, que ia muito além da simples relação de tributação entre a Coroa e seus vassalos.

Esse sistema não deixou, no entanto, de sofrer alterações resultantes das diversas conjunturas que atravessou. No século XVIII, a Coroa vai buscar frequentemente racionalizar a administração dos contratos, visando principalmente melhorar seus próprios rendimentos. Em 1731, nada menos que três dos contratos anteriormente citados – o do subsídio grande, o do azeite doce e o da aguardente da terra – passaram para a administração régia.[15] Nessa mesma época, diversos contratos passam a ser arrematados em Lisboa, visando garantir melhores lanços.

Outro aspecto já destacado é o fato de que a arrecadação dava-se quase sempre através de contratos. Estes tinham geralmente o prazo de três anos e eram pagos "aos quartéis", ou seja, trimestralmente. Havia, no entanto, importantes variações. A dízima da alfândega, que logo se tornaria o principal tributo da capitania fluminense, dependia da chegada das frotas.[16] Por isso mesmo, tais contratos eram sempre pelo prazo de três anos ou três frotas, prevenindo o arrematante de eventuais atrasos.

Um problema evidente da arrematação de contratos era a possibilidade de fraude. Helen Osório demonstrou que a evolução dos contratos dos dízimos no Rio Grande do Sul setecentista foi consideravelmente mais lenta do que o crescimento real da produção agrária.[17] No caso fluminense, podemos citar como exemplo o contrato dos dízimos de 1674.[18] A disputa envolvera três concorrentes e foi ganha por Manuel Lopes de Morais. Este, no entanto, logo o trespassou para Antônio Antunes, outro dos concorrentes, que por sua vez apresentou como fiador Tomé da Silva, que era nada menos que o terceiro concorrente. Casos como esse deixam entrever que a possibilidade de fraude era grande, o que reduzia a capacidade real de tributação da Coroa, ao mesmo tempo que não trazia qualquer benefício para o conjunto da população. Mas sem dúvida transformava-se em importante fonte de enriquecimento para um seleto grupo capaz de investir em tais atividades.

O documento revela-nos, no entanto, ainda mais. Repare-se que as cobranças de tributos davam-se quase sempre sobre atividades mercantis. Eram impostos sobre as fazendas vindas do reino, o comércio de vinho e de aguardente – do reino e da terra –, o sal, o couro etc. Não havia impostos cobrados sobre indivíduos ou propriedades.

Também a produção praticamente não era taxada. A grande exceção é o contrato dos dízimos, cuja cobrança dava-se sobre a produção agrícola. Mesmo nesse caso, é preciso ter claro que os dízimos eram cobrados principalmente sobre a produção de açúcar, produto comercial por excelência, e por isso era frequentemente chamado de "dízimo dos açúcares".[19] No reino, essa dependência das atividades mercantis para a arrecadação fazia-se ainda mais sentida, já que aí o rendimento dos dízimos ficava com a Igreja.[20] A mercancia era, portanto, não somente a atividade essencial que ligava as partes do império, mas também a fonte por excelência dos recursos da monarquia tanto no reino quanto no ultramar.

Vale também mencionar que entre os rendimentos estavam contribuições a serem dadas pela Bahia e por Pernambuco para o sustento da Colônia de Sacramento. Por um lado, tal fato demonstra que Sacramento era, de certa forma, uma "subcolônia" a cargo do Rio de Janeiro. Cabia à capitania fluminense sustentá-la, e às demais, apoiá--la nesse intento. Por outro lado, estamos diante da transferência de recursos entre as capitanias, o que demonstra a existência de fluxos de recursos fiscais não somente entre reino e conquista, mas no interior da mesma.

A lealdade à Coroa tinha lá o seu preço. Apesar de todos os impostos que os vassalos lançaram sobre si, a relação das despesas da Fazenda Real atingia, em 1700, o valor de 65:477$470, resultando em um déficit de 8:172$701. O parecer do Conselho Ultramarino é a esse respeito esclarecedor:

> Ao Conselho parece representar a Vossa Majestade que os moradores do Rio de Janeiro se acham hoje muito gravados e com grandes contribuições, sendo os vassalos que com o maior amor têm concorrido para o serviço de Vossa Majestade e para suas próprias defesas, não havendo meio nenhum em que não cuidassem para sair deles estas despesas, oferecendo até as dízimas da alfândega, que não pagavam, e outros tributos que a Vossa Majestade é muito presente [...].[21]

Em reconhecimento a tamanha lealdade, o Conselho recomenda ao rei que o valor equivalente ao déficit da capitania seja enviado "nesta frota". Fica claro aí que a cobrança de tributos não era uma imposição de cima para baixo, mas o resultado de negociações entre esferas de poder. Além disso, pagá-los corretamente era sinal de lealdade, um serviço ao monarca que exigia deste o reconhecimento e a consequente contrapartida. O envio da quantia aparece, nas palavras do Conselho, como uma clara mercê aos moradores da capitania.

Mas aqui estamos ainda em 1700, às portas do século XVIII. Mesmo não dispondo de um índice de deflação, podemos afirmar que a nova centúria verá não só um aumento considerável dos valores de quase todos os tributos existentes[22] como o surgimento de uma série de novos, vinculados ao extraordinário crescimento da América portuguesa, tanto em termos econômicos quanto demográficos. Será, portanto, o momento de novas negociações envolvendo a monarquia e os poderes locais. Negociação por vezes tensa, como ocorria nas infindáveis discussões sobre a cobrança dos quintos. Mas sempre negociação, sem a qual não havia tributos.

A FISCALIDADE EM PORTUGAL

O problema da fiscalidade brasileira deve ser colocado antes de mais no contexto da pressão fiscal da Coroa de Portugal. A evolução das diferentes formas de tributação nos diferentes domínios políticos do rei e as decisões dos conselhos e secretarias sobre a estrutura de rendimentos da Corte afetaram de forma decisiva a evolução fiscal do império. Em segundo lugar, a fiscalidade global da Coroa foi também influenciada pelo costume e pela estrutura jurídico-corporativa do reino, onde vigorava uma tradição de relativa partilha fiscal entre rei e senhores, embora faltem estudos sistemáticos capazes de medir o nível de dispersão dos vínculos fiscais no território.

Façamos apenas uma breve síntese da estrutura fiscal da Coroa. Em geral, e tal como Magalhães Godinho notou, as rendas coloniais cristalizaram a legitimidade do fisco régio como direito senhorial, assente sobre as regalias expressas nos textos jurídicos do século XIV – e fundados na ampla e diversa dogmática do direito medieval. No século XV, 75% da receita da Coroa dependia das Sisas (83:100$000).[23] Em 1473, mesmo com uma depressão dos rendimentos, 78% da receita ainda tinha como origem as Sisas (47.268$500). Com a expansão para o Oriente em finais do século XV, a Coroa passou a concentrar-se nas receitas da alfândega de Lisboa e, até 1621, as Sisas passaram a ser fixas numa capitação, ficando a estrutura financeira da Coroa dependente do comércio colonial. O tema entrou na historiografia com um estudo clássico de Magalhães Godinho, e não foi ainda devidamente testada esta hipótese com estudos quantitativos sólidos.[24] A guerra na Ásia a partir de 1621 transformou a estrutura, com toda a dramática história da perda das praças do pontilhado Estado da Índia. Aspecto registrado na historiografia mundial com o contra-ataque veneziano na rota da pimenta.

A partir da ruptura com a Espanha, a situação agravou-se. Embora se registre alguma capacidade de estender a malha fiscal ao patrimônio particular, a tendência parece ter sido a de fazer recair sobre as receitas alfandegárias e os negócios coloniais a maior parte do fardo fiscal. As alterações na escala de negociação fiscal entre os decisores e os alvos do fisco, geradas pela independência política em 1640, coincidiram com o crescimento das despesas de guerra, o que levou os secretários de d. João IV a negociarem a única contribuição sobre os rendimentos, sem proporção exata. Em 1646, esse imposto sobre todos os rendimentos – renda, salários e ofícios – foi fixado nos 10% e generalizado a todo o reino. Contudo, o padrão tributário da Coroa de Portugal continuou a basear-se na retórica dos casos excecionais – despesas com dotes e festas de casamento, construção de aquedutos, levantamento de exércitos – negociados em cada momento, a partir de listas de pagamentos excepcionais e, na grande maioria dos casos, com execuções controladas localmente.

Forçada pelos já exauridos cofres da Coroa, a paz custou muito dinheiro. Para além da entrega de praças: o dote da princesa d. Catarina, assunto que vai imprimir à história fiscal brasileira uma marca decisiva. No total, 400.000 cruzados (160.000$000) e o acordar das câmaras para o tema da negociação fiscal com a corte. O tratado de paz com a Holanda custaria 2.500.000 cruzados, a fabulosa quantia de 1.000.000$000.

Com esses encargos, a estrutura da dívida da Coroa foi pressionada, mas foram sobretudo os novos tributos que passaram a aparecer com maior frequência na comunicação política: a Décima e os novos direitos (meias anatas).[25]Com a retomada do comércio em 1680 e as receitas do tabaco, verificou-se o aumento das receitas globais das alfândegas e uma subida das receitas gerais.

Tabela 5.2
Receita das alfândegas de Lisboa e Porto

Local	Período	
	1641	1681
Porto	11:002$857	60:763929
Lisboa	152:245$841	269:856$721

Fonte: Ângelo Alves Carrara, "As receitas imperiais portuguesas", relatório parcial de pesquisa, p. 15.

Em geral, a historiografia tem pensado a fiscalidade do lado da receita e de uma suposta pressão da Coroa sobre a economia brasileira. Contudo, a análise das receitas é muito pouco explicativa sem um conhecimento detalhado de dois assuntos ainda muito obscuros: por um lado, os custos da administração, que significavam transferências diretas para súditos do rei, ao longo do século XVIII crescentemente recrutados entre moradores locais. Por outro lado, os fluxos financeiros entre as provedorias da Fazenda no Brasil (algumas permanentemente deficitárias, como parece ter sido o caso do Rio de Janeiro); e entre as provedorias do Brasil e o Conselho Ultramarino e outros organismos financeiros da Corte (embora atualmente já se conheça a chegada de ouro à Casa da Moeda de Lisboa).[26] Embora seja um exercício algo limitado, vale a pena considerar a evolução das receitas. Em geral, pode dizer-se que as Sisas caíram de fato dos 26% em 1588 para os 6% de média anual entre 1762-1777, enquanto, no mesmo período a Décima se situou nos 11% das receitas totais da Coroa (já depois da subida de 4,5% para os 10% relançados pelo marquês de Pombal como secretário do rei). O que significa que todas as restantes receitas com peso significativo no orçamento da Coroa – alfândegas, tabaco, pau-brasil, quintos do ouro e diamantes, e Casa da Moeda – mantinham uma relação direta com a América,[27] que fornecia cerca de metade do total. Mas isso não significa que essas receitas, mesmo em queda na sua incidência, não fossem, por isso mesmo, muito importantes nos rendimentos totais da Coroa. Embora para a primeira metade do século XVIII a análise continue a ser muito arriscada por falta de dados, no conhecido período 1762-1777, a Décima e a Sisa representavam 17% das receitas da Coroa, enquanto o quinto respondia apenas por 11%.[28] Nesse período (1762-1777), a média anual de receita da Coroa foi de 5.598 contos, o que, se considerarmos que, para a primeira metade do século XVIII, a média terá sido de 6.000 contos, indica um decréscimo das receitas gerais. Temos portanto uma subida contínua das receitas da Coroa do século XVII para o século XVIII, com tendência para ligeira queda a partir da década de 1770, o que levou os historiadores a falarem de crise do sistema colonial. Mas qual o papel desempenhado pelo Brasil nesse processo?

As conjunturas fiscais do Brasil: breve síntese

No século XVII a receita dependeria em 63% do orçamento anual da tributação sobre o açúcar.[29] O quinto do pau-brasil, monopólio régio registrado na capitania de Pernambuco, chegava a 36%, isto é, 70.000 cruzados (28 contos). No total, por volta de 1607, registra-se 65.010$000 de receita total no Brasil. Desse modo, nesse período era escassa a importância fiscal do Brasil. Apenas 12% das receitas coloniais contra 67% do Estado da Índia e 14% de Angola. Um bom exemplo que nos ajuda a dimensionar tal situação é o fato de o governador do Brasil (800$000) receber nessa altura menos que um juiz da Relação de Goa.[30]

Até 1621, o Estado da Índia fornece o grosso das receitas através do ouro, escravos, marfim e malagueta, produtos que são exclusivos da Coroa e os mais rentáveis. A evolução fiscal explica-se em princípio pela necessidade de receita. A procura de ouro, a expansão da indústria do açúcar, o financiamento da guerra contra os conquistadores (franceses, holandeses e ingleses) e a necessidade de preencher a linha da costa com fortalezas, e dotar as capitanias de governo fiscal e político explicam o crescimento da despesa e a necessidade de tributação que, a essa altura, devia dar conta de uma população branca de 14.000 homens, seis capitanias régias e cinco donatarias.[31]

Prova da importância da guerra no contexto do panorama fiscal do período são as percentagens das despesas militares apresentadas por Artur Teodoro de Matos. As capitanias de São Vicente, Rio de Janeiro, Bahia e Rio Grande tinham mais despesas do que receitas fiscais, devido ao baixo rendimento de suas atividades econômicas. Mas esses números deixam de lado o movimento das alfândegas e a tributação dos escravos.[32] Já no início do século XVIII, a situação se alterou substancialmente. A despesa nesse período era de 30:133$000, o que significava um saldo positivo de 54%. O ouro do Brasil iria interferir na mudança da conjuntura fiscal de 1680 para 1716. Começou por ser tributado com a aplicação do mecanismo do quinto (porcentagem de 20% sobre a produção), mas, devido à percepção do contrabando e aos custos de administração e coerção dos infratores, o imposto foi permutado para a capitação sobre os escravos implementada entre 1734-1735. Por se perder a ligação com a produção de ouro, e devido a dificuldades políticas associadas a protestos das câmaras de Minas Gerais, o quinto foi restabelecido em 1750, regressando-se ao modelo de tributação tradicional, o que permitiu novamente ao governo régio uma visão mais clara da receita fiscal do ouro. Contudo, a longo prazo e sobretudo depois de 1766, a receita do quinto estaria em queda. Enquanto as receitas do Brasil pareçam decrescer a partir de 1750 (de 1.700 contos para 1.300), o total de receitas da Coroa parece estabilizado nos 6.000 contos, possivelmente com tendência de queda a partir de 1760, apesar dos mais de 7.820 contos registrados em 1766.[33]

Significa isso, provavelmente, que, em face da incontrolável situação dos portos brasileiros na segunda metade do século XVIII e da imponderabilidade das receitas gerais asseguradas nos diferentes contratos, a receita fiscal garantida pelo ouro de Minas Gerais estaria sujeita a uma pressão crescente na segunda metade do século XVIII. Precisamente pelo fato de a receita do ouro, pela via da capitação, ter atingido valores elevados e adquirido uma importância fundamental na década de 1740, as finanças da Coroa registraram a queda progressiva da receita depois de 1750. Isso apesar de a receita do quinto ter atingido os valores máximos nas receitas gerais em 1763, com uma derrama, e em 1766 com um acerto do calendário fiscal,[34] mas essas duas operações apenas confirmam que o quinto voltava a ser território para experiências tributárias, em face de uma percepção do contrabando massivo, e depois da própria quebra na indústria da mineração, o que iria transformar a cobrança do quinto num dos temas de governo mais quentes ao longo das décadas de 1760 e 1770.[35] A verdade é que foi se tornando cada vez mais claro que o comportamento do quinto no Brasil, das entradas e dízimo de Minas Gerais, e das alfândegas em Lisboa estavam diretamente relacionados à circulação de escravos e à intensidade crescente do comércio. Desse modo, o significado econômico da fiscalidade do ouro foi sendo gradualmente uma equação resolvida pela pressão da tributação do ouro sobre a circulação de produtos e a produção agrícola, um peso que era medido pelas receitas provenientes das entradas e dízimos da região mineira.[36]

Conhecida genericamente a estrutura de receitas e o quadro de pressão fiscal da Coroa, podemos agora explorar o que nos diz a comunicação política entre as diversas localidades do reino e das conquistas com a corte sobre a temática da fiscalidade.

DADOS GERAIS DOS REQUERIMENTOS SOBRE FISCALIDADE NAS BASES DO REINO E CONQUISTAS

Inicialmente há que se fazer alguma distinção entre o conjunto documental utilizado para a construção da base de dados relativa ao reino e às conquistas e suas limitações para a elaboração das reflexões aqui desenvolvidas. Como já destacado, no que diz respeito ao reino, os documentos utilizados para a construção da base de dados foram os livros de registros de correspondências emitidas e recebidas, existentes na documentação local das câmaras selecionadas, entre 1621 e 1808. Prioriza, portanto, os poderes locais, notadamente as câmaras, como agentes da comunicação. Já para as conquistas, foram analisados os documentos avulsos do Arquivo Histórico Ultramarino, agrupados por capitania. Nesse caso, entrariam no circuito das comunicações os mais diversos agentes e instâncias de poder.[37] Outra distinção importante na recolha dos dados diz respeito aos períodos recortados. Enquanto para o reino foi registrada a totalidade dos documentos encontrados para o período de 1640 e 1808, para o ultramar, em função da enorme dimensão da documentação, foi necessário estabelecer uma recolha por amostragem, como já destacado no início deste texto. Foram registrados todos os documentos para os intervalos de anos dos períodos de 1640 a 1656; 1680 a 1690; 1725 e 1726; 1735 e 1736; 1755 e 1756; 1763 e 1764; 1785 a 1795.[38] Para os demais anos, só foram registrados os documentos que se referissem às câmaras.

A diferença entre a natureza desses distintos *corpus* documentais e períodos selecionados poderia produzir distorções ao tentarmos estabelecer comparações. Ainda assim, por serem esses os únicos dados de que dispomos até o momento, nos parece pertinente tentar avançar algumas sugestões sobre o peso do tema da fiscalidade e o comportamento dos agentes participantes na comunicação política das diversas localidades em relação ao mesmo. Para tanto, tomamos algumas precauções. Quando tratamos apenas de estabelecer dimensões gerais sobre o tema das comunicações políticas, usamos o conjunto da documentação registrada para todo o período. No entanto, quando buscamos estabelecer análises comparativas e conjunturais ou objetivando medir o peso dos distintos agentes na comunicação política, optamos por trabalhar exclusivamente com os anos recortados para a amostragem nos quais recolhemos todo o conjunto documental existente. Tal metodologia foi adotada para evitar que o papel da câmara fosse superdimensionado.

No conjunto das correspondências trocadas entre as conquistas e o reino, o peso do tema da fiscalidade ocupou um destacado papel. Agrupando a documentação dentro da tipologia de assuntos estabelecidos por este projeto e tomando todo o período analisado, verificamos que a fiscalidade ocupava o quarto lugar entre os temas mais recorrentemente tratados pelos agentes, como se observa nas figuras a seguir. Grande parte dos requerimentos dizia respeito às solicitações de mercês diversas, seguidos de perto pelas questões de justiça e polícia, provimento de ofícios militares e fiscalidade.

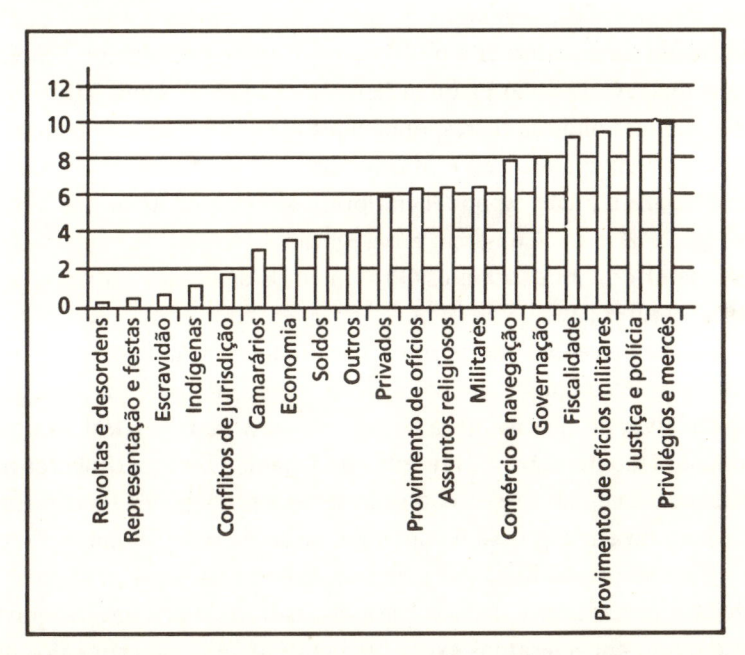

Figura 5.1 Frequência dos temas tratados nas correspondências das conquistas em todo o período coberto pela base de dados

Fonte: João Fragoso & Isabel Guimarães & Nuno Gonçalo Monteiro (coords.), *Banco de dados comunicações políticas conquistas americanas e Angola (séculos XVI-XIX).*

Por outro lado, o peso da temática da fiscalidade variou sensivelmente entre as localidades, tendo, como era de esperar, um maior destaque nas correspondências relativas às capitanias de Minas Gerais e Rio de Janeiro. Como pode ser visto na Figura 5.2 e na Tabela 5.3, em Minas Gerais a fiscalidade foi o assunto que mais ocupou os agentes envolvidos na comunicação política, perfazendo 14,3% de todos os requerimentos trocados entre os dois lados do Atlântico. Como se sabe, a descoberta do ouro produziu uma vasta discussão sobre as formas mais convenientes de taxação sobre o metal. Além disso, pela grande e diversificada dinâmica mercantil gerada na região, também foram intensas as discussões e negociações sobre os mecanismos de cobrança dos demais tributos que incidiram sobre a região, principalmente sobre as entradas e os dízimos. A outra localidade que apresentou perfil mais próximo ao de Minas Gerais foi o Rio de Janeiro, ocupando a fiscalidade 11,88% dos documentos registrados no Arquivo Histórico Ultramarino, logo atrás dos registros relativos a "Privilégios e mercês", que alcançavam 17,76%. Em Pernambuco, a fiscalidade ocupava o quarto lugar entre as temáticas tratadas, perfazendo um total de 10,51% dos registros. Diferentemente de todas as demais localidades pesquisadas, Pernambuco apresentou o maior número de registros relativos à temática da "Justiça e polícia", seguido de perto pelos "Provimentos de ofícios militares". Em São Paulo, o tema fiscalidade ocupou 8,01% dos registros. As localidades onde as correspondências sobre a fiscalidade tiveram menor destaque foram Angola (3,25%) e Maranhão (2,13%). No Maranhão, as pautas que mais ocuparam a correspondência foram aquelas relativas aos "Privilégios e mercês" (15,78%) e ao "Comércio e navegação" (14,41%). Já em Angola, os assuntos em maior destaque foram os "Provimentos de ofícios militares" (16,54%) e "Militares" (14,61%).

No reino, as correspondências sobre fiscalidade têm um peso menor do que nas localidades da conquista de maior destaque econômico, mas um peso bem mais significativo, do que naquelas áreas coloniais mais periféricas no sentido de sua contribuição fiscal para as receitas do Estado. Os requerimentos ligados à fiscalidade perfazem, na base de dados do reino e ilhas, 9,79% da correspondência. Considerando que o grosso da documentação da base de dados do reino diz respeito à documentação local das câmaras, talvez seja possível afirmar que ali as câmaras tinham menos a dizer sobre esse assunto do que nas conquistas. Por exemplo: quando consideramos exclusivamente os 743 requerimentos emitidos pelas câmaras no conjunto dos requerimentos de Minas Gerais, 144 diziam respeito à fiscalidade. Ou seja, dentre os assuntos tratados pelas câmaras de Minas, 19,38% eram sobre as questões fiscais. No Rio de Janeiro, embora o número de emissões pela câmara fosse muito menor (443), 63 deles diziam respeito à fiscalidade

(14,22%). Mesmo em Pernambuco, o peso da fiscalidade nas correspondências das câmaras superava as do reino, chegando a representar 13,04% dos requerimentos enviados por essa instituição.

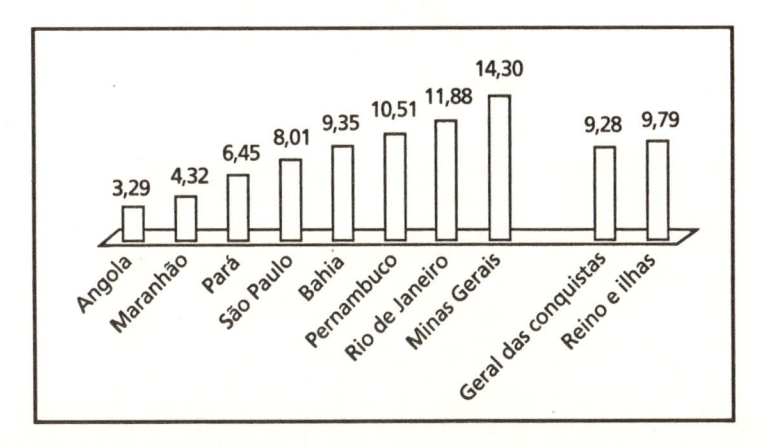

Figura 5.2 Porcentagem da fiscalidade no conjunto das capitanias das conquistas e do reino e ilhas

Fonte: João Fragoso & Isabel Guimarães & Nuno Gonçalo Monteiro (coords.), *Banco de dados comunicações políticas conquistas americanas e Angola (séculos XVI-XIX).*

Tabela 5.3
Percentual da fiscalidade no conjunto dos registros das conquistas e do reino

Local	Nº total de registros	Total de registros sobre fiscalidade	%
Angola	2.428	80	3,29
Maranhão	2.775	120	4,32
Pará	2.138	138	6,45
São Paulo	1.474	118	8,01
Bahia	5.155	482	9,35
Pernambuco	3.626	381	10,51
Rio de Janeiro	5.495	653	11,88
Minas Gerais	3.426	490	14,3
Geral das conquistas	26.517	2.462	9,28
Reino	11.497	1.126	9,79

Fonte: João Fragoso & Isabel Guimarães & Nuno Gonçalo Monteiro (coords.), *Banco de dados comunicações políticas conquistas americanas e Angola (séculos XVI-XIX).*

Quando analisamos a documentação produzida sobre o tema fiscalidade ao longo do período investigado, percebemos diferenças substanciais no peso que tem o assunto nos diferentes contextos nas correspondências do reino e das conquistas.

Apesar das dificuldades em confiar nos dados disponíveis, o fato é que, se o século XVIII apresenta um quadro em que o Brasil passa a ter papel mais significativo nas receitas da monarquia portuguesa,[39] também a temática da fiscalidade ganha maior destaque no conjunto das correspondências trocadas com o reino. Já no reino, a partir de 1701, a tendência é de queda no número de correspondências que tratam desse assunto, só voltando a ganhar maior destaque no último quartel do século XVIII.

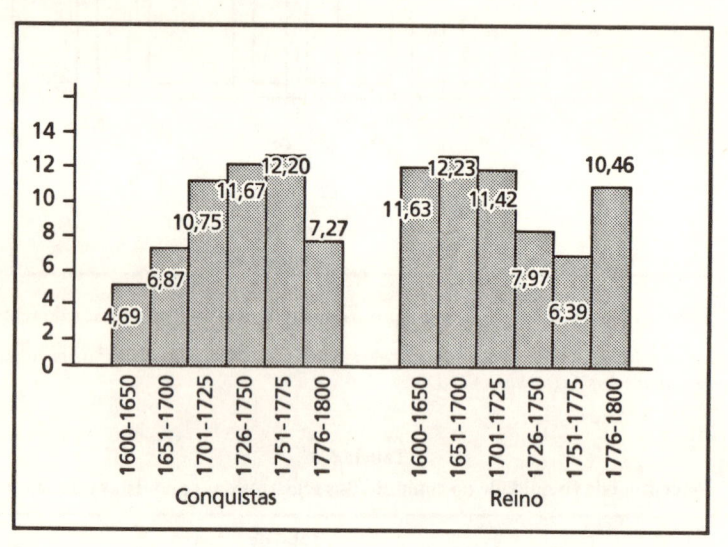

Figura 5.3 Porcentagem dos registros sobre fiscalidade por períodos: conquistas e reino

Fonte: João Fragoso & Isabel Guimarães & Nuno Gonçalo Monteiro (coords.), *Banco de dados comunicações políticas conquistas americanas e Angola (séculos XVI-XIX).*

Quando observamos com mais detalhamento a distribuição das correspondências sobre fiscalidade por local e em períodos específicos, percebemos que a variação é ainda mais conjuntural, estando relacionada a contextos específicos de cada região. Para fazer essa análise, consideramos exclusivamente os recortes de tempo em que toda a documentação foi recolhida para as capitanias das conquistas e não só aquelas referentes às câmaras. Ou seja, os períodos de 1640 a 1656, 1680 a 1690, 1725 a 1726, 1735 a 1736, 1755 a 1756, 1763 a 1764, 1785 a 1795. A Tabela 5.3 reforça os indicadores mais gerais que apontam as capitanias que mais falaram sobre o tema, notadamente, Minas Gerais, Rio de Janeiro e Pernambuco. Por outro lado, demonstram também que, em determinadas conjunturas, a temática esteve na pauta de localidades que no conjunto geral da documentação não se expressavam muito frequentemente sobre o tema.

Tabela 5.4

Tabela 5.4
Frequência do tema fiscalidade no conjunto dos requerimentos
das capitanias das conquistas por períodos

Localidades	Período						
	1640-1656	1680-1690	1725-1726	1735-1736	1755-1756	1763-1764	1785-1795
Angola	3,95%	4,76%	5,43%	6,06%	3,09%	6,66%	1,3%
Maranhão	3,3%	6,95%	4,1%	10,71%	9,9%	5,75%	3,05%
Pará	–	9,43%	9,92%	14,29%	10,88%	11,11%	1,97%
São Paulo	10,04%	0%	11,35%	15,38%	4,54%	3,03%	4,67%
Bahia	2,27%	7,24%	8,37%	8,27%	10,84%	11,86%	18,62%
Pernambuco	2,19%	13,65%	15,86%	8,96%	11,92%	8,11%	–
Rio de Janeiro	6,8%	12,46%	15,96%	16,37%	20,56%	6,96%	10,16%
Minas Gerais	–	–	12,54%	13,79%	19,13%	13,25%	11,71%

Fonte: João Fragoso & Isabel Guimarães & Nuno Gonçalo Monteiro (coords.), *Banco de dados comunicações políticas conquistas americanas e Angola (séculos XVI-XIX)*.

É o caso de São Paulo, que, se no cômputo geral os requerimentos sobre fiscalidade não ultrapassaram os 8,01% das correspondências, no período de 1735 e 1736 alcançaram 15,38% de toda a documentação produzida nesses anos. Na documentação de São Paulo, destacam-se nesse período as correspondências relativas às dificuldades da capitania em relação ao seu abandono pelos habitantes que se dirigiam para as minas recém-descobertas em Goiás, e, diretamente a isso relacionadas, as cartas a d. João V, escritas por oficiais das diversas câmaras da capitania, solicitando a isenção do pagamento dos donativos para o casamento dos "senhores príncipes". Esse tributo, também conhecido como o *Real Donativo dos Chapins da Rainha*, destinava-se a custear o futuro casamento do príncipe herdeiro e, segundo alegavam os moradores daquela região, agravava ainda mais a condição de pobreza da população. A consulta do Conselho Ultramarino ao monarca acerca da súplica dos oficiais da câmara da Vila de Itu revela o tom dos lamentos dos demais senados. Nesse documento datado de 1735, os camaristas de Itu relatavam que:

> [...] o governador e capitão-general da capitania de São Paulo, Antônio da Silva Caldeira Pimentel, chegou àquela vila no ano de 1728, com a diligência de obter o donativo para os chapins, para o qual ofereceram, voluntariamente, seis mil cruzados, não podendo contribuir com mais em virtude da pobreza e insuficiência de meios. Mas o referido governador insistiu tanto, que eles ofereceram dez mil cruzados já sem poderem, não ficando ele ainda satisfeito, dizendo que daria conta a [d. João V], que os castigaria pelo pouco que davam. Insistiu nos vinte cinco mil cruzados, e começou a cobrar. Como era impossível completar a quantia estipulada, visto

não terem mais que vender e a terra estar mais despovoada, pela muita gente que se dirigiu para a guerra contra o gentio paiaguás, pediam ao Rei que perdoasse àquele miserável povo o que falta do referido donativo.[40]

Em correspondências de anos anteriores (1733 e 1734), fica claro que os oficiais da câmara de São Paulo também apresentaram representação a d. João V pedindo maior flexibilidade com a cobrança. Segundo alegavam os camaristas, muitos habitantes daquela localidade teriam se deslocado para o sertão de Goiás "levados pela ambição do ouro", o que tornava aquela contribuição excessiva em relação ao pouco número de habitantes.[41] Solicitavam que os moradores daquelas minas de Goiás pagassem 20.000 dos 70.000 cruzados lançados para ajuda aos casamentos reais do príncipe d. José de Portugal com a princesa d. Mariana Vitória de Bourbon, de Espanha; e da princesa d. Maria Bárbara, de Portugal, com d. Fernando de Bourbon, príncipe das Astúrias. Ao Conselho, pareceu que o rei deveria atender a solicitação que, segundo entendiam, "é justificada".[42]

Em 1735, encontramos uma carta do governador e capitão-general da capitania de São Paulo, Antônio Luís de Távora, conde de Sarzeda, confirmando a d. João V "a dificuldade que os moradores teriam para contribuir com nove mil cruzados, para os casamentos reais".[43] A súplica parece ter sido atendida, já que, em agosto de 1736, o senado da câmara de São Paulo escreveu novamente ao Conselho informando que o rei isentara os moradores daquela cidade do pagamento de 20.000 cruzados, dos 70.000 que ofereceram para o "Real Donativo", atendendo à miséria e redução dos seus moradores. Informava ainda que os 40.000 restantes foram divididos em várias prestações a pagar em sete anos.[44] O fato é que, mesmo com tantas lamentações, alguma coisa foi remetida para o reino, pois, entre a documentação deste período, encontramos a "Relação das importâncias remetidas na frota de 1736, relativa aos quintos reais, donativo real etc., da capitania de São Paulo, desde 30 de abril de 1735, até 12 de julho de 1736".[45]

Nesses anos, portanto, seja em função da cobrança de tributos nas novas minas de Goiás ou pela dificuldade encontrada pelos moradores das áreas mais antigas da capitania em arcar com o Real Donativo, a temática da fiscalidade esteve em maior destaque entre os assuntos que ocuparam os seus moradores e autoridades. Longe de uma situação de imposição da tributação, o que se percebe é que, por mais que a Coroa pretendesse definir um patamar fixo para a cobrança, todo o processo envolvia uma série de negociações que ia desde as solicitações das câmaras até as consultas a diversas autoridades para subsidiar o Conselho Ultramarino no atendimento ou não às solicitações, para só então chegar-se ao que efetivamente seria pago pelos povos.

Foi também nesse período de 1735 e 1736 que mais se falou sobre fiscalidade na documentação das capitanias de Minas Gerais e Rio de Janeiro. Diferentemente do que ocorreu em São Paulo, nem uma palavra foi dita na documentação relativa à capitania das Minas sobre o Real Donativo. Nessa região, a grande questão do período eram as denúncias de fábricas de moedas falsas, os descaminhos do ouro e o novo sistema de capitação para a cobrança do quinto, a qual voltara a ser implantada em 1735. Vários dos documentos remetidos ao Conselho Ultramarino nesse período são mapas de rendimento da capitação. Também na documentação do Rio de Janeiro desse período, a fiscalidade teve um destacado papel no conjunto dos documentos produzidos (20,58%). Assim como em Minas, destacaram-se os requerimentos cujo tema era o novo sistema de cobrança dos quintos, os descaminhos do ouro e as várias devassas a ele relacionadas, além da preocupação com os diamantes.

Se por um lado, nesse período, a documentação do Rio de Janeiro guardava semelhança com as temáticas tratadas nas Minas Gerais, por outro, os temas tratados nos requerimentos da capitania do Rio eram também muito mais diversificados. Entre a documentação do Rio de Janeiro, encontramos, por exemplo, uma carta de 1735 do juiz da alfândega, Manoel Correia Vasques, informando ao rei ter suspendido a prática de rebaterem-se os selos das fazendas provenientes de outras capitanias do Estado do Brasil.[46] Em agosto de 1736, o mesmo juiz informava ao rei que, embora não tivesse recebido ordens do provedor-mor do Estado do Brasil para isto, "mandou colocar editais relativos à proibição da introdução de vidros estrangeiros no Rio de Janeiro, conforme o mandado do Conselho da Fazenda".[47] Em 26 de maio de 1735, o provedor da Fazenda Real do Rio de Janeiro, Bartolomeu de Sequeira Cordovil, enviava notícias ao rei sobre o "confisco e venda de produtos transportados ilegalmente pelo bergantim madeirense, *Nossa Senhora do Livramento*, de que é capitão, Antônio Correia Maringa".[48] Em 1736, o provedor Bartolomeu de Sequeira novamente enviava ao reino uma comunicação acerca da ordem régia que permitira aos contratadores da pesca das baleias remeterem os azeites para todos os portos da América e para as ilhas.[49] Em carta de 3 de julho endereçada ao rei, o provedor interino da Fazenda Real do Rio de Janeiro, Francisco Cordovil de Sequeira e Melo, informava sobre a venda de alguns carregamentos de bacalhau e farinha do Norte, confiscados ao capitão e mestre da galera *Nossa Senhora do Monte e São Tiago* e a remessa do produto da venda ao provedor da Fazenda Real de Santos, José Godoy Moreira.[50]

Como se vê, as autoridades da capitania do Rio de Janeiro comunicavam-se com o reino sobre uma diversidade de assuntos direta ou indiretamente ligados ao tema da fiscalidade, muitos deles com implicações sobre várias outras partes do império, o que expressava sua condição de sede de um dos principais portos da América portuguesa e sua posição estratégica no que dizia respeito ao controle administrativo dessa região pela monarquia portuguesa.

Outra questão que merece ser investigada é o sentido das correspondências relativas ao tema da fiscalidade arquivadas no Conselho Ultramarino. Ou seja, predominavam as correspondências emitidas do reino para as conquistas ou inversamente das conquistas para o reino? Como era de esperar, considerando a natureza da documentação, os requerimentos emitidos do ultramar para o reino compunham a grande maioria dos documentos. No conjunto da documentação registrada no banco de dados, 17.714 requerimentos (66,80%) foram emitidos do ultramar, e somente 7.683 (28,97%) tinham sentido inverso.[51] Vejamos na Tabela 5.4 como se comportava a documentação relativa ao tema da fiscalidade no decorrer dos séculos XVII e XVIII.

Tabela 5.5
Tipos de emissores na documentação geral sobre fiscalidade do AHU – por períodos

Tipo de emissores	Todo o período		séc. XVII		1ª metade do séc. XVIII		2ª metade do séc. XVIII	
	Nᵒˢ Abs.	%	Nᵒˢ Abs.	%	Nᵒˢ Abs.	%	Nᵒˢ Abs.	%
Ultramarinos	1.213	67,32	97	49,24	429	79,30	687	64,58
Reino	532	29,52	96	48,73	94	17,37	342	32,14
Sem identificação	57	3,16	4	2,03	18	3,33	35	3,29
Total	1.802	100	197	100	541	100	1064	100

Fonte: João Fragoso & Isabel Guimarães & Nuno Gonçalo Monteiro (coords.), *Banco de dados comunicações políticas conquistas americanas e Angola (séculos XVI-XIX)*.

Reproduzindo essa mesma tendência, entre os requerimentos relacionados ao tema da fiscalidade, 1.213 (67,32%) foram produzidos no ultramar enquanto apenas 532 (29,52%) foram despachados do reino.[52] Os dados da tabela também indicam que, até o século XVII, o sentido da comunicação sobre a fiscalidade era quase o mesmo entre as correspondências emitidas no ultramar para o reino (49,24%) e aquelas do reino para as conquistas (48,73%). Ao longo do século XVIII, houve uma inflexão nesse movimento, passando o sentido da comunicação a pender para as correspondências que seguiam das conquistas para o reino. A primeira metade do século XVIII foi o momento em que as correspondências do ultramar para as instâncias administrativas centrais da monarquia tiveram maior peso, chegando a compor 79,30% dos documentos. Possivelmente a maior intensificação das correspondências saídas das conquistas nesse período está relacionada ao impacto da descoberta do ouro na região das Minas Gerais e sua repercussão no que diz respeito à grande discussão que provocou em relação às formas de cobrança do quinto e à nova dinâmica econômica que essa produção trouxe consigo.

Quando analisamos a documentação de algumas capitanias selecionadas, a tendência geral se mantém, embora se identifiquem algumas diferenças significativas. Como pode ser constatado na Figura 5.4, das localidades escolhidas para essa comparação, Minas Gerais, Rio de Janeiro, Pernambuco e Maranhão foram aquelas cujos agentes ali estabelecidos mais diretamente se remeteram ao Conselho Ultramarino, com destaque para Minas Gerais, na qual 77,07% das correspondências partiram do ultramar. Embora representassem mais de 60% das correspondências, na documentação relativa a Angola, o peso das correspondências emitidas do ultramar para o centro era bem menos significativo que nas demais capitanias analisadas.

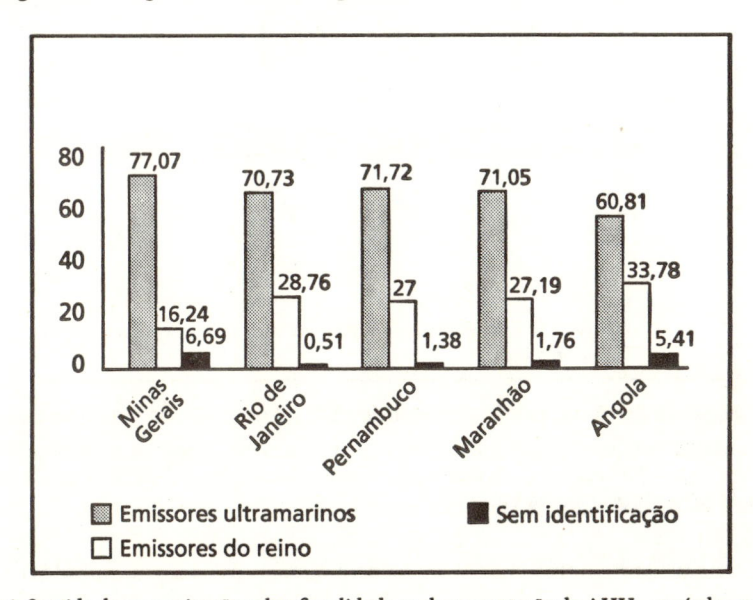

Figura 5.4 Sentido da comunicação sobre fiscalidade na documentação do AHU – períodos completos *

*Refere-se aos intervalos da amostragem em que foram registradas todas as correspondências existentes para o período. Fonte: João Fragoso & Isabel Guimarães & Nuno Gonçalo Monteiro (coords.), *Banco de dados comunicações políticas conquistas americanas e Angola (séculos XVI-XIX)*.

Esses dados parecem sugerir que as áreas com maior peso econômico no conjunto do império tinham também maior capacidade de submeterem seus interesses, discordâncias e demandas sobre as questões fiscais aos aparatos administrativos centrais.

Mas, afinal, quem eram os emissores que se manifestavam sobre a fiscalidade? Que instâncias de poder eles representavam? Seriam mais ativos nesses circuitos de comunicação, os representantes dos poderes locais, os representantes régios nas conquistas ou os poderes centrais do reino? No conjunto da documentação, eram os representantes régios na conquista os agentes que mais se manifestavam sobre o tema (53,17%). Em segundo lugar estavam as correspondências emitidas pelos poderes centrais da Coroa (28,54%). Nesse caso, e como não deixa de ser óbvio considerando a documentação aqui utilizada, o principal destaque ficava por conta dos agentes do Conselho Ultramarino. Surpreende a pouca representatividade das correspondências produzidas pelos poderes locais (6,94%), tendo no conjunto menor significado do que os requerimentos emitidos pelos poderes privados (7,12%). Vejamos agora a Figura 5.5, que apresenta os dados das capitanias selecionadas para a análise mais pontual.

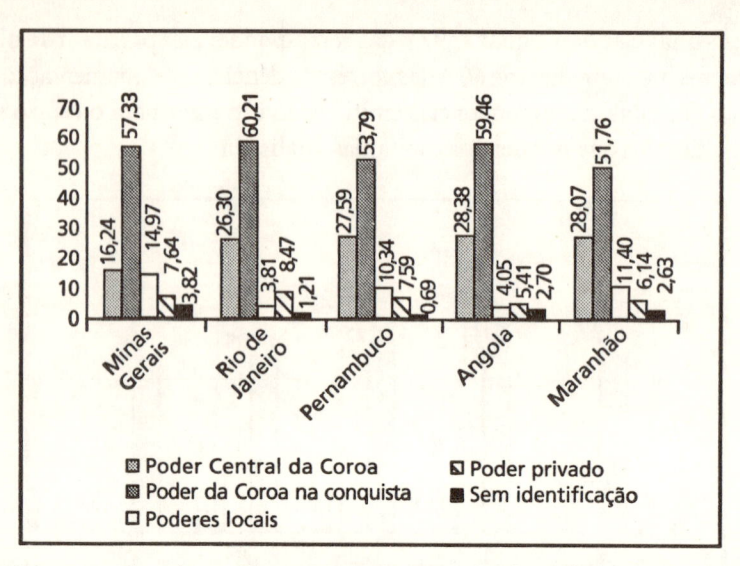

Figura 5.5 Dimensões do poder na documentação do AHU sobre fiscalidade – períodos completos*

*Refere-se aos intervalos da amostragem em que foram registradas todas as correspondências existentes para o período. Fonte: João Fragoso & Isabel Guimarães & Nuno Gonçalo Monteiro (coords.), *Banco de dados comunicações políticas conquistas americanas e Angola (séculos XVI-XIX)*.

Referendando os dados apresentados anteriormente, eram os representantes da Coroa na conquista (governadores, provedores, ouvidores, intendentes etc.) os principais agentes a se manifestarem sobre a temática da fiscalidade em todas as capitanias, com maior destaque no Rio de Janeiro (60,21%) e em Angola (59,46%). Surpreende o pequeno percentual de correspondências emitidas pelo poder central da Coroa para a capitania de Minas Gerais, onde não passou de 16,24% das correspondências. Já os agentes que representavam os poderes locais (câmaras, ordenanças, irmandades, párocos etc.) tiveram peso considerável nas capitanias de Pernambuco, Maranhão e Minas Gerais, chegando nesta última a representar um contingente de 14,97% dos emissores. Conjugando todos os dados até aqui elencados, parece ir se definindo um quadro no qual talvez seja possível afirmar que, na capitania de Minas Gerais, o peso dos agentes locais a se manifestarem sobre a fiscalidade foi muito mais significativo do que nas demais partes do império. No Rio de Janeiro, os requerimentos de agentes individuais a se manifestarem sobre o tema merece destaque. Representaram, respectivamente, 8,47% dos emissores de toda a correspondência sobre fiscalidade. Possivelmente esse elevado percentual de agentes privados se manifestando sobre a fiscalidade no Rio de Janeiro se explique pela grande presença de negociantes estabelecidos numa praça mercantil que tinha papel cada vez mais destacado ao longo do período analisado.

A próxima figura procura verificar os tipos de cargos mais frequentes entre os emissores ultramarinos que se manifestaram sobre os assuntos fiscais. No Rio de

Janeiro, Pernambuco e Angola, a principal proporção era de agentes que ocupavam cargos ligados aos aparelhos administrativos da Fazenda Real. Já em Minas Gerais e no Maranhão, a proporção dos cargos ligados à Fazenda foi substancialmente menor, ao passo que os agentes ligados aos cargos de governo tiveram maior destaque, chegando no Maranhão a 39,51%, e em Minas a 30,58%. Nesse caso, eram substancialmente correspondências produzidas pelos governadores, quase sempre dando conta das insatisfações dos moradores das Minas com a carga tributária a que estavam submetidos e infomando suas ações para controle e implementação das disposições régias sobre o tema.

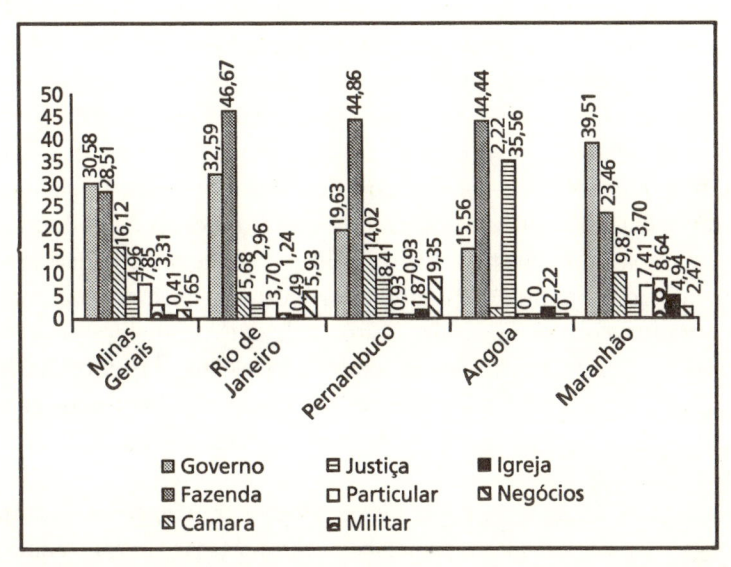

Figura 5.6 Frequência dos tipos de cargos dos emissores ultramarinos na correspondência sobre fiscalidade – períodos completos*

*Refere-se aos intervalos da amostragem em que foram registradas todas as correspondências existentes para o período.
Fonte: João Fragoso & Isabel Guimarães & Nuno Gonçalo Monteiro (coords.), *Banco de dados comunicações políticas conquistas americanas e Angola (séculos XVI-XIX).*[53]

Em Pernambuco, a câmara teve algum destaque em se manifestar sobre o tema, chegando a representar 14,02% dos emissores, mas foi em Minas Gerais que os oficiais camarários tiveram um papel mais significativo na proposição de requerimentos sobre a temática da fiscalidade (16,12%). Pesando sobre a capitania uma grande pressão da Coroa para o controle real dos rendimentos ali produzidos, era natural que assim fosse. Grande parte dessas correspondências dizia respeito a manifestações sobre a forma da cobrança dos quintos e dos direitos de entradas. A partir de 1755, um papel destacado seria representado pelas manifestações sobre o subsídio voluntário para a reconstrução de Lisboa.

Temos, portanto, uma grande diversidade entre os emissores, evidenciando a igualmente significativa diferença dos contextos das diversas capitanias.

Conclusão

Os dados apresentados anteriormente, embora ainda estejam longe de permitir conclusões definitivas, apontam de forma clara para aspectos que merecem ser ressaltados.

O primeiro é a própria diversidade da frequência com que o tema fiscalidade aparece no banco de dados, bem como dos personagens envolvidos com o mesmo. Cada capitania estudada apresentou características próprias em ambos os aspectos. Uma possível razão para essa discrepância é encontrada naquilo a que nos referimos antes: a fiscalidade estava longe de ser uma questão puramente financeira. A implantação, arrecadação e eventuais modificações nos tributos implantados eram fonte de inesgotáveis negociações entre instâncias diversas de poder. Em outras palavras, estamos aqui mais no reino da política do que daquilo que entendemos atualmente como economia.[54] Quando os tributos encontravam-se implantados e já incorporados à rotina da administração e dos povos, sua presença na correspondência era reduzida, resumindo-se à rotina do trânsito das informações. Claro que essa aparente paz podia ser quebrada por um contratador mais ganancioso, por exemplo. Nesse caso, as correspondências tendiam a se multiplicar até que se resolvesse o problema.

Por outro lado, a implantação de novos tributos, mudanças na sistemática de cobranças etc. sempre acendiam calorosos debates. Minas Gerais é aqui o melhor exemplo: sua colonização no Setecentos acendeu uma intensa disputa sobre as formas de tributação do ouro, principalmente, mas também de todas as mercadorias que se direcionavam para a capitania. Debate que envolveu a Coroa, governadores, provedores, mas também, e principalmente, as múltiplas elites locais. O "sistema tributário" – se é que podemos chamar assim – daí resultante é fruto exatamente desse jogo de pressões e contrapressões, embates e alianças que envolviam os diversos níveis de poder. Estamos muito longe, portanto, do estabelecimento de uma "tributação escorchante" e imposta de cima para baixo pela Coroa.[55] O mesmo se verificava nas demais capitanias analisadas, mas de forma menos dramática por contarem com uma colonização mais consolidada no século XVIII.

Em outras palavras, a fiscalidade inseria-se na economia das mercês: era uma obrigação dos bons vassalos, mas que produzia igualmente o reconhecimento do rei. Longe de ser um ato de submissão, constituía um vínculo fundamental entre as diversas esferas de governo. Seu estudo permite-nos, por isso mesmo, uma visão privilegiada sobre a organização do poder no Antigo Regime português.

NOTAS

1. Essa pesquisa contou com financiamentos do CNPq, FAPEMIG e FCT.
2. Ver, por exemplo: Perry Anderson, *Linhagens do Estado absolutista*, pp. 15-42.
3. António Manuel Hespanha, *As vésperas do Leviathan. Instituições e poder político. Portugal, século XVII.*
4. António Manuel Hespanha, "A Fazenda", pp. 181-213.
5. Susana Munch Miranda, "A administração da Fazenda Real no Estado da Índia (1517-1640)".
6. Artur Teodoro de Matos, "O império colonial português no início de século XVII. Elementos para um estudo comparativo das suas estruturas económicas e administrativas", p. 181.
7. Álvaro Ferreira da Silva, "Finanças públicas", pp. 237-262.
8. Ângelo Carrara, *A lógica das receitas e despesas imperiais. Relatório de pesquisa.*
9. Esses tributos no Rio de Janeiro e em Salvador da Bahia do século XVII eram vistos institucionalmente como donativos dados pelos municípios entendidos como corpo político. Assim, essas contribuições resultavam de debates e aprovação da câmara, cabendo a ela ainda a sua administração. Tal processo se repetia quando a cobrança do dito donativo era prorrogada além do período previamente previsto. Veja sobre o tema as seguintes fontes e debates historiogáficos: Rio de Janeiro 1935. Diretoria Geral do Patrimônio, Estatística e Arquivo. *O Rio de Janeiro no século XVII – Acordões e Veranças do Senado e da Câmara, 1635- 1650*, pp. 41-45; Arquivo Histórico Ultramarino, Códice 1279 – Relação de todos os contratos e mais rendas na capitania do Rio de Janeiro por suas origens e criações, 1733, pp. 12-15; João Fragoso, "Fidalgos da terra e o Atlântico sul. Rio de Janeiro na primeira metade do século 17", pp. 75-112; Wolfgang Lenk, *Guerra e pacto colonial: a Bahia contra o Brasil Holandês (1624- 1654)*; Thiago Krause, "A formação de uma nobreza ultramarina: Coroa e elites locais na Bahia seiscentista", cap. 5.
10. Outro elemento que não deve ser desconsiderado na questão do financiamento da defesa dos territórios ultramarinos é o papel dos potentados locais. São muitos os novos estudos que têm demonstrado o peso que tinham também esses agentes locais que, "à custa de suas fazendas" e de seus negros armados, forneciam recursos para a defesa do território.
11. Helen Osório, "As elites econômicas e a arrematação dos contratos reais: o exemplo do Rio Grande do Sul (século XVIII)", pp. 107-138.
12. AHU, Cat.-CA, doc. 2.400 e 2.401 (21/10/1700).
13. É preciso ressaltar que nem todos os rendimentos da câmara estão aí incluídos. Faltam os foros, o subsídio pequeno do vinho, os laudêmios e uma série de pequenos valores cobrados cotidianamente da população. Entraram aqui os valores dos contratos que eram destinados a despesas comuns com defesa, pagamento da folha etc.
14. AHU, Cat.-CA, doc. 6.079. Relação dos contratos administrados pela câmara da cidade do Rio de Janeiro (24/11/1728).
15. AHU, Cat. CA, doc 6.117 – Provisão régia passando os contratos da câmara para a Fazenda Real (22/2/1731).
16. Helen Osório, "As elites econômicas e a arrematação dos contratos reais: o exemplo do Rio Grande do Sul (século XVIII)".

17. *Ibidem*.

18. AHU, Cat.-CA, doc. 1.235 – Consulta do Conselho Ultramarino acerca das arrematações dos dízimos (3/9/1674).

19. Mesmo na Bahia, onde havia uma importante produção de tabaco, o açúcar representava 90% do valor arrecadado: Stuart Schwartz, *Segredos internos: engenhos e escravos na sociedade colonial*, p. 154.

20. E outras entidades, como os leigos comendadores das ordens militares; *cf.* A. M. Hespanha, "A Fazenda", pp. 181-213.

21. AHU, Cat.-CA, doc. 2.400 (21/10/1700).

22. A dízima da alfândega do Rio de Janeiro, por exemplo, atingirá mais de 200:000$000 ainda na primeira metade do Setecentos: Antonio Carlos Jucá de Sampaio, *Na encruzilhada do Império. Hierarquias sociais e conjunturas econômicas no Rio de Janeiro (c.1650-c.1750)*, p. 86.

23. Ângelo Alves Carrara, "As receitas imperiais portuguesas: estrutura e conjunturas, séculos XVI-XVIII", relatório parcial de pesquisa, pp. 1-5.

24. Vitorino Magalhães Godinho, "Portugal, as frotas do açúcar e as frotas do ouro (1670-1770)", pp. 54-55.

25. Ângelo Alves Carrara, "As receitas imperiais portuguesas", relatório parcial de pesquisa, p. 9, e bibliografia citada.

26. Leonor Freire Costa & Maria Manuela Rocha & Rita Martins de Sousa, *O ouro do Brasil*.

27. Álvaro Ferreira da Silva, "Finanças públicas", p. 246

28. Leonor Freire Costa *et al. História econômica de Portugal: 1143-2010*, p. 284.

29. Artur Teodoro de Matos, "O império colonial português no início de século XVII", p. 186.

30. *Ibidem*.

31. *Ibidem*, p. 185.

32. *Ibidem*, p. 186.

33. André Costa, "Sistemas fiscais no Império: o caso do ouro do Brasil, 1725-1777", pp. 212-214.

34. Essa recuperação não correspondeu, no entanto, a uma recuperação real da receita fiscal, mas deveu-se ao acerto do ano fiscal com o ano civil, o que permitiu não só acumular receitas em caixa nas Casas da Fundição, mas também contabilizar valores que, mantendo-se o calendário fiscal, fariam parte do ano seguinte.

35. Joaquim Romero Magalhães, "As Câmaras Municipais, a Coroa e a cobrança dos quintos do ouro nas Minas Gerais (1711-1750)", p. 175.

36. Ângelo Alves Carrara, *Minas e currais, produção rural e mercado interno de Minas Gerais, 1674-1807*, pp. 278-288.

37. O que definimos em nossa tipologia por: poder central da Coroa; poder da Coroa na conquista ou no território; poder local e poder particular.

38. Embora a cronologia definida incluísse também os anos de 1810 e 1811; 1825 a 1830; 1835 a 1840; 1850 a 1855, o grosso da documentação levantada se concentrou nos séculos XVII e XVIII.

39. Apresentadas no Quadro 5.1.

40. AHU_ACL_CU_023-01, cx. 11, d. 1099. Em interessante tese recentemente defendida na Universidade Federal Fluminense, Letícia dos Santos Ferreira procurou dirimir a

confusão existente na historiografia entre o donativo cobrado pelo casamento da infanta Catarina de Bragança com Carlos II da Inglaterra e pela paz de Holanda, entre 1661 e 1725, do donativo para o duplo casamento entre os príncipes de Portugal e Espanha, imposto em 1727 (dois anos antes da realização dos casamentos). É a este último que se refere a correspondência citada anteriormente. Letícia dos Santos Ferreira, "É pedido, não tributo. O donativo para o casamento de Catarina de Bragança e a paz de Holanda (Portugal e Brasil c.1660-c.1725)". Letícia dos Santos Ferreira ,"Amor, sacrifício e lealdade. O donativo para o casamento de Catarina de Bragança e para a paz de Holanda (Bahia, 1661-1725)".

41. AHU_ACL_CU_023-01, cx. 8, d. 926.
42. AHU_ACL_CU_023-01, cx. 9, d. 1000.
43. AHU_ACL_CU_023-01, cx. 10, d. 1066.
44. AHU_ACL_CU_023-01, cx. 12, d. 1150.
45. AHU_ACL_CU_023-01, cx. 11, d. 1136.
46. AHU_ACL_CU_017, cx. 27, d. 2896.
47. AHU_ACL_CU_017, cx. 29, d. 3060.
48. AHU_ACL_CU_017, cx. 27, d. 2907.
49. AHU_ACL_CU_017-01, cx. 40, d. 9477-9480.
50. AHU_ACL_CU_017, cx. 29, d. 3010.
51. Não tiveram emissor identificado 1.120 registros (4,23%).
52. Em 57 registros (3,16%) não foi possível identificar o emissor. Para esse cálculo foram usados só os anos em que se recolheu toda a documentação e não só as das câmaras.
53. Na documentação de Minas Gerais, 6,61% dos registros não puderam ser identificados; e no Rio de Janeiro, 0,74%.
54. Divisão que, por sinal, não fazia qualquer sentido na época.
55. Luciano Figueiredo, "O império em apuros: notas para o estudo das *alterações* ultramarinas e das práticas políticas no império colonial português, séculos XVII e XVIII", p. 233.

Referências bibliográficas

ANDERSON, Perry. *Linhagens do Estado absolutista*. São Paulo: Brasiliense, 1985.

CARRARA, Ângelo Alves. *Minas e currais, produção rural e mercado interno de Minas Gerais, 1674-1807.* Juiz de Fora: Editora UFJF, 2007.

COSTA, André da Silva. "Sistemas fiscais no Império: o caso do ouro do Brasil, 1725-1777". Lisboa: Instituto de Economia e Gestão, Universidade de Lisboa, 2013. Tese de doutoramento em História Econômica.

COSTA, Bruno Aidar. "A vereda dos tratos: fiscalidade e poder regional na capitania de São Paulo, 1723-1808" [on-line]. São Paulo: Faculdade de Filosofia, Letras e Ciências Humanas, Universidade de São Paulo, 2012. Tese de doutorado em História Econômica. [acesso 23/02/15]. Disponível em: <http://www.teses.usp.br/teses/disponiveis/8/8137/tde-17062013-121814/>.

COSTA, Leonor Freire & LAINS, Pedro & MIRANDA, Susana Munch. *História econômica de Portugal: 1143-2010*. Lisboa: Esfera dos Livros, 2011.

_____ & ROCHA, Maria Manuela & SOUSA, Rita Martins de. *O ouro do Brasil*. Lisboa: Imprensa Nacional-Casa da Moeda, 2013.

FERREIRA, Letícia dos Santos. "É pedido, não tributo. O donativo para o casamento de Catarina de Bragança e a paz de Holanda (Portugal e Brasil *c.* 1660-*c.* 1725)". Niterói: UFF, ICHF, Departamento de História, 2014. Tese de doutorado.

FIGUEIREDO, Luciano. "O império em apuros: notas para o estudo das *alterações* ultramarinas e das práticas políticas no império colonial português, séculos XVII e XVIII". *In:* FURTADO, Júnia Ferreira (org.). *Diálogos oceânicos. Minas Gerais e as novas abordagens para uma história do império ultramarino português.* Belo Horizonte: Editora da UFMG, 2001.

GODINHO, Vitorino Magalhães. *Ensaios,* v. II. Lisboa: Sá da Costa, 1968.

HESPANHA, A. M. "A Fazenda". *In:* _____ (coord.). *História de Portugal. O Antigo Regime.* Lisboa: Editorial Estampa, 1997.

_____. *As vésperas do Leviathan. Instituições e poder político. Portugal, século XVII.* Coimbra: Livraria Almedina, 1994.

MAGALHÃES, Joaquim Romero. "As Câmaras Municipais, a Coroa e a cobrança dos quintos do ouro nas Minas Gerais (1711-1750)", *Labirintos Brasileiros.* São Paulo: Alameda, 2011.

MATOS, Artur Teodoro de. "O império colonial português no início de século XVII. Elementos para um estudo comparativo das suas estruturas económicas e administrativas". *Arquipélago. In memoriam Maria Olímpia da Rocha.* Série Ciências Humanas, 2ª série, I, n. 1. Ponta Delgada: Universidade dos Açores, 1995.

MIRANDA, Susana Munch. "A administração da Fazenda Real no Estado da Índia (1517-1640)", FCSH/ UNL, 2007. Tese de doutoramento.

OSÓRIO, Helen. "As elites económicas e a arrematação dos contratos reais: o exemplo do Rio Grande do Sul (século XVIII)". *In:* FRAGOSO, João & BICALHO, Maria Fernanda & GOUVÊA, Maria de Fátima (orgs.). *O Antigo Regime nos trópicos: a dinâmica imperial portuguesa (séculos XVI-XVIII).* Rio de Janeiro: Civilização Brasileira, 2001.

SAMPAIO, Antonio Carlos Jucá de. *Na encruzilhada do Império. Hierarquias sociais e conjunturas económicas no Rio de Janeiro (c.1650-c.1750).* Rio de Janeiro: Arquivo Nacional, 2003.

SCHWARTZ, Stuart. *Segredos internos: engenhos e escravos na sociedade colonial.* São Paulo: Brasiliense, 1988.

SILVA, Álvaro Ferreira da. "Finanças públicas". *In:* LAINS, Pedro & SILVA, Álvaro Ferreira da (orgs.). *História económica de Portugal, 1700-2000, volume I: o século XVIII.* Lisboa: ICS, 2005.

6

Guerra e assuntos militares

Roberto Guedes Ferreira e Mafalda Soares da Cunha

Introdução

Experimental, este capítulo analisa os temas bélicos e militares na comunicação política; para sua operacionalização elegemos áreas por disponibilidade documental. Nas conquistas, valemo-nos, com base na documentação avulsa do AHU e em amostragens temporais, das capitanias de Angola, Bahia, Maranhão, Pernambuco e Rio de Janeiro; e no reino, via documentação camarária, das municipalidades de Faro, Viana do Minho, Évora, Vila Viçosa e Ponta Delgada. Considerando a amplitude temporal e a diversidade espacial do elenco, dividimos o texto em três partes, a saber: 1) natureza da guerra no reino e nas conquistas, nomeadamente as guerras terrestres, relacionando-as à dimensão dos poderes e a competências jurisdicionais;[1] 2) fluxos de comunicação e conjunturas; e 3) a comunicação política propriamente dita nos momentos de paz e de guerra, pontuando as intensidades do tema e os diversos agentes que aludiram ou silenciaram sobre a matéria.

Cumpre salientar que os períodos de amostragem são os definidos pelo projeto, e a sua justificativa foi já explicitada nos capítulos introdutórios deste livro. As exceções são o caso de Pernambuco, para onde não se recolheu informação para 1680-1700 e 1785-1795, e Maranhão, sem dados recolhidos para 1690-1700. Alerta-se ainda que para Angola não há documentação para 1640-1644.

Uma outra ressalva diz respeito à caracterização do teor das correspondências. Os requerimentos de nomeações de postos militares, ou as próprias nomeações, foram por nós considerados assuntos militares. Muito provavelmente, tratamos de provimentos de tropas pagas e de linha, pois em muitas ocasiões não é possível identificar o tipo de tropa. Note-se, ainda, que existem muitos tópicos conexos com a defesa que, na base de dados com a qual trabalhamos, não estão classificados como assuntos militares, como é, por exemplo, o caso das obras ou dos problemas de abastecimento em que tantas as vezes a questão defensiva se cruza. De igual modo, no caso do reino, há certos tipos de privilégios que alguns municípios invocam para obviar às despesas provocadas pelo aboletamento das tropas que não estão aqui contabilizadas. Para não falar já da fiscalidade, evidentemente catapultada pelo custo das exigências militares no terreno, que também está excluída dos cômputos efetuados neste capítulo.

Natureza da guerra nas conquistas e no reino

Combinadas com a guerra marítima ou não, as guerras terrestres nas conquistas podem ser consideradas ofensivas (ou de conquista), defensivas (ou de pacificação) ou mercantis, embora essa divisão nem sempre surja claramente delineada. Esse tipo de classificação inicial visa perceber quais foram as características, as alterações na natureza e nos objetivos da guerra, sobretudo no decorrer do século XVIII, e permite-nos sublinhar uma maior "profissionalização" militar (no sentido de carreiras militares) e um reforço das orientações emanadas pela Coroa na organização do setor castrense.[2]

No que respeita às guerras defensivas, vale assinalar os momentos mais relevantes. Assim, na centúria de Seiscentos, em Pernambuco da Restauração (1640-1660) e em Angola (1645-1656), os assuntos bélicos e militares foram majoritários no conjunto da documentação recolhida, mas, comparativamente, pouco se aludiu a eles na Bahia, no Maranhão e no Rio de Janeiro. É evidente que, embora holandeses tivessem também atuado na Bahia, o impacto maior foi em Pernambuco. A questão da expansão para a região Sul que se inicia no último quartel do século XVII em torno da Colônia do Sacramento combina uma dimensão de conquista com uma vertente defensiva em face das ambições de Espanha. Acreditamos que a sua configuração foi muito marcada pela forte intervenção política, sobretudo dos governadores.[3] Em qualquer caso, a não coincidência dos recortes cronológicos definidos para a recolha da documentação com os picos de conflitualidade luso-espanhola nessa região impede uma observação aprofundada do impacto desse confronto na comunicação política.

As guerras ofensivas de conquista da nobreza da terra, munida de suas fazendas e escravos, relacionadas a prestações de serviços e a mercês, tão comuns no século XVII,[4] retrocederam no Setecentos, passando a predominar outras tropas, inclusive regulares e pagas. Porém, se a guerra ofensiva de conquista se fecha no Rio setecentista – combate a índios hostis, expulsão dos franceses, por exemplo –, ela se expande na Angola de meados a fins do século XVIII, umbilicalmente atrelada ao tráfico de cativos e em meio à tentativa de territorialização, quando pululavam confrontos com os Mossulos (ou Mossuis), Kissamas, dentre outros.[5] Exemplar nesse sentido foi o efetivo militar, quase todo africano, de 5.453 combatentes, que se arregimentou em 1793 para "castigar os rebeldes Namboangongo, Quinquengo, Lundo e Zala e os mais até a Jinga e Hólo".[6] Logo, a tendência de alta do assunto militar no último quartel do século XVIII nas capitanias fluminense e angolana se deve a motivos diversos. Ainda assim, no geral, o século XVIII foi de relativa estabilidade; sendo no entanto de sublinhar que, nas conquistas, as pautas militares e de guerra foram bastante condicionadas pelos particularismos das conjunturas locais.

No período pós-restauração, as guerras que ocorreram em solo reinol foram eminentemente defensivas e enfrentaram inimigos externos. O principal conflito nesse quadro cronológico foi a Guerra da Restauração, que se prolongou desde 1641 até 1668. O contexto político de recuperação da autonomia política por parte de Portugal a par da duração do conflito explica que os meados do Seiscentos tenham sido uma conjuntura singular para a monarquia portuguesa. Como é bem conhecido, a Guerra da Restauração teve a atividade militar mais significativa concentrada na fase final das hostilidades, e afetou todas as zonas fronteiriças. Assumiu, no entanto, especial relevo nas províncias do Alentejo e da Beira. A região algarvia, embora não tenha sofrido muita "guerra viva", sentiu permanentemente o peso da ameaça espanhola em torno de uma costa que, pelas suas características físicas, era muito vulnerável. Foi no quadro dessa grande ameaça exterior que o novo rei criou uma série ampla de novas instituições e procedimentos ligados à defesa militar, como o Conselho de Guerra, as vedorias, o governo das armas, entre outros.[7] E, como veremos depois, esse novo modelo institucional teve repercussões nos circuitos da comunicação.

Os períodos de guerra subsequentes desencadearam-se mais em resultado do jogo de forças entre as potências europeias do que propriamente por interesses ou pretensões diretas sobre o território do reino. Foram eles a Guerra de Sucessão de Espanha (1703-1714) e a chamada Guerra Fantástica no quadro da Guerra dos Sete Anos (1756-1763). Os desdobramentos em Portugal da Guerra de Sucessão de Espanha tiveram hostilidades abertas, sobretudo nos anos 1704-1706, novamente na raia das províncias do Alentejo e da Beira. Portugal integrou um exército multinacional que, após sucessos na fronteira, penetrou em Espanha alcançando Madri (1706). Houve ainda uma marcante participação portuguesa na Batalha de Almansa, no reino de Valência (1707). Já a Guerra dos Sete Anos (1756-1763) teve um episódio militar em território reinol através da invasão espanhola com apoio dos franceses. Desenvolveu-se sobretudo na segunda metade do ano de 1762, quando o exército franco-espanhol entrou por Trás-os-Montes e seguiu pela Beira até o Sul, perto do Tejo e Lisboa. Os recontros foram sobretudo ações de guerrilha conduzidas pelas milícias locais. Como se percebe pela cronologia dos conflitos, o século XVIII foi majoritariamente um século de paz no reino.

Existem ainda conflitos militares no início do século XIX. A Guerra das Laranjas em 1801, quando, entre outros, estava em causa Olivença e que correspondeu a uma invasão do território pelo Alentejo com ocupação de algumas praças alentejanas. A derrota dos portugueses foi pesada, embora o conflito fosse curto: cerca de um mês. Embora já no final do período em análise, vale ainda mencionar a invasão francesa em novembro de 1807, que pouca resistência terá encontrado por parte das forças portuguesas.

Assim, os conflitos observados em Portugal foram curtos e com um impacto mitigado, o que nos permite apontar que os assuntos militares em solo de Portugal se desenrolaram essencialmente em tempo de paz e não motivados por pressões defensivas. De resto, Portugal teve muito menos anos de guerra na Europa de Setecentos que a generalidade das médias e grandes potências coetâneas. É claro que, como cabeça de uma monarquia pluricontinental, tinha também responsabilidades defensivas sobre o conjunto das conquistas, mas, como se disse, essa questão teve impactos sobretudo na tropa regular e paga e, ainda em matéria de abastecimento e logística militar, e ao que tudo indica, teve uma intensidade maior no Setecentos.

Fluxos de comunicação e conjunturas

No conjunto dos 11.495 registros da base portuguesa, os assuntos militares tratados pela correspondência representam 16%. Neles se incluem todas as questões diretamente relacionadas com o foro militar, como é o caso dos provimentos, soldos, recrutamento, contencioso militar e participações régias.

Apenas para efeitos comparativos com os demais capítulos deste projeto, os dados globais apresentados na Tabela 6.1 demonstram que a média anual da documentação registrada nas câmaras revela-nos alguma estabilidade no período pós-Restauração, com a exceção do caso de Ponta Delgada para os inícios do século XIX. Importa, no entanto, esclarecer que ela oculta grandes disparidades conjunturais nas quais o fator guerra viva adquire particular significado.

Tabela 6.1
Comunicação política sobre assuntos militares no reino

	1620-1640		1641-1699		1700-1799		1800-1808		Total
	Nº	Média Anual	Nº	Média Anual	Nº	Média Anual	Nº	Média Anual	Nº
Viana	65	3	37	0,6	288	2,9	18	2	408
Évora	68	3,1	206	3,4	297	3	36	4	607
Vila Viçosa	8	0,4	107	1,8	151	1,5	14	1,6	280
Faro	13	0,6	135	2,3	279	2,8	10	1,1	437
Ponta Delgada	10	0,5	5	0,1	20	0,2	25	2,8	60
Total	164		490		1.035		103		1.792

A autonomização da comunicação registada nos três períodos de guerra viva em solo ibérico (Tabela 6.2) demonstra bastante bem o grande impacto das situações de guerra no incremento da comunicação, ao mesmo tempo que nos permite diferenciar melhor os impactos consoante as conjunturas militares. Repare-se ainda que, em termos de importância relativa, os períodos de conflito aberto das centúrias de Seiscentos e Setecentos representam cerca de 27% (475) do total da comunicação registrada sobre assuntos militares. É claro que os impactos são diferenciados por município, mas essa disparidade confirma de forma bastante evidente a já referida espacialização dos diversos conflitos ocorridos no solo reinol. Ou seja, o aumento médio da intensidade da comunicação com os municípios alentejanos que se verifica ao longo da Guerra da Restauração e do episódio português da Guerra de Sucessão de Espanha espelham de forma muito evidente os problemas provocados pelas ameaças militares na região do Alentejo, enquanto o débil aumento da correspondência recebida em Faro entre 1640 e 1668 corrobora a sua marginalidade em face desse conflito ibérico. Já a entrada na Guerra de Sucessão suscitou um acréscimo de comunicação por parte do governador do Algarve para as autoridades municipais de Faro, a fim de responder às instruções da corte de Lisboa para o recrutamento de tropas (terrestre e marinha). Não há menção à guerra no território, mas depreende-se que a ameaça externa provocou redobradas atenções relativamente à capacidade de resposta do conjunto do sistema defensivo algarvio.

A participação na Guerra dos Sete Anos surge em Viana com particular clareza. Em 23 de abril de 1762, o governador das armas da província do Minho ordenou que a câmara de Viana fizesse alardo no seu distrito, examinando todos os soldados das ordenanças capazes de pegar em armas, pois as cortes de Lisboa e de Madri estavam em "desconfianças" e temia-se que os espanhóis fizessem alguma invasão.[8] Pouco após, foi registado o decreto impresso de 18 de maio de 1762 com a declaração de guerra a Castela e à França, ao qual se anexou uma carta de 31 de maio de 1762 do juiz de fora de Viana, que também servia de corregedor dessa comarca, sobre a expulsão do território dos vassalos das monarquias castelhana e francesa.[9] Atendendo primeiro ao quadro dessa ameaça, depois ao confronto aberto – alcançando os limites da província do Minho –, compreende-se o surto de nomeações para postos militares que tiveram lugar (18) e ainda as referências aos subsídios voluntários e aos tributos para financiar a defesa.

Tabela 6.2

Comunicação sobre assuntos militares em período de guerra viva

	1641-1668		1703-1706		1762		
	Nº	Média Anual	Nº	Média Anual	Nº	Média Anual	Média Global
Viana	8	0,4	21	5,3	28	28	2,1
Évora	135	6,1	56	14	4	4	3,2
Vila Viçosa	85	3,9	56	14	0	0	1,5
Faro	60	2,7	21	5,3	0	0	2,3
Ponta Delgada	1	0	0	0	0	0	0,3
Total	475						

Se o século XVIII é de relativa paz no reino, nas conquistas, as atividades militares oscilaram significativamente por capitania, mas seguindo, de um modo geral, até o penúltimo quartel do século, a tendência do reino. Até então, o tema guerra na comunicação política entre as conquistas e o reino foi pouco frequente (Tabela 6.3). Guerras de conquista intermitentes e descontínuas, atreladas ou não a assuntos mercantis, não fornecem uma cronologia precisa sobre guerras vivas propriamente ditas. Mas, decerto, houve conflitos. Por exemplo,[10] durante a Guerra de Sucessão espanhola, confrontado com a guerra de corso e as duas invasões francesas ao Rio de Janeiro (1710 e 1711), além das várias revoltas e motins na América portuguesa, o Conselho Ultramarino foi instado a sugerir medidas e a definir políticas para a conservação dos súditos e dos domínios americanos, o que gerou grande número de consultas. Nada, no entanto, comparável a Pernambuco no século XVII nem aos confrontos contra a rainha Jinga em Angola (c. 1618-1659) e os holandeses no mesmo contexto. Aliás, nem mesmo em tais conjunturas a guerra viva foi o assunto militar predominante. Assim, consoante aquele padrão de estabilidade, como veremos adiante, a guerra viva foi pauta menor dentre os assuntos militares.

No cômputo geral do que se enviou a partir de Portugal (1640-1795), à revelia do destinatário ser reinol ou da conquista (Tabela 6.3), o total do tópico militar correspondeu, respectivamente, a 32,3% no que tange à capitania de Angola, a 16,9% à da Bahia, a 13,2% à do Maranhão, a 21,9% à de Pernambuco e a 19,4% em relação à capitania do Rio de Janeiro.

Tabela 6.3
Assuntos militares e outros assuntos nas correspondências enviadas pelo reino e pelas conquistas (1640-1795)[11]

Angola	1645-1656		1680-1700		1725-1726		1735-1736		1755-1756		1763-1764		1785-1795		Total	
	#	%	#	%	#	%	#	%	#	%	#	%	#	%	#	%
Assuntos Assuntos militares	94	30,9	181	33,7	47	25,5	41	24,8	52	32,1	37	24,7	332	36,0	784	32,3
Total	304	100	537	100	184	100	165	100	162	100	150	100	992	100	2424	100

Bahia	1640-1656		1680-1700		1725-1726		1735-1736		1755-1756		1763-1764		1785-1795		Total	
	#	%	#	%	#	%	#	%	#	%	#	%	#	%	#	%
Assuntos Assuntos militares	145	22,0	174	16,9	115	15,5	126	22,2	36	5,9	68	26,9	104	15,2	768	16,9
Total	660	100	1032	100	741	100	568	100	609	100	253	100	682	100	4545	100

Maranhão	1640-1656		1680-1690		1725-1726		1735-1736		1755-1756		1763-1764		1785-1795		Total	
	#	%	#	%	#	%	#	%	#	%	#	%	#	%	#	%
Assuntos Assuntos militares	59	21,6	24	12,8	19	15,6	14	12,5	26	13,6	15	17,2	191	11,4	348	13,2
Total	273	100	187	100	122	100	112	100	191	100	87	100	1671	100	2643	100

Pernambuco	1640-1656		1680-1700		1725-1726		1735-1736		1755-1756		1763-1764		1785-1795		Total	
	#	%	#	%	#	%	#	%	#	%	#	%	#	%	#	%
Assuntos Assuntos militares	135	49,3	A		56	14,3	47	23,4	50	13,6	11	8,4	A		299	21,9
Total	274	100	A		391	100	201	100	369	100	131	100	A		1366	100

Rio de Janeiro	1640-1656		1680-1700		1725-1726		1735-1736		1755-1756		1763-1764		1785-1795		Total	
	#	%	#	%	#	%	#	%	#	%	#	%	#	%	#	%
Assuntos Assuntos militares	107	22,1	66	18,0	61	11,3	75	18,2	67	11,0	81	23,0	427	23,9	884	19,4
Total	485	100	367	100	539	100	412	100	608	100	352	100	1788	100	4551	100

A = Não há dados tabulados para a capitania.

Por tais particularidades, deve-se atentar para diferentes cronologias, tipos e "fronteiras" de guerra. Difícil é caracterizar as naturezas dos embates ocorridos em cada contexto das conquistas. De um modo geral, em Angola, por exemplo, em função do tráfico de cativos,[12] questões que envolviam incômodos dos Mossulos na segunda metade do século XVIII interferiram mais na pauta do que explícitas alusões a "guerras vivas". Por sua vez, a conjuntura bélica europeia também pesou pouco na pauta,[13] exceto no caso das guerras com os holandeses no Seiscentos. Mas houve outros conflitos com caráter marcadamente local, como os embates contra a rainha Jinga. Por outro lado, surpreende o silêncio sepulcral sobre Palmares na base de dados da Bahia nos períodos de 1640-1656 e 1680-1700, pois a correspondência identificada se reporta apenas duas vezes a questões que envolveram o quilombo, mas não à guerra ou à campanha propriamente. Talvez, por não serem palcos frequentes de fronteiras e de guerras vivas, como em solos reinóis, mas sim porque eram da alçada de atuação operacional de populações locais ou a cargo de outros socorros da própria América portuguesa. É interessante nesse sentido, por exemplo, que membros da elite paulista seiscentista, em comunicação com o vice-rei sediado na Bahia, tenham armado seus índios para combater os holandeses.[14] O caso mais famoso talvez seja a campanha de Domingos Jorge Velho contra Palmares. Socorros intraconquistas extrapolavam a América portuguesa: tropas saídas de Salvador foram resgatar a praça de Mombaça na África Oriental seiscentista.[15] Essa é a explicação para a pouca menção a guerras nas conquistas, salvo a atuação holandesa em Pernambuco e Angola. Cabe, por isso, repetir que as guerras não eram o assunto militar principal da comunicação política, mas os prêmios delas derivados: cargos, solicitação de mercês.

Nesse sentido, algo similar pode ser dito para o Rio de Janeiro setecentista, pois assuntos militares também foram mais referidos do que "guerras vivas" em torno da Colônia do Sacramento. Assim, no balanço de conjunto, demandas locais – mercês, cargos, mapas militares, apetrechos bélicos e outros – formavam a maioria dos assuntos militares. O caráter intermitente e descontínuo dos conflitos no Sul do Brasil e as forças de atuação operacionais locais talvez tenham contribuído para o silêncio sobre guerras também no Sul da América portuguesa, embora, e como se disse antes, os recortes da amostragem da documentação não sejam os mais apropriados para responder cabalmente a essa questão.

A Tabela 6.4 revela o peso dos assuntos militares no conjunto das emissões feitas apenas pelas conquistas. Nesse fluxo da comunicação, os assuntos militares atingiram até 37,1% dos assuntos tratados, com duas exceções. Essas exceções foram o contexto de Restauração em Pernambuco seiscentista e o do Rio de Janeiro de fins do século XVIII, nos quais, respectivamente, as percentagens subiram para 53,1% e 57,3%. Vale a pena, por isso, sublinhar que esse tema esteve bem mais presente nas conquistas do que no reino, já que, como se viu, nas câmaras da metrópole não se vai além dos 16% do total da comunicação registrada nos livros.

Em termos globais, observa-se uma maior importância dos assuntos militares entre 1640-1656. Segue-se um período, entre 1680 e 1756, no qual os fluxos sobre as matérias militares declinam, recuperando-se de forma expressiva a partir de 1763. Se no primeiro período a explicação prende-se à guerra viva em que as capitanias estiveram envolvidas contra os holandeses e concorda com os ritmos encontrados para o reino, a explicação para a subida verificada em finais do século XVIII é outra.

Para o caso do Rio de Janeiro, que apresentou os maiores índices a partir da Guerra dos Sete Anos (1756-1763), acreditamos que a intensificação da comunicação se explica por ter sido elevado a sede do vice-reinado em 1763 e pelos conflitos fronteiriços no Continente do Rio Grande de São Pedro.[16] Tratava-se de uma defesa preventiva, dirigida politicamente pela Coroa. Porém, mais uma vez, sem o impacto de guerras vivas a influenciá-la decisivamente. Quiçá aquela nova configuração política da capitania fluminense fez pulular nomeações de postos militares.

Tabela 6.4
Assuntos militares e outros assuntos nas correspondências enviadas pelas capitanias (1640-1795)

Angola	1645-1656		1680-1700		1725-1726		1735-1736		1755-1756		1763-1764		1785-1795		Total	
Assuntos	#	%	#	%	#	%	#	%	#	%	#	%	#	%	#	%
Assuntos militares	18	36,0	43	31,4	22	23,4	22	22,9	31	25,4	24	21,2	234	37,1	384	23,6
Total	50	100	137	100	94	100	96	100	122	100	113	100	631	100	1629	100

Bahia	1640-1660		1680-1700		1725-1726		1735-1736		1755-1756		1763-1764		1785-1795		Total	
Assuntos	#	%	#	%	#	%	#	%	#	%	#	%	#	%	#	%
Assuntos militares	26	19,4	45	17,9	75	18,1	116	25,6	23	5,8	61	34,5	63	18	409	17,6
Total	160	100	296	100	490	100	454	100	398	100	177	100	350	100	2325	100

Maranhão	1640-1660		1680-1690		1725-1726		1735-1736		1755-1756		1763-1764		1785-1795		Total	
Assuntos	#	%	#	%	#	%	#	%	#	%	#	%	#	%	#	%
Assuntos militares	12	18,8	5	12,5	18	17,6	6	7,1	8	7,8	10	14,7	150	10,8	209	9,8
Total	64	100	40	100	102	100	84	100	102	100	68	100	1386	100	2125	100

Pernambuco	1640-1660		1680-1700		1725-1726		1735-1736		1755-1756		1763-1764		1785-1795		Total	
Assuntos	#	%	#	%	#	%	#	%	#	%	#	%	#	%	#	%
Assuntos militares	34	53,1	A		46	13,2	28	18,1	40	14,7	7	7,6	A		155	16,5
Total	64	100	A		347	100	155	100	272	100	99	100	A		937	100

Rio de Janeiro	1640-1660		1680-1700		1725-1726		1735-1736		1755-1756		1763-1764		1785-1795		Total	
Assuntos	#	%	#	%	#	%	#	%	#	%	#	%	#	%	#	%
Assuntos militares	21	17,6	26	9,4	48	10,3	38	10,1	25	6,5	74	38,9	385	57,3	617	32,2
Total	119	100	277	100	463	100	376	100	400	100	190	100	672	100	2533	100

A = Não há dados tabulados para a capitania.

Já o aumento do volume de emissões em Angola entende-se pelo estupendo crescimento do tráfico de cativos e pela tentativa da Coroa em implementar, no Setecentos, uma territorialização efetiva com base nos presídios do interior – Massangano, Muxima, Pedras do Pundo-Andongo, Quissamã, Caconda, entre outros –,[17] embora os presídios existissem desde o século XVI. Não custa lembrar, apesar de outras formas de produção de cativos, que as guerras punitivas, defensivas e/ ou de (expansão de) fronteiras do tráfico eram cruciais para fazer cativos em Angola. Eram guerras nas quais os militares, não raro filhos da terra, tinham papel decisivo,[18] formando, aliás, o grosso das tropas, devido, entre outros aspectos, à altíssima mortalidade dos reinóis e mesmo de insulares e de brasileiros, em que se destacam os degredados.[19] Um outro fator a explicar o caso angolano é a frequente investida de ingleses e sobretudo franceses na costa de Angola, desde o litoral norte nos portos de Ambris, Cabinda, Loango e ao sul no porto de Benguela, que a base da documentação avulsa do AHU é farta em demonstrar. No entanto e apesar dessas explicações, o Reino de Angola, bem como o Reino de Benguela[20] merecem ser estudados com mais atenção no âmbito da monarquia pluricontinental portuguesa.[21] Assim, por exemplo, não é exagero afirmar que se sabe muito menos sobre as Câmaras Municipais da África Central – Luanda, Benguela e Massangano – do que sobre as congêneres em Goa, Macau, Salvador, Rio de Janeiro, São Paulo, entre outras.[22] Em termos militares, comparativamente ao Brasil, mal conhecemos como as tropas "portuguesas" (auxiliares, regulares e ordenanças) se organizavam localmente e como se mesclavam às forças militares locais (guerra preta).[23] O que constatamos neste trabalho é que a pauta militar, pelos motivos aludidos, era mais assídua em Angola.

EMISSORES E TEMAS DA COMUNICAÇÃO

Para compreender quem eram os emissores das correspondências que estamos a analisar, devemos, antes de tudo, conhecer o fluxo da comunicação política a partir de cada parte envolvida: o reino e as conquistas. As correspondências geradas e enviadas pelo reino, mesmo que fossem cartas-resposta, se dirigiam para o próprio reino ou para as conquistas? As das conquistas eram remetidas para onde? A partir das respostas a estas perguntas, analisaremos os emissores por tipo de cargo, sublinhando o papel dos militares.

Tabela 6.5

Destino (%) das emissões das capitanias ultramarinas (1640-1795)

Período	Base de dados Angola		Base de dados Bahia		Base de dados Maranhão		Base de dados Rio de Janeiro		Base de dados Pernambuco	
	A própria capitania	Reino	A própria capitania	Reino	A própria capitania	Reino	A própria capitania	Reino	A própria capitania	Reino
1645-1656	22,4	77,6	3,5	96,5	3,2	96,8	17,9	82,1	3,3	96,7
1680-1700	32,6	67,4	2,1	97,9	5,1	94,9	12,2	87,8	A	A
1725-1726	6,7	93,3	0,8	99,2	3	97	2,8	97,2	2	98
1735-1736	12,6	87,4	0	100	0	100	0,3	99,7	2	98
1755-1756	9,7	90,3	1,1	98,9	1	99	2,6	97,4	0,4	99,6
1763-1764	5	95,0	7	93	1,5	98,5	1	99,0	0	100
1785-1795	16,6	83,4	4,6	95,4	1,1	98,9	2,1	97,9	A	A

A – Não há dados tabulados.

A Tabela 6.5 demonstra o sentido do conjunto das comunicações enviadas pelas conquistas. Os dados atestam que nem todos os documentos remetidos pelas terras d'além seguiram para o reino. Por exemplo, no período 1645-1656, 22,4% da documentação emitida pela capitania de Angola permaneceu em Angola. Entre a documentação, ainda como exemplo, o governador Pedro César de Menezes, em 1645, nomeou Antonio Teixeira de Mendonça ao posto de capitão-mor da Gente de Cavalo e Cabo das Companhias Pagas de Toda a Gente de Guerra do Reino de Angola.[24] Esse documento, no entanto, não seguiu para o reino; é uma comunicação interna à capitania de Angola.

Convém, por isso, sublinhar que uma parte da documentação emitida em cada uma das capitanias circulava dentro do próprio território ultramarino. Embora não tenha sido o caso da maioria das correspondências na generalidade das capitanias, teve bastante expressão em Angola e, nos primeiros períodos da amostragem, no Rio de Janeiro, revelando aspectos da circulação da comunicação no interior dos territórios menos atendidos pela historiografia. Um outro caso concreto foi o envio, em 1684, de uma carta do governador do Maranhão à câmara de São Luís, na qual comentava vários assuntos: a situação de miséria em que se encontrava a capitania, as cartas do padre Antônio Vieira ao bispo do Japão, o ataque dos holandeses ao navio onde viajou Simão dos Santos, a carta do padre jesuíta Ricardo Cacheu e, ainda, umas pendências referentes à Companhia de Jesus.[25]

A recíproca era verdadeira? Isto é: qual era o fluxo da comunicação gerada no reino e qual o peso dos assuntos militares a partir desse ponto do circuito da comunicação política?

Tabela 6.6

Tabela 6.6
Emissões (%) do reino dirigidas a receptores no reino e nas conquistas (1640-1795)

Período	Base de dados Angola		Base de dados Bahia		Base de dados Maranhão		Base de dados Rio de Janeiro		Base de dados Pernambuco	
	Angola	O próprio reino	Bahia	O próprio reino	Maranhão	O próprio reino	Rio de Janeiro	O próprio reino	Pernambuco	O próprio reino
1645-1656	9,5	90,5	1,3	98,7	2	98,0	66,9	33,1	99	1
1680-1700	7,8	92,2	0,7	99,3	0	100	88,5	11,5	A	A
1725-1726	27,5	72,5	13,5	86,5	13,3	86,7	31,1	68,9	18(b)	8(b)
1735-1736	30,8	69,2	7,1	92,9	15,4	84,6	30,2	69,8	30(b)	2(b)
1755-1756	18,7	81,3	21,6	78,4	8,1	91,9	48,7	51,3	55(b)	4(b)
1763-1764	32,1	67,9	27,4	72,6	21,4	78,6	25	75	6(b)	5(b)
1785-1795	36,7	63,3	42,9	57,1	31,8	68,2	36,4	63,6	A	A

A – Não há dados tabulados.
(b) – Números absolutos.

A Tabela 6.6 demonstra que os documentos emitidos pelo reino (qualquer que seja o assunto) se dirigiam, em sua grande maioria, ao próprio reino. Por exemplo, entre 1680-1700, 99,3% das cartas sobre a capitania baiana permaneciam em Lisboa, circulando entre diferentes órgãos da polissinodia. Um outro exemplo, mas para a capitania do Maranhão, foi o envio de uma consulta, em 1641, do Conselho da Fazenda ao rei d. João IV sobre o valor do soldo do provedor-mor da Fazenda Real do Maranhão, que pedira aumento. Essa correspondência não seguiu para o Maranhão, e alude apenas a uma consulta circunscrita ao reino, ainda que trate de um assunto relativo à conquista. Assim, a documentação gerada e emitida no reino, em sua esmagadora maioria, refere-se a pareceres e consultas do Conselho Ultramarino ao rei, ou, não raro, de encaminhamentos das questões aos procuradores da Fazenda e/ou da Coroa, ou, a partir de meados do Setecentos, ao secretário de Negócios Ultramarinos. Nesses casos, frequentemente tratava-se de despachos escritos às margens, nos cantinhos superiores ou laterais das folhas.[26]

À primeira vista, parece quase um contrassenso partir dessa base de dados para um estudo da comunicação política circunscrita ao próprio centro da monarquia pluricontinental portuguesa. Mas é só aparência. Tratamos com uma documentação produzida por um órgão colegial consultivo, que, antes de enviar às conquistas, necessitava da ratificação do rei. Além disso, quando havia consulta ou parecer sobre qualquer matéria no reino, isso significava que alguma informação sobre a matéria saíra da conquista. Adicionalmente, podemos estar a enfrentar problemas de classificação nos resumos dos próprios documentos, nos quais os despachos do rei, por exemplo, não estão especificados. Tudo isso explicará que o fluxo da comunicação emitida do reino, que detectamos nessas bases, tenha se dirigido a diferentes órgãos e oficiais do próprio reino. Mas nada disso significa ausência de comunicação entre o reino e as capitanias. Mais ainda, os pareceres e consultas circunscritos ao reino atestam, além da comunicação, o funcionamento polissinodal da monarquia.

Compreendidas essas ressalvas para a delimitação da documentação em análise, pode-se dizer que, no reino, os maiores geradores de documentos relativos às conquistas foram o rei e, sobretudo, o Conselho Ultramarino. Mas quem abordava as questões militares?

A resposta é muito clara: quando a correspondência era remetida do reino, os que exerciam cargos de governo – rei, conselheiros do Conselho Ultramarino, secretários dos Negócios da Marinha e Domínios Ultramarinos – quase monopolizaram o tema militar, e os militares em exercício no terreno pouco aludiam ao assunto (Tabela 6.7).

Tabela 6.7
Assuntos militares nas correspondências remetidas a partir do reino e por tipo de cargo (1640-1795)

Angola	1645-1656	1680-1700	1725-1726	1735-1736	1755-1756	1763-1764	1785-1795	Totais	
Tipo de cargo	#	#	#	#	#	#	#	#	%
Governo	70	134	18	18	19	9	56	324	88,5
Militar	4	0	6	0	2	3	13	28	7,7
Outros	2	2	0	0	0	0	9	13	3,6
Total	76	136	25	18	21	12	78	366	100

Bahia	1640-1660	1680-1700	1725-1726	1735-1736	1755-1756	1763-1764	1785-1795	Totais	
Tipo de cargo	#	#	#	#	#	#	#	#	%
Governo	116	125	4	10	8	7	35	305	97,4
Militar	3	0	0	0	0	0	5	8	2,6
Outros	0	0	0	0	0	0	0	0	0
Total	119	125	4	10	8	7	40	313	100

Maranhão	1640-1660	1680-1700	1725-1726	1735-1736	1755-1756	1763-1764	1785-1795	Totais	
Tipo de cargo	#	#	#	#	#	#	#	#	%
Governo	45	17	1	8	14	2	43	130	97,7
Militar	1	0	0	0	0	0	0	1	0,8

Outros	2	0	0	0	0	0	0	2	1,5
Total	48	17	1	8	14	2	43	133	100

Pernambuco	1640-1660	1680-1700	1725-1726	1735-1736	1755-1756	1763-1764	1785-1795	Totais	
Tipo de cargo	#	#	#	#	#	#	#	#	%
Governo	111	A	10	18	10	4	A	153	94,4
Militar	5	A	0	0	0	0	A	5	3,1
Outros	4	A	0	0	0	0	A	4	2,5
Total	120		10	18	10	4	A	162	100

Rio de Janeiro	1640-1660	1680-1700	1725-1726	1735-1736	1755-1756	1763-1764	1785-1795	Totais	
Tipo de cargo	#	#	#	#	#	#	#	#	%
Governo	86	39	13	31	39	6	39	253	96,9
Militar	1	1	0	0	0	0	1	3	1,1
Outros	1	0	0	3		1		5	1,9
Total	88	40	13	34	39	7	40	261	100

A – Não há dados tabulados.
Obs.: exclui casos de tipo de cargo ilegível.

Nas câmaras do reino, a situação era semelhante, embora menos expressiva. A Tabela 6.8 revela que os principais emissores sobre assuntos militares foram as autoridades governativas com funções militares de âmbito regional ou local, como é o caso dos governadores das armas e do governador do Reino do Algarve (22,9%), enquanto as patentes e autoridades militares que se presume estarem no terreno, bem assim como as vedorias provinciais, totalizam 11,3%. As entidades centrais da corte de Lisboa – monarca e tribunais superiores nos quais se destacam o Conselho de Guerra, a Secretaria da Guerra e a Junta dos Três Estados – totalizam um terço da comunicação registrada (33,3%). Em resultado do caráter senhorial do município de Faro e de Vila Viçosa, há que referir ainda que os donatários das Casas de Bragança e da Casa da Rainha, através das juntas de cada uma delas, emitiram 8,3% das cartas registradas, o que lhe confere uma importância significativa na gestão dos assuntos militares dos seus espaços locais, embora, na verdade, a maior parte dessa comunicação se refira a provimentos militares (112 do total de 148). Para melhor se compreender o paralelo com as conquistas antes enunciado, note-se que estas duas últimas, em conjunto com os governadores, representavam 64,5%.

Tabela 6.8

Emissores para as câmaras do reino sobre assuntos militares (1620-1808)

Emissor	Total	Porcentagem
Monarca	400	22,3
Governadores	411	22,9
Autoridades militares	131	7,3
Donatários	148	8,3
Conselho e Secretaria de Guerra	64	3,6
Câmaras e locais	93	5,2
Provedor e corregedor	23	1,3
Junta dos Três Estados	133	7,4
Vedorias	72	4,0
Outros	317	17,7
Total	1.792	100

Vale, entretanto, sublinhar alguns particularismos regionais. Dentre os governadores, é o governador do Reino do Algarve quem assume maior protagonismo nessas emissões. Com efeito, entre 1620 e 1808, só ele emite 210 cartas relacionadas ao tema, ou seja, 48% do total das cartas registradas na câmara de Faro sobre questões militares. Situação em tudo contrária aos governadores das armas que estão relativamente ausentes desse processo. Em Viana, por exemplo, o governador das armas do Minho emitiu apenas 12% das correspondências registradas nesse município, enquanto em Évora (Alentejo), tal ocorreu em 17% dos casos. A explicação para essa disparidade de participação está associada aos conteúdos funcionais de cada um deles que estão apontados no capítulo dos governadores (Capítulo 8). Há, no entanto, que assinalar que o papel do governador do Algarve em matéria de provimentos militares se reduziu nos inícios do século XVIII, depois de a Casa da Rainha assumir em pleno as suas prerrogativas donatariais.

Com efeito, em Faro, a rainha não acionou imediatamente a prerrogativa de donatária que lhe conferia os direitos de confirmação dos provimentos, optando por manter essa competência nas mãos do governador do Algarve, conforme se observa na carta de 1675, em que a princesa resolveu que o bispo que servia de governador do Reino do Algarve fizesse o provimento dos lugares de sargento-mor e dos capitães das ordenanças que estavam vagos nas suas terras,[27] e na de 1676, que dizia que o governador e capitão-general do Reino do Algarve fizesse provimento dos ofícios da milícia nas terras da princesa no mesmo reino.[28] Mas a situação alterou-se. Em janeiro de 1733, o Conselho de Guerra esclarecia sobre a tramitação devida relativa à provisão dos postos de alferes da ordenança e, em dezembro desse mesmo ano, o governador e capitão-general do reino do Algarve já se queixava ao Conselho de Guerra dos abusos cometidos pelos ministros da Justiça no provimento de postos das ordenanças das terras da rainha.[29] É um assunto que merece maior aprofundamento em análises futuras, mas, pelo aumento das emissões da rainha sobre provimentos militares, percebe-se que esta terá reativado as suas competências de donatária. Com efeito, a partir da década de 1710, o número de provimentos emitidos pelo governador do Algarve contrai-se, apresentando este uma recorrência bastante alta de provimentos apenas nos postos de bombardeiro-artilheiro que eram de tropa paga.

Por outro lado e em termos relativos, o protagonismo que o governador do Algarve tinha em face dos governadores das armas atenuou-se com a Lei de 18 de outubro de 1709.[30] Essa lei impôs uma revisão do processo eleitoral das ordenanças, conferindo uma maior intervenção e um maior destaque aos governadores das armas e ao Conselho de Guerra no processo de nomeação dessas milícias. Na lei sebástica, todos os oficiais de ordenanças eram eleitos pela câmara sempre na presença do corregedor. Já na lei setecentista, a tramitação da proposta, além de passar a incluir a fiscalização do governador das armas, diferenciou os procedimentos para as diferentes hierarquias militares e limitou a esfera de decisão dos oficiais municipais, pois estes, em vez de proporem um só nome, apontavam três, explicitando os méritos de cada um. No entanto, embora os governadores das armas adquirissem maior centralidade em todo o processo do provimento, não eram eles os emissores das cartas-patentes que eram registradas nos livros camarários, pelo que os provimentos não aparecem nesta base como resultado da sua ação, ou seja, no leque das cartas por eles emitidas. Em verdade, a sua esfera de atuação refere-se essencialmente ao controle dos poderes municipais e na intermediação com Lisboa. Esse acréscimo de competências não está, no entanto, espelhado na documentação recolhida, pelo que este exemplo serve com advertência para as cautelas que há que ter numa análise estritamente quantitativa da documentação.

As autoridades militares, como os governadores das praças ou as diversas patentes militares, são responsáveis por 131 dessas emissões, enquanto as diversas vedorias geraram 72 provimentos de oficiais associados às questões financeiras da logística do exército. É ainda interessante sublinhar o razoável protagonismo da Junta dos Três Estados, 133, entidade responsável pela administração e gestão dos montantes necessários à sustentação do aparelho militar e a quem competia também a nomeação dos oficiais responsáveis pelos pagamentos dos soldos das tropas nas diversas circunscrições militares. Essa era a razão pela qual a maior parte da correspondência enviada por esse órgão para os diferentes municípios se referia a provimentos dos postos de almoxarife das armas e munições ou a pagador geral dos exércitos das províncias.

Retornando às conquistas, quando as cartas eram emitidas nesses territórios, nota-se que os que exerciam cargos de governo, sobretudo o governador, não tendiam a monopolizar a pauta militar (Tabela 6.9). No Seiscentos, em todas as capitanias, os interlocutores com cargos de governo tinham uma proporção mais aproximada aos seus pares do reino quando os temas militares eram a pauta. Em alguns casos, no entanto, os ocupantes de postos militares e de outros postos até os superavam. Pernambuco, em especial, entre 1640 e 1660, assentou o tema militar sobretudo por meio dos próprios militares, justamente quando a guerra era latente nas missivas. A vacância de governo português, decerto, explica essa supremacia. Igualmente, no século XVIII, a tendência nas conquistas, em comparação ao tratamento do assunto a partir dos documentos enviados pelo reino, foi de não predomínio dos que exerciam cargos de governo em temas militares, mormente no último período da amostragem, 1785-1795. Tudo indica, portanto, que, a partir das reformas pombalinas, a tentativa de maior profissionalização das tropas no império – provavelmente devido a carreiras militares e aos formados em escolas de engenheiros[31] – como um todo elevou os ocupantes de postos militares a interlocutores maiores dos assuntos militares.

Tabela 6.9
Pauta dos assuntos militares por capitania e tipo de cargo (1640-1795)

Angola	1645-1656	1680-1700	1725-1726	1735-1736	1755-1756	1763-1764	1785-1795	Total	
Tipo de cargo	#	#	#	#	#	#	#	#	%
Governo	4	28	6	11	26	16	115 (49,1%)	206	53,6
Militar	2	8	14	9	4	7	109	153	39,8
Outros	2	7	2	2	1	1	10	25	6,5
Total	8	43	22	22	31	24	234	384	100
Bahia	1640-1660	1680-1700	1725-1726	1735-1736	1755-1756	1763-1764	1785-1795	Total	
Tipos de cargo	#	#	#	#	#	#	#	#	%
Governo	16	20	23	12	11	10	4	96	23,5
Militar	1	9	33	88	8	49	54	242	59,2
Outro	9	16	19	15	4	2	5	70	17,1
Total	26	45	75	116	23	61	63	409	100
Maranhão	1640-1660	1680-1700	1725-1726	1735-1736	1755-1756	1763-1764	1785-1795	Total	
Tipos de cargo	#	#	#	#	#	#	#	#	%
Governo	2	2	2	1	5	8	62 (41,3%)	82	41,6
Militar	3	1	10	2	3	2	51	72	36,5
Outros	4	2	5	2	0	0	30	43	21,8
Total	12	5	18	6	8	10	150	197	100

Pernambuco	1640-1660	1680-1700	1725-1726	1735-1736	1755-1756	1763-1764	1785-1795	Total	
Tipo de cargo	#	#	#	#	#	#	#	#	%
Governo	5	A	11	4	13	6	A	39	25,2
Militar	16	A	30	22	25	1	A	94	60,6
Outros	13	A	5	2	2	0	A	22	14,2
Total	34	A	46	28	40	7	A	155	100

Rio de Janeiro	1640-1660	1680-1700	1725-1726	1735-1736	1755-1756	1763-1764	1785-1795	Total	
Tipo de cargo	#	#	#	#	#	#	#	#	%
Governo	7	14	18	17	12	52	65	185	30
Militar	2	2	21	9	9	11	224 (58,2%)	278	45,1
Outros	12	10	9	12	4	11	96	154	25
Total	21	26	48	38	25	74	385	617	100

A – Não há dados tabulados. Percentuais no período entre parênteses.

Que temas abordaram os ocupantes de cargos de governo (quase sempre o governador da capitania)? O tópico militar não foi o principal tema da comunicação, mas sem que fosse desprezível.[32] No Rio de Janeiro (1763-1764), chegou-se a 33,2%, e a 32% em Angola de 1785-95. No Maranhão e na Bahia, sobretudo no Setecentos, houve pouca lida com a questão militar, reflexo, talvez, de relativa estabilidade político-militar da monarquia.[33] Vale a pena sublinhar que, nessas correspondências com o reino, os governadores não tratavam, preferencialmente, de provimentos de cargos, mas sim de abastecimento de tropas, soldos, apetrechos militares, mapas de população etc., isto é, com a logística militar. A explicação para essa ausência de referências, pelo menos no que respeita às ordenanças, surge na própria lei de 1749, quando se diz que

> se não provam os ditos postos das ditas ordenanças sem precederem propostas das câmaras como se pratica no reino, e só com a diferença de que os governadores do Brasil escolherão o mais digno dos propostos e o proverão logo, mandando-lhe passar patente, em lugar da informação que os governadores das armas das Provincias do reino fazem pelo Conselho da Guerra.[34]

Como a determinação régia deixa claro, eram os governadores de capitania quem proviam os postos, revelando que um dos temas socialmente mais disputados nas localidades recaía na esfera de decisão do governador.

Assim, cumpre lembrar que, à revelia das mudanças de prerrogativas que o Conselho Ultramarino tenha sofrido no Setecentos, cabia a esse órgão as atribuições e os pareceres relativos aos encaminhamentos das nomeações de patentes militares nos territórios, mas, no caso do Brasil, ao que parece, em estreita comunicação com os governadores.[35] Os concursos para os postos de linha e auxiliar, geralmente listas tríplices de nomes de candidatos, como se vê na base de dados, recebiam os pareceres do Conselho Ultramarino. Mas não era apenas isso.

As bases de dados das conquistas demonstram que, no período 1785-1795, há 661 casos relativos a provimentos de postos militares para as capitanias ultramarinas. Entre eles, 519 foram emitidos das áreas coloniais, dos quais 502 se dirigiram ao reino. Desses 502, nenhum foi direcionado ao Conselho Ultramarino, mas ao secretário de Estado dos Negócios da Marinha e Domínios Ultramarinos (45) ou sobretudo ao monarca (457). A comunicação prioritária era com a rainha e em grande parte se referia a promoções na carreira militar e/ou confirmações de patentes. Os remetentes dessas correspondências eram majoritariamente requerentes de cargos militares, pois os governadores das capitanias eram apenas 26 dos signatários. A base de dados, portanto, dá conta de um circuito de comunicação dos militares ainda na lógica de mercê, mas que não é incompatível com carreiras militares nem com a atuação dos governadores das capitanias.

Um simples exemplo de nomeações de postos militares pelos governadores pode ser observado num estudo específico para Angola no terceiro quartel do Setecentos. Confirmadas ou não pelo rei, as cartas-patentes passadas nos governos de d. António Álvares da Cunha (1753-1758) e de d. Antonio de Vasconcelos (1758-1764), e no último ano, 1772, de d. Francisco de Inocencio de Souza Coutinho (1764-1772), referiam-se, no conjunto, basicamente a membros das tropas de linha ou auxiliares, respectivamente, 23,6% e 54,3%. As nomeações para ordenanças eram apenas 11% das nomeações, abaixo até das nomeações para cargos locais incorporados à administração militar (dembos, tendalas etc.), com 11,2%.[36] Além de indicar que as tropas de ordenanças e as de cargos locais ficavam mais sujeitas às demandas locais, o papel do governador nas nomeações era importante. Não se pense, no entanto, que as tropas de linha eram imunes a pressões locais. Muito pelo contrário, uma vez que o grosso delas era formado por filhos da terra. Tais indicadores, porém, foram elaborados com base em livros de registros de cartas-patentes, que contemplam 385 registros, sendo apenas 54 delas (14%) confirmações reais, incluindo oito para altos postos de ordenanças.[37] As 331 emitidas pelos governadores perfazem a média anual de 25,4 cartas-patentes. Estão muito além, por exemplo, da média anual de 1,8 carta-patente aludida pelos governadores de Angola entre 1785 e 1795, conforme a base de dados. Em suma, a média menor de nomeações feitas pelos governadores na base de dados, comparada à do livro de registro de cartas-patentes, sugere que nem sempre os governadores se comunicavam com o reino sobre as nomeações de postos militares. Por outro lado, confirma-se que o seu papel nas nomeações de postos militares nas conquistas era crucial.[38]

Entre os militares, foi diferente. Embora os números sejam parcos até o último período, o assunto militar frequentemente era o mais presente em sua comunicação política, ainda que não lhes fosse exclusivo.[39] Como tendência geral, na conjuntura de fins do século XVIII, houve uma extrema exacerbação dos temas militares. Na corporação, porém, os postos militares foram o principal foco, principalmente entre 1785 e 1795, provavelmente pelas razões de carreira militar da atividade já aludidas, mas também devido à persistência do sistema de mercês, sobre o qual ninguém era imune.

Como se sugeriu anteriormente, no que diz respeito ao reino, o tópico principal da comunicação registrada nas câmaras é justamente este: provimentos militares (ver Tabela 6.10). Como seria de esperar, trata-se, em boa medida, de provimentos de postos de ordenanças, embora se encontrem também nomeações para oficiais com competências sobre a logística e o pagamento das tropas. Sobre os provimentos de postos de ordenanças, merece ser assinalado que a responsabilidade sobre a matéria não recaía numa única entidade. De acordo com as disposições legais que foram sendo emitidas, ao monarca e ao Conselho de Guerra cabiam a nomeação dos postos superiores dessas milícias para as terras da Coroa, enquanto em Faro e em Vila Viçosa, nas terras das Casas de Bragança e da Casa da Rainha, essa competência pertencia às entidades senhoriais. Os governadores das armas e o do Algarve atinham-se sobretudo aos cargos subalternos. Importa ainda explicitar que o caso dos municípios do reino se distingue significativamente do que se encontra nos registros de correspondência do município de Luanda, nos séculos XVII e XVIII, nos quais sobressaem acima de tudo questões sobre abastecimento, provimentos de postos camarários e outros assuntos de matiz local.[40]

Tabela 6.10
Tipo de assuntos das emissões para as câmaras do reino

	Total	Viana	Évora	VV	Faro	P. Delg.
Provimentos	970	227	277	110	314	42
Vários assuntos	645	144	295	124	71	11
Participações régias	150	36	27	35	45	7
Soldos e pagamentos	27	1	8	11	7	0
Total	1.792	408	607	280	437	60

Sobre outros assuntos militares, a variedade dos emissores é grande, mas valerá a pena apontar que há um acréscimo desse tipo de correspondência durante os 76 anos de guerra viva no reino apontados na Tabela 6.2. Nesses anos, o número médio anual é de três cartas para o conjunto dos municípios, enquanto para os restantes ronda, por defeito, as duas cartas por ano.

Sobre as participações régias a respeito de assuntos militares, importará cruzar os dados aqui apresentados com os resultados que se apresentam no capítulo da Difusão da Legislação para apurar com maior precisão o peso relativo da legislação emitida sobre assuntos militares. A mero título de exemplo sublinhe-se apenas que a importante, e já citada, lei de 18 de outubro de 1709, que impunha novidades significativas no processo eleitoral dos diferentes postos de ordenanças, foi registrada em todos os municípios estudados[41] e que essas repetições de registro não foram filtradas na análise que aqui se fez, o que permite afirmar que o número de normas que agora apontamos (150) pecará certamente por excesso. Por outro lado, como se sabe que idêntico procedimento foi seguido em outras câmaras do reino, inferimos que a monarquia teria grande preocupação em garantir que certo tipo de legislação fosse conhecida e aplicada no conjunto do território. Tal situação indicia, assim, a importância do registro nos livros camarários como referente regulador da atuação política dos poderes municipais. E, no caso concreto da lei de 1709, isso significou o controle da discricionariedade dos oficiais camarários no processo de escolha dos postos das ordenanças pelas autoridades intermédias – os governadores das armas – e pelos órgãos centrais de governo – o Conselho de Guerra.

No que respeita às conquistas, pela Tabela 6.7 vê-se que o fluxo das correspondências enviadas pelo reino em sua imensa maioria se direcionava ao próprio reino, salvo na base relativa ao Rio de Janeiro seiscentista e dos anos iniciais do período de d. José. Assim, respondendo à pergunta colocada anteriormente sobre qual era o fluxo da comunicação gerada no reino e qual o peso dos assuntos militares nessa comunicação política, podemos responder que, ao contrário do que ocorria com a documentação do reino em que o destino final nem sempre eram as conquistas, no caso dos papéis enviados pelas conquistas (com as exceções antes mencionadas) a maioria era dirigida ao reino. Indica-se, ainda, que as conjunturas e especificidades locais de cada conquista nos assuntos militares sofriam forte influência dos ritmos dos seus respectivos governos e da própria corporação militar, pelo menos de acordo com o recorte cronológico aqui adotado.

Conclusão

Do quadro geral esboçado, pode-se afirmar que os assuntos militares tinham uma importância desigual na monarquia portuguesa, embora, no conjunto, o tema se aproximasse do quinto das questões em pauta nas correspondências. Globalmente, é possível, assim, considerar-se que constituiu uma matéria que ocupou bastante as diferentes autoridades centrais e locais, pese embora tanto os territórios metropolitanos quanto os ultramarinos terem vivido a maior parte do período considerado em situação de paz formal. Como se esperava, o peso relativo da questão militar nessas comunicações aumenta em função das conjunturas de conflito aberto e nas regiões e localidades onde as disputas militares e fronteiriças tiveram maior atividade. No entanto, vale a pena destacar, como se viu, a especificidade de Angola, uma vez que é o território onde a questão militar assumiu de forma regular valores geralmente superiores à média do conjunto dos territórios observados.

Importa ainda sublinhar que, no que respeita aos emissores, as bases de dados demonstraram tendências distintas no reino e nas conquistas. Nestas últimas, a câmara era praticamente ausente nos tópicos militares em sua interlocução com o Conselho Ultramarino e com o rei. Tudo indica que governadores e militares foram os que mais se dedicaram ao assunto, mas com fins diferentes. Os governadores eram mais voltados a questões de logística e de administração militar, o que certamente se relaciona, em muitos casos, ao fato de serem capitães-generais. Os militares, por outro lado, por estarem imbuídos no sistema de mercês do qual as promoções na carreira faziam parte. O serviço militar era, também, um serviço ao rei passível de remuneração, mas capitaneada nas conquistas pelos governadores capitães-generais. As ordenanças, porém, pareciam sair da alçada dessa esfera, sendo muito mais sucetíveis a forças locais.

No reino, as câmaras registravam, sobretudo, comunicação emanada de Lisboa (c. de 40%), fosse ela do monarca ou de outros organismos centrais nos quais se podem incluir os tribunais superiores das Casas de Bragança e da Rainha. Seguem-se-lhe os governadores e autoridades militares, com cerca de um terço do total. O assunto predominante foi o provimento de cargos, no qual, recorde-se, os corpos de ordenanças têm significativo destaque. A esse propósito, o contraste com o que ocorria nas conquistas merece ser assinalado, pois, de acordo com estas evidências, parece que no reino os municípios foram perdendo espaço de decisão sobre esse tipo de nomeações. A reconhecida relevância desses postos na definição das hierarquias locais sugere, assim, que a monarquia tenha estendido a capacidade de imposição das suas taxinomias aos espaços municipais. Não nos parece, porém, que o mesmo tenha ocorrido nas conquistas, ao menos na mesma intensidade, sobretudo nas ordenanças. Pressões locais, inclusive de ordem parental, sobre os governadores (capitães-generais) devem ter pesado muito mais no provimento dos postos. A definição das hierarquias atreladas aos assuntos militares nas conquistas era muito mais autônoma. Decerto que no Setecentos as reformas intensificadas no período pombalino podem ter alterado o ritmo das decisões, especialmente a organização das tropas com base nos parâmetros militares imprimidos pelo conde Lippe ao Exército português. O conde Lippe, contratado em 1762, tinha a incumbência de modernizar o Exército português, considerado, na época, um dos menos eficazes da Europa.[42] Todavia, por mais que tenha havido alterações decorrentes de tal modernização, em Angola, por exemplo, em plena política de territorialização pombalina, calcada no povoamento e no reforço dos militares, em fins dos anos 1780, um militar de carreira, Elias Alexandre da Silva Corrrea, saído do Brasil para galgar postos militares, asseverou em seus escritos:

Quantas vezes, entre as meditações do meu estado, exclamei, depois que a prática me instruiu: Que estimação! Que caráter! Que ilusão! Capitão entre um punhado de facinorosos enfermos, e de negros sórdidos, e indigentes! Tais são os indivíduos que formam a benemérita, e honrosa corporação militar.[43]

A par dos juízos pejorativos do militar carreirista, e não obstante as questões militares fossem capitaneadas pelos governadores setecentistas, como o Morgado de Mateus em São Paulo, tudo indica que as forças locais nas conquistas pesaram muito mais para a autonomia militar.[44] Ainda que não tenhamos clareza sobre os tipos de tropa presentes nas bases de dados, e tendo em vista as interlocuções dos governadores setecentistas nos provimentos de postos militares, talvez forças políticas locais atuassem muito além da questão das ordenanças, mas só o desenvolvimento de pesquisas futuras trarão certezas.

Notas

1. Excluem-se as guerras de pacificação de súditos, inclusas no âmbito de revoltas.
2. Sobre reformas militares em outras partes da Europa, *cf.* Geoffrey Parker. *Military Revolution: Military Innovation and the Rise of the West, 1500-1800.* Ver um balanço sobre reformas militares na Europa moderna em Francisco Andújar Castillo, *Ejércitos y militares en la Europa moderna.*
3. O Rio de Janeiro se assemelha a São Paulo. No século XVII, elites paulistas com seus índios armados auxiliavam as guerras contra os holandeses na Bahia e em Pernambuco e preavam índios no Guiará, ao Sul. John Manuel Monteiro, *Negros da terra. Índios e bandeirantes nas origens de São Paulo*; Silvana Alves de Godoy, "Nobreza da terra e índios na monarquia pluricontinental portuguesa (São Paulo, século XVII)". No século XVIII, tropas marchavam por razões de fronteira ao sul, sob orientações do governo do Morgado de Mateus. Heloisa Liberalli Bellotto, *Autoridade e conflito no Brasil colonial: o governo do Morgado de Mateus em São Paulo, 1765-1775.*
4. Entre outros, *cf.* para Angola: Charles Boxer, *Salvador de Sá e a luta pelo Brasil e Angola, 1602-1686.* São Paulo: Editora Nacional, 1973; John Thornton, "The Art of War in Angola, 1575-1680". *Comparatives studies in society an history.* Vol. 30, n. 2, 1988; *Idem. Warfare in Atlantic Africa, 1500-1800.* Londres: UCL Press; Nova York: Routledge, 1999; *Idem, A África e os africanos na formação do mundo atlântico (1400-1800)*; Luiz Felipe de Alencastro, *O trato dos viventes. Formação do Brasil no Atlântico Sul*; Marina de Mello e Souza, "A rainha Jinga de Matamba e o catolicismo – África central, século XVII"; Ingrid da Silva Oliveira, "Cadornega e os principais de Angola no século XVII". Para Pernambuco: Evaldo Cabral de Mello, *A fronda dos mazombos, nobres contra mascates: Pernambuco, 1666-1715.*; *Idem, O negócio do Brasil*; Thiago Krause, *Em busca da honra: a remuneração dos serviços da guerra holandesa e os hábitos das Ordens Militares (Bahia e Pernambuco, 1641-1683)*, pp. 200-245; *Idem*, "Efigênia Angola, Francisca Muniz forra parda, seus parceiros e senhores: freguesias rurais do Rio de Janeiro, século XVIII. Uma

contribuição metodológica para a história colonial", v. 11, pp. 74-106; *Idem*, "Nobreza principal da terra nas Repúblicas de Antigo Regime nos trópicos de base escravista e açucareira: Rio de Janeiro, século XVII a meados do século XVIII", v. 3, pp. 159-240; *Idem*, "Elite das senzalas e nobreza principal da terra numa sociedade rural de Antigo Regime nos Trópicos: Campo Grande (Rio de Janeiro), 1704-1740, v. 3, pp. 241-306. Para o Ceará: *cf.* José Eudes Gomes, *As milícias d'el rey: tropas militares e poder no Ceará setecentista*; *Idem*, "As armas e o governo da República: tropas locais e governação no Ceará setecentista", pp. 189-207. Para a Bahia: Pedro Puntoni, *A Guerra dos Bárbaros: povos indígenas e a colonização do sertão Norte do Brasil, 1650-1720*.

5. Carlos Couto, *Os capitães-mores em Angola no século XVIII: subsídios para o estudo de sua atuação*, v. 13, n. 3, pp. 407-18; *Idem, Angola nos séculos XVII e XVII*; Joseph C. Miller, *Way of Death. Merchant Capitalism and the Angolan Slave Trade, 1730-1830*; Catarina Madeira Santos, *Um governo "polido" para Angola. Reconfigurar dispositivos de domínio (1750-1800)*; Roquinaldo Ferreira, "Transforming Atlantic Slaving: Trade, Warfare and Territorial Control in Angola, 1650-1800"; Ariane Carvalho, "Militares e militarização no Reino de Angola: patentes, guerra, comércio e vassalagem (segunda metade do século XVIII)"; M. P. Candido, *Fronteras de esclavización: esclavitud, comercio e identidade en Benguela, 1780-1850*.

6. AHU, ACL, CU, 001, cx. 79, doc. 6.

7. *Cf.* Fernando Dores Costa, *Insubmissão: aversão ao serviço militar no Portugal do século XVIII*; Miguel Dantas da Cruz, *Um Império de conflitos. O Conselho Ultramarino e a defesa do Brasil*.

8. Arquivo Municipal de Viana do Castelo (AMVC), lv. 16, fl. 126vb.

9. AMVC, lv. 16, fl. 157.

10. Como salientam Maria Fernanda Bicalho e André Costa no Capítulo 3.

11. A Tabela 6.3 contém todas as correspondências incluídas na documentação depositada nos avulsos do Arquivo Histórico Ultramarino, pelo que contabiliza tanto as missivas que foram enviadas das conquistas para o reino, como as cartas que foram escritas no reino sobre as mesmas matérias.

12. *Cf.* Joseph C. Miller, *Way of Death*; M. P. Candido, *Fronteras de esclavización*; Carlos Couto, *Os capitães-mores em Angola no século XVIII*; Ariane Carvalho, *Militares e militarização no reino de Angola*.

13. Pelo menos em 1763, quando Antônio de Vasconcelos, governador de Angola, recebeu notícia de um tratado de paz entre a Grã-Bretanha e "V. Majestade", de um lado, e as cortes de Espanha e França, de outro. Afirmou que, durante a guerra (Guerra dos Sete Anos), o Reino de Angola não sentiu seus "terríveis efeitos". AHU, ACL, CU, 001, cx. 47, doc. 26.

14. Silvana Alves de Godoy, "Nobreza da terra e índios na monarquia pluricontinental portuguesa".

15. Marília Santos, "Do Oriente ao Atlântico: A monarquia pluricontinental portuguesa e o resgate de Mombaça. 1696-1698", pp. 113-126.

16. Helen Osório, *O império português no sul da América: estancieiros, lavradores e comerciantes*; Fabrício Pereira Prado, *Colônia do Sacramento: o extremo sul da América portuguesa*; Pablo Fucé, "Transgresión y control social – Gauchos y vecinos en colonia del Sacramento a fines del siglo XVIII"; Fábio Kühn e Adriano Comissoli, "Administração

na América portuguesa: a expansão das fronteiras meridionais do Império (1680-1808)", v. 169, pp. 53-81.

17. Catarina Madeira Santos, "Um governo 'polido'...".
18. Carlos Couto, *Os capitães-mores em Angola...*; Mariana P. Candido, "Enslaving frontiers: slaves, trade and identity in Benguela (1780-1850)"; Roquinaldo Ferreira, *Cross-Cultural Exchange...*; Ariane Carvalho, *Militares e militarização...*
19. Roquinaldo Ferreira, "Brasil e a arte da guerra em Angola (sécs. XVII e XVIII)", pp. 3-23; Ariane Carvalho, *Militares e militarização...*
20. Em tempo, "capitania de Angola" é termo raro na documentação analisada. O mais recorrente é "Reino de Angola". Igualmente, "Reino de Benguela" é uma designação frequente na documentaçãoo sobre Benguela e marca uma diferenciação geopolítica em relação a Angola. *Cf.* Mariana P. Candido, *Jagas e sobas no "Reino de Benguela": vassalagem e criação de novas categorias políticas e sociais no contexto da expansão portuguesa na África durante os séculos XVI e XVII*; sobre Benguela, ver ainda Mariana P. Candido, *An African Slaving Port and the Atlantic World. Benguela and its Hinterland.* Provavelmente o mesmo, em termos de nomenclatura política, se aplique ao Reino de Angola. Sobre "Reino de Angola", ver Ingrid Silva de Oliveira, "O olhar de um capuchinho sobre a África do século XVII: A construção do discurso de Giovanni Antônio Cavazzi".
21. Por sua vez, há cerca de cinquenta anos, grande parte da historiografia anglo-saxã africanista analisa, quase monotematicamente, a questão do impacto do tráfico atlântico na África, mas quase sem atentar para a administração portuguesa, talvez por considerá-la frágil na África. A "fragilidade" institucional da monarquia portuguesa era condizente com a própria moldura institucional portuguesa, como ensina Hespanha. Sobre a historiografia do tráfico, *cf.* nota acima, e um bom balanço recente é o de Daniel Domingues, "Brasil e Portugal no comércio atlântico de escravos. Um balanço histórico e estatístico".
22. Exceção é Antonio Luís Ferronha, "Luanda: do primeiro município português na África Ocidental à revolta da municipalidade", pp. 491-498; Ingrid Silva de Oliveira, "Cadornega e os principais de Angola"; Roberto Guedes Ferreira, "A Câmara de Luanda: um ensaio preliminar sobre a comunicação política de camaristas luandenses (séculos XVII-XVIII)". Outros autores focam o tema da cidade, não da câmara como poder político. *Cf.* Ilídio Amaral, "Primórdios da construção do espaço urbano de Luanda nos finais do século XVI e princípios do século XVII: o regime de doação de chãos"; J. Curto, *Álcool e escravos: o comércio luso-brasileiro de álcool em Mpinda, Luanda e Benguela durante o tráfico atlântico de escravos (c.1480-1830) e seu impacto nas sociedades da África Central Ocidental*; Selma Pantoja, "Três leituras e duas cidades: Luanda e Rio de Janeiro no Setecentos"; Fernando A. Mourão, "A evolução de Luanda: aspectos sociodemográficos em relação à Independência do Brasil e ao fim do tráfico". Ver ainda outros trabalhos de Selma Pantoja. "Laços de afeto e comércio de escravos: Angola século XVIII", v. I, pp. 23-42; "Redes e tramas no mundo da escravidão Atlântica, na África Central Ocidental, século XVIII", v. 14, pp. 237-242.
23. Para exceções, *cf.* Carlos Couto, *Os capitães-mores...*; Ariane Carvalho, *Militares e militarização.*
24. AHU_ACL_CU_001, cx. 4, d. 73.
25. AHU, Avulsos Maranhão, ACL, CU, 009, cx. 4, d. 434.
26. Ver Capítulo 3.

27. AMVC, Sr. A/1_lv. 01_fl. 199a.
28. AMVC, Sr. A/1_lv. 01_fl. 203a.
29. AMVC, Sr. A/1_lv. 03_fl. 068.
30. *Cf.* <http://www.iuslusitaniae.fcsh.unl.pt/verlivro.php?id_parte=114&id_obra=74&pagina=648>.
31. É sintomático dessa alteração no Setecentos que, das 39 alusões a engenheiros nas bases de dados das conquistas, 32 tenham ocorrido a partir de 1735.
32. Ver Capítulo 8.
33. Para Angola, as alusões, pelos ocupantes de cargos de governo, a assuntos militares perante o total de assuntos foram 4 em 18, em 1645-56; 30 em 58, em 1680-1700; 6 em 13, em 1725-26; 11 em 48, em 1735-36; 26 (33%) em 80, em 1755-56; 16 em 79, em 1763-64; 115 (32%) em 363, em 1785-95; totalizando 206 (31,1%) em 663. Para a Bahia, os números são 7 em 16, em 1640-60; 20 em 115, em 1680-1700; 23 em 166, em 1725-26; 12 em 75, em 1735-36; 11 em 85, em 1755-56; 10 em 31, em 1763-64; 4 em 17, em 1785-95; totalizando 96 (17,4%) em 551. Para o Maranhão, os números são 2 em 17, em 1640-60; 2 em 16, em 1680-1700; 2 em 13, em 1725-26; 1 em 6, em 1735-36; 5 em 34, em 1755-56; 8 em 46, em 1763-64; 62 (10,1%) em 609, em 1785-95; totalizando 82 (11,1%) em 741. Para Pernambuco, os números são 5 em 8, em 1640-60; 11 (14,3%) em 77, em 1725-26; 4 em 12, em 1735-36; 13 em 75, em 1755-56; 6 em 66, em 1763-64; totalizando 39 (16,4%) em 238. Para o Rio de Janeiro, os números são 7 em 28, em 1640-60; 14 em 45, em 1680-1700; 18 em 64, em 1725-26; 17 em 79, em 1735-36; 12 em 89, em 1755-56; 52 (33,2%) em 157, em 1763-64; 63 (18,4%) em 342, em 1785-95; totalizando 183 (22,8%) em 804.
34. José Roberto Monteiro de Campos Coelho e Sousa, *Systema, ou Collecção dos Regimentos Reaes*, tomo IV, pp. 516-539, citação na p. 537.
35. Para o Estado do Brasil, *cf.* Miguel Dantas da Cruz, *O Conselho Ultramarino e a administração militar do Brasil (da Restauração ao Pombalismo): política, finanças e burocracia.* Parte 3. Sobre o Conselho Ultramarino e suas (perdas de) atribuições no Setecentos, ver Capítulo 3.
36. Ressalte-se que as ordenanças tinham mais função de policiamento social do que de defesa militar. *Cf* para o Brasil, Tiago L. Gil, *Os infiéis transgressores: elites e contrabandistas nas fronteiras do Rio Grande e do Rio Pardo (1760-1810).*
37. Ariane Carvalho, *Militares e militarização...*, p. 116ss.
38. Infelizmente, pelo silêncio, a base de dados não permite aferir com precisão os tipos de tropa, mas tudo indica que eram auxiliares ou de linha em sua grande maioria. Para o Brasil, *cf.* Christiane Figueiredo Pagano Mello, "Os corpos de auxiliares e de ordenanças na segunda metade do século XVIII. As capitanias do Rio de Janeiro, São Paulo e Minas Gerais e a manutenção do Império português no Centro Sul América"; "A guerra e o pacto: a política de intensa mobilização militar nas Minas Gerais", pp. 67-85; Miguel Dantas da Cruz, *O Conselho Ultramarino*; Ariane Carvalho, *Militares e militarização...*
39. Para Angola, as alusões, pelos ocupantes de cargos militares, a assuntos militares perante o total de assuntos foram 2 em 4, em 1645-56; 8 em 10, em 1680-1700; 14 em 38, em 1725-26; 9 em 16, em 1735-36; 4 em 9, em 1755-56; 7 em 13, em 1763-64; 109 (73,2%) em 149, em 1785-95; totalizando 153 (64%) em 239. Para a Bahia, os números são 1 em 10, em 1640-60; 9 em 17, em 1680-1700; 33 em 61, em 1725-26; 88 em 116, em 1735-36; 8 em 53, em 1755-56; 49 em 65, em 1763-64; 54 (51%) em 106, em 1785-95; totalizando

242 (56,5%) em 428. Para o Maranhão, os números são 4 em 19, em 1640-60; 0 em 0, em 1680-1700; 10 em 20, em 1725-26; 2 em 16, em 1735-36; 3 em 8, em 1755-56; 2 em 3, em 1763-64; 51 (34,5%) em 148, em 1785-95; totalizando 72 (33,6%) em 214. Para Pernambuco, os números são 16 em 28, em 1640-60; 30 em 76, em 1725-26; 22 em 35, em 1735-36; 25 em 49, em 1755-56; 1 em 33, em 1763-64; totalizando 94 (49,2%) em 191. Para o Rio de Janeiro, os números são 2 em 15, em 1640-60; 2 em 5, em 1680-1700; 21 em 72, em 1725-26; 9 em 47, em 1735-36; 9 em 37, em 1755-56; 11 em 21, em 1763-64; 224 (56%) em 400, em 1785-95; totalizando 278 (46,6%) em 597.

40. *Cf.* Roberto Guedes Ferreira, *A Câmara de Luanda*, 2012.
41. ADE, lv. 071_fl. 410; ADF, lv. 08_fl. 169; AMVC, Sr. A/1_lv. 02_fl. 011v; AHMVV, RG 722_fl. 402v.
42. Christiane Figueiredo Pagano Mello, *Forças militares no Brasil Colonial: Corpos de auxiliares e de ordenanças na segunda metade do século XVIII*, p. 134.
43. Elias Alexandre da Silva Corrêa, *História de Angola*, v. 1, p. 14. Tal aspecto fora ressaltado por Ariane Carvalho, *Militares e militarização...*
44. *Cf.* Ariane Carvalho, *Militares e militarização...*, p. 135. Para o Ceará, ver José Eudes Gomes, *As milícias d'el rey*, Rio de Janeiro: Editora da FGV, 2010; *Idem, As armas e o governo da República*. Para Minas Gerais oitocentista, Francis Albert Cotta, *Negros e mestiços nas milícias da América portuguesa*, p. 112; Miguel Dantas da Cruz, *o Conselho Ultramarino*, parte III.

Referências bibliográficas

ALENCASTRO, Luis Felipe de. *O trato dos viventes: formação do Brasil no Atlântico Sul, séculos XVI e XVII*. São Paulo: Companhia das Letras, 2000.

AMARAL, Ilídio. "Primórdios da construção do espaço urbano de Luanda nos finais do século XVI e princípios do século XVII: o regime de doação de chãos". *Actas do II Seminário Internacional sobre a História de Angola*. Construindo o passado angolano: as fontes e a sua interpretação. Lisboa: CNCDP, 1997.

BELLOTTO, Heloisa Liberalli. *Autoridade e conflito no Brasil Colonial: o governo do Morgado de Mateus em São Paulo, 1765-1775*. 2. ed. São Paulo: Secretaria de Cultura, 2007.

BOXER, Charles. *Salvador de Sá e a luta pelo Brasil e Angola, 1602-1686*. São Paulo: Editora Nacional, 1973.

CANDIDO, Mariana P. "Enslaving frontiers: slaves, trade and identity in Benguela (1780-1850)". Toronto/Ontario: York University, 2006. Tese de doutorado inédita.

_____. *Fronteras de esclavización: esclavitud, comercio e identidad en Benguela, 1780-1850*. México: DF, El Colegio de Mexico, Centro de Estudios de Asia y Africa, 2011.

_____. *Jagas e sobas no "Reino de Benguela": vassalagem e criação de novas categorias políticas e sociais no contexto da expansão portuguesa na África durante os séculos XVI e XVII* (no prelo).

_____. *An African Slaving Port and the Atlantic World. Benguela and its Hinterland*. Cambridge: Cambridge University Press, 2013.

CARVALHO, Ariane. *Militares e militarização no Reino de Angola: patentes, guerra, comércio e vassalagem (segunda metade do século XVIII)*. Seropédica/Nova Iguaçu: UFRRJ/PPHR, 2014.

CORRÊA, Élias Alexandre da Silva. *História de Angola*. Lisboa: Coleção dos Clássicos da Expansão Portuguesa no Mundo, Série E – Império Africano, 1937, 2 v.

COSTA, Fernando Dores. *Insubmissão: aversão ao serviço militar no Portugal do século XVIII*. Lisboa: Imprensa de Ciências Sociais, 2010.

COTTA, Francis Albert. *Negros e mestiços nas milícias da América portuguesa*. Belo Horizonte: Crisálida, 2010.

COUTO, Carlos. *Os capitães-mores em Angola no século XVIII: subsídios para o estudo de sua atuação*. Luanda: Instituto de Investigação Científica de Angola, 1972.

CRUZ, Miguel Dantas da. *Um Império de conflitos*. O Conselho Ultramarino e a defesa do Brasil. Lisboa: Imprensa de Ciências Sociais, 2015.

CURTO, J. *Álcool e escravos: o comércio luso-brasileiro de álcool em Mpinda, Luanda e Benguela durante o tráfico atlântico de escravos (c.1480-1830) e seu impacto nas sociedades da África Central Ocidental*. Lisboa: Vulgata, 2000.

DOMINGUES, Daniel. "Brasil e Portugal no comércio atlântico de escravos. Um balanço histórico e estatístico". *In*: FERREIRA, Roberto Guedes (org.). *África: brasileiros e portugueses – séculos XVI--XIX*. Rio de Janeiro: Mauad, 2013.

FERREIRA, Roberto Guedes. *Dinâmica imperial no Antigo Regime português: escravidão, governos, fronteiras, poderes, legados (séculos XVII-XIX)*. Rio de Janeiro: Mauad, 2011.

_____. "O olhar de um capuchinho sobre a África do século XVII: A construção do discurso de Giovanni Antônio Cavazzi". Seropédica/Nova Iguaçu: UFRRJ/PPHR, 2011. Dissertação de mestrado.

_____. "A Câmara de Luanda: um ensaio preliminar sobre a comunicação política de camaristas luandenses (séculos XVII-XVIII)". *In*: FRAGOSO, João & SAMPAIO, Antonio Carlos Jucá de (orgs.). *Monarquia pluricontinental e a governança da terra no ultramar atlântico luso: séculos XVI-XVIII*. Rio de Janeiro: Mauad, 2012.

FERREIRA, Roquinaldo. Brasil e a arte da guerra em Angola (sécs. XVII e XVIII). *Estudos Históricos*, n. 39, 2007, pp. 3-23.

_____. *Cross-Cultural Exchange in the Atlantic World: Angola and Brazil during the Era of the Slave Trade*. Cambridge: Cambridge University Press, 2013.

FERRONHA, Antonio Luís. "Luanda: do primeiro município português na África Ocidental à revolta da municipalidade". *O Município no Mundo Português. Seminário Internacional*. Funchal: Centro de Estudos de História do Atlântico, 1998, pp. 491-498.

FRAGOSO, João. "A formação da economia colonial no Rio de Janeiro e de sua primeira elite senhorial (séculos XVI e XVII)". *In*: FRAGOSO, João & GOUVÊA, Maria de Fátima & BICALHO, Maria Fernanda. *O antigo regime nos trópicos: a dinâmica imperial portuguesa (séculos XVI-XVIII)*. Rio de Janeiro: Civilização Brasileira, 2001, pp. 31-71.

_____. "A nobreza vive em bandos: a economia política das melhores famílias da terra do Rio de Janeiro, século XVII. Algumas notas de pesquisa". *Tempo*, vol. 8, n. 15, 2003, pp. 11-35.

_____. "Capitão Manuel Pimenta Sampaio, senhor do engenho do Rio Grande, neto de conquistadores e compadre de João Soares, pardo: notas sobre uma hierarquia social costumeira (Rio de Janeiro, 1700-1760)". *In*: GOUVÊA, Maria de Fátima & FRAGOSO, João (orgs.). *Na trama das redes. Política e negócios no império português. Séculos XVI-XVIII*. Rio de Janeiro: Civilização Brasileira, 2009, pp. 200-245.

_____. "Efigênia Angola, Francisca Muniz forra parda, seus parceiros e senhores: freguesias rurais do Rio de Janeiro, século XVIII. Uma contribuição metodológica para a história colonial". *Topoi*, v. 11, Rio de Janeiro, 2010, pp. 74-106.

_____. "Elite das senzalas e nobreza principal da terra numa sociedade rural de Antigo Regime nos trópicos: Campo Grande (Rio de Janeiro), 1704-1740". *In*: FRAGOSO, João & GOUVÊA, Maria de Fátima (orgs.). *O Brasil Colonial 1720-1821*. Rio de Janeiro: Civilização Brasileira, 2014, v. 3, pp. 241-306.

_____. "Fidalgos e parentes de pretos: notas sobre a nobreza principal da terra do Rio de Janeiro". *In:* FRAGOSO, João & SAMPAIO, Antonio Carlos Jucá de & ALMEIDA, Carla (orgs.). *Conquistadores e negociantes: Histórias de elites no Antigo Regime nos trópicos. América lusa, séculos XVI a XVIII.* Rio de Janeiro: Civilização Brasileira, 2007, pp. 33-120.

_____. "Nobreza principal da terra nas repúblicas de Antigo Regime nos trópicos de base escravista e açucareira: Rio de Janeiro, século XVII a meados do século XVIIII". *In:* FRAGOSO, João & GOUVÊA, Maria de Fátima (orgs.). *O Brasil Colonial 1720-1821.* Rio de Janeiro: Civilização Brasileira, 2014, v. 3, pp. 159-240.

FUCÉ, Pablo. "Transgresión y control social – Gauchos y vecinos en colonia del Sacramento a fines del siglo XVIII", *Tiempos Modernos,* n. 11, Espanha, 2004.

GIL, Tiago. *Infiéis transgressores: elites e contrabandistas nas fronteiras do Rio Grande e do Rio Pardo (1760-1810).* Rio de Janeiro: Arquivo Nacional, 2007.

GODOY, Silvana Alves de. "Os Vaz Pedroso de Barros e a centralidade da periferia na (re)conquista do Estado do Brasil (São Paulo, século XVII)" (mimeo).

_____. "Nobreza da terra e índios na monarquia pluricontinental portuguesa (São Paulo, século XVII)". Rio de Janeiro: UFRJ, PPGHIS. Qualificação de doutorado, 2014.

GOMES, José Eudes. "As armas e o governo da República: tropas locais e governação no Ceará setecentista". *In:* FERREIRA, Roberto Guedes (org.). *Dinâmica Imperial no Antigo Regime Português: escravidão, governos, fronteiras, poder, legados (séculos XVII-XIX).* 1. ed. Rio de Janeiro: Mauad, 2011, pp. 189-207.

_____. *As milícias d'el rey: tropas militares e poder no Ceará setecentista.* Rio de Janeiro: FGV Editora, 2010.

HEINTZE, Beatrix. "Historical Notes on the Kisama of Angola". *Journal of African History,* v. 13, n. 3, 1972, pp. 407-18.

_____. *Angola nos séculos XVII e XVII.* Luanda: Kilombelombe, 2007.

HESPANHA, António Manuel. A constituição do Império português. Revisão de alguns enviesamentos correntes. *In:* FRAGOSO, João & BICALHO, Maria Fernanda & GOUVÊA, Maria de Fátima (orgs.). *O Antigo Regime nos trópicos: a dinâmica imperial portuguesa (século XVI-XVIII).* Rio de Janeiro: Civilização Brasileira, 2001.

KÜHN, Fábio & COMISSOLI, Adriano. "Administração na América portuguesa: a expansão das fronteiras meridionais do Império (1680-1808)". *Revista de História* (USP), v. 169, 2013, pp. 53-81.

MELLO, Christiane Figueiredo Pagano. "A Guerra e o Pacto: a política de intensa mobilização militar nas Minas Gerais". *In:* CASTRO, Celso *et al.* (orgs.). *Nova história militar brasileira.* Rio de Janeiro: Fundação Getulio Vargas, 2004, pp. 67-85.

_____. *Forças militares no Brasil Colonial: Corpos de auxiliares e de ordenanças na segunda metade do século XVIII.* Rio de Janeiro: E-Papers, 2009.

MELLO, Evaldo Cabral de. *A fronda dos mazombos, nobres contra mascates: Pernambuco, 1666-1715.* São Paulo: Companhia das Letras, 1995.

_____. *O negócio do Brasil.* São Paulo: Companhia das Letras, 2011.

MILLER, Joseph C. *Way of Death. Merchant Capitalism and the Angolan Slave Trade, 1730-1830.* Wisconsin: Wisconsin University Press, 1988.

MONTEIRO, John Manuel. *Negros da terra. Índios e bandeirantes nas origens de São Paulo.* São Paulo: Companhia das Letras, 1994.

MOURÃO, Fernando A. "A evolução de Luanda: aspectos sociodemográficos em relação à independência do Brasil e ao fim do tráfico". *In:* PANTOJA, Selma & SARAIVA, José Flávio Sombra (orgs.). *Angola e Brasil nas rotas do Atlântico Sul.* Rio de Janeiro: Bertrand Brasil, 1999.

OLIVEIRA, Ingrid Silva de. "Cadornega e os principais de Angola no século XVII". *In:* FERREIRA, Roberto Guedes (org.). *Dinâmica imperial no Antigo Regime português.* Rio de Janeiro: Mauad, 2011.

OSÓRIO, Helen. *O império português no sul da América: estancieiros, lavradores e comerciantes*. Porto Alegre: Editora da UFRGS, 2007.

PANTOJA, Selma. "Laços de afeto e comércio de escravos: Angola século XVIII". *Cadernos de Pesquisa do CDHIS* (UFU Impresso), v. I, 2010, pp. 23-42.

_____. "Redes e tramas no mundo da escravidão Atlântica, na África Central Ocidental, século XVIII". *História* Unisinos, v. 14, 2010, pp. 237-242.

_____. "Três leituras e duas cidades: Luanda e Rio de Janeiro no Setecentos". *In:* PANTOJA, Selma & SARAIVA, José Flávio S. (orgs.). *Angola e Brasil nas rotas do Atlântico Sul*. Rio de Janeiro: Bertrand Brasil, 1999.

PRADO, Fabrício Pereira. *Colônia do Sacramento: o extremo sul da América Portuguesa*. Porto Alegre: F. P. Prado, 2002.

PUNTONI, Pedro. *A Guerra dos Bárbaros: povos indígenas e a colonização do sertão Norte do Brasil, 1650-1720*. São Paulo: Hucitec/Edusp, 2002.

SANTOS, Catarina Madeira. "Um governo 'polido' para Angola. Reconfigurar dispositivos de domínio (1750- 1800)". Lisboa: Universidade Nova de Lisboa/Faculdade de Ciências Sociais e Humanas, 2006. Tese de doutorado.

SANTOS, Marília. "Do Oriente ao Atlântico: A monarquia pluricontinental portuguesa e o resgate de Mombaça. 1696-1698". *In:* FERREIRA, Roberto Guedes (org.). *Dinâmica imperial no Antigo Regime português: escravidão, governos, fronteiras, poderes, legados*. Rio de Janeiro: Mauad, 2011, pp. 113-126.

SOUSA, José Roberto Monteiro de Campos Coelho e. *Systema, ou Collecção dos Regimentos Reaes*. Lisboa: Oficina de Francisco Borges de Sousa, 1785, tomo IV.

SOUZA, Marina de Mello e. "A rainha Jinga de Matamba e o catolicismo – África central, século XVII". *In:* FERREIRA, Jerusa Pires & ARÊAS, Vilma (orgs.). *Marlyse Meyer nos caminhos do imaginário*. São Paulo: Edusp, 2009.

THORNTON, John. "The art of war in Angola, 1575-1680". *Comparatives studies in society an history*. v. 30, n. 2, 1988

_____. *Warfare in Atlantic Africa, 1500-1800*. Londres: UCL Press; Nova York: Routledge, 1999.

_____. *A África e os africanos na formação do mundo atlântico*. Rio de Janeiro: Campus, 2004.

7

Economia, moeda e comércio: uma análise preliminar do banco de dados

Antonio Carlos Jucá de Sampaio

A economia numa sociedade de Antigo Regime

A primeira e maior dificuldade com que nos deparamos ao estudar a economia numa sociedade historicamente anterior ao capitalismo é o fato singelo de que ela simplesmente não existia. Ou, dizendo de outra forma, não havia então uma esfera econômica independente na sociedade. As relações ditas (por nós) econômicas não eram regidas por leis de mercado. Pelo contrário, nelas interferiam diversos outros aspectos da vida social. Mesmo os preços estavam longe de serem regidos por um mercado autorregulável. Neles interferiam a Coroa, as câmaras e diversos outros atores, conforme a ocasião. Interferências políticas, portanto, que acabavam por definir preços com base na correlação de forças envolvidas e não da lei da oferta e da procura.

A partir daí, torna-se evidente que nossa maior dificuldade foi localizar em nossos bancos de dados aqueles documentos em que fatores econômicos aparecem mencionados. E isto numa sociedade que entendia economia como "o governo e regimento particular da casa, família, mulher, criados e administração da fazenda".[1] Dessa definição, podemos tirar duas conclusões: a economia referia-se à esfera particular ou, mais precisamente, familiar, e não à esfera pública. Em segundo lugar, era o "governo" da casa e a "administração" da fazenda. Ou seja, estamos diante de uma esfera política, e não econômica, pelo menos no sentido que damos hoje. E é dessa perspectiva que partiremos aqui, a fim de evitar apreensões equivocadas, porque anacrônicas, dos fenômenos econômicos.

Em um texto seminal sobre a economia em Aristóteles, Karl Polanyi busca desmontar a noção corrente de que as observações do filósofo grego sobre o tema seriam absolutamente equivocadas, quando não irrelevantes.[2] Para Polanyi, pelo contrário, Aristóteles "atacou o problema da subsistência do homem com um radicalismo sem paralelo com qualquer outro autor posterior que tenha escrito sobre o assunto – nenhum penetrou mais fundo na organização material da vida humana".[3]

Tal análise parece-nos duplamente importante. Por um lado porque, como sabemos, Aristóteles foi a base da filosofia medieval, via São Tomás de Aquino, bem como da Segunda Escolástica.[4] Esta última marcou o pensamento na Europa católica do Antigo Regime, não sendo Portugal uma exceção. Compreender Aristóteles ajuda-nos, portanto, a compreender as concepções que moviam os homens dessa época. Por outro lado, o ensaio de Polanyi é um diálogo denso com sua própria obra. Serve, assim, de guia para compreendermos o profundo enraizamento da economia no conjunto do tecido social.

O elemento central da análise aristotélica era, segundo Polanyi, a relação entre a economia e a sociedade como um todo. Para ele, o mundo estava finalisticamente organizado, e cada coisa e pessoa continha uma inscrição que definia seu lugar no mundo e condicionava também seu futuro desenvolvimento. No que se refere à comunidade humana, tal noção implicava que seus membros possuíam posições naturalmente desiguais.[5]

Sua noção de economia derivava desse quadro. A inserção dos indivíduos nas diversas atividades econômicas dependia da necessidade de manutenção da comunidade. Manutenção não somente física como social. O preço dos bens transacionados surge aí como resultado das relações sociais e não de um livre mercado: "os preços são estabelecidos com justiça quando se ajustam à posição dos participantes da comunidade, com isso reforçando a afeição em que se fundamenta essa comunidade."[6] Em outras palavras, o preço justo depende das posições ocupadas por vendedor e comprador na comunidade.

Evidentemente, muito do que aparece em Aristóteles difere radicalmente da realidade de Antigo Regime. Como Polanyi sublinha, o próprio mercado encontrava-se ainda em formação.[7] Nada mais distinto da realidade do império português na época moderna. No entanto, o que nos interessa aqui é sua visão de uma economia entrelaçada no tecido social, sem que se possa perceber a existência do econômico como esfera distinta da sociedade. Mais ainda, vale reter a noção de que a economia presta-se à reiteração da estrutura social existente.

Tais concepções ajudam-nos a entender de que forma a economia aparece em nossas fontes. Em primeiro lugar, vale ressaltar que se trata de um tema não muito frequente. No total, temos apenas 1.010 correspondências referentes ao que identificamos como economia (3,81% do total). É preciso levar em conta que o comércio é considerado à parte em nossa análise. Mesmo assim, o percentual afigura-se bastante reduzido. Para nós, membros de sociedades em que a economia ocupa um papel central, chega a ser chocante o desinteresse dos homens do Antigo Regime pelo tema. A razão para isso encontramos já em Bluteau, mas também em Aristóteles. A economia, compreendida como processo produtivo, faz parte do âmbito doméstico. "O que a constitui não são as posses, e sim pais, filhos e escravos".[8] A Coroa, portanto, encontrava-se excluída desse espaço exclusivamente familiar. Tolhimento bastante considerável, que nos aparece pela ausência e não pela presença de fontes.

Cabe agora nos perguntarmos que temas econômicos eram tratados nas correspondências, considerado o constrangimento apontado.

Em primeiro lugar, é preciso ter em conta que havia uma parcela da atividade econômica que era pública, ou melhor, controlada pela Coroa. Refiro-me principalmente aos diversos estancos. Os estancos tinham por base a noção de que o monarca podia dispor de certas riquezas naturais como monopólio seu. O sal, por exemplo, era um dos mais tradicionais estancos. Na América portuguesa, sua exploração foi proibida em favor do sal de Portugal. Tais proibições, no entanto, requeriam a atenção constante da Coroa. Em 1764, por exemplo, o governador de Angola escrevia à metrópole relatando o estado do estanco do sal da marinha de Benguela e das salinas particulares.[9] Muitas vezes, o que há são correspondências dos contratadores do estanco, com diversas solicitações. Como em 1696, quando os contratadores do estanco, Aleixo Nunes e Francisco Garcia de Lima, solicitam o aumento do preço do sal, conforme estipulado no seu contrato.[10]

Havia outros estancos, sem dúvida menos importantes. O estanco do pau-brasil era anterior à própria colonização da América portuguesa. No Maranhão, descobrimos a existência de um estanco do chocolate, cujo monopólio é questionado pelo governador.[11] Havia também o estanco do sabão preto, contra o qual se levanta a câmara da vila de São José del-Rei em 1768.[12]

Estamos aqui diante de um exemplo interessante de como a economia encontrava-se enraizada no tecido social, como nos diz Polanyi. Os estancos significavam a monopolização, pela Coroa, de certas atividades econômicas. Aqui, não estamos no campo do livre mercado, mas da política. É somente neste campo que podemos entender a administração de tais estancos, inclusive os contratos firmados com particulares. Com tais contratos, os monopólios públicos (ou da Coroa) transformavam-se em monopólios privados. Mesmo nesse caso, no entanto, não havia liberdade total para o contratador. O exercício do monopólio dava-se através do cumprimento do contrato, onde estavam estipuladas suas condições. Mudanças, como o aumento de preços de que falamos, dependiam mais uma vez da capacidade política dos agentes.

Mais frequente na documentação, no entanto, era a referência ao ouro. Em 103 de nossos documentos, ele é o tema central. Não é difícil entender a referência ao mesmo, dado o profundo impacto que sua descoberta e exploração tiveram sobre a sociedade colonial.[13] O que resta por explicar é por que tema tão importante aparece de forma tão parcimoniosa em nossa documentação.

Em primeiro lugar, porque o ouro está ligado principalmente ao tema da fiscalidade. O ouro interessa porque sobre ele cobram-se os quintos, e estes se tornarão uma das principais fontes de receita para a Coroa no século XVIII. A questão central, para esta, era como garantir o pagamento pelos povos, evitar descaminhos, assegurar que chegasse a Portugal[14]. O ouro, por si só, não era objeto de interesse da monarquia. Não haverá, no cotidiano da monarquia, a prática de reflexões sobre os múltiplos impactos do ouro e suas consequências. Não há a produção de relatórios ou análises que busquem dar conta das condições econômicas em termos mais gerais. Os tratados da primeira metade do Setecentos, como os de d. Luís da Cunha, o parecer do cardeal Da Mota ou a "Relação dos gravames" de Sebastião José de Carvalho, no que pese sua importância, são exemplos de manifestações pessoais, não de práticas correntes da Coroa.[15]

Podemos dizer que, *grosso modo*, o ouro só é mencionado quando surge algum problema relacionado ao mesmo. Exemplo claro disso está em correspondência do governador-geral d. Rodrigo da Costa ao rei, em que informa sobre o envio de ouro por comerciantes do Rio de Janeiro para o resgate de escravos na Costa da Mina.[16] Segundo ele, tal conduta drenava cativos antes destinados às áreas açucareiras, e era preciso coibi-la. Estamos, portanto, diante de um fato novo: a produção de ouro na América portuguesa. Esta, no entanto, é percebida mais como um fator de desequilíbrio que é preciso administrar do que uma notícia alvissareira. É preciso, sobretudo, garantir que a ordem social que preexistia à descoberta do ouro fosse preservada. Ou, nos dizeres de Hespanha: "a ideia de uma ordem objetiva e indisponível das coisas dominava o sentido da vida, as representações do mundo e da sociedade e as ações dos homens."[17]

Em nossa documentação, vemos que novas descobertas, por exemplo, podiam ensejar disputas e, em sequência, pedidos de intervenção da Coroa. Em 1647, há uma consulta do Conselho Ultramarino sobre a descoberta de minas de ouro no Maranhão.[18] Na década de 1730, o governador da capitania de São Paulo informa a descoberta de ouro em Goiás e a necessidade de se fundarem povoações e uma Casa de Fundição, a fim de evitar o descaminho dos quintos (mais uma vez, a fiscalidade é o tema central).[19] Já o capitão João Botelho de Carvalho pedia que se ordenasse à câmara da cidade de Mariana que não o impedisse de extrair ouro na lavra que possuía com os seus sobrinhos, situada na Vila do Ribeirão.[20] Estamos, portanto, diante de fenômenos muito localizados, que exigiam uma intervenção política da Coroa, fosse para definir a forma de extração do ouro, o povoamento, ou mesmo arbitrar conflitos.

Nas demais correspondências, verificamos uma situação semelhante. Quando se trata de temas econômicos, não há boas notícias, mas problemas a administrar. Recorre-se à Coroa para a solução de questões específicas, que ameaçam o bem comum. São câmaras, por exemplo, queixando-se dos mais variados problemas locais e pedindo soluções. Como a de Vila Nova da Rainha, que, em 1796, fez uma representação queixando-se dos altos preços do sal, do ferro e do aço, que vinham do Rio de Janeiro para as Minas Gerais, e pedindo que se desse providência para a ereção de fábricas desses metais na referida vila.[21] Ou a de São Luís, reclamando da falta de carne nos açougues e solicitando providências.[22] Outras instituições também faziam requerimentos à Coroa, como a Mesa do Bem Comum do Comércio da Bahia, que, em 1732, solicitou que o rei ordenasse à câmara que não obrigasse os homens de negócio e proprietários de embarcações a plantar farinha.[23]

Frequentemente, o que se buscava junto ao rei eram privilégios para certos grupos específicos. O melhor exemplo, até por sua recorrência, era o privilégio dos senhores de engenho e lavradores de cana de não serem executados em suas fábricas.[24] No Setecentos, os mineradores de ouro buscaram estender para si tal privilégio.[25] A lógica para a sua concessão passava longe, no entanto, de considerações econômicas em sentido estrito. Por um lado, o que se buscava era garantir os rendimentos da Coroa (dízimos, no caso do açúcar, e quintos, no caso do ouro), e, por outro, a preservação da hierarquia social. Se, como dizia Aristóteles, os membros de uma comunidade eram naturalmente desiguais, tal desigualdade devia ser referendada e preservada pelas instituições, mormente a Coroa.

Em linhas gerais, podemos dizer que a atuação econômica dos indivíduos e das instituições tinha por base a preservação do bem comum. Isso, como sabemos, significava a manutenção dos equilíbrios sociais preexistentes. Estamos muito mais no campo da administração da *res publica* do que da economia.

A partir desse quadro mais geral, analisaremos abaixo dois campos da economia de enorme importância no período colonial: as moedas e o comércio.

AS MOEDAS DO BRASIL COLONIAL

Não é pretensão deste texto discutir as moedas metálicas que tiveram curso no período colonial[26] e muito menos realizar uma discussão prolongada sobre o conceito de moeda[27] ou sobre o comércio. A pretensão é, de fato, bem menor: o que se quer é analisar como as questões da moeda e do comércio se refletiram na documentação existente no AHU. Ou, em outras palavras, como as conjunturas monetárias e comerciais apareceram na correspondência dos poderes locais com a Coroa.

Em primeiro lugar, vejamos a moeda metálica. Sua escassez na segunda metade do século XVII é evidente em toda a América portuguesa e mesmo em Portugal.[28] Em grande parte, essa escassez devia-se ao fim da União Ibérica (e, portanto, do acesso fácil à prata da América espanhola) e à carência de uma produção significativa no interior do império luso. A causa principal dessa carência de metais preciosos residia, contudo, no déficit comercial de Portugal com o resto da Europa e com o Oriente, déficit este que precisava ser coberto com os mesmos.

Exemplo dos problemas decorridos após a Restauração, encontramos em uma carta de Antônio Teles da Silva, então vice-rei do Brasil, ao rei, referindo-se ao envio de prata para o reino e à falta de comércio com o rio da Prata.[29]

Por outro lado, é verdade que o fim da União Ibérica não significou o fim das relações entre as duas partes da América ibérica.[30] Em 1664, por exemplo, um ofício do conde de Óbidos ao governador da capitania do Rio de Janeiro, Pedro de Mello, recomendava que os navios chegados do rio da Prata fossem bem-recebidos, por sua prata ser fundamental para cobrir as carências do Brasil no que se refere aos metais preciosos.[31]

Já em 1673, o governador-geral Afonso Furtado de Castro de Mendonça escrevia ao provedor da Fazenda do Rio de Janeiro, instruindo-lhe acerca do dinheiro resultante da cunhagem da moeda vinda da mesma região, o que indica a existência então de um fluxo razoavelmente constante, a ponto de reunir um número considerável de moedas que permitisse o aproveitamento das mesmas.[32]

No entanto, esses contatos eram insuficientes para suprir a carência de metais, tanto na colônia quanto na metrópole. O resultado é que, na segunda metade do Seiscentos, assiste-se a uma autêntica corrida atrás de metais preciosos. Mesmo após a fundação de Sacramento (tentativa evidente de ter acesso à prata espanhola via contrabando), a Coroa portuguesa ainda incentivava a descoberta de minas pelos colonos. Assim, em 1690, ela concedeu ao governador do Rio de Janeiro o direito de oferecer honras e privilégios aos paulistas que descobrissem minas de ouro ou prata.[33]

Esses esforços fizeram-se sentir também na capitania fluminense. No final da década de 1650, por exemplo, Salvador Correia de Sá organizou uma expedição em busca da famosa *Sabarabuçu*, a lendária serra das Esmeraldas.[34] Ainda em 1675, o rei ordena ao governador que entregue ao capitão-mor da capitania do Espírito Santo, José Gonçalves de Oliveira, os índios necessários ao descobrimento dessa mesma serra.[35]

Dentro da América portuguesa, a circulação de moedas também indicava a existência de uma clara hierarquia entre as capitanias. A esse respeito, uma carta escrita pelos oficiais da câmara do Rio de Janeiro ao rei em 1676 é exemplar.[36] Nela, os edis cariocas reclamam do fato de as frotas do Rio de Janeiro pararem na Bahia antes de retornarem ao reino, o que provocava uma sangria considerável de moedas na capitania fluminense. A solução era que os navios saídos do Rio fossem direto para o reino, porque, em caso contrário, "em breves anos não haveria moeda naquela praça".

Essa correspondência mostra claramente a existência de uma relação comercial deficitária do Rio de Janeiro em relação à capitania baiana. A escala dos navios da frota carioca na baía de Todos os Santos significava a transformação desta em efetivo entreposto entre o reino e a capitania fluminense. De certa forma, a Bahia parece desempenhar então o papel que seria do Rio de Janeiro em relação a Minas Gerais no século seguinte. A gravidade da situação exposta pela câmara estava no fato de que esse déficit era coberto pelo envio de moeda metálica. Devemos lembrar que, em caso de uma relação direta com o reino, a capitania podia pagar suas compras com o açúcar que produzia, mas, para os comerciantes baianos localizados na principal capitania açucareira do período, tal produto não possuía quaisquer atrativos.

O interessante é que, nessa mesma correspondência, os camaristas cariocas revelam que o rei já havia dado a ordem para que a frota local não se dirigisse a Salvador, ordem que, no entanto, não foi obedecida. Essa desobediência, além de apontar para os limites da atuação da Coroa no ultramar, demonstra que os laços que uniam as duas capitanias eram sólidos, e que sem dúvida nem todos os habitantes da urbe carioca compartilhavam o ponto de vista da câmara.

Entretanto, mesmo o comércio com a metrópole podia ser um importante escoadouro de moeda metálica. Isso ocorria sobretudo quando a conjuntura se mostrava desfavorável ao açúcar. Nessas ocasiões, os mercadores exigiam que as compras fossem saldadas em dinheiro sonante, como aconteceu, por exemplo, em 1681.

Naquele ano, o mestre de campo Pedro Gomes, então governando a capitania, escreveu ao rei para informá-lo das dificuldades de se cumprir uma provisão de 1679 que ordenava que se fizesse a marcação das patacas e meias patacas, cujos valores passariam, respectivamente, de 600 para 640 réis, e de 300 para 320 réis.[37] Os donos das moedas ficavam obrigados a pagar à Coroa a diferença de valor. Contudo, o açúcar teve

> tão má saída que acharam os mercadores que era menos a perda nos 2 vinténs [40rs.] que perdiam em cada pataca que a que tinham no dito açúcar, e que a este respeito ficaram as praças daquele Estado muito faltas de dinheiro, como de presente estavam.[38]

O resultado final era a impossibilidade de se cumprir a provisão sem grave prejuízo da Fazenda Real, "por não ter entrado naquela cidade moeda alguma por cunhar".[39]

Não eram, no entanto, somente as capitanias periféricas, ou menos importantes, que sentiam a escassez do metal. Em 1680, a câmara de Salvador escreveu ao rei pedindo que levantasse o preço da moeda no Brasil para evitar sua saída para o reino.[40]

Em 1686, tudo se agrava. Nesse ano, a Espanha realiza uma desvalorização de 20% na sua moeda, o que aumenta a saída de ouro e prata de Portugal. Para estancar a sangria, o reino luso vê-se obrigado, dois anos depois, a desvalorizar sua moeda na mesma proporção.[41]

Se a desvalorização mostra-se positiva para o reino, ela agrava ainda mais a situação na sua colônia americana. Estruturalmente, o caráter deficitário do comércio da América portuguesa com Portugal já representava uma saída constante de metais preciosos. Com a desvalorização da moeda, esse fluxo se agravou. As reclamações originadas de toda a colônia eram intensas.[42] Os protestos da câmara do Rio de Janeiro foram constantes, até que, em 1691, a Coroa finalmente desvalorizou a moeda colonial para que acompanhasse a de Portugal.[43] Essa medida gerou algum alívio, mas nem de longe resolveu o problema da escassez crônica de moedas na colônia. Essa solução só viria com a descoberta das áreas de mineração no interior da colônia.

Tamanha escassez de moeda metálica acabou por gerar moedas substitutas, produtos de grande circulação que, na falta do dinheiro sonante, ocupavam o seu lugar. O mais importante desses substitutos foi, sem sombra de dúvida, o açúcar. Sua utilização como moeda é uma constante na documentação seiscentista. Assim, vê-se que, em 1655, o governador d. Luís de Almeida referia-se à utilização do açúcar como moeda, dada a falta desta.[44] Duas décadas depois, os moradores da capitania ainda consideravam necessário pedir ao rei que o açúcar circulasse como dinheiro, novamente por causa da falta de moeda sonante. Também requeriam, e este deve ser o principal motivo de tal requisição, que os credores fossem obrigados a aceitar o pagamento das dívidas em açúcar "pelo preço que valer geralmente na frota de tal ano em dinheiro de contado".[45] Além disso, o açúcar aparece constantemente nas escrituras do século XVII como meio de pagamento, sobretudo nas vendas rurais.[46]

Outros produtos também eram utilizados, ainda que de forma bem menos ampla, como meios de pagamento. Os tecidos de algodão eram frequentemente dados em pagamento aos índios nos trabalhos que realizavam fora de suas aldeias.[47] Também eram utilizados como parte do pagamento do contrato dos dízimos.[48] Já a farinha de mandioca[49] e a cachaça[50] foram empregadas como moeda de troca no tráfico atlântico de escravos.

Problemas semelhantes ocorriam em outras conquistas. Em 1649, a câmara de Luanda pedia que se fizesse moeda em Angola "em razão do dinheiro antigo deste Reino, que são os panos de Congo e os libongos do Loango estavam quase extinguidos".[51] Aqui, o quadro que se verifica é, em certo sentido, o oposto ao da América portuguesa. Enquanto nessa, a utilização de moedas substitutas parece ser uma resposta à carência de metais preciosos, em Angola é a carência das moedas tradicionais que leva à solicitação de fabricação de moedas metálicas.

É importante ressaltar que essas "moedas substitutas", como as chamei, tinham unicamente a função de meio de pagamento alternativo. Isso quer dizer que elas jamais foram utilizadas como unidade de conta. Ou seja, não se trocava um engenho ou um sobrado na cidade, por exemplo, por um certo número de arrobas de açúcar. O valor era sempre calculado em mil-réis, o que fazia com que a quantidade de açúcar (ou outro meio de pagamento alternativo) a ser entregue ao vendedor dependesse da cotação que esse alcançasse no momento do pagamento, que coincidia com a presença da frota no porto carioca, quando as cotações eram então definidas. Logo, esses produtos não podem ser considerados moedas em sentido estrito, já que uma das funções da moeda é exatamente a de servir como medida de valor, ou seja, um índice de comparação entre os bens de intercâmbio.

O quadro muda radicalmente no século XVIII. A descoberta do ouro no interior da América portuguesa e a crescente vinculação dessas áreas ao porto carioca mudou radicalmente a oferta de moeda.

Também a prata torna-se abundante, graças ao contrabando via Colônia de Sacramento.[52] Toda essa abundância produz, é claro, um desaparecimento das "moedas substitutas", que já não são necessárias no quadro atual. Os pagamentos agora são feitos com "dobrões", "meios dobrões", "moedas de ouro" ou, quando menos, patacas de prata. Como no caso do terreno que o mestre pedreiro José Pereira Machado vendeu a Amaro Luís de Amorim em 1740. O valor total foi de 130$000, e o pagamento foi em "moedas de ouro correntes deste Estado".[53] Da mesma forma, a alforria da "pardinha" Ana foi paga por sua mãe com "15 doblas".[54]

Para termos uma visão de como essas diversas conjunturas refletem-se na documentação, montamos a tabela a seguir:

Tabela 7.1
As referências à moeda na documentação do AHU para capitanias selecionadas

Período	RJ	Média anual	MG	Média anual	BA	Média anual	PE	Média anual
até 1640	0	0	0	0	1	0,07	0	0
1641 a 1670	16	0,53	0	0	9	0,3	2	0,07
1671 a 1700	3	0,17	0	0	17	0,57	0	0
1721 a 1730[1]	26	2,89	45	4,5	0	0	11	1,83
1731 a 1740[2]	2	0,4	17	1,7	0	0	5	0,83
1751 a 1770[3]	51	3,92	0	0	0	0	6	0,6
1771 a 1780[4]	0	0	0	0	0	0	0	0
1781 a 1810[5]	14	0,67	2	0,1	0	0	0	0
Total	112		64		27		24	

Fonte: AHU.
Obs.: 1 – No Rio de Janeiro, há somente um registro para 1701 e nenhum até 1720. Por isso, a amostra inicia-se em 1721 e vai até 1729; 2 – No caso do Rio de Janeiro e de Pernambuco, de 1731 a 1736; 3 – 1753 a 1769, no caso do Rio de Janeiro. 1755 a 1768, no caso de Pernambuco; 4 – No caso do Rio de Janeiro, de 1785 a 1806; 5 – No caso de Pernambuco, a série inicia-se em 1640, com três documentos, e não há documentos para o período de 1671 a 1724.

Em primeiro lugar, cabe explicar como foi montada a tabela. Optou-se por levantar os dados das principais capitanias da América portuguesa nos séculos XVII e XVIII inicialmente. Outro detalhe importante: como se pode ver nas observações, há uma grande diferença entre os períodos levantados para as diversas capitanias, o que torna a amostra enviesada, impedindo o estabelecimento de médias gerais confiáveis. Para minimizar esse problema, optamos por trabalhar não só com os dados brutos, como também com as médias anuais, visando diminuir tais distorções.

Feitas tais observações, o que resulta da tabela acima? Em outras palavras, para que ela nos serve? É difícil derivar conjunturas de quadro tão variado. Sublinhe-se que, para a Bahia, por exemplo, capitania de fundamental importância em nossa análise, não há dados para o século XVIII. Estamos aqui, portanto, diante dos limites das técnicas de quantificação. A agregação de dados nos servirá muito pouco. As informações mais valiosas da tabela anteriormente vista estão no que ela não diz. Em outras palavras, na sua desagregação. Vejamos o caso do Rio de Janeiro, bem-representado tanto no século XVII quanto no seguinte. A documentação relativa ao século XVII refere-se fundamentalmente à escassez de moedas na capitania e os remédios para combatê-la. O mesmo se verifica no caso da Bahia. No século XVIII, por sua vez, a documentação fluminense refere-se em sua maior parte ao funcionamento da Casa da Moeda. Praticamente não há mais menções a conjunturas mais gerais. No caso de Minas Gerais, toda a documentação da década de 1720 refere-se ao funcionamento das Casas de Fundição. Na década de 1730, a documentação refere-se quase exclusivamente ao escândalo das moedas falsas. Nem uma única linha sobre questões monetárias mais gerais.

À primeira vista, parece-nos que a documentação possui um viés claramente identificável: as questões monetárias só são objetos de interesse dos agentes (câmaras, governadores, reis) nos momentos de crise, entendidos aqui como os períodos de escassez. Nestes, tais agentes apresentam demandas, analisam conjunturas e buscam soluções. Não seria exagero comparar a atuação da Coroa e dos demais agentes aqui com a que encontramos no reino e na Bahia, por exemplo, no que tange à questão do abastecimento. Como naquele caso, também aqui a escassez de um produto (a moeda ou, mais genericamente, os metais preciosos) aciona todos os personagens envolvidos na defesa do bem comum na busca de soluções. É preciso garantir o abastecimento, seja ele de trigo, mandioca ou moedas, pelo bem da *res publica*.

Quando o problema é resolvido, com a descoberta do ouro, não há mais análises sobre tais questões. O ouro trazia, como sabemos, novos problemas, como o aumento dos preços. Mas o debate sobre o mesmo desloca-se para a fiscalidade. Trata-se essencialmente de garantir a arrecadação do quinto da forma mais eficaz possível. Logo, fica claro que a documentação aqui apresentada serve-nos sobretudo para um tratamento qualitativo. Através dela conseguimos ter acesso, ainda que parcial, às conjunturas das diversas praças do império. É esse exercício que começaremos a fazer aqui.

A CIRCULAÇÃO MONETÁRIA

Feita a apresentação sumária das moedas, ou melhor, dos meios de pagamento existentes na América portuguesa, cabe a pergunta: mas, afinal, como se dava a circulação dessas moedas? Em outras palavras, não é suficiente sabermos que elas existiam. É preciso também compreender de que forma se dava a sua circulação social. Ou seja: afinal, quem tinha acesso a tais moedas?

Ruggiero Romano, num brilhante texto sobre a circulação de metais preciosos na América espanhola, chama atenção para o fato de que, seja na América, na Europa ou em qualquer outro lugar, não havia uma única circulação de moedas, mas várias, cada uma ligada a um nível social diferente.[55] Seguindo essa pista, podemos começar a analisar como essas circulações se davam no Rio de Janeiro colonial.

Podemos começar falando de uma ausência, bastante clara tanto para o século XVII quanto para o seguinte: a da moeda de cobre. Em outras palavras, da moeda de pequeno valor, destinada às compras do dia a dia e aos indivíduos mais pobres da sociedade. Em 1644, quando os oficiais da câmara do Rio de Janeiro pedem à Coroa a cunhagem de moedas na cidade e a aplicação de seu rendimento na construção da fortaleza da Lage, as moedas cuja produção é solicitada são de prata, patacas e meias patacas.[56] Pouco mais de uma década depois, a decisão da Coroa de proibir a circulação de moedas de prata espanholas provoca uma crise na praça carioca, pois elas compunham quase a totalidade do meio circulante local.[57] Em 1681, como vimos, o aumento do valor das moedas refere-se somente às de prata.

Curiosamente, é a mesma câmara, geralmente tão desinteressada das moedas de pequeno valor, que nos dá notícias sobre a carência das mesmas. Em 1654, ela pede à Coroa que autorize a cunhagem de moedas com o ouro extraído das minas de São Paulo e a licença para cunhar 2 mil ou 3 mil cruzados em moedas de cobre que corressem só no Rio de Janeiro e na capitania vicentina.[58] No entanto, é de 1678 o documento em que a câmara mais bem detalha a carência das moedas de cobre na praça carioca.[59] Em representação escrita ao rei, seus oficiais pedem uma confirmação de uma permissão régia de 1658 para que corresse na capitania moedas de dez e cinco réis, "atendendo elas à grande diminuição que ali há de moeda de prata [...] porque a menor que corre é de 80 réis, causa de perecer a pobreza e enriquecerem os vendilhões".

Pedem ao rei que envie pela Companhia Geral

> cinco ou seis mil cruzados nesta moeda ao administrador, para que ele os entregue naquele Senado [...] e a Câmara os trocará pelos moradores pro rata conforme seus cabedais, com o que virão a lograr a tranquilidade de com vinte réis se poder comprar qualquer coisa, o que ao presente não podem fazer.[60]

O que dizer dessa carta? Em primeiro lugar, é preciso que se reconheça que o diagnóstico dos membros da câmara estava correto: sem dúvida, quem mais sofria com a falta de moedas de pequeno valor eram os mais pobres, que tinham enormes dificuldades para realizar suas operações cotidianas. No entanto, para entendermos o real significado da carta, é necessário nos lembrarmos de outra, de apenas dois anos antes, em que a mesma câmara reclama da evasão de moedas em direção à Bahia. Além disso, três anos após essa carta, o governador escreve à Coroa relatando a carência de moedas de prata na capitania.[61] Em outras palavras, toda essa documentação demonstra que a capitania encontrava-se numa autêntica crise monetária, com uma escassez constante de metálico.

Portanto, o envio de moedas de cobre não visava atender aos pobres, cuja citação visa muito provavelmente sensibilizar a Coroa. Isso fica claro quando os autores da carta falam em trocar as moedas com os moradores "conforme seus cabedais". Essa expressão é dúbia, pois pode indicar, por exemplo, a troca de moedas de prata pelas de cobre. Contudo, é pouco provável que alguém se dispusesse a trocar moedas fortes, de prata, por outras de cobre. Por isso, é quase certo que os "cabedais" a que o texto se refere seja o açúcar. Em outras palavras, a companhia pagaria o açúcar que adquirisse com moedas de cobre, ajudando assim a irrigar a economia da capitania. Logo, o fluxo monetário concentrar-se-ia nas mãos dos produtores de açúcar (senhores de engenho e proprietários de partidos de cana) e dos comerciantes que o comercializavam. Só de maneira muito indireta chegaria aos mais pobres, se chegasse.

Por outro lado, é interessante pensar por que a elite colonial fluminense, representada pela câmara e sem dúvida a grande beneficiária dessa operação, desejaria receber desvalorizadas moedas de cobre. Em primeiro lugar, devemos lembrar que a troca de açúcar por moeda proposta seria "pro rata", ou seja, pela cotação oficial. Esse é um ponto de grande importância, pois, segundo Fernand Braudel, os valores reais em que eram feitas as trocas de moedas de prata e ouro pelas de cobre não correspondiam às cotações oficiais.[62] Nesse aspecto, portanto, a elite local encontrar-se-ia resguardada. Quanto ao interesse em si por tais moedas, encontramos a razão do mesmo na "tranquilidade de com vinte réis se poder comprar qualquer coisa". Ou seja, elas destinavam-se ao comércio local, miúdo, permitindo assim que as moedas de maior valor fossem direcionadas ao comércio de longo curso, fosse com o reino ou com a Bahia. Curiosamente, é exatamente a produção de "moeda miúda" que o banqueiro português Issac de Pinto propõe à Inglaterra como solução para a crônica falta de numerário desta.[63]

Toda essa digressão serve-nos para entender o cálculo econômico da elite, mas o fato concreto é que as moedas de cobre não chegaram. A carência, ou melhor, a ausência, continuou. O último documento que encontramos relatando a carência da moeda de cobre é de 1700. Nele, o governador Artur de Sá e Menezes relata

> o miserável estado em que se acha aquela cidade e recôncavo com a falta da moeda de prata e miúdos para o governo comum do povo, havendo somente a de ouro, por a de prata ter ido a São Paulo em razão dos paulistas a troco dela venderem o ouro mais barato, e para se pagar à infantaria causava excessivo trabalho, por não se poder pagar senão com moedas de ouro, ajustando-se a três e a quatro soldados, tendo nisso prejuízo certo, porque em cada moeda que trocavam perdiam uma pataca, por não haver quem quisesse trocar ouro por prata sem esse avanço, o que poderia ficar remediado sendo Vossa Majestade servido mandar que o dinheiro que levam as naus da junta [...] seja em moedas [...] de cobre até se transportarem naquela praça vinte até trinta mil cruzados. Entendia que se Vossa Majestade não acudia [sic] com este remédio, que em termo de dois anos se acharia aquela cidade sem moeda de prata de algum gênero.[64]

Esse documento é o último que encontrei até agora[65] relatando a carência de moedas de valor menor. A partir daí há um silêncio total das fontes sobre o tema. Tanto as escrituras (de compra e venda, alforria, arrendamento etc.) quanto a documentação oficial estão cheias de referência a moedas de ouro e prata, mas jamais de cobre. Os dados esparsos já coletados sobre a produção da Casa da Moeda também só se referem ao ouro e, indiretamente, à prata.[66] Busquemos agora entender esse silêncio.

Em primeiro lugar, o que o quadro esboçado acima nos mostra é a existência de uma ausência estrutural de moedas de baixo valor na capitania fluminense. O interessante é que essa ausência dá-se tanto na segunda metade do século XVII, quando a carência de metais preciosos de qualquer valor é geral na capitania, quanto no século XVIII, quando essa carência já não se verifica, pelo menos no tocante ao ouro. Ela independe, portanto, da produção de metais preciosos. Esse contexto é por demais semelhante ao encontrado por Ruggiero Romano na América espanhola[67] e nos leva à pergunta: afinal, a quem interessava tal carência?

A resposta está nos destinatários finais das moedas existentes: os comerciantes. E não quaisquer comerciantes, mas sim aqueles que se dedicam ao comércio de longo curso, seja ele para a metrópole, a Bahia ou a África. Em primeiro lugar, porque eles estão em condições de exigir que o pagamento das mercadorias por eles trazidas fosse feito em dinheiro. É bem verdade que, no Seiscentos, esse pagamento era feito com grande frequência em açúcar, o que reduzia a necessidade de envio de moeda metálica. Sem dúvida que esse era um mecanismo compensatório essencial. Dificilmente a economia fluminense teria sobrevivido sem ele por um longo período. Entretanto, também viu-se que os negociantes podiam, quando lhes fosse interessante, fazer suas cobranças em metálico. Dessa forma, o domínio que eles possuíam sobre a estrutura de comercialização permitia-lhes dar as cartas nas relações com os demais grupos da sociedade colonial.

Esse acesso privilegiado à moeda dava ao mercadores uma outra vantagem: a possibilidade de lucrar com a própria escassez de metálico. Exemplos nesse sentido aparecem nos textos citados. Na representação da câmara de 1678, seus oficiais informam que a escassez de prata enriquecia "os vendilhões". Impossível não enxergar aí os mercadores que apenas dois anos antes foram acusados de enviar a prata local para a Bahia. No entanto, é na carta de Artur de Sá e Menezes que fica claro o lucro que os mercadores auferiam do controle sobre a moeda metálica. O fato de que concentrassem em si a pouca moeda de prata existente permitia-lhes fazer a troca do ouro por essa num câmbio bastante vantajoso, superior à cotação oficial. Vemos então que a observação de Braudel acerca da circulação monetária na Europa vale também para a América portuguesa colonial.

Exemplo ainda mais claro desse lucro está em uma correspondência de meados do século XVII.[68] Nessa carta, endereçada a Salvador Corrêa de Sá e Benevides, o então governador da capitania fluminense defende a produção de aguardente local, que havia sido proibida pela Coroa com estímulo de Benevides.

Segundo d. Luís de Almeida, a aguardente era fundamental à manutenção dos engenhos devido à facilidade de sua comercialização, pois "com o açúcar não há sempre quem o compre, e a aguardente não falta quem a gaste".[69] Segundo ele, o açúcar não podia, portanto, substituir adequadamente o aguardente como meio de pagamento devido à:

pouca estimação dele [açúcar], por falta do dinheiro com que se compra [...] pois estamos vendo que quando se acha quem comumente pague o açúcar a 12 tostões para pagamento, com que possam suprir aos mercadores nesta, levantar os preços para o desempenho das dívidas com que se acham onerados, não acham quem lhes dê de contado, e quando os pagamentos são de 12, a dinheiro não passa de 7 [...].[70]

O texto deixa claro uma importante consequência da carência de moeda metálica: a existência de um "cupom cambial" para aqueles que quisessem receber em dinheiro o pagamento do açúcar vendido. Aqueles que quisessem receber dinheiro em troca do seu açúcar receberiam somente 58% do valor recebido por aqueles que entregassem o açúcar em pagamento de dívidas. Em outras palavras, para os que quisessem sair de uma economia de troca[71] para a economia monetária em sentido estrito, havia um elevado preço a se pagar. O mesmo processo ocorre na América espanhola, o que leva Romano a concluir:

> É fácil passar da esfera monetária para a natural e é nesta passagem que os abastados realizam seus benefícios (dos menores aos maiores). Entretanto o caminho inverso é muito mais difícil (quase impossível): é preciso pagar um ticket de entrada muito caro. A diferença de voltagem entre as duas economias permite passar de cima para baixo. Mas o contrário, repito, é muito difícil.[72]

Na comparação com o Rio de Janeiro colonial, fica claro que é necessário matizar o ponto de vista de Romano. Na América espanhola, a economia natural (para usarmos a expressão do autor) era fardo quase exclusivo da população mais pobre, sobretudo indígenas e mestiços, enquanto a economia monetária era apanágio dos afortunados. Na capitania fluminense, pelo contrário, o principal artigo dessa "economia natural" era produzido pelos membros da elite colonial. Esse fato faz com que intervenha a política nessas relações econômicas. Ou seja, não é por acaso que a câmara pressiona a Coroa em diversos momentos por soluções que amenizem a carência de moedas e, com isso, permitam uma relação mais equilibrada entre os membros dessa elite e os comerciantes. Exemplo desse tipo de atuação vimos anteriormente, quando a câmara escreve ao rei pedindo que o açúcar seja aceito como moeda para pagamento das dívidas.[73] Essa capacidade de pressão sem dúvida reduzia, embora não eliminasse, os prejuízos advindos do monopólio das moedas pelos comerciantes. Além disso, é importante lembrar que parte da elite colonial fluminense no Seiscentos combinava o comércio com uma ativa participação política, ocupando cargos na *república* e participando da economia de mercês, não havendo então uma separação clara entre elite agrária e elite mercantil.[74] Logo, para pelo menos parte da mesma, o que era retirado por uma mão era reposto pela outra.

Ainda resta saber qual era a moeda da população mais pobre, já que não havia aqui a chamada "moeda da terra" presente na América espanhola[75] e lá utilizada exatamente por esses extratos mais baixos da população. Aqui, até onde pudemos perceber, a população como um todo, e não só os mais pobres, lidou com a falta de moeda através do sistema de contas-correntes, ou seja, de endividamento. As aquisições de mercadorias, pelo menos aquelas do cotidiano, eram feitas quase sempre a prazo, e saldadas de tempos em tempos. Esse sistema permitia que o pagamento fosse feito em mercadorias produzidas pelo devedor ou, o que devia ser bem mais difícil, em moedas, quando o devedor conseguia ter acesso a elas. É importante lembrar que, dado o caráter geral do endividamento nessa sociedade, mesmo indivíduos de extratos mais baixos, como artesãos, eram frequentemente credores de outrem, por serviços realizados e não pagos.[76] Quando tais pagamentos eram realizados, é possível que, dado o seu valor mais elevado, eles fossem feitos em metálico.

No século XVIII, apesar da abundância de moedas de ouro e secundariamente de prata, o panorama geral não se altera em demasia. De fato, apesar das "torrentes de ouro" descritas por Rocha Pita, a moeda circula num só sentido, ou seja, das áreas mineradoras para o Rio de Janeiro, ou melhor dizendo, para a elite mercantil carioca. Nesse sentido, o quadro apontado por Artur de Sá e Menezes para a passagem do século XVII para o XVIII repete-se durante todo o seguinte.

Nesse sentido, um dos grandes erros de parte de nossa historiografia é, sem dúvida, o de seguir o senso comum e considerar que sociedades produtoras de metais preciosos encontram-se inundadas do mesmo. Na América espanhola, a existência de uma grande produção de metais preciosos convivia com uma baixa oferta de moedas.[77] O mesmo ocorria nas áreas mineradoras da América portuguesa. A esse respeito, vejamos o caso de Minas. Embora tal análise fuja aparentemente do nosso objeto (a capitania fluminense), ela é de fato necessária para que compreendamos como se dava a circulação da moeda.

Para o nosso período, há um documento muito interessante, citado por Júnia Furtado, sobre uma tentativa da Coroa de impedir o sequestro das fábricas empregadas na mineração. Segundo ele, "o estilo observado nestas minas, depois que elas se descobriram até o presente, foi sempre o comprar-se tudo fiado [...] e não há coisa nenhuma que se compre que seja com pagamento a vista, senão fiada". Logo, a proteção aos mineiros (no sentido de mineradores) os levaria a não pagar suas dívidas e, em consequência, "todos os credores ficarão perdidos, e por consequência, todos os homens de negócio do Rio de Janeiro, Bahia, Pernambuco e Lisboa, de quem são as fazendas que nestas minas se fiam".[78]

Ainda mais esclarecedora é uma carta do conde de Assumar, que no seu conhecido estilo barroco relata os problemas causados pela cobrança de dívidas. Segundo ele, a mineração não é suficiente para o pagamento das dívidas, pois

> importando estas [as minerações] um grosso cabedal, pelo abuso introduzido de se comprar tudo fiado, apenas se tira da terra uma oitava quando já tem mil aplicações,

o que tem causado uma tal confusão que parece caminha [*sic*] aquela província à sua última ruína, pois apenas se achará nela morador por mais miserável ou opulento que seja que não participe da miséria presente [...].[79]

Tal documentação aponta para o fato de que, ao contrário do que se imagina (e se afirma), havia de fato uma grande carência de numerário em Minas, causada pelo endividamento dos mineradores com os comerciantes. Mais ainda, mostra que há uma drenagem constante do nobre metal amarelo para outras capitanias, às quais Minas encontra-se comercialmente subordinada. Entre essas capitanias, o Rio de Janeiro vai adquirir preeminência crescente ao longo da primeira metade do Setecentos.[80] Assim, é o endividamento generalizado das áreas mineradoras que explica as "torrentes de ouro".

Essa carência de numerário evidencia-se na análise dos inventários de Minas, embora aí as lacunas ainda sejam grandes. Mesmo assim, Carla Almeida encontrou uma presença percentualmente insignificante de dinheiro e metais preciosos nos inventários das comarcas de Rio das Mortes e de Vila Rica para o período 1750-1822. A maior participação do dinheiro no valor total dos inventários (4,37%) foi na comarca de Vila Rica, no período 1780-1822. Já os metais preciosos tiveram sua maior participação (2,05% do total) na mesma comarca, no período 1750-1779. Embora, como bem afirma a autora, não se possa excluir certo grau de omissão desse tipo de bem nos inventários, os percentuais encontrados não deixam dúvida acerca da escassez de numerário.[81]

Quadro semelhante encontra-se em Mariana na primeira metade do Setecentos. Para todo o período, Daniele Lima encontrou um percentual de míseros 0,09% de participação do dinheiro no valor de toda a fortuna inventariada. Dividindo os inventários analisados por subperíodos, vemos que a maior participação da moeda nos inventários marianenses foi em 1735-1740, quando alcançou mero 0,82%. Curiosamente, nesse mesmo subperíodo as dívidas ativas constituíam 13,14% das fortunas totais, enquanto as dívidas passivas equivaliam a 24,35% desse mesmo total.[82]

Esses dados nos permitem duas conclusões de grande importância. Em primeiro lugar, a diferença entre as dívidas passivas e ativas mostra que, no seu conjunto, essa sociedade é devedora líquida, ou seja, seus membros devem mais do que devem a eles. Essa conta só fecha se considerarmos que parte dos credores dessa sociedade estão fora dela, ou seja, em outras capitanias e mesmo no reino.

Em segundo lugar, a participação expressiva tanto das dívidas ativas quanto das passivas nos inventários mostra que o endividamento generalizado era ao mesmo tempo causa e consequência da escassez de moedas. Se acompanharmos a pista dada tanto pelo documento citado por Furtado quanto pelo conde de Assumar, veremos que o endividamento de fato precedeu a própria mineração e gerou, portanto, a própria escassez de moedas. A qual, por sua vez, obrigava os moradores de Minas a continuarem se endividando...

Analisando o mercado de crédito em Mariana, Carlos Kelmer demonstra que o endividamento da vila estava fortemente ligado ao tráfico de escravos:

> a aquisição de mão de obra surge como o principal mecanismo através do qual parte da produção aurífera fluía para as regiões do Rio de Janeiro e da Bahia, endividando a região de Minas Gerais.[83]

Em outras palavras, a rápida montagem não só da atividade mineradora, mas da própria sociedade mineira estava ligada a essa cadeia de endividamento que trocava cativos por ouro. Na outra ponta, o próprio ouro era frequentemente utilizado para garantir o afluxo de cativos.[84]

Em relação à capitania fluminense, é preciso ressaltar que a entrada constante de ouro na mesma não beneficiava o conjunto de sua população, mas essencialmente os mercadores e, dentre eles, a elite mercantil, ou seja, os homens de negócio.[85]

Para esta análise, faltam-nos os inventários do período, praticamente inexistentes. Entretanto, encontraremos boas pistas sobre o controle do numerário pelos homens de negócio na sua participação no mercado de crédito carioca. Se tomarmos a primeira metade do século XVIII em seu conjunto, veremos que tais negociantes aparecem como credores em nada menos que 43% dos empréstimos (em valor).[86] Se do total excluirmos os empréstimos concedidos por instituições como a Santa Casa da Misericórdia e o juízo de órfãos, veremos que esse percentual sobe para 50,2%. Além disso, os homens de negócios formam o único grupo de credores líquidos da praça carioca, ou seja, que emprestam mais do que tomam dinheiro emprestado.[87] São eles, portanto, que controlam a liquidez da economia fluminense, estando em condição de arbitrar que grupos, e em que condições, teriam acesso ao crédito, o verdadeiro "sangue" do sistema colonial.

Que conclusões podemos retirar do panorama aqui descrito? No atual estágio de nossa pesquisa, qualquer conclusão se torna necessariamente provisória. Mesmo assim, certos aspectos do que foi aqui apresentado saltam aos olhos de qualquer observador mais atento, e merecem sem dúvida serem referidos.

O primeiro aspecto a ser lembrado é o caráter restrito da circulação monetária. Em qualquer momento do período colonial, poucos foram os que tiveram acesso à moeda propriamente dita, ainda que muitos conseguissem substituí-la por meios de pagamento alternativos. Número ainda muito menor de indivíduos conseguia retê-la em suas mãos e, consequentemente, controlar a liquidez colonial. Os que logravam fazê-lo eram invariavelmente membros da elite mercantil. Nesse sentido, a América portuguesa repete a experiência de sua congênere espanhola.[88]

A segunda conclusão, derivada da primeira, é que a circulação monetária encontra-se diretamente vinculada à circulação mercantil. Ou seja, aqueles que controlam o fluxo mercantil controlam igualmente o fluxo monetário. Isso se deve à inexistência, nessas sociedades, de um setor financeiro razoavelmente autônomo do setor mercantil.

Por fim, o controle da circulação monetária por parte da elite mercantil não se revertia em lucro para esta somente através da possibilidade de realizar empréstimos para terceiros. Mais do que isso, tal controle permitia-lhe também ganhos consideráveis na relação com o restante da sociedade, sobretudo pela capacidade que isso representava de ditar os termos de troca da moeda pelos produtos coloniais.

A MERCANCIA

Bluteau, em seu *Vocabulário*, sublinhava a importância da atividade mercantil para a vida civilizada. Segundo ele: "Sem ela no estado da vida temporal, seriam os homens de pior condição que os brutos, porque a natureza lhes deu tudo o que lhes convém, e só com o comércio podemos suprir as faltas da natureza."[89]

A mercancia era, portanto, fundamental à vida civilizada. Mas não só isso. Bluteau sublinha igualmente que "donde a nobreza não exercita algum gênero de mercancia há mais fumo que substância."[90] Em outras palavras, se fazer comércio era fundamental para as sociedades, dedicar-se a ele era um instrumento da maior importância para que as elites mantivessem seu estatuto social.

Em Portugal, tal ideia não possuía nada de estranho, se considerarmos a própria dependência da Coroa em relação ao comércio na arrecadação de seus tributos.[91]

Para analisarmos de que forma a atividade mercantil aparece na documentação trabalhada, organizamos os dados na Tabela 7.2.

Tabela 7.2
As referências ao comércio na documentação do AHU para capitanias selecionadas

Período	RJ	Média anual	MG	Média anual	BA	Média anual	PE	Média anual
1641 a 1670[1]	23	1,2	0	0	115	3,83	40	1,3
1671 a 1700	12	0,6	0	0	77	2,57	4	0,13
1721 a 1730[2]	60	6,7	13	1,3	91	9,1	26	2,6
1731 a 1740[3]	32	5,3	3	0,3	46	4,6	25	4,2
1751 a 1770[4]	20	1,2	8	0,4	71	3,55	154	11
1781 a 1800[5]	147	12,3	3	0,15	74	3,7	0	0
Total	294		27		474		249	

Obs.: 1 – O primeiro período vai até 1659, no caso do Rio de Janeiro; 2 – No Rio de Janeiro a amostra inicia-se em 1721 e vai até 1729; 3 – No caso do Rio de Janeiro e de Pernambuco, de 1731 a 1736; 4 – 1753 a 1769, no caso do Rio de Janeiro, 1755 a 1768, no caso de Pernambuco; 5 – No caso do Rio de Janeiro, de 1785 a 1796.

Buscou-se trabalhar aqui com os períodos em que há dados mais amplos disponíveis. A ideia central desta tabela, assim como da Tabela 7.1, não é apresentar um levantamento exaustivo, mas sim as tendências presentes na documentação. Nesse sentido, a primeira observação se impõe: mais uma vez repete-se uma extrema disparidade, tanto entre as capitanias quanto entre os períodos considerados. Impossível, portanto, pensar em grandes conjunturas que englobem o conjunto da América portuguesa a partir dessa documentação. Por outro lado, é evidente que o tema do comércio aparece mais bem representado do que o da moeda. Se tomarmos o conjunto dos dados do AHU, teremos 2.147 registros em um total de 26.517 (8% do total). Em algumas capitanias, essa participação era ainda mais expressiva: no Maranhão, chegava a 14%, e no Pará, a 21%. De fato, é Minas Gerais quem destoa mais fortemente do conjunto, com menos de 1% da documentação referindo-se ao comércio. Tal discrepância ajuda-nos a começar a entender a natureza dessa documentação, com seus limites e possibilidades.

O comércio que aqui aparece é, quase sempre, o comércio marítimo. São embarcações solicitando permissões de viagem, informações sobre contrabando, cartas sobre as frotas etc. Nesse contexto, fica evidente que a capitania mineira, com seu perfil mediterrâneo, não poderia mesmo ter uma grande participação nesse quesito.

E esse é o primeiro grande limite da fonte. Não há, de fato, qualquer referência ao comércio terrestre. A intensa vida mercantil que pulsava nos longos caminhos que ligavam as capitanias e que ganharam importância no Setecentos simplesmente não aparece nesses documentos. Tal atividade não era, nem precisava ser, regulamentada pela Coroa. A esta interessava somente a cobrança de tributos que ela propiciava. Logo se estabeleciam registros e arremaravam contratos sobre o vaivém das mercadorias nas estradas recém-abertas, mas não interferiam na mercancia.

O pequeno comércio, de caráter mais urbano e de curta distância, também fugia ao controle do rei. Nesse caso, era a municipalidade a responsável pela regulamentação, voltada para a garantia do bem comum.[92] Por isso mesmo, não o encontramos em nossa documentação.

À Coroa sobrava, assim, o comércio marítimo. O eixo mercantil era fundamental, sem dúvida, já que interligava as diversas partes do império e este com o restante do mundo. Comércio estratégico, mas também perigoso. Era aí que havia o contrabando, a pirataria, os naufrágios, os perigos, enfim, que podiam botar a perder a ligação entre as diversas partes do império. E é visando proteger esses laços que a Coroa agia. Sua atuação, mais do que incentivar o comércio, buscava estabelecer os parâmetros de funcionamento do mesmo. Essa é a razão pela qual encontramos um maior número de correspondências para a Bahia até o período de 1751-1770. Afinal, tratava-se da sede do governo-geral até 1763. Repare-se que, no período seguinte, quando já havia ocorrido a transferência para o Rio de Janeiro, esta capitania aparece pela primeira vez com o maior volume de correspondência.

Somente na segunda metade do século XVIII, com as Companhias Pombalinas, é que a Coroa assumirá um papel realmente ativo no desenvolvimento da atividade mercantil. Na Tabela 7.2, essa mudança de orientação fica muito clara em relação à capitania de Pernambuco, com um grande número de correspondências no período 1751-1770, parcialmente coincidente com o do funcionamento da Companhia.

Exemplo dessa atuação pode ser observado na regulamentação do regime de frotas. O funcionamento concreto das frotas (datas de partida e de retorno, formas de organização etc.) foi alvo constante de alterações. Regulamentá-las era função precípua da Coroa. Significava dar condições para que o comércio marítimo pudesse ocorrer da melhor forma possível. Significava também dar resposta às pressões dos inúmeros interessados. Em 1671, por exemplo, o Conselho Ultramarino elabora uma consulta sobre a representação dos procuradores da Bahia e do Rio de Janeiro sobre a maneira como deviam se organizar as frotas do Brasil.[93] Aqui temos a união das duas elites açucareiras em torno de temas como a duração da estadia das frotas (tema sempre discutido e nunca resolvido), as condições de embarque do açúcar etc. Já vimos anteriormente[94] que os interesses das duas capitanias podiam também divergir, o que levava a novas demandas em relação às frotas. Esse jogo de pressões e contrapressões levava por vezes a alterações mais amplas. Como exemplo disso, vemos que, em 1734, o rei d. João V promulgou um decreto alterando as datas dos meses de saída das frotas do Rio de Janeiro, Salvador e Recife.[95]

Outra preocupação era em relação ao contrabando. Sobre este, vale lembrar a advertência de Pijning: ele não era combatido em termos morais, mas sim no que ele representava de prejuízo para o Estado. Melhor dizendo: como o comércio era entendido como um jogo de soma zero em que, se um ganha, o outro necessariamente perde, o contrabando era constantemente estimulado pela monarquia portuguesa, desde que atendesse aos seus interesses.[96] Por tudo isso, poderíamos imaginar que ele fizesse parte das mais importantes obsessões da Coroa, mas não é isso que acontece. De fato, o tema aparece somente em 267 correspondências, ou seja, 1% do total. Mais importante ainda: trata-se sempre de casos pessoais ou, melhor dizendo, específicos. Nunca encontramos a formulação de políticas mais gerais sobre o tema.

Desse modo temos, em um momento, o aviso ao governador de Pernambuco sobre as medidas a tomar para evitar as práticas de contrabando de algumas pessoas junto das embarcações transportadoras de madeiras, em 1764.[97] Já em Angola, encontramos o governador relatando o contrabando com europeus,[98] enquanto em 1793 é descoberto o contrabando na bagagem do novo ouvidor do Pará, João Francisco Leal.[99] Trata-se de apenas alguns exemplos, que poderiam ser multiplicados, mas que já apontam para o que foi dito. O contrabando é apontado, analisado e combatido sempre no varejo, caso a caso, conforme os diversos contextos que se apresentam. Nada parecido com a existência de um "exclusivo colonial" zelosamente guardado pela Coroa.

De fato, essa ausência de políticas mais gerais sobre a mercancia é facilmente percebida em toda a documentação, mesmo na segunda metade do século XVIII, período marcado por importantes inflexões na atuação da Coroa, que leva alguns historiadores a falar numa autêntica mudança de paradigmas.[100]

Por outro lado, a inexistência de uma perspectiva mais geral da Coroa acerca da atividade mercantil não obriga o pesquisador a ficar restrito aos mesmos limites. A análise dos diversos casos específicos nos permite reconstruir padrões de atuação seja da monarquia, seja dos agentes locais, sobre os diversos temas. Permite-nos, sobretudo, perceber de que forma esses temas são tratados nas comunicações políticas entre os diversos atores. A amplitude da documentação trabalhada permite o estabelecimento de comparações entre as diversas capitanias, desvelando semelhanças e diferenças, o mesmo valendo para os períodos. Possibilita-nos, por conseguinte, mais do que uma história mercantil, uma história da regulamentação mercantil, ou seja, das formas através das quais o poder central e os poderes locais interferiam ou buscavam interferir na mercancia.

Conclusão

Do quadro exposto resulta muito claro que a economia, inexistente como esfera autônoma da sociedade no Antigo Regime, só pode ser analisada a partir de um cruzamento intenso com os outros temas que perpassam o banco de dados. Longe, no entanto, de ser um fator limitador, tal perspectiva abre novas possibilidades de análise. O enraizamento da economia permite-nos perceber os fatores econômicos que se encontravam presentes nos mais diversos aspectos da vida social. A fiscalidade é, sem dúvida, o tema com maior impacto econômico. Já mencionamos aqui a questão dos estancos, cujos contratos representavam a "privatização" de monopólios da Coroa. Tal observação serve, no entanto, para os demais contratos. Todos representavam a outorga a particulares, ainda que temporariamente, da arrecadação de parte da riqueza produzida socialmente em seu favor. Criavam ou reiteravam, assim, uma hierarquia social fortemente excludente.

Também é possível pensar a existência de fatores econômicos em outros aspectos da vida social, como as mercês concedidas pelo rei a seus fiéis vassalos. As mercês traduziam um pacto político, mas também econômico, já que garantiam a ascensão de novos grupos e/ou a sobrevivência de elites já consolidadas, o que se traduzia em benefícios econômicos não para o conjunto da sociedade, mas para grupos restritos no interior da mesma. Mesmo assuntos religiosos por vezes se relacionavam a aspectos econômicos, como a implantação e manutenção de ordens religiosas. Ou fatos mais prosaicos, como os excessos cometidos por padres na cobrança dos serviços religiosos.[101]

Uma visão holística impõe-se, portanto, ao pesquisador. Entender o que denominamos de economia significa compreender o tecido social em que ela se insere. Não se trata de conhecer tudo de tudo, mas como as diversas partes se interligam em um todo coerente. O quadro final daí resultante nos oferece uma percepção mais complexa das experiências dos homens do Antigo Regime.

Notas

1. BLUTEAU, Rafael. *Vocabulário Portuguez e Latino*. Lisboa: s/e, 1716, t. 3, p. 10.
2. Karl Polanyi, "Aristóteles descobre a economia", pp. 229-268.
3. *Ibidem,* p. 230.
4. Quentin Skinner, *As fundações do pensamento político moderno*, cap. 14.
5. Karl Polanyi, "Aristóteles descobre a economia", pp. 247-248.
6. *Ibidem*, p. 248.
7. *Ibidem*, pp. 252-258.
8. *Ibidem*, p. 250.
9. AHU_ACL_CU_001, cx. 48, d. 54 (Angola).
10. AHU_CU Luiza da Fonseca, cx. 32, doc. 4023-24 (Bahia).
11. AHU_ACL_CU_009, cx. 6, d. 647 (Maranhão).
12. AHU_ACL_CU_011, cx. 92, d. 7497 (Minas Gerais).
13. Na impossibilidade de citar a imensa bibliografia sobre o tema, optamos por um clássico que nos fornece uma visão bastante ampla do fenômeno: Charles R. Boxer, *A idade de ouro do Brasil (dores de crescimento de uma sociedade colonial)*.
14. A esse respeito, ver o Capítulo 5.
15. José Luís Cardoso, "Política econômica", pp. 345-368.
16. *Apud* Pierre Verger, *Fluxo e refluxo do tráfico de escravos entre o golfo de Benin e a Bahia de Todos os Santos: dos séculos XVII a XIX*, pp. 39-40.
17. A. M. Hespanha, *Imbecillitas*, p. 50.
18. AHU_ACL_CU_009, cx. 2, d. 207 (Maranhão).
19. AHU_ACL_CU_023-01, cx. 11, d. 1105 (São Paulo).
20. AHU_ACL_CU_011, cx. 64, d. 5406 (Minas Gerais).
21. AHU_ACL_CU_011, cx. 142, d. 49 (Minas Gerais).
22. AHU_ACL_CU_009, cx. 28, d. 2874 (Maranhão).
23. AHU_ACL_CU_005, cx. 42, d. 3767 (Bahia).
24. No Arquivo Histórico Ultramarino, é possível encontrar vários exemplos como em: AHU_ACL_CU_023, cx. 26, d. 1191 (São Paulo).
25. Como é possível ver na solicitação da câmara de Sabará, em 1765, para que os mineiros não fossem executados em seus bens em: AHU_ACL_CU_011, cx. 86, d. 7017 (Minas Gerais).
26. Para os tipos de moedas metálicas que circulavam no Brasil, ver: Roberto Simonsen, *História econômica do Brasil, 1500-1820*, p. 464.
27. A esse respeito, ver: Pierre Vilar, *Ouro e moeda na História (1450-1920)*, cap. 1.

28. Antonio Carlos Jucá de Sampaio, *Na encruzilhada do Império. Hierarquias sociais e conjunturas econômicas no Rio de Janeiro (c.1650-c.1750)*, pp. 141-143.

29. AHU-CU Luiza da Fonseca, cx. 8, doc. 979-980.

30. Zacarias Moutoukias, *Contrabando y control colonial en el siglo XVII*, caps. IV e V.

31. BN, Ms. 7, 1, 28, n. 32 (07/4/1664).

32. BN, Ms. 7, 1, 28, n. 260 (13/9/1673).

33. Carl A. Hanson, *Economia e sociedade no Portugal barroco, 1668-1703*, p. 246 (ver nota 66).

34. Charles R. Boxer, *Salvador de Sá e a luta pelo Brasil e Angola, 1602-1686*, pp. 309-316. Ver também: Vivaldo *Coaracy, O Rio de Janeiro no século dezessete*, p. 156s.

35. AN, Coleção Secretaria de Estado do Brasil, códice 952, v. 1, p. 200 (carta régia de 05/12/1675).

36. IHGB, Arq. 1, 1, 22, p. 40.

37. AHU, CA, doc. 1427.

38. *Ibidem*.

39. *Ibidem*.

40. AHU_CU Luiza da Fonseca, cx. 24, doc. 2950.

41. Carl Hanson, *Economia e sociedade no Portugal barroco*, pp. 175-176.

42. *Ibidem*, pp. 242-243.

43. Vivaldo Coaracy, *O Rio de Janeiro no século dezessete*, p. 216.

44. Baltazar da Silva Lisboa, *Anais do Rio de Janeiro*, v. III, p. 247.

45. AN, Coleção Secretaria de Estado do Brasil, códice 952, v. 2, p. 29 (carta régia de 6/6/1677).

46. Ver, por exemplo: CPON, L. 58, f. 143v, 1692 (venda de um engenho de açúcar de José Gomes Silva para João Pimenta de Carvalho).

47. Maria Regina Celestino de Almeida, "Os índios aldeados no Rio de Janeiro colonial: novos súditos cristãos do império português", cap. IV.

48. José G. Salvador, *Os cristãos-novos e o comércio no Atlântico meridional*, p. 174.

49. Antonio Carlos Jucá de Sampaio, *Na encruzilhada...*, pp. 58-59.

50. José C. Curto, "Vinho verso cachaça: a luta luso-brasileira pelo comércio do álcool e de escravos em Luanda, c. 1648-1703." *In*: Selma Pantoja e José Flávio Sombra Saraiva (orgs.), *Angola e Brasil nas rotas do Atlântico Sul*, pp. 69-98.

51. AHU_ACL_CU_001, cx. 5, d. 11.

52. *Ibidem*, p. 176.

53. CSON, L. 53, f. 5v, 1740.

54. CSON, L. 54, f. 189v, 1742.

55. Ruggiero Romano, "Fundamentos del funcionamiento del sistema económico colonial", pp. 239-280.

56. AHU, CA, doc. 315 (1644).

57. Vivaldo Coaracy, *O Rio de Janeiro no século dezessete*, p. 152.

58. *Ibidem*, p. 150.

59. IHGB, Arq. 1,1,22, p. 55.

60. *Ibidem*.

61. Ver nota 37.

62. Fernand Braudel, *Civilização material, economia e capitalismo, séculos XV-XVIII: Os jogos das trocas*, p. 374.

ECONOMIA, MOEDA E COMÉRCIO | 291

63. *Apud Ibidem*, p. 377.
64. IHGB, Arq. 1,1,22, p. 389v.
65. Lembro que essa pesquisa ainda está em andamento.
66. Ver, por exemplo: AHU, CA, docs.: 3.099, 9.746 e 14.663. Ver também: Antonio Carlos Jucá de Sampaio, *Na encruzilhada...*, cap. 3.
67. Ruggiero Romano, "Fundamentos del funcionamiento del sistema económico colonial", pp. 239-280.
68. Baltazar da Silva Lisboa, *Anais do Rio de Janeiro*, tomo III, pp. 243-248. A carta é de 1655.
69. *Ibidem*, p. 248.
70. *Ibidem*, p. 247.
71. Que Ruggiero Romano, em "Fundamentos del funcionamiento del sistema económico colonial", prefere chamar de economia natural.
72. *Ibidem*, p. 273.
73. Ver nota "antiga 45".
74. Antonio Carlos Jucá de Sampaio, *Na encruzilhada...*, cap. 1.
75. A "moeda da terra" era sempre um produto mais ou menos característico de cada país: cacau no México, coca no Peru etc. Ver: Ruggiero Romano, "Fundamentos del funcionamiento...", p. 248.
76. Daniela Santos Barreto, "A qualidade do artesão: contribuição ao estudo da estrutura social e mercado interno na cidade do Rio de Janeiro, c.1690-c.1750".
77. R. Romano, "Fundamentos del funcionamiento...", pp. 243-244.
78. Transcrição da segunda parte do códice 23 da Seção Colonial. *Apud* Júnia Furtado, "Homens de negócio: a interiorização da metrópole e do comércio nas Minas setecentistas", pp. 138-139.
79. IHGB. Arq. 1,1,21, p. 33.
80. Antonio Carlos Jucá de Sampaio, *Na encruzilhada...*, cap. 3.
81. Carla Almeida, pp. 172-173.
82. Daniele Mônica Lima, "A produção social da desigualdade: hierarquização social e estratégias de classe na formação da sociedade mineira (Mariana, 1701-1750)", p. 22.
83. Carlos L. Kelmer Mathias, *As múltiplas faces da escravidão: o espaço económico do ouro e sua elite pluriocupacional na formação da sociedade mineira setecentista, c. 1711-c. 1756*, p. 167.
84. Antonio Carlos Jucá de Sampaio, *Na encruzilhada...*, pp. 164-173.
85. Isso não significa dizer que a população em geral não tivesse acesso ao ouro. Uma simples olhada nas escrituras setecentistas mostra que ele estava até mesmo nas mãos dos escravos, que pagavam por suas alforrias. O que buscamos sublinhar aqui é a existência de uma concentração nas mãos da elite mercantil, e não de um monopólio.
86. Antonio Carlos Jucá de Sampaio, *O mercado carioca...*, pp. 32-34.
87. *Ibidem*, p. 44.
88. R. Romano, "Fundamentos del funcionamiento...". Ver também David Brading, *Mineros y comerciantes en el México Borbónico (1763-1810)*.
89. Rafael Bluteau, *Vocabulário portuguez e latino*, t. 5, p. 430.
90. *Ibidem*.
91. A esse respeito, ver o capítulo sobre fiscalidade.

92. Há uma série de trabalhos recentes sobre a atuação das câmaras na regulamentação da vida econômica das urbes. Uma referência mais geral pode ser encontrada no trabalho de Magnus Pereira: "*Almuthasib* – Considerações sobre o direito de almotaçaria nas cidades de Portugal e suas colônias", pp. 366-395.
93. AHU, Cat.-CA, doc. 1139-1143.
94. Ver nota "antiga 59".
95. AHU_ACL_CU_015, cx. 47, d. 4235.
96. Ernst Pijning, "Controlling Contraband: Mentality, Economy and Society in the Eighteenth-Century Rio de Janeiro", Introdução, principalmente p. 11ss.
97. AHU_ACL_CU_013, cx. 55, d. 5030.
98. AHU_ACL_CU_001, cx. 70, d. 28.
99. AHU_ACL_CU_009, cx. 82, d. 6967.
100. Ver, por exemplo, António Manuel Hespanha, "A arquitetura dos poderes", pp. 113-140.
101. Ver, por exemplo, a carta do bispo do Rio de Janeiro, d. Antônio de Guadalupe, sobre os excessos cometidos pelos eclesiásticos contra as populações das Minas, sobretudo na cobrança dos direitos paroquiais: AHU_ACL_CU_017, cx. 16, d. 1784.

Referências bibliográficas

Fontes primárias

Instituto Histórico e Geográfico Brasileiro
Arq. 1, 1, 21. Cópias de documentos do Arquivo Histórico Ultramarino (1721-1725).
Arq. 1, 1, 22. Cópias de documentos do Arquivo Histórico Ultramarino (1678-1695).

Arquivo Nacional

Livros de escrituras públicas do 1º Ofício de Notas (1650-1750).
Livros de escrituras públicas do 2º Ofício de Notas (1711-1750).
Códice 952. Cartas régias, avisos, alvarás etc. dirigidos aos governadores do Rio de Janeiro, volumes 1 a 31 (1662-1750).

Biblioteca Nacional – Seção de Manuscritos

Ms. 7, 1, 28 nº 32. Ofício do conde de Óbidos a Pedro Mello (1664).
Ms. 7, 1, 28 nº 260. Ofício de Afonso Furtado de Castro de Mendonça ao provedor da Fazenda do Rio de Janeiro (1673).

Arquivo Público do Estado do Rio de Janeiro

Documentos do Arquivo Histórico Ultramarino catalogados por Eduardo de Castro e Almeida: 315, 1427, 3.099, 9.746 e 14.663.

Fonte impressa

BLUTEAU, Rafael. *Vocabulário portuguez e latino*. Lisboa: s/e, 1716, 5v.

Livros, artigos, dissertações e teses

ALMEIDA, Carla Maria de Carvalho. "Homens ricos, homens bons: produção e hierarquização social em Minas colonial, 1750-1822". Niterói: UFF, 2001. Tese de doutorado.

ALMEIDA, Maria Regina Celestino de. "Os índios aldeados no Rio de Janeiro colonial: novos súditos cristãos do império português". Campinas: Unicamp, 2000. Tese de doutorado.

BARRETO, Daniela Santos. "A qualidade do artesão: contribuição ao estudo da estrutura social e mercado interno na cidade do Rio de Janeiro, *c.* 1690-*c.* 1750". Rio de Janeiro: UFRJ, 2002. Dissertação de mestrado.

BOXER, Charles R. *Salvador de Sá e a luta pelo Brasil e Angola, 1602-1686*. São Paulo: Editora Nacional/ Editora da Universidade de São Paulo, 1973.

_____. *A idade de ouro do Brasil (dores de crescimento de uma sociedade colonial)*. 2. ed. São Paulo: Companhia Editora Nacional, 1963.

BRADING, David. *Mineros y comerciantes en el México Borbónico (1763-1810)*. 3. ed. México D.F.: Fondo de Cultura Económica, 1991.

BRAUDEL, Fernand. *Civilização material, economia e capitalismo, séculos XV-XVIII: Os jogos das trocas*. São Paulo: Martins Fontes, 1996.

CARDOSO, José Luís. "Política Econômica". *In*: LAINS, Pedro & SILVA, Álvaro Ferreira da (orgs.), *História económica de Portugal, 1700-2000. O século XVIII*. Lisboa: ICS, 2005, pp. 345-368.

COARACY, Vivaldo. *O Rio de Janeiro no século dezessete*. Rio de Janeiro: José Olympio, 1965.

CURTO, José C. "Vinho verso cachaça: a luta luso-brasileira pelo comércio do álcool e de escravos em Luanda, *c.* 1648-1703." *In*: PANTOJA, Selma & SARAIVA, José Flávio Sombra (orgs.). *Angola e Brasil nas rotas do Atlântico Sul*. Rio de Janeiro: Bertrand Brasil, 1999, pp. 69-98.

FLORY, Rae Jean Dell. "Bahian Society in the Mid-Colonial Period: The Sugar Planters, Tobacco Growers, Merchants, and Artisans of Salvador and the Recôncavo, 1680-1725." Austin: University of Texas, 1978. Tese de doutorado.

FRAGOSO, João. *Homens de grossa aventura: acumulação e hierarquia na praça mercantil do Rio de Janeiro (1790-1830)*. Rio de Janeiro: Arquivo Nacional, 1992.

_____ & FLORENTINO, Manolo G. *O arcaísmo como projeto: mercado atlântico, sociedade agrária e elite mercantil no Rio de Janeiro, c. 1790-c. 1840*. Rio de Janeiro: Diadorim, 1993.

FURTADO, Júnia. "Homens de negócio: a interiorização da metrópole e do comércio nas Minas setecentistas". São Paulo: USP, 1996. Tese de doutorado.

GODOY, Silvana. "Itu e Araritaguara na rota das monções (1718 a 1838)". Campinas: Unicamp, 2002. Dissertação de mestrado.

HAMAISTER, Martha D. "O continente do Rio Grande de São Pedro: os homens, suas redes de relações e suas mercadorias semoventes, *c.* 1727-*c.* 1763". Rio de Janeiro: UFRJ, 2002. Dissertação de mestrado.

HANSON, Carl A. *Economia e sociedade no Portugal Barroco, 1668-1703*. Lisboa: Dom Quixote, 1986.

HESPANHA, A. M. *Imbecillitas*. São Paulo: Annablume, 2010.

_____. "A arquitetura dos poderes". *In*: _____ (coord.). *História de Portugal: o Antigo Regime (1620-1807)*. Lisboa: Estampa, 1998, pp. 113-140.

LIMA, Daniele Mônica. "A produção social da desigualdade: hierarquização social e estratégias de classe na formação da sociedade mineira (Mariana, 1701-1750)". Mariana: UFOP, 2003. Monografia de bacharelado.

LISBOA, Baltazar da Silva. *Anais do Rio de Janeiro*. Rio de Janeiro: Seignet-Plancher, 1834, 7 v.

MATHIAS, Carlos L. Kelmer. *As múltiplas faces da escravidão*. Rio de Janeiro: Mauad X, 2012.

MOUTOUKIAS, Zacarias. *Contrabando y control colonial en el siglo XVII*. Buenos Aires: Centro Editor de América Latina, 1988.

OSÓRIO, Helen. "Estancieiros, lavradores e comerciantes na constituição da Estremadura portuguesa na América: Rio Grande de São Pedro, 1737-1822". Niterói: UFF, 1999. Tese de doutorado.

PEREIRA, Magnus. "*Almuthasib* – Considerações sobre o direito de almotaçaria nas cidades de Portugal e suas colônias". *Revista Brasileira de História*, v. 21, n. 42, pp. 366-395, 2001.

PIJNING, Ernst. "Controlling Contraband: Mentality, Economy and Society in the Eighteenth-Century Rio de Janeiro." Baltimore: Johns Hopkins University, 1997. Tese de doutorado.

POLANYI, Karl. "Aristóteles descobre a economia". *In*: _____. *A subsistência do homem e ensaios correlatos*. Rio de Janeiro: Contraponto, 2012, pp. 229-268.

ROCHA PITA, Sebastião da. *História da América portuguesa*. Belo Horizonte: Itatiaia; São Paulo: Edusp, 1976 (edição original de 1730).

ROMANO, Ruggiero. "Fundamentos del funcionamiento del sistema económico colonial". *in*: BONILLA, Heraclio (ed.). *El sistema colonial en la América Española*. Barcelona: Editorial Crítica, 1991, pp. 239-280.

SALVADOR, José G. *Os cristãos-novos e o comércio no Atlântico meridional*. São Paulo: Pioneira, 1978.

SAMPAIO, Antonio Carlos Jucá de. *Na encruzilhada do Império. Hierarquias sociais e conjunturas econômicas no Rio de Janeiro (c.1650-c.1750)*. Rio de Janeiro: Arquivo Nacional, 2003.

_____. "O mercado carioca de crédito: da acumulação senhorial à acumulação mercantil (1650-1750)". *Estudos Históricos*, nº 29. Rio de Janeiro: CPDOC/FGV, 2002, pp. 29-49.

SIMONSEN, Roberto. *História econômica do Brasil, 1500-1820*. São Paulo: Companhia Editora Nacional, 1967.

SKINNER, Quentin. *As fundações do pensamento político moderno*. São Paulo: Companhia das Letras, 1996.

VERGER, Pierre. *Fluxo e refluxo do tráfico de escravos entre o golfo de Benin e a Bahia de Todos os Santos: dos séculos XVII a XIX*. 3. ed. São Paulo: Corrupio, 1987.

VILAR, Pierre. *Ouro e moeda na História (1450-1920)*. Rio de Janeiro: Paz e Terra, 1980.

PARTE III
AGENTES E ESPAÇOS INSTITUCIONAIS DE COMUNICAÇÃO

8

GOVERNADORES REINÓIS E ULTRAMARINOS

Francisco Cosentino, Mafalda Soares da Cunha,
António Castro Nunes e Ronald Raminelli

O estudo dos governadores ultramarinos e reinóis e a sua atuação como servidores da monarquia portuguesa só recentemente gerou trabalhos,[1] depois de um período em que essas investigações foram minimizadas e ignoradas devido ao predomínio de certas concepções historiográficas econômicas e culturais. Entretanto, nos últimos vinte anos, pelo menos, pesquisas as mais diversas deixaram para trás os preconceitos, os desestímulos e a desqualificação a respeito dos estudos sobre o mundo da política.[2] Estudos renovadores sobre a conceituação do Estado Moderno, as formas de atuação dos diversos grupos sociais, as relações entre centro e periferia, o papel da cultura e das linguagens políticas, além de investigações que procuram reconstruir os diversos aspectos que caracterizam a vida política, olhando para o poder desfrutado e exercido pelas localidades ou para a atuação dos diversos atores sociais, abrem novos caminhos para a compreensão da organização e da vida política das monarquias europeias e da ordem política e administrativa, estendida por esses governos às diversas partes dos seus impérios ultramarinos. Nossa pesquisa está inserida nesse momento de reanimação e renovação dos estudos da história política através da análise da comunicação que envolve os governadores ultramarinos e reinóis durante os séculos XVII e XVIII no reino e no império português.

O estudo sobre os governadores reinóis e ultramarinos[3] padeceu, até duas décadas, dos desestímulos e restrições que a história política em geral sofreu e recebeu. Na historiografia brasileira, permanecia a interpretação de Caio Prado Junior que, na década de 40 do século XX, dizia que "o título do governador diferia: capitão-general e governador, nas [capitanias] principais, capitão-mor de capitania (não confundir com capitão-mor de ordenanças), ou simplesmente governador, nas demais", pois o governador do Rio de Janeiro (e antes o da Bahia), que "tinha o título altissonante mais oco de Vice-Rei do Brasil", detinha "poderes, em princípio, [que] não eram maiores que os de seus colegas de outras capitanias, e não se estendiam, além da sua jurisdição territorial de simples capitão-general".[4] Essa interpretação historiográfica secundarizava e minimizava claramente os governantes da conquista portuguesa da América, marcando até aos nossos dias a compreensão dessa parte da vida do

Estado do Brasil e do Estado do Maranhão entre os mais variados historiadores e concepções historiográficas.

Também os governadores do Algarve e os governadores das armas das províncias portuguesas nunca mereceram um estudo aprofundado e, muito menos, comparativo. Em claro contraponto analítico, o estudo que dispomos sobre o governo geral dos Açores faz já amplo uso da renovação historiográfica dos últimos anos. Nele, demonstra-se a proximidade entre as competências atribuídas ao governador e capitão-general dos Açores e aquelas de que gozavam os governadores ultramarinos.[5] Em qualquer caso, sabe-se que os governadores ultramarinos e reinóis desempenharam funções de intermediação da comunicação política das conquistas e das regiões do reino com a monarquia ou os seus conselhos: o Ultramarino para as conquistas e o de Guerra para os governadores das armas no reino. Por outro lado, as diferenças quanto às funções e abrangência de poderes aparecem de maneira explícita, já que, enquanto os governadores das armas,[6] e mesmo o do Algarve, desempenhavam fundamentalmente funções militares, os governadores das conquistas e dos Açores detinham as diversas responsabilidades que compõem a governação.

Embalados pela renovação dos estudos da história política, nos últimos vinte anos, se desenvolveram estudos com abordagens diversas em Portugal e no Brasil sobre os governadores ultramarinos. São trabalhos que, reunindo pesquisa empírica abrangente, analisaram a composição social desses governos e as trajetórias de serviço desses vassalos na monarquia pluricontinental, as suas práticas governativas, ou ainda o seu quadro de competências por meio de seus regimentos, tanto para o Estado do Brasil como para o Estado do Maranhão. Atualmente, trabalhos abordando governos, tanto gerais como de capitanias, são elaborados no âmbito dos programas de pós-graduação, e vão sendo publicados em revistas, anais e livros.

Os resultados que começaremos a apresentar em seguida sobre a comunicação política envolvendo os governadores reinóis e ultramarinos do Atlântico e seu papel político no império português pretendem contribuir para essa área de estudos. Os dados, conforme já dito na introdução deste livro, são aqueles referentes à Bahia, Pernambuco, Rio de Janeiro, São Paulo, Minas Gerais, Maranhão e Pará, para as conquistas atlânticas, e, Algarve, Alentejo, Minho e Açores, para o reino. Começamos por estabelecer algumas premissas, apresentamos depois tendências quantitativas e finalizamos com certas interpretações qualitativas e conclusões gerais.

A OBRIGAÇÃO DE COMUNICAR E NÃO IMPEDIR A COMUNICAÇÃO

No banco de dados do ultramar, encontramos diversos registros de correspondências, simples bilhetes, de porteiros do Conselho Ultramarino informando sobre o que levam os navios que vinham para o Estado do Brasil, seja no sentido de que nada levavam[7] ou informando, por meio de recibo do capitão do navio, do que ele levava do Conselho Ultramarino para a conquista.[8] Esses simples bilhetes chamam atenção para uma questão presente nos diversos regimentos entregues aos governadores do ultramar português, que os instruíam no sentido de efetivar a comunicação do reino com a conquista. Por um lado, eles indicavam a necessidade de envio regular de informações, ao "encomendar-lhe que seja mui contínuo em me escrever, e avisar de todas as cousas que sucederem, e do que entender ser necessário para o bom governo dele, como do procedimento das pessoas, que nele me servirem", o que deveria ser feito "em todos os navios que partirem de todas as partes, e lugares, de onde se acharem […]", mesmo que essas "não ofereçam de novo, mais que repetir o que tiverdes escripto; porque pela incerteza da viagem, tudo é necessário".[9] Por outro, instruíam quanto às correspondências que chegavam – daí os bilhetes passados pelos porteiros do Ultramarino –, orientando que "tenhais mui particular cuidado de saber os navios que daqui partem e chegam ao Estado; se levam despachos meus para vós, e que vo-los entregue ou certidão de como os pediram e lhos não deram", e, caso "não vos entregando uma cousa ou outra fareis, nos mestres dos tais navios, a demonstração que vos parecer, para exemplo de se não descuidarem".[10]

Como se compreende, existe por parte da monarquia portuguesa a preocupação de que a comunicação com os seus servidores e vassalos nas conquistas se processasse sem bloqueios ou impedimentos, e que estes mantivessem a monarquia informada do que estava ocorrendo em sítios distantes do seu império ultramarino. Assim sendo, nos regimentos dos governadores das capitanias do Estado do Brasil, do Reino de Angola e do governador-geral do Estado do Brasil, estava fixado pelo monarca que o governador não impedirá de "escreverem-me as Câmaras, e mais Ministros, e Oficiais de Justiça, Fazenda, e Guerra, ainda que sejam queixas, por que a meu serviço convém haver a liberdade necessária […]".[11]

À semelhança dos domínios atlânticos mencionados, a preocupação em conferir centralidade ao governador dos Açores na recolha e sistematização da informação para a monarquia esteve muito presente no momento da criação do Governo e Capitania General, em 2 de agosto de 1766.[12] Com efeito, recomendava-se que o governador produzisse e enviasse anualmente para Lisboa mapas descritivos com a situação detalhada das fortalezas e das tropas pagas, das auxiliares e de ordenanças, e ainda lista dos oficiais da Fazenda e descriminação das receitas das ilhas.

As advertências explícitas sobre o dever de informar não se encontram, porém, nem no regimento do governador do Algarve de 1624 nem no dos governadores das armas das províncias do reino de 1678, que adiante se mencionarão. No caso do governador do Algarve, há insistência para uma estreita troca de informações com o duque de Medina Sidónia sobre os assuntos da defesa das costas, o que é claramente diverso da preocupação manifestada para os governadores ultramarinos sobre a liberdade e a atenção à comunicação regular com Lisboa. Dessa forma, o que se pede aos governadores das armas e ao do Algarve é que estivessem bem-informados para poderem desempenhar bem os respectivos cargos.

A COMUNICAÇÃO EMITIDA PELOS GOVERNADORES: DINÂMICAS E CONJUNTURAS

A intensidade da comunicação política dos governadores das conquistas com o Conselho Ultramarino fica explícita e constatada pelo banco de dados com o qual trabalhamos. Vale a pena, por isso, recordar que ele reuniu as informações oriundas das correspondências organizadas pelo Arquivo Histórico Ultramarino sobre a Bahia (Avulsos e Luiza da Fonseca),[13] Minas Gerais, Rio de Janeiro (Avulsos e Castro Almeida), São Paulo (Avulsos e Mendes Gouvêia), Pernambuco,[14] Pará e Maranhão.[15]

Da análise do conjunto da correspondência, detectam-se grandes tendências das quais se pode desde já destacar a importância e crescente proeminência dos governadores ultramarinos, particularmente os governadores-gerais. E essa supremacia na comunicação com Lisboa permite inferir o aumento do papel desses governantes na dinâmica governativa das conquistas.[16]

Desse modo, as figuras a seguir apresentadas demonstram, por médias anuais ou percentagens, a proeminência dos diversos governantes da parte portuguesa da América – vice-reis, governadores-gerais, governadores de capitanias, capitães-mores –[17] na gestão da comunicação política dessa parte atlântica do império ultramarino português. A Figura 8.1 representa o peso da participação desses ministros da Coroa nos fluxos de comunicação, pelos recortes cronológicos definidos para amostra pelo projeto.[18] Assim, quando colocamos os diversos governadores como emissores, receptores e referidos, contatamos que a sua presença ascende a 24,97% dos registros, o que os situa como os oficiais com maior intervenção na comunicação política com o reino. Como já foi referido, a maior parcela respeita às emissões de cartas, pode afirmar-se, sem margem para dúvidas, que os governadores ultramarinos são os interlocutores preferenciais do centro político. Algumas dessas emissões serão da sua iniciativa, dando cumprimento às obrigações de informação constantes nos seus regimentos, mas outras serão certamente respostas a matérias ou a instruções oriundas de Lisboa. Nesta altura da investigação, não é possível estabelecer-se essa distinção que seria relevante para compreender se a iniciativa política partia essencialmente dos governantes ou de Lisboa. Deixamos, no entanto, a pista para futuros aprofundamentos da análise.

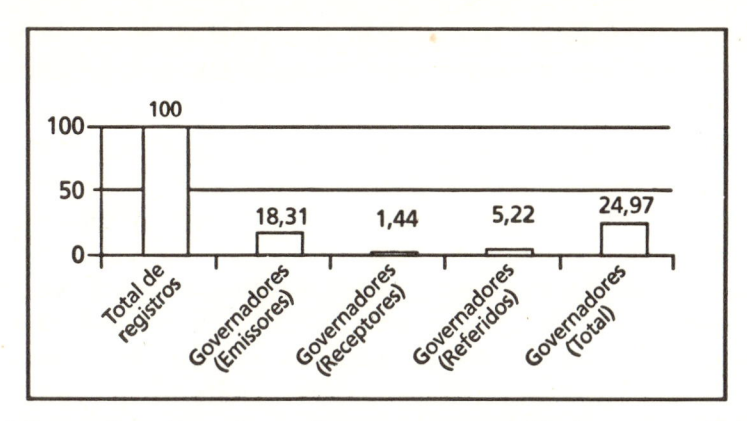

Figura 8.1 Governadores ultramarinos: emissores, receptores, referidos (recortes cronológicos)

O papel dos governadores do reino na comunicação política – os governadores das armas do Minho, do Alentejo e do governador do Reino do Algarve –, que, no quadro das suas competências, tinham tutela respectivamente sobre Viana do Minho, Évora--Vila Viçosa e Faro, é muito diverso dos seus congêneres ultramarinos.

Como já foi referido, as competências dos governadores das armas eram muito distintas daquelas que eram atribuídas ao governador do Algarve e ainda se diferenciavam mais das funções definidas para os ultramarinos. Os governadores das armas das províncias do reino foram instituídos após a Restauração de 1640 no contexto da reorganização militar exigida pela Guerra da Aclamação,[19] apesar de seu regimento ser apenas elaborado em 1678.[20] A sua jurisdição respeitava o espaço territorial de cada uma das províncias do reino, embora a sua esfera de atuação fosse exclusivamente militar. Nela se incluíam, no entanto, todas as matérias de justiça relacionadas com os militares, para as quais os governos das armas dispunham de magistrados próprios nomeados pelo Desembargo do Paço: os auditores das províncias. Os riscos de sobreposição de competências com as outras estruturas políticas de escopo territorial preexistentes eram evidentes, o que induziu o legislador, em 1678, a delimitar o seu âmbito de atuação para com os corregedores, para com as áreas da Fazenda e para com as câmaras. Assim, em vez de lhes darem poderes decisórios, recomendava-se que dessem conhecimento e recurso de todos os conflitos e dúvidas para os tribunais superiores respectivos. No caso das câmaras, mandava-se explicitamente que os governadores das armas não interferissem nas eleições dos oficiais das ordenanças e que dessem recurso das matérias em dúvida para o Conselho de Guerra. Como se verá adiante, esses equilíbrios com os poderes municipais eram precários e muito conflituosos, o que terá estado na base da ampliação dos poderes dos governadores das armas sobre a escolha dos oficiais superiores das ordenanças através da revisão do processo eleitoral das ordenanças definida na lei de 18 de outubro de 1709.[21] Ou seja, os governadores das armas se tornaram os responsáveis por selecionar o nome do oficial de ordenanças a enviar para o Conselho de Guerra dentre os três nomes propostos pelos municípios.

Já o governo do reino do Algarve era mais antigo que o dos governadores das armas, e, como expressa a sua titulatura – governador e capitão-general do Reino do Algarve –, combinava a dimensão militar com a governativa. Vale a pena, por isso, lembrar que o regimento de 1624,[22] ao formalizar a criação de um governo de um reino separado do de Portugal, com poderes territoriais alargados, constituía uma exceção na prática política do território luso peninsular, que se explica bem no quadro da integração de Portugal na monarquia de Espanha. Assim, a sua concessão decorre não apenas do fato de esse ser o modelo político mais em uso na monarquia dos Áustria espanhóis, como, e principalmente, pelo Algarve deter uma posição estratégica na defesa dos ataques dos heréticos e dos corsários nas costas andaluzas e na embocadura do Mediterrâneo.

Como se disse antes, a criação do governo-geral dos Açores em 1766 teve presente essa mesma intenção de aliar funções governativas com competências estritamente militares. Para tal, e como o preâmbulo do próprio regimento invocava, seguiu-se a experiência já adquirida no "estado do Brasil e mais domínios ultramarinos", criando nos Açores governadores e capitães-generais "que presidissem com a devida autoridade aos referidos governos político, civil, e militar".[23]

Reforçamos, entretanto, o que já foi dito na apresentação deste livro. O banco de dados com a correspondência do reino trabalhou apenas com a documentação registrada nos livros das câmaras. Como veremos adiante, isso significa que só lidamos com a documentação emitida pelos governadores para os munícipios além daquela que lhes era remetida com a indicação de ser distribuída para os municípios. Desse modo, o volume da correspondência emitida por esses governadores reinóis limita-se à parte que os poderes camarários guardaram nos seus arquivos. Está, por isso, longe de esgotar o universo das cartas emitidas por esses governadores, e não contempla as cartas por eles emitidas para o rei. A publicação da correspondência de alguns deles prova que a frequência dessa comunicação podia ser quase diária e que o leque de destinatários era muito variado.[24] Para o Alentejo, Laranjo Coelho até explicou que essa numerosa correspondência estava organizada em três categorias de livros: um para o registro das cartas do rei para os governadores; outro para as missivas dos governadores para Lisboa; outro ainda para os despachos e ordens dos governadores das armas para o governo das províncias.

A diversidade de funções bem como a disparidade de tipologias entre a documentação reinol e a ultramarina colocam, assim, alguns embaraços a uma comparação direta entre a comunicação institucional que os governadores do reino e os ultramarinos faziam com o centro político. Pode, no entanto, ser utilizada como referência para comparar as tendências dos fluxos no que respeita ao conjunto dos universos reinol e ultramarino.

Tabela 8.1

Emissões dos governadores do reino no conjunto da documentação (1641-1808)

	Total dos registros	Emissões dos governadores	Percentuais
Faro	2.619	343	13%
Viana do Castelo	1.886	70	3,7%
Évora e Vila Viçosa	3.443	117	3,4%
Total	7.958	530	6,7%

As emissões dos governadores do reino para os municípios da sua jurisdição indicam que, de um total de 7.958 documentos referentes aos quatro municípios em estudo, apenas 530 (*c.* 6,7%) lhes dizem respeito. Tais valores indiciam um papel bastante discreto dos governadores do reino na comunicação com os municípios, e essa fraca presença ainda se torna mais visível pelo fato de o número global de cartas ser francamente influenciado pela documentação expedida pelo governador do Reino do Algarve, pois 65% das 530 missivas são enviadas por esse governador. Segue-se o governador das armas do Alentejo e finalmente o do Minho. Há, no entanto, que assinalar que nem todas as correspondências emitidas pela instituição "governo das armas das províncias" eram da responsabilidade dos governadores das armas. Os números não são muito significativos, mas, em todo o caso, importa sublinhar que algumas missivas podiam ser diretamente emitidas por oficiais com jurisdição na área territorial do governo das armas, como era o caso dos vedores gerais, sobretudo quando o assunto era a seleção de nomes para os cargos de pagador do exército, pagador da artilharia, depositários das munições, depositário dos armazéns, entre outros.

Essa relação discreta com as câmaras não deve, no entanto, ser entendida como sinal de debilidade da sua esfera de intervenção política por duas ordens de razões, ambas relacionadas com as características do corpo documental em análise. A primeira prende-se com a intervenção acrescida que obtiveram através da já mencionada lei de 1709 na seleção das patentes superiores das ordenanças e, por consequência, na organização social do espaço local. Mas como esse papel era de mediação entre as câmaras e o Conselho de Guerra, as cartas de provimentos mandadas registrar nas câmaras não vinham em seu nome, mas sim em nome do monarca ou do Conselho de Guerra. A segunda razão decorre do fato de a comunicação dos governadores do reino com Lisboa não estar registrada nos livros camarários. Ora, de acordo com um estudo muito recente, que utiliza outra documentação, é possível perceber que o desenrolar da guerra dependia de acordos costurados inicialmente pelos governadores das armas com a comunidade dos nomeados para cargos menores, mas que se estendiam e envolviam o monarca e o Conselho de Guerra, dando a esses governadores do reino atributos que vão além dos meramente militares.[25] Ainda assim, e apesar dessa sugestão de uma maior amplitude de competências políticas para os governadores reinóis do que aquela que a historiografia tem proposto, a importância da sua intervenção nos territórios sob a sua alçada será muito menor do que a que detinham os seus congêneres ultramarinos. E o protagonismo que estes detêm na comunicação política das conquistas com Lisboa é um primeiro e relevante indicador.

Com efeito, são os governadores ultramarinos – vice-reis, governadores-gerais, governadores de capitanias, capitães-mores e governos interinos – os principais emissores ultramarinos, responsáveis por 18,31% dos registros do banco de dados das partes americanas da América lusa (Figura 8.1). A base de dados trabalhou com uma tipologia de cargos[26] que, analisada sob diversos recortes, como apresentaremos a seguir, tem nos governadores o principal ofício emissor. Inicialmente, destacamos serem os governadores, no conjunto dos cargos classificados como Governo, os responsáveis por 89,4 % das emissões.[27] Quando contrastamos apenas os governadores – esses 89,4% – com os outros emissores por tipologia de cargo, a proeminência dos governadores ultramarinos na comunicação com Lisboa fica ainda mais visível.[28] Com efeito, se compararmos as emissões anuais feitas pelos governadores ultramarinos com as emissões anuais dos detentores de cargos englobados nas tipologias estabelecidas pelo projeto (Figura 8.3), sobressai a supremacia dos governadores como principal cargo emissor, pois representam 24% do total das correspondências (Figura 8.2).[29]

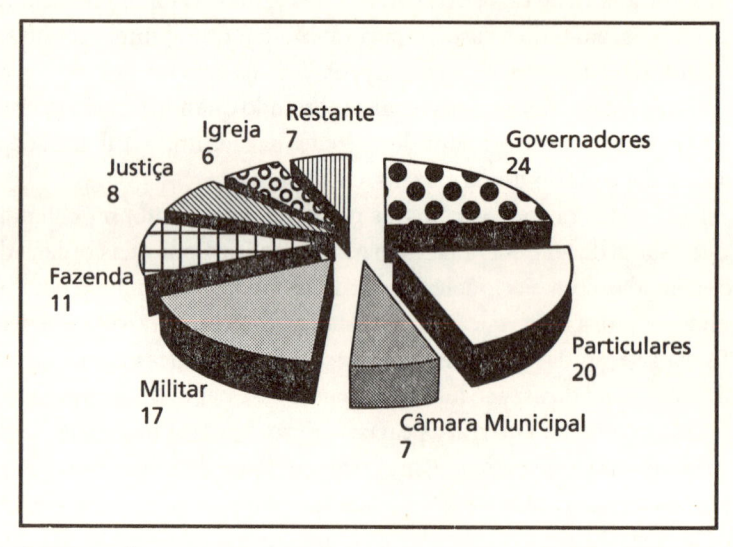

Figura 8.2 Emissores ultramarinos: governadores ultramarinos e tipologia de cargos (média anual – recorte cronológico)

A análise da evolução dessas emissões de correspondência por tipologia de cargo na longa duração permite detectar variações interessantes. Em primeiro lugar, a constatação de uma emissão bem mais significativa no século XVIII do que no século XVII (Figura 8.3), embora, ao longo dos Seiscentos, os governadores já sejam, destacadamente, os maiores emissores. Note-se que, entre 1640-1656, detêm cerca de 51% da média anual das emissões, e, entre 1680-1690, esse valor acende a 65% (Figura 8.4). A inclusão dos dados da Coleção Castro Almeida produziria algumas alterações nos números percentuais, por exemplo, aumentaria o percentual da Igreja, já que em torno de 10% dos registros dessa coleção são emissões dos arcebispos da Bahia, mas, não as tendências representadas no fluxo das emissões apresentadas na Figura 8.3 e a supremacia dos governadores ultramarinos.

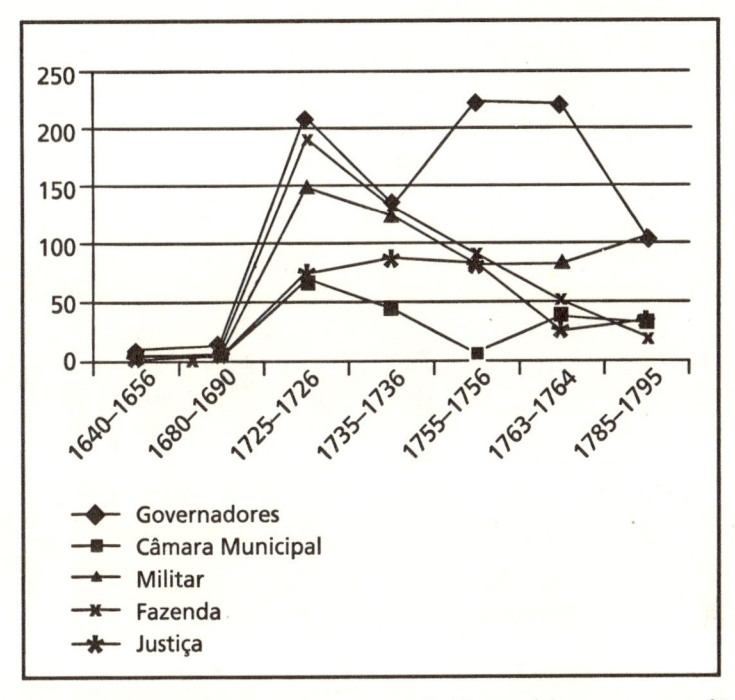

Figura 8.3 Fluxo das emissões dos principais emissores (média anual dos recortes cronológicos)

Aprofundando o nível de análise por tipo de emissores, verificamos que, na passagem dos reinados de d. Pedro II para d. João V, a média anual de todos os emissores analisados na Figura 8.3 apresenta um crescimento expressivo, particularmente os governadores ultramarinos e a Fazenda. O aumento tanto de um quanto do outro se explica, provavelmente, pela expansão da atividade mineradora, o que de certa forma se comprova quando cruzamos os dados das Figuras 8.3 e 8.4 com as emissões por território na base de dados. Com efeito, 2/3 das emissões totais correspondem às áreas geográficas que, de alguma maneira, estiveram envolvidas, inclusive política e administrativamente, com essa atividade econômica: Minas Gerais, Rio de Janeiro e Bahia.[30] Os dados da segunda metade do governo joanino apontam para uma inflexão generalizada, exceto dos emissores tipificados como Justiça por razões que estão mais bem analisadas no capítulo que trata dos corregedores-ouvidores, no qual poderemos constatar que, embora seja difícil apontar uma única causa para as oscilações das emissões dos magistrados das conquistas, vale a pena, no entanto, destacar, em primeiro lugar, que esse foi o período em que houve um maior crescimento da malha judiciária das comarcas; em segundo lugar, que o comportamento das emissões dos ouvidores apresenta uma tendência inversa à dos governadores. Ou seja, após verificar-se uma tendência de aumento das emissões dos ouvidores até 1735-1736, esta declina, só voltando a se recuperar no período mariano, enquanto as emissões dos governadores têm uma contração no reinado de d. João V, crescem com d. José e baixam no reinado de d. Maria I. Acreditamos que essa evolução com sentidos opostos das emissões dos governantes e dos magistrados coloniais esteja correlacionada, apontando, assim, para uma disputa direta de protagonismo político entre as esferas do governo e as da justiça, mas alertamos que só uma análise mais aprofundada dos conteúdos da comunicação pode confirmar essa sugestiva hipótese.

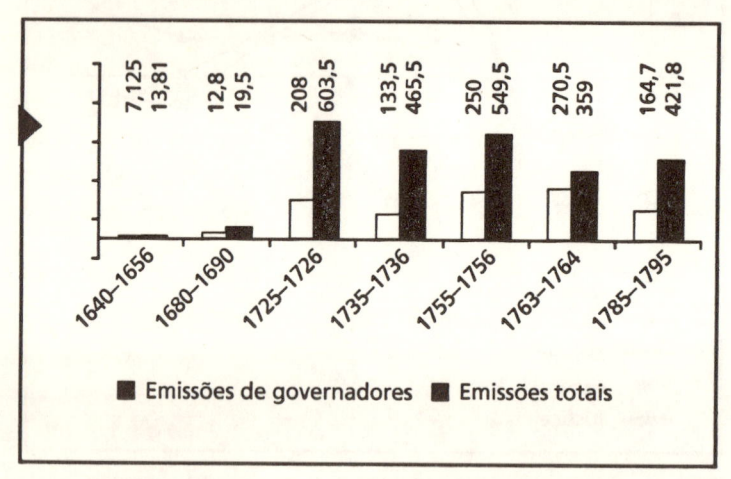

Figura 8.4 Comparação entre emissões totais e emissões totais dos governadores (média anual)

Em linhas gerais, conforme a Figura 8.4,[31] a comunicação emitida pelos governadores acompanha o fluxo geral da comunicação política da conquista para o reino. Entretanto, alguns números das Figuras 8.4 e 8.5, a respeito do século XVIII, indicam tendências que devem ser comparadas e analisadas. Sublinhe-se, por isso e desde já, o enorme protagonismo que os governadores-gerais/vice-reis assumem no conjunto da comunicação dos governantes, sobretudo se pensarmos que estamos a contrastar a emissão de um agente da Coroa, em face dos valores agregados de cinco outros, os governadores das capitanias e os capitães-mores.

Uma primeira observação revela que as emissões globais crescem muito mais aceleradamente entre 1725-1726 e 1755-1756, mas as emissões dos governadores se mantêm num patamar de mais de 30% da comunicação política, alcançando 45% em meados do século XVIII. A inflexão das emissões na década de 1730 leva a menor presença dos governadores como emissores, 28%, talvez por conta da multiplicação do leque dos intervenientes. Mas essa tendência alterou-se depois em favor dos governadores e, dentre eles, em favor dos governadores-gerais/vice-reis, destacadamente no Período Pombalino, quando são os governadores responsáveis por 75% das emissões para o reino.

Com efeito, a evolução dos dados recolhidos demonstra que as emissões médias anuais dos governadores-gerais/vice-reis ao longo do século XVIII oscilam entre um mínimo de 28% do total das emissões anuais dos governantes, correspondente ao recorte de 1735-1736, até um pico de 75% no período de 1763-1764. Se essas evidências comprovam a indiscutível centralidade política do governo-geral em face do centro lisboeta, sugerem, também, a necessidade de análises parcelares que permitam esclarecer se tal preeminência decorre de uma política deliberada de reforço dos poderes dos governadores-gerais/vice-reis por parte de Lisboa ou se está apenas relacionada com as características específicas de alguns dos titulares dessas funções.

Exercício interessante é por isso contrastar as emissões da primeira metade do século XVIII, nos recortes cronológicos próprios, com os governadores-gerais/vice-reis desse período, momento em que os governantes exerciam seu ofício por longos períodos, superiores aos três anos fixados nas suas cartas-patentes. Assim, podemos ver que, conforme a Figura 8.5, no recorte 1725-1726, quando governava d. Vasco Fernandes César de Meneses, conde de Sabugosa (1720-1735), esse vice-rei foi responsável por 51% das emissões para o reino, em contraste com d. André de Melo e Castro, conde das Galveias (1735-1749), no recorte cronológico de 1735-1736, que emitiu apenas 35%,[32] pelo menos no que diz respeito à correspondência registrada do Arquivo Histórico Ultramarino. Se incorporássemos os dados da Coleção Castro Almeida da Bahia, teríamos como um emissor destacado d. Fernando José de Portugal, governador da capitania da Bahia, responsável por cerca de 23% das emissões registradas nessa coleção, nos recortes cronológicos da base de dados.

Durante o período pombalino, os governadores ultramarinos reforçam-se como os interlocutores principais da monarquia, mesmo com a recuperação das emissões das Câmaras Municipais e a estabilidade das emissões dos militares, num quadro de redução de emissões dos outros cargos tipificados (Figura 8.4). Cabe por isso sublinhar que, em 1763-1764, 75% das emissões anuais para Lisboa são da responsabilidade dos governadores. E, se compararmos os governadores-gerais/vice-reis com os demais governadores, a proporção que cabe aos primeiros também cresce avassaladoramente ao longo do reinado josefino, pois, em 1755-1756, são responsáveis por 45% das emissões, e, nos anos 1763-1764, por cerca de 75%, como vemos na Figura 8.5. Pode, por isso, afirmar-se sem hesitações que, ao contrário do governo joanino, foram esses ofícios superiores transformados nos interlocutores preferenciais da monarquia lusa durante o Pombalismo. E mesmo que, durante o reinado de d. Maria I, as emissões gerais e dos governadores tenham diminuído – resguardado o fato de que o banco de dados não contabiliza, para esse período, Pernambuco –, as emissões dos governadores constituem em torno de 39%, sendo assim, ainda, o maior emissor ultramarino. Assim sendo, o período mariano é de inflexão na comunicação política, exceto para a atuação dos cargos de Fazenda e Justiça explicados nos Capítulos 5 e 9 deste livro, que tratam, respectivamente, dos ouvidores e da fiscalidade.

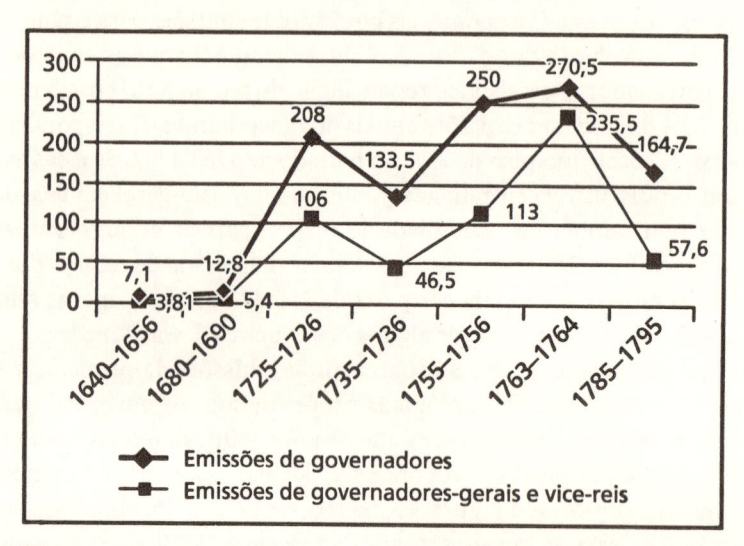

Figura 8.5 Comparação entre emissões de governadores ultramarinos e emissões dos governadores-gerais e vice-reis (média anual)

Por outro lado, é importante ressaltar, relativizando os resultados que estamos constatando, que a comunicação política das conquistas e de seus oficiais superiores, como são os governadores ultramarinos, nem sempre se dirigiam ao Conselho Ultramarino, por mais que ele fosse o conselho que, na ordem sinodal portuguesa, tivesse essa função. Como o capítulo sobre o Conselho Ultramarino (Capítulo 3) evidencia de forma expressiva, muitas vezes a comunicação política se fazia com missivas dirigidas a secretários de Estado e/ou ministros, tratando, entre outras questões, de assuntos de governo, não raro misturadas a outros entendimentos particulares, bem ao estilo da indistinção público/privado típica do Antigo Regime.

Finalizando a análise das três figuras anteriores, com destaque para a Figura 8.5, queremos ainda ressaltar que existem diferenças no período joanino em favor dos governadores e capitães-mores quando comparamos os percentuais desses com as emissões dos governadores-gerais/vice-reis, o que pode sinalizar para uma tentativa de distribuir responsabilidades, tendência que se reverte no governo de d. José I, no qual é visível, como já indicamos, a supremacia da interlocução dos vice-reis responsáveis por 87% das emissões no período 1763-1764.

Esse papel ganha substância quando incorporamos a análise dos assuntos tratados pelas emissões nos recortes cronológicos correspondentes ao período pombalino. Foram 21,4% de emissões tipificadas como governação, 14% como militar, e 12,5% como comércio e navegação. O predomínio desses assuntos nas correspondências emitidas por governadores, em outros recortes cronológicos, vai reaparecer, mais adiante no capítulo, para subsidiar outras interpretações. Os outros assuntos presentes no espaço de tempo correspondente ao período pombalino foram, com um pouco mais de 6%, respectivamente, justiça e polícia, assuntos religiosos e fiscalidade, números pouco expressivos quando contrastados com os anteriores, mas significativos quando consideramos que nesse momento ocorreu a expulsão dos jesuítas e, no entanto, os assuntos religiosos constituíram apenas 6,97% da correspondência emitida pelos governadores para o reino.

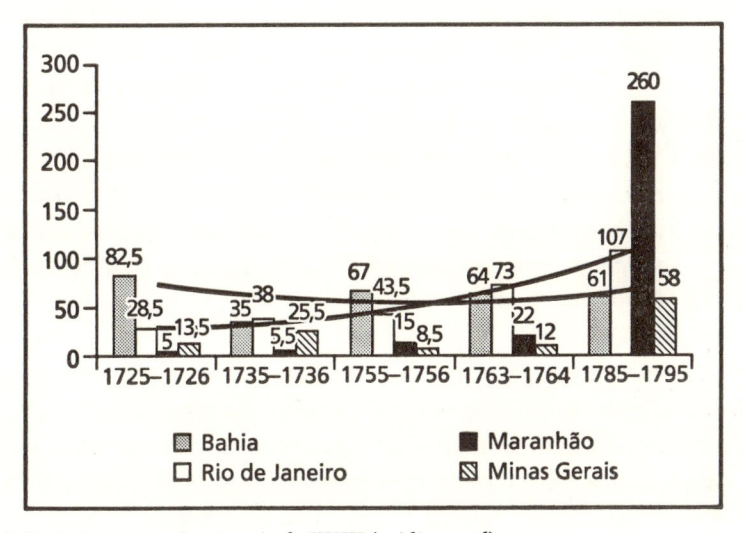

Figura 8.6 Emissões por capitanias, século XVIII (média anual)

A análise da correspondência emitida por governadores de algumas capitanias (Figura 8.6) indica tendências de redução e estabilidade das emissões da Bahia[33] e, em contrapartida, o crescimento das emissões originárias do Rio de Janeiro (das quais 70%, correspondem a emissões dos vice-reis), além dos números expressivos do Maranhão (por razões econômicas que analisaremos na sequência deste capítulo). Entretanto, além do que é evidente, é preciso ressaltar que, apesar de a mudança da capital do Estado do Brasil para o Rio de Janeiro só acontecer em 1763, a tendência ao crescimento das emissões dessa capitania, depois sede do vice-reinado, já se manifesta desde o início do século XVIII, ultrapassando as emissões dos governadores da Bahia logo no período 1735-1736, demonstrando que a monarquia portuguesa levou trinta anos para institucionalizar e reconhecer a supremacia do Rio de Janeiro, transferindo para o recôncavo carioca a sede do governo-geral/vice-reinado.

Como se pode constatar pela média anual das emissões dos governadores reinóis registradas nas câmaras, os valores são muito inferiores aos observados para a
comunicação dos governantes das conquistas com Lisboa. É verdade que os dados
não são diretamente comparáveis, mas os elementos apresentados no capítulo sobre
as câmaras revelam que a intervenção dos governadores ultramarinos nos governos
locais era bem mais intensa do que aquela que se observa no reino.

Quanto à evolução do fluxo das emissões, o número anual médio das cartas do
governador do Algarve no século XVIII reduz-se, tendência essa que não foi acompanhada pelos dois governadores das armas do Alentejo e do Minho. Embora ligeira, a
tendência média das emissões destes últimos é de subida para o século XVIII. Desse
modo, e embora o governador do Algarve se mantenha como um emissor mais relevante para Faro que os governadores das armas para os outros municípios, ao que
parece se desenha uma tendência para a aproximação do peso da intervenção de todos junto das autoridades municipais. Em linhas gerais pode-se dizer que os poderes
mais amplos que o regimento e a prática política do governador do Algarve revelam
para o século XVII se atenuam no século XVII e que se tornam mais parecidos com
os poderes exercidos pelos governadores das armas das províncias do Alentejo e do
Minho. Tudo indica, portanto, que a redução de emissões do governador do Algarve vincula-se à perda de poderes desse governador, enquanto o aumento da prática
comunicacional dos governadores das armas do Minho e do Alentejo demonstra
crescimento dos seus poderes.

Por totalizarem cerca de um quarto da correspondência enviada pelos governadores
de armas e do Algarve, as câmaras são interlocutores que merecem uma análise mais
refinada. Ao certo, são cerca de 22% do total da documentação expedida pelos governadores, nas seguintes percentagens: 27% do governador do Alentejo para a câmara
de Évora e 4% para a câmara de Vila Viçosa; 41% do governador do Minho para a
câmara de Viana do Castelo; e 14% do governador do Algarve para a câmara de Faro.

Tabela 8.2
Evolução das emissões dos governadores do reino registradas nas câmaras (1641-1808)

	Total de Registros	Média anual de emissões 1640-1700	Média anual de emissões 1701-1800	Média anual de emissões 1801-1808	Emissões dos governa-dores	Percen-tagem
Faro	2.619	137/2,4	193/1,9	12/1,3	343	13,0
Viana do Castelo	1.886	6/0,1	61/0,6	3/0,4	70	3,7
Évora e Vila Viçosa	3.443	33/0,6	70/0,7	14/0,5	117	3,4
Total	7.948				530	

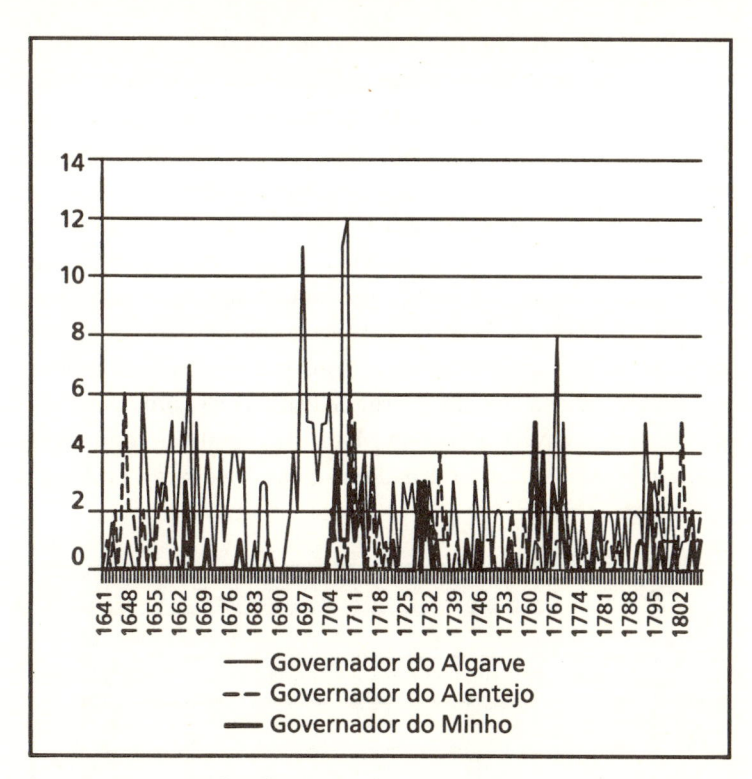

Figura 8.7 Documentação emitida pelos governadores registrada nas câmaras (cada cinco anos)

Como se demonstrou no capítulo dos assuntos militares e guerra, a análise dos fluxos de emissões na diacronia (Figura 8.7) identifica bem os períodos de guerra (1640-1668 e 1702-1714) como aqueles em que a comunicação se intensifica. Vejamos com mais cuidado, na Figura 8.7, a coincidência entre intensificação da emissão de documentos pelos governadores e os períodos de guerra: na guerra entre 1640 e 1648 os "picos gráficos" chegam a 6 no eixo vertical; no período entre 1702 e 1704, os "picos" ultrapassam 10 no mesmo eixo, e isso numa escala de zero a quatorze. À parte disso, os restantes "picos" de correspondência representam períodos de maior envio de documentação, motivados essencialmente por conjunturas de âmbito local, isto é, não são temáticas comuns aos vários espaços, como, por exemplo, em 1735, no Alentejo, a correspondência sobre a instalação de companhias de cavalaria e infantaria em Évora perante a ameaça de ataque espanhol, com a necessidade de preparar a chegada das mesmas. Observe-se que os assuntos rotineiros, no eixo vertical da Figura 8.7, não variam criando a imagem de um verdadeiro "borrão gráfico". Embora a análise dos assuntos da comunicação seja apresentada adiante, importa sublinhar desde já a coincidência entre a intensidade de comunicação e os períodos de maior pressão militar.

Completando a análise, retornando aos governos ultramarinos e refletindo a respeito dos cruzamentos de dados apresentados na Figura 8.8,[34] podemos ressaltar outros aspectos importantes da vida da conquista e da monarquia portuguesa. Constatamos por um lado que, no século XVII, apesar dos altos e baixos demonstrados pela figura, os monarcas são os interlocutores mais importantes dos dois territórios que, em períodos diferentes, foram a sede do governo no Estado do Brasil, ou seja, a Bahia e o Rio de Janeiro. Ao longo do restante do século XVIII, de maneira crescente, a cabeça do Estado do Brasil, que desde 1763 é o Rio de Janeiro, tem nos secretários de Estado e ministros o principal destino da correspondência emitida. Com conteúdos diferentes, que serão analisados a seguir, mas que reforçam a tendência de interlocução dos governadores com os secretários e ministros de Estado na segunda metade do século XVIII, as emissões dos governadores do Maranhão sinalizam a mesma tendência observada para as emissões dos governadores-gerais/vice-reis da cabeça do Estado do Brasil, o Rio de Janeiro.

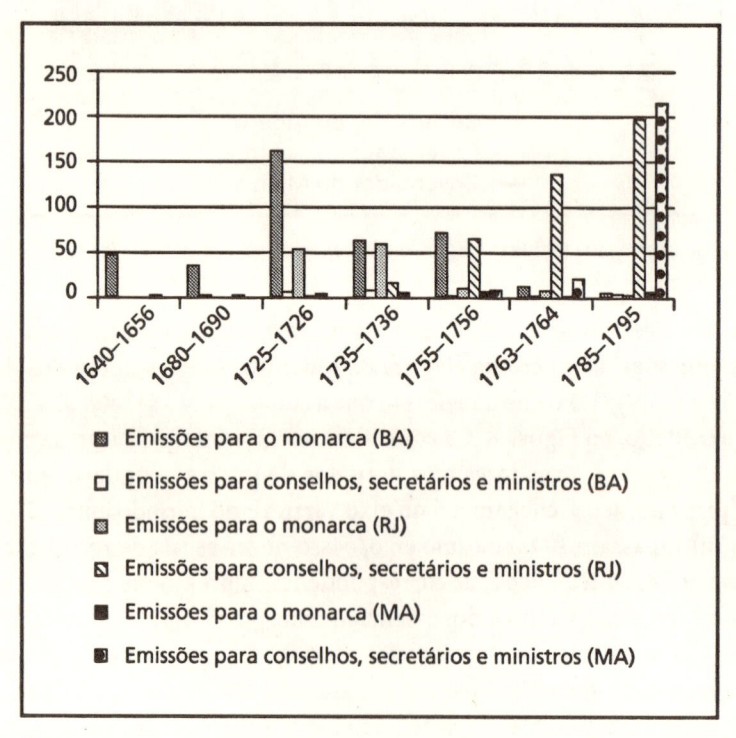

Figura 8.8 Emissões para os monarcas, ministros e conselhos do reino (Bahia – Rio de Janeiro – Maranhão, médias anuais)

Acreditamos que o crescimento da emissão de correspondência para os secretários e ministros de Estado a partir de 1735-1736 está vinculado ao "relevo conferido ao núcleo da decisão política formado pelo gabinete dos secretários de Estado".[35] Durante o governo de d. João V, tivemos, ao mesmo tempo, a "protagonização das secretarias de Estado",[36] e a "exautoração política dos que tinham sido os principais órgãos do governo, os tribunais e os conselhos".[37] A partir da reforma das secretarias de Estado, em 1736, esses servidores foram catapultados para o centro de poder, e a crescente correspondência dos governadores ultramarinos com esses membros do gabinete de governo do monarca português atesta essa primazia.[38] No caminho inverso, 16% das emissões dos secretários de Estado e ministros tiveram como destino os governadores ultramarinos.

Outro aspecto a sublinhar e que reforça a constatação antes apontada sobre o decréscimo global das emissões dos governadores ultramarinos na segunda metade do século XVIII é a da redução das correspondências com origem no reino que foram dirigidas a esses governantes (Figura 8.9). Dito de outra forma, terá havido uma quebra geral da comunicação política à qual os governadores ultramarinos não escapam a partir de 1755-1756. Assim, considerando os recortes cronológicos do projeto, observamos uma diminuição na comunicação política, seja na emissão oriunda do reino (Figura 8.9), seja das emissões originárias das conquistas (Figura 8.5). E, apesar das lacunas existentes no banco de dados, indicadas na introdução deste livro e ao longo deste capítulo, a redução da comunicação política é perceptível e deve ser considerada, ao menos, tendência. Nos limites dos recortes cronológicos deste trabalho e do projeto de investigação que lhe deu base, essa tendência se manifesta a partir da segunda metade do governo pombalino e tem continuidade nos primeiros anos do governo mariano, reforçando, por esse aspecto, as análises que constatam a continuidade na passagem dos reinados de d. José I para d. Maria. Essa tendência da comunicação política possibilita inferir algumas situações vinculadas à situação de que "presente ou ausente, a rainha abdicava, na prática, de governar"[39] no que se refere ao governo mariano na década de 1780. O mesmo pode se dizer da regência joanina, "a quem não estava destinada a governação",[40] mas que teve que enfrentar "tarefas políticas difíceis que tinham por pano de fundo a morte do pai, do irmão e a incapacidade física da mãe".[41] Em outra direção, talvez seja possível pensar, do ponto de vista da conquista, numa progressiva autonomia desse território ultramarino, resultado daquilo que István Jancsó[42] identificou como crítica crescente à forma de organização do poder reinol, despontando como objetivo que move os súditos do Estado do Brasil e que deu origem à sedição.

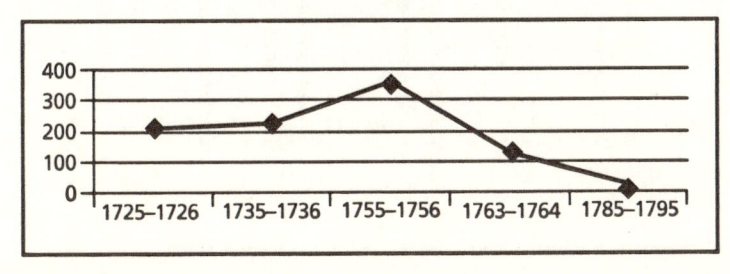

Figura 8.9 Emissores reinóis (século XVIII – média anual)

As tendências percebidas pelo fluxo das emissões, aliadas à análise dos destinatários, nos revelam a centralidade da monarquia no controle das informações e nos permitem também avançar no pressuposto que a frequência da comunicação expressava a importância do espaço ultramarino emissor; ou seja, quanto mais correspondência trocada, mais central para a monarquia era o espaço em questão. Assim, ao longo do século XVII, entre 1640 e 1700, os governadores-gerais que estavam na Bahia, cabeça do Estado do Brasil, foram responsáveis por quase 50% dos documentos emitidos, e as outras capitanias pelo restante, com destaque para o Rio de Janeiro, com cerca de 20%, e o Maranhão e Pernambuco, com 10% cada. No século XVIII, com a mineração e a transferência da sede do vice-reinado para a capitania do Rio de Janeiro, em percentuais aproximados, os resultados são outros: o Rio de Janeiro aparece com 22% das emissões, e a capitania da Bahia, com 13%, enquanto o Maranhão alcança em torno de 23%, e o Pará, 18%. Minas Gerais, com 9%, e São Paulo, com 5%, são pouco expressivos.

Governos e territórios. Os assuntos da comunicação

A essas tendências gerais relativas aos destinatários das cartas dos governadores é importante também acrescentar informações a respeito das temáticas tratadas por essa correspondência (Figura 8.10).[43]

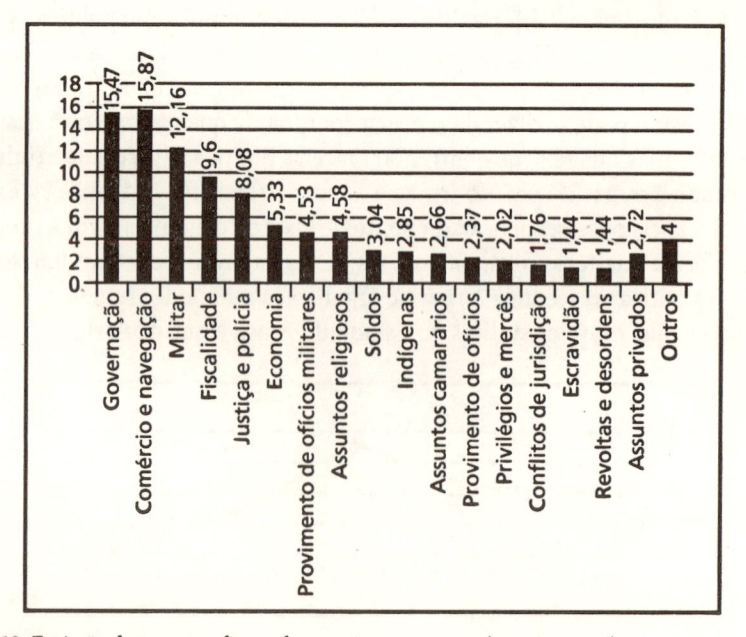

Figura 8.10 Emissão dos governadores ultramarinos: assuntos (porcentagens)

Os assuntos das emissões realizadas pelos governadores ultramarinos tipificados no banco de dados e apresentados na Figura 8.10 permitem destacar a proeminência concedida por esses governantes às funções de governar. Fundamos nossa compreensão de governar no entendimento de que, durante o Antigo Regime, governar implicava "uma esfera bem-definida da política, da disputa política e da decisão política"[44] e que essa esfera "pode resumir-se aos seguintes tópicos: nomeação de pessoas para os cargos e ofícios superiores, remuneração de serviços (mercês), decisão final sobre contendas judiciais especialmente relevantes, política tributária e alinhamentos políticos externos (incluindo guerra)".[45] E, se com essa análise o autor tem em mente o monarca, sua adaptação a um ofício elevado, como era o dos governadores ultramarinos, é perfeitamente possível. Representativas são também as correspondências emitidas relativas aos outros temas próprios do governar, classificadas como assunto militar,[46] fiscalidade[47] e justiça e polícia.[48] Quase a par da importância dos assuntos de governação surge a temática de comércio e navegação.[49] Ou seja, é significativa a correspondência com a monarquia a respeito das questões comerciais e econômicas, fazendo jus à crescente importância das terras americanas na manutenção da monarquia pluricontinental portuguesa, questão já trabalhada pela historiografia.

O banco de dados fala também de outra maneira, quando constatamos a pequena incidência da temática do provimento de ofícios com apenas 2,35%. Isso se deve, por um lado, ao fato de os provimentos para os diversos cargos da conquista, mesmo que em serventia, não entrarem no circuito da correspondência com o Conselho Ultramarino. Os provimentos de ofício são emissões realizadas, na sua maioria, na conquista, emitidos pelos governadores-gerais/vice-reis e governadores das capitanias principais do Rio de Janeiro e Pernambuco, respeitados os períodos de tempo definidos em seus regimentos.[50] Assim, a não ser que tivessem recebido confirmação régia, o que, na maioria do tempo, não acontecia, não chegavam ao reino e não entravam no circuito da comunicação política com Lisboa. Por outro lado, como sabemos, em última instância, quem pode prover – inclusive concedendo o provimento como mercê – a propriedade de um cargo era o monarca, que, no banco de dados, é emissor do reino não analisado pelos números que as figuras e tabelas deste capítulo trabalham.[51] Entretanto, fundamentando ainda mais o nosso argumento, quando analisamos as emissões feitas pelos monarcas, percebemos que cerca de 31% delas tratam de provimento de ofícios e, quando incluímos também o provimento de ofícios militares, o percentual alcança cerca de 51%. Valerá a pena, por isso, sublinhar que estas observações sobre o papel do monarca nos provimentos concordam bastante com o que antes se referiu a propósito do reino.

A insignificância das emissões dos governadores ultramarinos relativas ao assunto privilégios e mercês explica-se pelo fato de apenas os governadores-gerais e vice-reis poderem conceder mercês, de forma limitada, conforme estabelecido em seus regimentos.[52] A principal fonte de concessão de mercês era o monarca, e isso explica a maior incidência desse tema quando analisamos as emissões feitas pelo reino nas quais o assunto, privilégios e mercês, totaliza 12,5%.

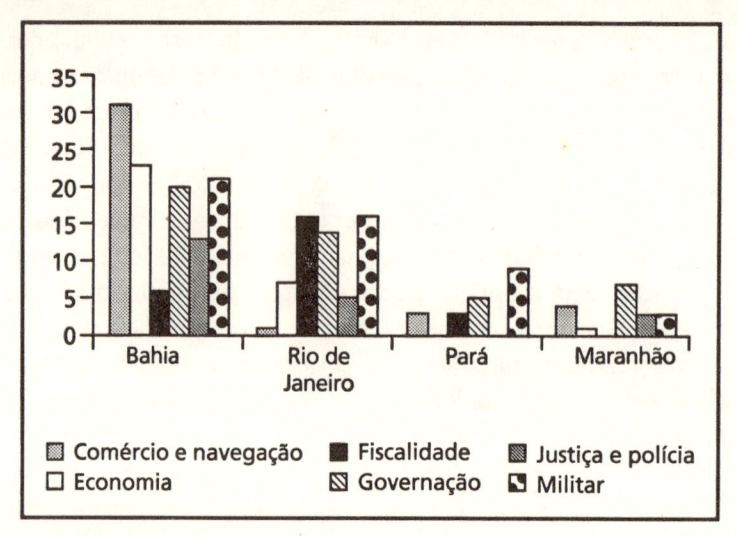

Figura 8.11 Emissões por assuntos, século XVII (percentagens)

Como se disse anteriormente, os números resultantes dos registros da comunicação política desvendam aspectos da geografia do império e permitem visualizar a importância de cada uma das conquistas para o centro político. Quando comparamos as emissões dos governadores durante o século XVII no seu conjunto, se torna visível a supremacia da Bahia e, em seguida, do Rio de Janeiro. Desdobrando pelos temas da comunicação (Figura 8.11), em primeiro lugar merecem destaque as emissões dos governadores tratando de questões militares. A guerra contra os holandeses no Nordeste brasileiro, as preocupações com a defesa decorrentes da conjuntura da Guerra da Aclamação contra a Espanha, a insegurança com as represálias holandesas depois de sua expulsão em 1654 e a ocupação do rio da Prata (Colônia do Sacramento) explicam os percentuais elevados para a Bahia (21%) e para o Rio de Janeiro (16%). A situação de capital para a Bahia explica também a incidência elevada de emissões com temática de economia (23%) e comércio e navegação (31%). Por fim, afinados com a geografia do império e colocando luz em suas particularidades, temos que destacar as emissões com assunto vinculado aos indígenas, pouco numerosas nas outras regiões, mas expressivas no Maranhão (20%) e no Pará (13%) em razão da sua importância para esses territórios em termos étnicos e econômicos.

Quando analisamos as emissões durante o século XVIII (1700-1800) apresentadas na Figura 8.12, podemos perceber certas tendências que se repetem ou se alteram na geografia do império, e a forma como essa evolução foi condicionada pela conjuntura setecentista, seja da monarquia pluricontinental portuguesa, seja das conquistas americanas.

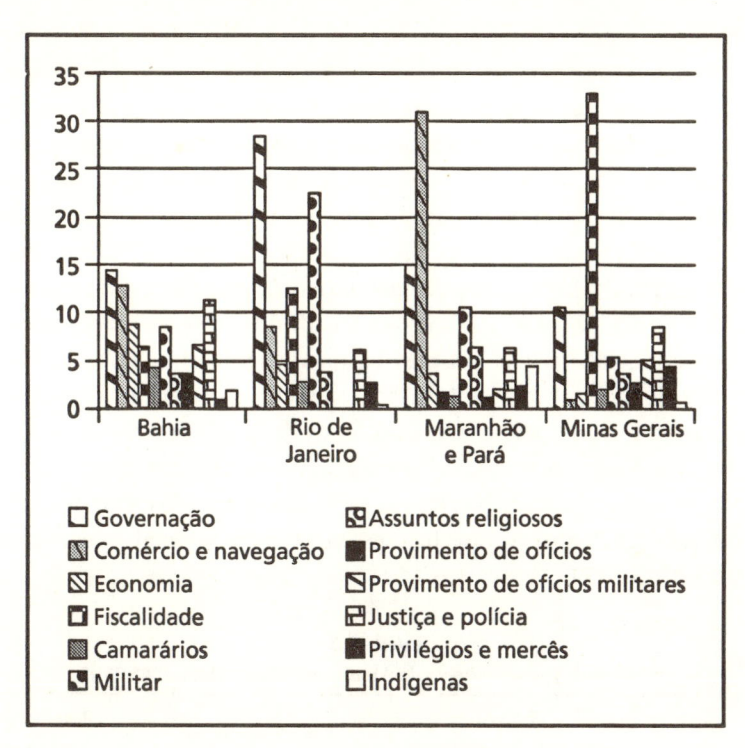

Figura 8.12 Emissões por assuntos, século XVIII (percentagens)

A governação e os assuntos militares passam a ter relevância acrescida nas emissões do Rio de Janeiro, não só porque essa capitania torna-se a capital do Estado do Brasil desde 1763, mas também por ser ela o porto de entrada e saída do fluxo que se vincula às Minas Gerais. Essa posição estratégica explica ainda a incidência da fiscalidade nas emissões originárias desse território, que só não é maior do que a de Minas Gerais, onde esse é o tema mais importante das emissões dos seus governadores. Por outro lado, como analisamos anteriormente, foi crescente o protagonismo do recôncavo do Rio de Janeiro antes mesmo de se tornar capital do Estado do Brasil e ter reconhecido, assim, sua proeminência no contexto dessa conquista lusa.

As temáticas da governação, do comércio e navegação e da fiscalidade apresentam números também significativos na Bahia, por continuar a ser esse território, durante a primeira metade do século, a cabeça da administração lusitana e, por isso, a sede por onde passaram as emissões da governação das capitanias desse estado, assim como as primeiras decisões acerca da atividade mineradora.

Quanto aos dados do Maranhão e do Grão-Pará, os percentuais de emissões anuais para os assuntos religiosos e indígenas justificam-se, além das particularidades da conquista e colonização dessa região, pela composição étnica de sua população e pelas medidas adotadas durante o período pombalino quanto à liberdade dos índios, a supressão do poder temporal dos religiosos em 1755 e a criação do Diretório dos Índios de 1757.

Inserindo em nossas comparações Angola – dando à análise uma dimensão atlântica – e contrastando suas emissões com as realizadas pelos governadores do Maranhão ao longo do século XVIII, vemos como nos finais dessa centúria a capitania do Norte se tornou uma região promissora no âmbito da monarquia. Lá, os governadores emitiram pouco até o último quartel do século. Ou seja, somente 95 documentos. Em contrapartida, os governadores de Angola e Benguela remeteram 211, demonstrando vínculos mais estreitos com os administradores do centro. A grande virada do Maranhão ocorreu nas últimas décadas dos Setecentos (1785-1795). Movida pela economia algodoeira, a agricultura local cresceu notavelmente depois que passou a fornecer matéria-prima para a indústria têxtil da Inglaterra. Desde 1777, as treze colônias britânicas interromperam o fornecimento do algodão e possibilitaram que as fazendas maranhenses e do agreste pernambucano se tornassem grandes exportadoras. Na Tabela 8.3, observamos bem essa tendência no total de emissões para o período entre 1785 e 1795.

Tabela 8.3
Emissões dos governadores de Angola e do Maranhão, 1785-1795

	Emissões (1785 – 1795)	Total de emissões	Porcentagem do período
Maranhão	922	2776	60
Angola	1671	2428	37

Fonte: Arquivo Histórico Ultramarino.

Pela correspondência dos governadores de Angola e do Estado do Maranhão ao longo da década de 1785-1795, percebe-se que a prosperidade econômica atingiu mais o segundo, embora a produção de algodão e o tráfico de escravos fossem interdependentes. Os governadores do Maranhão passaram a se comunicar mais amiúde com a Secretaria de Estado da Marinha e dos Negócios Ultramarinos. No entanto, é preciso assinalar tendências divergentes nos fluxos de comunicação. Enquanto no período anterior, entre 1763 e 1764, os governadores de Angola enviaram 79 cartas, depois, entre 1785 e 1795, emitiram 332. Ou seja, ocorreu uma redução na comunicação política com Lisboa, em termos de emissões anuais. Nesse sentido, parece haver uma relação direta entre a dinamização econômica do Estado do Maranhão e o volume de comunicação, pois o envio de notícias passou de 44 para 586 emissões. Mas, enquanto estes governadores abordavam as sesmarias, entradas e saídas de navios dos portos, os governadores de Angola relataram temas militares estreitamente vinculados com a conjuntura internacional.

Com efeito, desde o século XVII, os assuntos militares e provimentos de ofícios militares são predominantes na correspondência dos governadores de Angola. De lá, informaram sobre o estado das fortalezas, cavalarias e pagamento de tropas. Reclamavam da deserção e preguiça dos soldados, como, de resto, fizeram também boa parte dos governadores e vice-reis do Estado do Brasil. Nos anos de 1790, os administradores enviaram vários avisos alertando sobre possíveis ataques franceses. Essa correspondência estava, por certo, influenciada pelas guerras desencadeadas pela revolução de 1789. Aliás, eles noticiaram ataques franceses às rondas militares portuguesas e ameaças de invasão em Benguela. Em 1795, o governador de Angola, Manuel de Almeida Vasconcelos, escreveu a Martinho de Melo e Castro sobre a declaração de guerra com a França dada por uma corveta vinda do Rio de Janeiro. Do Estado do Maranhão, na mesma data, o governador escreveu à secretaria acerca de uma declaração sobre os insultos que uma corveta francesa fizera a navios portugueses. Tempos depois, o mesmo noticiou a chegada de fragatas e corvetas francesas ao porto de São Luís. Mas os rumores de uma invasão comandada por Paris não povoaram com tanta frequência a correspondência desses governadores como fizeram os de Angola.[53]

Por meio de ofícios direcionados à secretaria, particularmente a Melo e Castro, os governadores desse estado do Norte registraram o espetacular crescimento econômico, notadamente o aumento das exportações da capitania. Somente nesse período, eles remeteram ao centro uma centena de notícias sobre expansão das áreas agrícolas, concessão de sesmarias, "mapa de cargas" de navios e o avanço de novos produtos agrícolas, como algodão e arroz.[54] Estavam também entusiasmados com a extração da quina e da cochonilha. O comércio com a costa africana, em Cacheu e Cabo Verde, não escapou das memórias produzidas pelos governadores. Por certo, nesse momento de euforia, os escravos eram vitais para a economia maranhense. Enfim, eles notificavam aos secretários tanto o aumento da agricultura quanto do dízimo da alfândega.

Ainda sobre o Estado do Maranhão, destacam-se, no final do século XVIII, as reformas militares iniciadas no período pombalino, que, na década de 1790, promoviam alterações nas tropas na capitania. Dois fatores impediam o bom funcionamento dos militares: epidemias de bexigas e revoltas. A primeira promovia verdadeiras razias nas tropas, potencializadas pela falta de pagamento e distribuição de alimento. Assim, as deserções e as revoltas nos corpos militares foram amplamente notificadas. No Maranhão, como em Angola, não faltaram notícias sobre possíveis invasões francesas, intensificadas pelos rumores da revolução. No entanto, vale mencionar que a prosperidade econômica era tema mais relevante que os descaminhos das forças militares.

Por fim, comparando os assuntos das duas regiões mais emissoras na segunda metade do século XVIII – Rio de Janeiro e Maranhão –, é possível, por um lado, constatar, conforme apresentado na Figura 8.12, a relevância da prosperidade econômica do Maranhão, identificando que 31,2% da correspondência enviada para o reino tratava de comércio e navegação, acompanhado, nos assuntos de maior incidência, por

10,7% de militar e 15% de governação. Os percentuais de assuntos do Rio de Janeiro retratam a sua posição proeminente como cabeça do vice-reinado do Estado do Brasil, e, apesar de menos emissor que o Maranhão, sua posição central no governo da conquista transparece com os 28,5% de emissões vinculadas à governação e 22,5% sobre assuntos militares, completados com os 12,5% de fiscalidade. Temáticas tipicamente vinculadas ao exercício do governo e constatadoras, mais uma vez, da proeminência dos governadores na vida política das conquistas americanas.

Na Tabela 8.4, encontramos os assuntos tratados pelos governos do reino, e sobressai, em primeiro lugar, a diversidade dos assuntos tratados pelo governador do Algarve em contraste claro com os governadores das armas. Estes últimos concentravam-se nas matérias associadas aos temas militares, com um total de 78,6% e 68,6% da correspondência, respectivamente para o do Alentejo e para o do Minho. Tal como se mencionou a propósito da intensidade da comunicação, a variedade dos temas tratados pelo governador e capitão-general do Algarve explica-se em boa medida pelas características específicas do estatuto do governo do Algarve. No entanto, como consequência da perda de valor estratégico, da criação do Conselho de Guerra e ainda da incorporação de parte do território algarvio na Casa da Rainha – ou seja, após 1640 –, as suas competências funcionais tenderam a aproximar-se mais das dos governadores das armas das províncias do reino. Essa era a justificação para a menor importância relativa dos temas militares, embora estes também sejam majoritários (61,6%). Já a proporcionalidade das emissões por séculos baixa de 66%, no século XVII, para 61%, no XVIII. Mas, ao contrário do que ocorre com os outros governadores, a intervenção dominante do governador do Algarve refere-se aos provimentos militares.

Tabela 8.4
Tipologia da documentação emitida pelos governadores do Reino do Algarve
e dos governadores das armas do Alentejo e Minho (1641-1808)

	Governadores do Algarve		Governadores do Alentejo		Governadores do Minho	
Militar	211	61,6%	92	78,6%	48	68,6%
Fiscalidade	39	11,4%	2	1,7%	0	0%
Justiça e polícia	8	2,3%	6	5,1%	0	0%
Economia	27	7,9%	7	6%	9	12,9%
Outros	58	16,9%	10	8,5%	13	18,6%
Total	343	100%	117	100%	70	100%

A questão dos provimentos militares é tratada de modo mais detalhado no Capítulo 6 deste livro, mas parece ser um dos aspectos em que terá havido maior aproximação de competências entre o governador do Algarve e os governadores das armas, sobretudo depois da lei de 18 de outubro de 1709. Essa aproximação não foi linear e gerou muita disputa entre os poderes instituídos no território. A documentação registra as resistências do governador algarvio em face dos esforços de limitação das suas prerrogativas empreendidos pelo Conselho de Guerra, além de evidenciar as restrições jurisdicionais decorrentes da incorporação do concelho de Faro à Casa da Rainha. A questão está espelhada nas bases e revela que a integração de Faro na esfera senhorial teve duas consequências: a primeira evidencia um acréscimo de protagonismo do governador do Algarve, enquanto a segunda tem sentido inverso. Como se sabe – estava definido no regimento sebástico de 1570, na sua revisão de 1574, e a lei de 1709 não o alterou –, em terras senhoriais, o governador não deveria ter interferência no provimento dos oficiais de ordenanças, uma vez que a eleição competia às câmaras com fiscalização por parte do capitão-mor (e, na sua falta, do ouvidor senhorial), enquanto a confirmação – e o provimento dos eleitos – pertencia ao donatário. Assim ocorre explicitamente nas terras da Casa de Bragança, onde, em 24 de abril de 1719, a Junta da Justiça da Casa de Bragança emitiu uma carta para o ouvidor de Vila Viçosa instruindo que os capitães-mores, os sargentos-mores e os capitães de ordenanças e mais oficiais deles tirassem patentes pela Casa de Bragança.[55] Ora, como se explicou no Capítulo 6, em Faro a rainha cedeu as suas prerrogativas de nomeação dos oficiais superiores de ordenanças ao governador do Algarve talvez até ao início da década de 30 de Setecentos. A determinação da cronologia exata dessa alteração de entidades que nomeiam os ofícios superiores das ordenanças em Faro merece uma análise mais aprofundada, mas a proposta que fazemos estriba-se quer no aumento das emissões da rainha sobre provimentos militares que se verifica a partir dessa altura, quer no decréscimo a que se assiste no número de provimentos emitidos pelo governador do Algarve depois da década de 1710. Com efeito, de então em diante, o governador do Algarve tem uma recorrência bastante alta de provimentos apenas nos postos de bombardeiro-artilheiro que eram de tropa paga.

As outras questões abordadas pelos três governadores e que não são dirigidas aos municípios têm uma variedade limitada de destinatários. Se excetuarmos as missivas que têm receptores genéricos, as restantes foram majoritariamente endereçadas a várias autoridades militares quase sempre locais, como governador das praças e algumas patentes. Com alguma expressão, embora muito irregularmente, surgem apenas os corregedores ou ouvidores. Valerá a pena sublinhar o fato de o endereçamento genérico ser, sobretudo, timbre do governador do Algarve, muitas vezes com referência explícita de o conteúdo da missiva abranger todo o reino do Algarve. E esse tipo de intervenção do governador do Algarve se assemelha muito mais às dos governadores territoriais das ilhas e das conquistas do Atlântico Sul do que com as dos governadores de armas do reino. Em qualquer caso, e como seria de esperar, o tema dominante nessas emissões é de natureza militar e questões conexas, como o recrutamento e a revista às tropas; a criação de cavalos; recolha das terças para aplicar às obras, manutenção e melhoria das fortificações; abastecimento. Mas veiculam também participações régias nas quais sobressai a dimensão judicial da sua ação, como, por exemplo, as normas sobre o castigo ou o perdão de soldados desertores.

Por representarem cerca de um quarto da correspondência enviada pelos governadores das armas e do Algarve, as câmaras são interlocutores que merecem uma análise mais refinada. Ao certo, são cerca de 22% do total da documentação expedida pelos governadores, nas seguintes percentagens: 27% do governador do Alentejo para a câmara de Évora e 4% para a câmara de Vila Viçosa; 41% do governador do Minho para a câmara de Viana do Castelo e 14% do governador do Algarve para a câmara do Faro. Essa correspondência teve picos de comunicação quase sempre coincidentes com os períodos de guerra aberta, e, sem surpresas, constata-se que se centrou em três tópicos: militar, economia e obras. No entanto, dentro de cada um desses assuntos, observam-se algumas tendências que importa assinalar.

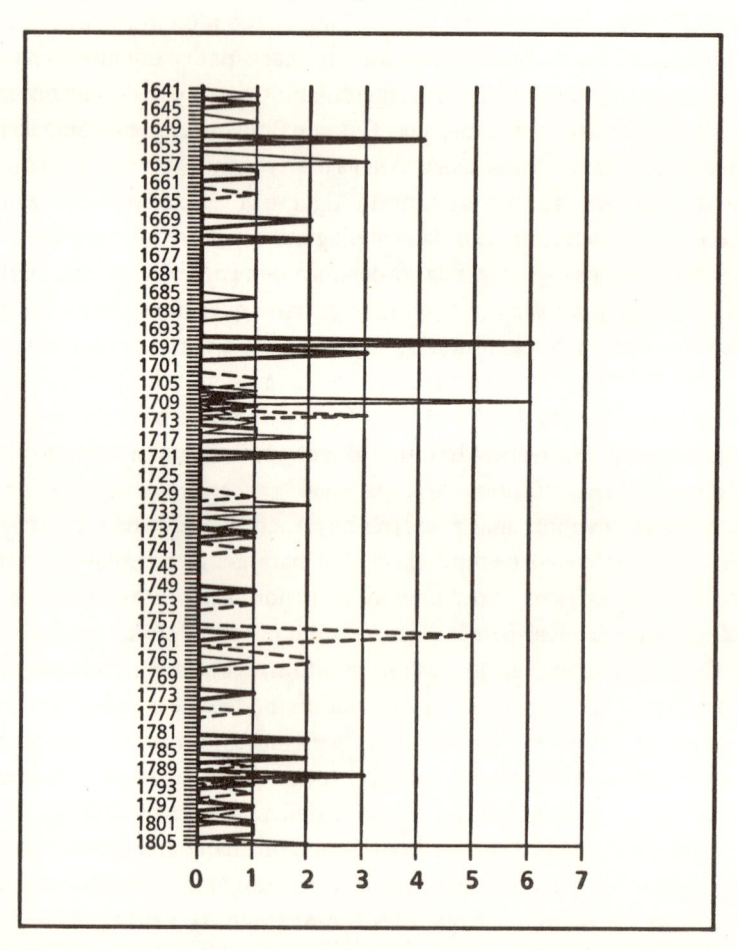

Figura 8.13 Documentação emitida pelos governadores para as câmaras (apenas as existentes em cada ano)

Também aqui o tema militar era o mais recorrente, e nele identificam-se alguns elementos comuns. Embora o recrutamento não fosse da competência das câmaras, era habitual que as mesmas fossem informadas de que determinado indivíduo – quer fosse um oficial local, como o corregedor, ou alguém externo – encontrar-se-ia no município ou na comarca a fazer o dito levantamento, e, por vezes, eram solicitadas à câmara algumas diligências no sentido de apoiar os referidos recrutamentos.[56] No entanto, essa não parece ser uma realidade uniforme em todo o território, pois identifica-se um número muito superior de cartas relacionadas com recrutamento de soldados para Évora, em comparação com os restantes espaços, talvez pela maior proximidade da fronteira e dos principais campos de batalha dos mais importantes conflitos do período em estudo. As ordenanças foram outro tópico recorrente na comunicação entre governadores e câmaras. Os assuntos são bastante diversificados, embora se identifiquem alguns casos em que é solicitado aos oficiais camarários que, de certa forma, coordenem algumas ações das companhias existentes no território sob sua jurisdição.[57] Por seu turno, a Figura 8.13 tende a repetir o fenômeno já visto na Figura 8.7 no que diz respeito aos seus "picos" (tema militar) e o "borrão gráfico" (temas rotineiros).

No que foi considerado assuntos econômicos, a correspondência com as câmaras estava relacionada com o abastecimento das tropas e a necessidade de assegurar suficientes víveres para as populações, principalmente em períodos de guerra. A principal preocupação era com o fornecimento de trigo para as tropas, chegando a haver desvio desse produto das vilas para as frentes de batalha.[58] No mesmo sentido, é evidenciado o cuidado em manter o abastecimento de palha para os regimentos de cavalaria.[59] No caso do governador do Algarve, a realidade é mais complexa, na medida em que, aparentemente, a sua jurisdição nesta matéria ia além das situações ligadas com o abastecimento de tropas ou das localidades em período de guerra. É evidente uma preocupação constante com a saída de gêneros do Reino do Algarve.[60]

No que respeita à intervenção dos governadores das armas (Alentejo e Minho) na realização de obras, ela esteve limitada a construções de cariz militar (fortificações ou acessos às mesmas). Embora não fosse um assunto sobre o qual os governadores "despachassem" diretamente, uma vez que se encontrava sob a jurisdição direta dos vedores gerais da artilharia das províncias, passava também pelo governo das armas a alocação de verbas provenientes de determinados impostos que deveriam ser aplicadas para a reparação das fortificações. Interessante, embora absolutamente pontual, foi a intermediação dos dois governadores das armas em 1731 no levantamento de homens para as reais obras de Mafra.[61] Tal como no plano econômico, também nas questões relacionadas com obras o governador do Algarve tinha jurisdição mais ampla, não se limitando à infraestrutura militar, embora esta seja dominante.

Em Viana do Castelo e Faro, por serem áreas portuárias, existiu uma preocupação com o impacto que a entrada de navios podia ter na saúde pública, sendo patente uma recorrência de assuntos relacionados com epidemias e a sinalização de potenciais focos de doenças.

Por fim, outro assunto que passava pelo governo das armas – embora, uma vez mais, na maior parte dos casos através dos vedores gerais e não diretamente pelo governador – era a seleção para os cargos de pagador do Exército, pagador da Artilharia, depositários das munições, depositário dos armazéns, entre outros. Mais relevante é o caso de Évora, na medida em que a seleção de três indivíduos para escolha posterior de um pela Junta dos Três Estados para o cargo de pagador em toda a província do Alentejo era um dos privilégios da câmara, que assim tinha a possibilidade de nomear indivíduos que atuavam muito para além das "fronteiras" do município. Uma vez selecionados os indivíduos – que geralmente tentavam obter escusas –, era competência das câmaras encaminhar os resultados para o vedor – do Exército ou da Artilharia –, que posteriormente faria esses resultados chegarem à Junta dos Três Estados. Era recorrente que os oficiais camarários demorassem a fazer a seleção, tendo os vedores que insistir várias vezes para que a mesma fosse feita. Aparentemente seria também difícil encontrar indivíduos capazes e com "os cabedais necessários" que estivessem ao mesmo tempo dispostos a desempenhar esses cargos.

Conclusões

Contribuindo com a historiografia e preenchendo parcialmente uma lacuna, este capítulo deixa clara a diferença entre os governadores ultramarinos, cargos vinculados ao exercício da governação, e os governadores das armas e do Algarve, mais próximos do exercício do supremo comando militar. Dessa forma, embora os governadores das armas tenham visto os seus poderes sobre o território ampliados, a verdade é que a sua esfera de ação girava fundamentalmente em torno das questões militares. Nunca alcançaram, portanto, a amplitude de poderes governativos que os governadores do ultramar detinham, graças às regalias concedidas pelo monarca quando da sua nomeação, apesar de essas funções de governação serem mais ou menos alargadas segundo sua posição na hierarquia de governo: vice-reis, governadores-gerais, governadores e capitães-mores de capitanias. No nosso entendimento, constatado pelos números que emergem do banco de dados, a conclusão mais importante do nosso estudo é, assim, que, ao contrário do que a historiografia explicitamente ou implicitamente sempre indicou, foram os governadores ultramarinos das partes da América lusa, destacadamente os governadores-gerais e os vice-reis, as figuras proeminentes da administração portuguesa nessas conquistas ao longo dos séculos XVII e XVIII.

Estimulados a emitir comunicação e a acompanhar aquela que chegava às conquistas, são os governantes orientados a fazer circular informações cotidianamente das conquistas para o reino, assim como não impedir que outros servidores da monarquia e as câmaras se comunicassem com o centro político no reino. Por meio de cartas e ofícios, eles mantiveram o centro informado sobre o funcionamento da Justiça e da Fazenda. Relataram eventos referentes às ameaças estrangeiras, recrutamento de soldados, estado das fortalezas, indicação de patentes e diferentes pedidos de mercê. Reuniram esforços para controlar o comércio, distribuir sesmarias e conter as invasões internas, os levantes indígenas e quilombolas. Por essa razão, os vice-reis/ governadores-gerais, como também os governos das capitanias, constituíram-se nos principais interlocutores das partes ultramarinas com o reino. Eles agiram, conforme seus regimentos, intermediando o relacionamento do centro político da monarquia pluricontinental com os diversos órgãos, ofícios e poderes existentes nas conquistas, conforme as suas especificidades regionais, políticas, econômicas, religiosas e sociais. Fica claro, ao contrário do que uma historiografia mais antiga afirmava, que esses governadores participavam ativamente da governação, exercendo a gestão das suas áreas de governo, nos seus diversos aspectos, como os representantes régios e, no caso dos governadores-gerais e dos vice-reis, como os servidores mais elevados.

No âmbito reinol, é importante recordar que a criação dos governos das armas das províncias promovida na década de 1640 se enquadrou no conjunto de novidades institucionais que a monarquia impôs com o objetivo de resposta operacional às exigências da guerra aberta contra Castela e da qual fizeram também parte o Conselho de Guerra e a Junta dos Três Estados. Por seu turno, essa criação-reorganização do setor militar teve que se enquadrar numa arquitetura institucional estabelecida há muito, o que provocou uma nem sempre fácil delimitação de competências com outros órgãos preexistentes. Importa por isso sublinhar que, no quadro da cultura política vigente, as exigências associadas a toda a logística militar que os governadores deviam supervisionar abriam muitas interseções com outras áreas de atuação, como a administração econômica, fiscal ou mesmo judicial, quando não impunham mesmo a avocação de competências alocadas a outras instituições. Ora, entre esses organismos preexistentes situava-se o governo do Algarve, dotado até esse momento de poderes de governo mais aproximados aos dos governos ultramarinos. A tendência posterior foi para a progressiva uniformização das suas competências com os governadores das armas, mas o processo não deixou de enfrentar resistências, e, no Algarve, nunca se perdeu completamente o caráter de governo de um reino. Em qualquer caso, e como não poderia deixar de ser, destaca-se que os períodos de maior atividade comunicacional dos governadores reinóis coincidem com os momentos de guerra viva ou de ameaça militar. Já o caso dos governadores dos Açores assemelha-se bem mais aos dos seus congêneres ultramarinos, embora, ao contrário do que ocorreu nas conquistas, a sua criação tardia evidenciasse a intenção de criar um órgão de coordenação global sobre um território cujas infraestruturas institucionais se foram organizando nos três séculos precedentes. E, desse ponto de vista, existe alguma semelhança com o caso do Reino do Algarve. Em outro plano, mas ainda ligado à interferência sobre âmbitos jurisdicionais – desta vez, locais –, há que mencionar a diminuição de poderes decisórios sobre a escolha das hierarquias militares que as câmaras sofreram em prol dos governadores das armas. Esse aspecto não tem sido muito apontado pela historiografia e parece-nos ser outro importante contributo deste capítulo ao desvendar quer o aumento de importância política dos governadores sobre os espaços sociais locais, quer a redução da autonomia decisória das autoridades municipais.

Outro aspecto interessante a assinalar é o extremo protagonismo dos governadores ultramarinos no período pombalino. Se a sua importância relativa no conjunto da comunicação cresce significativamente com d. João V, tem depois uma pequena contração em 1735-1736, para então aumentar de forma muito impressionante até atingir 75% da comunicação global da conquista em 1763-1764. Ou seja, manifesta-se um claro reforço da iniciativa comunicacional dos governadores ultramarinos.

Quanto aos governadores-gerais/vice-reis, após a quebra da comunicação política no recorte 1735-1736 – suspeita-se que em resultado da grande ampliação da malha político-administrativa provocada pela mineração e imigração num contexto de crescimento do número de capitanias e comarcas, ou seja, de interiorização do povoamento –, observamos seu crescente protagonismo, destacadamente no período pombalino, durante o qual são responsáveis por 75% da comunicação global com o reino. Conhecendo a existência de outras correspondências diretas de governadores-gerais com Lisboa, adivinha-se uma concentração de poderes ou ao menos uma centralidade política desses oficiais da Coroa, que pode bem ter causado animosidade entre os restantes corpos políticos da conquista. Suspeita-se ainda, por outro lado, que o declínio relativo durante o período mariano tenha decorrido da tentativa de correção desse imenso poder desfrutado pelos governadores-gerais/vice-reis no período anterior.

A inconsistência da tendência não permite uma interpretação cabal, mas pode bem identificar alguma hesitação da monarquia relativamente a uma lógica governativa na conquista mais apoiada no vice-rei ou mais partilhada entre os governantes das demais capitanias. De resto, essa provável dificuldade da monarquia sobre os termos da hierarquia dentro do sistema governativo da América é espelhada pela morosidade com que a decisão de alterar a capital foi tomada. Como se deixou claro, embora a redução da comunicação do governador-geral da Bahia em face à do governador do Rio de Janeiro se evidenciasse desde 1735-1736, só cerca de trinta anos depois se consagrou a mudança do papel político das duas cidades no governo da conquista.

Num plano mais qualitativo e específico, a documentação do Arquivo Histórico Ultramarino, quando vista em seu conjunto, destaca o enorme poder de governadores e vice-reis na administração do ultramar português, reforçando o que diziam seus regimentos. Em princípio, percebe-se que o número de emissões dos principais representantes régios no ultramar é muito superior aos das demais instâncias de poder; e sua função de representar o soberano está evidente nos vários assuntos que trataram, na intensa troca de correspondência, com os monarcas, o Conselho Ultramarino, a Secretaria de Estado da Marinha e Ultramar e as Secretarias de Estado dos Negócios Estrangeiros e da Guerra.

Por fim, apesar dos limites existentes nas fontes que estamos utilizando, e conscientes de que constatamos tendências gerais, temos que concluir não só que os governadores e vice-reis estiveram presentes nos diversos âmbitos da administração ultramarina, como também que a sua prática política demonstra uma acentuação da centralidade desses governantes na governação no período pombalino, parcialmente atenuada no reinado mariano, que nos parece induzir interessantes releituras historiográficas sobre a fase final da administração das conquistas na monarquia pluricontinental portuguesa.

Notas

1. Mafalda Soares da Cunha & Nuno Gonçalo Monteiro, "Governadores e capitães-mores do império atlântico português nos séculos XVII e XVIII"; Francisco Cosentino, *Governadores gerais do Estado do Brasil (séculos XVI-XVII): ofício, regimentos, governação e trajetórias*; Fabiano Vilaça Santos, *O governo das conquistas do norte: trajetórias administrativas nos Estados do Grão-Pará e Maranhão (1751-1780)*.
2. Xavier Gil Pujol, "Notas sobre el estudio del poder como nueva valoración de la Historia Política"; Marco Antônio Lopes, *Para ler os clássicos do pensamento político*.
3. Estamos falando dos governadores de armas portugueses, do governador de Angola, do governador dos Açores, do governador do Reino de Angola, dos capitães-mores e governadores das capitanias do Estado do Brasil e do Estado do Maranhão, dos governadores-gerais do Estado do Brasil e do Estado do Maranhão e dos vice-reis do Estado do Brasil.
4. Caio Prado Junior, *Formação do Brasil contemporâneo*. 14. ed. São Paulo: Brasiliense, 1976.
5. José Damião Rodrigues, "'Para o socego e tranquilidade publica das Ilhas': fundamentos, ambição e limites das reformas pombalinas nos Açores".
6. Conforme documentação do século XVII, o "Governador de Armas he o promovem desta architectura militar, a sua ordem esta nam so o q' toca a milicia mas os povos e justiça da Provincia q' elle governa, consulta el Rey todos os postos athe o de Me de Campo exclusive, tem authoridade e mando nam só em tudo o q' toca aos officiaes de guerra mas ainda dos da Fazenda e suppostos q' este repliquem a alguma ordem q'ce nam seja conforme ao Regim^to de S Mag^de contudo sam obrigados a obedecer dando a El Rey esta noticia p^a sua descarga" (IAN/TT – Manuscritos da Livraria, 1096, fol. 50v.)
7. Como o "Bilhete de Manuel Bernardes informando sobre o navio Nossa Senhora da Conceição e Santa Ana que vai para a Bahia sem levar nada do Conselho", escrito em março de 1725 (Avulsos da Bahia – AHU-ACL-CU005-02, cx. 21, doc. 1912).
8. Como a "Informação do Valentim Veiga Fonseca, declarando que o navio Nossa Senhora do Paraíso e Todos os Santos, de que é capitão Francisco Alves Munis, vai para a capitania

de Pernambuco, tendo assinado conhecimento do que leva do Conselho Ultramarino", de abril de 1730 (Avulsos de Pernambuco – AHU-ACL-CU-015, cx. 40, doc. 3627).

9. "Regimento de Alexandre Botelho de Vasconcelos para o governo do Reino de Angola – África/Angola", Col. IHGB DL 76,02.02. Esse mesmo conteúdo é encontrado nos regimentos de outros governadores, como o dos governadores-gerais do Estado do Brasil: "hei por escusado referir-lhe e encomendar-lhe que seja mui contínuo em me escrever, e avisar de todas as cousas que sucederem, e do que entender ser necessário para o bom governo dêle, como do procedimento das pessoas, que nêle me servirem; o que fará em todos os navios que partirem de tôdas as partes, e lugares, de onde se acharem, sem vir algum sem carta sua, ainda que seja repetindo o já escrito, porque assim convém pela incerteza do mar [...]". Marcos Carneiro de Mendonça, "Regimento de Roque da Costa Barreto", p. 843.

10. Marcos Carneiro de Mendonça, *Raízes da formação administrativa do Brasil*, p. 709.

11. "Regimento de Roque da Costa Barreto", p. 843.

12. António Delgado da Silva, *Collecção da Legislação Portugueza – Legislação de 1763 a 1774*, p. 274.

13. Para a documentação da Bahia, o banco de dados não incorpora a coleção Castro Almeida. Com relação a ela, destacamos que, para os primeiros recortes cronológicos, ela possui documentação inexpressiva, com apenas 114 documentos. Essa coletânea compõe-se fundamentalmente de emissões do ultramar e só se torna expressiva e volumosa a partir de 1751. Por ser uma coleção importante e não fazer parte da base de dados, incorporamos na argumentação deste capítulo as médias anuais da comunicação política produzida pelos governadores ultramarinos, sem tratar dos assuntos abordados nem dos receptores.

14. É importante ressaltar que a base de dados da capitania de Pernambuco é incompleta, faltando recortes cronológicos tratados para as outras. Por isso, a referência a essa capitania será limitada.

15. Todas as figuras, tabelas, percentagens e médias anuais referentes ao ultramar lusitano são oriundos do banco de dados identificado na introdução deste livro.

16. Como estava dito no regimento do Conselho Ultramarino, "Ao dito Conselho virão dirigidas todas as cartas, e despachos que se me enviarem de todos os Ministros e Prelados, e quaisquer outras pessoas dos ditos Estados, e todas as vias dos despachos se levarão ao dito Conselho, cerrados, e o dito Presidente terá cuidado de os mandar buscar às naus e navios, tanto que chegarem; e no dito Conselho se abrirão [...]". Marcos Carneiro de Mendonça, *Raízes da formação administrativa do Brasil*, p. 592.

17. Os governadores-gerais, depois vice-reis do Estado do Brasil, tiveram residência, inicialmente, em Salvador e passaram ao Rio de Janeiro a partir de 1763. Os governadores do Estado do Maranhão e Grão-Pará residiram em São Luís e Belém. O Rio de Janeiro e Pernambuco, como capitanias principais, foram governadas por governadores, algumas vezes nomeados governadores e capitães-mores. Minas Gerais, capitania ocupada no final do século XVII, início do século XVIII, também tinha governadores. As outras capitanias, entre elas São Paulo, eram governadas por capitães-mores.

18. Em números, de acordo com os recortes cronológicos do projeto de investigação envolvendo a conquista americana, temos 17.967 registros.

19. António Manuel Hespanha, "Introdução" e "A administração militar", pp. 28-32 e pp. 73-176.

20. José Justino de Andrade e Silva. *Collecção Chronologica da Legislação Portugueza – 1675-1683 e Suplemento à Segunda Série 1641-1683*, p. 45ss.

21. José Roberto Monteiro de Campos Coelho e Sousa, *Systema, ou Collecção dos Regimentos Reaes*, p. 2012ss.

22. José Justino de Andrade e Silva, *Collecção Chronologica da Legislação Portugueza – 1620-1627*, p. 131ss.

23. O Códice 529 – Açores do Arquivo Histórico Ultramarino. *A capitania-geral dos Açores durante o consulado Pombalino*, pp. 28-88.

24. Alberto Iria, *Cartas dos governadores do Algarve: (1638-1663*; P. M. Laranjo Coelho (Prefácio). *Cartas dos governadores da Província do Alentejo a el-rei D. João IV*, v. I.

25. Marcello José Gomes Loureiro, "*Iustitiam Dare*. A gestão da monarquia pluricontinental. Conselhos superiores, pactos, articulações e o governo da monarquia portuguesa (1640-1668)".

26. A classificação utilizada tipificou os cargos como governo, Justiça, Igreja, Câmara Municipal, irmandades e confrarias, militar, ofício mecânico, comércio e negócios, Fazenda, particulares, outros.

27. Os percentuais de emissão, por média anual, da tipologia definida pelo projeto são: governo – 27%; particulares – 20%; militar – 17%; Fazenda – 11%; Justiça – 8%; Câmara municipal – 7%; Igreja – 6%; tipologia restante (irmandades e confrarias, ofício mecânico, comércio e negócios, outros) – 4%. É necessário ressaltar que o pequeno número de emissores classificados como Câmara Municipal nesse levantamento, em contraste com o capítulo específico sobre as Câmaras, deve-se ao fato de estarmos trabalhando apenas com os números correspondentes aos recortes cronológicos.

28. Esses dados não incluem a Coleção Castro Almeida da Bahia, e são incompletos os números para Pernambuco.

29. Se incluíssemos a correspondência ordenada na Coleção Castro Almeida para a Bahia, constituída fundamentalmente de emissões do ultramar, o percentual de comunicação política emitida pelos governadores ultramarinos aumentaria significativamente, pois, considerando os recortes cronológicos da base de dados, nessa coleção, cerca de 40% dos registros são correspondências emitidas por governadores-gerais, vice-reis e governadores de capitanias.

30. Em percentuais, são 15,5% de emissões para Minas Gerais, 22% para o Rio de Janeiro, e 26% para a Bahia.

31. Inclui as médias anuais das emissões reunidas na Coleção Castro Almeida para a Bahia.

32. Na ausência do banco de dados da documentação reunida por Castro Almeida para a Bahia, na qual predominam documentos de pós-1750 – são apenas 114 para 1613-1751 –, não nos arriscamos a relacionar os vice-reis desse período – o conde dos Arcos (1754-1760), o conde da Cunha (1763-1767), o conde de Figueiró (1779-1790) e o conde de Resende (1790-1801) – com o ritmo de emissões do ultramar luso-americano.

33. Média anual que inclui as emissões da Coleção Castro Almeida para a Bahia.

34. Os percentuais apresentados na Figura 8.8 não incluem as emissões reunidas na Coleção Castro Almeida para a Bahia.

35. SUBTIL, José. "No crepúsculo do corporativismo. Do reinado de d. José I às invasões francesas (1750-1807)", p. 415.

36. *Ibidem*, p. 416.

37. *Ibidem.*

38. *Ibidem*, pp. 415-416.

39. *Ibidem*, p. 421.

40. *Ibidem.*

41. *Ibidem.*

42. "A sedução da liberdade". *In: História da vida privada no Brasil, volume I*, pp. 388-437.

43. Essa figura não inclui os números oriundos das emissões reunidas na Coleção Castro Almeida da Bahia.

44. Nuno Gonçalo Monteiro, "D. Pedro II regente e rei (1668-1706). A consolidação da dinastia de Bragança", v. 4, p. 410.

45. *Ibidem*, pp. 410-411.

46. Entre os muitos exemplos, sugerimos aos leitores consultarem: Luiza da Fonseca – Bahia – AHU-CU, cx.10, doc. 1191; Avulsos São Paulo – AHU_ACL_CU_023, cx. 12, doc. 602; ou então, Rio de Janeiro – Castro Almeida – AHU_ACL_CU_017-01, cx. 80, doc. 18595.

47. Sugerimos a consulta de Avulsos São Paulo – AHU_ACL_CU_023, cx. 2, doc. 133; Avulsos da Bahia – AHU_ACL_CU_005-02, cx. 56, doc. 4829; ou ainda, Avulsos de Minas Gerais – AHU_ACL_CU_011, cx. 85, doc. 71.

48. Ver sobre essa temática: Avulsos de Minas Gerais – AHU_ACL_CU_011, Cx. 100, D. 62; Avulsos Pernambuco – AHU_ACL_CU_015, cx. 34, doc. 3165.

49. Ver a esse respeito o capítulo relativo a economia e moeda.

50. Os períodos de tempo autorizados para serventia dos ofícios era de um ano para os governadores-gerais/vice-reis, seis meses para os provimentos feitos pelo governador da capitania do Rio de Janeiro e três meses para o de Pernambuco. Parte desses provimentos foram transladados e publicados nos Documentos Históricos da Biblioteca Nacional do Rio de Janeiro.

51. Ver o capítulo deste livro sobre mercês.

52. Ronald Raminelli, *Viagens ultramarinas: monarcas, vassalos e governo a distância.*

53. Avulsos do Maranhão. AHU-ACL-CU, docs. 6890, 6902, 6947, 7126, 7305, 8825, 8857; Avulsos do Pará. AHU-ACL-CU, docs. 8223, 8297, 8400, 8431, 8431, 8566, 8579, 8611, 8712, 8769, 8771, 8773, 8781, entre outros.

54. Baseado em João Lucio de Azevedo e Cesar Augusto Marques, autor do *Dicionário Histórico-Geográfico da Província do Maranhão*, Manuel Diégues Júnior identifica que o Maranhão exportou, entre 1760 e 1771, 4.437 arrobas de arroz e 11.2339 arrobas de algodão, e que os 22 navios que saíram do Maranhão em 1783 levaram 64.159 arrobas de arroz e 49.756 de algodão, números que aumentaram para 333.434 de arroz e 63.510 de algodão em 1788. "As companhias privilegiadas no comércio colonial", v. 1, n. 3, p. 328.

55. Arquivo Histórico Municipal de Vila Viçosa, RG 704, fl. 024.

56. Exemplo: ADE, lv. 083, fl. 136

57. Exemplos: AMVC, lv. 13, fl. 089v; AMVC, lv. 16, fl. 126vb.

58. AHMVV, RG 703, fl. 17.

59. AMVC, lv. 16, fl. 145.

60. ADF, Sr. A/1_lv. 05_fl. 130vb; ADF, Sr. A/1_lv. 01_fl. 280va.

61. AMVC, lv. 10, fl. 046b e lv. 10, fl. 054; ADE, lv. 141, fl. 158va.

Referências bibliográficas

Documentação manuscrita e impressa, obras raras

África/Angola, Col. IHGB DL 76,02.02

IAN/TT – Manuscritos da Livraria, 1096

Arquivo Distrital de Évora (ADE)

Arquivo Distrital de Faro (ADF)

Arquivo Histórico Municipal de Vila Viçosa (AHMVV)

Arquivo Municipal de Viana do Castelo (AMVC)

Coleção Avulsos da Bahia – AHU. Bahia. Projeto Resgate Barão do Rio Branco

Coleção Avulsos de Minas Gerais – AHU. Minas Gerais. Projeto Resgate Barão do Rio Branco

Coleção Avulsos do Maranhão – AHU. Maranhão. Projeto Resgate Barão do Rio Branco

Coleção Avulsos Pernambuco – AHU. Pernambuco. Projeto Resgate Barão do Rio Branco

Coleção Avulsos São Paulo – AHU. São Paulo. Projeto Resgate Barão do Rio Branco

Coleção Castro Almeida – AHU. Rio de Janeiro. Projeto Resgate Barão do Rio Branco

Coleção Luiza da Fonseca – AHU. Bahia. Projeto Resgate Barão do Rio Branco. Códice 529 – Açores do Arquivo Histórico Ultramarino. *A capitania-geral dos Açores durante o consulado pombalino.* Introdução de José Guilherme Reis Leite. Secretaria Regional de Educação e Cultura: Universidade dos Açores-Centro de Estudos Gaspar Frutuoso, 1988.

COELHO, P. M. Laranjo (prefácio). *Cartas dos governadores da província do Alentejo a el-rei d. João IV.* v. I, Lisboa, 1940.

SILVA, António Delgado da. *Collecção da Legislação Portugueza – Legislação de 1763 a 1774.* Lisboa: Typografia Maigrense, 1828.

SILVA, José Justino de Andrade e. *Collecção Chronologica da Legislação Portugueza – 1675-1683 e Suplemento à Segunda Série 1641-1683.* Lisboa: Imprensa de J. J. A. Silva, 1856.

_____. *Collecção Chronologica da Legislação Portugueza – 1620-1627.* Lisboa: Imprensa de J. J. A. Silva, 1855.

SOUSA, José Roberto Monteiro de Campos Coelho e. *Systema, ou Collecção dos Regimentos Reaes.* Lisboa: Oficina de Francisco Borges de Sousa, 1789.

Livros e artigos

COSENTINO, Francisco Carlos. *Governadores gerais do Estado do Brasil (séculos XVI-XVII): ofício, regimentos, governação e trajetórias.* São Paulo: Annablume/Fapemig, 2009.

CUNHA, Mafalda Soares da & MONTEIRO, Nuno Gonçalo. "Governadores e capitães-mores do império atlântico português nos séculos XVII e XVIII". *In: Optima Pars. Elites Ibero-Americanas do Antigo Regime.* Lisboa: ICS, 2005.

DIÉGUES JÚNIOR, Manuel. "As companhias privilegiadas no comércio colonial". *Revista de História,* v. 1, n. 3, 1950.

GIL PUJOL, Xavier. "Notas sobre el estudio del poder como nueva valoración de la historia política". *PEDRALBES. Revista d´HistòriaModerna,* nº 3. Universitat de Barcelona, 1983.

HESPANHA, António Manuel. "Introdução" e "A administração militar". *In:* _____ (dir.). *Nova história militar de Portugal,* v. 2. Lisboa: Círculo de Leitores, 2004.

IRIA, Alberto. *Cartas dos governadores do Algarve (1638-1663).* Lisboa: Academia Portuguesa de História, 1978.

JANCSÓ, István. "A sedução da liberdade". *In:* MELLO E SOUZA, Laura & NOVAIS, Fernando. *História da vida privada no Brasil, volume I.* São Paulo: Companhia das Letras, 1997.

LOPES, Marco Antônio. *Para ler os clássicos do pensamento político.* Rio de Janeiro: Editora FGV, 2002.

LOUREIRO, Marcello José Gomes. "*Iustitiam Dare.* A gestão da monarquia pluricontinental. Conselhos superiores, pactos, articulações e o governo da monarquia portuguesa (1640-1668)". Programa de pós-graduação em História Social. Instituto de História da Universidade Federal do Rio de Janeiro, 2014. Tese de doutorado.

MENDONÇA, Marcos Carneiro de. *Raízes da formação administrativa do Brasil.* Rio de Janeiro: IHGB/Conselho Federal de Cultura, 1972.

_____. "Regimento de Roque da Costa Barreto". *In: Raízes da formação administrativa do Brasil.* Rio de Janeiro: IHGB/Conselho Federal de Cultura, 1972, pp. 843.

MONTEIRO, Nuno Gonçalo. "D. Pedro II regente e rei (1668-1706). A consolidação da dinastia de Bragança". *In:* HESPANHA, António Manuel (coord.). *História de Portugal. O Antigo Regime.* v. 4. Lisboa: Editorial Estampa, 1998.

PRADO JUNIOR, Caio. *Formação do Brasil contemporâneo.* 14. ed. São Paulo: Brasiliense, 1976.

RAMINELLI, Ronald. *Viagens ultramarinas: monarcas, vassalos e governo a distância.* São Paulo: Alameda Casa Editorial, 2008.

RODRIGUES, José Damião. "Para o socego e tranquilidade publica das Ilhas: fundamentos, ambição e limites das reformas pombalinas nos Açores". *Revista Tempo*, Niterói, nº 21, 2007.

SANTOS, Fabiano Vilaça. *O governo das conquistas do norte: trajetórias administrativas nos Estados do Grão-Pará e Maranhão (1751-1780).* São Paulo: Annablume, 2011.

SUBTIL, José. "No crepúsculo do corporativismo. Do reinado de d. José I às invasões francesas (1750-1807)". *In:* HESPANHA, António Manuel. *História de Portugal. O Antigo Regime.* v. 4. Lisboa: Editorial Estampa, 1998.

9

Corregedores, ouvidores-gerais e ouvidores na comunicação política

Mafalda Soares da Cunha, Maria Fernanda Bicalho,
António Castro Nunes, Fátima Farrica e Isabele Mello

O estudo dos ouvidores e corregedores na monarquia portuguesa tem sido alvo de um renovado interesse historiográfico. Essas pesquisas têm se mostrado capazes de complementar a história institucional mais tradicional com uma história da administração da justiça fortemente apoiada na história social da magistratura, o que, em termos gerais, contribuiu para a compreensão mais aprofundada dos equilíbrios de poder na monarquia. Mas esse quadro animador é relativamente recente.

Com efeito, se as perspectivas de análise abertas por António Manuel Hespanha sobre a arquitetura política do território peninsular da monarquia portuguesa[1] foram pioneiras e marcantes para toda uma geração de historiadores, a verdade é que, com a exceção de José Subtil e do seu trabalho sobre o Desembargo do Paço e os seus magistrados,[2] não suscitaram imediatamente trabalhos de fôlego sobre a história do aparelho judiciário nem sobre a história social da justiça.

O ineditismo no tratamento do tema do exercício da justiça régia no Brasil deveu-se ao livro *Burocracia e sociedade no Brasil colonial*, de Stuart Schwartz, publicado na década de 1970.[3] Além dos aspectos institucionais do exercício da justiça e da análise sociológica dos magistrados, o principal objeto do livro constituiu-se na busca de compreensão das relações entre a magistratura e a sociedade colonial, ou seja, o desvendamento da teia de relações interpessoais mantidas pelos magistrados com as elites locais e outros funcionários da administração, relações baseadas em interesses, parentescos, negócios e objetivos comuns, que constituíram, segundo o autor, a trama da existência colonial. Apesar do minucioso estudo de história social, e embora de referência obrigatória, o livro de Schwartz ficou muito tempo sem seguidores no Brasil, onde o tema da justiça e da magistratura não voltou a ser objeto de investigação até ser revisitado pelo trabalho de Arno e Maria José Wehling sobre a instalação e o funcionamento da Relação do Rio de Janeiro na segunda metade do século XVIII.[4]

Em Portugal, entretanto, a desatenção para com o tema foi um pouco atenuada pelos estudos de A. P. Barbas Homem[5] e de Joana Estorninho,[6] embora a inflexão significativa tivesse ocorrido com as incursões de A. M. Hespanha na arquitetura institucional do império português e a chamada de atenção para a aplicabilidade de algumas ideias previamente explanadas sobre a territorialização do poder político em Portugal para muitos dos seus domínios ultramarinos.[7] Com efeito, no que respeita a administração da justiça, esse historiador tinha demonstrado que a Coroa fomentou a vigência do direito comum e régio e dos padrões oficiais e letrados de julgamento, por meio de juízes de fora e corregedores. Sugerira ainda que esses agentes do poder do centro, se por um lado atuaram como fator de desestabilização das justiças locais, frequentemente iletradas, forjaram, por outro, laços de dependência e redes de comunicação entre as autoridades locais e a administração central. Em suas palavras,

> ...dir-se-ia que mais do que longa mão do poder central, o juiz togado é um elemento de enfraquecimento das estruturas locais que, se joga indiretamente a favor da Coroa, reverte imediatamente a favor do fortalecimento da rede burocrática de que juízes de fora, corregedores e provedores fazem parte e que [...] filtra toda a comunicação entre o centro e a periferia e – pelo menos em tempo de paz – adquire, assim, o controle de mais um instrumento fundamental de governo – a informação sobre o país.[8]

Por outro lado, os desdobramentos das investigações de José Subtil sobre as carreiras dos magistrados no espaço alargado da monarquia pluricontinental abriram caminho para a história social da justiça[9] e tiveram depois um impulso decisivo com a análise sistemática de Nuno Camarinhas sobre o perfil social, as trajetórias e a circulação dos magistrados pelos diversos níveis das judicaturas reinóis e ultramarinas nos séculos XVII e XVIII.[10]

O campo aberto pelo diálogo entre os historiadores brasileiros e as obras referidas acima tem se mostrado bastante fértil nos últimos anos. Maior atenção vem sendo dada, há mais de duas décadas, ao estudo dos poderes locais, nomeadamente das câmaras, das ordenanças e das forças auxiliares. Temas até então inexplorados – como o provimento e a venalidade de ofícios,[11] ou o papel de oficiais menores na hierarquia administrativa, como os secretários[12] – tornaram-se objetos privilegiados de pesquisa. Em relação aos magistrados, é sugestiva a proliferação e a qualidade de muitos novos trabalhos, desenvolvidos, sobretudo, nos programas de pós-graduação no Brasil ou ao abrigo de projetos financiados.[13]

Esses estudos são, em sua grande maioria, monográficos e abrangem quase sempre uma região, ou ainda uma capitania. Inserem-se numa perspectiva historiográfica que percebe o Brasil não como uma unidade territorial, possuindo, ao contrário, uma dimensão regional, traduzida muitas vezes pelo espaço da capitania ou da comarca, ou seja, pela área de jurisdição do governador ou do ouvidor. Na senda de Hespanha e Schwartz, e depois de Subtil e Camarinhas, a vertente inovadora segue a perspectiva imperial ou pluricontinental a partir da qual os objetos são analisados, sejam eles aspectos institucionais e políticos de ouvidorias ou tribunais, como a Relação do Rio de Janeiro, sejam as carreiras e trajetórias socioprofissionais dos magistrados, tanto no reino quanto no ultramar, sejam, ainda, os conflitos de jurisdição entre desembargadores, ouvidores e juízes de fora e outros oficiais régios, ou envolvendo segmentos importantes das elites locais.

Mas, se são esses os pontos de partida historiográficos do nosso texto, os nossos objetivos circunscrevem-se à análise comparada e na longa duração dos ouvidores-gerais e dos corregedores enquanto agentes da comunicação política entre o centro político e os territórios da monarquia, e dos ouvidores senhoriais no desempenho do mesmo papel nos seus espaços jurisdicionais. O nosso contributo incidirá, assim e apenas, na rede judiciária protagonizada por esses magistrados – as comarcas – e assenta na análise da correspondência contida nos bancos de dados construídos pela equipe deste projeto.[14] Ora, embora esses bancos de dados acolham um universo documental extremamente rico, apresentam limitações derivadas quer da tipologia da documentação, quer dos critérios de amostragem que foram definidos. Importa por isso recordar que, para o reino, tratar-se-ão os documentos inscritos nos livros de registro municipais das câmaras selecionadas (Viana do Minho, Évora, Vila Viçosa, Faro e Ponta Delgada) que foram emitidos e recebidos entre 1640 e 1808 pelos corregedores e pelos ouvidores senhoriais dessas comarcas, enquanto, para as conquistas, analisar-se-á a correspondência emitida pelos magistrados sediados nas conquistas que chegou ao Conselho Ultramarino nos recortes de 1640-1656, 1680-1690, 1725-1726, 1735-1736, 1755-1756, 1763-1764 e 1785-1795. As capitanias escolhidas foram Maranhão e Pará no Norte, Pernambuco e Bahia no Nordeste, Rio de Janeiro, São Paulo e Minas Gerais no Centro-Sul, e Angola na margem ocidental do continente africano. Nas comarcas do reino, os magistrados surgirão, portanto, na sua qualidade de emissores e receptores da informação trocada entre diferentes espaços institucionais e, no caso das comarcas ultramarinas, entre a sua ouvidoria-geral e Lisboa.

Em qualquer caso, importa dizê-lo desde já, o universo de registros que estamos a observar para as conquistas seria muito mais numeroso caso se tivesse optado por critérios de seleção mais abertos. Ou seja, a documentação recolhida no banco das conquistas permite identificar quase o triplo de registros emitidos por outros agentes políticos em que os magistrados ultramarinos são referidos. A sua participação na vida política das conquistas ficaria por certo mais evidente, mas a dificuldade de controle da amostra seria grande, o que se refletiria na segurança das conclusões apresentadas.

Desse modo, o enfoque escolhido permitirá comparar a evolução dos fluxos e dos temas da comunicação política emitida pelos diversos magistrados, apontando algumas explicações para as flutuações que se verificam. Importa entretanto adiantar que a multiplicidade de fatores que foram identificados – desde as dessincronias na estruturação do aparelho judicial entre o reino e as conquistas até as circunstâncias particulares do exercício dos cargos ou as idiossincrasias dos magistrados – dificulta a apresentação de explicações simples e de padrões uniformes de comportamento desses oficiais nos territórios em análise ao longo deste amplo arco cronológico.

O QUADRO DE COMPETÊNCIAS DOS MAGISTRADOS

O quadro de competências dos corregedores das comarcas ficou estabelecido nas *Ordenações Filipinas* – título 58, livro 1 – e serviu sempre de base para o enquadramento funcional dos ouvidores senhoriais e dos ouvidores das conquistas. No entanto, as jurisdições concretas dos ouvidores estavam dependentes, no primeiro caso, da amplitude dos poderes jurisdicionais concedida aos donatários e, no segundo, do teor dos regimentos que lhes eram concedidos na hora da nomeação.

Não se conhecem os regimentos outorgados a todos os magistrados, mas, de forma geral, os regimentos dos ouvidores ultramarinos expressavam logo nos primeiros capítulos a equivalência entre os poderes, jurisdições e alçadas dos corregedores do reino com as dos ouvidores-gerais. As competências judiciais dos ouvidores-gerais ultramarinos eram, contudo, superiores às dos corregedores no reino, sobretudo na esfera de atribuições criminais. O corregedor do reino poderia julgar causas (que envolvessem bens de raiz, como terras) cujo valor não ultrapassasse os 8 mil-réis. Já os ouvidores-gerais poderiam julgar o mesmo tipo de causas até 16 mil-réis, ou seja, o dobro do valor estabelecido para os corregedores das comarcas do reino, o que significava que a sua alçada era maior. Todos os ouvidores-gerais possuíam o mesmo limite de alçada nas ações cíveis, pois poderiam julgar causas até ao valor de 100 mil-réis. As causas acima desse valor e as apelações deveriam ser remetidas para a Casa da Suplicação em Lisboa, embora, a partir do regimento de 1651, houvesse alteração, indicando-se que o ouvidor-geral do Rio de Janeiro e Repartição do Sul deveria remeter as apelações e os agravos para o Tribunal da Relação da Bahia. Todos os ouvidores ultramarinos poderiam emitir cartas de seguros[15] e alvarás de fiança.[16] Em caso de impedimento do magistrado titular, as substituições dos ouvidores-gerais eram reguladas pelo governador-geral, que poderia prover algum oficial para serventia provisória do ofício, desde que remetesse a informação para o Conselho Ultramarino.

Os regimentos ainda determinavam que os governadores-gerais e as câmaras não podiam retirar ou prender os ouvidores-gerais em exercício. Caso os magistrados cometessem algum crime ou excesso, deveriam ser elaborados autos com a denúncia, expondo claramente o delito; em seguida, os autos deveriam ser remetidos ao Conselho Ultramarino para apreciação régia. Caso o delito fosse tão grave que merecesse por lei a pena de morte, estipulava-se a exigência de ser preso em flagrante.

Contrariamente ao que acontece nos regimentos dos ouvidores-gerais do Rio de Janeiro e do Maranhão, nos de Angola não há nenhuma referência ao local onde deviam residir. Aqueles, tal como os corregedores do reino e os ouvidores senhoriais, residiam nas cabeças de comarca. Também não se refere se o ouvidor de Angola devia acompanhar as eleições camarárias, tarefa imprescindível realizada pelos corregedores régios e pelos ouvidores de donatários – Casa de Bragança e Casa da Rainha, por exemplo – e que também ocorria no Brasil e no Maranhão.

Após 1640, os regimentos apontam para uma significativa ampliação de poder, competências e jurisdições dos ouvidores-gerais. Se, para o contexto português, António Manuel Hespanha afirma que o limite de jurisdição dos tribunais da corte e dos seus ouvidores era de aproximadamente cinco léguas,[17] num território tão vasto como o Brasil, tal área precisou ser alargada. Nos primeiros regimentos dos ouvidores-gerais, de 1619, estabelecia-se que o ouvidor deveria conhecer por ação nova ("conhecer por ação nova" refere-se aos processos que se iniciavam com o ouvidor) "até cinco léguas ao redor de onde estivesse, todas as causas cíveis e criminais". Já no regimento de 1642 do ouvidor-geral do Rio de Janeiro e no de 1644 do ouvidor-geral do Estado do Maranhão, alargou-se a jurisdição para quinze léguas, procurando acompanhar o desdobramento do povoamento e da ocupação territorial da América portuguesa. Para conhecer por ação nova causas crimes e cíveis em Angola, o ouvidor conhecia todas as causas cíveis e crimes e sentenciava os casos por si só nos lugares onde estivesse e até cinco léguas em redor, dando apelação para a Casa da Suplicação nos casos que não coubessem na sua alçada.

Também a partir de 1640, e no que respeita o Rio de Janeiro e o Maranhão, a obrigatoriedade de realização de correições e visitas anuais para inspecionar o estado da justiça nas áreas sob a jurisdição de cada ouvidor-geral passou a ser expressa.

De qualquer forma, os regimentos também apresentavam especificidades regionais: o ouvidor-geral do Rio de Janeiro e Repartição do Sul, por exemplo, deveria visitar as minas de ouro de São Vicente e comunicar ao rei o seu estado e o que era necessário para as prover. Já o ouvidor-geral do Estado do Maranhão possuía competência avocatória nas causas em curso, tanto cíveis como criminais, perante os capitães e seus ouvidores ou qualquer outro juiz. Isso significa que o ouvidor-geral do Estado do Maranhão poderia tomar para si qualquer causa em andamento.[18]

Com a criação do Tribunal da Relação do Rio de Janeiro, os ouvidores-gerais do Rio de Janeiro foram perdendo gradativamente as suas competências, inclusive sobre a concessão de cartas de seguro e de alvarás de fiança. E esse fato gerou inúmeros conflitos de jurisdição entre os desembargadores do tribunal e o ouvidor-geral.

Para completar o enquadramento das funções dos magistrados ultramarinos, há ainda que referir outros aspectos. Em primeiro lugar, acredita-se que a incipiente orgânica administrativa das conquistas implicou inicialmente uma menor especialização de funções na base, pelo que esses magistrados se defrontariam no terreno com um leque de matérias bem mais plural do que aquele com que lidavam os corregedores no reino. Em segundo lugar e com consequências contraditórias com essa amplitude de funções dos primeiros ouvidores-gerais, a criação da figura de um agente da Coroa com poderes de intermediação e de tutela governativa entre o território do Estado do Brasil (o governador-geral) e Lisboa, a par da generalização dos governos das capitanias pela Coroa e da criação dos Tribunais da Relação da Bahia e do Rio de Janeiro, complexificou e introduziu muitas diferenças no relacionamento entre instâncias cimeiras de poder nos domínios ultramarinos. Essa situação não ocorreu no reino onde a relação dos magistrados da administração periférica da Coroa se manteve, sem alterações de maior, sob a tutela direta do Desembargo do Paço. O que significa que a crescente densificação do aparelho de administração das conquistas foi ditando uma hierarquia de poderes mais complexa nesses territórios, impondo a necessidade de reconfigurar permanentemente os limites entre as esferas jurisdicionais dos governadores dos territórios, dos desembargadores e desses ouvidores-gerais, obrigando-os a articular melhor as respectivas esferas de atuação. O que não terá sido fácil e se traduziu no incremento da conflitualidade jurisdicional nos mundos ultramarinos, como se verá adiante.

Outro tópico associado às competências dos magistrados da Coroa nas conquistas e também gerador de alguma conflitualidade jurisdicional é a subordinação ou desarticulação entre os magistrados régios e os oficiais nomeados para as capitanias hereditárias pelos capitães donatários. Como se sabe, as capitanias donatariais correspondem a um contexto de ocupação e de organização do espaço político com significado entre o século XVI e meados do século XVIII, embora seja bem conhecido que a importância das capitanias donatariais foi declinando pela progressiva incorporação das mesmas na Coroa.[19] Como A. V. de Saldanha explica, a aplicação da justiça nas capitanias donatariais do século XVI fazia parte das atribuições dos capitães donatários. No quadro dessa delegação de funções, os donatários podiam designar ouvidores (que não eram necessariamente letrados) por períodos de três anos, ficando responsáveis pela sua remuneração, que não seguia um padrão uniforme em todas as capitanias.[20] Apesar das atribuições concedidas pela Coroa aos donatários, o monarca nunca abdicou de fiscalizar, punir e suprir as faltas dos ouvidores senhoriais. Para tanto, valia-se do ouvidor de nomeação régia (que temos vindo a designar ouvidor-geral), que era responsável pelo exercício de correições, mesmo nas capitanias donatariais, dando também resposta aos pedidos dos súditos que, perante os desmandos locais, clamavam pelo envio de um representante da justiça régia.[21] Nestes casos, o titular da comarca da Coroa mais próximo tinha responsabilidades de fiscalização do exercício da justiça senhorial. Era o que ocorria, por exemplo, com o ouvidor-geral na Repartição Sul relativamente às capitanias hereditárias de São Vicente e do Espírito Santo, até a incorporação destas na Coroa e a criação de comarcas autônomas, embora nem sempre esses dois fenômenos coincidissem no tempo.

Era uma situação bem diversa daquela que se verificava nas comarcas das casas da família real com administração autônoma que temos vindo a observar, ou seja, Vila Viçosa e Faro. Esta última foi reintegrada à Casa da Rainha após a entronização da dinastia de Bragança e tornou-se sede de ouvidoria a partir de 1669, com tutela sobre três concelhos contíguos – Silves, Alvor e Faro. Já Vila Viçosa era cabeça do ducado de Bragança desde o terceiro quartel do século XV e sede de uma das quatro ouvidorias dessa casa senhorial. Em ambas as casas, as decisões últimas pertenciam aos respectivos titulares (rainha ou duque/rei), ainda que tomadas com base nas consultas feitas a tribunais superiores próprios de cada uma destas casas senhoriais: o Conselho da Fazenda e Estado da Rainha e a Junta da Justiça da Casa de Bragança. Órgãos de governo central dessas casas, esses tribunais senhoriais eram encabeçados por desembargadores que, assessorados por pessoal variado, despachavam as matérias de jurisdição dos respectivos senhorios. Eram tribunais de recurso judicial de terceira instância, que tinham equivalência no Desembargo do Paço e no Conselho da Fazenda relativamente à administração da Justiça, Fazenda, graça, mercês e ofícios. Ambas as casas tinham jurisdição completa, ou seja, cível e crime, mero e misto império, direito de nomeação de justiças, de dada de ofícios. O alargado leque de privilégios que detinham incluía a isenção da correição régia. Porém, os ouvidores das rainhas, de acordo com o decreto de 3 de novembro de 1644, tinham ainda a prerrogativa de exercerem o cargo de provedores, atributo que não existia para os mesmos ministros da casa de Bragança, em cujas terras entravam os provedores régios.[22] Pode dizer-se que, no reino, o quadro de competências dos corregedores e ouvidores manteve-se bastante estável até a lei de 1790, que estipulava a reforma das comarcas.[23]

Este breve sumário comparado das competências dos magistrados régios em vários dos territórios da monarquia pluricontinental não fica completo sem um alerta para o fato de existir muita legislação avulsa que regulava de forma mais precisa ou introduzia modificações às normas fixadas nesses regimentos e nas *Ordenações*. Um exemplo possível para o reino é o *Regimento de como se ha de tirar residência aos corregedores das comarcas, ouvidores dos mestrados, e a seus oficiais*[24] promulgado por d. Pedro II. Em qualquer caso, o quadro agora descrito evidencia tanto a acumulação de competências judiciais e administrativas dos ouvidores-gerais e dos ouvidores da Casa da Rainha, quanto o progressivo alargamento da esfera de atuação desse tipo de magistrados nas conquistas. Este último aspecto não se verifica tanto no reino onde, como se viu, o quadro de funções dos corregedores se manteve mais estável.

Pese embora essas variações na amplitude das competências dos magistrados, e ao contrário do que ocorria na América espanhola, a monarquia pluricontinental portuguesa regia-se por uma significativa uniformidade legal, já que as *Ordenações Filipinas* constituíam o ordenamento jurídico aplicável em todos os seus territórios, embora alguma historiografia discuta sua eficácia, sinalizando as possíveis divergências entre o quadro legal e as práticas correntes dos magistrados. Por outro lado, e ainda em flagrante contraste com o que se passava nos domínios hispanos, o espaço de formação acadêmica reconhecida para o exercício do cargo na monarquia portuguesa limitava-se ao curso de Leis ou ao de Cânones ministrados na Universidade de Coimbra, pelo que os magistrados lusos tendiam a partilhar um entendimento similar sobre a prática judicial onde quer que ela se exercesse. O fato de a arquitetura institucional dos territórios ultramarinos ibéricos seguir as matrizes peninsulares também contribuía para a uniformidade nos modelos de administração territorial entre o reino e as conquistas. No entanto, e como se verá para o caso português, os diferentes contextos e a distância relativamente aos órgãos centrais de decisão das monarquias impunham com frequência soluções diversas para o mesmo tipo de matérias, além de favorecerem uma maior participação dos magistrados ultramarinos na construção da decisão política.

Fluxos de comunicação e territórios

Como as Tabelas 9.1 e 9.2 revelam, a comunicação protagonizada pelos magistrados registra valores bastante diferentes no reino e nas conquistas. Assim, enquanto no reino a média anual da correspondência recebida entre 1640 e 1808 não ultrapassa as duas cartas – a emitida ainda registra valores inferiores –, nas conquistas atlânticas os valores médios anuais das emissões dos ouvidores-gerais apresentam uma tendência de crescimento muito significativa, que atinge a sua máxima expressão no recorte de 1725-1726. Depois declinam continuadamente, voltando a revelar um ligeiro aumento no final do século XVIII. Esses dados permitem uma primeira constatação, que é a da maior participação dos magistrados das conquistas na comunicação com Lisboa por comparação com os seus equivalentes reinóis.

Tabela 9.1
Emissão e recepção de correspondência dos magistrados para os municípios

1642-1808	Cartas emitidas	Cartas recebidas	Média anual – recebidas
Vila Viçosa	6	322	1,9
Évora	58	163	1
Viana	136	150	0,9
Faro	21	197	1,2
Ponta Delgada	3	25	0,2
Total	224	857	–

Situando os magistrados enquanto agentes de comunicação, importa assinalar que, de acordo com a análise efetuada em outros capítulos deste livro, os ouvidores das conquistas tinham muito menor protagonismo na correspondência com o Conselho Ultramarino do que os governadores e os governadores-gerais e vice-reis. O mesmo fenômeno também se nota na correspondência emitida pelos diversos tipos de governadores no reino que foi registrada nas câmaras (ver Capítulo 8). Em contrapartida, a proeminência dos governadores do reino na recepção de correspondência do centro, que foi depois registrada nas câmaras, é bastante menor do que a dos ouvidores e corregedores, não atingindo sequer um quarto dos valores observados na correspondência recebida pelos magistrados reinóis.

Embora se verifiquem grandes disparidades nas cronologias e nos territórios, a explicação para o papel relativamente discreto que os magistrados assumem no conjunto das correspondências que estamos a observar no banco de dados do reino resultará em grande medida do fato de eles serem, em primeiro lugar, agentes da justiça ordinária, o que significa que comunicavam, sobretudo e antes de mais, com as instâncias judiciais (Relações, Casa da Suplicação) e de provimento de ofícios de justiça (Desembargo do Paço).

Tabela 9.2
Emissões dos ouvidores-gerais por capitania[25]

	Angola	Maranhão	Pará	Pernambuco	Bahia	Minas Gerais	Rio de Janeiro	São Paulo	Total	Média anual
1640-1656	2	1	2	2	2	0	2	2	13	0,8
1680-1690	2	4	3	12	0	0	6	0	27	2,5
1725-1726	13	17	12	25	3	15	5	11	101	50,5
1735-1736	9	11	11	7	10	6	9	12	75	37,5
1755-1756	0	0	10	11	4	17	3	9	54	27
1763-1764	7	1	7	3	7	1	2	1	29	14,5
1785-1795	10	91	28	31	36	20	6	13	235	21,4
Total	43	125	73	91	62	59	33	48	534	
Porcentagem	8,1	23,4	13,7	17	11,6	11	6,2	9	100	

Já as variações entre os fluxos dos corregedores e ouvidores no reino relativamente aos ouvidores das conquistas, observadas nas Tabelas 9.1 e 9.2, não resultam tanto da diversidade de competências formais entre eles, embora as houvesse, quanto das necessidades que nas conquistas a prática impôs de adequar as funções dos magistrados às realidades sociais e político-administrativas das respectivas comarcas, aspecto que desenvolveremos adiante. Existe, contudo, uma diferença substantiva entre os dois universos que vamos observar, que decorre das fontes empíricas selecionadas. Desse modo, o fato de o corpus documental do reino assentar na correspondência que foi registrada nas câmaras municipais leva a que se identifique mais a ação dos corregedores e ouvidores enquanto intermediários da comunicação entre o centro e as câmaras e outras instâncias do poder local do que enquanto emissores de correspondência para a Coroa, como acontece com as evidências recolhidas para as conquistas.

Assim, o que na Tabela 9.1 se identifica como cartas emitidas correspondem efetivamente a missivas dirigidas pelos corregedores e ouvidores para as vereações ou para os juízes de fora do município da sua comarca. Já as cartas recebidas, que também estão apontadas na Tabela 9.1, referem-se à correspondência que as diversas instituições, entre as quais o rei ou outros organismos centrais, mandaram para os magistrados com o propósito de serem reencaminhadas para os diversos municípios da respectiva comarca e depois copiadas para os chamados livros de registro das câmaras. E, como se verá adiante, uma vez que, ao contrário do levantamento por recortes que se efetuou para as conquistas, no reino a recolha de documentação foi feita sistematicamente para todo o período considerado, também não podemos comparar os valores globais do fluxo de correspondência na metrópole e nas conquistas. Mas podemos comparar os dados dos municípios reinóis entre si, embora com algumas cautelas no que respeita a Évora, já que a documentação desse município estará inflacionada relativamente aos restantes, pois inclui quer as cartas que foram registradas nos livros de registro da câmara, quer as que foram incluídas nos livros de originais (ver Introdução).

Desse modo, a análise do conjunto da documentação reinol revela um primeiro contraste entre o volume de correspondência emitida e recebida pelos magistrados em todos os concelhos objeto de análise. Com efeito, os valores globais das cartas recebidas são quase o quádruplo das cartas emitidas. Existem, no entanto, variações locais. O corregedor de Viana foi o único em que os valores das cartas emitidas e recebidas se aproximaram. A emissão de cartas foi, todavia, muito desigual ao longo do período considerado, apresentando uma concentração muito significativa a partir de 1750, pois recobre cerca de 3/4 do total das emissões do corregedor de Viana.

Sobre a correspondência recebida, deve assinalar-se que as flutuações de valores globais não revelam a maior importância política, nem demográfica, nem econômica dos municípios. Com efeito, o maior receptor é Vila Viçosa, seguido com alguma distância por Faro. E, como se apontou no capítulo introdutório deste livro, os indicadores revelam-nos como os municípios menos relevantes da amostra. Isso significa que o envio de correspondência para os magistrados das respectivas comarcas – que eram ouvidores, pois estavam sob a tutela das casas de Bragança e da Rainha – não indicia qualquer centralidade desses dois municípios em face da monarquia. Como se explicam então essas disparidades? A busca de respostas empurra-nos para a observação dos emissores de correspondência para os magistrados e pode ser observada na Tabela 9.3.

Tabela 9.3
Emissores para ouvidores e corregedores (reino)

Emissores	Vila Viçosa	Évora	Viana	Faro	Ponta Delgada
Monarca	80	46	56	62	7
Junta da Justiça da Casa de Bragança e administrador da mesma	118	0	0	0	0
Conselho da Fazenda e Estado da Rainha	0	0	0	64	0
Junta dos Três Estados	38	21	7	25	0
Conselho do Rei	17	2	9	0	0
Desembargo do Paço	16	53	48	17	6
Secretarias de Estado	14	8	9	7	1
Gov. Arm. Alent./Gov.G. R. Algarve/ Gov. Arm. Minho	6	0	2	3	3
Casa da Suplicação	3	1	0	0	0
Mesa da Consciência e Ordens	2	2	0	1	0
Outros	28	29	19	18	8
Total	322	163	150	197	25

A Tabela 9.3 identifica os organismos que enviavam correspondência para os ouvidores e os corregedores do reino. É desde logo notório que determinadas instâncias, como a Junta da Justiça da Casa de Bragança e o Conselho da Fazenda e Estado da Rainha, apenas se correspondem com os ouvidores de Vila Viçosa e Faro, respectivamente. Outro elemento digno de nota é o fato de, em comparação com os demais magistrados, serem esses emissores senhoriais aqueles que provocam o incremento significativo nos totais da correspondência recebida pelos seus magistrados. Como se disse, essa situação decorre do fato de os territórios sob jurisdição de ambos os ouvidores pertencerem à Casa de Bragança e à Casa da Rainha. Percebe-se, assim, que as tutelas senhoriais comunicavam com bastante frequência com os seus ouvidores. E essa observação permite-nos concluir que existe maior intensidade de comunicação com os municípios entre as tutelas e os ouvidores senhoriais do que entre a Coroa e os seus magistrados. A forma como se materializam essas diferenças será objeto de comentário no ponto sobre os temas da comunicação.

Relativamente à generalidade dos magistrados, destacam-se como principais emissores o monarca, o Desembargo do Paço e a Junta dos Três Estados. O que importa assinalar neste momento é o fato de o monarca e a Junta dos Três Estados evidenciarem fluxos de comunicação semelhantes para todos os municípios, o que não ocorre com o Desembargo do Paço. Como a Tabela 9.3 também revela, esse tribunal tem muito menos protagonismo na comunicação com os magistrados senhoriais de Vila Viçosa e Faro do que com os da Coroa, Viana e Évora. E, como já foi mencionado, essa disparidade poderá ser explicada pelo diferente enquadramento político dos municípios do reino: uns senhoriais, outros da Coroa. Recorde-se, por isso, que os senhorios aqui mencionados têm o equivalente ao Desembargo do Paço nos seus próprios tribunais de terceira instância.

Entrando agora na análise dos fluxos de correspondência das conquistas, um primeiro nível de explicação para a maior importância numérica da comunicação dos ouvidores-gerais decorre do fato de algumas funções de cariz não exclusivamente judicial serem atreladas a esses ofícios de acordo com as necessidades de cada região. A recente historiografia tem demonstrado que o acúmulo de funções pelos magistrados variava de acordo com o número e a disponibilidade de letrados presentes nas comarcas, uma vez que, assim como no reino, a administração ultramarina foi marcada pela existência de uma pluralidade de espaços decisórios.[26] Na falta de outros letrados, os magistrados que exerciam o ofício de ouvidor no ultramar assumiram com frequência provedorias, seja a da Fazenda, seja a dos defuntos e ausentes, ou acumularam funções ligadas à Justiça Militar, como o posto de auditor geral da guerra ou das tropas, ou ainda econômicas, como os casos de intendente e de deputado das mesas da inspeção. Ou seja, a malha político-administrativa foi crescendo e foi se especializando, mas a escassez de meios humanos competentes para esses desdobramentos administrativos empurrava a Coroa a fazer coincidir uma série de cargos no magistrado da comarca, podendo tal fato até estar referido nos regimentos dos ouvidores-gerais. Foi o que efetivamente aconteceu no Rio de Janeiro, onde os regimentos de muitos dos seus ouvidores-gerais mencionam frequentemente a sobreposição com o cargo de auditor dos soldados dos presídios,[27] verificando-se idêntica situação no regimento do ouvidor-geral do Maranhão de 1644.[28] Se é verdade que situações análogas também ocorreram no reino, nas conquistas atlânticas, a recorrência dessas acumulações foi porventura superior e – dado interessante por revelar a percepção da preeminência das funções judiciais no contexto ultramarino – os magistrados tendiam a enviar correspondência relativa às suas outras funções autoidentificando-se prioritariamente como ouvidores.

Essas características da evolução do aparelho administrativo na América lusa, em conjunto com o crescimento demográfico que se verificou ao longo do século XVIII, levaram-nos a pensar que a comunicação dos ouvidores-gerais tivesse crescido continuamente ao longo do tempo, assim incrementando o volume da correspondência. Tal não se verificou, porém. Com efeito, os números da Tabela 9.2 revelam uma enorme diversidade no comportamento dos fluxos, seja do ponto de vista da cronologia, seja dos espaços. Demonstram até que, em certos recortes, a comunicação entre os ouvidores-gerais de algumas comarcas e o Conselho Ultramarino foi quase inexistente, ou mesmo nula. É, todavia, evidente que os casos de comunicação diminuta não significam ausência de atividade dos respectivos magistrados e a já aludida referência que outros emissores lhes fazem demonstra-o com bastante nitidez. A questão tem, portanto, que ser colocada noutros termos, o que implicará verticalizar o nível da nossa análise a alguns casos e a algumas conjunturas específicas, bem como aos conteúdos da própria comunicação.

Essas evidências permitem, no entanto, e desde já, comprovar que boa parte da atividade dos ouvidores-gerais não exigiria uma comunicação constante com o Conselho Ultramarino. Como se disse anteriormente, esses magistrados eram antes de mais agentes da justiça, pelo que as sentenças resultantes do julgamento de pleitos em segunda instância seriam registradas em livros próprios em cada uma das ouvidorias, enquanto os casos de apelação das sentenças seriam remetidos para a Relação da Bahia e, após 1751, também para a Relação do Rio de Janeiro. No caso das capitanias do Norte, assim como no Reino de Angola, os recursos interpostos pelas partes seguiam para a Casa da Suplicação em Lisboa. E, no Maranhão, essa situação manteve-se até a criação de uma Relação própria, já nos inícios do século XIX. Seria nessas sedes de apelação que esses processos judiciais teriam o devido registro. Em qualquer caso, e é este o ponto que nos interessa sublinhar, esses circuitos de foro estritamente judicial pouco se interceptariam com o Conselho Ultramarino. Essa será então uma das explicações para a fraca presença de emissões desses magistrados para o rei através dos conselheiros do ultramarino, e através dos secretários, depois. Desse modo, as emissões dos magistrados presentes nesta documentação são apenas aquelas que, pela sua importância, requeriam decisão do monarca ou as que tinham um cariz mais político. Estariam, nessas circunstâncias, as alterações graves da ordem pública e as ações de fiscalização de outros poderes presentes no território.

Chegados a este ponto, a primeira hipótese que nos ocorreu para explicar as oscilações dos valores das emissões nas conquistas foi a da sua relação com o desenvolvimento do aparelho judicial. Como é bem sabido, enquanto no reino todos os municípios escolhidos foram sempre cabeças de comarca, no atlântico a malha da administração da justiça complexificou-se muito ao longo do período em análise, pelo que encontramos um número crescente de ouvidores-gerais e de comarcas.

Como se desenvolveu em outro estudo,[29] em 1656 na conquista americana havia apenas seis ouvidores-gerais de nomeação régia. Esses magistrados exerciam as suas funções em comarcas encabeçadas por Salvador, Olinda, Rio de Janeiro, Recife, Belém e São Luís do Maranhão. A área geográfica pela qual eram responsáveis era extraordinariamente vasta, mesmo se considerarmos que por essa data o povoamento era escasso e se circunscrevia quase só a pontos dispersos na faixa litorânea. Em qualquer caso, se utilizarmos como referente as divisões político-governativas de então, pode dizer-se que as comarcas de Salvador e do

Recife abarcavam o conjunto de capitanias do Nordeste (algumas das quais ainda donatariais, e outras anexas da Bahia e de Pernambuco); as comarcas de São Luís e de Belém coincidiam com o Estado do Maranhão, e a comarca do Rio de Janeiro englobava as capitanias do Centro-Sul.[30] Entre o reinado de d. Pedro II e a terceira década de Setecentos, a malha judiciária densificou-se significativamente, embora seja de assinalar que o auge do processo se deu na década de 1720 e atingiu sobretudo as regiões influenciadas pelo surto da mineração. No Norte, deu-se a criação da ouvidoria-geral do Piauí (1722), enquanto no Nordeste ocorreu um processo similar com a instituição das ouvidorias-gerais da Paraíba (1688), Sergipe (1696), Alagoas (1709) e Ceará (1723). Ao Sul, a comarca de São Paulo foi a primeira a autonomizar-se da ouvidoria-geral do Rio de Janeiro (1700), que já não era mais designada como Repartição do Sul. A área da nova comarca paulistana era extensa e com fronteiras muito abertas, tornando inviável o enquadramento judicial adequado ao afluxo de povoadores e de matérias que a descoberta das minas suscitou. Assim, a grande comarca de São Paulo desagregou-se através da criação das quatro ouvidorias-gerais de Minas (ou seja Ouro Preto – 1711, Rio das Velhas – 1711, Rio das Mortes – 1713, e Serro Frio – 1720) e depois as de Paranaguá (1723), Cuiabá (1728) e Goiás (1733-36). Houve depois outros acertos na jurisdição do ouvidor-geral do Rio de Janeiro com a emancipação da comarca do Espírito Santo (1732), e, mais tardiamente, da de Santa Catarina (1749). Idêntica continuidade de fragmentação aconteceu na comarca da Bahia, com a criação das ouvidorias-gerais de Jacobina (1734), Ilhéus (1763) e Porto Seguro (1763). Desse modo, por volta de 1763 estavam estabelecidas 23 ouvidorias-gerais nos Estados do Brasil e do Maranhão e Grão-Pará. E a situação manteve-se estável até o final do período em análise, ou seja, até inícios do século XIX. Já em Angola, nunca houve mais do que um ouvidor-geral, sedeado em São Paulo de Luanda.

Como se disse antes, a nossa primeira suposição foi de que os fatos que acabamos de relatar explicariam a quebra nas emissões das comarcas mais antigas que estiveram na origem de novas ouvidorias-gerais. Conjecturamos também que a redução de correspondência deveria manifestar-se com mais clareza nos casos em que o território das novas comarcas coincidia com o das capitanias preexistentes. Essa hipótese de explicação para a quebra das emissões apoiava-se numa questão heurística. Ou seja, uma vez que a documentação do Conselho Ultramarino está organizada de acordo com as divisões governativas, e não judiciais, tal significaria que, à medida que se iam criando novas comarcas espacialmente coincidentes com o território das capitanias, as emissões dos magistrados responsáveis pelas novas ouvidorias tenderiam a incorporar os fundos dos avulsos das capitanias com o mesmo nome, desaparecendo assim da nossa recolha, por exemplo, as emissões do ouvidor da nova comarca da Paraíba, desagregada da de Pernambuco, passariam a integrar os fundos da capitania da Paraíba, deixando, assim, de estar presente nos avulsos de Pernambuco.

Mas, se essa hipótese se demonstrou pertinente nalguns casos, foi infirmada por outros. Encontramos, por exemplo, oito cartas dos ouvidores-gerais da Paraíba incluídas nos fundos de Pernambuco com datas de 1725 e de 1755, ou seja, muito após a criação da ouvidoria-geral de Nossa Senhora das Neves (Paraíba). A procura de explicação para esse fenômeno remeteu-nos mais uma vez para o microcontexto. Com efeito, as emissões dos ouvidores paraíbanos referem-se ao território da capitania donatarial de Itamaracá, que estava sujeito à tutela partilhada das correições da Paraíba e de Pernambuco.[31] Ora, por essa altura, a Paraíba ainda era capitania anexa de Pernambuco, o que explica a inclusão dessa correspondência nos fundos pernambucanos. Mas, para o efeito que aqui nos ocupa, esse exemplo alerta-nos para a dificuldade em estabelecer interpretações gerais aplicáveis ao conjunto do sistema judicial. Informa-nos ainda sobre a lenta, complexa e tantas vezes conflituosa demarcação das jurisdições judiciais propriamente ditas, bem como sobre as dificuldades de delimitação do território entre as circunscrições governativas – as capitanias – e as divisões judiciais – as ouvidorias.

Já nas situações em que houve criação de novas comarcas dentro de uma mesma capitania – como é, por exemplo, a situação de Paranaguá para São Paulo e de Jacobina para a Bahia –, esperar-se-ia que se registrasse uma tendência de crescimento das emissões nessas capitanias, uma vez que os magistrados se tinham tornado mais numerosos. Adicionalmente, dado que a população desses territórios aumentou bastante ao longo do século XVIII e se registrava um maior dinamismo econômico, era plausível admitir que haveria maior recurso à justiça. Mas esses raciocínios revelaram-se, de novo, demasiado simplistas.

Convém, por isso, ter em linha de conta que a criação de novas comarcas dentro das capitanias foi muitas vezes contemporânea da desagregação do território destas últimas. A conjugação desses dois efeitos é, assim, contraditória: se o efeito da criação de novas comarcas dentro de uma capitania deveria provocar aumento das emissões, a autonomização de ouvidorias coincidentes com capitanias teve, em muitos casos, o efeito inverso. O caso da capitania de São Paulo ilustra esse duplo movimento. A ouvidoria de Paranaguá, criada em 1723,[32] foi responsável pela emissão de mais de metade das cartas arquivadas nos fundos de São Paulo em 1725-1726 e em 1785-1795 (respectivamente 8 e 7), enquanto a criação das quatro ouvidorias mineiras na década de 1720,[33] assim como as de Cuiabá[34] e Goiás, contribuem para explicar os valores, apesar de tudo globalmente modestos, das emissões dos ouvidores paulistanos. Embora os dois processos também coexistissem na capitania da Bahia, os valores das emissões de ouvidores-gerais incorporados nos fundos baianos não espelham de forma óbvia as dinâmicas contraditórias que mencionamos, e vale a pena expor algumas perplexidades.

Disse-se antes que as comarcas de Sergipe, Alagoas, Jacobina, Ilhéus e Porto Seguro foram desmembradas entre 1696 e 1763 da grande comarca da Bahia. No entanto, e embora saibamos que os fundos documentais dessas capitanias integram correspondência dos ouvidores das respectivas comarcas desde o momento da sua criação, no recorte de 1785-1795 continuamos a encontrar emissões de alguns desses ouvidores-gerais nos fundos documentais da Bahia. As causas não são evidentes e impõem microanálises, inviáveis neste momento. Deixamos, por isso, o alerta.

Mas, a acrescentar ao leque de explicações já sugeridas para as variações dos fluxos, adiantamos a hipótese de os baixos totais de correspondência dos ouvidores-gerais da Bahia e dos do Rio de Janeiro resultarem do fato de essas cidades sedearem instituições ligadas à capitalidade, a Relação e o governo-geral do Estado do Brasil até 1763 no caso baiano, e a instalação da Relação e transferência da capital após 1763 para o Rio de Janeiro. Stuart Schwartz deu há muito elementos para corroborar essa ideia quando, a propósito da jurisdição do Tribunal da Relação da Bahia, explicou que o cargo de ouvidor-geral da Bahia foi incorporado nessa estrutura judicial.[35] Como hipótese, sugere-se, assim, que os ouvidores de comarcas mais distantes da sede do poder central na conquista ou onde a presença dos governadores fosse mais intermitente, como é o caso dos quatro ouvidores de Minas Gerais, se evidenciariam mais na recolha e no envio de informação para Lisboa do que os da Bahia e do Rio de Janeiro, já que aí a comunicação tenderia a ser avocada pelos agentes políticos e judiciais da capital do Brasil.

Mas existem ainda outros fatores para justificar as variações dos fluxos de comunicação com Lisboa. Um deles estará relacionado com idiossincrasias dos próprios magistrados. Embora o enquadramento legal previsse que os magistrados deveriam informar sobre certas matérias e que estavam obrigados a enviar o seu parecer sempre que para tal fossem solicitados, o certo é que nem todos revelaram a mesma disponibilidade para o fazer. Ora, as causas dessa omissão podem decorrer tanto das características pessoais, quanto da vontade deliberada em não se pronunciarem sobre certos assuntos. Esta última atitude é difícil de avaliar com precisão, mas não custa imaginar que a falta de conhecimento das realidades ultramarinas, o desleixo ou o excesso de cautelas pudessem suscitar posturas menos comprometidas dos ouvidores-gerais na comunicação com Lisboa.

Um outro fator pode estar associado com o perfil político e os estilos de atuação dos outros agentes com quem os ouvidores coincidiram na administração dos territórios. Assim, se a meticulosidade de uns pode justificar a maior emissão de informação, a conflitualidade jurisdicional entre os diversos agentes da Coroa implicava o recurso mais intenso ao papel arbitral do rei. A combinação desses elementos tem uma geometria variável, mas acreditamos que também constituem importantes elementos explicativos para as oscilações dos valores das emissões destes magistrados, bem como para o crescimento algo inesperado que se verifica nalgumas regiões.

O exemplo do Maranhão ajuda a esclarecer essas ideias, pois, em termos globais, os seus ouvidores-gerais são os mais ativos do universo em análise, com cerca de 25% do total das emissões observadas para as conquistas. Essa porcentagem oculta, no entanto, grandes discrepâncias. Olhando para os quatro recortes de dois anos (1725-1726, 1735-1736, 1755-1756 e 1763-1764), verifica-se que os ouvidores-gerais do Maranhão em exercício nesses períodos emitiram, respectivamente, 17, 11, 0 e 1 cartas (ver Tabela 9.2). Em 1725-1726, o ouvidor-geral era Matias da Silva e Freitas, nascido no Recife em 1686.[36] Dos conteúdos da correspondência ressaltam duas questões: a primeira prende-se com os problemas associados à anexação da provedoria-mor da Fazenda da Cidade de São Luís do Maranhão ao cargo de ouvidor-geral e deu origem a quatro cartas; a segunda decorre da coincidência cronológica com o experimentado governador João da Maia da Gama (1722-1728), com quem o ouvidor se terá travado de razões. Em causa estava um conflito jurisdicional, queixando-se o ouvidor das constantes interferências do governador nas atividades da ouvidoria-geral em cinco cartas escritas entre maio e julho de 1726. Compreende-se que Matias da Silva e Freitas seria cioso das suas funções e que não estava disposto a abdicar das prerrogativas do seu cargo. Essa ideia é de resto reforçada por outras cartas que enviou para o Conselho Ultramarino em que pedia esclarecimentos sobre o âmbito das suas competências e sobre o seu salário. O contraste é grande com o ouvidor Bruno António de Cardoso e Meneses, que emitiu apenas uma carta no recorte de 1763-1764. Em junho de 1764, este magistrado já exercia o cargo interinamente, como afirmava na missiva que enviou para Lisboa com o agradecimento pela sua nomeação formal. E nada mais... Como explicar então essas variações?

Antes de propor uma resposta, atente-se a duas outras situações, uma relativa ao Maranhão, outra a Angola. No primeiro exemplo, trata-se dos casos de dois ouvidores maranhenses – o reinol transmontano Manuel António Leitão Bandeira e João Francisco Leal – e respeitam o derradeiro recorte, ou seja, 1785-1795 (Tabela 9.2). O primeiro desses magistrados tomou posse do cargo de ouvidor-geral do Maranhão em 1785, mas exerceu também o cargo de provedor, que acumulou depois com o de provedor dos defuntos e ausentes da mesma capitania. Dele, registram-se 43 missivas entre 1785-1789. Embora tenha sido substituído no cargo em 1790, escreveu mais 16 cartas para Lisboa até 1795, intitulando-se ouvidor. Estudos já realizados,[37] bem assim como a correspondência enviada pelo magistrado para Lisboa, atestam os esforços do ouvidor na contenção dos abusos de poder que vinham sendo cometidos pelo bispo do Maranhão, d. frei António de Pádua e Belas. No entanto, a luta política não se ficou por aí. Enfrentou depois o governador e capitão-general do Maranhão e do Piauí, Fernando Pereira Leite de Foios, através de múltiplas denúncias sobre o seu comportamento descomedido e a ingerência continuada em matérias do foro judicial. Idêntica postura de oposição ao referido governador foi seguida pelo ouvidor que lhe sucedeu, o já mencionado João Francisco Leal. Também ele enviou numerosas missivas para Lisboa (24, entre 1790 e 1794) com repetidas acusações aos desmandos cometidos pelo governador Fernando Pereira Leite de Foios. Se nessa atitude ambos pouco se diferenciaram do anteriormente mencionado Matias da Silva e Freitas, há particularidades no que respeita ao ouvidor Manuel António Leitão Bandeira que merecem destaque. Com efeito, a frequência com que enviou reflexões sobre as riquezas naturais do Maranhão ou sugestões sobre a forma de melhor administrar e explorar os recursos do território, aventurando-se em largas considerações sobre a justiça, a economia política ou até mesmo as relações internacionais europeias, configuram-no como um ouvidor ilustrado que, não sendo caso único, não corresponderia ao perfil mais comum entre os magistrados.[38] Decorreria de traços específicos da sua personalidade. Também, certamente, de uma concepção mais "esclarecida" sobre o teor das relações de poder entre a metrópole e as colônias através da potenciação econômica dessas relações. Mas não seria só isso. A verdade é que o crescente dinamismo econômico a que se assistia nessa época no Maranhão também explica quer a atenção reflexiva de Manuel António Leitão Bandeira, quer o incremento da luta política que transparece na intensa comunicação desses dois ouvidores com as autoridades da corte portuguesa.

A análise das emissões do ouvidor de Angola para 1725-1726 oferece alguns paralelismos com os do Maranhão, pois a inflação da correspondência também parece estar associada a um conflito jurisdicional. Note-se que foi esse o intervalo com maior volume de comunicação de ouvidores angolanos, 13 cartas em dois anos, ver Tabela 9.2. Nesse caso, o ouvidor Francisco Pereira da Costa enfrentou facções organizadas no território que envolviam o bispo de Angola, o mestre de campo e o juiz de fora. O ouvidor acusava-os de gastos excessivos, de irregularidades administrativas que prejudicavam a Fazenda Real ou de protegerem malfeitorias de clientelas suas. De certo modo, as cartas evidenciam a fragilidade política do ouvidor perante os poderes instalados no território. Compreende-se que a impotência que sentia perante o desrespeito continuado dos cânones judiciais e da tramitação processual apropriada o empurravam a solicitar constantemente a intervenção da Coroa para que esta o auxiliasse a repor a ordem. Tal como antes se referiu a propósito do Maranhão, a tal situação não seria alheio o fato de acumular outras funções, no caso de provedor da comarca. Embora fosse relativamente usual, essa sobreposição de competências ampliava a esfera de atuação do magistrado, o que criava necessariamente tensões com os poderes locais. E a espiral de oposição crescia quando o magistrado em causa era um homem determinado em aplicar as normativas legais e em disciplinar as práticas instaladas. Mas o comportamento do ouvidor Francisco Pereira da Costa pode ainda indiciar o confronto (e o desconforto) da magistratura reinol em face das avassaladoras diferenças das realidades das conquistas.

Como se depreenderá por estes exemplos, as situações variaram muito, pelo que é difícil extrair lógicas explicativas gerais. Em todo o caso, parece plausível sugerir-se que a conflitualidade entre poderes e que a acumulação de vários cargos por parte dos ouvidores das conquistas tenderiam a promover uma maior comunicação com Lisboa.

OS TEMAS DA COMUNICAÇÃO: CONTEXTOS E TERRITÓRIOS

Os temas da comunicação entre os ouvidores-gerais e as autoridades em Lisboa para o caso das conquistas e entre os poderes local e central para os magistrados do reino são relativamente diminutos. Importa, por esse motivo, explicar desde já que a tipologia que aqui se apresenta resulta da agregação de categorias das classificações realizadas pela equipe do projeto para as bases de dados, e que o nosso intuito foi ajustar as tipologias gerais da base às características específicas da atividade desse tipo de magistrados.

Como se pode observar na Tabela 9.4 e nas Figuras 9.1 e 9.2, os temas privilegiados da comunicação dos ouvidores com Lisboa e dos magistrados reinóis com as câmaras são a "justiça e polícia", seguida de "exercício do cargo", "informação", e "assuntos camarários". As demais categorias são pouco expressivas. Que tipo de matérias se incluem nessas categoriais e qual a sua relação com as competências formais adstritas aos ouvidores e corregedores nos respectivos regimentos? Que indícios nos oferecem sobre o lugar dos ouvidores nas relações entre poderes, muito particularmente nas relações com o centro político e com os governos das terras?

Tabela 9.4
Temas de comunicação das emissões dos ouvidores-gerais, por capitanias (todos os recortes)

	Assunto particular	Justiça e polícia	Câmara	Informação	Exercício do cargo	Conflito de jurisdição	Outros	Total
Angola	0	22	4	9	5	2	1	43
Maranhão	3	52	6	24	15	25	0	125
Pará	1	45	2	12	13	0	0	73
Pernambuco	3	48	10	13	17	0	0	91
Bahia	0	17	2	14	27	1	1	62
Minas	0	17	7	9	26	0	0	153
São Paulo	1	22	6	9	10	0	0	48
Rio de Janeiro	0	18	4	2	7	2	0	33
Total	8	241	41	92	120	30	2	534

A leitura da totalidade dos registros recolhidos demonstra que a maioria dos magistrados ultramarinos tendia a manter-se dentro da sua esfera de jurisdição. Vimos já que as suas competências formais não incluíam apenas a instrução de processos judiciais, mas que abrangiam ainda funções de fiscalização de outros poderes, além da manutenção da ordem pública, supervisão da distribuição de terras e da verificação do cumprimento da fiscalidade régia. Quando acumulavam com outros cargos, as suas funções ampliavam-se, repercutindo-se na comunicação, como ocorreu com Matias José Ribeiro, que, além de ouvidor-geral do Pará, em 1786 era também intendente. Será nesta última qualidade que, nesse mesmo ano, enviou dez cartas para Lisboa, com recibos de sacas de arroz embarcadas para a metrópole. Tendo em vista essas evidências, decidimos que a categoria "justiça e polícia" deveria incluir todos os assuntos pertencentes à jurisdição dos ouvidores, seja na sua qualidade de juízes, seja nas outras funções que podiam acumular.

Desse modo, e sem qualquer surpresa, os assuntos de "justiça e polícia" são majoritários na correspondência emitida. Os relatos que a compõem abordam questões muito diversas, e a especificidade do contexto é fundamental para interpretar os seus diferentes significados. Como essa diligência é evidentemente impraticável neste contexto, procuraremos, apenas, assinalar algumas questões gerais que a leitura das cartas suscita. Uma primeira prende-se com as residências tiradas a oficiais régios, nomeadamente governadores, capitães-mores, ouvidores ou juízes de fora. Essas referências não são muito numerosas (31 cartas), o que revela bem que essa informação não seria transmitida sistematicamente pelos ouvidores para o Conselho Ultramarino. De resto, sabe-se que não seriam sempre eles a desempenhar essas inspeções, podendo tal atividade recair na alçada dos desembargadores da Relação – da Bahia e do Rio de Janeiro – ou em magistrados nomeados pela Coroa especificamente para o efeito. Notícias de devassas existem também e foram um dos principais assuntos incluídos nessa categoria de "justiça e polícia". Na base dessas inquirições estavam – como não poderia deixar de ser – denúncias do que se entendia serem irregularidades de comportamentos, fossem eles de natureza social, administrativa ou econômica. Algumas delas nasciam das próprias correições a que os ouvidores estavam obrigados pelo seu regimento e nas quais se podem descobrir atropelos entre distintas jurisdições, seja do oficialato régio, seja com os poderes eclesiásticos e os particulares.

Mas por que é que os ouvidores sentiram necessidade de comunicar certos casos a Lisboa, e outros, não? Os eventos e os agentes envolvidos permitem-nos aceder a recorrências decorrentes de contextos cronológicos e espaciais particulares, que podem oferecer algumas pistas. Se é certo que valeria a pena aprofundá-las para entender melhor o seu significado em contexto, parece, no entanto, que a resposta residirá quer na importância do conflito narrado, quer na relevância das personagens envolvidas. No primeiro caso, estariam revoltas de populações ou motins de escravos, crimes de morte, estrangeiros em situação irregular no território e descaminhos ao fisco, por exemplo. No segundo, enquadrar-se-iam sobretudo irregularidades cometidas por oficiais régios de maior relevo em distintas áreas da administração colonial. Ou seja, problemas jurisdicionais ou abusos de autoridade institucional. Em síntese, os ouvidores das conquistas apresentavam aos tribunais superiores da monarquia os casos de maior sensibilidade política que seriam também aqueles nos quais a intervenção arbitral da Coroa se afigurava imprescindível. Os restantes, que por certo representavam a fração majoritária das ações judiciais que tiveram lugar nas conquistas, seriam resolvidos e arquivados localmente.

Com efeito, a avaliar pelas perguntas contidas no regimento das residências antes citado,[39] o magistrado devia registrar elementos sobre o exercício do seu cargo em diversos livros. O citado regimento aponta livros próprios para as correições efetuadas na comarca e para as sentenças proferidas. Mas ainda deveria ter livros específicos para assento das cartas de seguro, para as condenações, para as fintas, para os degredados, para as querelas. Exigia-se, portanto, precisão e transparência na anotação das suas ações, que seriam depois verificadas em sede de residência. Esses livros estariam arquivados na sede da comarca e, além de permitirem a inspeção dos sindicantes, tinham evidente importância para a constituição de uma memória processual. A queixa expressa, em 1726, pelo ouvidor-geral da comarca de Paranaguá, António Álvares Lanhas Peixoto, ao rei exprimia a gravidade desse problema na nova comarca. Dizia o zeloso ouvidor que o magistrado da comarca de São Paulo, da qual Paranaguá fora desmembrada, ainda não lhe tinha mandado os competentes livros e registros, e que a falta desses papéis causava embaraço e prejudicava a administração da justiça no território.

Os temas "exercício do cargo" e "informação" também têm peso no conjunto da correspondência enviada. O "exercício do cargo" engloba toda a correspondência em que os ouvidores apresentam problemas ou requerem algo relativo ao exercício da sua própria atividade. Não se referem em abstrato às condições de exercício da magistratura, mas sim à sua situação individual. Reclamam, por isso, direitos em dívida, como salários e emolumentos em falta, ajudas de custo, mantimento e aposentadoria; solicitam licenças para se ausentarem, para se casarem na conquista ou para advogarem na capitania, para acrescentarem os seus proventos, adivinha-se; alertam sobre o final do mandato, pedindo para se lhes tirar residência; agradecem também nomeações para outros postos. Esse tipo de questões corresponde a 120 registros, ou seja, cerca de 22% do total de emissões, e nelas sobressaem os ouvidores de Minas Gerais com 24 requerimentos desse tipo. O que quer dizer que, tendo acesso a um canal privilegiado de comunicação, os ouvidores usavam-no sem rebuço para si próprios. A busca de soluções para melhorar as condições do exercício das respectivas magistraturas parece assim ser um tema candente na comunicação com a Coroa, e assinala de forma expressiva as dificuldades materiais e os problemas pessoais que o desempenho do cargo lhes suscitava.

Já o tema "informação" integra 92 registros que versam assuntos muito variados. Em comum têm o fato de enviarem informação sobre questões relacionadas com o território, fosse em resposta a pedidos de coleta ou de envio de notícias por parte das autoridades centrais de Lisboa, fosse como participação espontânea. Em alguns casos, tomava mesmo a forma de parecer. Ora, esse tipo de correspondência revela o papel indireto desempenhado pelos ouvidores-gerais no processo de tomada de decisão da Coroa. Por um lado, o conhecimento que detinham sobre o território e sobre as questões em curso os tornava uma fonte útil de informações sobre as realidades das conquistas. Estariam, nesse caso, por exemplo, os pareceres que davam sobre certas petições de instituições ou de moradores locais ou sobre a fundação de conventos em localidades precisas. Mas também os dados que disponibilizavam sobre a nobreza, limpeza de sangue e a ocupação de certos indivíduos. Ou ainda sobre os méritos de quem pedia licença para advogar ou sobre a reivindicação de direitos para habilitação a heranças. Por outro lado, a suposta imparcialidade que lhes advinha de não serem naturais da comarca, assim como o tipo de formação acadêmica de que dispunham, davam substância técnica aos pareceres que emitiam, sobretudo em situações de conflito entre poderes nas conquistas. Em outras situações, a capacidade reflexiva de que eram dotados justificava considerações sobre matérias ainda mais relevantes para a formação da opinião dos decisores políticos. Tal foi o caso da informação sobre a desvantagem da conservação da nova Colônia de Sacramento prestada por Tomé de Almeida de Oliveira, ouvidor-geral do Rio de Janeiro, em 1687, ou as já mencionadas reflexões de Manuel António Leitão Bandeira, ouvidor-geral do Maranhão, sobre propriedade da terra, sobre a produção de arroz na capitania, sobre os preços da farinha ou ainda sobre temas tão amplos quanto o direito, o desenvolvimento da agricultura, do comércio e das artes nas colônias e as riquezas dos reinos vegetal e animal existentes na capitania maranhense e na América em geral.

Se a necessidade de conhecer os recursos e de controlar a informação disponível é sempre importante para a ação governativa, compreende-se que era ainda mais determinante quando o governo se fazia a distância. Mas, para além da relevância conferida ao conhecimento sobre as realidades das conquistas, os pedidos de informação solicitados por Lisboa aos ouvidores-gerais confirmam-nos ainda que a decisão política no centro se construía com a participação de um leque alargado de atores políticos.

Por fim, e em atenção a um dos problemas centrais equacionados por esse projeto de investigação, isolamos os "assuntos camarários". Na realidade, esse tópico insere-se no tema grande da "justiça e polícia" que antes referimos, pelo que em rigor esse tema dominante ainda adquire maior expressão. Com efeito, é bem conhecido de todos que a fiscalização da atividade dos órgãos de governo locais era parte essencial das competências dos ouvidores. Os próprios regimentos definem explicitamente esse âmbito de atuação, e as práticas dos ouvidores confirmam-no. E, neste particular, não há qualquer distinção relativamente ao que ocorria no reino. Insistindo, contudo, na ideia que temos vindo a explanar, o que há que compreender são os temas específicos da comunicação enviada e a razão pela qual o ouvidor decidiu comunicar para Lisboa algumas matérias e não outras.

Numa primeira análise, descobre-se que o ouvidor-geral informava sobre muitos tipos de assuntos relacionados com as câmaras. Elegemos para análise três. Um primeiro relativo às eleições e provimentos dos oficiais locais; um segundo sobre os gastos e a atividade de gestão da câmara; um terceiro referente a conflitos de jurisdição com as câmaras. As interseções com a fiscalidade e com matérias de foro militar, embora também estejam referidas, não serão aqui desenvolvidas, pois são abordadas em capítulos específicos desta obra coletiva.

Sobre a fiscalização dos processos eleitorais para as vereações, a correspondência é escassa. Impõe-se algum cuidado analítico na explicação dessa diminuta presença, pois outro tipo de documentação deixa claro que os ouvidores estavam presentes e verificavam a legalidade das eleições municipais. Para mais, esses atos efetuavam-se com uma periodicidade curta, e o ouvidor devia comunicar os resultados ao centro. Sendo assim, esse tipo de informações teria outros destinatários no reino. O que aparece na comunicação são dúvidas e questões sobre a adequação ou impedimentos de certos eleitos ou providos. Foi esse o caso da exposição feita pelo ouvidor-geral da capitania de Pernambuco em 1725, Francisco Lopes de Carvalho, sobre as razões do veto do nome do capitão-mor Lourenço Cavalcanti Velho para o cargo no concelho. Outro exemplo é a notícia dada, em 1735, por José de Sousa Monteiro, ouvidor-geral do Maranhão, relativa aos problemas havidos com a posse dos novos oficiais da câmara da cidade de São Luís. Ainda outra situação desse tipo foi narrada, em 1793, por João Alvares de Melo, ouvidor-geral de Angola, a propósito do provimento de cargo de escrivão e sobre as perguntas feitas a oficiais que participaram de uma campanha militar, que revelavam a parcialidade dos testemunhos apresentados.

De natureza um pouco distinta são os pareceres sobre requerimentos locais para criação de novos ofícios. Um exemplo possível é o parecer que Dionísio de Ávila Vareiro, ouvidor-geral da capitania de Pernambuco, enviou, em 1685, sobre a criação do ofício de tabelião do público judicial e notas para a vila de Santa Maria Madalena, das Alagoas do Sul e sobre a criação do ofício de meirinho para as execuções do juízo dos órfãos. Não são muitos os casos, todavia. Ora, como é crível que os efetivos do oficialato local nas conquistas tenham crescido ao longo do período em análise, e como era expressamente exigida a autorização régia para tal, também aqui fica a pergunta de qual seria a sede para onde tais questões eram enviadas.

Em contrapartida, a verificação da gestão camarária aparece de modo bem mais expressivo. Os ouvidores-gerais opinavam sobre a adequação do valor de salários, propinas e ajudas de custo dos oficiais camarários, sobre gastos com festas e com obras públicas como cadeias, poços e caminhos, por exemplo. Pelo teor das perguntas contidas no regimento das residências aos corregedores e ouvidores antes citado, o magistrado estava obrigado a verificar uma série de livros de elaboração camarária, como o de receitas e despesas da câmara. Em carta enviada ao rei em 1726, o já mencionado ouvidor de Angola Francisco Pereira da Costa referiu essa questão, a propósito da confirmação do registro da ordem régia segundo a qual os ouvidores-gerais, bem como os corregedores e provedores da comarca, deviam tomar contas à câmara, examinarem as suas posturas, as despesas, os abatimentos dos mestres de navios, os subsídios que pagavam ao senado das aguardentes e mais diligências pertencentes à correição. A citada ordem dizia ainda que o ouvidor também passava a ter jurisdição sobre alguns aspectos da alçada do juiz de fora. São, portanto, decisões da Coroa para reforçar os poderes do ouvidor-geral em face da câmara, através de um maior controle sobre a utilização dos rendimentos municipais. O efeito ter-se-á feito sentir rapidamente, pois o mesmo ouvidor ainda nesse mesmo ano denunciou os gastos do senado, que classificava como supérfluos, com jantares no dia da limpeza do poço de Maianga, com festas, propinas e mimos. Igualmente sobre despesas camarárias – no caso, os privilégios e as despesas dos oficiais da câmara de Vila Nova da Rainha –, falava a carta de Matias Pereira de Sousa, ouvidor de Sabará nas Minas Gerais, ainda nesse mesmo ano de 1726. E esses exemplos podem multiplicar-se.

A conflitualidade jurisdicional com as instituições locais resultava das próprias competências de fiscalização do desempenho desses oficiais atribuídas pela lei aos ouvidores. Uma das facetas desses confrontos respeitava a ação dos juízes de fora, que, como é conhecido, embora fossem magistrados de nomeação régia, presidiam aos municípios. Nesse quadro estavam sob a alçada e correição dos ouvidores e dos corregedores. Ora, se para todo o período que estamos a observar existiam já juízes de fora nos quatro municípios do reino, o mesmo não ocorreu nas conquistas onde a malha de juizados de fora se implantou de forma lenta e tardia. Coloca-se a hipótese de esse atraso na constituição da base da pirâmide judicial da administração periférica da Coroa ter contribuído para a conflitualidade entre as magistraturas de ouvidor e juiz de fora, uma vez que implicava acertos de fronteiras entre as respectivas jurisdições. Já se aludiu a essa questão, mas os dados indiciam que as tensões poder-se-iam prolongar muito para além dos momentos de criação dos novos cargos de juiz de fora. Um exemplo a partir dos fundos de Pernambuco pode ser elucidativo. Trata-se de um ofício datado de 1787 que foi dirigido pelo ouvidor dessa capitania, António Xavier de Morais Teixeira Homem, ao secretário de Estado da Marinha e Ultramar, Martinho de Melo e Castro. Nele se incluía a documentação relativa às responsabilidades que cabiam ao ouvidor-geral e ao juiz de fora, e dava-se conta de uma questão que teria nascido dos recursos interpostos pelo juiz de fora de Olinda, António de Sousa Correia, à ação do ouvidor-geral. Em consequência, este último solicitava providências para não se prejudicarem os ouvidores no exercício da sua jurisdição.

Pese embora a importância desse tipo de explicações para a conflitualidade com os juízes de fora, os estudos que a historiografia brasileira recente tem vindo a produzir sobre as trajetórias sociais dos magistrados e sobre as redes de interesses que se estruturaram em torno dos poderes camarários comprovam que havia muitos outros motivos para a conflitualidade existente. Ou seja, a desejada imparcialidade que deveria caracterizar qualquer um desses magistrados da Coroa nem sempre era conseguida. Muitos se revelaram mesmo bastante permeáveis às disputas de poder nos espaços locais, e não raro foram acusados de descurar os interesses da Coroa em favor de fações locais.[40]

Vale a pena, por fim, referir uma prática da atuação dos ouvidores-gerais que, embora não muito presente na documentação recolhida dentro dos recortes considerados, deixou evidências fortes em outros momentos das correspondências com Lisboa, e que revela muito bem uma das dimensões mais políticas das suas atuações. Trata-se do papel que esses ministros desempenharam na criação de vilas e na demarcação político-administrativa dos territórios ultramarinos. Exemplificando: entre os anos 30 e 60 do século XVIII, foram emitidas cartas régias pelo Conselho Ultramarino determinando a criação de novas vilas no Brasil. Analisando a documentação relativa à criação dessas vilas, percebe-se o protagonismo dos ouvidores, não apenas no fornecimento de elementos para que as cartas fossem elaboradas, mas também no ato formal de criação *in loco* das vilas. Um bom exemplo é o de Rafael Pires Pardinho, que, em 1717, foi nomeado ouvidor em São Paulo, acumulando o ofício com o de provedor dos defuntos e ausentes, capelas e resíduos.[41]

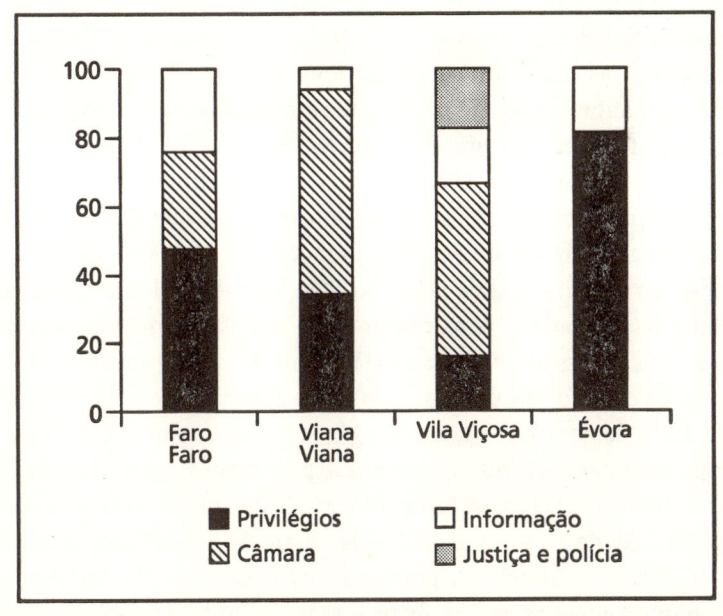

Figura 9.1 Temas de comunicação dos magistrados do reino (1641-1808) – Cartas emitidas

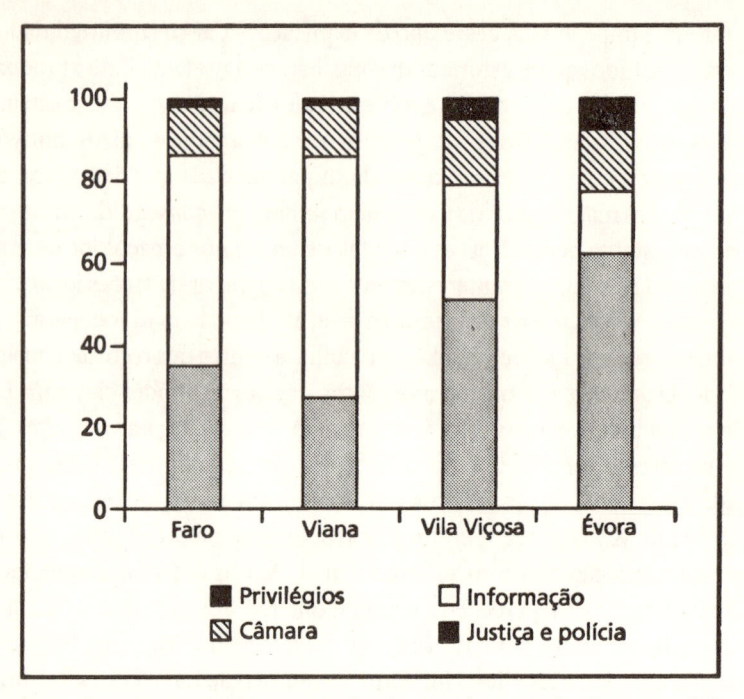

Figura 9.2 Temas de comunicação dos magistrados do reino (1641-1808) – Cartas recebidas

Relativamente aos magistrados do reino, já vimos que a natureza da informação recolhida condiciona bastante as possibilidades de comparação com as conquistas. Em qualquer caso, vale a pena assinalar alguns pontos.

Convém explicitar, antes de mais, que se mantém a preeminência do tema "justiça e polícia", quer nas emissões, quer nas cartas recebidas. Não será surpreendente, dada a similitude de competências que compartilhavam com os seus equivalentes ultramarinos. Deve-se, no entanto, apontar duas questões. Uma primeira, que mais uma vez decorre das características dos fundos documentais compulsados no reino, é a de a comunicação emitida pelos magistrados estar quase sempre relacionada com as câmaras em análise. Uma segunda que é a de que existem variações grandes na importância deste tipo de assuntos de "justiça e polícia" entre os diversos municípios, o que não ocorre tanto nas conquistas, onde a predominância desse tema é mais homogênea para o conjunto dos territórios. As questões incluídas nesse grande apartado são pagamentos de oficiais da Fazenda e da Justiça, assim com uma gama bastante variada de questões associadas à justiça, economia, fiscalidade e forças armadas. Na maioria dos casos, trata-se da mera execução de ordens promulgadas por instituições centrais. Tal é particularmente visível no que concerne às ordens oriundas da Junta dos Três Estados – mas também do Conselho da Fazenda – sobre assuntos fiscais em que o lançamento e cobrança de impostos têm significado: os 4,5%, décima, real de água, usual, sisas, fintas, subsídio literário e outros.

A Junta dos Três Estados foi criada durante a Guerra da Restauração e tinha competências essencialmente de foro militar e fiscal, pelo que se explica facilmente que a correspondência enviada para corregedores e ouvidores se concentrasse sobretudo nos períodos de guerra. No domínio da economia, sobrelevam os problemas do abastecimento, preocupação com incultos e pastos ou plantação de amoreiras. Os assuntos propriamente judiciais e as relações com outros poderes que se evidenciaram na documentação das conquistas estão menos presentes no reino. Existem escassas referências a pleitos judiciais em curso, alguns registros (poucos) relativos à verificação da legalidade de certos provimentos e, em Évora, alguma preocupação com a presença de ciganos. Convém ainda dizer que todos os assuntos relativos ao que designamos "exercício do cargo" para as conquistas, no reino estão integrados nesta categoria "justiça e polícia", pois a sua expressão numérica é bastante escassa. Referem-se a licenças para se ausentarem da comarca e a falhas de pagamentos devidos, mas são bastante esporádicas, ao invés do que se verificou nas conquistas onde a preocupação com as condições materiais do exercício das magistraturas afligia os oficiais judiciais.

O tema "informação" está muito presente e oferece-nos evidências claras sobre a importância das funções de intermediários de comunicação desempenhadas pelos magistrados no reino. Com efeito, parecem ser os corregedores e ouvidores os oficiais a quem competia a redistribuição da legislação régia pelo território. Essa a razão pela qual era sua obrigação dá-la a conhecer às autoridades camarárias e fazê-la registrar nos livros das câmaras da comarca. Percebe-se, assim, que esses magistrados eram utilizados como canais de comunicação fundamentais entre Lisboa e os espaços locais. E, pese embora essa comunicação ter antes tido a habitual tramitação processual dentro das várias instâncias da polissinodia, formalmente chegava quase sempre às mãos dos magistrados com a assinatura do monarca. A difusão da legislação, pela importância que detém no sistema de comunicação política da monarquia pluricontinental, terá, no entanto, um capítulo autônomo (Capítulo 4), o que nos dispensa de detalhar aqui essa questão.

O tema "câmara" abarca competências definidas na lei para esses magistrados, pelo que, e como já dissemos a propósito das conquistas, deve ser entendido como parte do grande assunto "justiça e polícia". Desse modo, só porque é tema relevante neste projeto é que se decidiu dar-lhe tratamento separado. Abrange essencialmente provimentos, dadas de posse e juramento dos oficiais que deveriam exercer ou localmente – como o caso dos oficiais camarários entre os quais também se incluíam os médicos ou os procuradores das cidades; das eleições para as câmaras e cargos associados às áreas da Fazenda (tesoureiros, almoxarifes) e militar (oficiais de ordenanças) –, ou no âmbito da comarca, como seriam o caso, por exemplo, do superintendente da criação de cavalos. Os principais emissores da correspondência recebida pelos magistrados no que respeita a essas matérias eram, como seria expectável pelas funções de tutela que detinham, o Desembargo do Paço para os corregedores de Viana, Évora e Ponta Delgada, a Junta da Justiça da Casa de Bragança para Vila Viçosa e o Conselho da Fazenda e Estado da Rainha para Faro.

Tal como se havia já referido na análise dos fluxos de comunicação, os tribunais das Casas da Rainha e de Bragança exerciam nas câmaras dos respectivos senhorios funções equivalentes às que o Desembargo do Paço desempenhava nas terras da Coroa. Embora se saiba bem que os senhorios da Casa de Bragança e da Rainha tinham uma configuração senhorial especial que lhes advinha do fato de os seus titulares coincidirem quase sempre com os reis e rainhas de Portugal, a verdade é que tinham administração separada, e o oficialato de cada uma das casas tratava de fazer cumprir o amplo leque de privilégios que essas casas haviam adquirido ao longo dos séculos anteriores e que em muitos casos representavam exceções ao que estava fixado pela lei geral (*Ordenações*). Esse fato não é despiciendo para esta análise, porque condicionava bastante os estilos da prática política sobre os territórios. Como alguns trabalhos têm vindo a demonstrar, o fato de muitos dos direitos senhoriais terem sido concedidos séculos antes de 1640 fazia com que a gestão política desses senhorios tivesse uma amplitude superior à que caracterizava as terras da Coroa.[42] Também o fato de constituírem uma administração separada permitia cadeias de decisão e de relações de dependência e de interesses nos territórios senhoriais diversas dos da Coroa, embora essa afirmação deva ser matizada em resultado da circulação existente entre os magistrados dos tribunais superiores desses senhorios e os da monarquia. Em qualquer caso, essa questão marca uma significativa diferença relativamente às conquistas, onde os poderes donatariais nunca tiveram uma autonomia política tão grande como estas duas casas.

Conclusões

A análise que agora se encerra não constitui um ensaio genérico sobre os magistrados da administração periférica da Coroa na monarquia pluricontinental portuguesa. Embora sejam eles os atores centrais deste ensaio, a perspectiva de análise limita-se à avaliação comparada do papel que eles detêm na comunicação política com o Conselho Ultramarino no caso das conquistas e entre os órgãos decisórios de Lisboa e as câmaras que compõem a nossa amostra para o reino. Se essas são as condicionantes que balizam o alcance deste estudo, acreditamos que se podem extrair algumas conclusões gerais que acrescentam o conhecimento disponível sobre o funcionamento das instituições da monarquia portuguesa na época moderna.

Do ponto de vista dos fluxos de comunicação, assinale-se a inversão da tendência do volume de emissões dos ouvidores-gerais para a segunda metade do século XVIII relativamente à dos governadores ultramarinos e, em particular, à dos vice-reis (ver Capítulo 8), o que nos permite corroborar a interpretação que se faz neste texto de no período mariano se ter corrigido o excesso de protagonismo dos governadores pombalinos na comunicação com o reino, com efeitos na recuperação do papel de outros oficiais régios, entre os quais se incluem os ouvidores-gerais.

De seguida, importa deixar claro que a comunicação desses magistrados se limita quase sempre às competências jurisdicionais de que estão investidos. Uma outra evidência que importa reter é que tópicos diretamente associados à ação de julgar – instrução de processos, reunião de provas, produção de sentenças – não constam desse tipo de comunicação, a não ser em casos de manifesta sensibilidade política, como eram as situações que envolviam distúrbios graves na ordem pública ou indivíduos em posições políticas e sociais de destaque. Dito de outra forma, a atividade de julgamento de casos que seria a parcela dominante na atividade desses magistrados só aparece nessas correspondências quando há uma qualquer ameaça à ordem estabelecida. O controle dos espaços políticos locais realizava-se através do controle das eleições municipais e do controle sobre os provimentos de ofícios, mas essas matérias quase só são referidas pelos magistrados das conquistas quando há incumprimento ou dúvidas no respeito pela lei geral. Significa então que esse tipo de comunicação ordinária de natureza mais administrativa não seria relatado para o Conselho Ultramarino. Uma vez que os registros de comunicação dos magistrados reinóis não tinham um destinatário único, percebe-se que as obrigações ordinárias dos magistrados se dirigiam aos órgãos da respectiva tutela, ou seja, às Relações e ao Desembargo do Paço nas terras da Coroa e aos tribunais superiores das Casas da Rainha e de Bragança nos municípios senhoriais.

Nesse sentido, o tipo de comunicação que analisamos é efetivamente uma comunicação política e não tem uma relação direta com a intensidade da atuação judicial ordinária nem com a administração cotidiana dos magistrados nas comarcas. Essa a razão pela qual este trabalho também delimita melhor o campo de atuação dos tribunais superiores da monarquia e a sua relação com as periferias territoriais. No caso das conquistas, essa correspondência elucida-nos não só sobre o que é que era remetido ao reino, através do Conselho Ultramarino, para ser decidido, como sobre o que era resolvido nos centros decisórios dos domínios ultramarinos. E ao que tudo indica, a esfera de decisão no interior das próprias conquistas seria bastante ampla.

Colocada a questão nestes termos, há que sublinhar que a maior parte dos atores de quem se fala na comunicação dos ouvidores-gerais são elites políticas e sociais. Ou seja, todos aqueles que têm capacidade para mobilizar recursos de forma a colocar em causa a ordem estabelecida e aqueles que detêm competências últimas de decisão. Desse modo, nessa documentação sobressaem a conflitualidade e as desarticulações jurisdicionais, enquanto a conflitualidade social que envolve gente de menor importância está pouco presente. E não deixa de ser expressivo que os próprios magistrados utilizem frequentemente esses canais de comunicação para resolverem as suas próprias dificuldades institucionais e que essas mesmas matérias tenham expressão mais significativa nas conquistas que no reino. É, contudo, evidente que essa documentação dá pistas para se chegar às camadas mais alargadas da população, embora o faça através da mediatização institucional, como é, por exemplo, o caso das câmaras ou dos governadores, quaisquer que eles sejam. Aprofundar essas questões implicaria, no entanto, cruzar dados provenientes de outros núcleos de fontes. Em qualquer caso, parece que a maior intensidade de comunicação dos magistrados se registrava nos territórios mais afastados dos principais centros institucionais, o que pode bem identificar os lugares onde a sua autonomia funcional era maior.

Uma outra novidade deste estudo é a demonstração da relevância desses magistrados na intermediação da informação ao nível institucional. Note-se, no entanto, que essa intermediação era desempenhada de forma bastante diferenciada pelos diversos magistrados, o que indicia uma grande margem de autonomia da parte deles para decidir os níveis de intensidade e as modalidades de participação no funcionamento geral da monarquia. Aqui desafiam-se afirmações demasiado simplistas, pois as evidências apontam para a possibilidade de o mesmo tipo de intensidade na comunicação – escrever e denunciar muito, por exemplo – poderem ter interpretações contrapostas. Os trabalhos que a historiografia tem vindo a produzir demonstram bem que escrever muito pode significar uma atuação mais interventiva ao serviço do interesse da Coroa, mas também pode elucidar promiscuidade com conluios locais. E sabemos ainda que essas duas dimensões não são forçosamente excludentes. Assim, se o seu papel na fiscalização da aplicação do direito régio deve ser problematizado com recurso a microanálises, indiscutível parece ser o seu papel de redistribuidores da legislação régia. Desse modo, quaisquer que sejam os sentidos específicos da atuação de cada um dos magistrados, parece certo que eles constituem peças fundamentais na articulação, ou na desarticulação, entre as diferentes esferas de poder da monarquia.

Para terminar, recorde-se a importância das diferentes dimensões de poder na comunicação política dos magistrados, visível quer pelo enquadramento institucional dos ouvidores reinóis, quer pelos conteúdos da própria comunicação. Importa por esse motivo sublinhar que a existência de poderes senhoriais no reino ao longo de todo o período em análise, e com notável estabilidade na configuração territorial, representa uma diferença significativa em face dos domínios ultramarinos, e que esse fato tem grande impacto na relação dos ouvidores senhoriais com os poderes e com as populações locais, e não tanto na sua relação com os tribunais da monarquia.

NOTAS

1. António Manuel Hespanha, *As vésperas do Leviathan. Instituições e poder político. Portugal, séc. XVII*, p. 199.
2. José Subtil, "Os ministros do rei no poder local, ilhas e ultramar (1772-1826)", pp. 37-58.
3. O livro foi publicado originalmente pela University of California Press, em 1973, traduzido e publicado pela Editora Perspectiva, em 1979, tendo recentemente saído uma nova edição, que será aqui referida: Stuart B. Schwartz, *Burocracia e sociedade no Brasil colonial – O Tribunal Superior da Bahia e seus desembargadores, 1609-1751*.
4. Arno Wehling e Maria José Wehling, *Direito e justiça no Brasil colonial. O Tribunal da Relação do Rio de Janeiro (1751-1808)*.
5. António Pedro Barbas Homem, *Judex Perfectus: Função jurisdicional e estatuto judicial em Portugal, 1640-1820*.
6. Joana Estorninho de Almeida, *A forja dos homens. Estudos jurídicos e lugares de poder no séc. XVII*.
7. António Manuel Hespanha, "A constituição do Império português. Revisão de alguns enviesamentos correntes". *In*: João Fragoso, & Maria Fernanda Bicalho & Maria de Fátima Gouvêa (orgs.). *O Antigo Regime nos trópicos: A dinâmica imperial portuguesa (séculos XVI-XVIII*, pp. 163-188.
8. António Manuel Hespanha, *As vésperas do Leviathan*, p. 199.
9. José Subtil, "Os ministros do rei no poder local, ilhas e ultramar (1772-1826)".
10. Nuno Camarinhas, *Juízes e administração da Justiça no Antigo Regime. Portugal e o império colonial, séculos XVII e XVIII*.
11. Roberta Stumpf & Nandini Chaturvedula (orgs.), *Cargos e ofícios nas monarquias ibéricas: provimento, controlo e venalidade (séculos XVII-XVIII)*.
12. Caio Boschi, "Nas origens da Seção Colonial"; e "Os secretários do governo da capitania de Minas Gerais", pp. 35-58; Pedro Puntoni, "Bernardo Vieira Ravasco, secretário do Estado do Brasil: Poder e elites na Bahia do século XVII", pp. 157-178; Maria de Fátima Gouvêa, "Redes governativas portuguesas e centralidades régias no mundo português, c. 1680-1730", pp. 155-202.
13. *Cf.*, entre outros que vão citados no texto, Maria Filomena C. Coelho, *A justiça d'além--mar. Lógicas jurídicas feudais em Pernambuco (século XVIII)*; Virgínia Maria Almoedo de Assis, "Ofícios do rei: a circulação de homens e ideias na capitania de Pernambuco", pp. 143-154; Virgínia M. Almoedo de Assis, "Justiça e governo na capitania de Pernambuco: entre ouvidores e locotenentes", pp. 129-133; Silvia Hunold Lara, "Senhores da régia jurisdição: o particular e o público na vila de S. Salvador dos Campos dos Goitacases na segunda metade do século XVIII", pp. 59-99; Antônio Filipe Pereira Caetano, "Ouvidores da discórdia: Contestações políticas e conflitos sociais na formação da comarca das Alagoas (1711-1722)".
14. Nuno Gonçalo Monteiro, "A comunicação política na monarquia pluricontinental portuguesa (1580-1808): Reino, Atlântico e Brasil".
15. A carta de seguro *"he a promessa judicial pela qual o reo debaixo de certas condições se exime da prisão até a decisão final da causa"*. Joaquim José Caetano Pereira e Souza, *Esboço de hum Diccionario Juridico, Theoretico e Practico*.

16. Espécie de permissão para responder ao processo em liberdade, nos casos de injúria feita em juízo, uso de armas, entre outros. Tal permissão era concedida por um ano, podendo ser renovada por duas vezes. *Cf.*: Lei de 13 de outubro de 1751, tít. L e LI. Disponível em: <http://www.iuslusitaniae.fcsh.unl.pt/>.

17. António Manuel Hespanha, *As vésperas do Leviathan*, p. 91.

18. A competência avocatória permitia ao ouvidor-geral do Maranhão retirar uma causa em curso num juízo e assumir seu julgamento. Essa competência no Rio de Janeiro só foi concedida aos ouvidores-gerais do crime, desembargadores do Tribunal da Relação do Rio de Janeiro, Isabele Mello, "Magistrados a serviço do rei: A administração da justiça e os ouvidores-gerais na comarca do Rio de Janeiro (1710-1790)".

19. António Vasconcelos de Saldanha, *As capitanias do Brasil. Antecedentes, desenvolvimento e extinção de um fenómeno atlântico.*

20. *Ibidem*, e também, Luciana de Carvalho Barbalho Velez, "A ouvidoria em Itamaracá entre o poder senhorial e a intervenção régia (séculos XVII e XVIII)".

21. Isabele Mello, *Magistrados a serviço do rei.*

22. Sobre a comparação dessas duas ouvidorias e bibliografia complementar, Mafalda Soares da Cunha & Fátima Farrica, "Comunicação política em terras de jurisdição senhorial. Os casos de Faro e de Vila Viçosa (1641-1715)", pp. 279-308.

23. Ana Cristina Nogueira da Silva, *O modelo espacial do Estado Moderno. Reorganização territorial em Portugal nos finais do Antigo Regime.*

24. José Roberto Monteiro de Campos Coelho e Sousa, *Systema, ou Collecção dos Regimentos Reaes*, tomo IV, pp. 362-373.

25. Os dados respeitam a totalidade das emissões dos ouvidores-gerais incluídos nos fundos documentais dos avulsos do Conselho Ultramarino das capitanias apontadas. O que significa que as emissões indicadas para cada capitania podem incluir correspondência de mais do que um ouvidor-geral. O caso da Bahia com emissões de dez ouvidores de dez comarcas distintas (umas senhoriais outras régias) é o que integra maior diversidade de emissões.

26. Isabele Mello, "Ministros da Justiça na América portuguesa: ouvidores-gerais e juízes de fora na administração colonial (séc. XVIII)", pp. 351-381, jul.-dez., 2014. Disponível em: <http://dx.doi.org/10.11606/issn.2316-9141.rh.2014.89015>; Jonas Wilson Pegoraro, "Ouvidores régios e centralização jurídico-administrativa na América portuguesa: a comarca de Paranaguá (1723-1812)".

27. Artigos XI, XII, XII, XII e XII, respectivamente dos regimentos dos ouvidores do Rio de Janeiro de 16/9/1642, 10/6/1651, 21/3/1658, 21/10/1664 e 11/3/1669. Marcos Carneiro de Mendonça, *Raízes da formação administrativa do Brasil*; Arquivo do Distrito Federal (RJ). *Revista de documentos para a história da cidade do Rio de Janeiro.* Rio de Janeiro: Archivo Municipal, 1894, v. I; *Ibidem*, 1895; José Justino de Andrade e *Silva, Coleção Cronológica da Legislação Portuguesa compilada e anotada desde 1603*; Graça Salgado, *Fiscais e meirinhos: a administração no Brasil colonial.*

28. Regimento do ouvidor-geral do Maranhão de 18 de julho de 1644. Disponível em: <http://www.iuslusitaniae.fcsh.unl.pt/verlivro.php?id_parte=99&id_obra=63&pagina=596>.

29. Mafalda Soares da Cunha & António Castro Nunes, "Territorialização e poder na América Portuguesa. A criação de comarcas, séculos XVI-XVIII".

30. Isabele Mello, *Poder, Administração e Justiça: Os ouvidores-gerais no Rio de Janeiro (1624-1696); Ibidem,* "Magistrados a serviço do rei: A administração da justiça e os ouvidores-gerais na comarca do Rio de Janeiro (1710-1790)".

31. Luciana de Carvalho Barbalho Velez, "Ouvidoria em Itamaracá: entre o poder senhorial e a intervenção régia (séculos XVII E XVIII)"; e *Ibidem,* "Capitania de Itamaracá: poder local e conflito: Goiana e Nossa Senhora da Conceição".

32. Jonas Wilson Pegoraro, *Ouvidores régios e centralização...*

33. Maria Eliza de Campos Souza, "Relações de poder, justiça e administração em Minas Gerais nos Setecentos. A comarca de Vila Rica de Ouro Preto: 1711-1752"; *Ibidem,* "Ouvidores de comarcas na capitania de Minas Gerais no século XVIII: origens sociais, remuneração de serviços, trajetórias e mobilidade social pelo 'caminho das letras'"; Cláudia C. A. Atallah, "Da justiça em nome d'El Rey. Ouvidores e Inconfidência na capitania de Minas Gerais (Sabará, 1720-1777)".

34. Nauk M de Jesus, "A administração da justiça: ouvidores e regentes na fronteira oeste da América portuguesa", pp. 173-187.

35. Stuart Schwartz, *Burocracia e sociedade no Brasil Colonial...,* p. 69.

36. E. P. Vieira Simões e Gilson Nazareth, "A genealogia do ouvidor Mathias da Silva Freitas", Disponível em : <http://www.joaodorio.com/site/index.php?option=com_content&task=view&id=216&Itemid=117>.

37. Patrícia Alexandra Ramalho de Almeida, "Manuel António Leitão Bandeira e a Justiça no Maranhão ao tempo de d. Maria I: as relações de autoridade entre o Bispado e a Ouvidoria-Geral maranhense (1785-1790)"; e ainda, *ibidem,* "As relações de autoridade no Brasil ao tempo de d. Maria I: Manuel António Leitão Bandeira e o exercício da justiça na capitania do Maranhão (1785-1790)", v. 9. Disponível em <http://www.cerescaico.ufrn.br/mneme/anais/st_trab_pdf/pdf_6/patricia_st6.pdf>. Acesso em 11 de julho de 2014.

38. Sobre a atuação de ouvidores ilustrados como naturalistas na América: Ronald Raminelli, *Viagens Ultramarinas. Monarcas, vassalos e governo à distância;* especialmente os capítulos "Naturalistas em apuros" e "Bacharéis na crise do Império", respectivamente pp. 177-211 e pp. 259-288.

39. SOUSA, José Roberto Monteiro de Campos Coelho e. *Systema, ou Collecção dos Regimentos Reaes.*

40. Isabele Mello, "Magistrados a serviço do rei"; M. E. de C. Souza, "Ouvidores de comarcas..."; Nauk M. de Jesus, "A administração da justiça...".

41. Renata Malcher de Araújo & Maria Fernanda Bicalho, "El Rei Nosso Senhor mandou pelos conselheiros do seu Conselho Ultramarino".

42. Fátima Farrica, *Poder sobre as periferias· A Casa de Bragança e o governo das terras no Alentejo (1640-1668).*

REFERÊNCIAS BIBLIOGRÁFICAS

ALMEIDA, Joana Estorninho de. *A forja dos homens. Estudos jurídicos e lugares de poder no séc. XVII,* Lisboa: Imprensa de Ciências Sociais, 2004.

ALMEIDA, Patrícia Alexandra Ramalho de. "Manuel António Leitão Bandeira e a Justiça no Maranhão ao tempo de d. Maria I: as relações de autoridade entre o Bispado e a Ouvidoria-Geral maranhense (1785-1790)". Lisboa: Faculdade de Letras/Universidade de Lisboa, 2006. Dissertação de mestrado inédita em História Moderna.

_____. "As relações de autoridade no Brasil ao tempo de d. Maria I: Manuel António Leitão Bandeira e o exercício da justiça na capitania do Maranhão (1785-1790)", *Anais do II Encontro Internacional de História Colonial. Mneme – Revista de Humanidades*. UFRN. Caicó (RN), v. 9. n. 24, set./out., 2008.

ARAÚJO, Renata Malcher de & BICALHO, Maria Fernanda. "El Rei Nosso Senhor mandou pelos conselheiros do seu Conselho Ultramarino". Comunicação apresentada no IV Encontro Internacional de História Colonial. Belém, UFPA, setembro de 2012. Texto inédito.

ARQUIVO DO DISTRITO FEDERAL (RJ). *Revista de documentos para a história da cidade do Rio de Janeiro*. Rio de Janeiro: Archivo Municipal, 1894 e 1895.

ASSIS, Virgínia M. Almoedo de. "Justiça e governo na capitania de Pernambuco: entre ouvidores e locotenentes". *Anais da XXV Reunião da Sociedade Brasileira de Pesquisa Histórica*, v. 1. Rio de Janeiro: SBPH, 2005, pp. 129-133.

_____. "Ofícios do rei: a circulação de homens e ideias na capitania de Pernambuco". *In:* FERREIRA, Roberto Guedes (org.). *Dinâmica imperial no antigo regime português: escravidão, governos, fronteiras, poderes, legados (séculos XVII-XIX)*. Rio de Janeiro: Mauad X, 2011, pp. 143-154.

ATALLAH, Cláudia C. A. "Da justiça em nome d'El Rey. Ouvidores e Inconfidência na capitania de Minas Gerais (Sabará, 1720-1777)". Niterói: PPGH-UFF, 2010. Tese de doutorado inédita.

BOSCHI, Caio. "Nas origens da Seção Colonial" e "Os secretários do governo da capitania de Minas Gerais". *In:* _____. *Exercícios de Pesquisa Histórica*. Belo Horizonte: Editora PUC Minas, 2011, pp. 35-58.

CAETANO, Antônio Filipe Pereira. "Ouvidores da discórdia: Contestações políticas e conflitos sociais na formação da comarca das Alagoas (1711-1722)". XXVI Simpósio Nacional de História, 2011. *Anais do XXVI Simpósio Nacional da ANPUH*. São Paulo: ANPUH, 2011.

CAMARINHAS, Nuno. *Juízes e administração da Justiça no Antigo Regime. Portugal e o império colonial, séculos XVII e XVIII*. Lisboa: Fundação Calouste Gulbenkian/FCT, 2010.

COELHO, Maria Filomena C. *A justiça d'além-mar. Lógicas jurídicas feudais em Pernambuco (século XVIII)*. Recife: Massangana/Fundação Joaquim Nabuco, 2009.

CUNHA, Mafalda Soares da & FARRICA, Fátima. "Comunicação política em terras de jurisdição senhorial. Os casos de Faro e de Vila Viçosa (1641-1715)". *Revista Portuguesa de História*, T. XLIV, 2013, pp. 279-308.

_____ & NUNES, António Castro. "Territorialização e poder na América Portuguesa. A criação de comarcas, séculos XVI-XVIII". *In: Tempo. Revista de História*, v. 22, n.39. Niterói, 2016, pp. 1-30.

FARRICA, Fátima. *Poder sobre as periferias: A Casa de Bragança e o governo das terras no Alentejo (1640-1668)*. Lisboa: Colibri-Cidehus-UÉ, 2011.

GOUVÊA, Maria de Fátima. "Redes governativas portuguesas e centralidades régias no mundo português, c. 1680-1730". *In:* FRAGOSO, João & GOUVÊA, Maria de Fátima (orgs.). *Na trama das redes. Política e negócios no império português, séculos XVI-XVIII*. Rio de Janeiro: Civilização Brasileira, 2010, pp. 155-202.

HESPANHA, António Manuel. *As vésperas do Leviathan. Instituições e poder político. Portugal, séc. XVII*. Coimbra: Livraria Almedina, 1994.

_____. "A constituição do Império português. Revisão de alguns enviesamentos correntes". *In:* FRAGOSO, João & BICALHO, Maria Fernanda & GOUVÊA, Maria de Fátima (orgs.). *O Antigo Regime nos trópicos: A dinâmica imperial portuguesa (séculos XVI-XVIII)*. Rio de Janeiro: Civilização Brasileira, 2001, pp. 163-188.

HOMEM, António Pedro Barbas. *Judex Perfectus: Função jurisdicional e estatuto judicial em Portugal, 1640-1820*. Coimbra: Almedina, 2003 (Lisboa: 1998).

JESUS, Nauk M de. "A administração da justiça: ouvidores e regentes na fronteira oeste da América Portuguesa". *In*: FERREIRA, Roberto Guedes (org.). *Dinâmica imperial no antigo regime português: escravidão, governos, fronteiras, poderes, legados (séculos XVII-XIX)*. Rio de Janeiro: Mauad X, 2011, pp. 173-187.

LARA, Silvia Hunold. "Senhores da régia jurisdição: o particular e o público na vila de S. Salvador dos Campos dos Goitacases na segunda metade do século XVIII". *In*: LARA, Silvia Hunold & MENDONÇA, Joseli Maria Nunes. *Direitos e justiças no Brasil*. São Paulo: Editora da Unicamp, 2006, pp. 59-99.

MELLO, Isabele de M. P. de. *Poder, Administração e Justiça: Os ouvidores-gerais no Rio de Janeiro (1624-1696)*. Rio de Janeiro: Secretaria Municipal de Cultura/Arquivo Municipal do Rio de Janeiro, 2011.

_____. "Magistrados a serviço do rei: A administração da justiça e os ouvidores-gerais na comarca do Rio de Janeiro (1710-1790)". Niterói: PPPGH-UFF, 2013. Tese de doutorado inédita.

_____. "Ministros da Justiça na América portuguesa: ouvidores-gerais e juízes de fora na administração colonial (séc. XVIII)". *Revista de História* (São Paulo), n. 171, pp. 351-381, jul.-dez., 2014.

MENDONÇA, Marcos Carneiro de Mendonça. *Raízes da formação administrativa do Brasil*. Rio de Janeiro: Instituto Histórico e Geográfico Brasileiro, 1972.

PEGORARO, Jonas Wilson. "Ouvidores régios e centralização jurídico-administrativa na América portuguesa: a comarca de Paranaguá (1723-1812)". Curitiba: Universidade Federal do Paraná, 2007. Dissertação de mestrado inédita.

PUNTONI, Pedro. "Bernardo Vieira Ravasco, secretário do Estado do Brasil: Poder e elites na Bahia do século XVII". *In*: BICALHO, Maria Fernanda & FERLINI, Vera L. A. (orgs.). *Modos de governar. Ideias e práticas políticas no Império português, séculos XVI-XIX*. São Paulo: Alameda, 2005, pp. 157-178.

RAMINELLI, Ronald. *Viagens Ultramarinas. Monarcas, vassalos e governo à distância*, São Paulo: Alameda, 2008.

SALDANHA, António Vasconcelos de. *As capitanias do Brasil. Antecedentes, desenvolvimento e extinção de um fenómeno atlântico*, Lisboa: CNCDP, 2000.

SALGADO, Graça. *Fiscais e meirinhos: a administração no Brasil colonial*. Rio de Janeiro: Nova Fronteira, 1985.

SCHWARTZ, Stuart B. *Burocracia e sociedade no Brasil colonial – O Tribunal Superior da Bahia e seus desembargadores, 1609-1751*. Tradução de Berilo Vargas. São Paulo: Companhia das Letras, 2011.

SILVA, Ana Cristina Nogueira da. *O modelo espacial do Estado Moderno. Reorganização territorial em Portugal nos finais do Antigo Regime*. Lisboa: Estampa, 1998.

SILVA, José Justino de Andrade e. *Coleção Cronológica da Legislação Portuguesa compilada e anotada desde 1603*. Lisboa: Imprensa J. J. Silva, 1854-1859.

SIMÕES, E. P. Vieira & NAZARETH, Gilson Nazareth. "A genealogia do ouvidor Mathias da Silva Freitas". *Revista Internética João do Rio*, Ano 12 – Edição número 63, jun./jul. de 2014.

SOUSA, José Roberto Monteiro de Campos Coelho e. *Systema, ou Collecção dos Regimentos Reaes*. Lisboa: Oficina de Francisco Borges de Sousa, 1785, tomo IV.

SOUZA, Joaquim José Caetano Pereira e. *Esboço de hum Diccionario Juridico, Theoretico e Practico*. Lisboa: Typographia Rollandiana, 1827, v. III.

SOUZA, Maria Eliza de Campos. "Relações de poder, justiça e administração em Minas Gerais nos Setecentos. A comarca de Vila Rica de Ouro Preto: 1711-1752". Niterói: PPGH-UFF, 2000. Dissertação de mestrado inédita.

_____. "Ouvidores de comarcas na capitania de Minas Gerais no século XVIII: origens sociais, remuneração de serviços, trajetórias e mobilidade social pelo 'caminho das letras'". PPGH-UFMG, 2012. Tese de doutorado inédita.

STUMPF, Roberta & CHATURVEDULA, Nandini (orgs.). *Cargos e ofícios nas monarquias ibéricas: provimento, controlo e venalidade (séculos XVII-XVIII)*. Lisboa: CHAM, 2012.

SUBTIL, José. "Os ministros do rei no poder local, ilhas e ultramar (1772-1826)". *Penélope, Revista de História e Ciências Sociais*, nº 27, 2002, pp. 37-58.

VELEZ, Luciana de C. Barbalho. "A ouvidoria em Itamaracá entre o poder senhorial e a intervenção régia (séculos XVII e XVIII)". Texto inédito.

_____. *Capitania de Itamaracá: poder local e conflito: Goiana e Nossa Senhora da Conceição*. João Pessoa: UFPB, 2009. Dissertação de mestrado inédita.

WEHLING, Arno & WEHLING, Maria José. *Direito e justiça no Brasil colonial. O Tribunal da Relação do Rio de Janeiro (1751-1808)*. Rio de Janeiro: Renovar, 2004.

10

PODER POLÍTICO DAS CÂMARAS

Ronald Raminelli[1]

Nas últimas décadas, as câmaras municipais tornaram-se um tema fundamental para pensar o processo de centralização política e administrativa das monarquias do Antigo Regime.[2] Se junto ao monarca esse processo é mais evidente, procura-se nas últimas décadas analisar a presença da administração central nas localidades periféricas. Nesse sentido, os estudos sobre as vilas e cidades distantes de Lisboa, fosse no reino ou no ultramar, buscam avaliar e comparar as intervenções do centro por meio da comunicação política. A partir da produção e troca de papéis administrativos, investiga-se como os poderes locais acatavam as determinações da monarquia, negociavam ou lhes apresentavam resistência.

Para tanto, esta pesquisa valeu-se da emissão e recepção de documentos, entre 1640 e 1807, referentes a quatro câmaras reinóis — Évora, Viana, Faro e Vila Viçosa[3] —, todas sedes de comarca. Como antes na introdução do livro se salientou, a sua relevância social e política era variável. Évora era a segunda ou terceira cidade na hierarquia política do reino, cabeça de arcebispado, enquanto Vila Viçosa era apenas uma vila que destacara por ser residência habitual dos Bragança até 1640 e cabeça de uma pequena ouvidoria senhorial. No ultramar, mesmo dispondo de muitos dados, o estudo analisa somente as principais câmaras da América portuguesa.[4] Poucas emitiram amiúde ao centro, somente os municípios-cabeça da capitania mantiveram correspondência ativa com o monarca e seus conselhos. No século XVII, a câmara de Salvador teve enorme predomínio das emissões a partir da capitania da Bahia. A mesma tendência encontra-se no Maranhão, não somente no século XVII, mas em quase todo o século seguinte. Entre 1640 e 1777, os municípios que mais se destacaram, por capitania, na comunicação com o centro são uns poucos: Salvador, Rio de Janeiro, Vila Rica, São Paulo e São Luís.[5]

Sobre as câmaras ultramarinas, existem dados referentes a 34 câmaras da capitania de São Paulo, 25 da Bahia, 15 do Rio de Janeiro, 5 do Maranhão e 22 de Minas.[6] Pretendo inicialmente avaliar o fluxo de comunicação entre a monarquia e as câmaras mais importantes da América portuguesa no âmbito econômico e político, ou seja, Salvador e Rio de Janeiro. Vila Rica se destacava entre os vários municípios mineiros setecentistas, embora sua atuação política mais relevante tenha durado somente algumas décadas, seguindo o ciclo do ouro.[7] Vale ainda justificar a escolha de São Paulo e São Luís. A primeira câmara se destacava pelo afastamento do litoral e das conexões econômicas do Atlântico sul, além de abrigar os paulistas que, por vezes, resistiram às ordens provenientes da metrópole.

Mesmo sendo por vezes sede administrativa do Estado do Maranhão e Grão-Pará, São Luís se manteve por quase dois séculos à margem das principais atividades econômicas coloniais, com nexos políticos e comerciais extremamente frágeis, embora tivesse representação nas cortes em 1674. Aliás, o ultramar estava aí representado por três cidades: Goa, Salvador e São Luís,[8] mesmo sendo a última pouco expressiva no âmbito imperial. Tendo passado pela alçada de uma companhia monopolista pombalina, entretanto extinta, tornou-se, no último quartel do século XVIII, região de enorme dinamismo econômico impulsionado pela produção do algodão e pela crescente demanda de escravos.

Os critérios de escolha das fontes usadas para as câmaras reinóis (livros de registro) já antes foram referidos. Em geral, a documentação das câmaras coloniais pode ser classificada em quatro tipos:

1. registros internos – compostos basicamente pelas atas da câmara/acórdãos, listas nominativas dos eleitores, livros de receitas e despesas, registros da correspondência emitida e recebida;
2. a correspondência emitida ao governador/vice-rei, monarca, ao Conselho Ultramarino e, mais tarde, às secretarias de Estado;
3. correspondência recebida, sobretudo proveniente do centro da monarquia;
4. processos judiciais expedidos pelos juízes ordinários no âmbito civil e criminal, sobretudo para vilas da capitania de Minas Gerais e São Paulo (Paranaguá e Curitiba).

São poucas as câmaras que preservaram esse rico acervo. As mencionadas séries documentais ainda existem, com lacunas evidentes, em arquivos estaduais e municipais do Maranhão, Bahia, Minas, Paraná e São Paulo. No entanto, parte valiosa dessa documentação está preservada em Portugal, no Arquivo Histórico Ultramarino (AHU), sobretudo a correspondência enviada pelas câmaras ultramarinas aos monarcas, conselheiros e secretários. Embora também haja lá muitas lacunas, podem ser encontradas as emissões reminiscentes de quase todas as câmaras coloniais no período entre 1640 e 1822. Mesmo com séries muito incompletas, com base no acervo, identificam-se a frequência temporal da comunicação entre as câmaras e o centro, os assuntos tratados e os receptores dos documentos emitidos pelas câmaras.

Neste capítulo, parti do pressuposto de que os mais importantes municípios se comunicavam intensamente com o centro, emitiam e recebiam maior volume de documentos quando comparados aos demais. Vale ainda mencionar, como hipótese, que existe relação direta entre o fluxo da comunicação e a prosperidade econômica das cidades e vilas. Em conjunturas de crescimento econômico, verifica-se não somente o aumento de correspondência dedicada a normatizar o comércio, navegação, sesmarias e a economia de modo geral, como também emissões e recepções sobre a fiscalidade e Fazenda. O aumento do fluxo ainda estava vinculado aos conflitos, jurisdicionais ou não, entre os oficiais das câmaras e o Desembargo do Paço, conselhos e corregedorias no reino, e contra vice-reis, governadores, ouvidores e mesmo juízes de fora no reino e ultramar.

Não raro as disputas camarárias contra os oficiais régios ultramarinos resultavam em representações endereçadas aos monarcas. Ademais, o grande fluxo da correspondência estava vinculado à qualidade, ou mesmo à fidalguia dos oficiais camarários, e também ao alto número de cargos municipais existentes nas principais câmaras.[9] Na primeira metade do século XVIII, em Minas, torna-se muito evidente a enorme quantidade de almotacés, tabeliões, escrivães, porteiros, entre outros. Na correspondência, esses cargos eram pleiteados pelos próprios oficiais ou por moradores que escreviam ao monarca para solicitar tais mercês. Aliás, a profusão de cargos da câmara é proporcional aos recursos fiscais, sobretudo, manipulados pelos edis.[10] Por outro lado, potencialmente as câmaras fidalgas tinham mais contatos na administração central, fosse pela qualidade de seus oficiais, fosse pelos seus procuradores. Eram, portanto, mais capacitados para negociar e, por conseguinte, enviavam muitos requerimentos.

A nobreza dos oficiais camarários – juízes ordinários, vereadores e procuradores – e de seus descendentes originava-se dos privilégios da câmara do Porto, concedidos, no caso do ultramar, como remuneração de feitos militares na guerra contra os holandeses. A partir da segunda metade do século XVII, passaram a contar com tal mercê Rio de Janeiro, Salvador, São Luís, São Paulo e Belém. A mercê tornou nobres os oficiais camarários e corroborou para que se consolidasse o controle sobre a urbe. Ao longo do século XVIII, as câmaras de Minas Gerais solicitaram o mesmo privilégio sem jamais obtê-lo de forma explícita.[11]

No reino, embora o exercício nas câmaras tornasse os oficiais nobres, não se pode confundi-los com fidalgos das casas antigas, pois os primeiros eram recentemente alçados à "nobreza política" e se intitulavam "gente nobre da governança da terra".[12] Por atuar no âmbito local, os oficiais camarários talvez enfrentassem desvantagens ao negociar com os monarcas e seus conselhos em Lisboa. Assim, seria um equívoco considerar relevante a honra local de tais oficiais como trunfo para se comunicar com o centro. Como asseverou Monteiro: "Ao contrário dos hábitos de cavaleiro das ordens militares, que em todo o reino tinham as mesmas condições de acesso e conferiam um idêntico estatuto, a ascensão à governança da terra tinha eficácia sobretudo local." No entanto, em algumas listas nominativas, encontrava-se um contingente representativo de fidalgos com matrícula da Casa Real. Na virada para o século XIX, o grupo seleto tinha boa representação nas câmaras do Porto (28 fidalgos entre 34 homens-bons), Lamego (13 de 19), Évora (9 de 12) e Viana (10 de 33), entre outros municípios.[13] Embora a ressalva de Nuno Gonçalo Monteiro seja totalmente pertinente quando se abordam os oficiais da câmara enobrecidos pela governança, o mesmo não se pode afirmar em relação aos fidalgos com matrícula da Casa Real. Como os cavaleiros das ordens militares, os últimos apresentavam melhores condições para fazer política com os poderes do centro.

Para além de refletir sobre a relação entre a comunicação e a qualidade dos oficiais, pretendo aqui averiguar, em perspectiva diacrônica, se o grande fluxo de papéis indica a importância da cidade ou vila no âmbito da monarquia portuguesa. Assim, o aumento ou a diminuição da emissão de papéis, na cronologia, traduz o maior ou menor interesse da Coroa em controlar áreas vitais sob a sua soberania. As intervenções régias estimulavam as emissões camarárias que procuravam executar ou contestar a política régia em relação ao fisco, defesa, justiça, concessão de privilégios e cargos, entre outros temas. Os municípios do Rio de Janeiro, Évora e Salvador, em boa parte do tempo, se comunicaram mais intensamente com Lisboa do que Vila Rica, Faro, Viana, Vila Viçosa, São Paulo e São Luís. O aumento das emissões e recepções de documentos demonstra a "interdependência",[14] por vezes também a negociação, entre centro e periferias.[15] Se as câmaras escreveram com intensidade, por certo a monarquia interferia com a mesma frequência na política local, com promessas de privilégios ou com aumento da pressão fiscal. No entanto, não se pode ainda comprovar de onde partiam as contendas, se da periferia ou do centro. De todo modo, a comunicação política permite entender que os temas fiscais e administrativos ativavam a circulação de papéis, conforme constatei em seguida.

No ultramar, a hipótese se confirma quando se verifica a escassa emissão das câmaras menores, ou quando se comparam os papéis enviados pelo Rio de Janeiro (381) e pela Vila de Campos dos Goitacazes (10), ou entre São Paulo (136) e Santos (36), para todo o período analisado. No século XVII, a câmara de Salvador emitiu 141 documentos do total de 166, soma da emissão de todas as câmaras da capitania da Bahia. A mesma preponderância verifica-se no Maranhão. Pode-se então aventar a hipótese de que a autonomia camarária seria maior entre as pequenas câmaras do que nas cabeças de capitania. As últimas estariam mais expostas às interferências de ouvidores, juízes de fora e governadores, para além das intervenções provenientes de Lisboa. O fluxo da comunicação era, portanto, fonte do diálogo político, da "centralidade do centro",[16] mas também da reação camarária.

Embora a indicação dos destinatários formais da correspondência se possa prestar a muitas leituras, é de realçar que as câmaras da Bahia, notadamente Salvador, escreveram exclusivamente colocando como destinatários os monarcas; não recorriam à intermediação explícita do Conselho Ultramarino. Nos diversos âmbitos, a comunicação política era dominada pelo monarca, como endereço mais frequente da documentação ativa e passiva depositada e emitida pelas câmaras do império lusitano.[17] Por certo, não era o soberano a instância única de análise de pedidos e resolução de querelas, mas o fluxo da correspondência se fazia em nome do rei. Simbolicamente, o monarca atuava como centro de decisão, como a instância superior para resolver conflitos e difundir normas. Entre 1640 e 1807, é incontestável a centralidade do soberano na comunicação política das câmaras em análise. Porém, não se pode sobrevalorizar a quantidade. Por certo existem casos de câmaras politicamente pouco influentes, mas que emitiram intensamente ao centro em busca de liberdades, isenções e privilégios na defesa de seus direitos. No entanto, casos dessa natureza não se encontram no universo aqui analisado. Existem vínculos bem estreitos e comprováveis entre o aumento do fluxo da comunicação política e o crescimento econômico, político e estratégico (militar) das vilas e cidades.

Antes de partir para análise da base, há que se destacaram os problemas advindos da comparação entre os dados reinóis e ultramarinos. Para o reino, as fontes são basicamente compostas de livros da correspondência recebida pelas câmaras. Boa parte das emissões camarárias computadas não constam dos mesmos, sendo antes deduzidas dos documentos recebidos. Em geral, as emissões aqui reunidas foram preservadas devido à resposta enviada de instituições centrais. Para além das limitações da documentação reinol, a documentação camarária ultramarina refere-se, em grande parte, a emissões, principalmente às cartas e representações das câmaras. Geralmente, no primeiro tipo documental, as autoridades locais expunham assuntos administrativos, enquanto no segundo existiam pedidos individuais ou coletivos às autoridades em Lisboa. Para além desse acervo, se preservou um número razoável de documentos recebidos pela câmara do Rio de Janeiro. Vale destacar que existe a correspondência recebida pelas demais câmaras, mas tais exemplares foram pouco preservados no Arquivo Histórico Ultramarino. As poucas e valiosas emissões do centro endereçadas ao Rio de Janeiro permitem sobretudo uma melhor comparação entre esta cidade e os municípios portugueses. Para resumir a distinção básica entre o acervo proveniente das câmaras, vale repetir que, em relação aos reinóis, investiga-se a partir da correspondência passiva, enquanto em relação às ultramarinas se considera a ativa.

A análise do fluxo de comunicação política se fez a partir de quatro temporalidades:

1. 1640 e 1700, da Restauração portuguesa ao início do século XVIII;[18]
2. 1701 e 1750;
3. 1751 e 1777;
4. 1778 e 1807, ou seja, entre o governo de d. Maria e a transferência da família real ao Rio de Janeiro.

Ao longo do capítulo, recorro a dois tipos de documentos. Inicialmente, uso as emissões do centro para as câmaras de Évora, Faro, Viana, Vila Viçosa e Rio de Janeiro – a única no ultramar com recepções suficientes para viabilizar a comparação. O centro era composto pelos seguintes emissores: monarca, rainha, príncipe, conselhos, Desembargo do Paço e secretarias de Estado. O outro grupo documental é composto pelos requerimentos, pelas emissões enviadas ao centro pelas câmaras do reino e do ultramar em questão. O destinatário da correspondência frequentemente era o monarca, seguido pelos conselhos e secretarias de Estado.

DAS EMISSÕES DO CENTRO

Entre 1640 e 1700, as câmaras do reino receberam papéis do centro político de forma muito desigual, de acordo com os registros disponíveis. Évora aí se destacou, pois recebeu correspondência anual muito superior às demais câmaras, conforme a Figura 10.1. No geral, o remetente principal era o monarca, ou a rainha no caso de Faro, seguidos do Desembargo do Paço. Ao longo de todo o período, não somente o século XVII, os conselhos e as secretarias tiveram participação mínima nessa comunicação no reino e no ultramar.

Direcionados às câmaras e provenientes do centro administrativo, os papéis seiscentistas tratavam dos provimentos de diversos tipos de ofício. Vale mencionar que esses não eram assim tão importantes em Vila Viçosa, pois, no século XVII, os assuntos econômicos (comércio, navegação, fiscalidade, entre outros) e militares dominaram, com ligeira superioridade, as emissões vindas do centro. A mesma tendência segue no recorte cronológico seguinte, no reinado de d. João V, os provimentos e assuntos econômicos continuaram a dominar as emissões régias. Conforme a Figura 10.1, nesse reinado, as remessas anuais sofreram declínio em Évora e Vila Viçosa, dobraram em Faro e aumentaram em Viana. Com o fluxo, acredita-se que Faro e Viana ampliaram o seu peso relativo, embora em termos numéricos Évora continue a dominar a comunicação proveniente do centro.

Embora coubesse às câmaras propor os ofícios superiores das ordenanças, estas passavam ainda pelo governo militar e pela confirmação do centro. É por isso que se constata a recorrente emissão de provimentos militares por parte da administração central. Existem particularmente cartas e provisões referentes aos oficiais das ordenanças, desde ajudantes a capitães. Talvez fossem meras confirmações régias das decisões tomadas pelos edis.[19] No entanto, esses documentos podem trazer controvérsias ou negativas do centro às decisões tomadas nas localidades. Tais papéis, não raro, apontam para problemas legais na eleição dos oficiais ou acusam descumprimento dos regimentos. Vale, no entanto, lembrar que o número de provimentos militares está muito aquém das expectativas. Nem sempre o centro emitia esses documentos, ou esses testemunhos se perderam, ou nunca foram escritos, ou eram intervenções régias esporádicas contra as decisões tomadas nas câmaras. São hipóteses, mas ficam aqui registrados os possíveis indícios de interferências do centro sobre a jurisdição municipal.

O centro ainda enviava aos municípios as patentes de governadores, capitães-mores, mestres de campo, sargentos-mores, entre outros militares que atuavam nessas localidades. Os provimentos da Fazenda tratam das alfândegas, almoxarifes, meirinhos e almotacés, enquanto os da justiça e polícia abordam as petições, nomeações de escrivães, juízes de fora e alcaides. Vale ainda comentar sobre a grande ausência dos temas militares, mesmo que haja os provimentos. Por suposto, os impactos da Guerra da Restauração (1640-1668) foram debatidos na câmara de Évora, mas o tema não deixou rastros significativos na documentação coeva. Aliás, somente as câmaras de Évora, Faro e Viana emitiram cartas sobre a nomeação de militares.

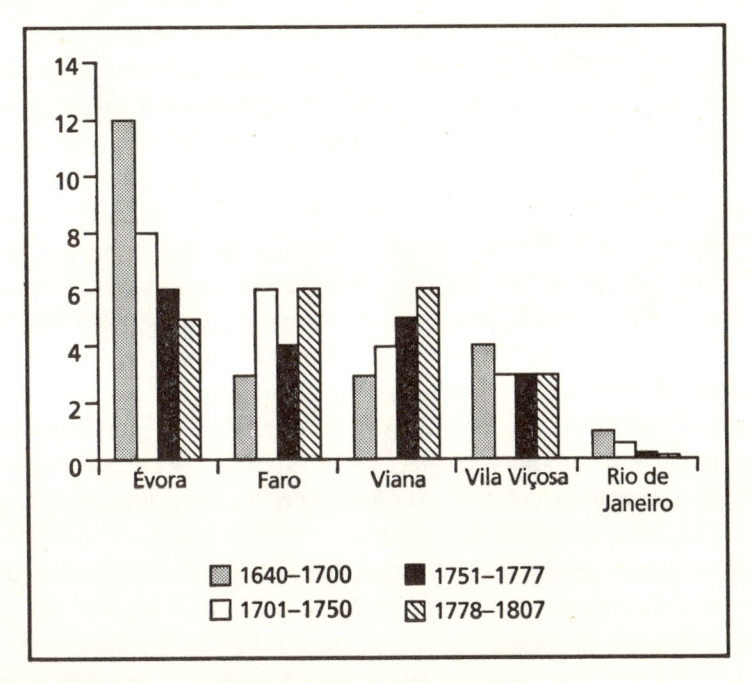

Figura 10.1 Emissões do centro* para as câmaras (médias anuais)
*Conselhos/Tribunais do centro, Desembargo do Paço, monarca, e secretarias de Estado
Fonte: Banco de dados do projeto Compol.

No período pombalino, embora a tendência fosse decrescente, não ocorreu a queda generalizada da comunicação política na monarquia. As remessas anuais do centro declinaram para Évora e Faro, mas cresceram para Viana e se mantiveram para Vila Viçosa. A mesma tendência prossegue no recorte cronológico seguinte, para o período entre 1778 e 1807, conforme a Figura 10.1. Aliás, no governo de d. José, a quebra da comunicação política, sobretudo a diminuição dos requerimentos das câmaras para o centro, tornou-se muito evidente em quase todas as câmaras, exceto para Salvador e Viana, como se verifica na Figura 10.3. À época, o assunto principal da correspondência passiva das câmaras continuava a ser os provimentos de ofício, embora os temas da justiça e polícia, emitidos pelo Desembargo do Paço, fossem também relevantes desde o século XVII. Em relação aos assuntos, a câmara de Vila Viçosa ainda destoa das demais, pois a correspondência abordava questões econômicas, difundidas, sobretudo, no reinado de d. José pelas participações régias.

De modo geral, na segunda metade do século XVIII, aconteceu o declínio das emissões do centro para as câmaras. A tendência ocorreu, porém, anteriormente em Évora e Vila Viçosa. Na cidade mais importante do Alentejo e na sede da casa dos Bragança, a comunicação política estava em queda desde o início da centúria. Com fortes vínculos com o comércio atlântico, Viana não teve a mesma sorte, aos poucos as emissões do centro cresceram, embora sem jamais apresentar o vigor da correspondência direcionada a Évora no Seiscentos. Seriam então Évora e Vila Viçosa cidades menos importantes para a monarquia no tempo de d. João V e de d. José I?

Como a comunicação política se comportou na mais importante câmara do Alentejo depois do declínio do fluxo de comunicação? Que oficiais régios ou instâncias administrativas viabilizaram o governo a distância nos reinados a partir de d. João V? A base não fornece dados seguros para responder às questões. Verifica-se, no entanto, que as secretarias de Estado não funcionavam como intermediárias entre o monarca e as câmaras. Se antes eram as últimas as responsáveis por canalizar a negociação entre as elites locais e o monarca, quem passou a exercer essa função? Para tentar responder a tais indagações, vale então analisar os papéis que chegaram às câmaras a partir de um novo prisma e assim diferenciar a correspondência total recebida pelas câmaras daquela enviada somente pelo centro: conselhos, Desembargo do Paço, monarca e secretarias de Estado.

Em princípio, evidencia-se que a capacidade política das câmaras declinou a tal ponto que a prestigiosa câmara de Évora recebeu somente cinco emissões anuais provenientes do centro, no período entre 1778 e 1807, pelo menos segundo as fontes usadas na Figura 10.1. Ao contar com toda a correspondência recebida pela câmara, ou seja, não apenas a enviada pelo centro, percebe-se que o declínio total foi bem vigoroso. Se no século XVII o envio anual para a câmara era de vinte documentos, na virada para o século XIX, a correspondência caiu para cinco por ano. No entanto, vale mencionar que a correspondência proveniente do centro, no cômputo geral, representava 59% do total, a mesma proporção encontrada durante o século XVII. Assim, embora as emissões ao centro tenham declinado, a queda de toda a correspondência foi ainda mais acentuada. Entre 1640 e 1700, Évora recebera no total 1.216 papéis, dentre eles 719 eram do centro, ou seja, 59% do total; entre 1778 e 1807 a proporção é a mesma. No período, a câmara recebera 261, sendo 155 provenientes do centro, o que equivale a 59% do total. Em suma, embora a correspondência recebida tenha no geral caído, as emissões do centro mantiveram a mesma proporção.

Mesmo que a câmara de Viana tenha recebido anualmente um número crescente de papéis originados do centro, a proporção de emissões do centro declinou entre 1640 e 1807. Entre 1640 e 1700, recebera no total 314 papéis, mas as emissões do centro eram 169, ou 54% do total; entre 1778 e 1807, eram 446, enquanto do centro recebera 167, ou 37% do total da correspondência recebida. Do governo de d. João V para o período pombalino, a proporção das emissões do centro teve o seguinte comportamento. Em Évora, passou de 36% para 56%; para Vila Viçosa, de 27% para 30%; para Faro, de 30% para 26%; para Viana, de 37% para 24%.

Com a mesma tendência da última cidade, as emissões do centro para a câmara do Rio de Janeiro tampouco se mantiveram ou recuperaram depois do período pombalino. No ultramar, o senado da câmara recebeu 91 documentos, sendo 88 do Conselho Ultramarino e somente três dos monarcas, ao longo de todo o século XVII. No governo de d. João V esse índice despencou e chegou a 28. O declínio foi ainda mais grave entre 1750 e 1807, quando se localizaram somente 10 emissões do centro. No geral, as emissões de Lisboa referiam-se aos assuntos camarários e à governação que juntas perfaziam 28% do total; em seguida vinham os privilégios e mercês com 15%. Ao contrário de Évora, as emissões do centro declinaram desde o início do Setecentos. Para além da queda da comunicação política, percebe-se também que o fluxo de papéis para o Rio de Janeiro tratava, em grande parte, de assuntos internos da cidade e do senado da câmara. Embora haja uma evidente lacuna documental no acervo, pois certamente a cidade recebeu muito mais documentos provenientes do centro, constata-se que Lisboa interferia em assuntos internos e na autonomia administrativa da urbe desde o século XVII. De todo modo, o conteúdo da correspondência recebida pelos oficiais da câmara do Rio de Janeiro será tratado em seguida.

Retomando às câmaras do reino, conclui-se que a intervenção do centro durante a época pombalina talvez fosse mais intensa em Évora do que em Viana ou Faro. Infelizmente não é viável analisar a intervenção do governo central em Évora e Vila Viçosa a partir dos assuntos tratados na correspondência, pois desde o início, na primeira, os provimentos de ofícios eram predominantes enquanto, na segunda, destacam-se os assuntos ligados à economia e à fiscalidade. Ficam então indicadas as variações da intervenção pombalina nos municípios do reino, tema a ser investigado, com fontes documentais diversas, de forma qualitativa.

ENTRE A ECONOMIA E A ADMINISTRAÇÃO INTERNA

Partindo do princípio que o grande fluxo da comunicação política se dava nos municípios mais influentes, os números da Figura 10.3 só vêm confirmar a geografia política do império português. Cidade próxima da grande fronteira militar (Alentejo) e uma das mais importantes do reino, Évora emitiu mais requerimentos do que a câmara de Salvador no século XVII. Na mesma temporalidade, a câmara do Rio de Janeiro manteve correspondência mais ativa com o centro que Viana, Faro e Vila Viçosa. Entre as câmaras ultramarinas de capitanias periféricas, como São Paulo e São Luís, os números são bem menores. Assim, no reino, Évora enviou e recebeu, conforme as Figuras 10.1 e 10.3, o maior volume de papéis; na América portuguesa, Salvador e Rio de Janeiro disputavam a preferência da monarquia, ou recebiam os olhares mais atentos da administração central, pois de longe foram as câmaras que mais escreveram a Lisboa.

No reino e no ultramar, a demografia talvez possa explicar o grande fluxo da correspondência expedida ao centro, pois as grandes cidades e vilas eram as mesmas que emitiram intensamente. Vale destacar que o número de oficiais camarários não era proporcional aos habitantes; no entanto, o crescimento urbano e o aumento populacional dinamizavam a economia e a arrecadação fiscal. O aumento da correspondência direcionada ao soberano se estribava igualmente nas ameaças de guerra, na necessidade de fortificar a costa e incrementar os corpos militares. Em suma, fatores diversos foram os responsáveis pelo alto fluxo da comunicação política.

No século XVII, entre as emissões da câmara de Évora, 48 se referiam à fiscalidade (a décima e real de água), à nova forma de captação de impostos e pedidos de isenções.[20] A guerra e os impostos conformavam um círculo imparável. Diferentes das emissões do centro, tratadas no item anterior, os provimentos de ofício aí não se destacam, tampouco os assuntos militares, embora a cidade estivesse na fronteira e enfrentasse os distúrbios provocados pela Guerra da Restauração. A câmara de Salvador escreveu exclusivamente aos monarcas e também tratou com grande destaque dos temas ligados à economia – ou seja, comércio, navegação, fiscalidade e demais assuntos econômicos –, que juntos somam 41% do total de emissões. Entre as últimas, a fiscalidade tem quase a metade dessas emissões dedicadas à vida econômica da cidade. Em Salvador da Bahia, os oficiais pediram parte dos subsídios dos vinhos para as despesas da câmara com obras públicas, solicitaram, em seguida, a redução do imposto sobre o vinho e atacaram a extinção das bebidas da terra (cachaça).

Os oficiais da câmara do Rio de Janeiro também escreveram sobre os subsídios e reclamaram do donativo estabelecido para o dote da rainha da Inglaterra e a paz com a Holanda.[21] Esse conjunto documental, os requerimentos de Évora, Salvador e Rio de Janeiro, sem sombra de dúvida nos remetem à negociação e aos conflitos de interesses entre a Coroa e as câmaras.[22]

Em Salvador, ainda contestaram o estanco do sal, a contribuição para a construção do cais de Viana e os privilégios fiscais desfrutados pelos fidalgos, oficiais de guerra, desembargadores e oficiais da Fazenda Real. Alegaram ainda que as isenções à nobreza local aumentavam os encargos pagos pela população. Junto à representação anexavam a lista de militares reformados e pleiteavam o não pagamento dos soldos aos militares porque oneravam aquele "povo". Indicavam o pesado ônus gerado ao empregar os papéis selados e a quantidade de açúcar e pau-brasil enviada na frota para o pagamento do dote da rainha da Inglaterra e da paz com a Holanda, "queixando-se de que pela miséria em que aquele povo se acha, não poderá contribuir a cada ano, com mais de 40.000 cruzados".

Durante o século XVII, enfim, os oficiais da câmara de Salvador trataram com grande destaque dos temas ligados ao comércio, navegação, economia e fiscalidade, que juntos somam 40% do total de emissões. Vale mencionar as várias menções ao privilégio de isenção de pagamento de dízimos por parte dos cavaleiros das Ordens Militares, ao subsídio dos vinhos, ao preço do papel selado, mas sobretudo ao pagamento do dote da rainha da Inglaterra, do tratado de paz com a Holanda e da obra do Cais de Viana. A fiscalidade tem um grande peso, tem quase a metade dessas emissões dedicadas à vida econômica da cidade. Porém, os tributos pagos sobre o açúcar e a pesca da baleia não se destacam na correspondência. Ao longo do século XVII, os oficiais da câmara de Salvador apresentavam aos monarcas uma longa lista de reivindicações.[23]

Mesmo com assento nas cortes de Portugal, a câmara de São Luís emitiu muito pouco durante o Seiscentos (17 emissões). Os assuntos eram variados, mas se destacam a mão de obra indígena, com 30% do total, e os assuntos militares. O primeiro aborda justamente a necessidade de se estabelecerem preços justos para os escravos indígenas vindos do sertão e de se fazerem deslocamentos de aldeias indígenas para suprir as demandas das plantações de açúcar.[24] Por certo, essas seriam as principais reivindicações que os homens-bons da câmara faziam ao monarca e ao Conselho Ultramarino para viabilizar a economia em terras maranhenses, sobretudo depois da libertação do jugo neerlandês. As emissões dedicadas à guerra abordaram os embates contra os invasores do norte e seus posteriores desdobramentos.

No século XVII, as câmaras recorrem aos canais de comunicação com o centro para pleitear melhores condições para o que se referiam como "povo", caso destacado na Bahia e em Évora, e para os plantadores de cana-de-açúcar que eram dependentes do fornecimento dos braços indígenas, no caso de São Luís. Por meio de requerimentos, os oficiais da câmara tratavam com o centro principalmente de temas econômicos, tendência que se arrefeceu no século seguinte. Parece claro que a Coroa pretendeu recorrentemente lançar impostos extraordinários, tanto durante como depois da Guerra da Restauração, e que enfrentou resistências camarárias à sua cobrança.

No ultramar, parece que a prosperidade da primeira metade do século XVIII impulsionou o fluxo da comunicação política nas capitanias de Minas Gerais, Rio de Janeiro e São Paulo (Figura 10.2). No Centro-Sul da América portuguesa, o aumento da comunicação estava intimamente vinculado às descobertas de ouro, aumento do comércio, controle da fiscalidade, demandas de privilégios e provimentos. Registrou-se então o maior número de emissões ao soberano. A tendência é constante nas cinco capitanias. De fato, as alterações promovidas no reinado não intimidaram os oficiais das câmaras, mas, ao contrário, estimularam a comunicação política. A introdução do juiz de fora e a modificação das eleições nas principais vilas e cidades não diminuíram o fluxo da correspondência.[25] Ou seja, tais intervenções da monarquia não inibiram a comunicação das câmaras com o centro.

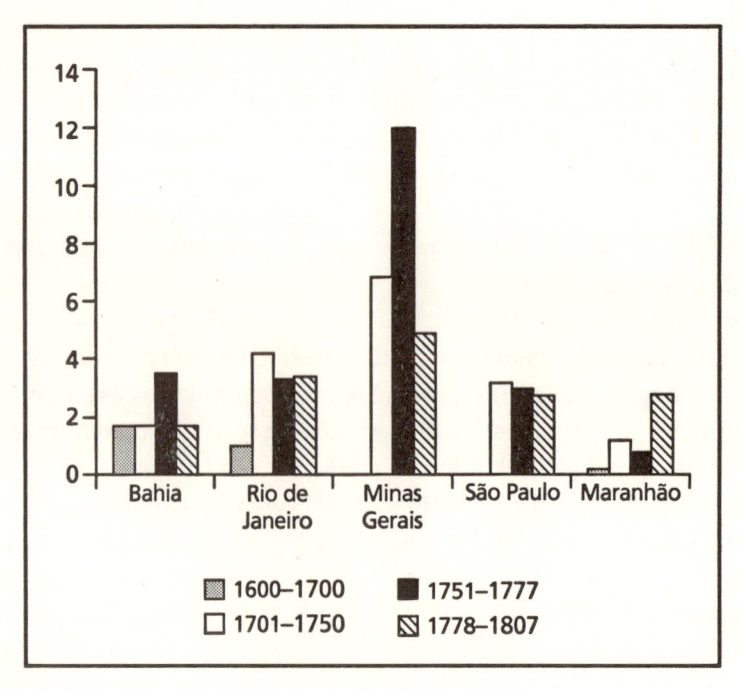

Figura 10.2 Emissões camarárias por capitanias (médias anuais)

Fonte: Banco de dados do projeto Compol.

Embora o Maranhão tivesse poucas câmaras e ainda não estivesse submetido ao impulso econômico que sua agricultura terá mais tarde, suas emissões também tiveram um importante crescimento. Elas remeteram ao reino 62 papéis, sendo 51 para o monarca e apenas 3 para a Secretaria de Estado, onde existem referências ao governador e às ordenanças.[26] A correspondência camarária aumentou e se dirigiu quase que exclusivamente ao rei. O mencionado padrão se repete para as câmaras de Minas Gerais que também escolheram o soberano como principal direção de sua correspondência. Com o declínio dos antigos conselhos, evidenciado pelo número reduzido de correspondência, percebe-se o fortalecimento dos laços entre as câmaras e o soberano, tendência comum a todo o tempo analisado.

Edmundo Zenha considerou o período "canto do cisne" da autonomia das câmaras coloniais.[27] Os números não demonstram declínio da capacidade de negociação das câmaras, mas o aumento da interdependência entre os poderes locais e a Coroa. No entanto, Zenha não estava de todo sem razão, pois as emissões das câmaras no século XVII indicam que os assuntos econômicos (comércio, navegação, economia, escravidão e fiscalidade) eram preponderantes em relação aos administrativos (assuntos camarários e governação). A partir do governo de d. João V, as câmaras do Brasil enviaram ao soberano com mais frequência questões diretamente vinculadas ao funcionamento do senado e do cotidiano das urbes, como também se constatou em Évora. O predomínio de temas da administração talvez traduza o aumento da interferência da monarquia na política local. De fato, a tendência é cada vez mais nítida a partir do governo de d. João V, embora fosse mais evidente na câmara do Rio de Janeiro do que nas câmaras de Minas.

Entre 1719 e 1748, o senado do Rio envia ao monarca 55 cartas e representações que tratavam de assuntos camarários e governação, temas de maior destaque no período.[28] Os oficiais remeteram ao soberano o elogio ao governador Vaía Monteiro por introduzir melhorias na capitania, anunciaram a posse do novo juiz de fora, queixaram-se do ordenado prometido ao procurador e ao escrivão. O pedido de ajuda régia para solucionar problemas citadinos torna-se evidente quando eles alertaram ao soberano para a urgência de se fazerem obras na sede do município, pois o governador derrubara a principal sala da câmara para expandir a cadeia. Denunciaram que a matriz se encontrava em péssimo estado e que a pobreza dos cidadãos impedia a reforma do principal prédio religioso da cidade. Em carta ao monarca, mencionam ainda a necessidade de se construir um chafariz porque o abastecimento de água estava prejudicado. Tentam convencer as autoridades lisboetas da pertinência de se destruírem as muralhas de proteção para viabilizar a expansão urbana. Comunicavam ao monarca sobre a precariedade das fortalezas e sobre o pagamento de aluguel de prédios para instalação do juiz de fora e almotacéis. Por fim, apelam ao rei para o cumprimento da lei referente aos usos dos terrenos baldios.[29] Nesse mesmo período, os oficiais da câmara reclamam das interferências dos mercadores[30] e, mais uma vez, solicitam apoio para manter a câmara sob o controle das principais famílias da terra e afugentar os possíveis candidatos ao senado que fingiam desfrutar de distinções da nobreza.[31]

Na capitania de Minas Gerais, entre 1701 e 1750, os provimentos de ofícios camarários dominaram a grande maioria da correspondência enviada a Lisboa. Os assuntos camarários e econômicos têm, respectivamente, 67 e 52 emissões. Como provimento de ofício, existem a nomeação para cargos na câmara, requerimentos para pedir o cargo e para solicitar prorrogação do exercício. Os ofícios se destacam pela diversidade, pois existem referências aos juízes dos órfãos, inquiridores, escrivães, tabeliães, entre outros. Por certo, o período de prosperidade das minas de ouro atraiu um número significativo de candidatos, brasílicos e reinóis, para ocupar postos nas câmaras. Vale também mencionar que, nos anos de 1760, quando ocorreu o declínio da arrecadação do quinto e da produção de ouro, os requerimentos para exercer ou prorrogar o exercício de funções camarárias tiveram uma drástica redução.

Ao contrário das câmaras do Centro-Sul da América, no Maranhão, a correspondência se ateve mais a temas econômicos, ao comércio, navegação e fiscalidade. Assim, dos oficiais camarários o soberano recebia pedidos para se introduzirem na capitania moedas de ouro e prata, para se observar a lei quando se tratava do valor dos panos de algodão, lá empregados nas trocas comerciais. Devido à falta de escravos e moedas, os oficiais reclamavam ainda da decadência do Estado e consideravam prudente a separação entre o Maranhão e o Pará.[32] Para além das mazelas da economia, existem várias cartas dedicadas aos assuntos do governo camarário.

Ao mudar o enfoque e analisar as principais câmaras, não mais o conjunto de câmaras por capitania, viabiliza-se uma melhor comparação entre o reino e o ultramar. Entre 1701 e 1750, as câmaras de Viana, Faro, São Paulo e São Luís tiveram aumento no envio de correspondência ao centro, conforme a Figura 10.3. O declínio relativo das emissões ocorreu em Évora, mas Vila Viçosa permaneceu sem alteração. Em Minas Gerais, particularmente Vila Rica, iniciaram-se as emissões ao centro e fizeram aumentar bastante o fluxo da comunicação. Na capitania, muitas câmaras municipais se fundaram no período e emitiram ao centro um número extraordinário de cartas, representações, petições e requerimentos.

Entre 1778 e 1807, ou seja, no governo de d. Maria I, essa tendência nitidamente se alterou, pois as principais câmaras diminuem bastante as emissões e muitas vezes esse número se aproxima de algumas que antes tinham participação reduzida na comunicação. Somente nessa cronologia ocorreu a descentralização das emissões endereçadas a Lisboa. A participação de maior número de municípios na comunicação política é evidente nas capitanias de São Paulo e Bahia, porém quase inexistente nas capitanias do Rio de Janeiro e Maranhão. Como não contavam com muitas câmaras, as duas capitanias mantiveram a cabeça como principal emissor de papéis ao centro, ou melhor, as cidades do Rio de Janeiro e São Luís lideraram com folga as emissões em todo o período estudado.[33] A primeira tem o controle sobre 76%, e a segunda, 64% das emissões camarárias de suas respectivas capitanias, enquanto Vila Rica tem apenas 25%. Em relação ao reino, não é possível perceber o predomínio de algumas câmaras sobre as demais, pois a coleta de informações restringiu-se somente às mencionadas câmaras.

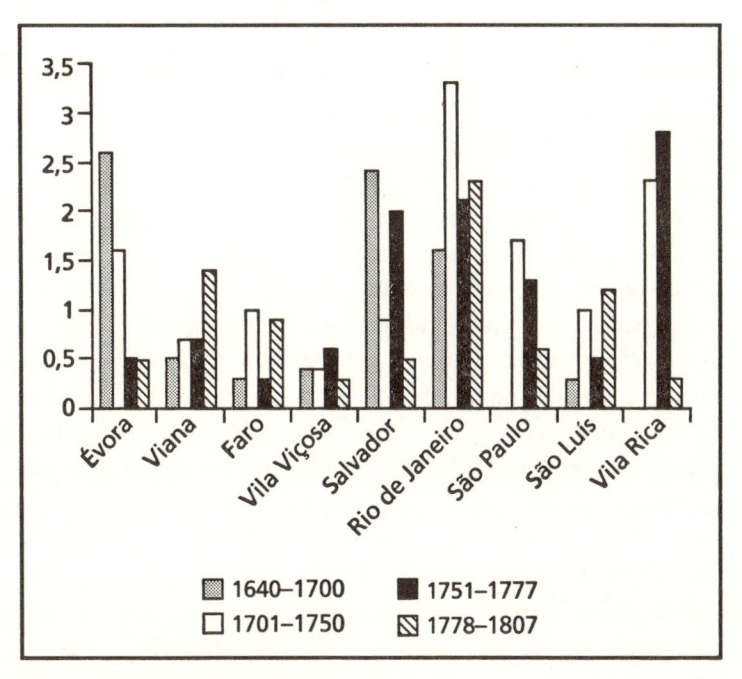

Figura 10.3 Requerimentos camarários (médias anuais)
Fonte: Banco de dados do projeto Compol.

Durante o governo de d. João V, dobrou o número de emissões da câmara do Rio de Janeiro direcionadas ao monarca, conforme a Figura 10.3. Na cidade, como demonstrou Sampaio,[34] a urbe teve grande crescimento comercial, agrícola e urbano incentivados pela descoberta das minas. Das 211 emissões da capitania, 165 originaram-se da cidade do Rio de Janeiro. Nessa correspondência, encontram-se 50 papéis que reportavam ao rei e aos conselhos temas da administração local, assuntos internos das câmaras e do governo da cidade, ou seja, os mesmos temas encontrados na correspondência direcionada de Lisboa ao senado do Rio de Janeiro. No período, tanto a correspondência recebida como a emitida pela câmara tratavam de assuntos administrativos. Seguindo a tendência das câmaras da capitania, o senado da câmara do Rio de Janeiro remeteu constantemente ao centro assuntos do cotidiano da cidade e pedidos de apoio para afugentar os mercadores da participação do senado.[35] O predomínio de assuntos da administração do senado e da cidade na correspondência com o monarca demonstra, mais uma vez, a "interdependência", como definiu Norbert Elias.[36] Na mesma conjuntura existem notícias, em número bem inferior, sobre os conflitos com os governadores e ainda reclames sobre o pagamento de subsídios, donativos e estancos.[37]

Entre 1701 e 1750, a correspondência enviada ao centro por todas as câmaras coloniais aqui analisadas se vinculava ao tema da administração local. Os assuntos camarários e a governação eram 17% e 10%, respectivamente, da correspondência. Assim, os temas do governo interno da câmara, do gerenciamento das urbes e da relação entre a câmara e demais instâncias do poder (governador, vice-rei, ouvidor...) perfaziam 27% dos requerimentos enviados ao soberano. Aliás, os pedidos de privilégios e provimentos de ofícios eram, respectivamente, 6,5% e 9% das emissões, enquanto a fiscalidade e a economia contavam juntas com 14%. Em suma, no governo de d. João V, os assuntos do cotidiano das vilas, a súplica por postos e privilégios eram então constantemente remetidos a Lisboa e ocupavam mais a agenda dessa comunicação do que as resistências e contestações às ordens e a funcionários.

A administração interna da câmara de Évora também era reportada ao Desembargo do Paço, à Secretaria de Estado e ao monarca, com relatos sobre os conflitos com o tenente-coronel; a dúvida de empossar um vereador acusado de furto; a participação de vereadores na correição a ser realizada no senado pelo corregedor; pagamento ao juiz de fora; conflitos entre a câmara e o Santo Ofício; sobre o estado deplorável da cadeia; entre outros temas.[38] No entanto, em Évora, os temas econômicos tinham um pouco mais de destaque quando comparado aos demais. Nas câmaras de Viana, Faro e Viça Viçosa, os provimentos de ofícios camarários e militares apresentavam leve preponderância. Na primeira urbe, os oficiais informavam também ao Desembargo do Paço sobre problemas na eleição de juízes, posse de procuradores, entre outros temas.[39]

Em suma, para além dos recorrentes provimentos, o comportamento geral dos requerimentos expedidos pelos municípios reinóis era muito variável, não há uma tendência nítida dos assuntos tratados. No entanto, para as câmaras coloniais, os requerimentos endereçados ao centro seguem, na cronologia, duas tendências. No século XVII, período de guerras e dificuldades financeiras, encontra-se com mais frequência correspondência dedicada à fiscalidade. No governo de d. João V, o tema da fiscalidade não desapareceu, mas deu espaço ao predomínio de requerimentos referentes à administração da câmara e das cidades. Sobre a administração interna, posso ainda analisar a comunicação política no âmbito da justiça, mesmo sabendo que os papéis endereçados ao centro pouco tratavam da justiça local.

No reino, a autonomia camarária era evidente nos assuntos da justiça, como asseverou Nuno Gonçalo Monteiro.[40] Denominados de "juízes pela ordenação", os vereadores podiam substituir os juízes em sua ausência e despachar os processos sem intervenções das instâncias superiores. Conforme a base Compol, poucos eram os documentos dedicados à justiça enviados ao centro pelos municípios.[41] No ultramar, o tema da justiça e polícia era também de pequena monta entre as emissões, pois perfazia pouco mais de 10% da correspondência de todas as câmaras. Quando remetidas ao rei, as cartas e as representações abordavam os entraves da justiça local e os conflitos de jurisdição, sobretudo as querelas que envolviam os oficiais da câmara e os demais oficiais régios.

Em 1744, a câmara de Vila do Príncipe, em Minas, escreveu ao soberano para reclamar das vexações que seus cidadãos passavam quando recorriam à Relação da Bahia. Por certo a lentidão da justiça incentivou os oficiais a pleitear e mesmo contribuir com o financiamento da criação da Relação do Rio de Janeiro.[42] Embora escrevessem ao rei para denunciar ouvidores, vigários e governadores, os vereadores e juízes remetiam ao centro querelas vivenciadas nas próprias câmaras, disputas entre juízes ordinários, juízes de fora e juízes dos órfãos. Não raro remetiam à instância régia problemas em torno da prisão de falsários e da descoberta de moedas ilegais. Vale ainda destacar o envio de documentos sobre as disputas por heranças, incapazes de ter boa resolução na primeira instância. Em 1746, na representação dos oficiais da câmara da Vila do Príncipe a d. João V, eles lamentavam a situação dos filhos mulatos e ilegítimos que estavam impedidos de herdar bens de seus pais. Solicitavam uma decisão reinol para contornar esse impasse.[43] Os processos judiciários tratavam também das residências dos oficiais régios tiradas nas localidades e remetidas ao centro. A avaliação da trajetória administrativa do ouvidor-geral, Custódio Gomes Monteiro, motivou os oficiais camarários a escreverem ao soberano para relatar a agitação em que viviam os moradores da Vila do Príncipe em 1748.[44]

Atestada em estudos recentes, a autonomia dos juízes ordinários remete à probabilidade da existência de um direito local apesar da supremacia das leis régias, conforme estudos brasileiros estribados em António Manuel Hespanha. Nas câmaras municipais ultramarinas se processavam e puniam delitos civis e criminais: ações contra a ordem pública, contra a propriedade privada, injúrias verbais, crimes contra livres e escravos.[45] Da ação judiciária da câmara de Curitiba, no período entre janeiro de 1731 e outubro de 1752, restaram 1.472 processos que, em grande parte (85%), tinham como motivação demandas creditícias.[46] Mais surpreendentes, porém, são as ações de liberdade impetradas por índios escravizados ilegalmente. Os suplicantes denunciavam a venda ou a legação a herdeiros de indivíduos libertos. Tais processos eram julgados tanto pelos juízes ordinários quanto pelos ouvidores, embora não se sabe com segurança a razão para esses processos se iniciarem na câmara ou na ouvidoria. O caso de Francisca Leme é exemplar para ilustrar os procedimentos da justiça municipal. Em 1729, ela apresentou uma petição ao juiz ordinário da vila de Curitiba para sustar a ameaça de venda feita pela viúva Maria Antunez. Mestiça e bastarda, a ré buscou a justiça para provar a sua liberdade, pois era filha de homem livre, que por sua vez fora o marido da dita viúva. Em 1733, o gentio da terra José também procurou o juiz ordinário para pleitear a sua liberdade, pois era "forro e liberto tanto pelas leis eclesiásticas como pelas seculares".

Raramente os processos dessa natureza subiam à estância superior, à Relação da Bahia e do Rio de Janeiro ou ao Desembargo do Paço.[47] Por essa razão, a temática deixou poucos rastros na documentação do Arquivo Histórico Ultramarino. No entanto, vale mencionar que os particulares, indivíduos sem cargos na administração, enviaram aos soberanos e ao Conselho Ultramarino 546 requerimentos e cartas, entre 1640 e 1807, que solicitavam a resolução de querelas judiciárias, em grande parte, da alçada dos juízes ordinários e juízes dos órfãos. Remetido ao centro, o surpreendente conjunto documental demonstra que nem sempre os pleitos judiciais seguiam os trâmites normais. Ao invés de seguir em direção aos Tribunais da Relação, estavam endereçadas aos monarcas, Conselho Ultramarino, Secretaria de Estado da Marinha e Ultramar.[48] Por seguir esse caminho, alguns processos ficaram preservados no Arquivo Histórico Ultramarino.

Na comarca de Paranaguá, os processos judiciários envolviam não somente índios, mas também escravos africanos ou crioulos. Entre 1697 e 1780, 182 documentos da justiça envolviam transações comerciais com escravos, embora a esmagadora maioria tratasse de cobrança de dívidas. De fato, os juízes ordinários e ouvidores tentaram resolver querelas envolvendo o pagamento de dívida com escravos e endividamentos devido à compra de cativos. Analisaram também processos sobre a devolução de índios e negros que, depois de adquiridos, se mostraram doentes e incapazes. Os processos em questão se vinculavam à venda, penhora e arrematação de escravos que incrementavam o mercado de crédito e "faziam parte da cadeia de endividamento que existia na comarca de Paranaguá". Assim, os juízes ordinários por vezes decidiam o destino dos cativos e contrariavam os interesses de seus senhores. Em princípio, eles poderiam conduzir o escravo à arrematação para satisfação da dívida, entregá-los aos autores do processo ou mesmo deixá-los com os antigos senhores.[49] Os inúmeros processos civis da comarca de Paranaguá permitem então vislumbrar a interferência da câmara em assuntos até então considerados domésticos. Por certo, as contendas envolvendo cativos não eram remetidas ao rei ou aos seus conselhos, não faziam parte da comunicação política, mas do autogoverno, da administração local.

FLUXOS DOS REQUERIMENTOS À MONARQUIA – 1750-1807

No governo pombalino, os requerimentos emitidos pelas câmaras do reino tiveram comportamento muito instável e variável (Figura 10.3). Em Évora, ocorreu o declínio, enquanto em Vila Viçosa verificou-se a manutenção do fluxo anterior. Contrariando as expectativas, em Faro e Viana o número de requerimentos era maior. Aliás, para os dois municípios, as emissões provenientes do centro também apresentavam aumento (Figura 10.1). Na América portuguesa, o fluxo da comunicação não seguiu tendência de alta; nas câmaras do Rio de Janeiro, São Paulo e São Luís ocorreu queda dos requerimentos, enquanto em Salvador e Vila Rica a tendência era oposta (Figura 10.4).

Para o período anterior (1701-1750) (Figura 10.2), a capitania do Rio de Janeiro enviava cerca de 4,1 requerimentos por ano; no período seguinte, caiu para 3. A capitania da Bahia emitia 1,7 papel por ano e passou para 3,5. Nessa conjuntura, ocorreu a transferência da capital do Estado do Brasil de Salvador para o Rio de Janeiro.[50] Em relação às demais capitanias, a tendência foi de aumento do fluxo, mas vale destacar as emissões das câmaras de Minas Gerais. Lá, a correspondência quase dobrou durante o reinado de d. José, impulsionada pelo estabelecimento da derrama e pelos sintomas de declínio da produção de ouro, ou seja, os temas econômicos e fiscais voltaram a dominar os requerimentos.

Ainda conforme as Figuras 10.2 e 10.3, as emissões camarárias da capitania da Bahia e Minas sofreram um nítido declínio entre 1778 e 1807, enquanto em São Paulo e Maranhão tiveram um pequeno aumento. As tendências verificadas nas figuras nos permitem somente levantar hipóteses e ainda não nos asseguram uma boa explicação para a dinâmica da comunicação política das capitanias centrais. Evidencia-se o declínio das emissões provenientes da cidade de São Paulo[51] e Vila Rica (Figura 10.3), embora ocorresse na primeira um fato bem curioso. Em Minas, a diminuição do fluxo da comunicação política é percebida em quase todas as câmaras, mas o mesmo não se verificou na capitania de São Paulo. A câmara de São Paulo emitiu bem menos nas últimas décadas do Setecentos, mas outras câmaras da mesma capitania passaram a escrever ao centro com muito mais intensidade.

Em princípio, a câmara do Rio de Janeiro não diminuiu o ritmo de suas emissões ao centro e enviou, em 10 anos, por volta de 100 cartas, requerimentos e representações endereçadas ao soberano e à Secretaria de Estado. Tal tendência no entanto deve ser relativizada, porque 39% dessa correspondência fora emitida pelo juiz de fora da cidade, o controvertido Baltazar da Silva Lisboa. Desde que tomou posse na câmara, disputou postos e entrou em conflito com vários setores da administração local, notadamente com o vice-rei conde de Resende, com os magistrados do Tribunal da Relação e com os oficiais da câmara. A fim de angariar apoio em suas disputas na cidade, ele manteve intensa correspondência com Martinho de Mello e Castro, poderoso secretário de Estado. A disposição do juiz de fora provocou, por conseguinte, aumento das emissões da câmara.[52] Sendo assim, na câmara da cidade do Rio de Janeiro, verifica-se igualmente queda discreta ou, no máximo, a manutenção das emissões camarárias. A tendência de queda não ocorreu no Maranhão e em São Paulo, capitanias periféricas que até então participavam pouco da troca de correspondência entre câmaras e o centro administrativo.

Nas consultas efetuadas à base de dados Compol, verificou-se um aumento das emissões dos governadores e vice-reis desde o início do século XVIII e constatou-se ainda a elevação extraordinária de suas emissões direcionadas à Secretaria de Estado de Negócios da Marinha e Ultramar. Aliás, vale alertar que os cortes cronológicos da base são distintos para as emissões dos governadores e vice-reis quando comparados aos das câmaras. Conforme a Figura 10.4, priorizaram-se alguns períodos.

Nos últimos anos, inspirados por António Manuel Hespanha, os historiadores brasileiros têm destacado grande autonomia do poder municipal.[53] No entanto, antes Caio Prado Junior defendera que as câmaras estavam submetidas ao governo geral das capitanias. Certamente não posso concordar com Caio Prado.[54] De todo modo, a volumosa correspondência entre as capitanias e o centro administrativo permite vislumbrar que as câmaras ultramarinas diminuíram sua capacidade de negociar ao longo do Setecentos, sobretudo no governo pombalino. Para entender a queda das emissões das principais câmaras ultramarinas, recorro à correspondência emitida pelos governadores/vice-reis. Como hipótese, acredito que o monarca e a Secretaria de Estado, desde então, tivessem eleito os governos das capitanias como interlocutores privilegiados e arrefecessem a comunicação com as câmaras. No reinado de d. José, uma política colonial mais centralizadora teria provocado a diminuição do poder de negociação das câmaras e a consequente queda das emissões e recepções de papéis. Por outro lado, possivelmente ocorreu aumento da participação das elites locais em outras instâncias administrativas, como as juntas locais de Fazenda e mesas de inspeção. A nova inserção talvez tenha diminuído a atratividade das câmaras como importante espaço político de negociação, como ocorrera na América espanhola seiscentista.[55]

Os governadores sempre tiveram como função escrever relatórios, narrar os acontecimentos e atuar como intermediários entre as conquistas e os monarcas, desde os primeiros regimentos.[56] No entanto, a comunicação política entre governadores/vice-reis se torna mais intensa no biênio 1763-1764, conforme a Figura 10.4. Aliás, a correspondência emitida pelos governos teve aumento significativo nas capitanias centrais – Bahia, Rio de Janeiro e Minas – e aumento mais discreto nas capitanias periféricas à economia colonial – São Paulo e Maranhão –,[57] sobretudo a partir de meados do século XVIII. Assim, ao comparar as emissões das câmaras e dos governadores e vice-reis ultramarinos, notam-se tendências opostas. Em geral, as câmaras tiveram suas emissões e recepções de documentos reduzidas a partir do último quartel do século XVIII, enquanto a correspondência enviada pelos governos locais aumentou bastante desde o governo de d. João V. As câmaras recuperaram, em parte, o fluxo de comunicação com o centro no governo de d. Maria, particularmente entre os anos de 1785 e 1795. Na mesma conjuntura, os governadores tiveram a sua participação diminuída.[58]

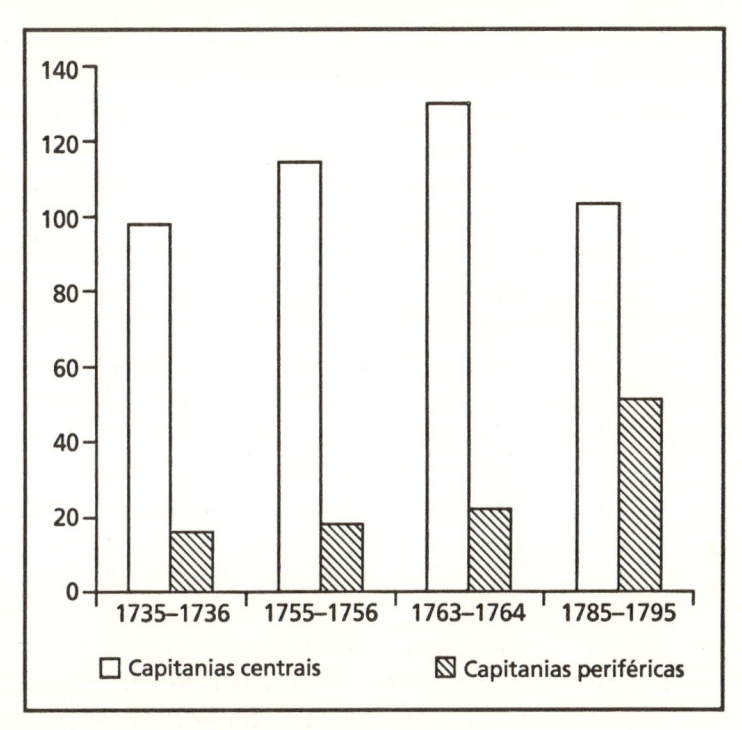

Figura 10.4 Médias anuais de emissões de governadores

Fonte: Banco de dados do projeto Compol.

Embora a tendência fosse de alta nas diversas capitanias, precisa ser investigado o declínio da comunicação política promovida pelos vice-reis, notado depois do biênio 1763 e 1764, quando o Rio de Janeiro se tornou capital do Estado do Brasil. Por certo, a única explicação plausível para a lacuna é o fato de a documentação avulsa arquivada no Conselho Ultramarino não abranger boa parte da correspondência entre os vice-reis e a Secretaria de Estado. No governo dos vice-reis Luís de Vasconcelos e Sousa (1778-1790) e do conde de Resende (1789-1801), as emissões são muito irregulares, variando entre 3 emissões por ano (1790) a 52 (1795). A lacuna documental fica mais evidente quando se constata que no biênio 1789 e 1790, tempo da repressão à Inconfidência mineira, o vice-rei emitiu ao centro somente 17 vezes.

Para melhor entender a possível atrofia política das câmaras nas negociações com o centro, vale também recorrer à correspondência de Martinho de Mello e Castro. A partir da Secretaria de Estado da Marinha e do Ultramar, ele emitiu 248 papéis para a América portuguesa e Angola entre 1790 e 1794. Desse total, 66% estavam dirigidos aos governadores/vice-reis, mas nenhum foi enviado às câmaras. Somente nesses quatro anos, o secretário endereçou ao ultramar mais documentos do que muitas câmaras o fizeram em direção ao centro, para todo o período consultado

(Figura 10.3). Esse dado, por certo, torna ainda mais evidente a modificação do fluxo da comunicação.

As hipóteses da alteração da comunicação política e da centralização administrativa crescente tornam-se mais plausíveis quando se analisa a correspondência enviada às câmaras. Aliás, como antes alertamos, na América, os testemunhos dessa comunicação somente se preservaram, de forma substancial, para a câmara do Rio de Janeiro[59] (ver Figura 10.1). No período entre 1751 e 1807, há indicações de que ocorreu uma queda do envio de correspondência do centro (conselhos, Desembargo do Paço, monarcas, rainha e secretarias) para câmaras de Évora e Rio de Janeiro, embora houvesse manutenção em Vila Viçosa e aumento em Faro e Viana. Aliás, para o Rio de Janeiro e Évora, a correspondência proveniente de Lisboa tratava sobretudo de assuntos econômicos e, em seguida, da administração local para a primeira cidade, e da justiça para a segunda. Entre 1640 e 1807, o monarca (10) e o Conselho Ultramarino (93) eram os principais interlocutores da câmara ultramarina, enquanto para Évora escreveram o monarca (923) e o Desembargo do Paço (375).

Os requerimentos camarários e a correspondência recebida pelo Rio de Janeiro reforçam a tese de uma nova configuração[60] da comunicação política da monarquia. Para o reino, o fluxo da comunicação entre o centro e as câmaras não teve alterações substanciais após o governo de d. José, exceto no caso de Évora.[61] Para o ultramar, desde o governo pombalino, ocorreu a diminuição das emissões das câmaras, enquanto os governadores/vice-reis tornaram-se os principais intermediários entre o centro e o ultramar. Os estudos quantitativos apresentados aqui, em princípio, não me permitem explicar de forma satisfatória a alteração da comunicação política, detectada aqui e ali nas bases de dados. Embora essa tendência remonte ao governo de Pombal, sobretudo no biênio 1763 e 1764, percebe-se que ela persistiu, com menor intensidade, quando Martinho de Mello e Castro esteve à frente da Secretaria de Estado da Marinha e dos Negócios Ultramarinos (1770-1795).

CONCLUSÃO

Ao analisar os muitos requerimentos camarários reunidos na base Compol, não se pode escapar da análise quantitativa. Para viabilizar o estudo, procuramos inicialmente comprovar a relação entre o fluxo da comunicação política e a importância das câmaras na monarquia portuguesa. Assim sendo, quanto mais intensamente o centro administrativo e as câmaras trocavam correspondências, mais representativas eram as últimas, fosse no âmbito econômico, fosse no político. Nas diferentes figuras apresentadas, constata-se que as câmaras reinóis e ultramarinas mais representativas não contrariaram o pressuposto, já que Évora, Salvador e Rio de Janeiro mantiveram troca constante de correspondência com os conselhos, Desembargo do Paço, monarcas e secretarias.

Em relação às variações temporais, existe muita oscilação, o que nos leva a ter ainda mais cautela na hora de interpretar as figuras 10.1-10.4. De todo modo, marcada pelos reinados, a comunicação política teve aumento crescente entre 1640 e 1750. O auge da tendência localiza-se durante o governo de d. João V, embora em Évora e Salvador o declínio do fluxo dos requerimentos se inicie com o século XVIII. Para as demais câmaras verifica-se um nítido aumento, sobretudo nas da capitania de Minas Gerais e nos municípios reinóis de Faro e Viana. A comunicação política entre os edis e o centro entra em curso descendente no governo pombalino, exceto em Vila Viçosa e Vila Rica. Durante o governo mariano, ocorreu uma pequena retomada do fluxo da comunicação mais evidente no reino do que no ultramar. Em Salvador, São Paulo e Vila Rica, a tendência continuou descendente, enquanto na cidade do Rio de Janeiro se manteve estável e em São Luís ocorreu aumento dos requerimentos.

Supostamente, as alterações do envio e da recepção de ordens régias, provimentos, cartas, ofícios e representações podem se originar da perda dos acervos, da coleta imperfeita de dados e da própria idiossincrasia das câmaras. Mesmo com essas ressalvas, temos algumas tendências, índices bem seguros da comunicação política entre as câmaras e o centro administrativo em Lisboa. Não se pode duvidar que as câmaras receberam e emitiram papéis em menor quantidade ao finalizar o século XVIII. O declínio foi mais evidente no mundo colonial, fato que contraria o crescimento populacional e a proliferação de municípios sobretudo no Centro-Sul do Brasil. A curva descendente verificada no envio de requerimentos coincide com o forte aumento do envio de notícias por parte dos governadores e vice-reis à Secretaria de Estado da Marinha e dos Negócios Ultramarinos.

Nas conquistas, tais tendências opostas podem indiciar uma nova política régia para tratar os poderes locais ou municipais. Há que se verificar se nos manuscritos enviados pelos governadores e vice-reis existe uma nova configuração do governo a distância, uma forma de administrar mais estribada nos governadores. Para tanto, a análise quantitativa não é o método mais apropriado. Há que recorrer à leitura da extensa documentação manuscrita pelos governos das capitanias, rico acervo disponível sobretudo no Arquivo Histórico Ultramarino. Em suma, em cada capitania, o crescimento da participação dos governos na comunicação política pode indiciar alterações relevantes da administração colonial.

Aliás, no Seiscentos, a monarquia governava as conquistas com o apoio das câmaras, governadores, ouvidores, provedores, entre outros agentes, ou seja, existiam instâncias distintas de poder que, por vezes, entravam em conflito. Na segunda metade do Setecentos, conforme análise quantitativa dedicada às câmaras e aos ouvidores-gerais (ver neste livro os capítulos 8 e 9), o governo dos povos do ultramar cada vez mais estava sob o controle dos governadores e vice-reis, particularmente no reinado de d. José. No entanto, existe uma ligeira recuperação das emissões camarárias e, coincidentemente, um decréscimo das emissões dos governadores

(Figura 10.5). Evidenciado na segunda metade do Século das Luzes, o lento processo de centralização política tentava conter a dispersão do comando inerente à monarquia polissinodal. Em definitivo, seus conselhos retrocederam no governo pombalino, razão para que d. José alavancasse os secretários de Estado.

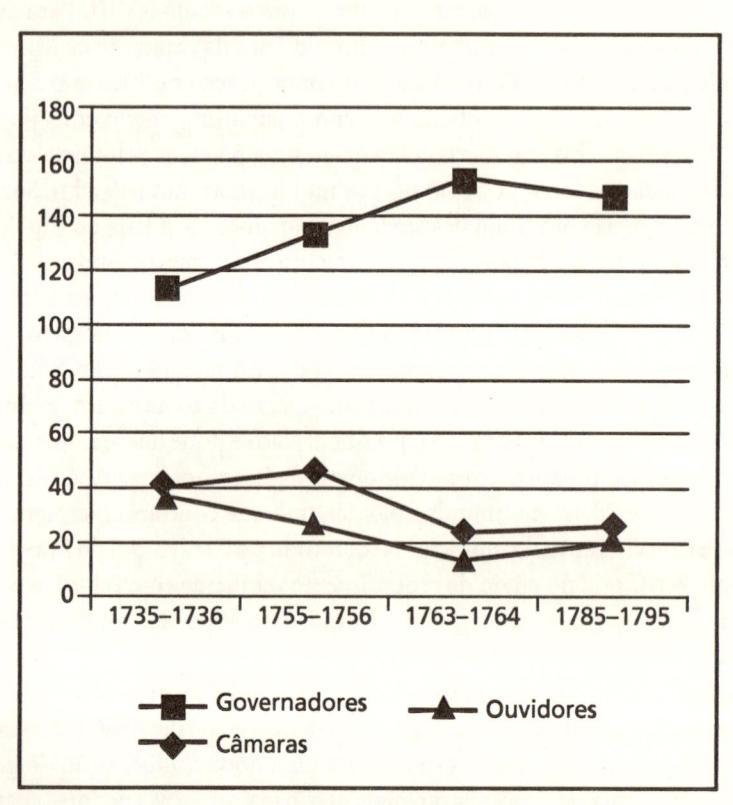

Figura 10.5 Emissões das câmaras, governadores e ouvidores (médias anuais)
Fonte: Banco de dados do projeto Compol.[62]

As intervenções sobre os municípios verificaram-se quando arrefeceram as negociações e a monarquia passou a cortar privilégios e diminuir o poder de comando das elites camarárias.[63] Talvez com a capacidade de negociar em baixa, os edis enviassem ao centro quantidade menor de requerimentos, mas essa retração na capacidade de negociar se fez ao longo de todo o século XVIII. Entretanto, as câmaras de Minas só diminuíram o envio de pleitos na década de 1790, depois que os rendimentos da mineração estavam em baixa e entrava em curso a perseguição aos inconfidentes. Para além da baixa no número de representações emitidas pelas câmaras, vê-se também que as interferências dos governadores e vice-reis nos municípios geraram vários conflitos de jurisdição que nem sempre tinham finais favoráveis às elites locais. De todo modo, todas essas suposições e indícios, forjados a partir da análise quantitativa, necessitam ser confrontados, complementados e comprovados com a leitura pormenorizada dos documentos.

Notas

1. Este artigo contou com a colaboração de Nuno Gonçalo Monteiro e José Damião Rodrigues. Agradeço muito as sugestões e críticas de Maria Fernanda Bicalho, Mafalda Soares da Cunha, João Fragoso, Carla Almeida e Rafael Chambouleyron. Em especial, externo minha gratidão a Thiago Krause, que leu várias versões deste capítulo e contribuiu muito para aperfeiçoá-lo.
2. William Beik, *Absolutism and Society in Seventeenth-Century France: State Power and Provincial Aristocracy in Languedoc*; Maria Fernanda Bicalho, *A cidade e o império: o Rio de Janeiro no século XVIII*; Xavier Gil Pujol, "Centralismo e localismo? Sobre as relações políticas e culturais entre capital e territórios nas monarquias europeias dos séculos XVI e XVII", pp. 119-44; António Manuel Hespanha, *As vésperas do Leviathan: instituições e poder político, Portugal – séc. XVII*; Joaquim Romero Magalhães, *O Algarve económico (1600-1773)*; Nuno Gonçalo Monteiro, *Elites e poder: entre o Antigo Regime e o Liberalismo*; José Damião Rodrigues, *Poder municipal e oligarquias urbanas: Ponta Delgada no século XVII*.
3. Na base Compol estão registrados 10.579 documentos referentes às câmaras mencionadas.
4. Referente ao Brasil e Angola, a base de dados do mencionado projeto tem a classificação de 26.517 documentos, entre esses somente 2.837 são emissões das câmaras ultramarinas.
5. Nessas capitanias, as câmaras fizeram 2.214 emissões, conforme base de dados do projeto Compol.
6. Na base Compol, encontram-se emissões de todos esses municípios. No entanto, a grafia dos nomes das vilas pode variar e gerar dúvidas na sua identificação. Aqui se pode incorrer em outro erro, pois as emissões de municípios de outras capitanias, sobretudo as anexas, foram classificadas como se fossem da capitania principal. Para obter números mais precisos, será necessário verificar cada documento.
7. Sobre a história das câmaras ultramarinas, ver: Maria Fernanda Bicalho, *A cidade e o império*, pp. 301-384; Maria de Fátima Gouvêa, "Homens bons do Rio de Janeiro, ca.1790-1822", pp. 297-330; Cláudia D. Fonseca, *Des Terres aux Villes de l'Or, Pouvoirs et territoires urbains au Minas Gerais (Brésil, XVIIIe siècle)*; Avanete Pereira Sousa, *A Bahia no século XVIII; poder político local e atividades econômicas*; George Félix Cabral de Souza, "Elite y ejercicio de poder en el Brasil colonial: la Cámara Municipal de Recife (1710-1822)".
8. Pedro Cardim, "The Representatives of Asian and American Cities at the Cortes de Portugal", pp. 43-53.
9. Graça Salgado (coord.), *Fiscais e meirinhos; a administração do Brasil colonial*, pp. 261-272.
10. Vale aqui destacar o grande número de oficiais da comarca de Vila Rica entre 1746 e 1749: Maria do Carmo Pires, "Em testemunho de verdade: juízes de Vintena e o poder local na comarca de Vila Rica (1736-1808)", pp. 160-161.

11. *Privilégios dos cidadãos da Cidade do Porto*. Sobre os pedidos das câmaras de Minas Gerais, ver: AHU, Minas, avulsos, cx. 3, docs. 55 e 74. Iris Kantor menciona documento que sugere que a cidade de Mariana desfrutava dos privilégios dos cidadãos do Porto. No entanto, em leitura cuidadosa do documento, vê-se que a carta régia em questão é muito sumária e não menciona explicitamente a concessão dos privilégios. Ver: Iris Kantor, "A leal vila de Nossa Senhora do Carmo".

12. Joaquim Romero Magalhães, *O Algarve económico...*

13. Nuno Gonçalo Monteiro, "Elites locais e mobilidade social em Portugal nos finais do Antigo Regime", pp. 336, 344 e 351.

14. Norbert Elias, *O processo civilizador*, v. 2, p. 103.

15. Jack Greene, *Negotiated Authorities*.

16. Nuno Gonçalo Monteiro, "Trajetórias sociais e governo das conquistas: notas preliminares sobre os vice-reis e governadores-gerais do Brasil e da Índia nos séculos XVII e XVIII", p. 283, nota 54.

17. No caso específico das câmaras ultramarinas, os resultados da pesquisa contrariam a voga recente dedicada a conceber as monarquias ibéricas como policêntricas. A investigação em curso demonstra que a comunicação política dos municípios se dirigia, quase exclusivamente, ao monarca. Sobre o debate historiográfico, ver: Pedro Cardim *et al.* (ed.), *Polycentric Monarchies*, pp. 3-8.

18. Os demais períodos coincidem, em grande parte, com os reinados de d. João V, d. José e d. Maria.

19. J. D. Rodrigues, *Histórias atlânticas: os Açores na primeira modernidade*, pp. 129-153.

20. Arquivo Histórico Municipal de Évora, liv. 71, fl. 297, liv. 77, fl. 197, liv. 139, fl. 204v, 207a, 207b, 291va, 306a, entre outros.

21. AHU, avulsos, Rio de Janeiro, doc. 332, 333, 337, 341, 348, 350, 353, entre outros.

22. Para outros exemplos, no caso das ilhas, ver José Damião Rodrigues, *Poder municipal e oligarquias urbanas: Ponta Delgada no século XVII*.

23. Documentos citados por ordem de menção. AHU, Bahia – Luiza da Fonseca, documentos (docs.) 1632, 2081-82, 1952, 2088, 3479, 1642, 1736, 1861, 1900 e 2190-91.

24. AHU, avulsos, Maranhão, docs. 429 e 463.

25. Ainda não se conhecem em profundidade as modificações eleitorais das câmaras ultramarinas. A partir de 1696, no caso da Bahia, ocorreu a abolição do método do pelouro. Os juízes da Relação passaram a escolher os três novos oficiais entre os homens-bons. Nas vereações seguintes, a indicação estava a cargo dos vice-reis ou dos governadores, que em nome do rei passaram a interferir na composição da câmara. Charles R. Boxer, *Portuguese Society in the Tropics. The Municipal Council of Goa, Macau, Bahia, and Luanda*, pp. 74-75.

26. AHU, Maranhão, avulsos, docs. 1197, 1223 e 1467.

27. Edmundo Zenha, *O município no Brasil: 1532-1700*, São Paulo: Instituto Progresso Editorial, 1948, p. 112.

28. Encontram-se 170 emissões da câmara no período: assuntos camarários e governação (55 emissões); conflito de jurisdição, Justiça e Polícia (30); Economia, Fazenda, fiscalidade, comércio e navegação (29); assuntos religiosos (22).

29. Sobre estes temas, ver: AHU, avulsos, Rio de Janeiro, docs. 1149, 3339, 3579, 4205, entre outros.

30. Sobre os mercadores no Rio de Janeiro, ver: Antonio Carlos Jucá de Sampaio, *Na encruzilhada do império: hierarquias sociais e conjunturas econômicas no Rio de Janeiro (c.1650-c.1750)*; Maria Fernanda Bicalho, *A cidade e o império*; João Fragoso, "A formação da economia colonial no Rio de Janeiro e de sua primeira elite senhorial", pp. 29-71; João Fragoso, "Fidalgos e parentes de preto", pp. 33-120.

31. Sobre o último assunto, ver: Ronald Raminelli, "Los límites del honor", v. 40, pp. 45-68.

32. AHU, avulsos, Maranhão, docs. 2004, 2801 e 3230.

33. Na maior parte das capitanias da América portuguesa, a câmara da cabeça prevalecia claramente sobre as demais. O controle político e econômico de algumas câmaras sobre a capitania talvez explique o número reduzido de municípios, por exemplo, no Maranhão e no Rio de Janeiro. As respectivas cabeças das capitanias por certo não incentivaram a fundação de outras câmaras em suas circunvizinhanças. A hipótese é bem-defendida no estudo sobre os limites entre os municípios: Cláudia D. Fonseca, *Des terres aux villes de l'or*, pp. 255-269.

34. Antonio Carlos Jucá de Sampaio, "O mercado carioca de crédito: da acumulação senhorial à acumulação mercantil (1650-1750)", pp. 31-32.

35. Sobre os pedidos de privilégios ao rei, ver: AHU, avulsos, Rio de Janeiro, docs. 1236, 1421 e 1422, entre outros. Para os demais temas, ver em ordem de citação: AHU, avulsos, Rio de Janeiro, docs. 1732, 1800, 1885, 1380,1857, 1860, 2619, 2808, 4242, 21 2307, 2272 e 2036.

36. Norbert Elias, *O processo civilizador, op. cit.*, v. 2, p. 103.

37. O tema da fiscalidade encontra-se em seis emissões. Dentre elas, ver: AHU, avulsos, Rio de Janeiro, docs. 1235, 1982, 2150 e 2267.

38. Arquivo Histórico Municipal de Évora, liv.140, fl. 230va, 333, 352va; liv. 86, fl. 27 e 55, entre outras.

39. Câmara Municipal de Viana do Castelo, liv. 8, fl. 228v, liv. 10, fl. 17b, 17v, 75; liv. 12, fl. 83, 110 e 103.

40. Nuno Gonçalo Monteiro, "Elites locais e mobilidade social em Portugal nos finais do Antigo Regime", v. XXXII (141), p. 339

41. O tema da justiça perfazia somente 17,3% em Évora, 14% em Faro, 5,6% em Vila Viçosa e 3,8% em Viana.

42. AHU, Minas, avulsos, cx. 44, doc. 97; cx. 55, doc. 30.

43. AHU, Minas, avulsos, cx. 47, doc. 26.

44. AHU, Minas, avulsos, cx. 52, doc. 96.

45. Carmem Silva Lemos, "A justiça local: os juízes ordinários e as devassas da comarca de Vila Rica (1750-1808)", pp. 18-19.

46. Joacir Navarro Borges, "Das justiças e dos litígios: a ação judiciária da câmara de Curitiba no século XVIII (1731-1752)", p. 10.

47. Bruna Marina Portela, "Gentio da terra, gentio da Guiné: a transição da mão de obra escrava e administrada indígena para a escravidão africana (capitania de São Paulo, 1697-1780)", pp. 85, 97-98.

48. Segundo a Compol, encontram-se 546 cartas e requerimentos dos particulares com assunto da justiça e polícia. Nesse conjunto, 481 documentos, ou seja, 88%, estavam endereçados aos monarcas.

49. Bruna Marina Portela, "Gentio da terra, gentio da Guiné...", p. 185, citações às pp. 201 e 207.

50. Dauril Auden, *Royal Government in Colonial Brazil*; A. Wehling & M. J. Wehling, *Direito e Justiça no Brasil Colonial; o Tribunal da Relação do Rio de Janeiro (1751-1808)*.

51. Segundo parecer do Conselho Ultramarino, a vila de São Paulo tornou-se cidade a partir de 1711. AHU, São Paulo, avulsos, cx. 1, doc. 21.

52. Ronald Raminelli, *Viagens ultramarinas*, pp. 177-212. O mesmo sucedeu nos Açores com a presença do conhecido José Acúrsio das Neves. Essa documentação não está incluída na Compol. Ver José Damião Rodrigues, *Histórias Atlânticas*, pp. 229-244. Há casos semelhantes em Cachoeira (Bahia) e São Luís.

53. Para um balanço sobre os estudos brasileiros a respeito das câmaras coloniais, ver: Maria Fernanda Bicalho, "As câmaras ultramarinas e o governo do império", pp. 189-221. Para os estudos inspirados na obra de Hespanha, ver: Ronald Raminelli, *Nobrezas do Novo Mundo*, segundo capítulo; *Idem*, "Monarquia e câmaras coloniais; sobre a comunicação política, 1640-1807".

54. Os governadores e as câmaras agiam em conjunto na administração local, segundo a visão de Prado Jr. Ao invés de indicar a independência municipal, seu estudo apontou a quase total subordinação dos oficiais da câmara ao governador. Eram então "mero departamento administrativo, subordinado ao governo-geral e nele entrosado intimamente...". A subordinação se fazia mesmo tendo as câmaras patrimônio e finanças próprias. A autonomia econômica não viabilizava o autogoverno, mas o contrário, pois as câmaras "funcionavam como verdadeiros departamentos do governo-geral e entram normalmente na organização e hierarquia administrativa dele". Caio Prado Jr., *Formação do Brasil contemporâneo*, p. 316.

55. Para o desinteresse das elites locais nos cabildos da América espanhola, ver: Ronald Raminelli, "A monarquia católica e os poderes locais no Novo Mundo, pp. 29-54.

56. *Cf.* "Do regimento do S. A. Real, que trouxe Roque da Costa Barreto...", pp. 288-318. Sobre os governadores, ver: Francisco Cosentino, *Governadores gerais do Estado do Brasil (séculos XVI-XVII): ofício, regimentos, governação e trajetórias*.

57. Vale aqui destacar as emissões dos governadores do Maranhão. Do total de 567, esses governadores emitiram 506 papéis. Somente fazendo essa distinção, percebe-se que a comunicação política do Maranhão progressivamente passou a manter uma dinâmica muito semelhante da encontrada entre as capitanias centrais.

58. Sobre as tendências opostas das emissões das câmaras e dos governadores, ver: Ronald Raminelli, *Nobrezas do Novo Mundo...*

59. Aqui menciono exclusivamente a documentação do Arquivo Histórico Ultramarino. Por certo para muitas câmaras municipais existe a documentação emitida pelo centro.

60. Norbert Elias, *Introdução à sociologia*, p. 142.

61. Vale mencionar que alguns livros da câmara de Évora não foram incluídos na base Compol.

62. As médias anuais referentes aos ouvidores foram calculadas a partir do capítulo "Corregedores, ouvidores-gerais e ouvidores".

63. Sobre o assunto, ver: Ronald Raminelli, "Los límites del honor...", v. 40, pp. 45-68. Processo semelhante ocorreu na América espanhola, ver: Ronald Raminelli, *A monarquia católica e os poderes locais no Novo Mundo*, p. 29-54.

REFERÊNCIAS BIBLIOGRÁFICAS

ALDEN, Dauril. *Royal Government in Colonial Brazil*. Berkeley: University of California Press, 1968.

BEIK, William. *Absolutism and Society in Seventeenth-Century France: State Power and Provincial Aristocracy in Languedoc*. Cambridge: Cambridge University Press, 1985.

BARRETO, Roque da Costa. "Do regimento do S. A. Real, que trouxe Roque da Costa Barreto...", *Revista do IHGB*, v. 5, 1863, pp. 288-318.

BICALHO, Maria Fernanda. "As câmaras ultramarinas e o governo do império". *In*: FRAGOSO, João & BICALHO, Maria Fernanda & GOUVÊA, Maria de Fátima (orgs.). *O Antigo Regime nos trópicos: a dinâmica imperial portuguesa (séc. XVI- XVIII)*. Rio de Janeiro: Civilização Brasileira, 2001.

_____. *A cidade e o império: o Rio de Janeiro no século XVIII*. Rio de Janeiro: Civilização Brasileira, 2003.

BORGES, Joacir Navarro. "Das justiças e dos litígios: a ação judiciária da câmara de Curitiba no século XVIII (1731-1752)". Curitiba: UFPR, 2009. Tese de doutorado.

BOXER, Charles R. *Portuguese Society in the Tropics. The Municipal Council of Goa, Macau, Bahia, and Luanda*. Madison: The University of Wisconsin Press, 1965.

CARDIM, Pedro. "The Representatives of Asian and American Cities at the Cortes de Portugal". *In*: CARDIM, P. *et alii*. *Polycentric Monarchies*. Portland: Sussex Academic Press, 2012.

COSENTINO, Francisco. *Governadores gerais do Estado do Brasil (séculos XVI-XVII): ofício, regimentos, governação e trajetórias*. São Paulo: Annablume/Fapemig, 2009.

ELIAS, Norbert. *O processo civilizador*. Rio de Janeiro: Jorge Zahar, 1983. 2vs.

FONSECA, Cláudia D. *Des Terres aux Villes de l'Or, Pouvoirs et territoires urbains au Minas Gerais (Brésil, XVIIIe siècle)*. Paris: Calouste Gulbenkian, 2003.

FRAGOSO, João. "A formação da economia colonial no Rio de Janeiro e de sua primeira elite senhorial". *In*: FRAGOSO, João & BICALHO, Maria Fernanda & GOUVÊA, Maria de Fátima (orgs.). *O Antigo Regime nos trópicos: a dinâmica imperial portuguesa (séc. XVI-XVIII)*. Rio de Janeiro: Civilização Brasileira, 2000.

_____. "Fidalgos e parentes de preto". *In*: FRAGOSO, João *et alii*. *Conquistadores e negociantes*. Rio de Janeiro: Civilização Brasileira, 2007, pp. 33-120.

GIL PUJOL, Xavier. "Centralismo e localismo? Sobre as relações políticas e culturais entre capital e territórios nas monarquias europeias dos séculos XVI e XVII". *Penélope*, n. 6, 1991, pp. 119-44.

GOUVÊA, Maria de Fátima. "Homens-bons do Rio de Janeiro, ca.1790-1822". *Revista Brasileira de História*, v. 18, n. 36, São Paulo, 1998, pp. 297-330.

GREENE, Jack. *Negotiated Authorities*. Charlottesville: University Press of Virginia, 1994.

HESPANHA, António Manuel. *As vésperas do Leviathan: instituições e poder político, Portugal – séc. XVII*. Coimbra: Almedina, 1994.

LEMOS, Carmem Silva. "A justiça local: os juízes ordinários e as devassas da comarca de Vila Rica (1750-1808)". Belo Horizonte: UFMG, 2003. Dissertação de mestrado.

MAGALHÃES, Joaquim Romero. *O Algarve económico (1600-1773)*, "Imprensa Universitária, 69". Lisboa: Editorial Estampa, 1988.

MONTEIRO, Nuno Gonçalo. "Elites locais e mobilidade social em Portugal nos finais do Antigo Regime". *Análise Social*, v. XXXII (141): 335-368, 1997.

_____. *Elites e Poder: entre o Antigo Regime e o Liberalismo*. Lisboa: Imprensa de Ciências Sociais, 2003.

_____. "Trajetórias sociais e governo das conquistas: notas preliminares sobre os vice-reis e governadores-gerais do Brasil e da Índia nos séculos XVII e XVIII". *In*: FRAGOSO, João & BICALHO, Maria Fernanda & GOUVÊA, Maria de Fátima (orgs.). *O Antigo Regime nos trópicos: a dinâmica imperial portuguesa (séculos XVI-XVIII)*. Rio de Janeiro: Civilização Brasileira, 2001.

PIRES, Maria do Carmo. "'Em testemunho de verdade': juízes de Vintena e o poder local na comarca de Vila Rica (1736-1808)". Belo Horizonte: FFCH – UFMG, 2005. Tese de doutorado.

PORTELA, Bruna Marina. "Gentio da terra, gentio da Guiné: a transição da mão de obra escrava e administrada indígena para a escravidão africana (capitania de São Paulo, 1697-1780)". Curitiba: UFPR, 2014. Tese de doutorado.

PRADO JR., Caio. *Formação do Brasil contemporâneo*. São Paulo: Martins, 1942.

PRIVILÉGIOS dos cidadãos da Cidade do Porto. Porto: Em Casa de Fructuoso Lourenço de Basto, 1611.

RAMINELLI, Ronald. *Viagens ultramarinas*. São Paulo: Alameda, 2008.

_____. "A monarquia católica e os poderes locais no Novo Mundo". *In:* AZEVEDO, C. & RAMINELLI, R. (orgs.). *História das Américas*. Rio de Janeiro: Editora FGV, 2011, pp. 29-54.

_____. "'Los límites del honor'. Nobles y jerarquías de Brasil, Nueva España y Perú, siglos XVII y XVIII". *Revista Complutense de Historia de América*, 2014, vol. 40, pp.45-68.

_____. "Monarquia e câmaras coloniais; sobre a comunicação política, 1640-1807". *Prohistoria* (Rosario-Argentina), ano XIII, n. 21, pp. 3-26, 45-68, 2014.

_____. *Nobrezas do Novo Mundo*. Rio de Janeiro: Editora da FVG, 2015.

RODRIGUES, J. D. *Poder municipal e oligarquias urbanas: Ponta Delgada no século XVII*. Ponta Delgada: Instituto Cultural de Ponta Delgada, 1994.

_____. *Histórias atlânticas: os Açores na primeira modernidade*. Ponta Delgada: CHAM, 2012.

SALGADO, Graça (coord.). *Fiscais e meirinhos; a administração do Brasil colonial*. Rio de Janeiro: Nova Fronteira, 1985.

SAMPAIO, Antonio Carlos Jucá de. *Na encruzilhada do império: hierarquias sociais e conjunturas econômicas no Rio de Janeiro (c.1650 – c.1750)*. Rio de Janeiro: Arquivo Nacional, 2003.

_____. "O mercado carioca de crédito: da acumulação senhorial à acumulação mercantil (1650-1750)". *Revista Estudos Históricos*, n° 29. Rio de Janeiro: CPDOC/FGV, 2002.

SOUSA, Avanete Pereira. *A Bahia no século XVIII; poder político local e atividades econômicas*. São Paulo: Alameda, 2012.

SOUZA, George Félix Cabral de. "Elite y ejercicio de poder en el Brasil colonial: la Cámara Municipal de Recife (1710-1822)". Salamanca: Universidade de Salamanca, 2007. Tese de doutorado.

WEHLING, A. & WEHLING, M. J. *Direito e Justiça no Brasil Colonial; o Tribunal da Relação do Rio de Janeiro (1751-1808)*. Rio de Janeiro: Renovar, 2004.

ZENHA, Edmundo. *O município no Brasil: 1532-1700*. São Paulo: Instituto Progresso Editorial, 1948.

11

A câmara de Luanda, a rainha, o governador, o ouvidor, os livros e dona Antônia Maria de Jesus (século XVIII)[1]

Roberto Guedes Ferreira

Este capítulo aborda a comunicação política da Câmara Municipal de Luanda, poder local, com poderes do centro da monarquia portuguesa – rei, conselho ultramarino e secretário de Estado da Marinha e Negócios Ultramarinos – e com os governadores do Reino de Angola.[2] Para isso, observa os fluxos, os agentes e os temas da comunicação em dois *corpora* documentais: os já conhecidos documentos avulsos, seção Angola, do Arquivo Histórico Ultramarino (AHU) e um livro de registros de correspondência da câmara luandense sob guarda da Biblioteca Municipal de Luanda (BML),[3] doravante designados, respectivamente, base AHU e base BML. A documentação da base AHU refere-se, em sua maioria, à correspondência entre o poder central da Coroa, de um lado, e governadores do Reino de Angola, de outro. Por sua vez, a documentação da base BML foca preferencialmente a troca de documentos entre o senado da câmara e o governador da capitania de Angola. Decerto os temas principais tratados nesses dois *corpora* documentais são de natureza diversa, mas os registros da base BML podem, para uma melhor compreensão dos assuntos, ser complementares à base AHU. Assim, cruzados, esses *corpora* propiciam uma abordagem mais rica da comunicação política entre poderes local e central, pois põem por terra dicotomias sobre centro *versus* periferia. A hipótese principal é a de que, embora seja mais ou menos óbvio que cada *corpus* documental guarde teores e fluxos específicos, as instâncias de comunicação são hierarquizadas, e os registros dos documentos obedecem a variáveis diversas, mas sobretudo são frutos de conflitos entre poderes e atores políticos. Em grande parte, isso contribui para gerar a comunicação. Inicialmente, aventei a hipótese de que o governador da capitania Angola atuaria como mediador, se não dos fluxos, ao menos dos agentes dos poderes local e central da monarquia. Hipótese não descartada, mas, com efeito, o governador também podia ser acionado pela Câmara Municipal em seus confrontos com poderes da Coroa na capitania, ouvidor e/ou juiz de fora, e mesmo com poderes locais, juízes do terreiro público. Esses embates, que se traduziam em assuntos variados – conflitos de jurisdição, assuntos camarários –, geravam novos registros documentais nas bases. Em suma, parte significativa dos papéis resulta de conflitos políticos, mas também, como se verá, de razões de ordem particular, talvez afetivas, que nada têm de contraditórias com laços políticos.[4]

Para o encaminhamento da análise, levo em conta as dimensões dos poderes. Assim, como convencionado entre os participantes do projeto, a Câmara Municipal é uma das instâncias, mas a principal, de poder local, os governadores são representantes do poder da Coroa no território, e o rei, o Conselho Ultramarino e os secretários de Estado expressam o poder central da Coroa.[5] São essas as dimensões básicas de poder a se abordar. Isso também ajuda a entender os porquês de os poderes local e da Coroa no território privilegiarem assuntos e circuitos de comunicação diferentes, o que deve ser lembrado quando da elaboração de tipologias de temas presentes na documentação. De fato, como salientam capítulos do projeto, as bases aludem não apenas a formalidades administrativas, mas a efetivas comunicações políticas. Nesse aspecto, em termos de método, uma análise pormenorizada dos papéis camarários no curto prazo traz adições às análises quantitativas.

Para finalizar esse introito, elegi a periodização entre 1767 e 1795 de acordo com a disponibilidade documental da câmara de Luanda e com o estágio atual da pesquisa, e, em consonância com o projeto, enfatizo os anos de 1785 a 1795, posto que, comum às duas bases, viabiliza uma melhor comparação. Mas aludirei a outros períodos quando convier à argumentação e à comprovação das hipóteses. De resto, tudo é um exercício de reflexão.

Os fluxos

No que tange aos fluxos, pela base AHU se observa que, entre 1785 e 1795, a câmara de Luanda e os demais poderes locais a ela atrelados geraram 17 documentos, dos quais 11 foram enviados à rainha, quatro ao secretário de Estado e negócios ultramarinos e dois sem destino especificado. No sentido inverso, uma única vez a câmara recebeu documento proveniente de Lisboa, quando em 1789 a rainha nomeou um juiz de fora. Na base AHU, portanto, a comunicação ativa e mormente passiva de Luanda era pequena, apenas 1,5 documento anual ou pouco mais de um documento anual em média, mas nada tão distante da tendência geral de outras câmaras ultramarinas e reinóis setecentistas, podendo às vezes até superar algumas, em média.[6] Era pequena, mas não era desprezível.

Naquele mesmo período, 1785-1795,[7] foram registrados 52 documentos no códice 24 de livros de registros de correspondência da câmara luandense – 4,7 em média por ano –, dos quais 28 foram remetidos pelo senado, 14 pelos governadores, um pelo ouvidor de Angola, um pelo juiz do terreiro público de Luanda, um pelo bispo, quatro por particulares e três pela rainha. Desse modo, o senado registrou apenas três papéis vindos de Lisboa, e todos os demais 49 permaneceram circunscritos a Angola sem irem para Lisboa. Considerando apenas o que o senado emitiu, a média anual é de 2,5 correspondências. Essa média não dista muito da da base AHU no que concerne ao que a câmara luandense enviou ao reino, mas o grosso da comunicação camarária permaneceu em Luanda. Ela tem a grande vantagem de permitir a comunicação entre a câmara e outros agentes políticos no território, e, como se verá, recorrer ao centro era o último recurso da câmara. O "pouco" nas bases revela, em resumo, algo sobre a própria comunicação política.

Nesse quadro de pouca comunicação política com os poderes centrais da Coroa e de intenso diálogo político na conquista, como avaliar as relações entre as dimensões de poder local e central da Coroa? Poder-se-ia supor que, por ser uma conjuntura marcada por guerras europeias – Revolução Francesa e Guerras Napoleônicas –, haveria uma redução da amostragem na base AHU. Mas, em volume, entre 1785-1795 assentaram-se 922 registros na base do AHU, e 52 na base BML, o que quer dizer que a conjuntura bélica europeia não afetou a comunicação entre Lisboa e Luanda, e vice--versa. Para Angola, a base AHU contempla em sua grande maioria agentes políticos não camarários, e, no período, eles são basicamente os militares em busca de mercês/ postos militares e o governador envolto a assuntos diversos (ver Capítulos 1, 6 e 8). Na verdade, em todos os períodos abarcados no projeto, pela base AHU constata-se que a câmara ou camaristas luandenses, incluído o juiz de fora, só receberam quatro documentos vindos de Lisboa: um em 1735, dois em 1763 e aquele aludido em 1789. No caminho de Luanda para Lisboa só foram remetidos 45 documentos: 5 entre 1640-1660; 7 entre 1680-1700; 7 entre 1725-1726; 3 entre 1735-1736; não houve remessa entre 1755-1756; 7 entre 1763-1764; e 15 entre 1795-1785. Este último momento foi o de maior fluxo de correspondências do poder local para o reino, mas, ainda assim, fora baixo. Estava aquém mesmo das do poder local camarário de Benguela, que enviou 25 papéis para Lisboa entre 1785-1795, média de 2,2 por ano, conforme a mesma base AHU. A câmara de Massangano, a terceira do Reino de Angola, infelizmente não é contemplada pela base AHU nos períodos coletados.[8]

Em resumo, a comunicação política passiva e ativa da câmara luandense é pouco registrada na base AHU. Mas essa pequenez deve ser relativizada. No cômputo geral da amostragem, a câmara de Luanda e/ou seus membros – juiz de fora, vereadores, escrivães etc. – foram responsáveis por 4,4% (55) das 1.245 correspondências emitidas pela conquista africana entre os séculos XVI e XVIII. Nesse percentual estão incluídos os papéis remetidos a governadores e ouvidores de Angola, prepostos do poder da Coroa no território, ou seja, o índice não diz respeito apenas ao que seguiu para Lisboa. Acrescentando, com os mesmos critérios, as 28 expedidas pelos camaristas benguelenses, chega-se a 83 (6,6%). Na mesma base AHU, por exemplo, os governadores de Angola foram responsáveis pelo envio de 622 (49,9%) daqueles 1.245 papéis. Os ocupantes de posto militar, eclesiástico, judiciário enviaram, respectivamente, 239 (19,1%), 55 (4,4%) e 58 (4,5%). Logo, de fato, o índice de comunicação camarário pela base AHU era baixo apenas comparado aos governadores e aos militares, mas sem deixar a desejar aos demais tipos de cargo. No entanto, ressalve-se que a câmara é a cabeça de uma comunidade política, ao passo que outros ofícios geralmente eram régios.

Pelo exposto, a base AHU demonstra que, de fato, a câmara de Luanda estava longe de concentrar a comunicação política com o poder central da Coroa, papel este que cabia ao governador de Angola, o que só não ocorreu no biênio 1725-1726, quando a primazia recaiu sobre os militares. Mas nem por isso sua atuação deixava de ser decisiva, o que será visto pela análise pormenorizada das cartas, por exemplo, quando do período da Restauração de Angola aos holandeses. Por outro lado, não obstante a enorme variação no tempo, o que os índices sugerem é que o *corpus* documental do AHU diz respeito, basicamente, a assuntos que fogem à alçada da câmara, ao menos no caso de Luanda.

A significativa atuação do governador de Angola na base AHU não é por si um indicador de fragilidade da atuação política da câmara em função da intromissão do poder da Coroa na conquista em assuntos camarários. Para Angola, os governadores quase não se reportaram a assuntos camarários (ver Capítulo 6). Por exemplo, nas 262 correspondências enviadas por eles, entre 1785 e 1795, apenas quatro referiam-se a temas camarários, uma das quais atendendo a requerimentos da câmara de Benguela em 1793.[9] Numa delas, de 1787, o governador dava provisão de pesqueiros fixos do mar de Angola passada ao doutor físico-mor José Rodrigues Alvares da Rocha, isto é, privilégio para fabricar pesqueiros devido à falta de peixe, mas também "mandando responder à câmara a este respeito, ouvindo a nobreza e povo, que uniformemente convém na concepção, esperando grande beneficio ao publico no dito fabrico, que nunca em África se havia intentado". O recebedor da mercê passada pelo governador pediu confirmação à rainha. O Conselho Ultramarino deu vistas ao procurador da Fazenda e ao procurador da Coroa. O da Fazenda indeferiu afirmando que conceder tal mercê não era prerrogativa do governador.[10] Na quarta, o governador se referiu a uma crise de falta de alimentos ocasionada por uma seca e uma praga de gafanhotos e à consequente fome e mortalidade que grassavam; pediu socorro de outras praças.[11] Por fim, em 1793, mencionou a falta de novidades a dar; que o exército ia bem em sua campanha; e reclamou que não se envia farinha do Rio de Janeiro porque "não se quer atender".[12] Portanto, nem os assuntos camarários postos em pauta pelo governador implicam necessariamente em ingerência em assuntos municipais.

Poder-se-ia argumentar que a base AHU não abrange a comunicação política entre a câmara e os poderes do centro, sendo inadequada para a análise do assunto, mas não é o caso. Para outras partes da monarquia portuguesa, documentação da mesma natureza demonstra que, comparativamente a outros grupos e/ou instituições, certas câmaras e seus representantes se comunicavam de forma mais intensa com os poderes centrais da Coroa, dependendo do contexto e de circunstâncias locais (veja os casos de Rio de Janeiro e Minas em fins do século XVIII nos Capítulos 1 e 10). Logo, não é a natureza da documentação por si só o que explica aqueles relativos parcos números. O mais factível é que as instâncias de diálogo político das câmaras da monarquia pluricontinental portuguesa nem sempre passassem pelos mesmos canais e formas de registro. Em Angola, o diálogo se fez por outros canais. É necessário cruzar fontes.

Os agentes e os assuntos da comunicação pela base AHU

Pela base AHU, entre as correspondências remetidas pela câmara de Luanda e/ou seus integrantes, incluídos os juízes de fora, estão as emitidas para outras partes que não os poderes da Coroa em Lisboa. Por exemplo, em pleno período da Restauração (1640-1660) e em meio a hostilidades e negociações de paz com os holandeses e com a rainha Nzinga,[13] foram enviadas apenas três correspondências ao rei e duas para os poderes da Coroa na conquista. Em 1649, solicitou-se ao rei o envio de padres capuchinhos – fundamentais para as negociações de paz com a rainha Nzinga[14] e repetidamente em 1653 moradores de Luanda e Massangano pediram a confirmação da eleição de Bartolomeu de Vasconcellos da Cunha ao cargo de capitão-mor. Por outro lado, as correspondências que ficaram circunscritas ao Reino de Angola, em 1645, nas duas cartas ao governador *eleito* de Angola, Francisco de Soutomaior, escritas do *Arraial do Coanza*, versava-se sobre o desembarque do socorro na enseada de *Suto* e sobre um requerimento não especificado. Vê-se, assim, que naquela difícil conjuntura política, as missivas que iam para Lisboa ou que permaneciam no Reino de Angola tratavam da guerra de conquista, da nomeação de um capitão-mor, da guerra com a rainha Nzinga e das ameaças holandesas (ver Capítulo 6 sobre guerras). Embora fosse pouca a comunicação, a câmara atuava decisivamente nos assuntos bélicos. Por isso mesmo, pleitearam privilégios por sua atuação na guerra,[15] como alhures no império.

Em uma das cartas a outro governador, Luiz Martins de Souza Chichorro, datada de 28 de junho de 1656, houve diferenças e divergências sobre questões militares em torno da guerra contra Nzinga. Em resposta à câmara, o governador foi enfático ao se reportar aos oficiais da câmara:

> custará pouco lembrá-los [...] de outro [papel] que tenho [de] ser em contrário, e neste posso adverti-los, pois me querem governar sendo a sua obrigação obedecer; por minha conta corre a defensa e conservação desta praça e Reino e dispor e prevenir para ela o necessário [...].[16]

Conquanto o governador asseverasse que a defesa da praça e do Reino de Angola estava por sua conta, não deixou de acusar a força política da câmara de Luanda, que queria governá-lo e interferia na matéria. A reconquista de Angola, se não contou com papel decisivo da câmara, nem por isso parece ter diminuído o papel da instituição na decisão política, ainda que relativa. De qualquer modo, a carta revela que, por si só, o volume de correspondências em determinado período não necessariamente minimiza a atuação política camarária.[17]

No período seguinte (1680-1700), a câmara despachou apenas quatro cartas a "El Rei Dom Pedro II". Duas delas destacavam a falta de moeda em Angola, o que impedia realizar o pagamento dos soldos dos governadores. Em outra, salientou a ordem recebida para contribuir com 5 mil a 6 mil cruzados/ano para munições e armas, mas se declarou impossibilitada. No caso, não se pode perder de vista que era um custo da alçada real (defesa militar), e a câmara enfatizou a não contribuição. Por fim, deu conta ao rei da nova cobrança "que se impôs nos vinhos e aguardentes para os gastos de algumas despesas que fez o senado". Por essas cartas,[18] o senado parece que não se obrigava com a defesa e com o pagamento de cargos providos pelo rei, mas impôs cobrança sobre produtos vindos de Portugal e do Brasil, fundamentais ao tráfico de cativos,[19] a fim de cobrir despesas. Tudo indica que tentava gerir suas contas.

Ainda no que concerne ao período 1680-1700, vale um parêntese a fim de compreender um pouco melhor o que é dado a conhecer pela base AHU. Entre 1697 e 1701, com abrangência de dois anos do período aludido, o governador de Angola Luís César de Menezes escreveu mais de uma centena de cartas comerciais para Portugal e para o Estado do Brasil, como se vê num *corpus* documental de cunho predominantemente particular,[20] e o mesmo pode ser dito sobre o tema da escravidão, que era de foro doméstico, apesar de uma ou outra alusão ao tema. Era um momento no qual os governadores estavam visceralmente envolvidos no tráfico de cativos, e sem a conflitualidade com poderes africanos como os da época da Restauração. Isso ajuda a entender por que, na base AHU, o mesmo governador não enviou sequer uma correspondência para fora de Luanda, mas há duas cartas por ele geradas nessa mesma base. A primeira é uma carta-patente de capitão de moradores do Presídio de Massangano enviada a Francisco Rodrigues de Souza, e a segunda, uma carta ao capitão João de Araújo de Azevedo, para confirmar os seus serviços.[21] O contraste da amostragem nos dois tipos de fonte é gritante, mas condizente com o estupendo aumento do volume de cativos a partir da descoberta do ouro em Minas Gerais. É interessante que a carta-patente e o atestado da folha de serviço de um militar tenham sido os únicos documentos gerados pelo governador na base AHU, uma vez que a atuação de militares, inclusive em presídios do interior, era fundamental para o desenvolvimento do resgate de cativos.[22] Mais importante, o contraste dos registros nas cartas particulares e na base AHU reforça a ideia de que os *corpora* documentais remetem a instâncias variadas de comunicação política.

Por essas considerações, entende-se, não só para o período 1680-1700, na base AHU, o predomínio de assuntos de cunho governativo, mercês etc. Aspectos da esfera local (abastecimento, provimento de cargos camarários, provimento de postos militares de ordenanças,[23] por exemplo) também não foram muito enfatizados. Muito pouco ou quase nada da ou sobre a câmara.

No período 1725-1726, foram cinco as correspondências enviadas pela câmara e/ou seus agentes.[24] Uma delas repetida, na qual o senado apenas informava ao monarca a morte do então governador, Antônio de Albuquerque Coelho de Carvalho, e "a posse da administração do governo" pelo mestre de campo Joseph de Carvalho da Costa. Já o bacharel juiz de fora solicitou provisão para que seu soldo fosse aumentado e retroativo ao dia que ocupou o cargo. Aborda-se, assim, aspectos sobre provimento de cargos e pagamento de soldos. Por outro lado, também se aludiu a uma ordem real que mandava introduzir "o cobre para a utilidade pública em Luanda", mas os camaristas afirmaram "que interesses particulares destituíram o povo de todo o cobre". Diziam que ambição se fundava em mandar o cobre, e não letras, para o Brasil, onde corria com o mesmo cunho, valor e peso etc. Pediram ao rei que o cobre enviado a Luanda fosse de cunho diferente do corrente no Brasil, com menos valor e peso. Aparentemente, os camaristas respeitavam as alçadas do poder da Coroa no território (soldo e provimento de cargo), mas queriam o controle da moeda corrente em Luanda, sobretudo por meio de letras. Por fim, a última carta do período revela um conflito com um dos poderes do reino nas conquistas, a ouvidoria-geral de Luanda (ver a conflitualidade com o ouvidor no Capítulo 9). Em outubro de 1726, os camaristas mencionam que o presidente da câmara devia ser o superintendente das obras públicas e administrador das calçadas, como sempre fora, o que estaria a cargo do juiz de fora como presidente do senado, não como ouvidor. Pediram ao rei que o ouvidor se demitisse da ocupação de superintendente. Como o ouvidor não quis se esvair, solicitaram ao rei sua demissão da superintendência e da administração das calçadas. Em Lisboa, o procurador da Coroa, como se observa no cantinho do manuscrito, afirmou que se devia "ordenar na forma requerida pelos camaristas". Portanto, os camaristas contrariaram um dos representantes do poder da Coroa na conquista e foram atendidos pelo poder central da Coroa, num assunto que julgavam exclusivo de sua alçada: as calçadas. O poder arbitral do cabeça da monarquia corporativa (o rei) pendeu para o poder local camarário do Reino de Angola, como então correntemente se designava Luanda e seu interior. As respectivas atribuições de competências puseram a economia (controle da moeda corrente), os cargos políticos e os assuntos camarários na pauta da câmara no período.

Dez anos depois, no biênio 1735-1736,[25] a câmara pouco se comunicou com os poderes centrais da Coroa, somente duas vezes. O juiz de fora que servia de ouvidor apenas lançou "edital abrindo diligência sobre o procedimento de Constantino de Magalhães Coelho", conclamando todos os queixosos. Mas na segunda carta, de junho de 1736, os membros do senado pediram a d. João V a "confirmação dos privilégios da cidade do Porto que aos suplicantes compete por um alvará do Rei Dom Afonso VI".[26] Os privilégios concedidos no reinado de d. João VI provêm de serviços militares da época da reconquista, cuja memória guardavam os camaristas e os descendentes dos (re)conquistadores. Mercês e justiça foram os temas realçados.

Somente em 1763-1764, a câmara enviou três correspondências ao secretário de Estado dos Negócios da Marinha e Domínios Ultramarinos, Francisco Xavier de Mendonça Furtado, e duas ao rei d. José. Quatro delas se referiam à bárbara conspiração, ou melhor, eram sobre a abortada Inconfidência de 1763,[27] e na restante reclamavam da intromissão do ouvidor em assuntos que julgavam ser de sua competência, precisamente, os pesos e medidas. Requereram o arbitramento real. No episódio da Inconfidência, os camaristas deram provas de seu amor ao rei e agradeceram "à Vossa Majestade as nunca exauríveis providências com que foi servido munir ao Excelentíssimo Antônio de Vasconcelos, governador deste Reino, para preservar os vassalos de Sua Majestade da péssima corrupção, [o] que abortou o bárbaro atentado". Os camaristas referendaram os dizeres do governador sobre a rebelião, aludiram ao estado de decadência do Reino de Angola e pediram que não se enviassem mais degradados do Rio de Janeiro e da Bahia.[28] No entender dos camaristas, a preservação da monarquia portuguesa em Angola contou com o apoio da própria câmara de Luanda.

Enfim, entre 1785 e 1795, foram 14 cartas enviadas ao poder central da Coroa no reino, sendo 10 dirigidas à rainha e quatro a Martinho de Melo e Castro. Basicamente, tratou-se de assuntos camarários relativos a rendas e envio de médico (3), conflitos de jurisdição com poderes da Coroa na conquista (2), governação/motim (2), justiça e polícia (1), militar (2), provimento de ofício (1), representação e festa (2), soldo (1) e assunto particular (1). Assuntos camarários predominaram, mas sem alusão às questões sobre abastecimento.[29] Observar a forma e o teor que certas cartas permitem, no entanto, melhorar a análise.

Uma carta ao secretário de Estado da Marinha e Negócios Ultramarinos, de 1785, informava a morte do juiz de fora e solicitava substituto. Os assuntos camarários se notam em duas cartas, ambas em 1789, nas quais o juiz de fora José Francisco de Oliveira, os vereadores e o procurador da câmara se queixaram da falta de médico, bem como quando se aludiu no mesmo ano ao pagamento de subsídios que cabiam à câmara, provenientes do carregamento de aguardentes. Afirmaram não descumprir a provisão que isentava os carmelitas descalços do pagamento, mas enfatizaram que realizaram a cobrança porque o prazo da ordem real expirara. Em Lisboa, o procurador da Coroa e o da Fazenda mandaram conceder licença e informar à câmara. Mais uma vez, tratava-se da tentativa da câmara de controlar o fisco e gerir suas rendas,[30] não obstante disposição contrária da Coroa.

Uma carta era um assunto particular do bacharel Feliz Correa de Araújo. Em 1791, os camaristas pediam a confirmação do escrivão da câmara, na única vez em que a câmara pediu isso ao poder central da Coroa, o que destoa de outras câmaras.[31] Outras duas (3ª e 4ª cartas), ambas à rainha, respectivamente, em 1785 e 1786, felicitavam o casamento do infante português com a infanta da Espanha, pediam padres barbadinhos e representavam os relevantes merecimentos do governador José de Almeida e Vasconcelos, barão de Moçâmedes, que foi um grande aliado da câmara, como se verá.

Mas nem só de louvas a câmara e/ou seus integrantes se reportaram à figura do governador, principalmente o juiz de fora, ainda que o cargo fosse de nomeação real. As relações entre o poder local camarário e o da Coroa na conquista se estremeceram a partir de 1788, emergindo o tema dos conflitos de jurisdição, como será visto posteriormente. Ainda em 1787, o juiz de fora José Francisco de Oliveira queixou-se com o secretário de Estado que o governador o impedia de exercer o cargo de juiz da alfândega. O governador teria nomeado outra pessoa, e ele, juiz de fora, se tornara um mero executor de ordem. Noutra carta, de 1788, o mesmo juiz de fora, que acumulava o cargo de ouvidor interino, e o governador divergiam sobre a prisão de uma negra que o governador mandava soltar dos ferros. O juiz de fora alegava ao secretário de Estado em Lisboa que o governador invadira sua jurisdição. Novamente, apelava-se ao papel arbitral dos poderes centrais da Coroa em questões de conflito de jurisdição no local. Mas esse conflito era com o juiz de fora, não com os demais camaristas, isto é, entre poderes da Coroa na conquista. A câmara silenciou, inclusive na base BML.

Assim, antes de 1788, nem tudo era desavença entre o poder local e o poder do reino na conquista. Nos conflitos jurisdicionais com o juiz de fora em 1787 e 1788, o governador era José de Almeida Vasconcelos, que governou Angola entre 1784 e 1790, sucedido no governo neste último ano por Manuel de Almeida e Vasconcelos. Então, em correspondência ao secretário, ainda o mesmo juiz de fora José Francisco de Oliveira, agora com o aval da câmara, apresentou um parecer sobre a proposta do novo governador a respeito da conveniência de se fazer *guerra aos negros rebelados do Norte*, proposta unanimemente aprovada na câmara, para o que os moradores concorreriam com armas ao trem real. Governadores precisavam dos poderes locais para empreender guerras no sertão de Angola. A paz entre o juiz de fora e o novo governador e a guerra contra poderes africanos geraram o assunto militar na base AHU. Por isso, na outra carta sobre o assunto, e não coincidentemente no mesmo ano de 1790, a câmara, novamente encabeçada pelo juiz de fora, também discorreu à rainha sobre a rebelião dos povos negros, o assalto ao distrito de Dande e diversos problemas causados pela guerra.

A guerra local, com efeito, estava no horizonte de tópicos da câmara municipal de Luanda em contextos conturbados, como era de esperar (ver Capítulo 6). Defesa local, resgate de cativos, escravidão na África e guerra eram visceralmente ligados a conflitos bélicos locais, ainda que a guerra não fosse a única forma de produzir cativos. Similar àquela conjuntura do século XVII dos confrontos com Nzinga, a câmara de fins do século XVIII também se fez presente no contexto das guerras locais. A princípio, nesta última conjuntura, a defesa seria atribuição do governador numa política de territorialização em Angoia de fins do século XVIII,[32] mas os camaristas também interferiram na matéria.

Em síntese, no que concerne ao modo como a política influencia os assuntos na comunicação, desavenças entre juiz de fora e o governador geraram o registro de conflitos jurisdicionais, e a paz entre eles pautou o tema militar. As relações políticas, portanto, interferem na classificação dos assuntos. Nada disso mereceu registro na base BML, sugerindo que a câmara se esquivou de interferir nos conflitos.

Importa salientar que a forte atuação do juiz de fora José Francisco de Oliveira num momento específico fez emergir quatro dos 14 documentos.[33] Suas contendas com o governador ultrapassavam os tipos de assuntos tratados, pois iam desde aspectos de exercício das funções do cargo à prisão de uma escrava. Não eram as pautas por si só que suscitavam conflitos políticos, pois prioritariamente os adversários divergiam sobre qualquer matéria. Assim, conflitos entre instâncias de poderes distintos, entre grupos de interesses políticos opostos, engendraram e interferiram no registro dos assuntos.

Os episódios que envolveram o juiz de fora indicam algo também sobre a atuação do poder local quando ele atuava como presidente da câmara. O que se observa na comunicação política da câmara e seus agentes com os poderes centrais da Coroa é que, em plena conjuntura de finais do século XVIII – marcada pela Revolução Francesa, pela Revolta do Haiti e pela Inconfidência Mineira, período privilegiado para analisar a comunicação entre as câmaras e o centro, considerando os possíveis impactos das revoltas sociais que abalaram o cenário internacional –, a câmara estava envolta com questões estritamente locais, seguindo uma tendência geral de autogoverno.[34] Mais que Revolução Francesa etc., estava preocupada com as guerras locais, as rendas camarárias, as competências administrativas e os cargos locais. Lembro que chego a tais conclusões com a base AHU, que não prioriza assuntos da esfera do poder local. O exercício aqui realizado foi o de perceber a atuação da câmara numa base documental na qual ela não é a interlocutora privilegiada com o centro nem os assuntos camarários são recorrentes.

Esse exercício ajuda em outros casos. Aparentemente, certas cartas da base AHU parecem soltas no corpo documental. Devem ser cruzadas. Por exemplo, uma, de 1795, em que Eloi José Quaresma se reportou à rainha, na condição de *procurador que foi da Câmara,* e pediu que a senhora ordenasse à câmara que lhe pagasse o ordenado de procurador. Em função disso, a câmara decidiu que o suplicante usasse os meios competentes para o fim, o que lhe fez solicitar à câmara que devolvesse os documentos de seu requerimento.[35] Nota-se, claramente, um conflito entre um ex-procurador e a câmara, entre poderes locais camarários, um dos quais recorre ao poder arbitral do centro. Logo, o cruzamento de fontes permite ir além da dicotomia entre poder do centro e poder local. Com efeito, Eloi José Quaresma fora nomeado procurador da câmara em Lisboa em agosto de 1788,[36] ou seja, o assunto não parece ter sido ocasional entre membros do poder local.

Mais um exemplo se revela noutra contenda entre integrantes do poder local, como é indicado numa carta enviada, em 1789, por José Vieira Dias a d. Maria I.

Documento aparentemente desconexo em meio aos demais, demonstra que ele pediu uma provisão para citar ao juiz de fora pelas perdas e danos que lhe foram julgadas, mandando cumprir as sentenças de desagravo da câmara, conseguidas no juízo da ouvidoria.[37] A princípio, seria um assunto de justiça e polícia. Porém, como atestam os registros de correspondência da câmara, envolvia uma rixa política antiga com membros da câmara que confrontaram um ouvidor entre 1781 e 1782. Nessas rixas, o abastecimento de água era o assunto mais alegado pelos camaristas na base BML, em registros feitos nos mesmos anos. O capitão José Viera Dias, autoidentificado como cidadão no requerimento de 1789 da base AHU, era nada mais nada menos do que o depositário das rendas judiciais impostas pelo ouvidor; ouvidor que mandara em anos anteriores prender na cadeia membros da câmara, desrespeitando os privilégios do Porto. Assim, nos anos 1781 e 1782, José Vieira Dias fora acusado por camaristas de ser traficante (monopolista) de água, cabeça de motim, entre outros adjetivos nada louváveis, que, antes de tudo, visavam atingir o ouvidor à época do governo de José Gonçalo da Câmara (1779-1782), que não quis se envolver no conflito. Um poder local concorrente, o dos comerciantes de água, rivalizou com o poder local camarário desafeto do ouvidor. O ouvidor foi exonerado do cargo a pedido da câmara, e José Vieira Dias chegou a ser preso.[38]

Ser chamado de traficante monopolista de água na seca Luanda era ofensivo, mas tudo indica que, em situação política melhor, em 1789, José Vieira Dias mexeu seus pauzinhos para dar o troco no juizado de fora que agiu junto com a câmara. Na base de dados AHU, todavia, consta apenas justiça e polícia na tipologia de assunto. De qualquer modo, mais uma vez se observa que os conflitos políticos interferem na pauta e na classificação dos assuntos.

O caso de José Vieira Dias também demonstra uma dimensão de conflitos políticos entre poderes locais, nos quais a câmara tentava recorrer aos poderes da Coroa na conquista (governador ou ouvidor) para prevalecer sobre outros poderes concorrentes locais. Um dos maiores exemplos disso foi o comércio de água na cidade[39] e a gestão do terreiro público. Por esse motivo, muitos dos assuntos tratados com o governador diziam respeito a cargos e à atuação do terreiro público, sobretudo suas contas, bem como o fato de os juízes do terreiro terem sido os segundos a receber correspondências da câmara (Tabela 11.1).

Perante as considerações até aqui expostas, pode-se afirmar que questões políticas (conflituosas sobretudo, ou de alianças) fizeram surgir boa parte dos registros de documentos, logo, interferem nas amostragens, na tipologia de assuntos e nas conclusões. Sendo assim, no caso da câmara de Luanda, aquela parca amostragem da base AHU sugere que muito do que se passava no cotidiano da cidade e seu termo ou prescindia da comunicação com o poder central da Coroa, ou que o diálogo passava por outros caminhos, hipóteses não excludentes. O papel arbitral do poder central da Coroa só era acionado quando os poderes locais e os poderes da Coroa no território não davam conta de resolver seus conflitos. Antes de chegar ao reino, tudo indica que o poder local se reportava ao poder da Coroa no território, inclusive rivalizando com ele quando era o caso. Assim, a pouca presença de documentos na base AHU não significa necessariamente menor importância de atuação política da câmara, mesmo em fins do XVIII. Quero crer que se trata prioritariamente de instâncias de comunicação, mas, ao que tudo indica, instâncias usadas de modos diferentes pelos agentes políticos. A questão do abastecimento da água, ou a pretexto dele, é clara nesse sentido. Entre 1781 e 1782, a câmara registrou cinco documentos sobre água como tópico principal no livro de correspondência em foco. Primeiramente, a câmara se reportou aos juízes do terreiro público, em seguida, mandou quatro cartas ao governador e, devido à omissão deste último, resolveu se reportar à rainha, mas emendando no assunto da conduta do ouvidor desafeto da câmara, pedindo sua exoneração do cargo, no que foi atendida.[40]

Portanto, mais uma vez, o parco número de correspondência ativa e passiva entre o poder local e o poder central da Coroa na base AHU indica canais distintos e hierarquizados de comunicação política.

Retornando à relação entre o poder local camarário com o poder central da Coroa, de fato a câmara não era interlocutora privilegiada pela base do AHU. Contudo, ela se fazia presente na própria conquista, por meio do diálogo com os governadores. A contrapartida disso foi a interferência dos governadores em assuntos que, a princípio, eram da alçada da câmara, mas, paradoxal e coerentemente, a iniciativa da intromissão do governador também podia ser da própria câmara. Por exemplo, Francisco Inocêncio de Souza Coutinho, que governou Angola de 1764 a 1772, fez uma representação, em novembro de 1764, ao secretário de Estado e Negócios Ultramarinos, sobre uma relação das farinhas que entraram no terreiro público, as que foram vendidas e as que ainda existiam, fornecendo inclusive os nomes de seus donos. Também se reportou com ênfase a uma representação que a câmara lhe fizera sobre a falta de recursos próprios para construir um terreiro público e os meios necessários para tal fim. Essa representação camarista também abordou o comércio de farinha e a possibilidade de aplicação da sobra dos rendimentos do terreiro público em obras de calçamento, ou seja, tratou, sobretudo, de abastecimento e asseio da cidade, o que era a princípio da alçada da câmara. O governador disse ao secretário a resposta que deu à câmara, ou seja, afirmou à câmara que podia começar a construir o "edifício". Sobre a aplicação das sobras, o governador respondeu aos camaristas que esperassem resoluções reais. Porém, ao secretário de Estado, após referendar a proposta da câmara para a construção do terreiro, o governador também dissera que, se Sua Majestade fizer o benefício requerido pela câmara,

> que seja com cautela de evitar que pelos tempos futuros consumam estes rendimentos com propinas e festas, como ordinariamente sucede [...] eu creio que para serem a de ficarem sempre responsáveis aos governadores, única jurisdição que neste Reino se

teme e que conserva aos povos em paz; assim como também é necessário no governo do mesmo terreiro, porque ao mesmo tempo que sair da imediata dependência dos governadores, é logo convertido em seminário de ladrões, como a experiência tem me mostrado.[41]

Não obstante tudo isso, frise-se que toda a iniciativa para a construção do terreiro público partiu da câmara. O governador deu o parecer e encaminhou. Prevaleceu, enfim, a iniciativa de autogoverno da câmara.[42]

A par do juízo pejorativo e do jogo dúbio do governador com os camaristas, ele tocou num ponto importante: o abastecimento de alimentos da cidade de Luanda, que a rigor era atribuição da câmara, sofria interferência da ação dos governadores e do poder central da Coroa. O terreiro público de Luanda, por onde passava, ou deveria passar, parcela expressiva do abastecimento da cidade, inaugurado em 1764, foi em grande parte construído com recursos da Fazenda Real entre 1769 e 1771.[43]

A câmara era a instituição que devia administrar o terreiro, mas a nomeação de seus juízes, escrivães, porteiros e guardas competia ao governador. As contas do terreiro público de Luanda eram elaboradas por seus juízes, que prestavam contas à câmara, a qual, enfim, devia prestar contas ao governador. Por sua vez, as contas do senado deviam ser dadas ao ouvidor-geral como corregedor da câmara.

Assim, apesar de a edificação do terreiro ter sido custeada pela Fazenda Real, havia conflitos em torno dele devido à sua estrutura administrativa;[44] por consequência, os conflitos giravam ao redor não tanto do abastecimento, mas da gestão das instituições e das prerrogativas dos cargos que lidavam com o abastecimento. Isso fez o assunto do abastecimento (de alimentos e água) estar fortemente presente no que a princípio era de competência da câmara. Por exemplo, a câmara se referiu, em 1781, em carta ao governador, ao antigo abuso de serem as contas do rendimento do terreiro examinadas e julgadas fora da mesma câmara. Precisamente, afirmou que pertencia à câmara "administrar o Terreiro ou Celeiro Publico dos mantimentos/debaixo da inspeção dos Ilustríssimos e Excelentíssimos Senhores Governadores Capitães Generais/examinar e aprovar anualmente as mesmas contas do seu rendimento".[45] Mas nem sempre era o que vigia. Na mesma carta afirmou que os juízes do terreiro prestavam contas somente ao juiz de fora; juiz de fora como tal, e não como presidente da câmara. A câmara relutou em aceitar a influência do juiz de fora exclusivamente como tal. Os conflitos entre membros do poder local (câmara, juízes do terreiro) e juízes de fora demandavam, por parte da câmara, a intervenção do poder da Coroa na conquista representado pelo governador; conflitos nos quais o ouvidor também tentava meter a colher seguindo as atribuições de corregedor da câmara. Nesse panorama de poderes concorrentes, é difícil conduzir a análise com base apenas na ideia dicotômica de centro e periferia. Também por isso, os assuntos camarários estão presentes na base BML com a participação de diferentes agentes políticos.

Classificar como assuntos camarários os assentos registrados no livro de correspondências da câmara seria talvez um equívoco redundante. É preciso especificá-los e entender como foram engendrados. Mas, para analisar os temas predominantes, cabe também observar os agentes no circuito da comunicação.

Tabela 11.1
Emissores e receptores de documentos registrados no livro
de correspondências do senado (1767-1795)

Agentes da comunicação	Emissores		Receptores	
Senado	81	60	51	37,8
Governador	39	28,9	52	38,5
Rainha	4	3	5	3,7
Juízes do terreiro público	2	1,5	15	11,1
Ouvidor	1	0,7	5	3,7
Bispo	3	2,2	2	1,5
Moradores	1	0,7	1	0,7
Outros	4	3	4	3
Total	135	100	135	100

Como era de esperar, a câmara foi de longe a maior emissora na base BML, mas o governador a ultrapassou como receptor. Esses índices por si só já indicam que o senado frequentemente acionava o governador. Juízes do terreiro público também foram comunicados pela câmara com relativa assiduidade. Ou melhor, essa documentação dá conta do diálogo político entre o poder local camarário, o poder da Coroa na conquista e o poder local concorrente à câmara (o terreiro público), e como se verá, também, do diálogo político conflituoso com o ouvidor. O grosso dos assuntos, todavia, era tratado entre a câmara e o governador. A rainha só teria emitido quatro documentos em quase trinta anos, o que aparentemente é muito pouco.[46] Em 1782, atendendo a um pedido da câmara, anunciou a nomeação de um novo ouvidor, pois o anterior confrontou o senado.[47] Em 1785, aludiu a questões em torno dos livros da câmara, e, na segunda carta do mesmo ano, asseverou que cabia ao governador a aplicação das rendas judiciárias. Por fim, em 1796 nomeou um juiz de fora. Pelo menos três dos quatro documentos derivam de questões jurisdicionais, mas nada além disso. O poder local camarário dialogava basicamente com o governador.[48]

Daqueles 81 documentos enviados pela câmara, 51 (63%) foram para governadores, 14 (17,3%) para ocupantes de postos no terreiro público, 5 para a rainha, 4 para o ouvidor de Angola e os demais 7 para outros agentes da comunicação, mas todos da esfera do poder local, salvo uma carta ao bispo de Angola. Os documentos enviados ao governador e ao terreiro público correspondem a 80%.

Há que se atentar ainda para um aspecto interessante a fim de entender as pautas. Trata-se dos circuitos, quer dizer, lida-se com documentos aos quais podem se seguir respostas que podem levar à elaboração de novos assuntos. Geralmente, a câmara tomava a iniciativa, pois apelava ao governador para interferir em assuntos que seriam do poder local camarário (conflitos com juízes do terreiro, com o ouvidor, por exemplo). Às respostas do governador seguiam-se outras da câmara, que não raro emendavam em outros assuntos. Isso leva a entender, paralelamente, por que o governador era o maior recebedor de documentos ao mesmo tempo que foi proporcionalmente o maior emissor de respostas. Por exemplo, entre os 39 documentos emitidos pelo governador registrados na base BML, 4 eram bandos, 8 eram cartas, 16 eram cartas-resposta, 4 provisões, 2 portarias, 3 registros de ordem real, um despacho e "um registro de promoções e mais obrigações que devem seguir os oficiais militares". No cômputo total de 24 cartas emitidas pelo governador, 16 eram respostas aos camaristas ou 41% dos documentos por ele emitidos eram retornos aos camaristas. Por seu turno, o senado emitiu um bando, 52 cartas, 16 cartas-resposta, 8 portarias, 1 lista, 1 procuração, 1 registro de edital e 1 provisão, isto é, 19,5% do que emitiu eram respostas, em sua maioria aos governadores. A comunicação era efetiva entre o poder local camarário e o poder da Coroa na conquista, mas o grosso da iniciativa da comunicação política, portanto, cabia à câmara.

Sendo assim, ao observar a Tabela 11.2, que alude ao assunto principal das correspondências, não se pode perder de vista que ele em grande parte se refere ao diálogo político promovido pela câmara e entre ela e o governador, e em menor grau entre ela e os juízes do terreiro público. Quais os assuntos principais naquelas 135 correspondências?

Tabela 11.2
Assuntos gerais na documentação camarária (1767-1795)

Assuntos	#	%
Camarários	82	60,7
Conflito de jurisdição	25	18,5
Religião, representação e festa	13	9,6
Governo	7	5,2
Militar	2	1,5
Escravidão	1	0,7
Justiça e polícia	1	0,7
Provimento de cargo não camarário	1	0,7
Outros	3	2,2
Total	135	100

Decerto que entre os assuntos abordados predominam os camarários, adiante especificados, mas não são nada desprezíveis os conflitos de jurisdição, religião, representações e festas, que, somados, atingem 28,1%. Como a câmara era a maior emissora de documentos, e o governador, o maior receptor, os índices significam que os camaristas demandavam do poder da Coroa no território sobre assuntos camarários, ou seja, não se tratava tanto de uma intromissão do governador em assuntos camarários, mas do apelo da câmara ao governador quando não era capaz por si só de resolver assuntos locais, sobretudo quando conflitava com outros poderes locais ou com poderes da Coroa no território, neste último caso com o ouvidor. Será que a câmara em meio a conflitos instrumentalizava a seu favor o poder governativo da Coroa no território?

Para responder a essa pergunta, vale a pena destrinchar os assuntos camarários e relacioná-los aos conflitos de jurisdição. A Tabela 11.3 sugere, por exemplo, que, entre os assuntos camarários, provimentos de cargos camarários e do terreiro público foram os tópicos mais discutidos pelos camaristas com o governador, seguidos das contas do terreiro. Juntos, somam 41, o que equivale à metade dos assuntos camarários. O que se pode chamar de gestão do ou do que se relaciona ao terreiro público (abastecimento da instituição, armazenamento, asseio, quitandeiras, construção e obras) abrangeu o assunto preferencial em mais 12 correspondências, elevando para 53 os assuntos camarários que não dizem respeito diretamente a abastecimento de alimentos e água, obras públicas, rendas, preços, pesos e medidas da cidade. Isso significa que certos tópicos camarários, incluindo quitandeiras e obras na cidade, eram antes de tudo assuntos políticos e por isso mesmo se vinculam a conflitos jurisdicionais. Assim, nos circuitos de idas e vindas da comunicação, uns temas se convertem em outros, fazendo com que os tópicos da comunicação oscilem de acordo com as alianças e conflitos circunstanciais. É o que se pode notar pela análise intensiva de curto prazo de certos documentos.

Tabela 11.3
Tipos de assuntos camarários e conflitos de jurisdição

Assuntos camarários	
Provimento de cargos camarários (juiz de fora, alcaide e carcereiro, porteiro, escrivão da câmara, escrivão da almotaçaria e eleição na câmara)	19
Provimento de cargos do terreiro público	9
Contas do terreiro público	15
Abastecimento e armazenamento de alimentos, água da cisterna e asseio no terreiro público	5
Abastecimento de alimentos e água na cidade	15
Construção e obras no terreiro público	4
Terreiro público (quitandeiras e outros)	3
Obras públicas (calçadas, poços)	3
Rendas, preços, pesos e medidas	4
Procurador da câmara	3
Solicitação de médico	2

Conflito jurisdicional contra o ouvidor	20
Conflito jurisdicional contra juízes do terreiro público	2
Conflito jurisdicional contra o governador	2
Conflito jurisdicional contra junta governativa	1

Os livros da câmara, o ouvidor, o governador barão de Moçâmedes e a d. Antônia

Entre os 20 registros de conflito de jurisdição entre a câmara municipal e o ouvidor, 11 envolveram disputas ao redor dos livros camarários no ano de 1785, quando o barão de Moçâmedes era governador e o dr. Francisco Xavier Lobão Machado Peçanha era ouvidor-geral do Reino de Angola. O tema foi posto em pauta pela câmara quando, em 6 de março de 1785, os camaristas escreveram ao governador "para se saber se deviam mandar os livros da mesma Câmara ao Doutor Corregedor, para serem vistos em correição como o dito Corregedor mandava". O ouvidor corregedor mandara o recado por seu escrivão ao escrivão da câmara, mas os vereadores argumentaram ao governador que se lembravam "do inviolável preceito que Vossa Exª nos faz de não consentir mais se tirassem livros ou papéis alguns fora da mesma casa, em execução das ordens Régias que para isso tinha, como resultado das contas que a mesma Câmara pôs na presença de Sua Majestade".[49] Ora, a câmara alegou que os livros continham as contas prestadas à Sua Majestade, mesclando o assunto dos livros ao das contas. Talvez se referisse a uma prestação de contas que abrangia os anos de 1764 a 1781 ou a outra de 1772 a 1783,[50] mas, de qualquer modo, o senado, por intermédio do "Juiz Vereador", explicou o motivo da não entrega dos livros ao ouvidor corregedor, dando ênfase ao que o governador "Vossa Excelência tinha precipitado".

Mas o ouvidor disse que os livros deviam ir à correição "infalivelmente", incluindo os "de Registro, de Acórdãos, Condenações, e algum mais". Em meio a argumentos contrários de representantes do poder da Coroa no território, a câmara participou o assunto e sua "sincera obediência" ao governador. Em resposta no mesmo dia de 6 de março, o governador – alegando a "conta em que o Senado da Câmara desta cidade [pôs] na [...] Real Presença, a violência que o seu escrivão havia sofrido do Ouvidor Joaquim Manoel Garcia Castro Barbosa e o despotismo com que todos os Ministros costumavam arrogaram o arquivo da Câmara" – disse que a rainha mandou findar com essa liberdade dos ouvidores, através da "Resolução de 23 de Março próximo passado proibindo absolutamente a saída de todos os Livros, e mais papéis encerrados no dito Arquivo" da câmara.[51] O governador mandou ainda assentar essa sua carta no livro de registros da câmara, ou melhor, "fazendo registrar esta carta que tem a força da referida ordem".

No mesmo dia, a câmara ordenou a seu escrivão o assento no livro de correspondência que nos serve de fonte. O escrivão Fernando Martins de Amaral Gurgel e Silva, em observância da Resolução, registrou que a "Senhora [protestava] a saída de todos os livros e mais papéis pertencentes ao Arquivo da Câmara". Então, os vereadores, três dias depois, em 9 de março, enviaram uma carta ao "Ouvidor-geral e Corregedor da Câmara", ou seja, reconheciam o ouvidor também como corregedor da instituição. Entretanto, afirmaram que deram ordem ao seu escrivão para não deixar "absolutamente sair Livros ou papéis alguns, fora da Casa da Vereação por assim lhes ter determinado Sua Majestade", no que seguiam o preceito do "Ilmo. e Exmo. Sor Barão de Moçâmedes, Governador e Capitão General".

Certamente não foi à toa que enfaticamente a câmara diferenciou nas cartas as formas de tratamento dadas ao governador e ao ouvidor, o último apenas "Vossa Senhoria" ou "Senhor Desembargador Ouvidor-geral e Corregedor da Câmara", sem o Ilmo. e Exmo., ou mesmo Vossa Excelência. Nesse clima político, sem perder tempo, ainda no dia 9, os vereadores fizeram uma portaria para "se não deverem tirar Livros ou papéis alguns fora da Casa dela".[52] Enfurecido, cinco dias depois, em 14 de março o desembargador ouvidor-geral e corregedor da câmara Francisco Xavier de Lobão Machado Peçanha respondeu à carta precedente dos vereadores, do dia 9, tudo assentado no dia seguinte pelo escrivão da câmara no livro de registros. O corregedor foi pouco gentil:

> Li a Carta que me dirigiram com data de 9 do Corrente mês e a cópia que vinha inclusa da outra que solicitaram clandestinamente e obtiveram para mover conflitos odiosos em detrimento do bem público. Se a Corporação da Câmara tivesse cabeça, quero dizer, um Presidente versado no conhecimento das Leis com verdadeiro zelo, e que procedesse de boa fé certamente não convocaria os membros para induzi-los a disputas mal fundadas, e que podem trazer-lhe desgosto. Havia lembrar-lhe projetos úteis e guiá-los pelo caminho do acerto, em benefício comum [mas] vós mecês têm abandonado os meus conselhos, e esquecendo-se de que são obrigados a consultar-me em muitos casos de menor ponderação que o atual, mas eu os admoesto para mudar de sistema e dizeis tirem da obstinação com que [se recusam a] exibir e apresentarem o tombo dos bens do conselho, foral, livro de acórdãos e posturas, receita e despesa [...].[53]

O ouvidor percebeu que os camaristas se valeram das fissuras políticas entre os representantes do poder do reino nas conquistas, que eles *clandestinamente* jogaram com os poderes concorrentes de uma monarquia corporativa, que nada era dicotômico entre representantes do poder da Coroa no território, de um lado, e o poder local camarário, do outro. Além disso, ele atesta, a contragosto, que mover conflitos políticos era parte do jogo, o que a câmara soube fazer muito bem naquela conjuntura de 1785. Mas o ouvidor corregedor não parou aí, pois, além de rezar seu rosário de argumentações jurídicas, de alegar poupar tempo em seu trabalho, de se respaldar no que cria ser "prática geral de todas as outras Câmaras de Portugal e seus domínios"[54] que remetiam os livros às corregedorias, de afirmar que as resoluções anunciadas que "minam de Sua Majestade" merecem atenção e respeito, mas "nem sempre devem observar como são as palavras, mas sim como convém ao real serviço e interesse público", de enfatizar que os camaristas incorriam em crime; além de tudo isso, finalizou mandando os vereadores "mudar de sentimentos no peremptório termo de vinte e quatro horas [...] Bem entendido que o silêncio ficará servindo de resposta".

A câmara silenciou momentaneamente em seu conflituoso diálogo político com o poder da Coroa no território expresso na ouvidoria e corregedoria, mas, em 15 de março, um dia depois da carta ameaçadora, mandou missiva ao governador afirmando não hesitar sobre o não envio dos livros, mas, como recebera aquela ameaça, remetia cópia ao governador "para sobre ela nos determinar o que devemos seguir, pois de obedecer a V. Exᵃ não pode haver culpa". Se a câmara era submissa ao governador, ela acionou essa submissão para agir politicamente.

No mesmo dia 15 de março, em vereação, a câmara se reportou ao desembargador ouvidor-geral em resposta à carta do dia anterior. A finíssima ironia da resposta e o fazer o ouvidor provar do próprio veneno valem a reprodução, sem que o autor do capítulo esteja a promover intriga entre os poderes:

> Recebemos a carta que V Sᵃ nos dirigiu ontem [14] do corrente mês em que nos assina vinte e quatro horas peremptórias para resolvermos aos Saudáveis Conselhos que nos dá. Agradecemos V. Senhoria as admoestações que nos faz e lhe seguramos que nenhuma intenção sinistra nos conduziu a escrever ao Ilmo. e Exmos. Sor. Barão de Moçamedes Governador e Capitão General deste Reino e suas Conquistas, se não querendo se observe a determinação de Sua Majestade, que o dito Senhor nos informou, não nos restando outros meios se não obviar e executar, e não interpretar. V. Senhoria, com as Superiores Luzes de que é tomado, respondeu-nos cinco dias depois de lhe escrevermos e quer [que] lhe respondamos a sua Carta no limitado termo de 24 horas, [mas] estando como está esta Câmara sem cabeça, não podendo resolver sem primeiro [aferir] o que parece ao Ilustríssimo e Excelentíssimo [Governador], para que, como lugar-tenente de Sua Majestade, tenha no que Vossa Senhoria [ilegível]. Aqui ficando até que [ilegível] friamente observar as leis e ordens de Sua Majestade [...]

Simplesmente, a correspondência revela que câmara reforçou o poder da Coroa na conquista na figura política do governador – lugar-tenente de Sua Majestade –, caracterizando como subalternos os cargos de ouvidor e de corregedor, isto é, o senado elevou um poder da Coroa na conquista para rebaixar outros da mesma esfera. Assim, politicamente a câmara instrumentalizou o poder do governador a seu favor. Sem cabeça própria, sua cabeça política era o lugar-tenente da rainha na conquista africana.

Logo no dia seguinte, o governador também se manifestou em carta-resposta aos camaristas, em 16 de março. Afirmou que ficou admirado com a insistência do ouvidor, tendo em vista a cópia da carta do governador, de 6 de março, que a câmara enviou ao magistrado e na qual se reproduzia a resolução da rainha. O governador realçou aos camaristas vereadores que nada tinha "a dissolver na sua dúvida preferindo na observância das ordens de Sua Majestade, e obrigações de Vassalo ao [ilegível] olhos de seu lugar-tenente nesse Reino". Recomendou aos camaristas que deixassem "animar com ela [a dúvida] quem tiver esta devoção". Ao pôr-se como lugar-tenente, o governador se reconhecia como o maior representante do poder da Coroa na conquista, fazendo coro com a câmara. Assim, afirmava sua autoridade política sobre o ouvidor corregedor no jogo de poder entre os poderes da Coroa na conquista, talvez mais do que perante a câmara.

Finalizando as missivas, que transcorreram num curto prazo de dez dias, o poder local camarário, no mesmo dia 16 de março, novamente escreveu ao desembargador ouvidor-geral e corregedor da câmara para lhe participar "uma resolução de Sua Excelência, o Governador". Iniciou a carta com base na "certeza justa e necessária que todos devemos das leis e ordens de Sua Majestade e do Ilmo. e Exmo. Senhor Barão de Moçâmedes seu lugar-tenente" para, em seguida, certificar à "V Senhoria que os livros e papéis" da câmara estavam disponíveis na casa da própria câmara quando V Senhoria vir vê-los.[55]

Pela base BML, o poder local camarário aliado ao lugar-tenente da Coroa na conquista teria vencido a instância do poder judiciário e corregedor da Coroa. Tudo isso numa velocidade da comunicação que durou apenas dez dias e gerou 11 documentos. Com efeito, para além de outros fatores que interferem na produção de correspondências, o conflito era fundamental para tal fim.

O OUVIDOR NA BASE AHU

O derrotado ouvidor da base BML não se calou. Saindo dessa base e retornando à do AHU, nota-se que, no mesmo ano de 1785, Francisco Xavier Lobão Machado Peçanha, autointitulado Desembargador e Ouvidor-geral do Reino de Angola, fez cinco representações ao ministro e secretário de Estado dos Negócios da Marinha e Domínios

Ultramarinos, Martinho de Melo e Castro. Na primeira,[56] de 15 de março, agradeceu sua nomeação para o Tribunal da Relação do Rio de Janeiro, versou sobre o resgate de cativos enviados ao Brasil, sobre os armamentos enviados aos presídios do interior, afirmou que a guerra contra Quissamã em 1784 não foi prejudicial ao "Estado, pois o quinto das presas importou a favor da Coroa" 2:425.500 réis, bem como particulares ganharam seu quinhão no butim. A ênfase da representação, todavia, era a questão da conduta inadequada do comandante Paulo Martins Pinheiro de Lacerda durante a guerra, que não teria seguido as instruções recebidas. O ouvidor disse ao secretário dos negócios ultramarinos que o comandante fora posto em

> Conselho de Guerra a instâncias minhas, porém o Vereador que serve de juiz é leigo para inquirir testemunhas e o assessor que lhe nomearam para o dirigir e ajudar na inquirição fez mais vozes de Patrono que de inquiridor zeloso de indagar a verdade, e assim mesmo tenho para mim que não faltam provas contra o acusado que foi absolvido [...]. Queira Vossa Excelência chamar à Secretaria este processo, mandando primeiro perguntar se lhe parecer, pelo novo Juiz de Fora que vier, as testemunhas que não foram inquiridas e ficará sabendo como se tratam em Angola os casos graves e de semelhantes consequências, que parece merecem que o processo seja revisto em Lisboa, no Conselho Supremo [...]. Sendo certo que os militares, ainda aqueles que deviam zelar pela justiça, foram parciais.

No mais, quando o secretário ultramarino quisesse as contas aos governadores interinos, o ouvidor as enviaria.

Na segunda representação ao secretário,[57] em 17 de junho de 1785, enfatizou os arbítrios do governador que vendia as serventias dos ofícios preferindo os que davam "maior porção em dinheiro", que o ato de prover as serventias dos ofícios ignorava as informações que deveriam ser dadas ao ouvidor, que a administração da justiça que Sua Majestade confiava aos "magistrados se acha interrompida com as disposições arbitrárias do governador" e que o mesmo o governador barão de Moçâmedes era conivente com o contrabando praticado "de dia e de noite", inclusive com a participação do famoso cronista militar *capitão Elias Alexandre*, seu cúmplice.[58]

No plano político, o ouvidor acusou o governador de "não permitir a entrega dos livros da câmara para o exame dos corregedores", de "suspender a eleição da câmara ordenando continuasse a do ano anterior", mas muito mais o incomodava o fato de

> entrando o Ouvidor em correição e querendo examinar os livros da receita e despesa da câmara e os mais Livros que os corregedores são obrigados a examinar em virtude do seu ofício; o governador lhe embaraçou por intrigas de um dos vereadores; e pelo mesmo motivo se tirou ao dito ouvidor a regalia de rubricar o Livro das Contas da Câmara como dispõe o Alvará de 23 de julho de 1766.

O mesmo Vereador que por ser o mais velho serve de juiz, abusando do apoio do governador, tem recusado deixar vir à correição algumas devassas, prolongando-se por este modo a prisão dos réus e interrompendo-se por este modo o curso da Justiça.

Confiado na mesma proteção não cumpriu o dito juiz a ordem que lhe deu o Ouvidor de despachar com assessor letrado; e vai continuando a sua profia [sic].

Litigando-se em juízo sobre o pagamento de uma dívida, e estando o caso em prova mandou o governador ir os autos para a sua secretaria, donde não voltaram; [sic] e fez prender um dos litigantes na Fortaleza de Penedo, onde esteve dois dias de degredo.

Na terceira,[59] discorreu amplamente sobre um plano de reforma da alfândega que o governador apoiou verbalmente, mas não por escrito. Na quarta representação,[60] após muito se queixar, salientou ser "inútil na conquista, quase um particular", por muito discordar do governador. Na última,[61] reportou-se a assuntos fiscais.

Como se observa nas representações do ouvidor e como se indica em capítulo deste livro,[62] suas atribuições eram alargadas nas conquistas, o que inevitavelmente gerava conflitos. Entre suas atribuições, ele se reportou a um tribunal de guerra feito a sua instância, seguindo algo da sua jurisdição, pois ouvidores nas conquistas eram auditores gerais das guerras e das tropas.[63] No entanto, o tribunal foi usurpado por um vereador que, mesmo leigo, impôs seu julgamento. A câmara, portanto, atuou de forma mais decisiva no encaminhamento de uma questão militar que seria da esfera jurisdicional do ouvidor. Assim, a representação do ouvidor, ao insistir para prevalecer o juízo do poder central da Coroa, atestou ocorrer o contrário.

Tão importante é salientar que o conflito ao redor do assunto militar era simultâneo ao embate pelos livros da câmara. Constata-se na base BML que uma das cartas que a câmara escrevera ao ouvidor era da mesma data de uma representação que o ouvidor redigiu ao secretário ultramarino em Lisboa, 15 de março de 1785. Quando não coincidentes, as datas eram bem próximas. A câmara e o ouvidor se muniram de armas de papel, mas atuando por canais de comunicação diferentes. A câmara se valeu sobretudo do poder da Coroa no território representado pelo governador, sem precisar desse lugar-tenente da rainha na conquista como mediador com o centro, o que se expressaria, mas não foi o caso, na base AHU; mas, ao invés disso, tudo foi registrado em seus livros. Como afirmei, havia um caminho a seguir nos canais de comunicação.

De modo diferente, no caso do ouvidor, interessante e coerente é o fato de seu canal de diálogo com o poder central da Coroa não merecer registro na base BML, apenas na AHU. Logo, os *corpora* utilizados remetem a canais de comunicação distintos, mas extremamente salutares para o empreendimento da análise, ainda que não se saiba como as correspondências chegavam ao poder central da Coroa. Mas se vê que ambas as bases manifestam confrontos e diálogos políticos. As representações do ouvidor na base AHU prescindiram de sua autoidentificação como corregedor da câmara, pois visavam sobretudo marcar no reino suas clivagens com o governador, ainda que ele se referisse também à forte atuação política de um vereador. Em sua avaliação, parece que a câmara não teria força política para atuar por si mesma, mas certamente que os camaristas sabiam avaliar a que tipo de poder da Coroa na conquista precisavam se aliar para fazer predominar seus interesses e por onde deviam se comunicar.

Em síntese, mais do que o resultado da contenda política em si, o que aqui se quer ressaltar é que o entendimento da comunicação política entre poderes locais camarários e os poderes da Coroa na conquista e no reino necessita, de fato, do cruzamento de bases documentais. Ele demonstra que nada era tão simples quando os poderes da monarquia pluricontinental dialogavam. E é aí que d. Antônia, que está no subtítulo deste capítulo, entra na análise da comunicação política da câmara luandense.

CONCLUSÃO: 1788, D. ANTÔNIA MARIA DE JESUS
E DE NOVO OS LIVROS DA CÂMARA

Como demonstrei pela base BML, as alianças iam bem entre o barão de Moçâmedes e os camaristas em 1785, e, entre as 65 correspondências que esse governador enviou ao poder central da Coroa, nem uma sequer alude a um conflito contra a câmara; entretanto, não era assim com outros poderes. Vimos pela base AHU que, em 1787 e 1788, havia descontentamento político do juiz de fora José Francisco de Oliveira para com o governador, levando a dois registros na base AHU. A princípio, supus que esse seria o mote para o conflito com a câmara, mas não foi o caso. A contenda se deu entre governador e juiz de fora, não com o presidente da câmara.[64]

Em 9 de fevereiro de 1788, os camaristas registraram uma carta enviada ao governador barão de Moçâmedes, na qual afirmaram sobre um requerimento que lhes fizera d. Antônia Maria de Jesus. Disseram não haver razão para atender ao pedido de pagamento dessa professora de meninas pobres, pois descumpririam as ordens da rainha, bem como "pelo pouco" que a mestra exercia o "seu ofício". Além disso, a câmara não poderia "arbitrar salários sem especial licença de S. Majestade como a ordem o aponta no Livro 1º título 46 parágrafo 20". Ainda na leitura dos camaristas, essa mesma ordem determinava que os corregedores não levassem em conta essas despesas, e outras "que sem Provisão de S. Majestade ou do seu Desembargo sejam arbitradas por este Senado". Por tais razões, a câmara deliberou por não instituir os ordenados da professora, a fim de evitar "a todo o tempo que qualquer corregedor nos obrigue a pagar de nossas fazendas [...]".[65]

Ora, além de alegar questões financeiras, a câmara requeria a si o controle das rendas e de suas despesas, contrariando os interesses do governador favoráveis a d.

Antônia Maria de Jesus, a quem a câmara se referiu como não assídua no exercício da atividade de ensino. Mas o modo como a câmara recusou sugere algo sobre o motivo da guinada de posição do governador e também o modo como a instituição podia lidar com o governador, pois recorreu à lei de Sua Majestade ou ao seu Desembargo, pondo-os acima de seu outrora lugar-tenente na conquista e, mais importante, a câmara não havia deliberado sobre a matéria. Assim, as alianças da câmara com o governador podiam ser circunstanciais, e parece que estremeceram depois da recusa do requerimento de d. Antônia.

A par de ter sido confrontado pela câmara que aludiu às leis de Sua Majestade e ao Seu Desembargo, logo no dia seguinte (10 de fevereiro de 1788), de seu quartel-general, o governador respondeu à câmara afirmando que pertencia "somente ao Ouvidor em correção, o glosar as despesas da Câmara, devem os seus oficiais continuarem o pagamento estabelecido, não obstante serem de parecer contrário".[66] O que se observa é a insinuação da mudança da tomada de posição do governador em relação à competência do ouvidor sobre as contas da câmara. Antes, em alusão ao ouvidor, o barão de Moçâmedes mandou deixar em dúvida os que eram dados a essa devoção e foi contrário ao envio dos livros ao ouvidor.

Mas, logo depois da recusa camarária, a insinuação se concretizou. O assunto dos livros estava adormecido desde 1785, mas, em 28 de fevereiro de 1788, foi retomado em uma missiva do governador aos vereadores da câmara. O governador afirmou que leu com "toda a defecção a cópia da carta do Livro 2º de Registro das Ordens Régias, que esta nesta cidade em 28 de agosto de 1782". Combinou esse documento com "a resolução de S. Majestade, que em carta de 6 de março de 1785 havia comunicado à câmara". O governador revolveu seus papéis e se lembrou da carta em que dera parecer favorável aos vereadores, mas, no novo contexto político, achou "que a proibição absoluta da saída dos Livros e mais papéis do Arquivo senão davam a entender com os dois das contas do conselho, e das vereações". Alegou que, se assim fosse, o oficio de ouvidor em correição ficaria impossibilitado. Além disso, se não houvesse a ressalta para a saída de determinados livros, isso implicaria em uma concessão da "soberana ao Senado de Angola, uma isenção singular de prestação de contas e do exame das Posturas, transtornando as leis fundamentais da Monarquia". A boa razão mostrava que quem tinha "autoridade de recensear as contas *as convêm* [*sic*] vagarosamente em sua casa, para haver de as aprovar, ou reformar". Na sua nova maneira de entender, o governador afirmou, calcado naquela resolução régia, que a câmara podia "conservar em bom conceito as escrituras, forais, privilégios, e ordens", mas "sem repugnar apresentação dos Livros econômicos que Escrivão da Câmara deve levar ao Ministro em correção, e cobrar recibo, enquanto os não restituir".[67]

Essa carta de iniciativa do governador, não uma carta-resposta, demonstra que as correspondências entre ele e o senado eram compromissos políticos, verdadeiros diálogos políticos, não meras formalidades burocráticas de papel. O governador rememorou aquela carta de 6 de março já analisada, na qual dava parecer favorável aos camaristas no assunto dos livros, quase exatos três anos passados. Guardou o evento e o compromisso político na memória, como que lembrando à câmara sua aliança pretérita com a qual frequentemente confrontava com os ouvidores no contexto de fins de século XVIII.[68] Talvez as duas instâncias dos poderes da Coroa no território, governo e ouvidoria, estivessem se coligando contra o poder local numa nova conjuntura política. Nesse vaivém de alianças e embates, as relações da câmara com os prepostos da Coroa não devem ser vistas como um jogo de soma zero dicotômico. No mesmo ano de 1788, viu-se que um outro poder da Coroa na conquista, o juiz de fora, que rivalizava com o governador, aliava-se à câmara para fazer guerra contra poderes africanos. Mas, além disso, o que talvez teria feito o governador mudar de opinião sobre a remessa dos livros da câmara?

Pode ser que o cristão barão de Moçâmedes, fiel a Sua Majestade, tenha estabelecido laços particulares com a professora de meninas d. Antônia Maria de Jesus. Talvez fossem ligados politicamente, mas, mais importante, deviam ter uma relação de qualquer ordem – econômica, política, talvez afetiva etc. – a ponto de o governador insistir no pagamento da mestra de meninas. Pode ser ainda sua perspectiva efetiva sobre uma educação civilizatória para Angola.[69] De qualquer modo, entre 9 e 28 de fevereiro, após a recusa da câmara em pagar à mestra de meninas, a opinião do governador sobre os livros mudou drasticamente, gerando mais um documento classificado como conflito de jurisdição e relacionado a assunto camarário. Como entender a força de d. Antônia Maria de Jesus perante o governador, poder feminino que transformou o enlace político da Coroa no território com o poder local?[70] Provavelmente, trata-se de uma influência do poder particular de d. Antônia Maria de Jesus ligado ao poder da Coroa no território, e nada mais se continha na dita carta que, espero, bem e fielmente registrei, e quase assinei, porque ainda há muitos livros de correspondência a perscrutar.

Notas

1. Uma versão inicial desse estudo foi desenvolvida em Roberto Guedes Ferreira, "A câmara de Luanda: um ensaio preliminar sobre a comunicação política de camaristas luandenses (séculos XVII-XVIII)".
2. Em tempo, "capitania de Angola" é termo pouco frequente na documentação analisada. O mais recorrente é "Reino de Angola". Igualmente, "Reino de Benguela" é uma designação frequente na documentação e marca uma diferenciação geopolítica em relação a Angola. *Cf.* Mariana P. Candido, *Jagas e sobas no "Reino de Benguela": vassalagem e criação de novas categorias políticas e sociais no contexto da expansão portuguesa na África durante os séculos XVI e XVII*. Sobre Benguela, ver ainda, também de Mariana Candido, *An African Slaving Port and the Atlantic World. Benguela and its Hinterland*.

Provavelmente o mesmo, em termos de nomenclatura política, se aplique ao Reino de Angola. Sobre *Reino de Angola*, ver Ingrid Silva de Oliveira, "O olhar de um capuchinho sobre a África do século XVII: A construção do discurso de Giovanni Antônio Cavazzi"; Catarina Madeira Santos, "Um governo 'polido' para Angola. Reconfigurar dispositivos de domínio (1750-1800)".

3. BML, Manuscritos, Códice 24.

4. Sobre afetos e sua influência na política em sociedades de Antigo Regime, ver Pedro Cardim, "Amor e amizade na cultura política dos séculos XVI e XVII"; António Manuel Hespanha, *Imbecillitas: as bem-aventuranças da inferioridade nas sociedades de Antigo Regime*, capítulo 5.

5. Sobre "poder central da Coroa", "poder da Coroa no território" e "poder local", ver Anexo 1.

6. Ver dados nos capítulos 1 e 10.

7. Há lacunas para alguns anos no códice 24 da BML, mas calculei a média para todo o período 1785-1795.

8. No entanto, uma lista de moradores, elaborada em 1797, ordenava o "povo" a partir de sua posição na câmara, seguidos dos militares e dos sem cargos. *Cf.* Roberto Guedes Ferreira e Ariane Carvalho, "Piedade, sobas e homens de cores honestas nas Notícias do Presídio de Massangano, 1797". v. 3, pp. 129-171.

9. AHU, Avulsos Angola, cx. 78, doc. 33.

10. AHU, Avulsos Angola, cx. 72, doc. 67.

11. AHU, Avulsos Angola, cx. 78, doc. 59.

12. AHU, Avulsos Angola, cx. 79, doc. 26.

13. Sobre Nzinga e os conflitos, *cf.* Charles Boxer, *Salvador de Sá e a luta pelo Brasil e Angola, 1602-1686*. São Paulo: Editora Nacional, 1973; Adriano Parreira, *Economia e sociedade em Angola na época da rainha Jinga (século XVII)*; Luis Felipe de Alencastro, *O trato dos viventes: formação do Brasil no Atlântico Sul, séculos XVI e XVII*; Roy Glasgow, *Nzinga*; Marina de Mello e Souza, "A rainha Jinga de Matamba e o catolicismo – África central, século XVII".

14. Charles Boxer, *Salvador de Sá*; Luis Felipe de Alencastro, *O trato dos viventes...*; Beatriz Heintze, *Angola nos séculos XVI e XVII*.

15. Ingrid da Silva Oliveira, "Cadornega e os principais de Angola no século XVII"; *Idem, O olhar de um capuchinho*. Para Pernambuco: *cf.* Evaldo Cabral de Mello, *A fronda dos mazombos, nobres contra mascates: Pernambuco, 1666-1715; Idem, O negócio do Brasil*. Ver ainda estudos de João Fragoso para o Rio de Janeiro seiscentista.

16. AHU, Avulsos Angola, cx. 40 A, doc. 127.

17. Como se sabe, os camaristas de Luanda, insatisfeitos com os custos da Restauração e com assuntos relativos à guerra e ao tráfico de cativos, depuseram o governador Tristão da Cunha (1666-1667). A Câmara governou até 1679, quando tomou posse, aos 23 anos, Francisco da Távora, que, segundo Antonio Luis Ferronha, ficou conhecido como "menino prudente". *Cf.* Antonio Luis Ferronha, "Luanda: do primeiro município português na África Ocidental à Revolta da Municipalidade". Atas do seminário Internacional *O Município no Mundo Português*.

18. AHU, Avulsos Angola, cx. 14, doc. 84; cx. 15, doc. 26; cx. 12, doc. 48; cx. 14, doc. 19

19. Sobre o tráfico, entre outros, ver Joseph C. Miller, *Way of Death. Merchant Capitalism and the Angolan Slave Trade, 1730-1830*; Manolo Garcia Florentino, *Em Costas Negras: Uma*

História do Tráfico entre A África e o Rio de Janeiro, Séculos XVII e XIX; Luiz Felipe de Alencastro, *O trato dos viventes. Formação do Brasil no Atlântico Sul*; José Curto, *Álcool e escravos: o comércio luso-brasileiro de álcool em Mpinda, Luanda e Benguela durante o tráfico atlântico de escravos (c. 1480-1830) e seu impacto nas sociedades da África Central Ocidental*; Roquinaldo Ferreira, "Transforming Atlantic Slaving: Trade, Warfare and Territorial Control in Angola, 1650-1800"; Mariana P. Candido, "Enslaving Frontiers: Slaves, Trade and Identity in Benguela (1780-1850)".

20. Registros de cartas comerciais escritas de Luanda nos anos de 1697 a 1701, IHGB, lata 72, pasta 8. Para mais detalhes sobre as cartas, ver Roquinaldo Ferreira, "Transforming Atlantic Slaving...", pp. 72ss; Leonardo A. de Siqueira Oliveira, "Redes de poder em governanças do Brasil a Angola: administração e comércio de escravos no Atlântico Sul (Luis César de Menezes, 1797-1701; Sobre o período dos governadores: Joseph Miller, "A economia política do tráfico angolano de escravos no século XVIII"; *Idem*, "África Central durante a era do comercio de escravizados, de 1490 a 1850".

21. AHU, Avulsos Angola, cx. 15, doc. 108; cx. 16, doc. 8.

22. Carlos Couto, *Os capitães-mores em Angola no século XVIII: subsídios para o estudo de sua atuação*. Luanda: Instituto de Investigação Científica de Angola, 1972; Ariane Carvalho, "Militares e militarização no Reino de Angola: patentes, guerra, comércio e vassalagem (segunda metade do século XVIII)".

23. No caso de ordenanças, ver Capítulo 6.

24. AHU, Avulsos Angola, cx. 23, doc. 57; cx. 23, doc. 58; cx. 22, doc. 129; cx. 22, doc. 71; cx. 22, doc. 72.

25. Na base AHU não há envios da câmara no biênio 1755-56.

26. AHU, Avulsos Angola, cx. 29, doc. 37; cx. 29, doc. 17.

27. Alguns documentos a designam como Conjuração. *Cf.* AHU, Avulsos Angola, cx. 46, doc. 16; cx. 46, doc. 17; cx. 46, doc. 25. Trata-se de um movimento empreendido pelos degredados, ainda não estudado a fundo. *Cf.* Juliana Diogo Abrahão, "Vadios, ladrões, assassinos e outros degredados (Angola, século XVIII)".

28. AHU, Avulsos Angola, cx. 46, doc. 11; cx. 46, doc. 13 AHU, Avulsos Angola, cx. 46, doc. 27; cx. 46, doc. 28; cx. 46, doc. 35.

29. AHU, CU, Avulsos Angola, cx. 70, doc. 38; cx. 70, doc. 64; cx. 70, doc. 68; cx. 71, doc. 62; cx. 71, doc. 63; cx. 72, doc. 70; cx. 73, doc. 12; cx. 73, doc. 37; cx. 73, doc. 38; cx. 74, doc. 13; cx. 74, doc. 14; cx. 75, doc. 34; cx. 75, doc. 40; cx. 76, doc. 29; cx. 82, doc. 64.

30. Sobre as receitas da câmara, *cf.* José Curto, *Álcool e escravos...*, p. 359.

31. Ver Capítulo 6.

32. Catarina Madeira Santos, "Um governo 'polido' para Angola. Reconfigurar dispositivos de domínio (1750-1800)".

33. Muito similar ao caso do juiz de fora Baltazar da Silva Lisboa, no Rio de Janeiro de fins do século XVIII, *cf.* capítulo 10.

34. *Cf.* Joaquim Romero Magalhães, *O Algarve económico, 1600-1773*. Lisboa: Estampa, 1993. Para as variações de fins do século XVIII, *cf.* Nuno Gonçalo Monteiro, "Elites e mobilidade social em Portugal nos finais do Antigo Regime". *Análise Social*, vol. XXII, 141, 2º, pp. 335-368, 1997.

35. AHU, Avulsos Angola, cx. 75, doc. 34; cx. 75, doc. 40; cx. 76, doc. 29.

36. BML 24, fl. 97 v.

37. AHU, Angola, cx. 70, doc. 38; cx. 70, doc. 64; cx. 70, doc. 68; cx. 71, doc. 62; cx. 73, doc. 12; cx. 73, doc. 38; cx. 74, doc. 13 cx. 74, doc. 14.

38. Roberto Guedes Ferreira, "O cabeça de motim José Vieira Dias, o tráfico e a terrível falta d'água (Luanda, finais do século XVIII)", pp. 113-146.

39. *Ibidem.*

40. *Ibidem.*

41. AHU, Avulsos Angola, cx. 48, doc. 48.

42. Um estudo indispensável sobre autogoverno é o de Joaquim Romero Magalhães, *O Algarve económico, 1600-1773.*

43. AHU, Angola, cx. 64, doc. 11. A obra custou 23:182$614 (23 contos 182 mil e 614 réis), quantia nada desprezível. Inicialmente, o terreiro público, inaugurado em 1764, funcionou num prédio militar, até 1771. José Carlos Venâncio, *A economia de Luanda e hinterland no século XVIII. Um estudo de sociologia histórica*, p. 65.

44. Para o caso da Bahia, ver Afrânio Mário Simões Filho, "Política de abastecimento na economia mercantil. O celeiro público da Bahia (1875-1866)"; Avanete Pereira, *Poder Local e vida cotidiana (Salvador, século XVIII).*

45. BML, Manuscritos, códice 24, fl. 30.

46. Estão isentos da análise outros livros de correspondência e livros de registros de lei.

47. Roberto Guedes Ferreira, "O cabeça de motim..."

48. BML, Manuscritos, Códice 24, fls. 76, 80, 83-84, 111.

49. BML, Manuscritos, Códice 24, fls. 79-80.

50. AHU, Avulsos Angola, cx. 64, doc. 11; cx. 69, doc. 59. Agradeço a Juliana Abrahão, Carla Surcin e Daiane da Rocha a transcrição desses documentos do AHU e outros documentos da BML.

51. BML, Manuscritos, Códice 24, fls. 80-80v.

52. BML, Manuscritos, Códice 24, fls. 80-81v.

53. BML, Manuscritos, Códice 24, fls. 81v-82.

54. Não obstante, não havia "uniformidade nas competências nem na acumulação de funções dos ouvidores nas diferentes comarcas". *Cf.* Capítulo 9 deste livro.

55. BML, Manuscritos, Códice 24, fls. 83.

56. AHU, CU, Avulsos Angola, cx. 70, doc. 7.

57. AHU, CU, Avulsos Angola, cx. 70, doc. 19.

58. Elias Alexandre da Silva Correa, *História de Angola.* Lisboa: Coleção Clássicos da expansão portuguesa no mundo, 1937.

59. AHU, CU, Avulsos Angola, cx. 70, doc. 29

60. AHU, CU, Avulsos Angola, cx. 70, doc. 31.

61. AHU, CU, Avulsos Angola, cx. 70, doc. 33

62. *Cf.* capítulo 9.

63. *Cf. Idem.*

64. Nem sempre o juiz de fora agia como presidente da câmara. Em 1781, os vereadores reclamaram que os juízes do terreiro público remetiam as contas apenas ao juiz de fora como tal: "remeterem ao Doutor Juiz de Fora como tais, e não como Presidentes da Câmara, e fora dela os livros para sentenciarem por si sós as ditas contas, [...] E depois de sentenciados pelos ditos Ministros costumam então mandá-las à Câmara". BML, Manuscrito, Códice 24, fls. 30v-31.

65. BML, Manuscrito, Códice 24, fl. 91v-92.
66. BML, Manuscrito, Códice 24, fl. 92v.
67. BML, Manuscritos, códice 24, fls. 93v-94.
68. Sobre outros conflitos entre a câmara luandense e ouvidores, *cf.* Roberto Guedes Ferreira, "O cabeça de motim..."
69. *Cf.* Catarina Madeira Santos, "Um governo 'polido' para Angola".
70. Veja o importante papel das mulheres na África central dos séculos XVIII e XIX em Roquinaldo Ferreira, *Cross-Cultural Exchange in the Atlantic World: Angola and Brazil during the Era of the Slave Trade*, cap. 5; Mariana P. Candido, *An African Slaving Port and the Atlantic World, passim.*

Referências bibliográficas

ABRAHÃO, Juliana Diogo. "Vadios, ladrões, assassinos e outros degredados (Angola, século XVIII)". TCC (graduação em História). Nova Iguaçu: UFRRJ, 2014.

ALENCASTRO, Luis Felipe de. *O trato dos viventes: formação do Brasil no Atlântico Sul, séculos XVI e XVII.* São Paulo: Companhia das Letras, 2000.

BOXER, Charles. *Salvador de Sá e a luta pelo Brasil e Angola, 1602-1686.* São Paulo: Editora Nacional, 1973.

CANDIDO, Mariana P. "Enslaving Frontiers: Slaves, Trade and Identity in Benguela (1780-1850)". Toronto/Ontario: York University, 2006. Tese de doutorado.

_____. *An African Slaving Port and the Atlantic World. Benguela and its Hinterland.* Cambridge: Cambridge U. Press, 2013.

_____. Jagas e sobas no "'Reino de Benguela': vassalagem e criação de novas categorias políticas e sociais no contexto da expansão portuguesa na África durante os séculos XVI e XVII" (no prelo).

CARDIM, Pedro. "Amor e amizade na cultura política dos séculos XVI e XVII". *Revista Lusitana Sacra* (2ª Série), nº 11, 1999.

CARVALHO, Ariane. "Militares e militarização no Reino de Angola: patentes, guerra, comércio e vassalagem (segunda metade do século XVIII)". Nova Iguaçu: UFFRJ, 2014. Dissertação de mestrado.

CORREA, Elias Alexandre da Silva. *História de Angola.* Lisboa: Coleção Clássicos da Expansão Portuguesa no Mundo, 1937.

COUTO, Carlos. *Os capitães-mores em Angola no século XVIII: subsídios para o estudo de sua atuação.* Luanda: Instituto de Investigação Científica de Angola, 1972.

CURTO, José. *Álcool e escravos: o comércio luso-brasileiro de álcool em Mpinda, Luanda e Benguela durante o tráfico atlântico de escravos (c.1480-1830) e seu impacto nas sociedades da África Central Ocidental.* Lisboa: Vulgata, 2000.

FERREIRA, Roberto Guedes. "A câmara de Luanda: um ensaio preliminar sobre a comunicação política de camaristas luandenses (séculos XVII-XVIII)". *In:* SAMPAIO, Antonio Carlos Jucá; FRAGOSO, João (org.). *Monarquia Pluricontinental e a governança da terra no ultramar atlântico luso.* Rio de Janeiro: Mauad, 2012.

_____. "O cabeça de motim José Vieira Dias, o tráfico e a terrível falta d'água (Luanda, finais do século XVIII)". *In:* FERREIRA, Roberto Guedes (org.). *África: brasileiros e portugueses (séculos XVI-XIX).* Rio de Janeiro: Mauad, 2013, pp. 113-146.

_____ & CARVALHO, Ariane. *Piedade, sobas e homens de cores honestas nas Notícias do Presídio de Massangano, 1797. In:* SCOTT, Ana S. et al. (orgs.).

FERREIRA, Roquinaldo. "Transforming Atlantic Slaving: Trade, Warfare and Territorial Control in Angola, 1650-1800". Los Angeles: University of California, 2003. Tese de doutorado.

_____. *Cross-Cultural Exchange in the Atlantic World: Angola and Brazil during the Era of the Slave Trade*. Cambridge: Cambridge University Press, 2013.

FERRONHA, Antonio Luis. "Luanda: do primeiro município português na África Ocidental à Revolta da Municipalidade". Atas do seminário Internacional *O Município no Mundo Português*. Lisboa: Centro de Estudos de História do Atlântico, 1988.

GLASGOW, Roy. *Nzinga*. São Paulo: Perspectiva, 1982.

HEINTZE, Beatriz. *Angola nos séculos XVII e XVII*. Luanda: Kilombelombe, 2007.

HESPANHA, António Manuel. *Imbecillitas: as bem-aventuranças da inferioridade nas sociedades de Antigo Regime*. São Paulo/Belo Horizonte: Annablume/UFMG, 2010.

MAGALHÃES, Joaquim Romero. *O Algarve económico, 1600-1773*. Lisboa: Estampa, 1993.

MELLO, Evaldo Cabral de. *A fronda dos mazombos, nobres contra mascates: Pernambuco, 1666-1715*. São Paulo: Companhia das Letras, 1995.

_____. *O negócio do Brasil*. São Paulo: Companhia das Letras, 2011.

MILLER, Joseph. "A economia política do tráfico angolano de escravos no século XVIII". *In*: PANTOJA, Selma & SARAIVA, José Flávio. *Angola e Brasil nas rotas do Atlântico Sul*. Rio de Janeiro: Bertrand Brasil, 1999.

_____. "África Central durante a era do comércio de escravizados, de 1490 a 1850". *In*: HEYWOOD, Linda (org.). *Diáspora negra no Brasil*. São Paulo: Contexto, 2008.

_____. *Way of Death. Merchant Capitalism and the Angolan Slave Trade, 1730-1830*. Wisconsin: Wisconsin University Press, 1988.

MONTEIRO, Nuno Gonçalo. "Elites locais e mobilidade social em Portugal nos finais do Antigo Regime". *Análise Social*, vol. XXII, 141, 2º, pp. 335-368, 1997.

OLIVEIRA, Ingrid da Silva de. "Cadornega e os principais de Angola no século XVII". *In*: FERREIRA, Roberto Guedes. *Dinâmica imperial no Antigo Regime português: escravidão, governos, fronteiras, poderes, legados (séculos XVII-XIX)*. Rio de Janeiro: Mauad, 2011.

_____. "O olhar de um capuchinho sobre a África do século XVII: a construção do discurso de Gio vanni Antônio Cavazzi". Seropédica/Nova Iguaçu: UFRRJ/PPHR, 2011. Dissertação de mestrado.

OLIVEIRA, Leonardo Alexandre de Siqueira. "Redes de poder em governanças do Brasil a Angola: administração e comércio de escravos no Atlântico Sul (Luis César de Menezes, 1797-1701)". Niterói, UFF, 2013. Dissertação de mestrado.

PARREIRA, Adriano. *Economia e sociedade em Angola na época da rainha Jinga (século XVII)*. Lisboa: Editorial Estampa, 1989.

PEREIRA, Avanete. *Poder local e vida cotidiana (Salvador, século XVIII)*. 1. ed. Vitória da Conquista: Edições UESB, 2013.

SANTOS, Catarina Madeira. "Um governo 'polido' para Angola. Reconfigurar dispositivos de domínio (1750-1800)". Lisboa: Universidade Nova de Lisboa/Faculdade de Ciências Sociais e Humanas, 2006. Tese de doutorado.

SIMÕES FILHO, Afrânio Mário. "Política de abastecimento na economia mercantil. O Celeiro Público da Bahia (1875-1866)". UFBA, PPGHIS, 2011. Tese de doutorado.

SOUZA, Marina de Mello e. "A rainha Jinga de Matamba e o catolicismo – África Central, século XVII". *In*: FERREIRA, Jerusa Pires & ARÊAS, Vilma (orgs.). *Marlyse Meyer nos caminhos do imaginário*. São Paulo: Edusp, 2009.

VENÂNCIO, José Carlos. *A economia de Luanda e hinterland no século XVIII. Um estudo de sociologia histórica*. Lisboa: Estampa, 1996.

Anexo 1

Quadro 11.1
Dimensões dos poderes

Tipologia	Justificativa reino (Compol) e conquistas
Poder central da Coroa	Rei, conselhos (de Estado, de Guerra, de Fazenda, Ultramarino), Desembargo do Paço, Mesa de Consciência e Ordens, Inquisição, Ordem da Santíssima Trindade e dos Cativos, cirurgião-mor do reino, Junta da Administração do Tabaco, Provedoria-Mor da Saúde, Junta da Criação de Cavalos, secretarias de Estado
Poder da Coroa no território (reino ou conquista)	Governo-geral, donatários, governadores de capitanias, capitão-mor de capitanias, provedor, ouvidor, arcebispos, bispos, Relação do Porto, Tribunal da Relação e Desembargadores da Bahia e Rio de Janeiro, provedorias, corregedorias, governo de armas, superintendente das coudelarias e tabaco, Juízo da Redenção dos Cativos de Évora, juiz de fora, tropa paga, secretário do governo, Junta das Missões, Junta da Fazenda, médico da fortaleza ou presídio
Poder donatarial/ senhorial	Donatários, ouvidorias, Universidade de Coimbra, Casa das Rainhas, Casa de Bragança, Correio-Mor
Poder local*	Câmaras, ordenanças, milícias, familiares do Santo Ofício, párocos, irmandades, Convento da Santíssima Trindade de Lagos, procuradores das câmaras, tabelião, escrivão da almotaçaria, meirinho, carcereiro, médicos de partido, escrivão da câmara, ofícios das terras senhoriais
Poder "privado" ou "particular"	Todas as correspondências que se referiram a solicitações de caráter privado. Renovação de serventias e ofícios hereditários, contratadores
Outros	Cônsules-gerais

* Acrescentei os membros do terreiro público como poder local.

12

Grupos corporativos e comunicação política

Nuno Gonçalo Monteiro e Francisco Cosentino

Monarquia corporativa, petições e comunicação política

A comunicação política escrita está indissociavelmente ligada à ampliação dos territórios de algum modo sujeitos a uma autoridade política e ao seu centro, mais ou menos configurado no plano geográfico. Significativamente, uma das obras de referência na formação do campo disciplinar das ciências da comunicação, publicada em meados do século XX, é um livro intitulado *Império e comunicações* o qual inclui uma larga incursão na história pré-clássica e clássica. Um dos argumentos centrais do seu autor, Harold Innis, é que as comunicações em suportes precários (como o papiro e o papel), conformes com grandes distâncias, favoreceriam a centralização política e administrativa e seriam, de algum modo, geradas por esta.[1] Evidentemente, essas modalidades sempre coexistiram com a mais antiga comunicação oral pública, muitas vezes destino último dos textos remetidos por um soberano, ou, num diverso registro, com as formas de comunicação por imagens ou por rituais, como festas e outros.[2] E, mais tarde, com inquéritos destinados a conhecer os territórios e os seus habitantes, que se multiplicam no reino e nos domínios da monarquia portuguesa a partir do último quartel de setecentos.[3] Deste ponto de vista, a comunicação é encarada como um instrumento de dominação do centro, portanto.

Em sentido inverso, ou seja, das periferias para o centro, uma vasta historiografia tem destacado a relevância das petições ou requerimentos na prática institucional das monarquias corporativas de Antigo Regime,[4] em geral, e, em particular, o fato de, nos territórios das monarquias ibéricas, intra e extraeuropeus, "todo o mundo poder apelar aos distintos tribunais reais [...], aos quais estava sujeito o próprio vice-rei".[5] Com efeito, nas instituições centrais cujos arquivos chegaram até o presente abundam as petições e os requerimentos, individuais, coletivos ou de instituições. No essencial, era uma prática antiga, muito difundida e conhecida. Confundia-se, em parte, com um ato judicial e, nesse sentido, traduzia exemplarmente a larga esfera de indistinção que existia no Antigo Regime entre o judicial e o administrativo. O primeiro dicionário de língua portuguesa (Bluteau), publicado no início do século XVIII, dizia a propósito da palavra petição: "o papel em que se pede alguma coisa ao príncipe ou seus ministros". E acrescentava: "quando a parte se sente agravada de caso de injúria verbal despachado em câmara, se faz petição a El-rei", citando sobre a matéria uma lei de 1613; e terminava enumerando as distintas petições que "de ordinário se fazem nos tribunais de justiça". No mesmo dicionário se podem percorrer os sentidos de palavras como "requerente" e "requerer", eminentemente associadas a atos judiciais, ou "requerimento", cujo primeiro significado seria o de "uma petição verbal". "Representação", por seu turno, não tinha ainda sentido político. Do direito de representação se falava em matérias sucessórias, e o "representante" era "o homem que representa comédias". De resto, na primeira edição do Dicionário de Morais, revisão do anterior, mas publicada já em 1789, refere-se pela primeira vez à "representação" em sentido político e aos representantes da "Nobreza, Clero e Povo".[6]

No que se reporta a processos, os juristas, por norma, estabeleciam uma clara distinção entre as "petições de justiça", que podiam ser despachadas pelas vias judiciais ordinárias, e as petições de "graça", que exigiam uma intervenção extraordinária e individualizada, requeriam a intervenção do soberano, e constituíam assunto da política ou do governo.[7] Basta, porém, percorrer as consultas setecentistas da Mesa do Desembargo do Paço para se perceber a fluidez dessa fronteira. Enfim, os sentidos das palavras que serviam mais correntemente para designar a matéria física da comunicação política das periferias para o centro sugerem, ao mesmo tempo, a sua frequência e o fato referido dos atos administrativos e políticos, por um lado, e os judiciais, por outro, se confundirem, ou seja, de não existir uma radical separação entre as matérias da graça e as da justiça.[8]

As petições, representações, agravos ou súplicas eram uma prática comum na Europa ocidental.[9] Naturalmente, essa constatação não retira pertinência a questões como a de saber se havia ou não uma distinção matricial entre essa prática e a da redação dos *Cahiers de doléances*, ou seja, as representações que se elaboravam por alturas da convocação de cortes ou Estados Gerais. Ou entre petições individuais e representações coletivas ou institucionais. Ou, ainda, a de saber quem era excluído desse meio de expressão que pressupunha, entre outras coisas, a capacidade de escrita ou, pelo menos, o acesso a um intermediário cultural capaz de produzi-la. As petições, por outro lado, concorriam com outras formas de comunicação política, como as correspondências e os panfletos. E, já no contexto do século XVIII e da emergência daquilo que uma numerosa historiografia vem chamando o "espaço público", com a imprensa. Aliás, o exercício do "direito de representação" ficaria associado à ordem constitucional contemporânea.

Invoque-se um exemplo. O Sacro-Império do tempo das reformas de José II (1765-1790). Era um enorme e multiforme espaço político de uma monarquia eletiva que abrangia territórios de tal maneira autônomos que até podemos ter dúvidas em qualificá-la de compósita (a Prússia fizera parte do conjunto). Mas, quando esse monarca reformista saía de Viena de Áustria e se deslocava no interior desses imensos domínios, a forma privilegiada de comunicação política eram as petições, que o próprio incentivava, embora quase sempre de indivíduos. Parece que só em casos excepcionais as aceitou de corpos coletivos, que associava a resistências às reformas ilustradas que queria promover e a instituições corporativas que queria extinguir. Pelo que se sabe, recebia milhares de requerimentos individuais, mas não se sabe quantos exatamente. O reputado autor do estudo sobre o assunto conclui: "peticionar a um monarca tem um certo ar de sobrevivência medieval [...] se o ato de peticionar, como foi explorado por José II, pode ter algumas pretensões a ser incluído na 'esfera pública', dificilmente pode ser olhado como um aspecto de 'modernização'".[10]

No caso português, o primeiro estudo sistemático e de vulto sobre petições foi o publicado em 1968 e reportou-se aos requerimentos agrários feitos durante o primeiro triênio liberal (1821-1823),[11] contexto no qual as petições se multiplicam de forma avassaladora. Deve notar-se que está muito longe de ser fácil estabelecer, mesmo nesse novo cenário, uma clara diferença entre os requerimentos "tradicionais" e os de "novo tipo", que seriam consagrados pela ordem constitucional contemporânea.[12] Note-se que, embora as cabeças dos "Estados" não europeus da monarquia pluricontinental brigantina, Goa, São Salvador e São Luís, tivessem tido representação nas cortes posteriores à Restauração de 1640, parece que não foram apresentados requerimentos por essa via.[13] No reino, a convocação de cortes em 1820 suscitou uma imensa acumulação de petições, resultado de uma efetiva ampliação do seu número, mas também de terem sido remetidas ao "Soberano Congresso" pelo governo liberal ou pelos próprios, petições que, em outros contextos, circulariam na administração central da Coroa. Basta verificar como nesses anos são muito poucas aquelas que sobem a consulta à Mesa do Desembargo do Paço. O fato de não reunirem cortes desde 1698[14] não significava que a administração central não fosse invadida regularmente por centenas de petições de todo o tipo, designadamente, das Câmaras Municipais. Esse é, porém, o epílogo desta história.

Nos seus primórdios, as imagens da historiografia remota e recente tendem muitas vezes a acentuar a ideia de que, na Europa, "em contraste com a Idade Média [...] a primeira época moderna assistiu a uma diminuição geral da independência local das comunidades urbanas"[15] por força das crescentes exigências dos poderes centrais que as assolavam com leis, decretos e, sobretudo, exigência militares e monetárias, "ignorando frequentemente os privilégios e as isenções cívicas".[16] Acresce que por toda a Europa o governo urbano se foi tornando cada vez mais oligárquico. No século XVIII, "o declínio da autonomia urbana"[17] daria lugar a uma maior cooperação entre as oligarquias citadinas e os governos centrais, em detrimento de grupos corporativos herdados do passado, mas em favor de novas formas de organização dos interesses ligados ao comércio e às manufaturas e às associações voluntárias em geral.[18]

Essas imagens globais podem ser questionadas. Desde logo, por não reconhecerem a importância e a perpetuação das instituições corporativas, matéria muito destacada na historiografia anglo-americana sobre a França e a Europa continental na sua generalidade. Como recordou recentemente Peter R. Campbell, "embora a sociedade corporativa do Antigo Regime fosse muito hierárquica, as suas elites retinham um largo grau de autonomia nas suas próprias esferas",[19] conferindo assim a necessária vitalidade aos corpos que integravam. Mas também convém criticá-las por não diferenciarem as cidades/corte/capital dos centros urbanos de dimensão intermédia, nos quais cabe incluir também as câmaras das Américas.[20]

O exemplo do Reino de Portugal é, a esse respeito, muito significativo. Desde 1571 que Lisboa, então uma das maiores cidades europeias, com cerca de 6% da população do reino, não tinha uma câmara eleita, mas antes um senado nomeado pelo rei, quase sempre com um presidente fidalgo e vereadores letrados. Tal não impediu o senado de atuar com autonomia em várias conjunturas seiscentistas, até que o regente d. Pedro literalmente quebrou essa autonomia na década de 1680.[21] De resto, embora Lisboa estivesse organizada em bairros, com um governo da magistratura letrada independente das elites nela residentes, os artesãos e a sua organização corporativa mantiveram uma autonomia indiscutível, patente ainda em 1821, quando pediram em dezenas de requerimentos que o liberalismo lhes devolvesse os privilégios corporativos que a monarquia de Antigo Regime lhes tirara ao longo da segunda metade do Setecentos.[22] Como se disse, embora com representação dos mesteres, Lisboa não tinha uma câmara eleita, ao contrário de todos os outros municípios da monarquia. No Porto, a autonomia camarária foi drasticamente reduzida depois da revolta de 1757 e da violenta ocupação militar que se lhe seguiu, acompanhada pela supressão durante décadas do juiz do povo e da representação corporativa dos mesteres e por um apertado controle da vereação.[23]

De fato, o reinado de d. José e a emergência das secretarias de Estado com Pombal deixariam aí a sua marca. Mas, apesar de tudo, à exceção de Lisboa, a governança das terras onde existia uma câmara, fosse ela no reino, nas ilhas ou no império atlântico, tinha de ser escolhida, sempre, entre os membros da elite local, com notável uniformidade.[24] E, como bem sublinhou há décadas Charles Boxer, nunca os cargos de governança das câmaras foram vendidos, nunca os juízes ordinários, vereadores e procuradores puderam comprar os seus ofícios.[25] Em conformidade com o que tem destacado uma ampla historiografia, a esfera de atuação e a margem de autonomia das câmaras variaram no tempo e no espaço. Mas nenhuma câmara teve o nível de controle da de Lisboa, centro político da monarquia pluricontinental. Em todo caso, primeiro, a multiplicação de inquéritos a elas dirigidos pela monarquia e, depois, os contextos políticos das invasões francesas e das lutas liberais, já no primeiro terço do século XIX, devolveram às câmaras do reino protagonismo político.[26] E algo de similar terá ocorrido na América portuguesa.[27]

Como já foi referido em outros textos, o modelo de administração da monarquia em todos os espaços nos quais existiu uma dimensão territorial acentuada, ou seja, fora do Estado da Índia e de Marrocos,[28] foi bastante uniforme: capitanias (providas esmagadoramente em militares, majoritariamente fidalgos), ouvidorias (corregedores/ouvidores, de provimento trienal em letrados), câmaras (em número minoritário, mas, crescente, presididas por juízes de fora/letrados) e paróquias eclesiásticas. Foi esse o modelo que se utilizou em terras de novo ocupadas pela administração civil, incluindo as de populações ameríndias ou de missões. Tal como acontecia no reino, enquanto os demais ofícios de topo eram providos centralmente pela Coroa, as vereações deviam ser sempre eleitas de três em três por mandatos de um ano entre os membros da elite local. Como no reino, nunca se venderam os ofícios da governança. O oficialato remunerado, com atribuições relevantes e objeto de venda em certos casos,[29] não se confundia com os ofícios honoráveis locais. Esse será o modelo replicado e repetido (com raras exceções, como a Colônia do Sacramento) no império atlântico português nos séculos XVII e XVIII sempre que o território e a população se ampliaram.

Os números apresentados nos quadros publicados na introdução[30] são discutíveis, mas, em termos gerais, eles confirmam a tendência referida. No reino, o lento crescimento da população durante a época moderna quase não modificou a geografia municipal, mas o número de corregedores e de juízes de fora aumentou muito, sobretudo no século XVIII, o mesmo se podendo afirmar dos Açores (com um governo-geral desde 1766). Em compensação, na América portuguesa o tumultuoso aumento da população no século XVIII (durante o qual a população se multiplicou por dez) só em parte se traduziu na multiplicação das câmaras e capitanias, sendo proporcionalmente maior o aumento do número de magistrados letrados (ouvidores e juízes de fora).

No reino, como nas conquistas ou domínios, as interpretações do universo institucional considerado obedecem desde há muito a alternativas relativamente simples. Como bem sintetizou Boxer, os "historiadores brasileiros diferem quanto ao fato de serem os camaristas genuínos representantes do povo ou simplesmente uma oligarquia egoísta e autoperpetuada. Discutem, também, sobre se as Câmaras teriam ampla autonomia ou se seriam simples papel de carbono dos governadores e vice-reis".[31] As opções interpretativas conhecem-se desde há muito. Desse ponto de vista, não existiam diferenças significativas entre o que se escreveu sobre as câmaras do reino e as da América portuguesa. Para o reino, desde Alexandre Herculano, em meados do Oitocentos, que se fala em declínio do poder municipal a partir, pelo menos, do século XV, ideia que a historiografia recente tem vindo a contrariar.[32]

A imagem do protagonismo das câmaras do Brasil é, curiosamente, uma das marcas da obra mais difundida na Europa setecentista sobre as colônias europeias, considerada a referência essencial do anticolonialismo da ilustração. Na terceira edição da obra do abade Raynal,[33] impressa em 1780, afirma-se a esse respeito:

Não há cidade, nem vila considerável, que não possua uma assembleia municipal. Esta deve velar pelos pequenos interesses que lhe são confiados, e, regular, sob a inspeção do comandante, as pequenas taxas de que têm necessidade. Foram-lhe concedidos vários privilégios, em particular aquele de poder criticar, junto ao trono, o chefe da colônia.[34]

Tal referência não constava da edição original de 1770,[35] cujo texto foi sendo acrescentado em cada edição (com a colaboração de Diderot e, entre outros, de portugueses), mas não deixa de ser significativo o juízo de uma obra referencial, retomado em todas as edições ulteriores. De fato, não se reportava a nenhuma "novidade", era mais uma norma, que vinha muito de trás. Constava, de fato, dos regimentos dos governadores das capitanias do Estado do Brasil, do Reino de Angola e do governador-geral do Estado do Brasil a determinação régia de que esses governadores não devem impedir "escreverem-me as Câmaras, e mais Ministros, e Oficiais de Justiça, Fazenda, e Guerra, ainda que sejam queixas, por que a meu serviço convém haver a liberdade necessária [...]".[36]

Naturalmente, o outro termo da comunicação, o centro político da monarquia, também foi atravessado por mutações entre 1640 e 1808, incluindo o papel variável dos tribunais centrais (em especial, o Conselho Ultramarino) e a afirmação ao longo da segunda metade do Setecentos das secretarias de Estado. A comunicação política permitia recorrer a outros planos da administração. De fato, são desiguais os registros disponíveis: os que se estudam neste texto foram, no reino, as matérias constantes dos livros de registros das câmaras (por iniciativa destas ou de outros) e, nos domínios ultramarinos, as solicitações feitas ao centro político.

O VOCABULÁRIO DOS GRUPOS DO ANTIGO REGIME

No quadro da monarquia pluricontinental portuguesa do Antigo Regime, na qual as distâncias implicavam que a comunicação das periferias se fizesse por procuradores e pelo recurso ao papel,[37] os grupos corporativos, para além dos indivíduos, mantiveram, através de petições e representações, elevados níveis de interação e comunicação com o centro político. Se se sair do universo da pequena vila ou couto do reino, muitas vezes com menos de uma paróquia e poucas dezenas de habitantes, apesar de dispor de câmara eleita, verificamos que, nas grandes câmaras do reino, e da monarquia existiam, para além dos requerimentos coletivos, os de atores individuais, que solicitavam mercês (passando pelo Conselho Ultramarino no caso das conquistas), ou as registravam nos livros das câmaras algumas vezes. Por esse meio, entre outras coisas, a Coroa distribuía as mercês e os privilégios que lhe eram solicitados. O principal agente coletivo local dessa comunicação, tanto no reino como nas conquistas ultramarinas atlânticas, eram as câmaras e os seus senados. No entanto, as próprias câmaras e as suas intervenções eram objeto de disputa por parte de grupos múltiplos e ativos: instituições religiosas, confrarias, negociantes, mareantes, artesãos (por vezes sob a forma de confraria), lavradores, coletividades locais ao nível paroquial, entre outros. Acresce que outros polos de poder, como as grandes casas ou engenhos e as redes ou bandos que em seu torno se estruturavam, tinham uma intervenção ativa na esfera local, embora com maior incidência na América.[38] Assim, o uso do requerimento e da representação por grupos corporativos de todo tipo ou por indivíduos solicitando à Coroa privilégios[39] de diversa natureza – mas, por vezes, também à própria câmara, ou em disputa com esta – era uma marca fundamental do funcionamento da monarquia corporativa.

De resto, a dimensão corporativa da monarquia pluricontinental portuguesa exprimia-se, em primeiro lugar, na própria natureza dos requerimentos coletivos e individuais. O que por norma se solicita é aquilo que cada corpo ou requerente reputa legítimo, invocando os direitos existentes e, quase sempre, precedentes que justificavam aquilo que se pedia. E o que se pede são, em regra, privilégios, ou seja, regalias específicas para cada corpo ou indivíduo. Mesmo quando de fato se pretende a inovação, o que se invoca é, em regra, o que está para trás. Mesmo quando as solicitações acabam por ter implicações mais globais, o que se alega são as pretensões de grupos ou indivíduos específicos, desde logo circunscritos no espaço. Só de forma pontual e, sobretudo, a partir de meados do século XVIII, serão invocados outros princípios para legitimar novas atribuições e competências, como o "interesse geral" ou público, a "lei novíssima" ou outro qualquer princípio de "novidade". Contudo, essa mutação na cultura política foi lenta e descontínua.[40] Nunca é fácil, assim, distinguir o plano "administrativo" do judicial ou do político, ou os procedimentos ordinários dos extraordinários. Embora seja certo que a guerra e outras circunstâncias excepcionais potenciavam estes últimos.

De fato, para além de muitas outras dimensões, como o provimento de ofícios ou a solicitação e concessão de mercês, pode postular-se como plausível que as comunicações entre o centro e as periferias, e vice-versa, se intensificavam quando as exigências do centro ou as circunstâncias locais se modificavam. E que, por consequência, em contextos nos quais a estabilidade normativa prevalecia, a frequência da comunicação seria menor.

Mas, em larga medida, os requerimentos definiam também uma identidade de grupo que reproduzia as taxonomias oficiais. Como se escrevia num tratado português setecentista, retomando uma antiga e conhecida metáfora, "é a República, Reino, e Império, um corpo, cuja cabeça é o Rei, cujos braços é a nobreza, cujos pés são o povo".[41] Um corpo composto de vários corpos sancionados pelo direito e que, como se destacou, comportavam direitos e deveres inscritos na ordem jurídica. A isso se chamava, em regra, "privilégios, liberdades e franquias". Mas, no contexto de uma cultura política que valorizava a continuidade, algumas novas designações não deixavam de aparecer. Acresce, como também se verá, que os referentes territoriais eram onipresentes e revestiam, quase sempre, uma marca local.

A expressão grupos corporativos é aqui invocada num sentido muito lato. Abrange grupos que na época podiam ser designados dessa forma – corporações de ofícios mecânicos, religiosas, "corporações municipais" etc. – e eram sancionados como tal pela ordem jurídica da monarquia, e outros que não chegavam a ter similar estatuto formal. Os primeiros tiveram todos uma morte legal em Portugal depois do triunfo da revolução liberal em 1832-34. Em todo o caso, classificaram-se dessa forma todos os grupos que assumiram uma identidade coletiva na apresentação de uma representação recebida e aceite pela monarquia. A maior parte teve uma existência não apenas episódica e tendeu de fato a confundir-se com alguma confraria. Muitos faziam parte de um antigo mundo corporativo do Antigo Regime, enquanto outros anunciavam já outros contextos. Era o caso dos "homens de negócio", identificação que se difunde na monarquia portuguesa desde finais do século XVII.[42] Muitos desses grupos, retomando agora um termo da bibliografia anglo-saxônica, atuaram de fato como "grupos de pressão".[43]

A historiografia sobre as câmaras no reino tem-se centrado muito na governança respectiva, ou seja, nas elites e grupos familiares que, pelo menos a partir de certa data, controlavam as vereações (Porto, Évora, Coimbra, por exemplo). Certamente, sublinhando que, em vários contextos, grupos com um perfil social definido e diferenciado (*cf.* Braga e Guimarães) as disputaram. E que, em outros casos (Barcelos), as paróquias do termo entraram em conflito com as da vila ou cidade.[44] Em parte, o mesmo se pode dizer acerca da historiografia sobre as câmaras cabeça de capitania do Brasil, embora aí se vão destacando os conflitos entre elites agrárias e mercantis, como, por exemplo, em Olinda/Recife ou no Rio de Janeiro,[45] finalmente resolvidos, por norma, a favor destas.

O horizonte que a documentação do projeto permite inferir ajuda-nos a ir mais longe. Não se trata apenas de conceber que a governança e outros ofícios camarários podiam ser disputados entre diversos grupos. Procuramos agora delimitar um espaço político local no qual distintos grupos corporativos procuravam, junto do poder central ou da própria câmara, obter privilégios. A disputa pelo acesso à vereação e outro oficialato local só aparecerá em certos casos. Mas a existência de grupos corporativos relativamente estáveis e de temas de reivindicação e disputa recorrentes é um fato. No limite, as fontes compulsadas permitem definir o espaço local como um espaço político, com uma opinião local e contendores, cuja capacidade de atuação não se esgotava em certos momentos e podia alcançar outras dimensões. Ou seja, destroem em boa medida uma ideia preconcebida que restringia esse ingrediente a outras geografias europeias e extraeuropeias nos séculos XVII e XVIII. De acordo com a historiografia dominante, tais dimensões estariam presentes no contexto anglo-americano e em outros da Europa do Norte, apenas. A matéria pesquisada permite discutir tais evidências. Para o efeito, consideramos as representações dos grupos que se assumem como uma identidade coletiva, na maior parte dos casos, com múltiplos assinantes, embora algumas vezes um intermediário institucional tenha escrito em nome do coletivo.

Tabela 12.1
Requerimentos coletivos Viana da Foz do Lima 1621-1811

"Câmara", "oficiais da", "procurador da"	131
"Moradores" da vila	7
"Nobreza e Povo"	4
"Homens de negócio", "Negociantes"	10
"Mareantes" e "confraria dos"	9
Mesteres e oficiais mecânicos	13
Milícias e ordenanças	6
"Moradores" do termo	22
"Lavradores do Minho"	2
Misericórdia	2
Confrarias	6
Religiosos regulares e seculares	30
Outros (incluindo cavaleiros das ordens militares)	4
Total	246

O caso da vila Viana da Foz do Lima é exemplar. Sede de comarca no Minho, era a zona mais densamente povoada do reino, porto intercontinental, mas também sede de zona agrícola, com um concelho com mais de 20 mil habitantes, embora só cerca de 8.000 habitassem as paróquias urbanas. A maior parte da população agrícola era constituída de (pequenos) lavradores, seis vezes mais numerosos que os jornaleiros; era também um concelho de forte emigração jovem e masculina, pois tanto na vila como no termo existiam muito mais mulheres do que homens (83 homens para cada 100 mulheres), mesmo entre os menores de 14 anos. A câmara era dominada por fidalgos, famílias da nobreza local, militares e alguns bacharéis. Até 1832 houve poucos negociantes arrolados para vereadores.[46] Em finais do século XVIII, estes passaram a constar dos arrolamentos dos elegíveis para a câmara, mas, em regra, apenas como procuradores. Normalmente, a pressão que os negociantes exercem enquanto grupo sobre as instituições e sobre a câmara é pela obtenção de benefícios e não tanto pela presença no senado municipal. Retomamos aqui todos os requerimentos coletivos que foram registrados nos livros da respectiva câmara entre 1621 e 1811, tal como o faremos para as de Faro e Évora. A maior parte foi dirigida à administração central, mas cerca de um quarto à própria câmara da vila. Naturalmente, o maior agente das representações coletivas era a própria câmara. Aliás, os requerimentos em nome dos moradores, como os remetidos pela "Nobreza" ou "Nobreza e povo", confundiam-se em boa medida com requerimentos camarários, quer nos seus subscritores, quer nas temáticas. Embora só em certos casos se situem em conflito com a câmara, os dos "homens de negócios" portugueses e estrangeiros exprimem as solicitações de um grupo mais autônomo, certamente com composição variável, mas que apresenta continuidade. O primeiro requerimento é mesmo de negociantes estrangeiros, de 1670, contra a pretensão da câmara em taxar o bacalhau, e os últimos são do início do século XIX. Notável foi o "compromisso" que fizeram em 1704 os homens de negócios portugueses e estrangeiros da vila de Viana para contribuírem durante seis anos para a obra e conserto do cais e porto da mesma vila: foi subscrita por 49 indivíduos, incluindo 13 com sobrenome estrangeiro e os cônsules da "nação castelhana" [sic] e da "nação inglesa".[47]

São igualmente significativas as representações dos mareantes e sua confraria, um grupo que, no início do século XVII, era numeroso na população local. Uma centena de anos mais tarde, parece ter se reduzido a metade (seriam cerca de duas dezenas no início do Setecentos). De resto, outros ofícios aparecem representados. A maior parte das petições de militares, em verdade, não era de militares, mas de habitantes do termo de Viana arrolados nas milícias e nas ordenanças, pedindo que se lhes respeitassem as suas isenções. Aliás, as numerosas petições de moradores do termo reportam-se aos maninhos (por vezes em conflitos com a câmara), a questões de águas e à defesa de privilégios locais. As paróquias rurais contra a câmara urbana, portanto. A câmara podia atuar, assim, como um "centro" contraposto às "periferias" do termo e às respectivas coletividades locais que assumiam voz, por exemplo, como "os eleitos, quadrilheiros e jurados da freguesia" (da Areoza). A circunscrição paroquial era geralmente retomada pela câmara para engendrar os ofícios não remunerados locais (jurados), e também pelos próprios moradores quando se pretendiam contrapor a esta. Um tema recorrente em todo o Minho era o aforamento pelas câmaras dos terrenos de uso comum dos povos, os "maninhos", por elas reputados baldios, situados nas paróquias do termo, cujos habitantes protestavam junto à câmara e ao poder central, defendendo os usos locais que deles se faziam.[48] Em sentido inverso, uma provisão de 1796, remetida através do Desembargo do Paço em resposta a uma representação da câmara, procurava impor que "os lavradores do termo da vila de Viana" fossem obrigados com os seus bois e carros dois dias em cada ano a trabalhar nas obras do cais![49]

No caso de Viana, como em vários outros, o principal grupo em termos de requerimentos era o clero regular, masculino e feminino, albergado nos numerosos conventos da vila. Geralmente, solicitava que se lhes guardassem ou concedessem privilégios de vária natureza, incluindo o acesso à água na vila. A maior parte dos requerimentos reporta-se a privilégios, isenções e consignação de impostos para obras. No entanto, no conjunto, o tema isoladamente mais recorrente dos requerimentos locais são as obras no cais e o encanamento do rio Lima, para restaurar o comércio com o Brasil dos tempos em que o açúcar passava por Viana. Presente em 29 requerimentos subscritos, a maior parte pela câmara ou por negociantes, mas também por moradores e até pela "nobreza e povo", arrastam-se de 1630 até 1811 os pedidos sobre a matéria! É verdadeiramente o tema por excelência das reivindicações locais. Já em 1674 se queixavam da "miséria" em que se achavam os moradores da vila de Viana por falta do comércio e dos seus navios não virem do Brasil em direção ao porto da mesma vila. Tais solicitações tiveram numerosas respostas do centro, incluindo a fabulosa decisão régia de 1676 de fazer as obras à custa dos moradores do Minho, Trás-os-Montes (províncias de Portugal) e do Estado do Brasil, distribuindo-se o imposto à proporção. Um tema da decadência local que se arrasta por quase duzentos anos.

Nos registros da câmara respectiva, constava, com efeito, que, em resposta ao que tinham representado os moradores da vila de Viana da Foz do Lima um alvará assinado pelo príncipe regente em que este fora servido resolver a 27 de novembro de 1675, em consulta do Conselho da Fazenda, que as duas províncias do Minho e Trás-os-Montes e o Estado do Brasil contribuíssem para a obra da barra e rio da vila de Viana com o que se lhe lançar e parece-se justo que deviam pagar conforme a possibilidade e utilidade que recebessem com o comércio daquela vila.[50] Os "governadores" e "oficiais das câmaras" do Estado do Brasil deveriam procurar que a dita contribuição "se tire pela via que mais suave for e se lhe oferecer". A utilidade e a importância desse negócio pediam toda a execução e cuidado pela conveniência do serviço régio e "pelo comércio dos vassalos".

Falta um inventário mais completo desse processo. Mas a primeira resposta da câmara de Salvador é de 15 de julho de 1679. A recusa liminar – "não foi possível dar execução" – foi justificada pelas despesas com as tropas de Infantaria, a paz com a Holanda e o dote da rainha da Grã-Bretanha, com referências aos engenhos e à lavoura, mas o argumento mais interessante pelas suas alegações talvez seja o derradeiro: "os moradores deste Estado não são interessados nos benefícios daquela barra, quando muito pode topar este interesse aos homens de negócio, e que quando fosse geral a conveniência também este povo paga e tem pago muitas contribuições cujos fins e interesses tocam a esse reino".[51] Haverá novas respostas da câmara de Salvador em 1680 e (aparentemente) em 1688[52] (esta arquivada no Conselho Ultramarino), ano no qual há referência a uma rebelião militar ter saqueado o cofre do "dinheiro do Cais de Viana".[53] Um tema que, como se viu, se iria arrastar pelos séculos vindouros.

Entretanto, se no século XVII se lamenta a quebra do açúcar do Brasil, em 1797 a câmara de Viana refere explicitamente, em tempos de escassez de pão, "os abatimentos que estão sofrendo os Povos da Província (Minho), que sendo na sua intenção a maior de todo o Reino, é pelas suas acidentais circunstâncias a mais miserável de todo ele", "sofrendo da assídua e perigosa emigração de seus filhos, ingratos para a terra em que nasceram". Solicitavam-se isenções aos dias de jejum de carne como no vizinho reino da Galiza!

Entretanto, quase todos os requerimentos se referenciam ao território local, ou seja, à vila de Viana. Só em alguns casos o espaço referenciado é o da província do

Minho, quer dizer, se refere a uma circunscrição regional. No entanto, a maior parte dos requerimentos que aludem a esse âmbito reportava-se, direta ou indiretamente, ao Governo de Armas do Minho e a privilégios e obrigações decorrentes de obrigações militares ou ligados a dimensões tributárias a elas associadas. Os casos nos quais, a propósito de outras matérias, se ultrapassa o âmbito local, são excepcionais.[54] Mesmo assim, comprovam um claro protagonismo tardio da câmara vianense em assuntos que não eram da sua jurisdição, como o pedido feito em 1793, em nome dos "povos" da província para a continuação do seu governador de Armas ou os requerimentos remetidos em 1800, em conjunto com a maior parte das câmaras da comarca, para a renovação do mandato do seu corregedor.

Destaque-se que, só indiretamente e pelo impacto que isso tinha nos contextos locais, as representações se reportam a questões gerais. Na ordem institucional e política da monarquia pluricontinental corporativa, não competia às câmaras e aos povos participar da decisão política, atribuição do rei. Nem mesmo em cortes. Nas que se reuniram no século XVII, "a maioria dessas petições versava sobre questões locais, em cuja resolução os procuradores esperavam que o rei pudesse ter uma palavra a dizer".[55] Mas o rei podia e, eventualmente, devia atender às súplicas e representações dos súditos.

Na outra extremidade do território do reino português, no Algarve, Faro[56] era também um porto e tinha uma população urbana idêntica em número à de Viana. A província, de resto, seria objeto de singulares intervenções pombalinas, pretendendo promover a sua reforma, culminando com o projeto de 1772 de "Restauração do Reino do Algarve".[57] Em Faro, o corpo mais autônomo e ativo, depois da câmara, parecem mesmo ser os "mareantes" e sua confraria, que se batiam, com continuidade, pelos seus privilégios de todos os tipos. Aliás, há muitas queixas contra tributações, incluindo algumas de certos "homens de negócios da nação britânica", embora estes tenham uma presença descontínua no tempo. Em Faro, temos registro, no início do século XVIII, de um requerimento em nome de alguns "ciganos" moradores na cidade, no qual pedem licença para frequentarem as feiras e os mercados do mesmo reino para venderem, comprarem e trocarem produtos, pois eram "muito pobres". E, em 1800, uma petição do autonomeado "povo" da cidade de Faro pedia que a câmara tomasse medidas sobre a falta e carestia de víveres de toda a espécie, aparentemente contra os hortelãos associados aos atravessadores.

Évora era a segunda ou terceira cidade do reino em importância, no meio de uma zona agrária e interior, de grande propriedade e grande exploração, com uma câmara para a qual só eram arrolados menos de vinte fidalgos, quase sempre os mesmos,[58] e que tinha lugar no primeiro banco em cortes. De resto, era cabeça de um dos tribunais do Santo Ofício, com o qual a câmara teve demanda.[59] Entretanto, a sua população urbana pouco passava dos 9 mil habitantes. A maior parte dos requerimentos partia do clero, aliás, até 1740, do Cabido da Sé de Évora, que remete pouco menos de um requerimento por ano sobre todos os assuntos; era, ao que se sabe, o maior detentor de herdades agrícolas do termo. Os interesses agrários são pesados. Em 1719, a câmara apoia um requerimento dos (grandes) "lavradores" do termo para que se definam os preços das jornadas dos jornaleiros em função do estado do tempo e da realidade do serviço, ou seja, o tabelamento de salários. Os mesteres, as corporações de ofícios mecânicos, eram outro corpo muito ativo. Foi o respectivo "procurador do povo" que, em 1700, requereu que não fossem admitidos ciganos, eles ainda, na cidade. Mas as solicitações de grupos corporativos de Évora, bem como da sua câmara, tem uma quebra sem paralelo em meados do Setecentos.[60] Tanto num caso como no outro, são muito raros os requerimentos que ultrapassam o âmbito local e se reportam às províncias (Alentejo e Algarve).

Aparentemente, os poucos requerimentos da abandonada cabeça do ducado de Bragança, aonde os reis só iam, agora, raras vezes, são pouco significativos. Mas há que ponderar o fato de que o decreto de 21 de maio de 1764, para que aos lavradores que lavrarem nas herdades pertencentes ao almoxarifado de Vila Viçosa se não levantem mais as rendas – a mais importante legislação pombalina sobre arrendamento rural – ter sido formulada a partir da vila alentejana, embora ainda não seja certo. Os registros de Ponta Delgada sofrem de ainda maiores limitações documentais, mas, em 1807, detectamos um requerimento "que fizeram os proprietários, negociantes e lavradores da ilha de São Miguel".[61]

Tabela 12.2
Petições coletivas (excluindo câmara)1621-1808

	Petições coletivas ao centro**	Petições coletivas à respectiva câmara	Petições coletivas dirigidas a outros	TOTAL
Évora	89	69	0	158
Faro	88	21	11	120
Viana	56	47	12	115*
Vila Viçosa	24	1	1	26
TOTAL	257	138	24	419

*(inclui mais dois requerimentos de negociantes de 1809 e 1811).
**As casas de Bragança e das Rainhas devem ser reputadas centro, pois eram tribunais régios.

A análise da Tabela 12.2 permite detectar grandes diferenças entre os vários territórios reinóis analisados. Vila Viçosa tem um conjunto insignificante, mesmo que se considerem requerimentos enviados à administração central os que foram remetidos às Juntas da Casa de Bragança (e das Rainhas). Por outro lado, fica patente que as câmaras também podiam ser as destinatárias da intervenção de grupos corporativos locais.

A distribuição temporal dos requerimentos de grupos corporativos revela-nos enormes diferenças entre câmaras. Évora parece registrar uma imensa quebra na segunda metade do século XVIII, iniciada no período pombalino, sem voltar a se recuperar, sugerindo que, o que se sabe sobre a cultura e a prática política na época, teve efetivo impacto a esse nível. É muito significativo que em nenhuma câmara apareçam requerimentos sobre o relançamento do imposto da décima, um imposto direto, retomado e muito reforçado com a guerra em 1762. Pelo menos de acordo com os registros usados, fontes certamente incertas e sempre mais fiáveis pelo que dizem do que pelo que não dizem. O contraste é notório com o que se discute da cobrança da décima no período pós-Restauração.

Tabela 12.3
Petições coletivas (excluindo câmara) 1621-1808 (cronologia)

Requerimentos de grupos corporativos*				
	Évora	Viana	Faro	Vila Viçosa	Total
1621-1640	7	2	8	3	20
1641-1668	12	2	9	1	24
1669-1702	36	16	22	5	79
1703-1713	11	16	10	3	40
1714-1750	75	22	29	10	136
1751-1777	9	30	9	2	50
1778-1807	8	27	33	2	70
Total	158	115	120	26	419

* há alguns problemas de datação.

Mas, conforme revela a tabela, as petições não são só dirigidas aos centros, como à própria câmara. Neste ponto, talvez seja conveniente introduzir algumas precisões.

Tabela 12.4
Câmaras e grupos corporativos (1640-1808)

	Évora	Viana	Faro	Vila Viçosa	Total
1640-1700	208	47	47	32	334
1701-1750	167	74	94	33	368
1751-1777	21	47	18	17	103
1778-1807	22	69	58	10	159
Média anual	418	237	217	92	964
1640-1700	3,4	0,8	0,8	0,5	5,5
1701-1750	3,3	1,5	1,9	0,7	7,4
1751-1777	0,8	1,7	0,7	0,6	3,8
1778-1807	0,7	2,3	1,9	0,3	5,3
Média geral	2,5	1,4	1,3	0,5	5,7

Na verdade, se associarmos os requerimentos das câmaras[62] aos grupos corporativos locais, o quadro final resulta muito mais matizado. Globalmente, parece ter havido mais requerimentos no século XVII e na primeira metade do século XVIII, seguindo-se uma quebra no período pombalino. Mas os contrastes são enormes. Enquanto Évora declina, irreversivelmente, enquanto polo peticionário na segunda metade do Setecentos, Viana tem aí o seu ciclo de maior frequência. Em síntese, apesar das mudanças, parece precipitado no reino falar do ocaso do mundo corporativo local. Uma análise mais minuciosa e qualitativa, especialmente atenta ao vocabulário das fontes, revelará certamente uma mutação na linguagem política cada vez menos permeável à expressão aberta da dissidência.

As tentativas de reforma da estrutura municipal, desencadeadas depois da lei de 19 de julho de 1790, que pretendia suprimir as jurisdições senhoriais e reformular o espaço administrativo local, permitem destacar três aspectos essenciais. Por um lado, solicitam-se resposta a todas as câmaras do reino a um inquérito sobre a reformulação do território, correspondendo a um ciclo durante o qual estas mantiveram regular comunicação com instâncias do centro, incluindo a Intendência Geral de Polícia, fato que as nossas fontes não permitem registrar com total clareza.[63] Depois, permitem verificar que a quase totalidade das câmaras respondeu de forma muito conservadora, recusando-se a perder jurisdições e territórios. Finalmente, ao contrário das ideias reformistas difundidas em outras monarquias, "em Portugal foi a ideia de sujeitar as câmaras a um maior controle dos magistrados da Coroa que recolheu unanimidade".[64]

O paradigma que a documentação do projeto permite inferir nos ajuda a formular, de outro modo, algumas questões conhecidas. A disputa por grupos ou "partidos" do espaço institucional local nada tem de novo. Pelo contrário, era um ingrediente frequente e antigo desse universo, certamente atenuado, em particular nas suas expressões mais violentas, ao longo da época moderna portuguesa. Precisamente, o que a pesquisa realizada permite constatar é, por um lado, a sua estruturação de acordo com renovadas identidades sociais e institucionais. E, por outro, a sua inserção nos mecanismos de regulação da monarquia, em parte, a partir dos canais da comunicação política.

Entretanto, a monarquia portuguesa esteve, ao longo da maior parte do período aqui estudado, mais dependente financeiramente de receitas indiretas (direitos alfandegários sobre a reexportação de produtos coloniais) e diretas (quintos) provenientes do Atlântico, do que dos impostos sobre o interior do reino.[65] Desse modo, muitas das questões que afetavam os atores institucionais no império tinham uma relevância imediata maior do que as que tinham lugar no reino. Estas teriam um impacto muito menos visível nas receitas.

Podemos transpor o vocabulário referido para a América portuguesa? Na medida em que ele era retomado pelos agentes institucionais da monarquia e, também, pelos numerosos migrantes de origem portuguesa, certamente que sim. Entretanto, é necessário ter sempre presente que nos reportamos a espaços sob administração portuguesa e que, nestes, embora podendo existir taxonomias oficiais e oficiosas, as práticas sociais de uma população em grande medida não incorporada ou migrante forçada provinda de outras impunham múltiplas e contrapostas utilizações.

Tabela 12.5
Emissores reinóis e ultramarinos: Bahia, Rio de Janeiro, Minas Gerais,
Maranhão e Pará (recorte cronológico – percentagens aproximadas)

Capitania	Bahia	Rio de Janeiro	Minas Gerais	Maranhão / Pará	
Total de registros (recorte cronológico)	4049	4733	2350	2642	1978
Emitidos do reino	41%	30%	13%	28%	26%
Emissões individuais	34,5%	21%	44%	45%	61%
Emissões coletivas e institucionais	65,5%	79%	56%	65%	39%
Emitidos do ultramar	59%	70%	87%	72%	74%
Emissões individuais	95%	92%	88%	93,5%	78%
Emissões coletivas e institucionais	5%	8%	12%	6,5%	22%

Uma aproximação de conjunto à base de dados do Brasil, nas capitanias e no Estado do Brasil, indicados e para os anos antes reportados,[66] com todas as limitações conhecidas, nos permite afirmar, no entanto, que a maior parte dos registros constantes do Arquivo Histórico Ultramarino (AHU) foi enviada da América lusa. Com efeito, as emissões do reino representam cerca de um terço do conjunto e, na sua maioria, enviada pelo centro político da monarquia e pelas várias instituições que o corporizavam. Mas, curiosamente, também há muitos requerimentos de indivíduos emanados no reino. O dado mais saliente do quadro nº 5, porém, consiste no fato de as emissões individuais remetidas do Brasil serem muito superiores às dos coletivos e instituições. Governadores, ouvidores, juízes de fora, câmaras e outros grupos corporativos remetem menos correspondência do que indivíduos solicitando mercês, o acesso a ofícios, e outras conveniências do seu trato. É um aspecto muito marcante, já antes salientado.[67]

Como também se referiu antes para as câmaras,[68] observando o fluxo das emissões caracterizadas como Petições, Requerimentos e Representações, percebemos uma tendência de incremento significativo da comunicação política por meio desse tipo de documento na passagem do século XVII para o século XVIII. Segue-se um decréscimo, particularmente no período pombalino, com pequena recuperação durante uma parte do governo mariano. Essas tendências apresentam algumas semelhanças com as encontradas nas representações emitidas no reino.

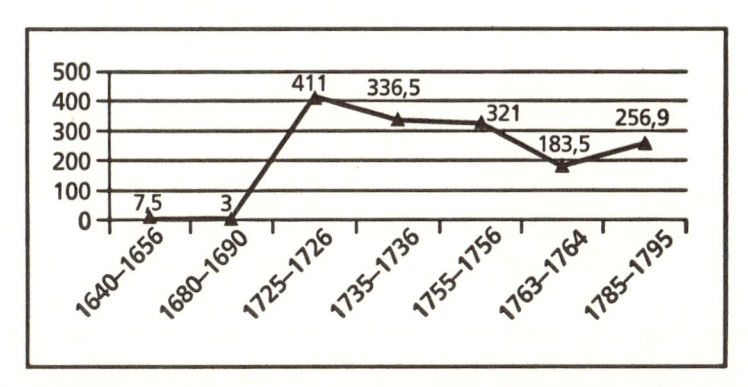

Gráfico 12.1 Petições, requerimentos e representações: Bahia, Rio de Janeiro, Minas Gerais, Pará e Maranhão (média anual)

Mas quais eram os protagonistas de representações que davam voz a grupos locais? A sondagem sobre os requerimentos remetidos da Bahia, do Rio de Janeiro, de Minas Gerais e do Maranhão permite, apesar de tudo, algumas inferências significativas. As primeiras três capitanias abrangiam os territórios mais populosos da América portuguesa. Salvador e Rio de Janeiro (com uma população urbana de cerca de 51 mil e 47 mil habitantes, respectivamente, no início do século XIX) tinham sido sucessivamente a sede do vice-reinado do Brasil e eram dos maiores centros urbanos das Américas. Para além de numerosos indivíduos, os principais agentes de comunicação com o centro eram os próprios vice-reis ou governadores de capitania, e só muito depois as câmaras. Só em casos excepcionais outros grupos puderam comunicar-se com o centro. A esse respeito, as fontes disponíveis para a Bahia são muito esclarecedoras. Enquanto os requerimentos que chegaram a Lisboa – ao Conselho e à Secretaria de Estado e se encontram depositados no AHU apenas de forma limitada –, permitem conhecer os grupos corporativos locais, as Atas da Câmara de Salvador que cobrem de 1621 a 1765 permitem apreender, entre os requerimentos remetidos à câmara e que não chegaram a Lisboa, centenas de representações dos mais diversos grupos corporativos e indivíduos.[69] Ou seja, as fontes consultadas, como já indicamos, apresentam limitações que nos levam a valorizar o seu tratamento mais qualitativo. Mas parece certo que, tal como no reino, as grandes câmaras podiam atuar como um "centro" em face dos outros corpos institucionais locais.

No entanto, apesar das limitações apontadas, uma sondagem sobre dezenas de milhar de requerimentos e outros papéis permite algumas inferências significativas. Em todos os casos, o grupo corporativo local mais ativo eram as câmaras. Em quase todos os territórios aparecem associações ocasionais entre a "câmara" e a "nobreza", embora sejam mais frequentes nos municípios de criação mais nova, como, por exemplo, os de Minas Gerais, precisamente nos contextos nos quais se pretende assegurar que o desempenho de cargos na câmara tacitamente nobilitava quem os exercia. No entanto, parece certo que tais referências eram menos frequentes que no reino. Os eclesiásticos – autoridades episcopais, cabidos, conventos e ordens religiosas, consoante os territórios – tinham também um papel destacado enquanto agentes ativos de comunicação.

Ao todo, esses requerimentos tiveram uma frequência assinalável, pois, em cada um dos referidos territórios somente as câmaras enviaram em média cerca de dois por ano entre 1641 e 1807. Mas, para além dessas marcas gerais, alguns traços específicos conferem à sondagem outra coloração. Existem requerimentos, associando-se ou não à câmara, de "moradores" ligados ou não a outro referente ou a uma dimensão territorial específica. Mas mais significativos são aqueles que se reportam a uma identidade social peculiar.

O termo "lavrador" era uma taxonomia muito difundida, mas que adquire contornos diversos em função de cada contexto. Na capitania da Bahia, associados à câmara, conhecemos requerimentos de "senhores de engenho e lavradores de cana-de-açúcar" e de "tabaco". Mas também dos lavradores de mandioca moradores no termo contra os criadores de gado e plantadores de tabaco.[70] Parte do vocabulário jurídico da monarquia constituía uma categoria também invocada em outras capitanias. No entanto, é sobretudo no Rio de Janeiro que encontramos uma persistente atividade peticionária de "senhores de engenho e lavradores". Algumas vezes, nesses requerimentos, alude-se a escravos, ao preço excessivo que se tem de pagar por eles.[71]

Pelo contrário, objeto de sucessivas disposições de exclusão no reino,[72] os ciganos não aparecem como demandantes, nem no reino, como antes se viu, nem nos domínios. Alguns foram enviados como degredados para as conquistas ultramarinas. Nos registros encontrados, são fundamentalmente objeto de denúncia. Duas questões parecem presentes na comunicação com o centro político: as desordens realizadas e o degredo para Angola.[73] A carta da Câmara da Bahia de julho de 1755,[74] tal como a representação de março de 1762 da "Câmara da cidade de Mariana", referem-se a desordens criadas pelos ciganos, e solicitam-se penas.[75] Na carta de julho de 1725 do governador da capitania de Pernambuco, d. Manoel Rolim de Moura, ao rei, temos referência à expulsão dos ciganos para o Reino de Angola devido a roubos e malefícios cometidos na capitania,[76] enquanto no ofício de setembro de 1755 do secretário de Estado da Marinha e Ultramar ao vice-rei do Estado do Brasil, conde dos Arcos, se comunica o envio de onze casais de ciganos para serem remetidos para o Reino de Angola.[77]

A presença dos indígenas no banco de dados é pequena, por volta de 1,5% dos registros correspondentes à América lusa em termos de "Assunto e referidos", e, na sua imensa maioria, não são os demandantes.[78] Entretanto, nos contextos nos quais se reputavam como súditos da monarquia, tinham o direito de se dirigir ao monarca e fizeram-no, em bem pequeno número, antes e depois do Diretório dos Índios, em pedidos que aparecem nas várias capitanias e que giram em torno de duas questões: violência do colonizador e pedidos de mercê.[79] A título de exemplo, refira-se que no primeiro caso temos os diversos registros envolvendo o sertão dos rios Pomba e do Peixe,[80] entre eles o de setembro de 1789, onde os índios crapos e croatos, moradores na freguesia do Mártir São Manuel dos sertões dos rios da Pomba e do Peixe, solicitando a paz e o sossego, perdidos com a presença dos europeus.[81] Da Bahia temos o requerimento de janeiro de 1725, dos índios da aldeia de Santo Antônio de Jaguaripe, no Recôncavo da Bahia, ao rei d. João V, solicitando ordenar a José Argolo de Menezes que lhes restitua as terras tomadas violentamente e que não maltrate mais as suas mulheres.[82] Os pedidos de mercê, assim como os de patentes pelos negros, só recentemente têm sido explorados pela historiografia.[83] Entre os exemplos mais significativos, invoque-se dois do Maranhão tendo suscitado consultas do Conselho Ultramarino a d. João IV, uma em março de 1646 sobre o pedido de hábito da Ordem de Cristo pelos principais índios das aldeias do Maranhão,[84] e a de 1648 sobre o pedido do hábito da Ordem de Cristo para dois índios principais das aldeias de Tapuitapera e Sergipe.[85]

De fato, é na maior parte das vezes sob a forma de confrarias que os grupos subalternos podiam ser institucionalmente integrados na ordem corporativa da monarquia. Se é corrente em outros contextos, designadamente para a América inglesa, destacar-se o papel das várias igrejas, e ainda das associações informais como as *coffee houses*, na socialização e comunicação políticas dos emigrantes de origem europeia,[86] há que reconhecer que as confrarias tinham um papel decisivo nos enquadramentos políticos na América portuguesa,[87] podendo estender-se, como é bem sabido, a grupos subalternos. Com efeito, para além de muitas outras, existiam irmandades de negros libertos e escravos que através de intermediários culturais produziram requerimentos que chegaram até nós. Em todo o caso, a legislação da segunda metade do Setecentos e a existência de companhias de milícias de libertos e pardos estimulou a produção de requerimentos por parte destes.[88] Em alguns casos, reivindicando o acesso às instituições locais, pretensão rejeitada em vários requerimentos camarários. De todo o modo, pode sugerir-se que o peso significativo de libertos e homens livres pobres, já associados em fins do Setecentos a um discurso sobre a multidão, os fez escapar a esses enquadramentos corporativos, pelo menos em parte, em favor de outras modalidades de constituição das identidades coletivas.[89]

Também as confrarias/corporações de artesãos puderam tomar voz algumas vezes. No entanto, não tinham a consagração institucional que se lhes reconhecia no reino, pelo que foram, por norma, muito menos ativas do que na Europa. Os estudos no Brasil sobre os ofícios mecânicos durante os Seiscentos e os Setecentos sugerem, seja para o Rio de Janeiro, para Salvador, São Luís, Minas Gerais ou Cuiabá, que a organização das diversas atividades profissionais caracterizadas como mecânicas se assemelhavam à organização adotada no reino e tinham o seu exercício regulamentado pelas câmaras. E, se na Bahia,[90] Cuiabá[91], Minas Gerais[92] e São Luís,[93] encontramos juízes de ofício, estes parecem estar ausentes no Rio de Janeiro[94] e o fato que nos interessa neste capítulo é destacar que, nas conquistas portuguesas da América, o lócus privilegiado de ação desses setores corporativos foram as Câmaras Municipais, estivessem os ofícios corporativos aí representados ou não, ao contrário da Europa, onde dirigiram muitos requerimentos às instituições centrais da monarquia. Como a composição e os conflitos se davam e se solucionavam no espaço camarário, a maior parcela da documentação respectiva não se encontra no Arquivo Histórico Ultramarino.

Nas Atas da Câmara da Bahia – primeira localidade a ter representação dos ofícios mecânicos –, encontramos diversas situações envolvendo alfaiates, barbeiros, carpinteiros, ferreiros, padeiros, tanoeiros, torneiros, entre outros.[95] Em 1667, por exemplo, quando a Câmara Municipal de Salvador se reúne para apreciar uma petição "feita pelos oficiais de todos os ofícios desta cidade no qual pediam que uma vez que fossem examinados e aprovados para cada um usar de seus ofícios não fossem obrigados a tirar mais que uma só licença". O pedido foi acatado, pelo que, "acordaram e assentaram e para que viesse a notícia de todos os Moradores ordenaram se lançasse pregão por toda esta cidade em a qual se declare este acordo e assento".[96]

Encontramos também diversos requerimentos remetidos para o centro político da monarquia que, no seu conjunto, tendem a sugerir a vitalidade da estrutura corporativa e a sua renovação em finais do século XVIII, à semelhança do que ocorria no reino. No caso de Salvador, encontramos, por exemplo, diversas representações dos ofícios de pedreiro e carpinteiro. Dos mestres, solicitando que a câmara admita as eleições dos juízes dos seus ofícios;[97] dos juízes, queixando-se de uma provisão que os escusava das avaliações;[98] e ainda, em 1781, solicitando a confirmação do compromisso da respectiva confraria.[99] Também no Rio de Janeiro os juízes da Mesa da Bandeira dos ofícios de marceneiro, pedreiro, carpinteiro e anexos da cidade solicitaram, em 1755, a confirmação do compromisso e do regimento de sua corporação.[100] Mas os requerimentos de oficiais mecânicos surgem igualmente de outras regiões, refletindo problemas locais, como no Maranhão, onde o recrutamento comprometia a formação dos aprendizes de ofício, como podemos ver no pedido do juiz de ofício dos alfaiates a d. João V em 1737,[101] ou o desmentido do governador da capitania do Maranhão e Piauí a d. Maria I sobre recrutamento de aprendizes de marceneiro em 1783.[102]

Em larga medida, as taxonomias sociais evocadas nas representações coletivas nas conquistas da América retomavam, tal como no reino, as categorias dos poderes e instituições corporativas. Mas, tal como na Europa, permitiam, em certa medida, exprimir as pretensões de grupos subalternos. Os requerimentos serviam, em muitos casos, para espelhar, ampliar e regular os conflitos.

De resto, importa salientar que em todos os territórios do Brasil considerados, embora com mais recorrência no Rio de Janeiro e nas Minas Gerais, surgem requerimentos invocando os "homens de negócio" ou "negociantes". Embora existissem confrarias de mercadores, não são estas que aparecem reportadas na esmagadora maioria dos casos.[103] Com efeito, não existia no reino ou no Atlântico português um equivalente aos Consulados espanhóis e hispânicos, instituições corporativas que efetivamente mediavam o exercício das atividades mercantis desde a virada do século XVI para o XVII.[104] No Atlântico português, os negociantes virão a ter um protagonismo institucional crescente, apesar de não constituírem uma "corporação" formalizada. No contexto europeu, a difusão da expressão "homens de negócio", ou negociantes, para qualificar os comerciantes de grosso trato dá-se apenas em finais do século XVII.[105] Uma das primeiras normas legislativas portuguesas na qual a categoria aparece identificada foi num alvará régio de 1676, feito em resposta a requerimentos dos "homens de negócio" da praça de Lisboa. Uma difusão muito precoce, portanto. Trata-se de uma nova qualificação, sem efetivo enquadramento corporativo, mas que a legislação da segunda metade do século XVIII veio consagrar ainda mais. Nos principais portos do reino, das ilhas (Ponta Delgada) e da América portuguesa, os "homens de negócio" de cada uma das praças aparecem, assim, como uma identidade coletiva,[106] na maior parte dos casos ao longo da primeira metade do século XVIII. No período pombalino, a criação da Junta do Comércio e a inscrição na mesma mediou o acesso à atividade no reino, assumindo-se esta, algumas vezes, como porta-voz do grupo. Não parece que tenha sido assim no Brasil, onde terão prevalecido os mecanismos informais e a transmissão pessoal no acesso à atividade até por volta de 1808.

Afirmar que as câmaras não constituíam o único contendor no espaço político local não tem, aparentemente, nenhuma novidade. Será certamente mais inovador afirmar que a forma de encarar o governo local e a comunicação política se deve fazer assumindo um modelo que se pode pedir emprestado à historiografia sobre a América anglo-saxônica: apesar da preeminência camarária e dos grupos restritos que a ela acediam, diversos grupos corporativos intervinham no espaço local, pressionando decisões camarárias e recorrendo ao centro, por vezes contra a câmara. Na senda da evolução política posterior às independências, muito se tem insistido nas diversas tradições do governo local nas Américas (inglesas e espanholas) e no condicionamento que estas exerceram sobre evoluções futuras.[107] Mas faz talvez sentido repensar diferenças extremadas, refletidas precisamente por projeções retrospectivas. Existia, nos centros urbanos médios e daí para cima, certamente, um espaço político local, mesmo sem imprensa. E, se se pensar os grupos corporativos também como "grupos de pressão" envolvidos na comunicação política com o centro, as diferenças esbatem-se ainda mais. As Américas partilhavam muitas características nesse terreno.[108] Mesmo se o protagonismo dos grupos locais não segue uma curva de progressão contínua no tempo.

Em todo o caso, a monarquia continuou a invocar as súplicas e as representações dos seus súditos para fundamentar algumas decisões ao longo da segunda metade do Setecentos, embora de forma mais hesitante e, eventualmente, contraditória. Com referência ao contexto de Minas, por exemplo, ainda em 1751 se imprimiu o "Método que os procuradores dos povos das Minas gerais propuseram [...]" ao conde das Galveas, para as cobranças do quinto em 1734.[109] Sabe-se bem, algumas décadas mais tarde, como se qualificaram as propostas dos moradores de outra capitania. No cenário de Pernambuco, a criação da companhia monopolista pombalina far-se-ia em 1759, invocando representações de moradores da capitania, tal como as mesmas se alegariam entre 1778 e 1780 para justificar a sua supressão. Mas, de permeio, as numerosas e violentamente contrapostas representações contra e a favor da companhia tinham sido enfaticamente condenadas. Martinho de Melo e Castro escreveu em 1778 ao governador César de Menezes: "Sua Magestade confiou a Vossa Senhoria o governo dela (capitania), não para fomentar partidos, mas para os destruir, não para acreditar, nem autorizar sugestões, mas para castigar os autores delas".[110] Afinal, a companhia seria suprimida contra as opiniões do secretário de Estado Martinho de Melo, mas em conformidade com as "sugestões" de uma parte dos moradores de Pernambuco.

EPÍLOGO: O CREPÚSCULO DO CORPORATIVISMO?

Ao longo deste capítulo, exploramos as virtualidades de uma análise partindo da noção de "grupos corporativos" para estudar a comunicação política dirigida ao centro político da monarquia portuguesa e, também, aquela que tinha lugar no interior dos diversos territórios que a compunham. A imensa disparidade dos contextos, particularmente no que distingue a Europa da América, e a ênfase na monarquia corporativa como espaço de integração, não permite iludir a natureza eminentemente conflitiva das relações que desse modo se teciam e se revelavam, mesmo sem invocar as situações de rebelião ou revolta contra as modalidades de dominação consagradas. Boa parte dessas tensões aparecia como conflitos de jurisdição, ou seja, entre os vários corpos e instituições invocando os privilégios e o direito preexistentes. Em obra clássica, Caio Prado Jr. indicou como entendia sobre essa administração da América lusa: um amontoado e desconexo conjunto formado por determinações particulares e casuísticas de regras que se acrescentavam umas às outras.[111] Diversos autores ulteriores seguiram uma orientação semelhante, sublinhando que tais conflitos nasciam da superposição jurisdicional,[112] ou, ainda, que eram o resultado da preferência da Coroa portuguesa em "criar poderes dispersos que competiam entre si para garantir a sua própria autoridade central"[113] Ao invés, pode considerar-se que os conflitos de jurisdição são a forma por excelência de expressão dos conflitos numa qualquer ordem corporativa, na qual a justiça desempenha um papel essencial, pois "as fricções e os conflitos ocorriam sempre que um dos corpos via a sua área jurisdicional violada ou desrespeitada, e boa parte da interação entre esses grupos corporativos era também regulada por instâncias jurídicas"[114] Entretanto, insistir sobre a relevância da matriz corporativa para entender o mundo local do Antigo Regime não equivale, de modo algum, a imputar-lhe uma natureza harmônica. O mundo corporativo, acresce ainda, pautava-se por hierarquias e diferenças que se se reputavam inerentes à natureza das coisas e deviam, por isso, ser ostentadas. As hierarquias da ordem comporativa mostravam-se sem rebuço.

Importa, assim, apontar traços específicos aos cenários estudados, bem como destacar eventuais mutações. Desde logo, parece claro que o nível de formalização das instituições corporativas foi maior na América hispânica e, em particular, no vice-reinado da Nova Espanha.[115] Há muitas explicações possíveis para essa diferença. É provável que, para além dos regimentos, o nível de intervenção dos governadores fosse mais amplo no Brasil. Sabemos também que a magistratura letrada era "de fora" e provida pelo centro político, ao contrário do que acontecia nos territórios espanhóis (Audiências). Ainda se destaca o fato de as populações ameríndias quase não terem constituído um grupo corporativo no espaço urbano da América portuguesa, ao contrário do que ocorria na espanhola, onde existia um ordenamento jurídico e institucional específico e diferenciado na ordem civil da monarquia, para além das aldeias missionárias. Mas as maiores diferenças talvez residam no fato de, no Brasil, a população, nas ampliadas terras administradas pela Coroa, ter se multiplicado por dez e o número de câmaras e outras instituições locais, pelo menos, por três ao longo do século XVIII. Ao invés, a maior parte das instituições hispânicas estava estabelecida desde muito, e o ritmo do crescimento demográfico, tal como da imigração, foi claramente menos acentuado. A aparente menor rigidez das instituições locais do Brasil também se traduziu na mobilidade das respectivas elites: os negociantes, grande parte naturais do Norte de Portugal, entraram em todas as vereações das cidades e vilas mais importantes da América portuguesa ao longo do século XVIII, em acentuado contraste com o que se verificou no reino.[116]

Por fim, a pesquisa permitiu detectar, de forma desigual e descontínua, uma mudança no uso das representações coletivas. Sem dúvida, essa evolução decorreu da existência e eventual fortalecimento de canais de comunicação alternativos.[117] Mas também, parece certo, de mutações na cultura política. Pode sugerir-se que desde os primórdios do Setecentos, pelo menos, se vai notando uma crescente reserva em relação à expressão pública do conflito e da dissensão, ou de resistência às determinações régias. Mas o reinado de d. José marca certamente uma viragem, como antes se sugeriu. Um momento decisivo teve lugar em 1755, poucos meses antes do grande terremoto. De acordo com o secretário de Estado dos Negócios Estrangeiro, Sebastião de Carvalho, foi então entregue uma representação ao rei d. José em Lisboa por "sete homens de negócios dos doze que este ano dominam a Confraria do Espírito Santo", induzidos por um advogado e por um jesuíta, opondo-se à recém-decretada criação da Companhia Geral do Grão-Pará e Maranhão. Todos os envolvidos seriam presos ou deportados, e a confraria, extinta. Mas o mais marcante foi, talvez, o que escreveu o futuro marquês de Pombal a seu irmão, o governador do Maranhão:

> não há cautela que seja supérflua, principalmente refletindo-se na antiga posse em que se acham os ditos religiosos (jesuítas) de zombarem aí dos governadores e ministros de Sua Majestade [...] constando-vos que há particulares que procuram abusar da credulidade dos mesmos povos [...] sejam prontamente presos, postos em segredo, e nele perguntados, primeiro: se sabem que é crime de lesa-majestade dizer mal das leis de El-Rei, malquistando-as no conceito do povo ignorante?[118]

Algo de semelhante ocorreu pouco tempo depois na Bahia, quando um grupo de habitantes (homens de negócio) assinou uma petição contra o donativo para a reconstrução de Lisboa... Reputado "papel sedicioso", a história culminou com a detenção dos subscritores e a ulterior deportação do redator![119]

Continuaram a enviar-se representações ao rei da América, como da Europa. E não desapareceram as leis nas quais se invocavam essas solicitações dos vassalos, mesmo em finais do Setecentos. Mas o estatuto e o fluxo dessas representações parecem ter sido menos seguros e contínuos do que um século antes. Até que os ventos oitocentistas e liberais lhes viessem assegurar um novo e renovado alento.[120]

Notas

1. Harold Innis, *Empire and Communications.*
2. Edward Muir, *Rituals in Modern Europe.*
3. Um texto de referência sobre a matéria, que se reporta ao Império Britânico e à Índia, é o de C. A. Bayly, *Empire and Information: Intelligence Gathering and Social Communication in India, 1780-1870.*
4. Julian Swan, "La política de las corporationes", pp. 39-42.
5. Anthony Pagden, *Señores de todo el mundo. Ideologias del Imperio en España, Inglaterra y Francia en los siglos XVI, XVII y XVIII*, p. 180 (tradução dos autores).
6. Raphael Bluteau, *Vocabulario portuguez & latino: aulico, anatomico, architectonico...;* António de Morais Silva, *Diccionario da lingua portugueza – recompilado dos vocabularios impressos ate agora, e nesta segunda edição novamente emendado e muito acrescentado.*
7. António Manuel Hespanha, *História Institucional. Épocas medieval e moderna*, pp. 336-337.

8. Existiam explicitamente petições de graça em matéria de justiça.

9. Andres Wurgler, "Voices from Among the 'Silent Masses': Humble Petitions and Social Conflicts in Early Modern Central Europe", pp. 11-34.

10. Derek Beales, "Joseph II, petitions and the public sphere", p. 268 (tradução dos autores).

11. Albert Silbert, *Le Probléme agraire portugais au temps des premières Cortes Libérales (1821-1823)*.

12. Diego Palacios Cerezales, "Embodying Public Opinion: from Petitions to Mass Meetings in Nineteenth-Century Portugal."

13. Charles Boxer, *Portuguese Society in the Tropics. The Municipal Councils of Goa, Macao, Bahia, and Luanda, 1510-1800*; Pedro Cardim, "The Representatives of Asian and American Cities at the Cortes of Portugal", pp. 43-53.

14. Pedro Cardim, *Cortes e cultura política no Portugal do Antigo Regime*.

15. Peter Clark, *European cities and towns 400-2000*, p. 202 (tradução dos autores).

16. *Ibid.*, p. 204 (tradução dos autores).

17. *Ibid.*, p. 208 (tradução dos autores).

18. *Ibid.*, pp. 214-221 (tradução dos autores).

19. Peter R. Campbell, "Absolute Monarchy", p. 2.

20. Como, aliás, faz Peter Clark para a América inglesa em *European Cities and Towns 400-2000, op. cit.*, pp. 135-136, esquecendo que os 26 mil habitantes da Filadélfia (1769) não utrapassavam os de centros urbanos das Américas ibéricas (incluindo S. Salvador).

21. João Pedro Ferro, *Para a história da administração pública na Lisboa seiscentista: o Senado da Câmara (1671-1716)*; Paulo Jorge A. Fernandes, *As faces de Proteu. Elites urbanas e poder municipal em Lisboa de finais do século XVIII a 1851*.

22. *Cf.* Franz Paul de Almeida Lagans, *As corporações de ofícios mecânicos: subsídios para a sua história*; Miriam Halpern Pereira, *Negociantes, fabricantes e artesãos. Entre novas e velhas instituições. Estudo e documentos*.

23. *Cf.* Francisco Ribeiro da Silva, *Absolutismo esclarecido e intervenção popular: os motins do Porto de 1757*; Ana Silvia Albuquerque de Oliveira Nunes, *Municipalismo e sociedade do Porto de Pombal às invasões francesas*.

24. Maria Helena da Cruz Coelho & Joaquim Romero Magalhães, *O poder concelhio: das origens às cortes constituintes. Notas de história social*; Nuno Gonçalo Monteiro, "Elites locais e mobilidade social em Portugal nos finais do Antigo Regime", pp. 37-81.

25. Charles Boxer, *Portuguese Society in the Tropics*, p. 148.

26. Mais de metade dos membros das 73 juntas que se formaram em Portugal na rebelião contra os franceses em 1809 fazia parte dos eleitos ou dos elegíveis para as respectivas câmaras nos anos anteriores, sendo muitas dessas juntas presididas por juízes de fora. Célia C. R. Morgado Pereira, *Estranha forma de poder. As juntas de governo portuguesas durante a 1ª Guerra Peninsular (1808)*.

27. Iara Lis Schiavinatto, "Cultura política do primeiro liberalismo constitucional. A adesão das câmaras no processo de autonomização do Brasil", pp. 220-235.

28. Evidentemente, falamos de espaços sujeitos à administração da Coroa, o que não abrange a imensa parcela das terras dos ameríndios ditos "bravios" e as dos aldeamentos, sujeitos às ordens religiosas respectivas e em dados períodos à jurisdição da "Junta das Missões".

29. Roberta Stumpf, "Os provimentos de ofícios: a questão da propriedade no Antigo Regime português", pp. 612-634.

30. *Cf.* Introdução deste livro.

31. Charles Boxer, *A Idade de Ouro do Brasil*, p. 141.

32. Nuno Gonçalo Monteiro, Os poderes locais no Antigo Regime. *In*: César Oliveira (dir.). *História dos municípios e do poder local em Portugal.*

33. Guilherme Thomas François Raynal (1713-1796) foi um religioso e filósofo francês; utilizou o nome L'Abbé Raynal por ter tido um benefício eclesiástico, dedicando-se ulteriormente ao publicismo. Editou a mais célebre obra setecentista sobre as colônias europeias, adiante citada.

34. Thomas Raynal, *Histoire philosophique et politique des établissements et du commerce des européens dans les deux Indes par Guillaume*. Genève, tom. 5º, liv. 9º, 1780. A tradução da UNB (1992) reporta-se a uma edição original francesa do século XIX, muito acrescentada.

35. *Ibid.*, Amsterdã, tom. 3º, liv. 9º, 1770.

36. Marcos Carneiro de Mendonça, *Raízes da formação administrativa do Brasil*, p. 843; ver o Capítulo 8 deste livro sobre os governadores ultramarinos.

37. Margarida Sobral Neto (coord.), *As comunicações na Época Moderna*; As comunicações no espaço imperial só se conhecem de forma muito mais fragmentária, conforme podemos constatar no Capítulo 2 deste livro, sobre juntas e os procuradores.

38. João Fragoso, "A nobreza vive em bandos: a economia política das melhores famílias da terra do Rio de Janeiro, século XVII. Algumas notas de pesquisa", pp. 11-35. Sobretudo no século XVIII, a "casa-grande" e o seu senhor mantém uma presença mais marcante em muitos contextos do Brasil do que no reino, onde o seu número e dimensão tendem a reduzir.

39. Na ordem institucional e social do Antigo Regime, no reino como nos trópicos, os privilégios de que tanto se falava, aqueles que o rei jurava respeitar quando da sua aclamação, eram direitos específicos de cada corpo, instituição ou indivíduo. Ou seja, eram privllégios inscritos no direito e não, como o sentido atual da palavra sugere, privilégios de fato mas não de direito. O Antigo Regime era a ordem jurídica do privilégio.

40. Inspirado nos textos seminais de António Manuel Hespanha.

41. Diogo Guerreiro Camacho de Aboim (1661-1709), p. 32.

42. *Cf.* adiante discussão sobre o tema.

43. Alison Gilbert Olson, *Making the Empire Work. London and American Interest Groups 1690-1790.*

44. Ver a bibliografia citada em Nuno Gonçalo Monteiro, "Elites locais e mobilidade social em Portugal nos finais do Antigo Regime", pp. 37-81.

45. Evaldo Cabral de Mello, *A fronda dos mazombos. Nobres contra mascates: Pernambuco, 1666-1715*; Maria Fernanda Bicalho, *A cidade e o império*, pp. 374-375.

46. A respeito de Viana, consultar António Cruz (ed.), *Geografia e economia da província do Minho no século XVIII*; José V. Capela, *Viana na segunda metade do século XVIII: em torno de um processo de decadência e subalternização comercial*; Manuel António Fernandes Moreira, *Os mercadores de Viana e o comércio do açúcar brasileiro no século XVII*; Rui Feijó, *Liberalismo e mudança social*; Sobre a câmara de Viana, ver José Subtil & Ana Teixeira Gaspar, *A Câmara de Viana nos finais do Antigo Regime (1750-1834).*

47. Câmara Municipal de Viana do Castelo, Livro de Registro nº 8, fl. 116.

48. J. Arriscado Nunes & Rui Feijó, *Transformações dos "incultos" no Noroeste (1750-1900)*; José Viriato Capela (dir.), *O Minho e os seus municípios. Estudos económico-administrativos sobre o município português nos horizontes da reforma liberal.*

49. Arquivo Municipal de Viana do Castelo, Livro de Registro, lv. 31, fl. 029v.
50. Arquivo Municipal de Viana do Castelo, Livro de Registro, lv. 06, fl. 214v.
51. Documentos Históricos do Arquivo Municipal. Cartas do Senado, 1773-1684, pp. 61-63.
52. *Cf.* base (fonte): João Fragoso & Isabel dos Guimarães Sá & Nuno Gonçalo Monteiro (coords.). *Banco de dados comunicações políticas conquistas americanas e Angola (séculos XVI-XIX).*
53. Luciano Raposo de Almeida Figueiredo, "O Império em apuros. Notas para o estudo das alterações ultramarinas e das práticas políticas no Império colonial português, séculos XVII e XVIII", pp. 197-254.
54. Recorde-se que, como foi destacado em primeira mão por Romero Magalhães (cit. Introdução), o poder muncipal tendia a ser "antirregional". Viana rivalizava, no Minho, com câmaras de sede de comarca relevantes, como Braga, Guimarães, Barcelos e, sobretudo, o Porto, que lhe roubara o comércio. Sobre a forma como, em outros contextos, essa fragmentação se ultrapassava, *cf.* o Capítulo 2 deste livro sobre juntas e os procuradores. Em todo o caso, se no reino havia muitas comarcas e câmaras importantes dentro da mesma província, o mesmo não se pode dizer da América portuguesa, na qual, em cada capitania, uma só câmara tendia, boa parte das vezes, a atuar como porta-voz dos interesses locais/regionais.
55. Pedro Cardim, *Cortes e cultura política no Portugal do Antigo Regime*, p. 169.
56. Câmara Municipal de Faro, Livros de Registro 1-11. Ver Mafalda Soares da Cunha & Fátima Farrica, "Comunicação política em terras de jurisdição senhorial. Os casos de Faro e de Vila Viçosa (1641-1715, pp. 279-308.
57. J. E. Horta Correia, *Vila Real de Santo António. Urbanismo e poder na época pombalina*; Joaquim Romero Magalhães, *O Algarve económico 1600-1773.*
58. Teresa Fonseca, *Absolutismo e municipalismo: Évora, 1750-1820.* Lisboa: (s.e.), 2002.
59. Arquivo Histórico Municipal de Évora, livros 084, fl. 068 (1724).
60. Arquivo Histórico Municipal de Évora, livros 71-142. As explicação serão em parte locais, em parte mais gerais.
61. Câmara Municipal de Ponta Delgada, lv. 121, fl. 165. Ver José Damião Rodrigues, *São Miguel no século XVIII. Casa, elites e poder*, pp. 386-387.
62. Ver o Capítulo 10, Poder político das câmaras.
63. De resto, também párocos e oficiais das ordenanças responderiam a diversos inquéritos a partir de finais de Setecentos.
64. Ana Cristina Nogueira da Silva, *O modelo espacial do Estado Moderno. Reorganização territorial em Portugal nos finais do Antigo Regime*, 1998, p. 350.
65. Leonor Freire Costa *et al.*, *História económica de Portugal, 1143-2010*, pp. 246-288.
66. Ver a Introdução deste livro.
67. Ver o Capítulo 1.
68. Ver o Capítulo 10.
69. *Documentos históricos do Arquivo Municipal, Actas da Câmara*, 1621/1765; já antes, nas fontes de Portugal se constatara que muitos requerimentos eram dirigidos à própria câmara e não eram remetidos para o centro político (*cf.* Tabela 12.2).
70. *Cf.* Compol.
71. *Idem.*
72. Geraldo Pieroni, *Os excluídos do Reino.*

73. Elisa Maria Lopes da Costa, "Contributos ciganos para o povoamento do Brasil (séculos XVI-XIX)", pp. 153-182.

74. Avulsos da Bahia – AHU – ACL-CU-005-02, cx. 125, doc. 9761.

75. Avulsos de Minas Gerais – AHU-ACL-CU-011, cx. 80, doc. 6605.

76. Avulsos de Pernambuco – AHU-ACL-CU-015, cx. 31, doc. 2847.

77. Avulsos da Bahia. AHU_ACL_CU_005-02, cx. 126, doc. 9821.

78. Deixamos de lado os temas específicos relativos às zonas onde se aplicou a legislação referente ao Directório dos Índios. Cf. Ângela Domingues, *Quando os índios eram vassalos. Colonização e relações de poder no Norte do Brasil na segunda metade do século XVIII*; e a visão geral de Maria Regina Celestino de Almeida, *Os índios na história do Brasil*. Em todo o caso, fica em aberto a avaliação do impacto da referida legislação sobre a ação peticionária em nome dos "índios".

79. Abordagem pouco explorada, e aqui apenas esboçada.

80. Há de se ressaltar que existia uma demanda anterior a esse reclamo de organização local, expressa num requerimento de julho de 1785, apresentado por Luís Brandão de Menezes Castelo Branco, capitão e índio cropo, e Leonardo Francisco, índio croata, e demais índios, solicitando a d. Maria I a elevação a vila da sua aldeia, na freguesia do Mártir São Manuel, dos sertões dos rios Pomba e do Peixe. Avulsos de Minas Gerais – AHU-ACL-CU-011, cx. 123, doc. 9735.

81. Avulsos de Minas Gerais – AHU-ACL-CU-011, cx. 132, doc. 10309.

82. Avulsos da Bahia – AHU-ACL-CU-005, cx. 20, doc. 1829.

83. Ver Ronald Raminelli, "Da controversa nobilitação de índios e pretos, 1630-1730".

84. Avulsos do Maranhão – AHU-ACL-CU-009, cx. 2, doc. 191.

85. Avulsos do Maranhão – AHU-ACL-CU-009, cx. 3, doc. 266.

86. Alison Gilbert Olson, *Making the Empire Work. London and American Interest Groups 1690-1790*.

87. Caio César Boschi, *Os leigos e o poder: irmandades leigas e política colonizadora em Minas Gerais*; J. Russel-Wood, *Escravos e libertos no Brasil Colonial*.

88. Cf. Luis Geraldo da Silva, "Gênese das milícias de pardos e pretos na América portuguesa: Pernambuco e Minas Gerais, séculos XVII e XVIII", pp. 111-144.

89. Laura de Mello Sousa, *Desclassificados do ouro*.

90. Maria Helena Ochi Flexor, "Os ofícios mecânicos e o negro no espaço urbano de Salvador", pp. 811-833.

91. Nauk Maria de Jesus, "A Câmara da Vila Real do Senhor Bom Jesus do Cuiabá: um breve panorama (1727-1800)", pp. 163-175.

92. John Russell-Wood, "O governo local na América portuguesa: um estudo de divergência cultural". *Revista de História*. São Paulo: USP, 1977, pp. 303-366.

93. Carlos Alberto Ximendes, *Sob a mira da Câmara. Viver e trabalhar na cidade de São Luís (1644-1692)*, pp. 121-129.

94. Beatriz Catão Cruz Santos, "Irmandades, oficiais mecânicos e cidadania no Rio de Janeiro do século XVIII", pp. 131-153.

95. Esse é o caso, para dar um exemplo ilustrativo de conflitos corporativos.

96. *Documentos Históricos do Arquivo Municipal. Atas da Câmara, 1659-1669*, 4º v, p. 297.

97. Avulsos da Bahia – AHU-ACL-CU-005, cx. 168, doc. 12753, de 1773.

98. Avulsos da Bahia – AHU-ACL-CU-005, cx. 179, doc. 13384, de 1784. A indicação desse documento está em Maria Helena Ochi Flexor, "Os ofícios mecânicos e o negro no espaço urbano de Salvador", 2006.

99. Avulsos da Bahia – AHU-ACL-CU-005, cx. 181, doc. 13454.

100. Avulsos do Rio de Janeiro – AHU-ACL-CU-017, cx. 49, doc. 4914.

101. Requerimento do juiz do ofício dos alfaiates do Maranhão, Antônio de Morais, ao rei, solicitando que se mandem as pessoas que aprenderem os ofícios para o posto de soldado apenas com a autorização dos mestres. Avulsos do Maranhão – AHU-ACL-CU-009, cx. 23, doc. 2364.

102. Em carta para a rainha, o governador da capitania do Maranhão e Piauí, d. Antônio de Sales e Noronha, informa a falsidade das alegações do mestre carpinteiro João Clemente Pereira de que todos os seus aprendizes, contrariamente à lei, foram recrutados como soldados. Avulsos do Maranhão – AHU-ACL-CU-009, cx. 60, doc. 5546.

103. A Irmandade do Espírito Santo da Pedreira existia em Lisboa desde o século XV, mas só em meados do século XVIII se foi assumindo como representação corporativa do comércio, o que levaria à sua extinção violenta em 1755, quando apresentaram uma representação opondo-se à criação da Companhia Geral do Grão-Pará e Maranhão; Jorge M. Pedreira, "Os homens do negócio da praça de Lisboa de Pombal ao vintismo (1755-1822). Diferenciação, reprodução e identificação de um grupo social", p. 67; de resto, no Rio existiu uma réplica, mas apenas entre 1753 e 1756; Antonio Carlos Jucá Sampaio, "Batismos casamentos e formação de redes: os homens de negócio cariocas nas fontes paroquiais setecentistas", p. 191.

104. Daí que a questão das naturalizações não se coloque nos mesmos termos nos dois contextos. Herzog, *Vecinos y estrangeros. Hacerse español en la Edad Moderna*.

105. Silvia Marzagallo, "Crédit et consideration social dans le monde du négoce au XVIIIe siécle".

106. A esse respeito ver, entre outras, as obras de: Jorge Pedreira, "Os homens do negócio da praça de Lisboa de Pombal ao vintismo (1755-1822)..."; Júnia F. Furtado, *Homens de negócio: a interiorização da metrópole e do comércio nas Minas setecentistas*; Antonio J. Sampaio, *Na encruzilhada do Império: hierarquias sociais e conjuntura econômica no Rio de Janeiro (c.1650-c.1750)*; João Fragoso & Carla Almeida & Antonio Carlos Jucá de Sampaio (orgs.), *Conquistadores e negociantes. Histórias de elites no Antigo Regime nos trópicos. América lusa, séculos XVI a XVIII*; Helen Osório, *O império português no Sul da América. Estancieiros, lavradores e comerciantes. Rio Grande do Sul*, pp. 277-283; e George C. Sousa, *Tratos e mafonas. O grupo mercantil do Recife colonial (c. 1654-c. 1759)*, 2012.

107. Jack P. Greene, "La primera revolucion atlântica: resistência, rébelion y construcción de la nacion en los Estados Unidos"; J. Carlos Chiaromonte, *Cidades, províncias, estados. Origens da nação argentina (1800-1846)*.

108. Annick Lempérière, *Entre Dios y el rey: la república. La ciudad de México de los siglos XVI al XIX*.

109. *Methodo que os Procuradores dos Povos das Minas Gerais propozeraõ para a arrecadaçaõ dos quintos do ouro, que para o effeito foy estabelecido por Assento, tomado em Villa Rica a 24 de março de 1734, e que foy praticado desde aquelle dia até que o systema da capitação teve seu princípio...*; em 20 de março de 1734, o conde de Galveias, em presença de

Martinho de Mendonça, teria proposto a capitação à qual os Procurados dos Povos de Minas se teriam oposto... claramente, a publicação desse impresso parece situar-se no contexto de extinção da capitação do início do reinado de d. José.

110. Erika Dias, "As pessoas mais distintas em qualidade e negócio: a Companhia de Comércio e as relações entre Pernambuco e a Coroa no último quartel de Setecentos".

111. Caio Prado Junior, *Formação do Brasil contemporâneo*.

112. Vera Lúcia C. Acioli caracteriza os conflitos de jurisdição como aqueles que "ocorriam, sobretudo, porque o sistema de capitanias não fora abolido, tendo sido o do governo-geral simplesmente sobreposto a ele, colidindo-se forais com regimentos e tornando os donatários mais confusos e inoperantes. A superposição jurisdicional provocou os conflitos". *Cf. Jurisdição e conflitos. Aspectos da administração colonial*, p. 23.

113. Francisco Bethencourt, "Configurações políticas e poderes locais", p. 253.

114. Pedro Cardim, *Cortes e cultura política no Portugal do Antigo Regime*, p. 19.

115. Conforme indica Annick Lempérière, *Entre Dios y el rey: la república* (2013), insistindo, sobretudo, no peso das confrarias.

116. *Cf.* Bibliografia citada em Nuno Gonçalo Monteiro, "A circulação das elites no império dos Bragança (1640-1808): algumas notas", pp. 65-81.

117. Designadamente em matéria de tributação, abrangendo as Juntas de Fazenda; *cf.* Alexandre Cunha A Junta da Fazenda em Minas Gerais e seu diálogo com o Erário Régio na Metrópole em fins do século XVIII: reflexão sobre os limites às reformas Econômicas na colônia dentro da administração fazendária portuguesa. ANPEC, 2010; e R. Rominelli, capítulo citado.

118. Marcos Carneiro Mendonça, *A Amazónia na época pombalina...*, pp. 786-788.

119. *Cf.* Maria de Fátima Gouvêa, "A impacto do Terramoto de Lisboa na governação da América portuguesa; Monteiro, N. G. & Rossa, W. & Serrão, J. (eds.), *O Terramoto de 1755: Impactos Históricos*, p. 251; e Carolina Chaves Ferro, *Terremoto em Lisboa, tremor na Bahia: um protesto contra o donativo para a reconstrução de Lisboa*, pp. 113-124.

120. Caio César Boschi forneceu generosas críticas que auxiliaram à última revisão deste texto, que nada o comprometem com o seu conteúdo. Francisco Consentino já não pôde nela participar.

Bibliografia

Documentação manuscrita e impressa

Arquivo Distrital de Évora (ADE).
Arquivo Distrital de Faro (ADF).
Arquivo Histórico Municipal de Vila Viçosa (AHMVV).
Arquivo Municipal de Viana do Castelo (AMVC) – Documentação portuguesa recolhida no âmbito do projeto Compol; Nuno Gonçalo Monteiro (pesquisador responsável), "A comunicação política na monarquia pluricontinental portuguesa (1508-1808): Reino, Atlântico e Brasil", Fundação para a Ciência e a Tecnologia (PTDC/HIS-HIS/098928/2008).
Coleção Avulsos da Bahia – AHU. Bahia. Projeto Resgate Barão do Rio Branco.

Coleção Avulsos de Minas Gerais – AHU. Minas Gerais. Projeto Resgate Barão do Rio Branco.

Coleção Avulsos do Maranhão. AHU. Maranhão. Projeto Resgate Barão do Rio Branco.

Coleção Avulsos Pernambuco – AHU. Pernambuco. Projeto Resgate Barão do Rio Branco.

Coleção Avulsos São Paulo – AHU. São Paulo. Projeto Resgate Barão do Rio Branco.

Coleção Castro Almeida – AHU. Rio de Janeiro. Projeto Resgate Barão do Rio Branco.

Coleção Luiza da Fonseca – AHU. Bahia. Projeto Resgate Barão do Rio Branco.

Documentos Históricos do Arquivo Municipal. Actas da Câmara. 10 vols. Salvador, Prefeitura Municipal, 1950.

Obras raras e dicionários

ABOIM, Diogo Guerreiro Camacho de (1661-1709). *Escola moral, política, christã e juridica.* Lisboa: Off. de Bernardo Antonio de Oliveira, 1747.

BLUTEAU, Raphael. *Vocabulario portuguez & latino: aulico, anatomico, architectonico...* Coimbra: Collegio das Artes da Companhia de Jesu, 1712-1728. 10 vols.

SILVA, António de Morais. *Diccionario da lingua portugueza – recompilado dos vocabularios impressos ate agora, e nesta segunda edição novamente emendado e muito acrescentado.* Lisboa: Typographia Lacerdina, 1789.

Livros, capítulos e artigos

ACIOLI, Vera Lúcia Costa. *Jurisdição e conflitos. Aspectos da Administração Colonial.* Recife: EDUFPE/ EDUFAL, 1997.

C. A. BAYLY, *Empire and Information: Intelligence Gathering and Social Communication in India,*. 1780-1870. By. Cambridge University Press: Cambridge, 1996.

BEALES, Derek. Joseph II, Petitions and the Public Sphere. *In:* SCOTT, H., SIMMS, B. *Cultures of Power in Europe During the long Eigteenth Century.* Cambridge: Cambridge/UK: Cambridge University Press, 2007.

BETHENCOURT, Francisco. Configurações políticas e poderes locais. *In:* BETHENCOURT, Francisco e CURTO, Diogo Ramada (eds.). *A expansão marítima portuguesa, 1400-1800.* Lisboa: Edições 70, 2010.

BICALHO, Maria Fernanda. *A cidade e o império. O Rio de Janeiro no século XVIII.* Rio de Janario: Civilização Brasileira, 2003.

BOSCHI, Caio César. *Os leigos e o poder: irmandades leigas e política colonizadora em Minas Gerais.* São Paulo: Ática, 1986.

BOXER, CHARLES. *A Idade de Ouro do Brasil.* São Paulo: Cia. Editora Nacional, 1963.

_____. *Portuguese Society in the Tropics. The Municipal Councils of Goa, Macao, Bahia, and Luanda, 1510-1800.* Madison: University of Wisconsin Press, 1965.

CAMPBELL, Peter R. "Absolute Monarchy". *In:* DOYLE, W. *The Oxford Handbook of the Ancien Régime.* Oxford/UK: Oxford University Press, 2011.

CAPELA, José Viriato. *Viana na segunda metade do século XVIII: em torno de um processo de decadência e subalternização comercial.* Braga: (s.e.), 1986.

_____ (dir.). *O Minho e os seus municípios. Estudos económico-adminitrativos sobre o município português nos horizontes da reforma liberal.* Braga: Universidade do Minho, 1995.

CARDIM, Pedro. *Cortes e cultura política no Portugal do Antigo Regime.* Lisboa: Edições Cosmos, 1998.

_____. The Representatives of Asian and American Cities at the Cortes of Portugal. In: HERZOG, Tamar, RUÍZ IBÁÑEZ, José Javier, CARDIM, Pedro, SABATINO, Gaetano (eds.). *Polycentric*

Monarchies. How did Early Modern Spain and Portugal Achieve and Maintain a Global Hegemony? Eastbourne: Sussex Academic Press, 2012, pp. 43-53.

CHIARAMONTE, J. Carlos. *Cidades, províncias, estados. Origens da nação argentina (1800-1846).* São Paulo: (s.e.), 2008.

CLARK, Peter. *European Cities and Towns 400-2000.* Oxford/UK: Oxford University Press, 2009.

COELHO, Maria Helena da Cruz e MAGALHÃES, Joaquim Romero. *O poder concelhio: das origens às cortes constituintes. Notas de história social.* 2. ed. Coimbra: Cefa, 2008.

CORREIA, J. E. Horta. *Vila Real de Santo António. Urbanismo e poder na época pombalina.* 2. ed. Porto: (s.e.), 1997.

COSTA, Elisa Maria Lopes da. Contributos ciganos para o povoamento do Brasil (séculos XVI-XIX). Açores: *ARQUIPÉLAGO. HISTÓRIA,* 2ª série, IX, 2005, pp. 153-182.

COSTA, Leonor Freire & LAINS, Pedro & MIRANDA, Susana Munch. *História Económica de Portugal, 1143-2010.* Lisboa: (s.e.), 2011.

CRUZ, António (ed.). *Geografia e economia da província do Minho no século XVIII.* Porto: (s.e.), 1970.

CUNHA, Alexandre Mendes. *A Junta da Fazenda em Minas Gerais e seu diálogo com o Erário Régio na Metrópole em fins do século XVIII: reflexão sobre os limites às reformas Econômicas na colônia dentro da administração fazendária portuguesa.* ANPEC, 2010.

CUNHA, Mafalda Soares da & FARRICA, Fátima. "Comunicação política em terras de jurisdição senhorial. Os casos de Faro e de Vila Viçosa (1641-1715)". *Revista Portuguesa de História,* tomo 44. Lisboa: 2013, pp. 279-308.

DIAS, Erika. "As pessoas mais distintas em qualidade e negócio: a Companhia de Comércio e as relações entre Pernambuco e a Coroa no último quartel de Setecentos". Lisboa, mimeo. Tese de doutorado. FCSHUNL, 2014.

FEIJÓ, Rui. *Liberalismo e mudança social.* Lisboa: Fragmentos, 1992.

FERNANDES, Paulo Jorge A. *As faces de Proteu. Elites urbanas e poder municipal em Lisboa de finais do século XVIII a 1851.* Lisboa: Imprensa Municipal, 1999.

FERRO, Carolina Chaves, *Terremoto em Lisboa, tremor na Bahia: um protesto contra o donativo para a reconstrução de Lisboa,* UFF, 2009. Dissertação de mestrado (*mimeo*).

FERRO, João Pedro. *Para a história da administração pública na Lisboa seiscentista: o Senado da Câmara (1671-1716).* Lisboa: Planeta, 1996.

FIGUEIREDO, Luciano Raposo de Almeida. "O Império em apuros. Notas para o estudo das alterações ultramarinas e das práticas políticas no Império colonial português, séculos XVII e XVIII". *In:* FURTADO, Júnia Ferreira. *Diálogos oceânicos. Minas Gerais e as novas abordagens para uma história do Império ultramarino português.* Belo Horizonte: Editora UFMG, 2001.

FLEXOR, Maria Helena Ochi. "Os ofícios mecânicos e o negro no espaço urbano de Salvador". Atas do IV Congresso Internacional do Barroco Ibero-Americano. Ouro Preto/Minas Gerais, C/ Arte Ltda. 2006, pp. 811-833.

FONSECA, Teresa. *Absolutismo e municipalismo: Évora, 1750-1820.* Lisboa: (s.e.), 2002.

FRAGOSO, João & ALMEIDA, Carla M. C. & SAMPAIO, Antonio Carlos Jucá de (orgs.). *Conquistadores e negociantes. Histórias de elites no Antigo Regime nos trópicos. América lusa, séculos XVI a XVIII.* Rio de Janeiro: Civilização Brasileira, 2007.

_____. "A nobreza vive em bandos: a economia política das melhores famílias da terra do Rio de Janeiro, século XVII. Algumas notas de pesquisa". *Tempo – Revista do Departamento de História da UFF,* Niterói, v. 8, n.15, 2003, pp. 11-35.

_____. *Homens de grossa aventura. Acumulação e hierarquia na praça mercantil do Rio de Janeiro 1790-1830.* 2. ed. Rio de Janeiro: Civilização Brasileira, 1998.

FURTADO, Júnia Ferreira. *Homens de negócio: a interiorização da metrópole e do comércio nas Minas setecentistas*. 2. ed., São Paulo: Hucitec, 2006.

GOUVÊA, Maria de Fátima, "A impacto do Terramoto de Lisboa na governação da América portuguesa". *In*: Araújo, A. & Cardoso, J. & Monteiro, N. G. & Rossa, W. & Serrão, J. (eds.). *O Terramoto de 1755: Impactos Históricos*. Lisboa: Livros Horizonte, 2007.

GREENE, Jack P. "La primera revolucion atlântica: resistência, rébelion y construcción de la nacion en los Estados Unidos". *In*: CALDERON, M. Teresa & THIBAULT, C. (coords.). *Las Revoluciones en le mundo atlántico*. Bogotá: (s.e.), 2006.

HERZOG, T. *Vecinos y estrangeros. Hacerse español en la Edad Moderna*. Madri: Alianza Editorial, 2006.

HESPANHA, António Manuel. *História institucional. Épocas medieval e moderna*. Coimbra: Editora Almedina, 1982.

INNIS, Harold. *Empire and Communications*. Oxford/UK: Oxford University Press, 1950.

JESUS, Nauk Maria de. "A Câmara da Vila Real do Senhor Bom Jesus do Cuiabá: um breve panorama (1727-1800)". *Fronteiras*, Dourados, MS, v. 10, n. 17, pp. 163-175, jan./jun. 2008.

LANGANS, Franz Paul de Almeida. *As corporações de ofícios mecânicos: subsídios para a sua história*, 2 v. Lisboa: Imprensa Nacional, 1945.

LARA, Silvia Hunold. *Fragmentos setecentistas*. São Paulo: Cia. das Letras, 2007.

LEMPÉRIÈRE, Annick. *Entre Dios y el rey: la república. La ciudad de México de los siglos XVI al XIX*. México: Fondo de Cultura Económica, 2013.

MAGALHÃES, Joaquim Romero. *O Algarve económico 1600-1773*. Lisboa: Estampa, 1988.

MARTINS, Conceição A. & Monteiro, Nuno Gonçalo (org.). *A Agricultura: Dicionário das Ocupações*.

MADUREIRA, N. L. (dir.) *História do trabalho e das ocupações*, 2 v. Oeiras: Celta, 2002.

MARZAGALLO, Silvia. "Crédit et consideration social dans le monde du négoce au XVIIIe siécle". *In*: PONTET, Josette (dir.). *A la recherche de la Consideration sociale*, MSH d'Aquitanie, 1999.

MELLO, Evaldo Cabral de. *A fronda dos mazombos. Nobres contra mascates: Pernambuco, 1666-1715*. São Paulo: Companhia das Letras, 1995.

MENDONÇA. Marcos Carneiro. *A Amazónia na Época Pombalina*. 3 v. Rio de Janeiro: IHGB, 1961.

_____. *Raízes da formação administrativa do Brasil*. Rio de Janeiro: IHGB/Conselho Federal de Cultura, 1972.

MONTEIRO, Nuno Gonçalo. "Elites locais e mobilidade social em Portugal nos finais do Antigo Regime". *In*: *Elites e poder. Entre o Antigo Regime e o liberalismo*. 3. ed. Lisboa: ICS, 2012, pp. 37-81.

_____ (org.). "Os poderes locais no Antigo Regime". *In*: OLIVEIRA, César (dir.). *História dos municípios e do poder local em Portugal*. Lisboa: Círculo de Leitores, 1996.

_____. "A circulação das elites no império dos Bragança (1640-1808): algumas notas", *Tempo* (Brasil), n. 27, pp. 65-81 (2009).

MOREIRA, Manuel António Fernandes. *O município e os forais de Viana do Castelo*. Viana do Castelo: Câmara Municipal, 1986.

_____. *O porto de Viana do Castelo na época dos descobrimentos*. Viana do Castelo: Câmara Municipal, 1984.

_____. *Os mercadores de Viana e o comércio do açúcar brasileiro no século XVII*. Viana do Castelo: Câmara Municipal, 1990.

MUIR, Edward. *Rituals in Modern Europe*. Cambridge/UK: Cambridge University Press, 1997.

NETO, Margarida Sobral (coord.). *As comunicações na Época Moderna*. Lisboa: Fundação Portuguesa das Comunicações, 2005.

NUNES, Ana Silvia Albuquerque de Oliveira. *Municipalismo e sociedade do Porto de Pombal às invasões francesas*. Porto: GEHVID – Grupo de Estudos de História da Viticultura Duriense e do Vinho do Porto, 2009.

NUNES, J. Arriscado & FEIJÓ, Rui. Transformações dos "incultos" no Noroeste (1750-1900). *Cadernos de Ciências Sociais*, n. 8/9, 1990.

OLSON, Alison Gilbert. *Making the Empire Work. London and American Interest Groups 1690-1790.* Harvard, Harvard U. P., 1992.

OSÓRIO, Helen. *O império português no Sul da América. Estancieiros, lavradores e comerciantes. Rio Grande do Sul.* Porto Alegre: Editora UFRGS, 2007.

PAGDEN, Anthony. *Señores de todo el mundo. Ideologias del Imperio en España, Inglaterra y Francia (en los siglos XVI, XVII y XVIII).* Barcelona: Península, 1997.

PALACIOS CEREZALES, Diego. Embodying Public Opinion: from petitions to mass meetings in nineteenth-century Portugal. E *e-JPH*, v. 9, n. 1, verão 2011.

PEDREIRA, Jorge M. "Os homens do negócio da praça de Lisboa de Pombal ao vintismo (1755-1822). Diferenciação, reprodução e identificação de um grupo social". Lisboa: Faculdade de Ciências Sociais e Humanas, 1995. Tese de doutorado (*mimeo*).

PEREIRA, Célia C. R. Morgado. "Estranha forma de poder. As juntas de governo portuguesas durante a 1ª Guerra Peninsular (1808)". ISCTE, 1999. Dissertação de mestrado (*mimeo*).

PEREIRA, Miriam Halpern. *Negociantes, fabricantes e artesãos. Entre novas e velhas instituições. Estudo e documentos.* Lisboa: João Sá da Costa, 1992.

PIERONI, Geraldo. *Os excluídos do Reino.* Brasília: Editora da Universidade de Brasília, 2000.

PRADO JUNIOR, Caio. *Formação do Brasil contemporâneo.* 14. ed. São Paulo: Brasiliense, 1976.

RAMINELLI, Ronald. "Da controversa nobilitação de índios e pretos, 1630-1730". *In*: FRAGOSO, João & GOUVÊA, Maria de Fátima. *O Brasil Colonial, 1580-1720,* v. 2. Rio de Janeiro: Civilização Brasileira, 2014.

RAYNAL, Thomas. *Histoire philosophique et politique des établissements et du commerce des européens dans les deux Indes,* Amsterdã, tom. 3º, liv. 9º, 1770.

_____. *Histoire philosophique et politique des établissements et du Commerce des Européens dans les Deux Indes par Guillaume.* Genève, tom. 5º, liv. 9º, 1780.

RODRIGUES, José Damião. *São Miguel no século XVIII. Casa, elites e poder.* v. 1. Ponta Delgada: (s.e.), 2003.

RUSSEL-WOOD, J. *Escravos e libertos no Brasil Colonial.* Rio de Janeiro: Record, 2005.

_____. O governo local na América portuguesa: um estudo de divergência cultural. *In*: *Histórias do Atlântico português.* São Paulo: Editora UNESP, 2014, pp. 303-366.

SAMPAIO, Antonio C. Jucá. "Batismos casamentos e formação de redes: os homens de negócio cariocas nas fontes paroquiais setecentistas". *In*: FRAGOSO, João *et al. Arquivos paroquiais e história social na América lusa.* Rio de Janeiro: ART, 2014.

_____. *Na encruzilhada do Império: hierarquias sociais e conjuntura econômica no Rio de Janeiro (c.1650-c.1750).* Rio de Janeiro: Arquivo Nacional, 2003.

SANTOS, Beatriz Catão Cruz. "Irmandades, oficiais mecânicos e cidadania no Rio de Janeiro do século XVIII". *VARIA HISTÓRIA*, Belo Horizonte, vol. 26, nº 43: pp.131-153, jan./jun. 2010.

SCHIAVINATTO, Iara Lis. "Cultura política do primeiro liberalismo constitucional. A adesão das câmaras no processo de autonomização do Brasil". *Araucaria*, ano 9, n. 18, segundo semestre de 2007, pp. 220-235.

SILBERT, Albert. *Le Problème agraire portugais au temps des premières Cortes Libérales (1821-1823).* Paris: P. U. F., 1968.

SILVA, Ana Cristina Nogueira da. *O modelo espacial do Estado Moderno. Reorganização territorial em Portugal nos finais do Antigo Regime.* Lisboa: Editorial Estampa, 1998.

SILVA, Francisco Ribeiro da. *Absolutismo esclarecido e intervenção popular: os motins do Porto de 1757.* Lisboa: Imp. Nacional/Casa da Moeda, 1990.

SILVA, Luis Geraldo da. "Gênese das milícias de pardos e pretos na América portuguesa: Pernambuco e Minas Gerais, séculos XVII e XVIII", *Revista de História*, nº 169, pp. 111-144, jul./dez. 2013.

SOUSA, George Cabral de Sousa. *Tratos e mafonas. O grupo mercantil do Recife colonial (c. 1654-c. 1759).* Recife: (s.e.), 2012.

SOUSA, Laura de Mello. *Desclassificados do ouro.* Rio de Janeiro: Graal, 1986.

STUMPF, Roberta. "Os provimentos de ofícios: a questão da propriedade no Antigo Regime português". *Topoi.* Rio de Janeiro, v. 15, n. 29, pp. 612-634, jul./dez. 2014.

SUBTIL, José, GASPAR, Ana Teixeira. *A Câmara de Viana nos Finais do Antigo Regime (1750-1834),* 2 v. Viana do Castelo: Câmara Municipal, 1998.

SWAN, Julian. "La política de las corporationes". *In:* BLANNING, T. *El siglo XVIII. Historia de Europa Oxford* (2000). Barcelona: Editorial Crítica, 2002.

WURGLER, Andres, "Voices from Among the 'Silent Masses': Humble Petitions and Social Conflicts in Early Modern Central Europe". *In:* VAN VOSS, Lex Heerma (ed.). "Petitions in Social History", *International Review of Social History, Supplements,* n. 9, 2002, pp.11-34.

XIMENDES, Carlos Alberto. *Sob a mira da Câmara. Viver e trabalhar na cidade de São Luís (1644-1692).* São Luís: Café & Lápis/ Editora Uema, 2013.

Comarcas portuguesas no início do século XIX

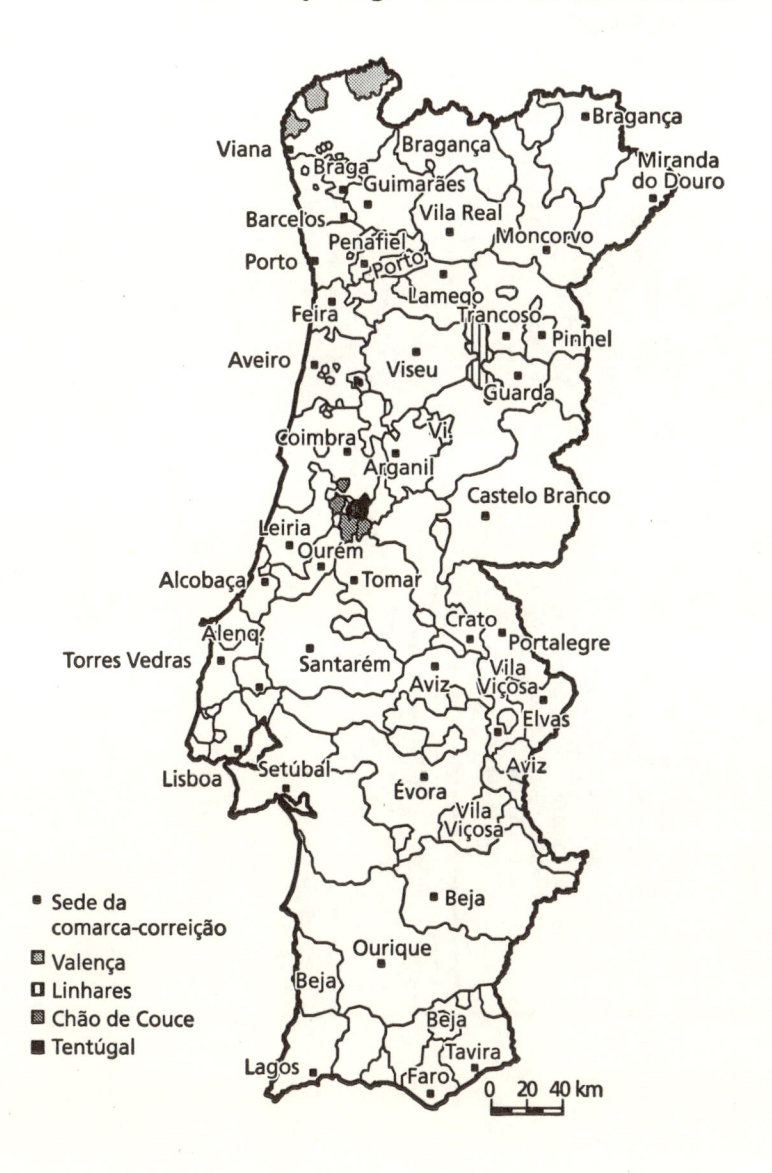

Sede da comarca-correição

Valença

Linhares

Chão de Couce

Tentúgal

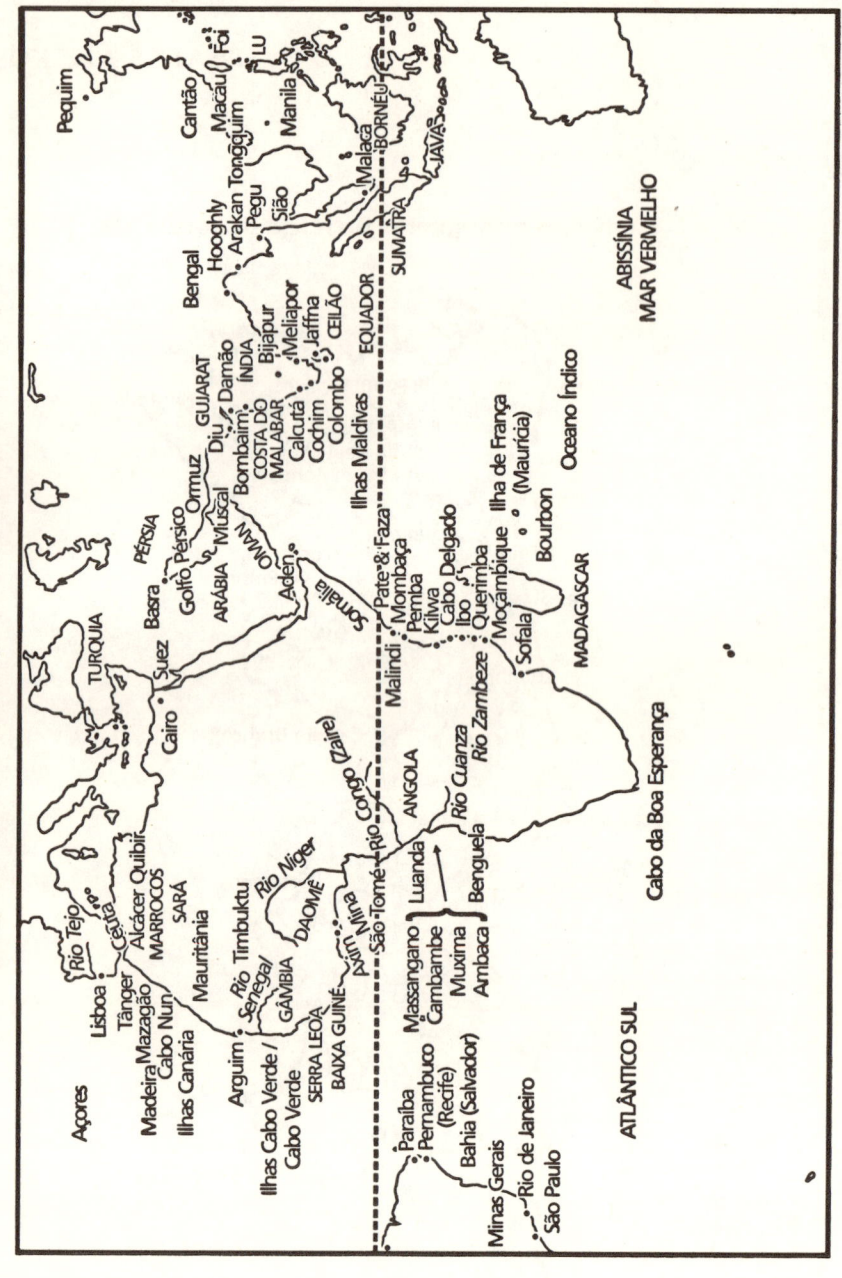

Mapa ilustrativo da monarquia lusa nos séculos XVII e XVIII

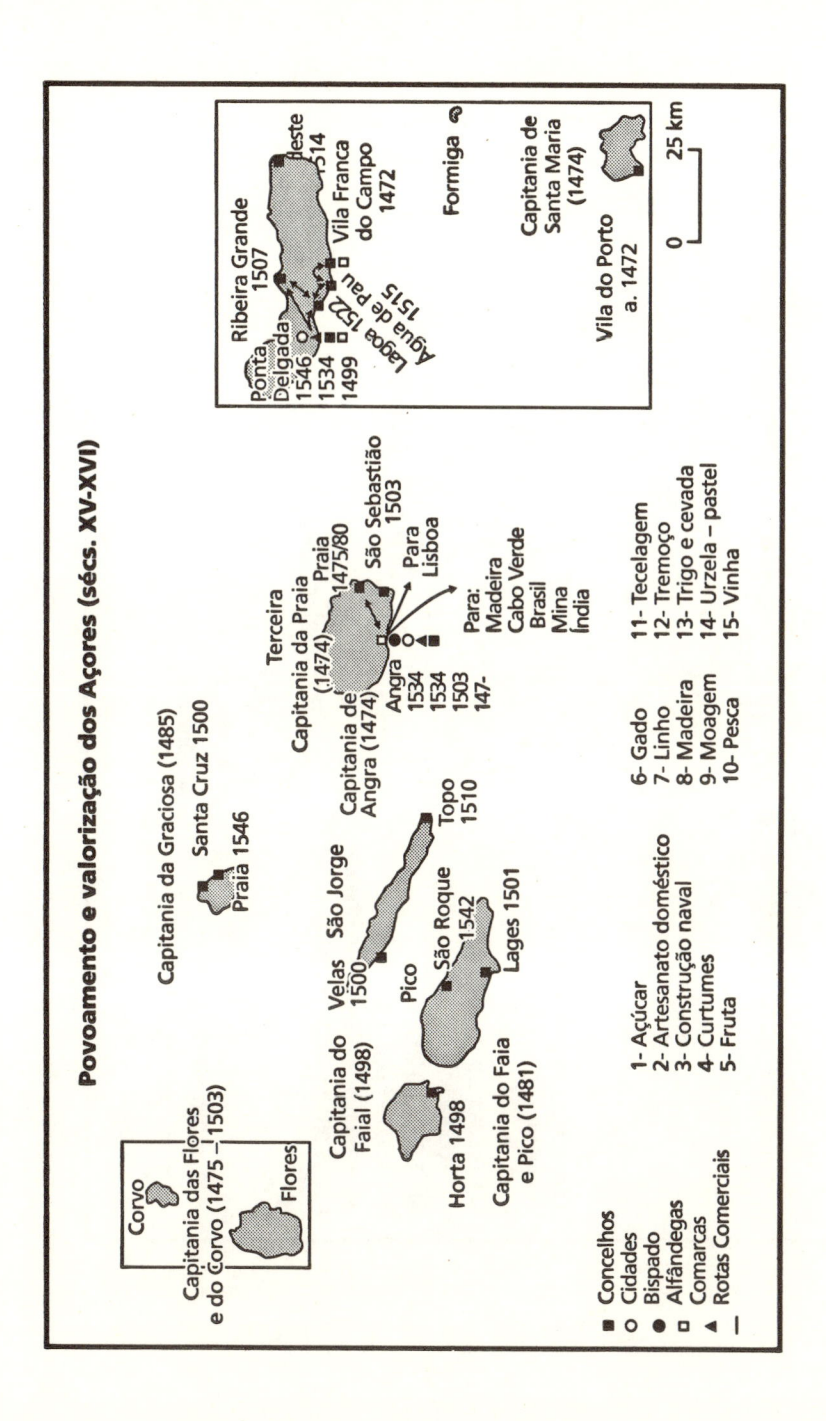

Povoamento e valorização dos Açores (sécs. XV-XVI)

Corvo

Capitania das Flores
e do Corvo (1475 – 1503)

Flores

Capitania da Graciosa (1485)

Santa Cruz 1500

Praia 1546

São Jorge

Velas
1500

Pico

São Roque
1542

Lages 1501

Topo
1510

Capitania do
Faial (1498)

Horta 1498

Capitania do Faia
e Pico (1481)

Terceira

Capitania da Praia
(1474)

Capitania de
Angra (1474)

Angra
1534
1534
1503
147-

Praia
1475/80

São Sebastião
1503

Para
Lisboa

Para:
Madeira
Cabo Verde
Brasil
Mina
Índia

Ribeira Grande 1507

leste
1514

Vila Franca
do Campo
1472

Ponta
Delgada
1546
1534
1499

Lagoa 1522
Água de pau
1515

Formiga

Capitania de
Santa Maria
(1474)

Vila do Porto
a. 1472

0   25 km

■ Concelhos
○ Cidades
● Bispado
□ Alfândegas
▲ Comarcas
| Rotas Comerciais

1- Açúcar
2- Artesanato doméstico
3- Construção naval
4- Curtumes
5- Fruta

6- Gado
7- Linho
8- Madeira
9- Moagem
10- Pesca

11- Tecelagem
12- Tremoço
13- Trigo e cevada
14- Urzela – pastel
15- Vinha

A população do Brasil no final do séc. XVIII

Distribuição da população no Brasil, 1771 – 1782

Povoamento urbano e rural
População
● 6.000 – 10.000
● 4.000 - 6.000
· menos de 4.000 ou desconhecida
□ 22.000 na região da Bahia

0 200 400 600
0 km 600

Manaus · Rio Amazonas · r. Negro · r. Madeira · r. Tapajós · Grão Pará · São Luiz · Maranhão · Ceará · R. G. do Norte · Paraíba · Recife · Pernambuco · r. São Francisco · Salvador · Bahia · Mato Grosso · Goiás · Minas Gerais · Rio de Janeiro · São Paulo · Paraná · Santa Catarina · R. G. do Sul · r. Paraná · Vacaria do Mar · Colónia

Sobre os autores

André Costa é licenciado em História e mestre em História Moderna pela Faculdade de Ciências Sociais e Humanas da Universidade Nova de Lisboa. Trabalhou como bolsista no Instituto de Ciências Sociais da Universidade de Lisboa e doutorou-se em História Econômica pelo Instituto Superior de Economia e Gestão, da Universidade de Lisboa, com a tese "Sistemas Fiscais no Império: o caso do ouro do Brasil, 1725-1777".

Antonio Carlos Jucá de Sampaio é professor Associado da UFRJ e pesquisador do CNPq. Membro do grupo de pesquisa Centro de Estudos do Antigo Regime nos Trópicos. É autor de *Na encruzilhada do Império: Hierarquias Sociais e Conjunturas Econômicas no Rio de Janeiro. (c. 1650-c. 1750)*, Arquivo Nacional, 2003 – prêmio Arquivo Nacional de Pesquisa – e organizador de diversas coletâneas, como, entre outras, *Conquistadores e Negociantes: histórias de elites no Antigo Regime nos Trópicos*, Civilização Brasileira, 2007.

António Castro Nunes é licenciado em História pela Universidade de Évora e doutor pelo Programa Interuniversitário de Doutoramento em História, com a tese "Comunicação e prática política nas monarquias ibéricas de Antigo Regime (1700-1750): Évora, Córdova, Ouro Preto e Quito". Foi bolsista do projeto A Comunicação Política na Monarquia Pluricontinental Portuguesa (1580-1808): Reino, Atlântico e Brasil. É membro integrado do CIDEHUS/Universidade de Évora. (Projeto estratégico – VID/HIS/00057/2013 [POCI-01-0145-FEDER-007702]).

Carla Almeida é professora associada do Departamento e do Programa de Pós-graduação em História da Universidade Federal de Juiz de Fora. Pesquisadora do CNPq e da Fapemig. Integra a equipe de investigadores do grupo de pesquisa Antigo Regime nos Trópicos. Publicou, entre outros títulos, o livro *Ricos e pobres em Minas Gerais: produção e hierarquização social no mundo colonial, 1750-1822*, Fino Traço, 2010.

Fátima Farrica é investigadora do CIDEHUS-Universidade de Évora e arquivista. Tem ampla experiência como autora acerca da organização de arquivos históricos.

De suas publicações, destaca-se *Poder sobre as periferias: a Casa de Bragança e o governo das terras no Alentejo (1640-1668)*, Colibri, 2011. (Projeto estratégico – VID/HIS/00057/2013 [POCI-01-0145-FEDER-007702]).

Francisco Cosentino (1953-2016) graduado em História pela UFMG e doutor em História pela UFF. Professor da Universidade Federal de Viçosa. Pesquisou sobre história política e administrativa portuguesa e da América lusa, com destaque para os governos do Estado do Brasil (século XVII). Autor do livro *Governadores gerais do Estado do Brasil (séc. XVI-XVII): ofício, regimentos, governação e trajetórias*, Annablume, 2009.

Isabele de Mello é doutora em História Social pela UFF e autora do livro *Poder, Administração & Justiça: os Ouvidores Gerais no Rio de Janeiro (1624-1696)* – Prêmio Afonso Carlos Marques dos Santos/AGCRj 2009. Sua tese de doutorado (no prelo) recebeu o Prêmio Arquivo Nacional de Pesquisa 2013. Atualmente está em estágio pós-doutoral PNPD/CAPES na Universidade Federal Fluminense.

João Fragoso é professor titular do Instituto de História da Universidade Federal do Rio de Janeiro. Autor do livro *Homens de grossa aventura: acumulação e hierarquia na praça mercantil do Rio de Janeiro, 1790-1830* e um dos organizadores da Coleção O Brasil Colonial, 3 vols., Civilização Brasileira, 2014.

José Damião Rodrigues é professor da Faculdade de Letras da Universidade de Lisboa. Investigador da história dos impérios, do Atlântico, das elites e da cultura política no período moderno (*c.* 1500-*c.* 1820). É autor, entre outros, dos livros *São Miguel no século XVIII: casa, elites e poder* (2003, 2 vols.); *Histórias Atlânticas: os Açores na primeira modernidade* (2012); e coordenador de *O Atlântico Revolucionário: circulação de ideias e de elites no final do Antigo Regime*, CHAM, 2012.

Mafalda Soares da Cunha é professora de História da Universidade de Évora e pesquisadora do Centro Interdisciplinar de História Culturas e Sociedades da Universidade de Évora. Trabalha com História Social e Institucional da monarquia e império portugueses na época moderna. É autora de *A Casa de Bragança (1560-1640)* e coautora da biografia do rei *Dom João IV*, Temas & debates, 2006. (Projeto estratégico – VID/HIS/00057/2013 [POCI-01-0145-FEDER-007702]).

Maria Fernanda Bicalho é licenciada em História pela PUC-RJ, mestre em Antropologia Social pelo Museu Nacional-UFRJ e doutora em História Social pela USP. Fez pós-doutorado no ICS-Universidade de Lisboa. É professora no Departamento de História da UFF e professora convidada pela Université de Provence e pela EHESS-Paris e no doutorado em Patrimônio de Influência Portuguesa no CES-Universidade de Coimbra. Publicou, entre outros, o livro *A Cidade e o Império. O Rio de Janeiro no Século XVIII,* Civilização Brasileira, 2003.

MIGUEL BALTAZAR é licenciado em História pela Universidade Nova de Lisboa (FCSH) e pós-graduado em Ciência Política e Relações Internacionais pela Universidade Católica Portuguesa (IEP). Entre 2010 e 2013, foi bolsista do projeto FCT que constituiu uma das bases desta obra.

NUNO GONÇALO MONTEIRO é pesquisador-coordenador do Instituto de Ciências Sociais da Universidade de Lisboa, instituição na qual o projeto Compol esteve sediado. Autor, entre outros, de: *O Crepúsculo dos Grandes,* Imprensa Nacional Casa da Moeda, 2003; *Elites e Poder,* ICS, 2012; *D. José,* Circulo de leitores, 2008. Coautor de *História de Portugal* (dir. R. Ramos), A Esfera dos Livros, 2009; coord. de "A idade Moderna", v. 2 da *História da Vida Privada em Portugal* (dir. J Mattoso), BNP, 2011. Codiretor da *História Contemporânea de Portugal,* 5 vols., Objectiva/MAPFRE, 2013/2015.

PEDRO CARDIM é professor associado do Departamento de História da Universidade Nova de Lisboa e membro da direção do CHAM – Centro de História d'aquém e d'além-mar da Universidade Nova de Lisboa. Autor de vários trabalhos sobre a história do mundo ibérico dos séculos XVI e XVIII.

ROBERTO GUEDES FERREIRA é doutor em História Social pela UFRJ e pós-doutor pelo ICS-Universidade de Lisboa. É professor no Departamento de História e Economia da UFRRJ. É autor, entre outros, do livro *Egressos do cativeiro,* MAUAD, 2008; e organizador do livro *África: brasileiros e portugueses,* MAUAD, 2013.

RONALD RAMINELLI é professor do Departamento de História da UFF e pesquisador 1B do CNPq. Autor dos livros: *Imagens da colonização,* Zahar, 1996; *Viagens ultramarinas,* Alameda, 2008; *A era das conquistas ,* FGV, 2013; e *Nobrezas do Novo Mundo,* FGV, 2015. Estudos financiados pela Faperj, Capes, Fundación Carolina, DAAD e Biblioteca Nacional de Portugal.

Este livro foi composto na tipologia Minion
Pro Regular, em corpo 10,5/13,5, e impresso
em papel off-white no Sistema Cameron da
Divisão Gráfica da Distribuidora Record.